中国社会科学院创新工程学术出版资助项目

俄罗斯转型
与国家现代化问题研究

陆南泉　著

RUSSIAN TRANSFORMATION
AND NATIONAL MODERNIZATION

中国社会科学出版社

图书在版编目（CIP）数据

俄罗斯转型与国家现代化问题研究/陆南泉著 . —北京：中国社会科学出版社，2017.6

ISBN 978 - 7 - 5161 - 9980 - 0

Ⅰ.①俄…　Ⅱ.①陆…　Ⅲ.①现代化研究—俄罗斯　Ⅳ.①D751.2

中国版本图书馆 CIP 数据核字（2017）第 047621 号

出 版 人	赵剑英
选题策划	刘　艳
责任编辑	刘　艳
责任校对	陈　晨
责任印制	戴　宽

出　　版	中国社会科学出版社
社　　址	北京鼓楼西大街甲 158 号
邮　　编	100720
网　　址	http://www.csspw.cn
发 行 部	010 - 84083685
门 市 部	010 - 84029450
经　　销	新华书店及其他书店

印　　刷	北京明恒达印务有限公司
装　　订	廊坊市广阳区广增装订厂
版　　次	2017 年 6 月第 1 版
印　　次	2017 年 6 月第 1 次印刷

开　　本	710×1000　1/16
印　　张	34.25
插　　页	2
字　　数	578 千字
定　　价	158.00 元

目　　录

第三编　俄罗斯现代化

前　言

《俄罗斯转型与国家现代化问题研究》系中国社会科学院学部委员创新工程课题。本课题研究的主要特点或基本思路是，从体制转型分析俄罗斯现代化问题，体制涉及多领域，而本课题从体制研究转型与俄罗斯现代化的关系时，紧紧扣紧政治与经济体制问题，剖析通过改革实现体制转型对国家现代化所起的重要作用。

今后一个时期，从转型视角研究俄罗斯现代化问题，具有十分重要的理论与现实意义。"现代化"已成为当今俄罗斯的热门话题。2010 年 8 月 31 日《中国改革》杂志采访了俄罗斯第一副总理舒瓦洛夫，在谈到现代化问题时他说：对当今的俄罗斯来说"现代化意味着一切"，"以现代化告别过去"。俄罗斯学者拉季科夫说："21 世纪第二个十年初期，俄罗斯的政治日程聚焦在建设新经济和俄罗斯民主现代化这两个重要问题上。""无论从理论还是从一般意义上来说，要想让俄罗斯事实上而不是在口头上符合大国地位，现代化都是当今的客观要求，势在必行。"① 俄罗斯要立足于世界先进行列，必须通过转型朝着现代化方向发展。

本课题的研究分为三个历史阶段，相应分为三编。

第一编：俄国现代化。对世界各国现代化问题的考察，很容易看到各国因受各种不同条件的影响，现代化的道路、类型是各不相同的。长期以来，一直是欧洲现代化后来者的俄国，它的现代化更具有自身的特点与特有的复杂性，这是由于俄国现代化是在长期存在的农奴制与沙皇专制制度的基础上进行的。俄国现代化进程是十分艰难的，这个过程延续了两百多年，一直到当今的俄罗斯，仍处在持续之中。本编着重研究两个相互紧密

---

① ［俄］伊·弗·拉季科夫：《俄罗斯社会怀疑心态对现代化进程的阻碍》，《当代世界与社会主义》2012 年第 2 期。

相关的问题：一是俄国现代化的进程；二是从现代化视角分析 1917 年十月革命前俄国政治、经济体制的主要特点。

从彼得大帝开始一直到 1917 年十月革命前的俄国现代化进程来看，我们可以清晰地看到，俄国现代化具有以下特点：

第一，不论是通过改革使体制转型来推进现代化，还是通过革命来推动现代化，总的来看，都是"自下而上"进行的，都是出于形势所迫。

第二，俄国的现代化往往是与对外扩张相联系的，因此，在发展工业时往往首先发展与军工有关的部门。正如俄罗斯学者指出的："一千年来，征服、恫吓及奴役是俄罗斯民族精神的主要表现形式和证明形式。这种情况并没有使俄国知识分子获得自由感、自豪感或庄严感。对俄国来说，对外的每一次胜利都造成了国内的巨大失败，导致了不自由成分的加强。民族的自我肯定是通过地理扩张达到的。"①

第三，每一次改革都遇到封建贵族的强烈反对，这是因为，正如上面指出的，在俄国改革是"自下而上"进行的，改革的领导者是封建贵族，是各时期的沙皇，而改革的对象亦是这些人，因此，改革中的矛盾斗争必然是十分激烈的，历次改革都不可能是彻底的，有很大的局限性。另外，每次改革都不允许动摇封建贵族的统治地位。

第四，俄国的现代化进程是十分曲折的、缓慢的过程，这是因为俄国有别于其他欧洲国家，它长期保留着农奴制及与此相关的种种畸形表现，如沙皇个人专权、独裁，没有任何法律意识，国家就是一切，俄国以国家吞没了一切，等等。

第五，由于俄国在历史上一直落后于欧洲，因此，它的现代化一直具有"赶超"欧洲的特点。但这种"赶超"或者说学习欧洲还是欧化，俄国都尽力保持自身的传统，因此，在现代化过程中经常出现俄国特殊性与世界普世性（或共性）之间的矛盾。这种矛盾突出反映在，俄国在向欧洲学习现代化时，主要是在经济、技术与军事层面，而在社会层面如民主、政治、法制、自由与个人权利等方面，往往是十分谨慎乃至抵制的。这亦是俄国现代化迟缓的一个不可忽视的因素。

第二编：苏联现代化。从 1917 年十月革命到 1991 年底苏联解体，在

---

① ［俄］安·米格拉尼扬：《俄罗斯现代化之路——为何如此曲折》，徐葵等译，新华出版社 2002 年版，第 10 页。

这长达 74 年的时间里，苏联曾一度成为超级大国。但它并没有建立起符合人类历史发展总趋势的现代化体制。苏联解体前仍是高度集权的政治体制与高度集中的指令性计划经济体制。落伍的体制严重阻碍了苏联现代化的进程，并成为其发生剧变的主要原因。

可以说，在 19 世纪中期，马克思、恩格斯对资本主义制度阻碍人的自由发展的各种弊端的批判，是构成马克思主义的一个重要内容，从而自那时以来，按照马克思主义的学说，社会主义运动应集中在如何为人的最终解放创造条件上。同时，亦应看到，此时，人类社会发展的总趋势是政治民主化与经济市场化。不论在哪个国家，哪个政党，革命也好，改革也罢，都必须顺应这一时代潮流，这也是一个国家向现代化方向发展的必由之路。斯大林执政后所创建的体制模式，阻遏了现代化的进程。

斯大林之后，虽经历了多次改革，但都没有从根本上触动旧体制。

赫鲁晓夫执政后在政治与经济领域进行的改革取得了一些成效，但总的来说，并没有使苏联政治与经济体制迈上现代化的台阶，其根本原因有：一是要看到赫鲁晓夫反斯大林有其局限性。不认识这一点，就难以对赫鲁晓夫时期改革出现的种种问题有深刻的理解。现在人们对赫鲁晓夫在苏共二十大反斯大林已有一个共识，即“赫鲁晓夫揭露的、批判的并力图战而胜之的是斯大林，而不是斯大林主义。也许，他真诚地相信，整个问题也就是这样，只要揭露斯大林，他就解决了使社会从过去的极权主义桎梏中解放出来的全部问题”①。赫鲁晓夫并不理解揭露斯大林仅是走上革新社会道路的第一步，而更重要的是对斯大林模式，必须在经济、政治、社会精神生活等方面进行根本性的重大改革。“赫鲁晓夫的主要错误认识就在于此，而他至死也没有摆脱这个错误认识。总的看来，他真的相信，揭露了斯大林个人，他就完成了任务，完成了自己的使命，虽然对消除我们社会生活各个方面（经济、文化、意识形态、整个社会上层建筑）出现的深刻的变形现象没有做任何一点事情。”② 二是赫鲁晓夫的改革从来没有离开斯大林体制模式的大框架。在赫鲁晓夫改革的过程中，往往是

①　［俄］格·阿·阿尔巴托夫：《苏联政治内幕：知情者的见证》，徐葵等译，新华出版社 1998 年版，第 139 页。

②　同上书，第 139—140 页。

一只脚向民主迈进，另一只脚却陷入了教条主义和主观主义的泥潭。① 由于赫鲁晓夫个人的经历，他在反斯大林的过程中，也能感悟到战后新时代将会到来，但他又无力自觉地把握住战后时代转换的重要契机，进而深刻地转变斯大林留下的不能再继续推进社会经济进步的体制。

如果说勃列日涅夫执政初期对经济体制进行了一些局部性改革的话，那么对政治体制不仅没有触动，而且在上台后很快取消了赫鲁晓夫时期曾进行的一些改革，随后政治体制出现了倒退，向斯大林时期建立的高度集权的体制回归。如果从转型与国家现代化关系视角来考察，那么不论从生产力还是从体制模式去分析，勃列日涅夫时期的改革都没有使苏联在迈向现代化方面取得进展，而且在某些领域出现了与现代化客观历史发展进程所要求的倒退现象。简言之，勃列日涅夫时期给后人留下的是落后的、失去动力的与不符合历史发展潮流的体制及低效的生产力。

到了戈尔巴乔夫执政时期，由于勃列日涅夫时期经济改革长期停滞与政治体制倒退，使苏联在迈向现代化方面没有取得进展，是苏联走近衰亡的时期。后来安德罗波夫与契尔年科短期执政，难以改变这一严峻的局面。针对当时苏联的状况，时任苏共书记的利加乔夫说："国家已处在通往社会经济绝境的轨道上。应该真正地干一番事业，把国家拉到正道上去。"② 人民期待摆脱困境，振兴苏联，向现代化迈进。这就需要通过改革使体制转型。这就是戈尔巴乔夫1985年上台后面临的最为紧迫的主要任务。戈尔巴乔夫从1985年开始执政到1991年12月辞去总统，一直在从事改革，并在某些领域和某个阶段取得了一些进展，一些改革政策及措施得到了实现，但从整个改革过程看，进行得并不顺利，改革最后以失败告终，并成为加速苏联剧变的一个重要的直接因素。

但从转型视角研究体制向现代化的影响来讲，戈尔巴乔夫执政的后期，在经济体制方面，经过激烈争论，到80年代末，苏联的大多数政治力量和居民在必须进行自由化和向市场经济过渡方面实际上已达成共识，普遍认为：人类还没有创造出比市场经济更为有效的东西，市场经济是人类在经济运行方面所取得的成果，不应把它拒之门外，经济体制改革不能

---

① 参见［苏］尤·阿克秀金编《赫鲁晓夫——同时代人的回忆》，李树柏等译，东方出版社1990年版，第3页。

② 转引自陆南泉《苏俄经济改革二十讲》，三联书店2015年版，第166页。

停留在继续寻找计划与市场经济的最佳结合点上，否则对传统体制起不了治本的作用，因此，除了向市场经济过渡，别无选择。虽然戈尔巴乔夫还未来得及实施以市场经济模式为目标的改革就下台了，但毕竟提出了以市场经济为取向的改革，这为经济现代化而实施改革在理论与思想方面提供了有利的初始条件。在政治体制方面，强调改革与落实人权相结合。

第三编：俄罗斯现代化。1991 年底苏联解体时，由于长期没有对失去发展动力的体制进行根本性改革，积累了大量的问题，作为苏联继承国的俄罗斯又陷入衰落。普京在 2000 年 5 月首次就任俄罗斯总统时指出，俄罗斯处于数百年来最困难的一个历史时期，大概这是俄罗斯近二三百年来首次真正面临沦为世界第二流国家，抑或三流国家的危险。怎么办？普京提出了富民强国的竞选纲领。他大声疾呼：战胜贫困，改善民众生活，要洗刷掉国家贫穷的耻辱，还国家以经济尊严。普京为了实现富民强国的经济纲领，一方面一直坚持叶利钦时期转型的大方向，即政治民主化和经济市场化。2002 年 4 月 18 日，他在联邦会议上发表的总统国情咨文中再次强调，俄罗斯发展的目标不变："这就是发展俄罗斯的民主，建立文明的市场和法治国家。"① 另一方面针对叶利钦时期转轨中存在的问题，在政治、经济转轨的具体政策等方面提出新思路与新方针，把转型的重点由过去主要摧毁旧制度转向主要建设新制度。十分明显，要振兴俄罗斯，要崛起，要恢复昔日的大国地位，要实现强国梦，必须转型。像原苏东国家一样，俄罗斯转型具有两大特征：一是转型与整个制度变迁是同时进行的，其转型不再是对斯大林—苏联模式的社会主义制度的修补与完善，而是朝着人类社会创造的共同文明和西方所认同的价值观念方向发展；二是转型与现代化是同一个过程，转型的最终目标是实现国家现代化。2009年 9 月，时任总统梅德韦杰夫在《俄罗斯，前进！》一文中提出了现代化的构想。同年，他在总统国情咨文报告中较全面地提出了国家现代化的理念，内容涉及政治、经济、社会、意识形态与法制等各个领域，并且把实现国家现代化视为俄罗斯今后十年的发展目标。2012 年 4 月，普京在作为总理的最后一次政府报告中，也强调要积极推动俄罗斯的现代化。可以说，实现俄罗斯国家现代化是今后时期的一项重大战略性任务。作为长期实行传统体制的苏联继承国的俄罗斯，实现国家现代化必须通过改革使制

① 《普京文集》，中国社会科学出版社 2002 年版，第 602 页。

度转型集中解决以下 6 个相互关联、相互影响的问题：（1）政治民主化，成为法治国家；（2）经济运行机制必须从高度集中的指令性计划经济体制转向市场经济体制，即经济市场化；（3）转变落后的、不可持续发展的经济增长方式，经济的增长主要依赖于科技进步，即要成为创新型经济；（4）改变经济发展模式与调整不合理的经济结构；（5）转变文化、观念与意识形态，即实现人的现代化；（6）融入世界经济体系，成为开放型国家，处理好与发达国家的关系。

关于对俄罗斯国家现代化进程评价问题，俄学者 A. 里亚博夫指出："在 20 世纪 90 年代俄罗斯政治语境中，'现代化'一词主要用于那时相互联系的过程：政治体制的民主化和实施自由主义的经济改革。尽管学术文献中有一种看法，但在政治阶级的意识中占统治地位的是另一些观念。经济发展、建立国民经济的现代结构、居民福利状况的发展都被看作是当时俄罗斯领导人想实施的那种政策的不可避免的、无选择余地的、注定的结果。由于把所选择的方针看作是'唯一正确的方针'，因此现代化要取得成功只需要当局在实现既定的民主和自由市场改革事业中具有坚定性和一贯性就够了。""然而到了 20 世纪 90 年代的中期已经清楚，对现代化的这种片面的理解经不起时间的检验。随着民主化和经济体制市场基础的建立，出现了经济的衰退，经济上片面依靠燃料原料的倾向固定下来，经济的许多部门和社会基础结构退化，人力资本质量恶化。在经济发展中明显地看到倒退和非工业化的症状，对此在政治学语汇中甚至可以说是'非现代化'。"上述评述是针对叶利钦执政时期的体制转型而言的，但在叶利钦以后时期，俄罗斯国家现代化水平依然停留在上述水平上。对此，A. 里亚博夫接着指出，经过 20 多年的转型，"在原苏联地区建立的那些国家的政治制度是杂种，也就是说是建立在不相容的原则上的——市场和指挥棒，独裁和选举，家长制和社会冷淡，自由和威权主义"①。

可见，在千年历史上从来没有过民主的俄罗斯，当沙皇和皇帝执政的时候，没有任何民主。苏联时期也没有任何民主。也就是说，俄罗斯是有千年威权史的国家，人们习惯寄希望于沙皇老爷，寄希望于高层力量。这样的国家要通过转型实现现代化，还处在走向文明的民主国家与文明的市

①　［俄］弗拉基斯科夫·伊诺泽姆采夫主编：《民主与现代化》，徐向梅等译，中央编译出版社 2011 年版，第 155、156、161 页。

场经济体制发展道路上的起点，有相当长的一段路要走。

俄罗斯历史上多次搞了现代化的尝试，但都遭到失败，或付出的代价太大，现在不得不回过头来再做这件事，根本原因是在现代化过程中未能成功地实现体制转型即进行根本性的改革。俄国著名作家、宗教哲学家恰达耶夫在 150 年前就认为："如果不进行果断的改革，俄罗斯的存在就不会有前途。"① 这也说明，对像俄罗斯等国家现代化的研究，必须从改革、转型这个大视角来分析问题。邓小平在 1979 年强调，现代化是中国"今后一个相当长的时期内全国人民压制一切的中心任务，是决定祖国命运的千秋大业"。他还指出，在国家进入现代化建设的新时期，为实现现代化就必须"改革和完善社会主义经济制度和政治制度，发展高度的社会主义民主和完备的社会主义法制"②。所以，中国从改革或转型视角研究俄罗斯现代化，从中吸取经验教训，具有重要的现实意义。

由于本书研究的问题时间跨度长，问题又很复杂，笔者水平有限，书中定有不少疏漏与错误，恳望同行与广大读者批评指正。至于对书中某些观点有不同的看法，笔者十分愿意听取不同的观点，也非常希望与大家讨论，这有利于深化对问题的认识。

2016 年 6 月

---

① ［俄］安·米格拉尼扬：《俄罗斯现代化之路——为何如此曲折》，徐葵等译，新华出版社 2002 年版，第 1 页。

② 《邓小平文选》第 2 卷，人民出版社 1994 年版，第 208—209 页。

第一编　俄国现代化

对世界各国现代化问题进行考察，很容易看到各国因受各种不同条件的影响，现代化的道路、类型是各不相同的。长期以来，一直是欧洲现代化后来者的俄国，它的现代化更具有自身的特点与特有的复杂性，这是由于俄国现代化是在长期存在的农奴制与沙皇专制制度的基础上进行的。俄国现代化进程是十分艰难的，这个过程延续了两百多年，一直到当今的俄罗斯，仍处在持续之中。本编着重研究两个紧密相关的问题：一是俄国现代化的进程；二是从现代化视角分析1917年十月革命前俄国政治、经济体制的主要特点。

第一章

俄国现代化进程

研究俄国现代化进程，首先遇到的一个问题是，它的现代化始于何时。在研究俄国历史的学术界，大体上有两种意见：一种意见认为，18世纪初由彼得大帝开始的改革可视为俄国现代化的起点或是源头；另一种意见认为，19世纪60年代的农奴制改革可视为俄国现代化的起点。[①] 至今，对此问题仍没有一致的认识。2003年钱乘旦教授为王云龙所著的《现代化的特殊道路——沙皇俄国最后60年社会转型历程解析》一书所作的序中指出："从18世纪初开始，俄罗斯就走上了艰难的现代化历程。"在同一书中，作者在导论中说："俄罗斯由传统性封建主义向现代资本主义的全面的社会转型，真正起始于1861年的农民改革及其由之而起的一系列改革和工业化。"[②] 2013年9月出版的姚海新著《俄国革命》一书中指出："18世纪初期，以彼得一世改革为标志，俄国走上了以赶超西方先进国家为主要特点、以追求军事强国地位为直接目标的现代化之路。""彼得一世的改革使俄国的欧化达到了高潮，深刻地改变了俄国社会经济、政治和生活方式，奠定了使俄国成为现代化国家的基础。"[③] 李静杰认为："1689年，彼得一世执政后，发奋图强，向西方学习教育和科学技术，通过改革，俄罗斯不仅建立了新的封建等级官僚制度，而且掌握了冶炼和铸造等先进技术，建立了强大的陆军和海军，从而把俄罗斯带进了一个新纪元。"接着他指出："1861

---

① 张建华所著的《俄国现代化道路研究》一书（北京师范大学出版社2002年版，第4—5页）对此问题做了简要论述。

② 王云龙：《现代化的特殊道路——沙皇俄国最后60年社会转型历程解析》，商务印书馆2003年版，第1—5页。

③ 姚海：《俄国革命》，人民出版社2013年版，第35—36页。

年沙皇亚历山大二世宣布废除农奴制，从而为俄国新一轮现代化开辟了道路。"① 笔者的看法是："18 世纪初期由彼得大帝开始的俄国现代化运动，可视为俄国现代化的起点或者说是源头。""作为彼得大帝现代化改革继续的亚历山大二世的改革，是以 1861 年废除农奴制为标志的现代化运动。"②

　　缘何产生以上两种不同的看法，根由在于对现代化的不同理解。一种意见认为："现代化是指以现代工业和科学技术为推动力，实现由传统的农业社会向现代工业社会的大转变，它包括经济、政治、文化、思想的各方面。同西化、欧化相比，它是一个更为复杂的过程。按照上述现代化定义，俄国现代化，俄国的现代化进程，即俄国由封建社会向资本主义工业社会的大转变，应当界定在 1861—1917 年。"③ 另有学者指出：现代化主要是指一个社会从前资本主义（一般是指封建社会）向近代社会（一般是指资本主义社会）的转变。④ 罗荣渠在自己的论著中也提出了类似的看法，他指出：现代化是由农业社会向工业社会的转变过程，即"近代资本主义兴起后的特定国际关系格局下，经济上落后国家通过大搞技术革命，在经济和技术上赶上世界先进水平的历史过程。……现代化实质上就是工业化，更确切地说，是经济落后国家实现工业化的进程"⑤。另一种意见认为，现代化的含义应广泛一些，不能只局限于由封建的农业社会向资本主义的工业社会过渡或转变，应涉及各个领域。美国学者吉尔伯特·罗兹曼主编的《中国的现代化》一书谈到何谓现代化问题时指出："我们把现代化视作各社会在科学技术革命的冲击下，业已经历或正在进行的转变过程。业已实现现代化的社会，其经验表明，最好把现代化看作是涉及社会各个层面的一种过程。某些社会因素直接被改变，另外一些因素则可能发生意义更为深远的变化，因为新的、甚至表面看来毫不相干因素引入，会改变历史因素在其运作中的环境。……我们将一再论及那些通常与现代化有关的社会变革因素，这些因素还经常被视为现代化过程中的本质特征甚或界定性因素。它们包括：国际依存的加强，非农业生产尤其是制造业和服务业的相对增长，出生率

---

①　李静杰：《俄罗斯现代化之路：传统和现代化的结合》，《俄罗斯学刊》2011 年第 1 期。

②　陆南泉：《俄罗斯转型与国家现代化问题研究》，《探索与争鸣》2013 年第 4 期。

③　刘祖熙：《改革和革命——俄国现代化研究（1861—1917）》，北京大学出版社 2001 年版，第 9、11 页。

④　参见陶惠芬《彼得使团和岩仓西方之行的比较》，《世界历史》1986 年第 10 期。

⑤　罗荣渠：《现代化新论》，北京大学出版社 1993 年版，第 9、11 页。

和死亡率由高向低的转变，持续的经济增长，更加公平的收入分配，各种组织和技能的增生及专门化，官僚科层化，政治参与大众化（无论民主与否）以及各级水平上的教育扩展。此处所列因素还能大大增加。究竟有多少因素应当涵盖进去，究竟各种指标的相对比率又应当在什么水平上，对此尚无一致的认识。"①

关于俄罗斯现代化的起始时间问题，笔者的基本看法是：

第一，先从现代化的含义来讲，应从更广泛的视角来研究，不一定只是界定为从封建农业社会向资本主义工业社会转变这个范围，而应从社会各个层面的各个变革因素去分析现代化问题。

第二，现代化是一个复杂又漫长的过程，每个国家在此过程中的各个历史阶段都是相互紧密联系的，一定要明确地确定在哪个时间段甚至哪年才开始现代化，从而把相关的历史联系决然隔离开，这样做也未必是十分科学的。但是，要指出的是，笔者这样讲，并不否定1861年农民改革在俄国现代化历史进程中具有重要的标志性意义。

第三，既不应把这两者完全画等号，也不应把这两者的关系视为绝对的无关联。人所共知，大规模的、声势浩大的社会现代化始于18世纪的欧洲。落后于欧洲的俄国从彼得大帝时开始一直在学习、追赶欧洲，通过各种途径，采取种种政策向欧化方向发展，这种趋势显然在一些方面含有现代化的因素，尽管有人称这个时期在俄国的"资本主义不过是封建磐石下的一株幼芽"，但毕竟出现了幼芽。正如有的学者指出的："在18、19世纪的历史语境中，'欧化'与'现代化'是等价的。""西方仍被认为是决定性地取代着世界上其他各地的传统文化。""在近代的发展进程中西欧民族和英语民族产生出了最适应现代生活方式的政治、经济和社会体制，这些体制是普遍适用的。这个论点的力量基于下述事实，即作为现代特征的知识迅速增长，首先发端于西欧，而西欧一些社会……一般地说是最成功地利用了这些知识去改进人们的生活。这些社会……已经得到普遍的承认，作为一个群体，它们已经成为衡量其他社会的榜样。在这个意义上，它们是最'现代化'的社会。……认为它们的制度应当最适合于其他社会去仿效，也就毫不足奇了。"这一历史阶段，"欧化"的内涵是

---

① ［美］吉尔伯特·罗兹曼主编：《中国的现代化》，"比较现代化"课题组译，江苏人民出版社1988年版，第4页。

"西方或者欧洲的制度本身是现代化的根本内容，其他社会可以忘掉自己的历史传统采纳西方式欧洲式的现代价值标准和制度，就像它们把牛车换成汽车或把土耳其帽换成大英帽一样"①。

所以，列宁谈到俄国欧化问题时指出："总的来说，从亚历山大甚至从彼得大帝时代就开始进行了。"② 左凤荣等也持类似的看法，其指出："俄国'赶超'欧洲发达国家始于18世纪初彼得一世的改革，由此开启了俄国现代化的进程。虽然彼得一世的改革还谈不上从传统农业社会向现代工业社会的演进，但正是彼得大帝让俄国人认识到了自己的落后，并开始在许多方面效仿西方的发达国家。因此，本书在考察俄国现代化历程时以彼得时代为起点，或许这样能更好地说明俄国现代化的特点，更便于把俄国的传统与其现代化进程结合起来进行考察。"③

鉴于上述看法，笔者在本章论述俄国现代化进程问题时，是从彼得大帝执政时期开始的。

第一节　从彼得一世(1682 年)到尼古拉一世(1855 年)

这是一段长达 180 年的历史时期，先后经历了彼得大帝（1682—1725年）、叶卡捷琳娜一世（1725—1727 年）、彼得二世（1727—1730 年）、安娜（1730—1740 年）、伊凡六世（1740—1741 年）、伊丽莎白（1741—1762 年）、彼得三世（1762 年）、叶卡捷琳娜大帝（1762—1796 年）、保罗（1796—1801 年）、亚历山大一世（1801—1825 年）与亚历山大二世前 6 年（1855—1861 年④）的统治。

笔者的任务不是去论述这段漫长的历史发展过程，而只是从改革和转型视角，考察在这一时期俄国在现代化领域发生了哪些变化、有何进展，在此基础上进行一些评析。

---

① 转引自王云龙《现代化的特殊性道路——沙皇俄国最后 60 年社会转型历程解析》，商务印书馆 2004 年版，第 49 页。

② 《列宁全集》第 23 卷，人民出版社 1990 年版，第 393 页。

③ 左凤荣、沈志华：《俄国现代化的曲折历程》（上），社会科学文献出版社 2012 年版，第 4 页。

④ 亚历山大二世实际统治时期为 1855—1881 年。

一　彼得大帝的执政时期（1682—1725 年）

彼得大帝的统治，与以前的俄国相比可谓进入了一个新时代。这个时代的俄国有人称为帝国时代，有人因其首都迁到圣彼得堡故称之为圣彼得堡时代，也有人称为全俄罗斯时代，因这时的俄国已纳入更多的民族，不再是单一的罗斯民族。

彼得 1682 年上台时还是一个 10 岁的孩子，被宣布成为沙皇。在同一年，同父异母的哥哥伊凡并立为沙皇，只是到 1694 年彼得母亲去世与 1696 年伊凡去世，他才真正成为俄国唯一的君主。但彼得还有一个同父异母的姐姐——索菲亚，她在渴望当女皇的强烈欲望驱使下试图发动政变，后以失败告终，只得向她的弟弟投降，被监禁在一所修道院中。这样，彼得一世最终掌握了统治俄国的大权，那时他 22 岁。彼得体格强壮、精力充沛，亲自参与所有的国事活动，并逐渐成长为一位称职的陆海军指挥官。他在 1697—1698 年间曾去国外待了 8 个月。在此期间，招募了 750 多位外国人（主要是荷兰人）为沙皇效力，后来，又在 1717 年出国向西方学习，并又向欧洲各国的人士发出邀请为俄国工作。对邀请的人士，不分民族，保证在宗教方面的宽容态度并给予司法自治，但他认为犹太人具有寄生性，故不在邀请之列。彼得重视专家的意见，但又坚持独立思考。但他性格的另一面是脾气暴躁，做事咄咄逼人、粗鲁无礼、残忍。

彼得执政后，清楚地意识到俄国在经济、政治、军事与文化等各领域落后于欧洲，也深刻地认识到在国家管理与社会治理方面的严重混乱，不论是中央还是地方的政权机构都十分庞杂。特别是他看到世袭贵族与封建王公仍把持着国家的政权机构，成为阻碍社会进步与反对改革的主要力量。另一个突出问题是，在不断战争的情况下，巨大的军费开支造成极大的财政负担。鉴于这种情况，彼得认识到，必须通过大刀阔斧的改革来促进俄国的发展，向欧洲文明汲取有益的营养。

彼得一世改革的主要内容是军事改革。可以说，彼得大帝的改革首先是从军队体制入手的。不少军事改革的直接起因与战争需要有关。历史学者尼古拉·梁赞诺夫斯基与马克·斯坦伯格合著的《俄罗斯史》一书指出："在这个领域（指军事领域——笔者注），彼得大帝的改革措施不仅仅是对西方的模仿，同时也具有激进性、成功性和持久性的特点。正因为如此，他被正确地视为现代化俄罗斯军队的创立者。""这位改革者实行普遍征兵制，重组了军队，并使其现代化。"① 彼得大帝还规定：贵族们也必须亲自服兵役。在征集大批兵员之后，彼得一世着手把他们改造成为一支现代化军队，还亲自制定了一套新的军事手册。他还缔造了新式的俄罗斯海军。在彼得一世刚上台执政时，俄国海军只有一艘过时的军舰，而他留给继任者的则是 48 艘主力战舰、787 艘小型的辅助性船只和 28000 名官兵，还有一个新生的造船工业、波罗的海的一些港口和波罗的海海岸线。②

行政改革是彼得一世的另一项重要改革。在把主要精力用于军事方面的同时，彼得对中央、地方与教会的行政管理及财政方面都进行了改革。

1711 年，彼得通过颁布有关设立参政院的诏令，使参政院成为监督所有司法、财政和行政事务的最高国家管理机构。为了沟通君主与参政院之间的联系，专门设立了一个高级官职即总监察官，其实际上是君王的耳目。按规定，参政院的任何决定必须由总监察官签署后才能生效。如参政院与总监察官之间产生分歧，最后均由彼得大帝裁决。在 1717 年之后，彼得一世又设立了各种委员会以取代众多旧式的、职能重叠、效率低下的衙门。这种委员会大体上相当于后来的政府的各个部。当时之所以成立各种委员会，是因为当时这种模式在欧洲被广泛采用。这个委员会制度运行了近百年，直到亚历山大一世用各部取代为止。地方政府的改革是随着 1699 年重新设置城镇机构来进行的。

财政政策的变革，在彼得一世改革中占有重要地位。由于不断地进行战争，在彼得执政期间一直感到资金严重短缺，有时甚至财政困难到令人绝望的境地。财政政策变革的一个重要内容是，开征五花八门的税收，令人难以置信的是竟然有胡须税、澡堂税、棺材税等。有关数据表明，与 1680 年相比，政府收入在 1702 年翻了一番，到 1724 年则已增加到了 4.5 倍。③

彼得一世通过改革，首先考虑诸如满足战争的直接需要，同时从 1710 年开始亦着手大力发展民用工业，其目的是增加出口。彼得还想方设法促进私人企业发展。据统计，彼得统治时期建立了 200 家工场，其中 86 家由政府开办，114 家属于私人和公司所有。而在 1695 年，全俄只有

---

① ［美］尼古拉·梁赞诺夫斯基等：《俄罗斯史》（第 7 版），杨烨等译，上海人民出版社 2007 年版，第 212 页。

② 同上书，第 213—214 页。

③ 同上书，第 216 页。

21 家工场。另一材料说，这位皇帝去世之际，已经开工的俄国企业有 250 家。发展最快的是冶金、采矿和纺织业，纺织业实际上是由这位皇帝开创的。①

在彼得大帝统治时期，教育与文化改革在所有改革中成效最持久。不少学者认为："教育和文化改革推动着俄罗斯坚定地、不可逆转地向西方文化的方向前进。"② 彼得还积极鼓励兴办培养专门人才的各类学校，他还设想当时还没有条件的情况下实现创办一个科学院。为了推进俄罗斯欧化，彼得还试图引进西方的服装、礼仪与生活习惯。③

如何评价彼得一世时期的改革呢？

首先，应该指出的是，这一时期的改革并不是事先有计划地、相互协调地进行的，不少改革是为了应对战争压力而采取的各种特殊的措施。人所共知，这一时期只有 1724 年没有战争，没有战事的时间总共不超过 13 个月。但同时又要看到，把彼得的改革视为仅仅是为了赢得战争的看法也是片面的。实际上，他希望俄国的一切领域，如政府、社会、日常生活和文化等都能西化与现代化。他发展教育事业所持的看法是：如果没有教育的发展，一个现代化的行政系统就不可能有效运作。

其次，彼得为了推动改革，消除阻力，对反对改革者实行残忍的镇压政策，大开杀戒。他镇压了一大批敢于反对改革的贵族、僧侣，甚至包括他的妻子和儿子。马克思对彼得一世的评价是："彼得大帝用野蛮制服了俄国的野蛮。"④

再次，彼得执政时期的经济发展是以牺牲处于最贫困阶层的农奴利益为代价的，他通过改革，借助名目繁多的税收尽可能地压榨农奴。为兴办军工企业，彼得下令，允许工场主把整村农奴买到工场做工，由此使广大农奴在人身上更加依附于地主贵族，更加没有社会地位。

最后，彼得通过改革，使俄国建立与完善了在严格等级制基础上的绝对君主制国家。从彼得统治时期的改革进程来看，可以说俄国欧化或向西方学习，是从彼得一世开始的。但同样亦应看到，他改革的主要目标是建

---

① ［美］尼古拉·梁赞诺夫斯基等：《俄罗斯史》（第 7 版），杨烨等译，上海人民出版社 2007 年版，第 219 页。

② 同上书，第 220 页。

③ 同上。

④ 《马克思恩格斯全集》第 21 卷，人民出版社 2003 年版，第 62 页。

立强大的俄国。余伟民教授认为：“彼得一世改革的直接结果表现在两个方面：其一，通过引进西方的技术文化，为建立具有对外扩张能力的强大国家奠定了物质基础；其二，通过行政改革和宗教改革，再次确立绝对君主制度，国家获得了控制个人的物质生活和精神生活的绝对权力。完成了社会生活全面国家化和国家政治生活的高度集权化。”①

尽管学术界对彼得一世的改革对俄国现代化关系的评价有不同看法，但笔者认为：第一，总的来说，彼得一世的改革打开了通往欧洲的大门，引进了欧洲的科技、文化、教育乃至生活习惯。虽然彼得希望有控制地学习欧洲，如他亦实行贸易保护主义等措施，但经济、技术与文化等情况都已经发生了变化，很难得以控制，资本主义虽处于萌芽状态，但毕竟出现了。这无疑对俄国社会经济的发展与现代化具有进步意义。第二，彼得一世改革的结果是，使俄国成为了欧洲的军事强国，大大提高了俄国在欧洲的地位。从而使俄国成为帝国，彼得加冕为“彼得大帝”。同时，彼得不断实行扩张政策。第三，从当时俄国的历史条件来看，建立绝对君主制国家体制，对于维护国家统一，抵御外国侵略等，都有积极意义。正如恩格斯所说：“王权在混乱中代表着秩序，代表着正在形成的民族（Nation）而与分裂成叛乱的各附庸国的状态对抗。”②

美国学者梁赞诺夫斯基等在《俄罗斯史》一书中，对彼得一世改革进行总体评价时指出：“虽然在俄罗斯历史长河中，彼得大帝只是世间凡人，并非超人，但是这位改革者依然占据着极其重要的地位。俄罗斯迟早要被欧化，这几乎是不可避免的，但不可否认的是，彼得大帝是这一历史宿命的主要执行人。至少，这位皇帝的统治大大加速了不可避免的西方化进程。其统治也在一个原来是纯粹个人的选择和机遇大行其道的领域里确立了国家的政策和国家的控制。”他们在书中接着写道：“鉴于彼得大帝是一个务实的功利主义者，所以最好还是用比历史命运之类的东西更实际的评论来给我们的讨论作个总结。”接着书中引用了这位皇帝的众多崇拜者之一、历史学家、右翼知识分子波戈金的话来评价彼得一世的改革：

---

① 余伟民：《国家主义现代化道路的历史作用及其局限性》，《俄罗斯学刊》2012 年第 5 期。

② 《马克思恩格斯全集》第 21 卷，人民出版社 2003 年版，第 453 页。

是的，彼得大帝为俄罗斯做了很多，取得了巨大的成就。有的人对此视而不见，有的人则想统计出他到底为俄国做了多少事，但总也得不出一个总数。在家里，在街上，在教堂，在学校，在军营，在剧院的走廊里，无论我们在哪里，只要一睁眼，一迈步，一转身，就能碰到他。每一天，每一刻，每一步，他都在。他无时不在！

我们醒来了。今天是几号？1841年1月1日。彼得大帝命令我们从基督诞生之日起开始计算年份，还命令我们从1月份开始计算月份。

该穿衣了。我们的衣服是根据彼得一世规定的款式而裁制成的。我们的制服样式也是他规定的。布匹是在他建立的工厂中生产出来的。羊毛是从他开始饲养的绵羊身上剪下来的。

一本书吸引了我们的目光。铅字印刷术是彼得大帝当年引进的，字母表是他亲自删削过的。你开始读它了。你所读的书面文体是在彼得一世时期才取代了早期的宗教文体的。

当天的报纸到了，这也是彼得大帝引进来的。

生活中，你总得买东西吧。从丝织围巾到鞋底，所有的生活用品都能让你想起彼得大帝。有些是他下令引进俄国的，另一些是他第一个使用的，还有一些是经他改良过的。这些商品装在他下令建造的船上，卸在他开始修建的码头上，航行在他下令开挖的运河里，行驶在他下令修建的公路上。

当你进餐之时，所有的菜，无论是腌鲱鱼，还是西红柿，还是红葡萄酒，都在提醒你，不要忘记了彼得大帝。西红柿是他下令种植的，酿葡萄酒用的葡萄也是他开始栽种的。

餐后，你驾车外出去一个名叫彼得大帝广场的地方。在那里，你会遇见许多女士，正是由于彼得一世颁布的法令，她们才得以和男子一起外出并且进入原来只有男人才能去的社交场所。

让我们去大学看看吧。第一所世俗学校是彼得大帝建立的。

根据彼得大帝所制定的"官秩表"，你得到了一个品级。

"官秩表"给了我贵族身份，这也是彼得大帝安排的。

如果我必须起草一份起诉书，彼得大帝已经把它的形式规定好了。起诉书将会在彼得大帝命令设立的那面代表正义的镜子前被接受；然后会按照《总规程》（*General Reglament*）的规定得到处理。

如果你决定出国旅游，就像彼得大帝当年做的那样，你会得到良好的接待。因为，正是彼得大帝把俄罗斯变成欧洲的一员，并开始为他赢得尊重。他为俄罗斯做的还有很多，很多。①

二 叶卡捷琳娜二世的"开明专制"

1725 年 1 月 28 日彼得大帝死后到 1762 年叶卡捷琳娜成功地发动了一场宫廷政变，推翻并处死其丈夫彼得三世，于 1762 年成为叶卡捷琳娜二世。在这 37 年间，俄国王位不断更迭，宠臣起起落落。这期间，反封建的斗争以各种形式接连不断地出现，贵族上层统治集团之间争夺皇位的斗争日益激化，但有两点始终没有变化，即皇权贵族的暴政与对外侵略扩张一直没有停止过。

叶卡捷琳娜二世执政至 1796 年，共 35 年，这是俄国封建社会发展历史上一个重要时期。研究这一时期对于了解俄国有重要意义。正如著名学者卡瓦舍夫斯基所指出的："要摸清这个组织的底细，首先就应该研究叶卡捷琳娜，因为现代俄国多半不过是这位伟大国君的遗产。"②

叶卡捷琳娜二世执政时期的 18 世纪下半期，从客观上讲，这正是以法国大革命为标志的欧洲资本主义迅速发展的时期，也是欧洲许多国家宣布实行"开明专制"时期；从俄国国内来讲，是俄国社会矛盾、阶级矛盾处于激化的时期，1762—1772 年间农民暴动不断，起义就达到 50 多次。叶卡捷琳娜二世预感到，不断出现的农民暴动与反抗将会影响到俄国封建统治的基础，1773—1775 年发生的大规模的普加乔夫农民起义就是一个明显的信号。从叶卡捷琳娜二世本人来讲，她出生在普鲁士边境的什切青，从小接受的是欧洲教育，其父母都是"开明专制"的拥护者。

叶卡捷琳娜二世"开明专制"的思想，理论来自 18 世纪法国的一些启蒙思想家。伏尔泰的《共和国思想》一书提出的看法是："开明专制"是最文明和最合理的政治制度。他认为专制制度的缺点在于权力过于集中，势必会造成当权者的专制独断和扼杀自由，而共和制度也不是最好的制度，

---

① ［美］尼古拉·梁赞诺夫斯基等：《俄罗斯史》（第 7 版），杨烨等译，上海人民出版社 2007 年版，第 222—223 页。

② ［波］卡瓦舍夫斯基：《俄国女皇——叶卡捷琳娜二世传》，姜其煌等译，上海译文出版社 1982 年版，"序言"第 3 页。

尽管它提倡自由平等，但平等会导致无政府状态。因此，最完善的政治制度是"保存着专制政体中有用的部分和一个共和国所必需的部分"的开明君主制度，"开明专制是向君主立宪制过渡的桥梁"①。孟德斯鸠在《论法的精神》和《罗马兴衰原因论》中赞颂了罗马共和制度，并把罗马帝国的灭亡归结为实施独裁专政的结果，他提出了封建专制制度最终必然走向灭亡的观点。但是由于他的上层出身，他不愿意看到他所出身的那个阶级的衰落，不愿意立即看到封建专制制度的灭亡。尽管他赞扬共和政体，但同时认为共和政体容易走向极端平等，容易滋生个别人的政治野心，产生许多小的专权者，因此在他看来共和政体是不现实的。他的政治主张是寄希望于君主的开明自识，借助于思想家和哲学家的帮助，君主下决心自上而下地改革，实行法制，同资产阶级联合，最终建立资产阶级的君主立宪制度。另一位启蒙思想家达兰贝尔认为："当统治者和教育统治者的意见一致时，国家的最大幸福便实现了。"后来叶卡捷琳娜二世又盛情邀请狄德罗来俄国，帮助她进行政治改革。叶卡捷琳娜二世不仅从思想家那里学来了华丽的辞藻，而且形成了自己的开明专制思想。《俄国自由主义史》的作者列昂托维奇认为："叶卡捷琳娜二世的改革计划就是建立在西欧自由主义原则，首先是建立在孟德斯鸠的思想基础之上的。叶卡捷琳娜二世试图给宗教宽容以合法承认，使刑法变得更加人道些，为经济生活领域的私人创造性开辟了道路，通过个别法令巩固贵族的自由权利，还包括扩大贵族和城市的所有权，以保护他们的特权免于受到来自国家方面的破坏。除此之外，她还试图改善农民的地位，扩大一些阶层的自治机构在所有的行政管理体系发展和稳定条件下的作用，也包括实现在建立地方管理局和自治局的条件下的权力划分原则。这个内容广泛的自由主义纲领，首先是反映在她的圣谕之中。"②

叶卡捷琳娜二世为推行"开明专制"实施了一些改革措施。在女皇地位巩固后，1766 年叶卡捷琳娜二世认为可以根据启蒙思想对俄国的政治进行重大改革了，于是她召集了立法委员会。该委员会的主要任务是编纂法律，目的是要使俄国的法律与生活合理化和现代化。尽管女皇一再宣传新的法律具有激进的性质，但立法委员会制定的《训谕》淡

---

①　转引自张建华《俄国现代化道路研究》，北京师范大学出版社 2002 年版，第 30 页。
②　同上书，第 33 页。

化了激进的色彩,然而在当时来说仍被认为是一份让人们感到震惊的自由主义文件。叶卡捷琳娜女皇花了18个月的时间亲笔撰写的《训谕》,充分反映了启蒙思想所产生的影响。但考虑到俄国的具体国情,女皇并没有照搬她的理论导师孟德斯鸠的思想,在她的《训谕》中有时有意把导师的思想表达得模糊晦涩,有时甚至改得面目全非。例如,孟德斯鸠对英国政权、司法权与立法权分立的思想,被视为改善俄国政治的一种重要运作手段,而女皇仍然信奉专制制度是唯一能把庞大的俄国统一在一起的法门。

立法委员会与会代表有564人,其中28人是任命的,536人是选举产生的。这536人中,161人来自土地贵族,208人来自城镇居民,79人来自国有农民,88人来自哥萨克人与各少数民族。立法委员会的预备会于1767年夏召开,该委员会只存在了一年半,开了203次会议。由于立法委员会规模过大,工作效率低,特别是由于该委员会内部因阶级的严重差别而导致分裂,尤其是贵族代表与农民代表在农奴制问题上存在尖锐的冲突,由此女皇于1768年利用土耳其战争爆发之机解散了立法委员会。

叶卡捷琳娜二世的另一项改革是,从1775年开始组建新的地方政府体系,调整中央与地方政府的关系。力图通过分权的方式来加强对外省政府的统治,具体办法是分散权力和职能,以鼓励地方贵族参政,如她执政初期全国共分15个直属中央的地方行政单位,到她结束统治时,省级地方行政单位已扩增到30个,每个省级单位又分10个左右的县;省长由中央任命。女皇的地方政府改革,目的是加强地主的地位,为此她给贵族以结社权与其他权利。1785年公布的《贵族宪章》,使贵族的地位与特权达到了顶点。贵族地位与特权提升的同时,农奴制也随之加强。

在土地方面,叶卡捷琳娜二世进行了一次大规模的土地丈量和土地权利调查工作,目的是使土地所有权合法化。

女皇在发展俄国工商业、教育与文化方面做出了不少努力。

对叶卡捷琳娜二世的评价,褒贬不一。有人严厉批评她统治时期把俄国农奴制推到了极点,她所推行的"开明专制"主要目的是巩固贵族封建统治,有其很大的局限性和欺骗性。无疑这些都是客观存在的事实。但是,在叶卡捷琳娜执政时期,在推行"开明专制"过程中,以下两点是不能忽视的:首先,应该看到,叶卡捷琳娜二世在其执政期间,把欧洲自由主义思潮下的"开明专制"引进俄国，从而对传播西方先进思想与文明是有积极意义的，并且在带动俄国文化领域的西化方面有了很大的进展。还应看到，这些对俄国今后的现代化进程还会继续产生影响。其次，在叶卡捷琳娜二世统治时期，连同她逝世后的继承者保罗执政 5 年（到 1801 年）在内的这段历史时期，俄国在社会经济、文化与教育等各个领域有了很大发展。

从工业生产来看，这段时期，俄国工业有了很大发展，工厂数从彼得大帝去世时的 200—250 家增加到 18 世纪末的 1200 家，如果把规模很小的制造厂家算上，其数目可能超过 3000 家。工人数量在 10 万到 22.5 万人之间。许多工厂雇佣工人达百人以上，最多的达 3500 人左右。具有十分重要意义的采矿业与金属业有了很快的发展。这个时期，一些地主建立了庄园工厂，使用他们的农奴作为没有人身自由的劳动力，这类工厂主要从事轻工业生产。特别要指出的是，这一时期，在俄国工业发展中自由劳动力的地位日益提高，这些自由的劳工通常是为了缴纳代役租而外出做工的属于地主个人的农奴，但此时，这种劳工在工厂中逐渐成为一种新型的、具有"资本主义"色彩的经济关系。[①]

从贸易来看，贸易量也在增长，特别是到了 18 世纪下半叶，在叶卡捷琳娜二世时期，以卢布计算的俄国年度进出口总额增长了 2 倍。在整个 18 世纪，俄国的出口值远远大于进口值。[②]

从人口变化来看，一方面反映在叶卡捷琳娜二世时期人口的增长上。在彼得大帝时期俄国人口是静止的，在 1725 年的俄国版图内，居住着约 1300 万人，1762 年增至 1900 万人，1796 年达 2900 万人，到 18 世纪末已超过 3600 万人，这其中由于叶卡捷琳娜对外扩张带来的新臣民约 700 万人。另一方面反映在城市人口也有所增加上。1724 年俄国城市人口占全国人口的比例为 3%，到 1796 年上升为 4.1%。

从教育与文化来看，在彼得一世去世后，俄国教育出现了衰退，但在 1755 年创办了俄国第一所大学——莫斯科大学，该大学刚创办时只有 10 名教授与一些助教，10 名教授中只有两位是俄国人，一位是数学家，一

---

① 参见［美］尼古拉·梁赞诺夫斯基等《俄罗斯史》（第 7 版），杨烨等译，上海人民出版社 2007 年版，第 259 页。

② 同上书，第 261 页。

位是修辞学家。10 年后教授增加了 1 倍，其中俄国人已占了半数。学校最初授课用拉丁语，从 1767 年起改用俄语。在文化方面有了较大进步，彼得大帝时期俄国出版了 600 种书，1725 年到 1775 年出版了 2000 本书，1775 年到 1800 年出版了 7500 本书，1783 年叶卡捷琳娜二世私人出版社颁发许可证，这对推动出版有重要作用。在科学与学术研究方面，女皇一直提倡学习西方，吸收现代科学、知识与艺术。①

以上简要分析说明，叶卡捷琳娜大帝时期，从改革对俄国向现代化方面的影响来看，确有积极意义。从俄国历史的发展来看，也是一个非常重要的时期，所以有人称她是在俄国创造了历史的杰出英雄人物。

第二节　从亚历山大一世(1801 年)到尼古拉一世(1855 年)

1801 年 3 月，以粗鲁、暴戾与难以预测行事为风格的保罗在宫廷政变中丧命，随后其子亚历山大一世登上皇位。新沙皇执政的最初时期，曾打算废除专制制度与农奴制。但如若这样做，当时对俄国来说有很大的风险与困难：一是农奴制代表着俄帝国的最大利益，必然影响着对俄国极为重要的贵族阶级；二是废除专制制度转向共和国，将会削弱皇权。这些使亚历山大一世很快打消了以上念头。但他还是采取了诸如恢复参政院等措施，并实施了一些有限的社会立法，如 1801 年将财产拥有权从贵族延伸到俄国的一切自由民，《自由农民法》于 1803 年生效，该法规定农奴主有权自愿解放农奴，保证被解放的农奴拥有土地，并建立相关的规章与法庭以确保法案的实施。但从这一法案开始实施到该法于半个世纪后"大变革"前夕被废除为止，总共只有 384 名农奴主依据该法解放了 115734 名从事非家务劳动的男性农奴和他们的家庭。②

1807—1812 年是亚历山大一世改革的第二阶段。作为皇帝助手的斯佩兰斯基，于 1809 年应亚历山大一世的要求，提交了一份彻底的宪政改革计划。该改革计划的主要内容为：一是把俄国人分为三类，即贵族、中等地

---

① 参见［美］尼古拉·梁赞诺夫斯基等《俄罗斯史》(第 7 版)，杨烨等译，上海人民出版社 2007 年版，第 268—271 页。

② 同上书，第 283—284 页。

位的人（包括商人、工匠、农民以及拥有一定资产的小经营者）和劳动者（包括农奴、仆役和学徒）。二是该计划也规定了三项权利：一般的公民权利；特殊的公民权利，如免除各种服役；受财产资格限制的政治权利。其中：贵族拥有所有权利；中等地位的人享有一般公民权利，如果财产达到一定要求，也拥有相应的政治权利；劳动者也享有一般公民权利，但由于没有足够的财产，没有参与政治的权利。三是把俄国的行政划分为四个级别：乡或镇（Volost）、县、省和国家。每一级均设有以下机构：（1）立法会或杜马，全国一级的立法机构称国家杜马；（2）法院系统，其中参政院是最高法院；（3）各级行政委员会，在中央一级包括各部及中央执行权力机关。需要指出的是，亚历山大一世未能实施斯佩兰斯基的改革计划，一个重要原因是遭到官僚与贵族的反对。但是在亚历山大一世和斯佩兰斯基的努力下，在立法方面还是取得了一些进展，主要表现在1810年创建了国务会议，国务委员会的成员由沙皇任命，协助沙皇开展立法工作，但无权限制专制政府。尽管委员会倾向于极端保守，但还是强调法制、能力和按程序办事的精神。还应看到，在国务会议创立后俄国的历史中，"所有重大改革方案都是由国务会议经正规程序通过的，历届政府的几乎所有最有害的法令，都是在国务会议的职权之外，作为行政法规通过的，名义上都只是暂时性的措施"。另一项重要改革措施是，在斯佩兰斯基的努力下，通过采用文官考试制度及其他旨在强调文官的业绩及提高政府效率的措施，俄国的官僚机构有所加强。①

由于俄国国内情况日益恶化，阶级矛盾十分尖锐，俄国封建王朝日趋腐朽衰落，在此背景下，俄国历史上出现了第一个革命组织，后被称为十二月党人，因他们在1825年12月发动了一场不成功的起义。十二月党人是由一批年轻的贵族革命家组成的。起义虽然失败了，但这是俄国反封建革命运动的新起点，他们企图在俄国建立宪政，实现基本的自由并废除农奴制。列宁在评价十二月党人的历史地位时指出："这些革命者的圈子是狭小的。他们同人民的距离非常远。但是，他们的事业没有落空。"②

1825年12月，亚历山大一世死去，转入尼古拉一世统治时期

---

① 有关斯佩兰斯基改革计划的论述，笔者参考了［美］尼古拉·梁赞诺夫斯基等《俄罗斯史》（第7版）（杨烨等译，上海人民出版社2007年版）第284—285页的相关内容。

② 《列宁全集》第21卷，人民出版社1990年版，第267页。

（1825—1855 年）。他在继位时发生了十二月党人起义。这使这位新沙皇下决心要与革命党人进行彻底的斗争。他热衷于军事，在其统治后期，他的亲信中几乎没有文职人员。这个长达 30 年的统治时期，被认为是俄国历史上最为反动腐朽的一个时期。面对欧洲资本主义的迅猛发展，尼古拉一世竭尽全力挽救农奴制与封建贵族专制制度。他曾说过："革命到了俄国的门坎，但我发誓，只要我还有一口气，绝不会让它闯进来……"①

在国内政治方面，他实行高度专权的军事化管理，把全俄国变成高度集权统治的兵营；在文化思想方面，实行严格的监控，为此成立的第三厅即政治警察，成为尼古拉一世独裁统治的象征。对这些国家新卫士们的工作，史学家是这样描述的："他们试图介入人民的全部生活，实际上他们干涉一切可以不干涉的事情：家庭生活、商业交易、私人争吵、发明项目、见习修士从修道院逃跑等等，秘密警察对这一切都感兴趣。同时第三厅还收到不计其数的陈情书、投诉、告发信，他们每封信都要调查，都要立案。"② 第三厅还对普希金进行严密监控并授意撰写为俄国现存制度辩护的文章。在这种背景下，告密者大大增加，而虚假的密报之多，使第三厅不得不着手惩罚一些告密者，并焚烧大量的密报。

总之，尼古拉一世统治期间，实际上把俄国冻结了 30 年，而此时欧洲各国正经历着种种变革，从而又大大推迟了俄国欧化的进程。

第三节　农民改革：俄国农奴制度废除与
迈向现代化的重要一步

对 1861 年俄国废除农奴制的改革，有人称为"大改革"，有人称为是一场自上而下的经济变革，也有人称为"农民改革"。用词虽有差别，但实质内容大体上是相同的——废除农奴制，也就是说，通过这个大改革解放农奴，使其获得人身自由，从而逐步使主导社会经济形态的资本主义在俄国建立，向现代化迈出了重要一步。

---

① ［苏］波诺马廖夫主编：《苏联史》第四卷，莫斯科，科学出版社 1967 年俄文版，第 260 页。

② ［美］尼古拉·梁赞诺夫斯基等：《俄罗斯史》（第 7 版），杨烨等译，上海人民出版社 2007 年版，第 302 页。

一 农民改革的原因

1855 年 2 月，在克里米亚战争失败已成定局的形势下，尼古拉一世服毒自杀，亚历山大二世在 37 岁时继承了其父尼古拉一世的皇位。不少历史学家断定，新皇帝在继承皇位前是个顺从父亲的儿子，并没有显示出自由倾向，实际上他的一生一直保持这种保守心态，他决定进行废除农奴制的大改革，是由于形势所迫。从大量的史料来看，笔者认为，亚历山大二世 1861 年的大改革，是由以下重要原因决定的。

第一，从当时的国际环境看，在 19 世纪中期，沙皇俄国与欧洲的旧势力勾结在一起镇压了 1848 年的革命，使俄国成为欧洲阻碍乃至抗衡资本主义发展的主要力量。同时，随着克里米亚战争的失败，不仅使俄国失去了主导欧洲大陆的霸主地位，还在经济实力上进一步拉开了与欧洲资本主义国家的距离。与此同时，充分显露了俄国封建农奴制的腐败。正如列宁所指出的："克里木（指克里米亚——引者注）战争表明了农奴制俄国的腐败和无能。"[1] 如果不废除农奴制，俄国将会进一步衰落下去，在欧洲就失去了应有的地位。这正如赫尔岑所说："如果在俄国奴隶制将继续存在下去，那么，一切最终结果将是，我们像一群野蛮人那样闯入欧洲，将一切踏碎，将一切都毁掉，而自身也将在这种绝望的行动中毁灭。"[2]

第二，由于长期没有发生根本性变革的农奴制的存在，导致其经济效率十分低下，这种生产方式不具有在国际市场上竞争的比较优势，成为生产社会化与资本主义工业化的主要障碍。再说，到了 19 世纪中期，许多地主特别是一些小地主，已经不能养活自己的农奴，不少贵族积累了大量债务。在此情况下，在 19 世纪前半期，自由劳动力，无论是真的自由身份还是其他农奴主的合同债务农奴的身份，已经普遍地存在于俄国经济中。有关资料显示，1811 年农奴占总人口的比重为 58%，在大改革的前夕为 44.5%。[3] 这在客观上已反映出，农奴制在大改革前，由于日益变得不合时宜，已出现了日益松散的状态。

---

① 《列宁全集》第 20 卷，人民出版社 1989 年版，第 174 页。

② ［俄］安·米格拉尼扬：《俄罗斯现代化之路——为何如此曲折》，徐葵等译，新华出版社 2002 年版，第 5 页。

③ 参见［美］尼古拉·梁赞诺夫斯基等《俄罗斯史》（第 7 版），杨烨等译，上海人民出版社 2007 年版，第 340 页。

第三，由于克里米亚战争失败与农奴制的严重腐败，生产效率的极其低下，所有这些，导致俄国国内阶级矛盾尖锐化，引发了反农奴斗争的加剧，加剧了俄国封建专制制度的全面危机。根据俄官方统计，在废除农奴制之前，曾发生了550次农民起义，而苏联历史学家伊格纳托维奇则认为，农民起义的次数达1467次，并且进行了详细的分类：1801年到1825年农民暴乱有281次，占总数的19%；1826年到1854年农民暴乱有712次，占总数的49%；在亚历山大二世废除农奴制的六年零两个月里发生了474次，占总数的32%。不少苏联历史学家认为，农民暴动在农奴解放中起到至关重要的作用，可以说事实上是经历了一场革命。这也是亚历山大二世在登基一年后的加冕礼上说，与其等待农奴自下而上地解放自己，不如主动地自上而下地废除农奴制的一个因素。

第四，不能忽视的道德因素。十二月党人、斯拉夫文化优越主义者、西方化人士，以及由于当时俄国文学进入繁荣期，导致人道主义的情感越来越普遍与强烈。在不少小说中描写了农奴精疲力竭、痛苦不堪的悲惨情景，他们给人们留下的是难以忘怀的极为同情的人群。人们日益意识到农奴制的不人道，不能再继续实行这种制度了，这种道德观对废除农奴制有着促进作用。

以上废除农奴制的四个原因，是相互联系、相互促进的。

二　农民改革的主要内容——废除农奴制

在正式宣布废除农奴制的1861年前，亚历山大二世在结束克里米亚战争的宣言中已承诺要改革，在战争结束前他就已颁布了一些措施，废除了尼古拉一世后期一些严厉的规定，如对出国旅游和大学入学人数的限制。1856年3月30日，在莫斯科的贵族院发表演说时，他就第一次宣布要废除农奴制。他说："农民和他们的地主之间存在着敌对情绪，不幸的是由于这种敌对情绪，发生了一些不服地主管束的事情。我深信，我们迟早会解决这个问题。我想，诸位是同意我的意见的，因而从上面解决比由下面解决好得多。"[①] 为了推动农奴的解放，对此问题展开公开讨论，亚历山大二世还取消了限制报刊讨论废除农奴制的禁令。一些历史专家认为，在当时沙

---

① 转引自刘祖熙《改革与革命——俄国现代化研究（1861—1971）》，北京大学出版社2001年版，第15页。

皇政府中有不少自由主义倾向的成员，都在努力唤醒民众，认识废除农奴制的必要性，力求在大改革过程中培育具有现代市民意识的阶层。从组织上来说，1858 年各省成立了贵族委员会讨论解放农奴的问题，同时在圣彼得堡成立了由 9 名人员组成的中央委员会。这时，在俄国，除了少数顽固的地主贵族外，大部分已认清了当时俄国的处境，接受了政府解放农奴的改革，当然，他们也提出改革要尽可能在对其有利的方式下进行。经过 5 年的准备与策划，以及 20 个月的文件起草工作后，国务会议通过了改革计划，亚历山大二世在 1861 年 3 月 3 日（俄历 2 月 19 日）签署了《关于农民脱离农奴依附关系的总法令》与废除农奴制的《宣言》，并于 3 月 5 日（俄历 2 月 21 日）正式颁布这两项文件。总法令规定农民改革的基本原则，明确宣布自法令公布之日起，农民获得人身自由和支配自身财产的权利，禁止买卖或交换农奴；贵族地主保留原土地的所有权，但须将其部分土地划为农民的份地作为耕种使用；农民获得份地的同时必须承担劳役租、代役租并履行为贵族地主服务的义务；农民占有份地和服役的数量由契约规定，而契约由贵族地主制定并负责监督实施；在征得地主贵族同意的前提下，农民缴纳赎金后可将份地归自己占有。[①] 关于土地分配的有关条款十分复杂，在不同地区亦不相同。经过这次改革，农民大致获得以前耕地的一半，另一半仍然留在地主贵族手里。还应看到，分配给以前的农奴的土地严重不足，从有关条款规定来说，农奴应该获得 1861 年以前他们自己耕种的所有土地的面积，但实际所得到的土地少了 18%，有些地区甚至少了 40%。据有关统计，这次改革后有 13% 的农奴获得了足够的自由土地，45% 的农奴获得的土地可以维持自己的家庭生计，42% 的农奴没有获得足够的土地。在改革后，3000 名贵族保留了 9500 万俄亩的土地，而 2000 万被解放的农奴获得了 1.16 亿俄亩土地。[②]

随着农民改革的进行，亚历山大二世还着手进行地方政府的改革。1864 年 1 月所颁布的新法律，反映了地方政府强烈现代化与民主化的趋势。实行地方自治是地方政府改革的一项重要内容，它激发了地方政府的积极性与主动性。尽管地方政府改革存在不少问题，如"地方自治"机

---

① 参见陆南泉等主编《苏联兴亡史论》，人民出版社 2004 年修订版，第 81 页。
② 参见［美］尼古拉·梁赞诺夫斯基等《俄罗斯史》（第 7 版），杨烨等译，上海人民出版社 2007 年版，第 341—344 页。

构税收权力有限，在区一级议会中贵族所占的席位过多，一般要占42%，在省级的议会中要占到74%，在"地方自治"委员会占了62%。但成立一个"地方自治"系统，对长期实行专制独裁的俄国来说，无疑是向民主方向迈出了一大步。还应看到，"地方自治"制度在不少地区发挥了一定的作用。有人认为，这个制度从1864年建立起到1917年俄国消亡，在大众医疗与教育等方面做出了不少贡献。在1864年推行"地方自治"改革后，在法律系统特别是立法方面的改革，使司法机构不再是行政官僚制度的一个组成部分，而成为一个独立部门，司法的独立体现了资产阶级的"三权分立"的思想，俄国再也不可能回到农奴制或大改革之前的司法状况了。1874年俄国又进行了军队改革，主要内容是义务服役从低级阶层扩展到所有的俄国人，服役期限也从亚历山大二世统治初期的25年缩短到1874年改革后的6年。在军队废除肉体惩罚，提高军官的专业素质，并使军队内部更加民主，建立专门的军队院校，对应征入伍者进行初级教育。所有这些改革措施，对推进俄国整个国家现代化和民主化均有重要意义。

从转型对现代化影响的视角来分析，1861年俄国以废除农奴制为主要内容的农民改革及其带动的其他改革，无疑加速了俄国从封建专制制度向资本主义制度过渡的进程，促进了资本主义生产关系的发展，对俄国社会经济的变革、发展有深远的影响。1861年改革后，俄国一些较为发达的农村地区，农业生产专业化与农产品的商业化有了一定的发展，农业机器使用也有一定的推广，雇佣工人也从60年代的70万人增加到90年代的360万人。资本主义的工业也有了发展。在1861年改革后的30年间，作为主要工业的机器制造业的发展，与军工发展有密切的关系。在70年代，俄国主要铁路干线已基本建成。铁路从1861年的1488俄里（1俄里相当于1.0668公里）增加到1891年的2.8万俄里，1900年达到4.78万俄里。[1]

俄国1861年改革以来的变化，也反映了欧洲自由主义思想在俄国得到传播并在激进的知识分子阶层得到认可。

对亚历山大二世的农民改革，俄罗斯学者的评价是："奴隶制废除后，居民的绝大多数在俄国历史上第一次获得了最起码的权利。其中包括

---

[1]　参见陆南泉等主编《苏联兴亡史论》，人民出版社2004年修订版，第86页。

支配自己生活的权利、自由迁徙的权利、财产权。像独块巨石般的整体社会的破坏过程开始了。亚历山大的改革在某种程度上遏制了贵族的绝对专断。农民和贵族的分化、城市和工业的发展、独立的强有力的经济中心的出现，使得一部分俄国居民产生了向国家要更多自由的愿望。特别是资产者及雇员这样的城市居民，以及成了独立主人的那部分农民有这种愿望。尽管俄国各阶级政治上无权的状况并没有改变，缺少行使公共权利的环境，但相当大的一部分居民获得了一些权利，这仍是一个巨大的进步。俄国沿着资本主义道路的进一步发展，深化和加强了这一进程。知识分子、居民中的受教育阶层、大小资产阶级、工人阶级和个体农户的增多，为进一步的演进发展创造了必要的前提，也使人们更加相信只有进行政治体制改革，个人才有可能获得基本的公民权利。遗憾的是，由于亚历山大二世遇刺的悲剧事件的发生，使这种情况没有出现。"[①]

应该说，上述评价较为客观与全面。

第四节　农民改革之后的两次革命

亚历山大二世被暗杀之后，1845 年出生的亚历山大三世于 1881 年继承了俄国王位。从此开始，一直到 1917 年十月革命长达 37 年的时间里，经历了 1905 年革命与 1917 年的二月革命，其中有些年份进行了一些改革。这是俄国沙皇统治危机日益深化，各种反抗活动频繁发生的历史时期。

亚历山大三世执政后，不仅没有继承其父王亚历山大二世推行的进步措施，反而实施了反改革措施。他的基本信念是：沙皇掌控的不受限制的个人权力是神圣的和必要的。这位新统治者竭力维持俄国体制的中央集权化、官僚化和等级制度，为此，他一方面决心镇压革命以保证其独裁统治；另一方面在改革方面不断倒退，这表现在诸多领域，例如在 1881 年夏公布的《临时性法令》赋予了政府官员广泛的权力，可以处置各种出版物与被认为会危害公共秩序的人。军事法庭草率地搜查、逮捕、监禁、流放与判决成为司空见惯的事情。1884 年颁布的大学规章，取代了 1863

---

① ［俄］安·米格拉尼扬：《俄罗斯现代化之路——为何如此曲折》，徐葵等译，新华出版社 2002 年版，第 18—19 页。

年颁布的较有自由色彩的规章，取消了大学的自主权，不允许学生在学校建立社团，大大压缩了教育经费。亚历山大三世利用一些机会来支持贵族，强调贵族在俄国的领导地位，同时对农民加以种种严格限制。他对亚历山大二世建立的"地方自治"体系进行了重大的变革，通过大大提高投票权对资产多寡的规定，使选民数量大大减少，如在圣彼得堡选民数量从21000人下降到8000人，莫斯科地区则从20000人下降到7000人[①]，这样做，使贵族的代表权明显提高。由于以上原因，亚历山大三世在俄国历史上以"改革反对者"著称。

1894年亚历山大三世去世后，由他的长子尼古拉二世继位。这位皇帝对彼得大帝时期的俄国有着浓厚的怀旧情结，他认为："沙皇不受限制的个人权力是俄国实力和稳定乃至整个国家进步的唯一保障。"即使在1905年，在被迫对大规模的骚乱做出回应并同意建立全国代表大会的要求时，他还说："让我们仍如昔日那样建立起沙皇与全俄人民之间的联盟还有朕与子民之间的融洽关系，这些都以一种与独一无二的俄罗斯原则相对应的秩序为基础。"[②] 一般都认为，尼古拉二世统治时期是极端保守主义的。但要指出的是，这个时期担任财政大臣的谢尔盖·维特着重在经济领域采取了一些比俄国政府其他部门较有进步的与有远见的政策，他改革的主要内容与政绩有：

第一，积极引进外国资产阶级的资本，推动外国资本与沙皇政府的合作。19世纪90年代俄国工业中的外资由2亿卢布增加到9亿卢布，外资在俄国全部股份资本中所占有的比重由1890年的1/3强增加到1900年的1/2。[③] 外资主要投向冶金、机械制造、石油和煤炭等重工业部门，1890年冶金业的外资为2700万卢布，1900年增加到2.573亿卢布。[④] 这一政策转向对俄国工业的发展起到不小的作用，但也导致了一个后果，即使俄国在经济上特别是在一些主要工业部门依赖于欧美国家。

第二，进行货币改革（1897年），并使卢布在市场上价格降低1/3。从经济现代化或欧化视角来讲，这一改革的重要意义在于使俄国的金融体

---

① 转引自［美］尼古拉·梁赞诺夫斯基等《俄罗斯史》（第7版），杨烨等译，上海人民出版社2007年版，第362页。

② 同上书，第364页。

③ 樊亢：《外国经济史》第2卷，人民出版社1965年版，第191页。

④ 转引自张建华《俄国现代化道路研究》，北京师范大学出版社2002年版，第74页。

制与欧美国家接轨，有利于俄国与国际金融市场的联系，并为引进外资创造了条件。

第三，修建西伯利亚大铁路。维特认为，俄国经济发展缓慢，生产率低下，在诸多原因中，交通不发达是一个重要因素。19世纪90年代直接投资于铁路建设的资金为16.9亿卢布，为国有资产的一半。1891—1895年新建铁路里程达到6275俄里，1901年猛增到56130俄里。在维特任期内，俄国新建铁路里程占全俄铁路里程的37%，其中，1893—1900年每年的铁路建设里程平均为2600公里。[①]大规模地快速发展铁路，带动了其他工业部门的发展，促进了俄国与国际市场的联系，这为俄国加速资本主义生产方式的建立创造了条件，从而也为俄国从封建农奴制度向资本主义工业化过渡起到了重要的推动作用。

第四，通过实行高关税保护俄国民族工业的发展。当俄国在19世纪80年代工业发展有了相当基础之后，在有些欧洲国家如德国实行高关税的情况下，维特决定提高关税以保护尚难与发达的欧美国家竞争的本国民族工业，增加财政收入。

维特除实施上述经济改革政策外，还实行酒类专卖制，制定斯托雷平改革的基本原则。

尼古拉二世统治后期，即到了19世纪90年代初，一方面，工业迅速发展，在俄国资本主义终于取得了优势地位；另一方面，俄国仍然是沙皇专制统治、小农经济占国民经济总产值2/3的封建主导型国家。加上1861年的农民改革，也没有从根本上改善农民的政治地位与生活条件，农奴为了获得土地要花大量赎金，使他们背负着沉重债务，只是到了1905年农奴所需偿还债务才被最终废除。另外，尼古拉二世执政后又推行了一系列反改革措施。以上各种因素，导致俄国国内封建主义与资本主义的矛盾加剧，并出现了直接对抗。以农民为主要力量的社会各阶层反封建专制主义斗争日益高涨。与此同时，工人阶级力量开始壮大与觉醒，对封建沙皇专制制度持严厉批判态度的激进政治精英，于1903年建立解放联盟，又于1905年组建了立宪民主党。激进主义者在世纪之交组织了两个重要政党：社会民主党与社会革命党。

---

① 参见［苏］梁士琴科《苏联国民经济史》第2卷，中国人民大学编译室译，人民出版社1956年版，第213页。

20 世纪初，俄国国内工人游行示威、罢工活动在全国蔓延。沙皇政府对人民的反抗进行了残酷的镇压，但这并没有扑灭革命的烈火，1906年和1907年仍有110万人及74万人参加了罢工。1906年5—8月间有250个县、9—12月间有72个县爆发了农民起义。军队内部的士兵抗暴斗争也时有发生。

另外，这一时期国家杜马已成为两大势力争斗的舞台。国家杜马一直是由封建贵族控制的，在1905年革命浪潮的冲击下，沙皇政府不得不做出让步，允许社会其他阶级参加杜马选举。封建统治者在反封建斗争浪潮中被迫实行部分的立宪制。这是俄国第一次资产阶级革命取得的一个重要成果，因为沙皇专制统治制度终究被打开了一个缺口。

1906年3月的国家杜马选举，共选出代表499名，其中立宪民主党人166名，无党派人士144名，农民和工人代表（包括社会革命党人）130—140名，社会民主党人18名（均为孟什维克）。立宪民主党人当选为国家杜马主席。随后，在本届国家杜马活动期间（1609年5月10日至7月21日），土地问题成为议会斗争的核心议题。1907年初新一届国家杜马共选举出代表518名，其中立宪民主党人98名，社会革命党人、农民和工人代表及人民社会党人共157名，社会民主党人54名，布尔什维克参加了此次杜马选举，获15席。立宪民主党人再次当选杜马主席。新一届国家杜马活动期间（1907年3月5日至6月15日），土地问题依然是革命与反革命较量的中心问题。尽管两届国家杜马存在的时间都很短暂，但都是以新的方式和手段，围绕资产阶级民主革命的首要问题——土地问题，同封建贵族进行了较量，从而将革命进程推到了一个新的高度。①

广泛的群众性起义与种种反抗活动，迫使沙皇封建统治者在政治上做了一些让步。但革命进步势力居主导地位的国家杜马日益强烈要求解决俄国最为迫切的土地问题，而这正是贵族地主难以容忍的。1907年6月初，沙皇政府以国家杜马中的革命党人代表在军队中谋反为借口，将他们逮捕，并随即发布命令解散第二届国家杜马。这次事件史称"六三政变"。一般史书以此为界，认为它意味着俄国1905年革命的终结，并将以后的时期称作"斯托雷平政府反动统治时期"。所以，在论述1905年开始的俄国资产阶级民主革命问题时，还应把斯托雷平政府执政时期的有关政策

---

① 参见陆南泉等主编《苏联兴亡史论》，人民出版社2004年修订版，第94页。

包括进去。"六三政变"后,斯托雷平一方面实行残酷的镇压政策,另一方面实行土地改革,成为俄国最大的自由主义改革家。当时斯托雷平决心实行土地改革,主要出于以下的考虑:一是从国际比较来看,与欧洲国家相比,俄国的经济特别是农业制度大大落后了,必须向欧洲学习,为此,改革旧的土地制度与从根本上废除村社制度已成为一个迫切的问题;二是不论是斯托雷平本人还是一些有远见的贵族都认识到,村社完全是封建制度的典型残余,它既阻碍经济的独立发展,还使已经获得自由身份的农民难以摆脱对村社的依赖,还得继续忍受村社官吏的残暴统治,从而导致农民日益疏远沙皇的政权;三是由于旧的土地制度束缚了农民的积极性,导致生产效率极低,农民生活十分贫困。斯托雷平认为,村社是制约俄国农民走向富裕的主要枷锁,贫困比奴隶地位更可怕,是造成社会不稳定的主要原因。

鉴于上述原因,斯托雷平有关土地改革的规定与主要内容是:允许农民自由和随时退出村社。将农村村社分为两种:一种是在不实行定期重分的土地的村社中,将土地直接归农民所有;另一种是在实行定期重分的土地的村社中,任何农户都可以把重分土地时所有应划归他的土地确定为私人所有。当农户占有土地超过应分限额时,超额部分只要向村社支付1861年的赎地价格即可确定为原耕种者所有。当分得的地段零散时,农户有权提出要求,让村社将划给他的土地尽可能集中在一起。所有划归农民私有的土地,都可以自由买卖和抵押。原村社的公共产业,如草地、森林、水源仍为公有。

法令还规定:除去村社中划分给个人的土地外,只要在个别农户土地所有制的农村中由全体农民的大多数投票决定、在村社土地所有制的农村中由全体农民的2/3以上投票决定,法令即允许把全部村社转变为独立地段的农户所有。这一条对鼓励大农场主的出现无疑起到了促进作用。

为配合土地改革政策,从1906年开始,沙皇政府大规模地将欧俄地区的农民迁移到西伯利亚、中亚和远东等地区。1906—1910年共有250万农民移民到西伯利亚、中亚和远东等地区。

在这次土地改革过程中,农奴制改革后建立的农民土地银行发挥了重要作用,沙皇政府将农民土地银行作为新土地政策的工具。该银行接受破产农民的委托,向退出村社的富裕农民出卖土地。1906—1916年,农民土地银行收购的土地卖给富农的占 54.6%，卖给农民的占 23.4%，卖给村社的占 17%，卖给其他阶层的人占 5%。在 1905 年至 1911 年期间，农民单独或集体地获得了 486.84 万俄亩的土地。此外，商人、手工业者获得了 104.34 俄亩的土地。因此，银行在自己的事务中实施了那种奠定斯托雷平改革之基础的政策——建立个体富农经济的政策。① 斯托雷平在进行土地改革的同时，还在政治方面推进地方自治制度的改革。

　　斯托雷平的土地改革，虽从本质上来讲是为了维护封建贵族与沙皇的统治，但从社会进步与国家现代化转变角度来讲，土地改革在客观上破坏了俄国传统的封建土地所有制，从而动摇了俄国数百年的封建专制制度的经济基础，加速了农村资产阶级的形成与发展，强化了在经济中市场经济原则的作用，也为形成多种经济成分、提高经济效率与在国际经济中的竞争能力创造了重要条件。列宁在评价斯托雷平土地改革问题时指出："拿右派地主和十月党人所赞同的斯托雷平纲领来说吧。这是公开的地主纲领。但是能不能说，它在经济上是反动的，是排斥或力图排斥资本主义发展的呢？能不能说它是不允许资产阶级的农业演进的呢？绝对不能这样说。相反，斯托雷平按根本法第 87 条颁布的有名的土地法贯穿着纯资产阶级的精神。毫无疑问，这项法律所遵循的是资本主义演进的路线，它促进和推动这一演进，加速对农民的剥夺，加速村社的瓦解，使农民资产阶级更快地形成。从科学的经济学来讲，这项法律无疑是进步的。"②

　　由于 20 世纪初世界资本主义经济发生了重大变化，由自由竞争发展到国家垄断，从而导致主要大国为了重新划分势力范围爆发了以欧洲列强为核心与以欧洲为主要战场的第一次世界大战。而作为这次战争的主要发动者与参与者，俄国不断遭到失败，使得俄国国内社会矛盾进一步加剧，大量的军费开支使国内广大民众的生活更加困难。终于在 1917 年 3 月 8 日到 11 日（俄历 2 月 23 日到 26 日），在俄国首都圣彼得堡由于严重缺乏面包和煤炭而发生了骚乱与示威活动，并且不断扩大，沙皇政府派去镇压民众的后备部队倒戈，首都市内再也没有其他军队。谁也没有预见到这次最缺乏领导的、最自发的二月革命，最终推翻了罗曼诺夫王朝长达 300 年

---

　　① 有关斯托雷平土地改革的主要内容，笔者引用了张建华《俄国现代化道路研究》（北京师范大学出版社 2002 年版）第 107—108 页的相关论述。

　　② 《列宁全集》第 16 卷，人民出版社 1988 年版，第 209 页。

的军事封建统治，从而为俄罗斯的新生创造了历史性的机遇。二月革命是资产阶级性质的民主革命，它比 1905 年革命更具深远意义，它一开始就旗帜鲜明地把斗争目标定为推翻沙皇政权。二月革命后出现了"两个政权并存"的局面，即以临时政府为代表的资产阶级专政和以工兵为代表的工农专政。但要指出的是，"两个政权"虽各自的表现方式不尽相同，但其资产阶级民主革命的方向是一致的。二月革命后俄国社会形势发生了重大变化，变得十分混浊，但广大民众最为关心的和平、土地、面包与民族自治问题，不仅一个也没解决，反而变得更加尖锐了。十分明显，二月革命也只能是完成俄国资产阶级民主革命任务的开端，而这一革命进程的结束，对于封建专制制度根深蒂固的俄国来说，将是一个长期、复杂的过程。

我们在这一章，简要地论述了从彼得大帝开始一直到 1917 年十月革命前俄国现代化的进程，可以清晰地看到，俄国现代化具有以下特点：

第一，不论是通过改革使体制转型来推进现代化，还是通过革命来推动现代化，总的来看，都是"自下而上"进行的，都是出于形势所迫。

第二，俄国的现代化往往与对外扩张相联系，因此，在发展工业时往往首先发展与军工有关的部门。正如俄罗斯学者所指出的："一千年来，征服、恫吓及奴役是俄罗斯民族精神的主要表现形式和证明形式。这种情况并没有使俄国知识分子获得自由感、自豪感或庄严感。对俄国来说，对外的每一次胜利都造成了国内的巨大失败，导致了不自由成分的加强。民族的自我肯定是通过地理扩张达到的。"[1]

第三，每一次改革都遭到封建贵族的强烈反对，这是因为，正如上面所指出的，在俄国改革是"自下而上"进行的，改革的领导者是封建贵族，是各时期的沙皇，而改革的对象亦是这些人，因此，改革中的矛盾斗争必然是十分激烈的，历次改革都不可能是彻底的，有很大的局限性。另外，每次改革也不允许动摇封建贵族的统治地位。

第四，俄国的现代化进程是十分曲折的、缓慢的，这是因为俄国有别于其他欧洲国家，它长期保留着农奴制及与此相关的种种畸形表现，如沙皇个人专权、独裁，没有任何法律意识，国家就是一切，俄国以国家吞没

---

[1]　［俄］安·米格拉尼扬：《俄罗斯现代化之路——为何如此曲折》，徐葵等译，新华出版社 2002 年版，第 10 页。

了一切，等等。

　　第五，由于俄国在历史上一直落后于欧洲，因此，它的现代化一直具有"赶超"欧洲的特点。但在这种"赶超"或者说学习欧洲还是欧化过程中，俄国都尽力保持自身的传统，因此，在现代化过程中经常出现俄国特殊性与世界普世性（或共性）之间的矛盾。这种矛盾突出反映在，俄国在向欧洲学习现代化时，主要是在经济、技术与军事层面，而在社会层面，如民主、政治、法制、自由与个人权利等方面，往往是十分谨慎乃至抵制的。这亦是俄国现代化迟缓的一个不可忽视的因素。

　　另外，应当指出的是，在俄国现代化进程中城市化取得了进展。在叶卡捷琳娜二世统治时期的 1775 年至 1785 年，建立了 162 座新城市，其中146 座位于欧洲地区。1861 年废除农奴制之后，随着工业与铁路的发展，俄国城市建设有了较快发展，城市、城镇日益增加。到 1897 年，俄国百万人以上的大城市有圣彼得堡市和莫斯科市，分别拥有 126.5 万和 103.9万人口[①]；10 万人以上的城市有 19 个。城市人口总数达 1460 万，占总人口的比重为 13%。俄国欧洲部分共有城市 377 座，其中 140 座分布在中央经济区，占 37.1%。1900 年，俄国的城市化水平仅为欧洲的 1/3—1/2。十月革命前，俄国共有城市 655 座，其中 407 座位于欧洲地区，西伯利亚和远东地区有 79 座。城市人口数量为 2800 万，约占全国总人口的 18%。[②]

---

　　①　Население России за 100 лет, 1998；Т. Нефедова，П. Полян，А. Трейвиш，Город и деревня в Европейской России：сто лет перемен，М.：ОГИ，2001. стр. 533.

　　②　参见高际香《俄罗斯城市化与城市发展》，《俄罗斯东欧中亚研究》2014 年第 1 期。

第二章

十月革命前俄国政治与
经济的主要特点

我们从前一章论述俄国现代化进程中可以看到，尽管这一过程曲折缓慢、矛盾重重，但客观条件还是迫使俄国向现代化方向推进。从社会转型与现代化的关系看，俄国国家制度总体上实现了由封建农奴制向资本主义体制过渡；经济体制由传统农业经济向现代化工业经济转变，从而商品经济冲破了自然经济，使资本主义经济得到发展。但是，社会转型在推动俄国现代化过程中所遇到的阻力，要比欧洲国家大得多，其原因甚多，但在笔者看来主要有以下两个因素：

一是农奴制存在的时间漫长，它在俄国维持了370年的统治，就是在1861年解放农奴的改革和斯托雷平土地改革之后，到20世纪初封建贵族地主占有的土地仍超过其他成分60%。这说明在俄国农奴制的残余是十分浓重的，这不能不影响俄国资本主义的发展与现代化的进程。

二是一直难以摆脱"现代化"与"传统"之间的矛盾。俄国的每次改革都十分清楚地展示，一方面要学习欧洲，另一方面又强烈地设法保持俄罗斯的传统；或者说，一方面看到现代化的"普世性"，另一方面又强调"俄罗斯的特殊性"。俄国在现代化的过程中，"都表现出了强烈的文化对抗特征，这种对抗不仅表现为'传统'与'现代'的对抗，而且表现为'本土'与'外来'的对抗。俄罗斯现代化就是在这两种对抗的激烈冲突中踯躅向前的。其激烈的程度，历时之长久，都是'西方'国家无可比拟的。西方国家现代化也充斥着转型的冲突，但不会存在'本土'与'外来'之争，也不会像俄罗斯这样始终困惑于是否应坚守一个'俄罗斯特殊性'"。因此，可以说："自彼得大帝开始，在世界时间的宏观时空背景下，俄罗斯进入到特殊性与普世性、传统性与现代性二元冲突、互异、融构的民族精神苦难历程。"①

经过漫长时期的社会经济转型，在国家迈向现代化取得进展之后，在 1917 年十月革命前的俄国，按列宁的说法仍是一个具有特色的"军事封建帝国主义"国家。俄国的资本主义在相当程度上是在封建体制中运行的。正如列宁所指出的，俄国的"现代资本主义帝国可以说是被前资本主义关系的密网紧紧缠绕着"②。因此，俄国与欧洲国家相比，在十月革命前它在政治与经济方面必然有其自身的一些特点。

第一节　政治领域的主要特点

一　封建君主专制的政治体制

在十月革命前，俄国的政治基础仍是大地主封建土地占有制。与这一经济基础相适应，在政治体制方面必然是封建专制的制度。像列宁所说的，就是在"1905 年革命以后是 13 万地主管理俄国，他们的管理方式是对 15000 万人滥用暴力，肆意侮辱，强迫大多数人从事苦役，过半饥饿的生活"③。

从具体政治体制来看，在俄国统一国家形成初期，土地所有制的形式是封建世袭领地制，与此相适应的是等级君主制，即大贵族、领主杜马是与沙皇一起分掌国家政权的最高管理机关。后经几次变革，沙皇为了扩充自己的统治基础，对中小贵族实行扶持政策，同时逐步用封地制替代世袭领地制，与此相适应地把俄国的君主专制制度也从等级君主制向绝对专制君主制过渡。到了 1861 年，随着农民改革，农奴的解放，俄国才由封建农奴制社会向资本主义社会过渡，随之封建专制制度才开始向资产阶级君主制度转变，这反映在我们在前一章所提及的司法、地方自治等领域的改革。但是，这些变革并没有触动封建专制制度，沙皇一直握有无限的权力，一切都得服从沙皇的最高权力，任何法律没有沙皇的签署是不能通过的。在 1905 年革命后，沙皇封建专制制度开始向杜马君主制度转变，但在俄国一直未能建立起真正的资产阶级君主立宪制度。

---

① 王元龙：《现代化的特殊道路——沙皇俄国最后 60 年社会转型历程解析》，商务印书馆 2004 年版，第 2、35 页。

② 《列宁选集》第 2 卷，人民出版社 1995 年版，第 644 页。

③ 《列宁全集》第 32 卷，人民出版社 1985 年版，第 305 页。

二　资产阶级民主革命任务没有完成，广大人民一直处于无权地位

不用说在 1905 年俄国历史上第一次资产阶级民主革命前的种种改革没有从根本上触动沙皇封建专制制度，就是 1905 年以主要解决土地问题与沙皇专制统治的资产阶级革命，虽然动摇了沙皇封建专制制度并在经济上进一步瓦解了沙皇封建专制的经济基础——地主贵族土地所有制，而且通过这次改革亦锻炼与教育了革命群众，还使资产阶级政党与其他政党首次在国家杜马中占据主导地位，但同样没有摧毁沙皇封建专制制度。正如列宁谈到这次革命时所指出的："沙皇还远远没有投降。专制制度根本没有不复存在。它只不过是把战场留给敌人，从战场上退却了，在一场异常激烈的战斗中退却了，但它还远远没有被击溃，它还在集结自己的力量，革命的人民还要解决许多极其重大的战斗任务，才能使革命真正的完全的胜利。"[①]再从 1917 年二月革命来看，它虽然推翻了沙皇封建专制制度，但并没有像西方国家那样，建立起一个统一的资产阶级政府。二月革命后，代表各阶级的政党，面对革命形势的变化与发展，都忙于调整自己的方针政策，重新组合力量，因此，不论客观条件还是在时间上，都不可能着手去建立资产阶级民主制度。在这样的情况下，1905 年革命与 1917 年的二月革命，实际上都没有解决广大民众最为关心的和平、土地、面包和民族自治问题，人民群众不论在政治上还是在经济上都处于无权地位。正如哲学家别尔嘉耶夫所指出的："俄罗斯人为了缔造俄罗斯国家做出了伟大的牺牲，洒下了多少鲜血；可是，自己在广袤无垠的国家里却仍然处于无权的地位。"[②]

三　与军事化及对外扩张紧密联系的国家现代化

俄国在现代化进程中，利用高度集权的封建专制制度，集中国家尽可能多的资源与财政资金，发展军事力量来为对外扩张服务，从而逐步形成政治经济军事化体制，一步一步地使俄国成为一个大兵营。

沙皇俄国对外扩张的主要目的是掠夺别国的土地与财富。另外，沙皇还通过对外扩张、发动侵略战争来缓解国内矛盾。

俄国在莫斯科公国时期只有 43 万平方公里，俄罗斯统一国家形成时

---

① 《列宁全集》第 12 卷，人民出版社 1987 年版，第 26 页。
② ［俄］别尔嘉耶夫：《俄罗斯的命运》，汪剑钊译，云南人民出版社 1999 年版，第 7 页。

国土面积为 280 万平方公里，从 1547 年伊万雷帝加冕为沙皇开始，到 1917 年末代沙皇尼古拉二世下台，俄国的面积扩大到 2280 多万平方公里，扩大了近 7.8 倍，这在世界历史上是绝无仅有的。俄国成为东西长 1 万公里，南北宽 5000 公里，占欧洲面积的一半、亚洲面积的 1/3、世界陆地面积的 1/6，横跨欧亚两大洲的空前规模的大帝国。它侵略过许许多多的民族与国家，由单一的民族国家发展成为一个多民族的大帝国。

为了进行大规模的扩张，就需要建立一支庞大的军队。在整个 19 世纪，俄国的常备军一直是欧洲规模最大的；而且在临近第一次世界大战时，它也仍比其他国家的军队大得多，拥有 130 万前线部队和号称 500 万的后备军。维特说："俄罗斯帝国究竟靠什么支持呢？不仅主要是，而且完全是依靠自己的军队。是谁创造了俄国帝国，把半亚洲式的莫斯科公国变成最有影响、最有力量的大国呢？只有靠军队刺刀的力量。"俄国这支欧洲最庞大的军队掌握在地主贵族，而不是资产阶级手里。据 1905 年 5 月的《将军职位统计表》记载，266 名中将中有 255 名世袭贵族，占 96%。1904 年 1 月，总参谋部 185 名少将中，有世袭贵族 159 名，占 85.9%；283 名校官中有世袭贵族 210 人，占 74.2%。1900 年有一半军官是世袭贵族，1905 年高级军官中有 30 名公爵、22 名伯爵、39 名男爵和 36 名有其他爵位的人；贵族的提升比一般人快，如升到中将，伯爵平均需要 15.4 年，而没有爵位的人平均需要 20.9 年。①

第二节　经济现代化进展与经济的主要特点

十月革命前的俄国，其资本主义的发展要比欧美先进国家晚得多。如果与资产阶级革命最早的英国相比大约要晚 200 年。正如列宁所指出的："如果把俄国前资本主义时代同资本主义时代作比较（而这种比较正是正确解决问题所必要的），那就必须承认，在资本主义下，社会经济的发展是非常迅速的。如果把这一发展速度与现代整个技术文化水平之下所能有的发展速度作比较，那就确实必须承认，俄国当前的资本主义发展是缓慢的。它不能不是缓慢的，因为没有一个资本主义国家内残存着这样多的旧制度，这些旧制度与资本主义不相容，阻碍资本主义发展，使生产者状况无限制地恶化，而生

---

① 有关俄罗斯领土扩张与军队情况的资料，是左凤荣为笔者提供的，特此说明。

产者'不仅苦于资本主义生产的发展，并且苦于资本主义生产的不发展'"。[①]
1861 年俄国进行农民改革，宣布废除农奴制后，资本主义开始有了较快的发展。19 世纪末 20 世纪初，工业经过一段高速增长期后，俄国才成为资本主义经济占据优势的国家。在 20 世纪初，俄国资本主义要比欧美国家在短得多的时间里进入了帝国主义阶段。但总的来说，俄国的资本主义经济要比欧美发达资本主义国家落后得多，并有其自身的一些明显特点。本章从转型视角论述十月革命前俄国经济现代化所取得的进展，以利于对十月革命后特别是起始阶段布尔什维克党实行经济现代化政策的认识。

一 经济现代化取得的进展

如果说俄国在现代化历史发展进程中在政治领域的进展是十分有限的，到 1917 年十月革命前，俄国总的来说仍是一个封建专制的国家，没有建立起资产阶级民主制度，那么在经济领域的现代化还是取得了明显的进步，实现了由封建农奴制经济向现代化工业经济的转变。

从 1861 年农民改革开始到 1917 年十月革命前这一历史时期，从转型角度考察现代化的进展，如果做一简要的归纳，在农业方面突出表现在以下三个方面：一是促进了地主贵族阶级逐步走向衰落，普查结果表明，如果 1877 年地主贵族拥有 7310 万俄亩土地的话，那么到 1911 年则减少到 4320 万俄亩，加快了地主经济向资本主义道路的演进。二是加速了农民的分化进程，为资本主义发展提供了充分的自由劳动力。改革前，俄国的农民主要由贵族地主农奴、国家农奴和宫廷农奴三部分构成。到了 19 世纪 80 年代，俄国农民分化为富农、中农与贫农三类，分别占总农户数的 20%、30% 和 50%，各占有份地总面积的 32%、31% 和 37%。购买土地的富裕农户占 74%，而贫农只有9%。[②] 但是，很多贫农由于无力耕种手中的土地，不得不将土地出租给富农，而自己到城市去做雇工。富农除了自己的份地外，还购入和租入大量土地。这样，占农户 20% 的富农实际使用的农田占全部农田的 35%—50%，而占农户总数 50% 的贫农实际使用的农田只有 20%—30%。耕畜与农具分配不均的情况更为严重。38%—62% 的耕畜和 70%—86% 的改良农具属于富农，而贫

---

① 《列宁全集》第 3 卷，人民出版社 1984 年版，第 552 页。
② 参见孙成木等主编《俄国通史简编》（下），人民出版社 1986 年版，第 127—128 页。

农只有 10%—31% 的耕畜和 1%—4% 的改良农具。① 在 1896—1900 年，无马农户和有一匹马的农户就从 560 万户增加到 660 万户（农户总数为 1100 万户）。这意味着，2400 万—3000 万的农民生活极为困难。② 农民分化，使得富裕农民对雇佣劳动的需要增加，在 19 世纪 80 年代全俄农业工人已超过 350 万人，占农村中成年劳动力的 20%。再加上农民改革时已使 2000 多万农民摆脱了农奴地位，获得了人身自由。所有这些，都为俄国资本主义发展在提供自由劳动力方面创造了必要条件。另外，随着农民分化趋势的发展，开始形成农村资产阶级，他们是从事商业性农业的农场主，他们除了经营农业外，还经营工商业和高利贷活动，约有 150 万户。与此同时，开始形成农村无产阶级，即有份地的雇农、短工和其他工人。他们占农户总数的一半以上，约 650 万户。③ 三是农民改革后，促进了农业技术水平的提高与生产的发展。1876—1894 年，农业机器增加 2.5 倍以上。1864—1905 年，粮食播种面积增加近 50%，粮食产量增加 1.6 倍。马铃薯的产量增加 4.5 倍。劳动生产率也有了提高，在改革后的 40 年间，每个劳动者的粮食平均产量增加 27% 左右，马铃薯产量增加 2 倍以上。④ 农业生产的发展，使商品流转量与国内贸易市场扩大。农民改革初期，国内商品的流转主要依赖国内大多数农民从事生产的农产品。后来，随着商品货币关系与交通的发展，农业商品率的提高，使更大部分的农产品变成了商品。同时，由于农民的税捐负担重与必须偿还土地赎金等因素，增加了农民对货币的需要，从而使他们更多地出售自己的农产品。

俄国农业生产发展后，还形成了专业化的农牧区，在各地出现了一些商业性谷物地区和畜牧业地区。这对增加农畜产品的商品交换起了很大作用。这从谷物的铁路运输的增长就可以证明。1876—1880 年至 1891—1895 年间，6 种主要谷物运输量平均增加了 1 倍多，谷物运输量在 1861—1895 年间增加了 4.5 倍。⑤

俄国国内市场的扩大，还与农民改革后俄国把土地变成商品有关。1863—1867 年的 5 年内出售的土地为 860 万俄亩，1893—1897 年的 5 年内

---

① 参见樊亢等主编《外国经济史》第二册，人民出版社 1981 年版，第 186 页。
② 参见［苏］B. T. 琼图洛夫等编《苏联经济史》，郑彪等译，吉林大学出版社 1988 年版，第 73 页。
③ 参见樊亢等主编《外国经济史》第二册，人民出版社 1981 年版，第 187 页。
④ 同上。
⑤ 同上。

出售的土地几乎增加了 1 倍，而且 90 年代的地价比 60 年代增加了 2 倍。①

还应看到，农民改革后，俄国工业也得到了发展，市场上对生产资料的需求也越来越大。

以上种种因素，都使得商品交换增加，市场扩大，从而大大冲击了自然经济，导致资本主义经济关系不断发展。

这里，还应指出的是，1906—1910 年斯托雷平的土地改革，从对农业发展的角度看，还是起到了一定的积极作用。在第一次世界大战前夕，全俄播种面积，在前帝俄 71 个省和区，从 1901—1905 年 5 年的平均 8830 万俄亩增加到 1911—1913 年的 9760 万俄亩，谷物播种面积增加了 10.8%。同期，经济作物播种面积增加更快，棉田扩大了 111.6%，向日葵扩大了 61%，甜菜扩大了 39.5%，烟草扩大了 18.5%。农业中使用机器的数量也增加了，从 1900 年到 1913 年使用机器的价值增加约 3 倍，但只是在资本主义化的地主和大的富农经济中使用。农业中使用的化肥也有较大增加，1900 年进口 600 万普特（1 普特等于 16.38 公斤），1912 年进口了 3500 万普特，国内还生产了 324 万普特。谷物产量也有较大增长，1900—1904 年谷物年均产量为 39 亿普特，1909—1913 年增加到 46 亿普特，1913 年为丰收年，谷物产量达到 50 亿普特，按人均计算为 574.9 公斤。由于农业的发展，其商品率也有所提高。农产品商品率的提高主要依赖于地主与富农经济的发展，以谷物为例，1913 年地主与富农生产了全部粮食的一半（地主为 6000 万普特，富农为 1.9 亿普特），提供了全部商品粮的 71.6%。与此同时，俄国农产品出口也随之增加，1911—1913 年比 1901—1905 年年均增加 60%。农产品的大量出口成为俄国资本积累的一个重要来源。但要指出的是，俄国农产品出口大量增加，一方面反映了其农业生产的发展与商品率的提高；另一方面也反映了沙皇政府实行"饥饿输出"改革的结果，当时沙皇的口号是"吃不饱，也得出口"。②

从工业方面来看，现代化的进展突出表现在：一是逐步实现了由工场手工业向工厂的过渡。农民改革前，俄国工业主要表现为两种形态：农民家庭手工业与城市小手工业。自 17 世纪后半期起，在俄国的手工业中已产

① 参见［苏］波梁斯基等主编《苏联国民经济史讲义》上册，秦文允等译，三联书店 1964 年版，第 276 页。

② 参见樊亢等主编《外国经济史》第二册，人民出版社 1981 年版，第 200—201 页。

生了类似工场手工业的作坊。18 世纪初期，彼得大帝对工场手工业实行扶植与鼓励的政策。俄国工业在 18 世纪 30 年代中期开始了从工场手工业向工厂的过渡。与市场相联系的工场手工业是俄国资本主义发展初期的原始形态。到了 19 世纪上半叶，由于受到对外军事扩张与西欧产业革命的影响，俄国的工场手工业获得了进一步发展，开始出现机器生产代替手工劳动的趋势，这标志着在俄国资本主义有了新的发展。1845 年已有工厂 9994 家，这个时期不少行业开始采用资本主义的雇佣劳动。1860 年雇佣工人已达 53 万人，占工人总数的 61.4%（其中加工工业的雇佣工人占 87%）。棉纺织业在工业中发展最快，雇佣工人已占 95%，并在 19 世纪初已开始使用蒸汽机。由于产业革命的兴起，带动了机器制造业的发展，1860 年的圣彼得堡成为机器制造业中心，已有 15 家机器制造厂。① 俄国自 19 世纪 30 年代中期开始了由手工劳动向机器生产的过渡。二是交通运输特别是铁路有了大的发展。要发展资本主义的工业，必须要有良好的交通道路。为此，沙俄在农民改革的头 10 年里，把 2/3 的资本投入到了铁路建筑。铁路建筑的发展，推动了重工业的发展，开始生产铁轨。在农民改革后的 40 年中（即 1861—1900 年），生铁的产量与石油产量迅速增长，几乎增加了 10 倍。三是出现了工业高速发展时期。从 19 世纪 90 年代后半期开始，俄国工业进入了一个巨大高潮时期。这一时期之所以会出现工业的高潮，其主要原因有：

第一，俄国国内市场的发展，并且俄国已卷入世界市场。

第二，1861 年农民改革后的相当一个时期，工业仍受到农村半农奴制与自然经济残余的严重影响，但进入 90 年代农民的分化进程加速了，城市人口与工业、商业的人口大大增加，对形成资本主义市场起了促进作用，亦为工业发展创造了条件。

第三，19 世纪 60—80 年代俄国工业与整个经济的发展，为 90 年代后期工业高涨打下了基础。特别要指出的是，在 70—80 年代大规模修建铁路，对于今后的工业高涨具有重大的意义。1885 年俄国铁路总长度为 26024 公里，1890 年为 30596 公里，1900 年为 53234 公里，1885 年至 1900 年的 15 年中，俄国铁路网扩大了 1 倍。这一时期，铁路平均每年增长 2000 公里以上。到 1901

---

① 转引自陆南泉等主编《苏联兴亡史论》，人民出版社 2004 年修订版，第 78 页。

年，长达 7000 多公里的西伯利亚大铁路已大体完工。① 这条铁路对俄国欧洲部分与西伯利亚的经济联系，统一市场，都有特别重要的作用。

第四，引进外资对工业的推动作用。在工业高涨时期，投入到俄国工业的外资增加了 4 倍，到 1900 年已达到了 10 亿卢布（1890 年为 2 亿卢布）。从 1896 年到 1900 年，成立了 190 家股份制企业，其中 1/4 是外国企业。外资在全俄股份资本中的比重，在 1890—1900 年期间由 1/3 强增长到约占 1/2。外国资本在采矿、冶金和机器制造等重工业的比重则高达 74%。南方的冶金工厂除一两家外，几乎全部属于外国股份公司。俄国从外国进口了大量技术设备。在工业和铁路的投资中，有 25% 以上是用于进口设备的。② 列宁针对这一情况指出："外国的资本、工程师与工人大批地移入并且继续移入南俄，而在目前的狂热时期（1898 年），许多工厂也从美国搬到这里来。"③

第五，沙俄政府实行保护关税、发展国有经济与增加国家订货等政策，对 19 世纪 90 年代工业高涨也起了促进作用。沙俄政府利用国家拥有的大量土地与各种丰富的自然资源，以及掌握的全部军事工业 92% 的铁路投资，使国有经济得到迅速发展，从而也弥补了私人资本积累的不足。

由于上述原因，19 世纪 90 年代俄国工业得到了迅速发展。就其速度而言，是俄国资本主义工业发展史上的一个特殊阶段。俄国工业发展情况还可从以下材料中得到体现（详见表 2 - 1）。

表 2 - 1　　　　　　　　　19 世纪 90 年代俄国发展概况

年份	企业数	工人数（千人）	生产总额（百万卢布）
1890	32254	1424.7	1502.7
1900	38141	2373.4	3005.9

资料来源：［苏］波梁斯基等主编：《苏联国民经济史讲义》上册，秦文允等译，三联书店 1964 年版，第 337 页。

---

① 参见［苏］安·米·潘克拉托娃主编《苏联通史》第二卷，山东大学翻译组译，三联书店 1980 年版，第 524 页。

② ［苏］安·米·潘克拉托娃主编：《苏联通史》第二卷，山东大学翻译组译，三联书店 1980 年版，第 529 页；樊亢等主编《外国经济史》第二册，人民出版社 1981 年版，第 191 页。

③ 《列宁全集》第 3 卷，人民出版社 1984 年版，第 448 页。

从表 2-1 中可以看出，10 年内，企业数增加了 18.3%，工人人数增加了 66.5%，工业产值增加了 1 倍。在这一期间，生产生产资料部门的产值增加了 1.5 倍以上。金属冶炼与能源部门增长速度更快，生铁产量从 1890 年到 1900 年增加了 2 倍（从 5660 万普特增加到 17910 万普特），钢产量增加了近 5 倍，石油产量增加了 1 倍。19 世纪 90 年代中期，俄国石油产量与美国相当，而到该世纪末甚至曾一度超过美国。机器制造业在迅猛发展的铁路建筑业带动下，也得到较大的发展。19 世纪末，俄国已有 569 家工厂制造工业劳动工具，181 家企业生产农业机器，有 14 家机车和车厢工厂。纺织工业也是快速发展的部门，从 1890 年到 1900 年，纺织生产的产品量增加了 97.5%，织布生产的产品量增加了 75.4%。这 10 年间，俄国棉纺织工业的设备，平均每年增加 220000 只纱锭和 6400 台织布机。纺织业的快速发展，与当时俄国的下列因素有关：一是沙俄政府采取关税保护政策，二是俄国建立了自己的纺织业原料基地。

工业的发展，使得俄国国内外贸易也得到了快速发展。从 1890 年到 1900 年，俄国国内商品流转额几乎增长了 1 倍。在对外贸易中，谷物、糖、亚麻、木材、石油等产品的出口量大大增加。在工业高涨的 19 世纪末，俄国还建立起发达的资本主义银行信贷系统。到 1899 年底，作为俄国中央发行机关和最大的国内短期信贷银行的国家银行，在全国各地区已有 9 个办事处和 104 个分行。另外，贵族土地银行有 26 家分行，农民土地银行有 39 个分行。此外，还有 42 家商业股份银行，10 家抵押贷款股份银行，116 家信贷互助公司，241 家城市银行，众多的储蓄银行网。

第六，在工业领域逐步走向国家垄断资本主义。在第一次世界大战前夕，俄国国家垄断资本主义的趋势就已出现，而在 1914—1917 年战争期间，国家垄断的趋势进一步加强。对此，列宁在十月革命后不久所撰写的《为了面包与和平》一文中指出："发展成帝国主义即垄断资本主义的资本主义，在战争的影响下变成了国家垄断资本主义。我们现在达到了世界经济发展的这样一个阶段，这个阶段已是贴近社会主义的前阶。"[①]

这里，需要指出的是，在经济现代化取得进展的同时，俄国在教育、科学等领域也有了很大进步。据官方统计，1856 年共有 45 名小学生，占学龄儿童人口的 9%，到 1911 年小学生已达 660 万人，占学龄儿童人口的 50%。到 1917 年，俄国有大学 12 所，还有 100 多所专科学校。在科学

---

① 《列宁全集》第 33 卷，人民出版社 1985 年版，第 171 页。

领域，从农奴制废除到1917年前，俄国在数学、化学、物理、生物、动物与生理学等方面都取得了很大的成就。在文学与艺术方面的成就更加突出。这些对推进俄国现代化无疑有重大影响。

二　主要特点

虽在19世纪末20世纪初，与美欧资本主义国家一样，俄国已进入资本主义最后阶段的垄断资本主义，但它在经济方面具有自身的一些重要特点。

（一）有着浓厚的封建特色

长期以来，俄国的资本主义，就是到垄断资本主义阶段，一直受着浓厚的传统的封建关系的束缚。俄国资本主义之所以被封建关系的密网紧紧地缠绕着，其主要原因是：

第一，不论是1861年的农民革命还是1906—1910年实行斯托雷平的土地法，都没有从根本上解决农村封建主义的土地关系，实际上都是以"地主方式清洗土地"，仍然存在着严重的农奴制残余。另外，还应看到，俄国的大地主与工业资本家往往是紧密结合在一起的。在俄国进入资本主义发展阶段后，还有约一半的大地主同时兼管资本主义企业。就是在俄国垄断资本主义有了相当发展后，封建土地所有制与封建剥削的方法，不仅继续存在，而且与资本主义剥削结合在一起，在农村经济中还占优势。还有不少垄断组织本身就具有明显的半封建性质，例如，糖业辛迪加就是由制糖工业资本家与种植甜菜的大地主共同组成的。就是说，在十月革命前的俄国，除了存在垄断资本主义外，还存在着半农奴制的土地占有制，农民小商品生产者、宗法式的和封建主义的经济形式。列宁指出，俄国经济的特点"一方面是最落后的土地占有制和最野蛮的乡村，另一方面又是最先进的工业资本主义和金融资本主义！"[①]

第二，俄国资本主义发展的历史条件与美欧国家不同。英法等国资产阶级通过对封建地主反复的斗争和以暴力革命的手段，摧垮封建统治，并为资本主义生产方式的建立创造了良好的条件。但在俄国，对封建地主占有土地关系的改革，一直是自上而下进行的，不仅不触及贵族地主的根本利益，而且对他们的利益加以保护，这自然就难以从根本上消除农村的封建土地关系，从而成为阻碍俄国资本主义的一个重要因素。

---

① 《列宁全集》第16卷，人民出版社1984年版，第400页。

第三，从政治上来讲，沙皇长期实行的专制制度，所依赖的是贵族地主与大资产阶级相互勾结的联合专政。列宁把沙皇专制制度视为俄国封建残余中的"最大残余"，是"所有这一切野蛮行为的最强有力的支柱"。[1] 在这种政治制度下，俄国经济中的农奴制残余及其浓厚的封建性都不可能消除。

（二）垄断与集中程度高

俄国垄断资本主义的发展虽晚于美欧国家，其经济亦比美欧国家落后，但它的垄断与集中程度要比美欧国家高。19 世纪末 20 世纪初，在俄国一些最重要的工业部门出现了垄断联合组织。从 20 世纪开始，垄断组织成了俄国经济生活的基础之一。到 1909 年初，俄国 45 个工业部门中共计有 140 个垄断联合组织，而在第一次世界大战前约有 200 个全俄或者省规模的卡特尔和辛迪加。银行资本也已高度集中，12 家最大的银行集中了俄国所有 50 家股份银行 80% 的固定资产和债务，参与了 90% 以上的筹措资金和工业信贷的业务。俄国在垄断化的程度方面处于先进资本主义国家的水平，甚至超过了几个先进的资本主义国家。列宁指出："俄国的资本主义也成了垄断资本主义，这一点可由'煤炭公司'、'五金公司'、糖业辛迪加等等充分证明。"[2] "五金公司"辛迪加（俄罗斯冶金工厂产品销售公司）联合了 30 家工厂，垄断了俄国冶金工业 80% 以上的产品；"铜业"辛迪加的各个工厂提供了国内 90% 的铜产量；在石油工业中，3 家垄断联合组织控制了俄国石油开采总量的一半以上；独霸顿巴斯采煤工业的"煤炭公司"辛迪加控制了国内主要矿区采煤量的 75%；等等。[3] 1910 年，俄国拥有工人 500 人以上的企业的总人数占了全部工人数的 53.4%，同年美国则只占了将近 33%。在俄国，拥有工人 1000 人以上的企业数目，从 1901 年到 1910 年增加了约 50%；1910 年在这些企业中做工的有 70 万人。在棉纺织工业中，有 1000 人以上做工的工厂 1913 年占了全部工人数的 3/4。1900 年，俄南部拥有工人 3500 人以上的工厂还只有 3 家，1914 年这样的工厂已有 9 家，这 9 家工厂占了南部冶金工业动力设备总量的 4/5、生铁产量的 3/4、工人总数的 4/5。[4]

---

① 《列宁全集》第 29 卷，人民出版社 1985 年版，第 485 页。
② 《列宁选集》第 3 卷，人民出版社 1995 年版，第 162 页。
③ 参见苏联科学院经济研究所编《苏联社会主义经济史》第一卷，复旦大学经济系等部分教员译，三联书店 1979 年版，第 16 页。
④ 参见［苏］波梁斯基等主编《苏联国民经济史讲义》上册，秦文允等译，三联书店 1964 年版，第 397—398 页。

　　俄国经济垄断与集中程度高，除了与参加第一次世界大战有关外，还与其工业走上资本主义道路较其他国家晚有关，它得到了其他资本主义国家在技术与资本方面的帮助，从而加快了工场手工业向工厂的发展进程，这使得用外国机器装备起来的大工厂快速发展。另一个因素是俄国国有经济发展快，到了 20 世纪后，国有经济成了俄国国家财政收入的主要来源。国家从控制大量国有土地、森林、矿山、铁路、军事工业和邮电等方面所获得的财政收入，1897 年为 4.84 亿卢布，1913 年增加到 9.64 亿卢布，增长了 3 倍，国有经济提供的财政收入所占的比重由 34% 上升到 60%。[①]这也表明，俄国的资产阶级对沙皇政府的依赖性很大。

　　（三）对外国资本依赖程度高

　　在经济、财政上对外国资本依赖程度高是俄国经济的又一个特点。1900 年外国投资占俄国国内全部股份资本的 45%。1916—1917 年间外资为 22.3 亿卢布，大约占俄国工业投资总额的 1/3。1917 年前，全部外国投资的 54.7%（约 22 亿卢布）用于矿山和冶金工业。在南方的冶金工厂除一两家外，几乎全部属于外国股份公司。在外国资本中，有一半属于法国和比利时。外资的大量引入，一方面促进了俄国工业的发展，另一方面使俄国沙皇政府与俄国资本依附于西欧资本，特别是法国资本，还使得俄国的燃料、冶金等国民经济重要部门受外国资本的控制。

　　俄国经济对外依附程度高的另一个表现是，政府的外债不断增加。1900年外债为 39.95 亿卢布，到 1913 年增加到 54.61 亿卢布，增长了 36%。[②]

　　（四）经济落后

　　尽管俄国资本主义经济在 19 世纪 90 年代的发展速度是快的，但如果和现代技术与文化水平下所能达到的速度相比则是慢的。这主要是由于俄国国内残存的封建旧制度比任何一个西方资本主义国家多得多，时间长得多。

　　俄国资本主义经济的落后主要表现在：

　　第一，俄国工业虽有了较快的发展，但直到十月革命前的 1914 年，它仍是一个落后的农业国。1914 年俄国国民经济固定资产的结构是：农业占 53.7%，工业、交通、商业、实业总共占 46.3%；国民收入中农业

---

　　①　参见樊亢等主编《外国经济史》第二册，人民出版社 1981 年版，第 207 页。
　　②　参见［俄］А. Н. 雅科夫列夫主编《20 世纪初的俄罗斯》，莫斯科俄文版，新时代出版社 2002 年版，第 190 页。

占 53.6%，其余占 46.4%。① 1912 年城市人口占全俄人口的 14%，农村
人口占 86%。从 1914 年 1 月 1 日俄国国民财富的构成来看，农业、林业
和渔业占首位，为 34.8%，而工业只占 8.8%。② 还应指出，俄国农业生
产十分落后。1910 年俄国农业机械化水平只及德国的 1/9、美国的
1/20。③ 在第一次世界大战前，俄国农业中完全没有拖拉机、电犁和其他
新技术。保留了 300 万张木犁、790 万个木索哈，只有 81.1 万台收割机
和 27 万台蒸汽机。俄国农业中机器和畜力之比为 24∶100，当时，英国为
152∶100，美国为 420∶100。化肥使用量方面俄国也明显落后于先进的资
本主义国家。俄国实际上自己不能生产矿物肥料。俄国人均生产粮食为
26 普特，而当时美国为 48 普特，加拿大为 73 普特。④ 1909—1913 年俄国
粮食的单位面积产量每一俄亩为 45 普特，只及法国的 1/2、德国的 1/3。
农业的商品率也不高，就是在大丰收的 1913 年也仅为 26%。至于俄国农
村文化水平的情况更为糟糕，到了革命后的 1920 年文盲率仍高达 70%。

　　第二，从工业发展情况来看，其增长速度虽曾一度超过西方发达资本
主义国家，但整个工业水平不高，在世界经济中所占的地位很低（详见
表 2 - 2）。

表 2 - 2　　　　　**俄、美、英、德、法的工业产值在世界中的份额**　　　单位：%

国家	1881—1885 年	1896—1900 年	1913 年
俄国	3.4	5.0	5.3
美国	28.6	30.1	35.8
英国	26.6	19.5	14.0
德国	13.9	16.6	15.7
法国	8.6	7.1	6.4

资料来源：［俄］А. Н. 雅科夫列夫主编：《20 世纪初的俄罗斯》，莫斯科俄文版，新时代出
版社 2002 年版，第 172 页。

---

① 转引自陆南泉等主编《苏联兴亡史论》（修订本），第 112 页。
② 参见［俄］А. Н. 雅科夫列夫主编《20 世纪初的俄罗斯》，莫斯科俄文版，新时代出版
社 2002 年版，第 174 页。
③ 参见［苏］波梁斯基等主编《苏联国民经济史讲义》上册，秦文允等译，三联书店
1964 年版，第 392 页。
④ 参见［苏］В. Т. 琼图洛夫等编《苏联经济史》，郑彪等译，吉林大学出版社 1988 年版，
第 98—99 页。

从表 2-2 中可以看到，1913 年俄国工业产值在世界中的份额仅为 5.3%，比 1896—1900 年的 5.0% 并没有提高多少。至于工业产品的产量水平也很低，只及法国的 1/2.5、英国的 1/4.6、德国的 1/6、美国的 1/14。俄国的生铁产量几乎只及美国的 1/8，煤产量只及美国的 1/10。按人均计算的产量更低，1913 年俄国按人均计算的电力为 11 千瓦时，而美国同期为俄国的 20 倍以上，煤约为美国和英国的 1/33，生铁为美国的 1/12.5、英国的 1/8.3，棉织品（坯布）为英国的 1/13，等等。1900—1913 年期间，俄国工业劳动生产率只及美国的 1/10。[1]

在十月革命前的俄国，并没有建立起发达的机器制造业，大部分机器依赖进口。在进口的工业产品中，机器设备要占进口总额的 30%—35%。俄国最为发达的纺织工业中有 70% 以上的机器设备是从国外进口的。俄国的机器制造在工业生产总额中只占 7%。工业的落后，在工业的部门结构中也得到明显的反映（详见表 2-3）。

表 2-3　　　　　　　　俄国工业生产的部门结构

（以产品价值计算，单位为万卢布；占当年的%）

年份	纺织	食品	畜产品加工	矿业	冶金加工	化工	建材	农产品加工
1887	453.8	451.0	64.0	185.8	114.4	54.8	29.0	48.1
	32.4	32.2	4.6	13.2	8.2	3.9	2.1	3.4
1900	805.2	767.4	118.8	671.6	357.8	131.2	80.7	153.3
	26.1	24.9	3.8	21.8	11.6	4.2	2.6	5.0
1913	1854.9	1443.7	240.4	1182.4	769.0	478.6	187.7	315.4
	28.6	22.3	3.7	18.3	11.9	7.4	2.9	4.9

资料来源：［俄］A. H. 雅科夫列夫主编：《20 世纪初的俄罗斯》，莫斯科俄文版，新时代出版社 2002 年版，第 170 页。

从表 2-3 中可以看出，1913 年，纺织、食品、农畜产品加工工业，其产值占俄国工业总产值的 59.5%。

十月革命前俄国的社会经济特点对革命后如何向社会主义过渡，对俄

---

① 参见［苏］波梁斯基等主编《苏联国民经济史讲义》上册，秦文允等译，三联书店 1964 年版，第 396—397 页。

国经济如何改造，如何通过转型实现现代化，必然会产生各种复杂的影响，亦必然会引起各种不同观点的争论。列宁指出，"由于开始向建立社会主义前进时所处的条件不同"，从资本主义向社会主义过渡的具体条件和形式"必然是而且应当是多种多样的"①，"这要取决于国内是大资本主义关系占优势，还是小经济占优势"②。列宁谈到俄国时写道："毫无疑问，在一个农民人数相当可观的国家中，社会主义革命和从资本主义到社会主义的过渡，必然要采取特殊的形式。"③

---

① 《列宁全集》第 34 卷，人民出版社 1985 年版，第 140 页。
② 《列宁全集》第 41 卷，人民出版社 1986 年版，第 70 页。
③ 《列宁全集》第 35 卷，人民出版社 1985 年版，第 202—203 页。

第二编　苏联现代化

从 1917 年十月革命到 1991 年底苏联解体，在这长达 74 年的时间内，苏联曾一度成为超级大国。但它并没有建立起符合人类历史发展总趋势的现代化体制。苏联解体前仍是高度集权的政治体制与高度集中的指令性计划经济体制。落伍的体制严重阻碍了苏联现代化的进程，并成为其发生剧变的一个重要原因。

第三章

列宁对政治与经济体制
现代化的初步设想

十月革命后，列宁领导的布尔什维克党所面临的乃是资本主义发展远远落后于欧洲一些国家的俄国，并且它仍保留着以浓厚的封建地主占有为基础的政治与经济体制。再加上，十月革命后的苏维埃俄国，在1917年10月到1918年3月，主要是解决退出第一次世界大战问题，为此，于1918年3月3日同德国单独签订了割地赔款的、极不公正的《布列斯特和约》。和约的签订不仅使布尔什维克党的领导内部造成了重大分歧，并且也使左派社会革命党同布尔什维克出现公开分裂。这一分裂对苏维埃日后的政治体制发展有着很大的影响。没过多久，即从1918年5月开始，年轻的苏维埃政权就处于外国武装干涉与国内战争状态之中。在两年多的战争期间，客观上要求苏维埃俄国用一种非常的体制去战胜国内外的敌人，即实行"军事共产主义"，后来经过对军事共产主义政策的总结与反思，1921年春决定向新经济政策过渡。

十月革命后的初期，作为第一个社会主义国家领导人的列宁，如何通过改革使国家体制实行转型，并在此过程中使国家朝着现代化方向发展，既是一个摸索的阶段，也是一个十分复杂与曲折的阶段。

第一节 政治体制现代化的初步设想与实践

对于长期处于集权化政治体制下的俄国，在革命胜利后如何实行政治体制转型来推进政治现代化特别是实现民主政治体制，列宁在十月革命前后提出了一些初步设想。比较明确与具体的看法反映在1917年4月写的《论无产阶级在这次革命中的任务》（即《四月提纲》）和1917年8—9月写的《国家与革命》两篇重要论著中。列宁对无产阶级取得革命胜利后未来的政治体制的基本设想为：一是认为，工人阶级在革命后应立刻打碎旧的国家机器，但不可能立即彻底消灭各地的官吏机构，就是说旧的国家机器可以一下子打碎，但要真正地从本质上去改造它，却需要有个长期的过程；二是认为，从资本主义向社会主义过渡，最重要的本质的政治统治形式是无产阶级专政，就是说，把无产阶级国家视为由无产阶级对资产阶级"实行镇压的特别力量"；三是认为，工人代表苏维埃是革命政治唯一可行的形式；四是认为，应实行直接普选制；五是认为，有关国体问题不主张搞联邦制，应建立民主集中制的苏维埃共和国。

一 探索无产阶级民主政治的实施途径与出现的问题

不论是马克思、恩格斯还是列宁，都强调无产阶级取得政权后，就会建立起高于资本主义的民主制度，并认为，广泛的民主制是无产阶级民主的主要特征。马克思认为，"公社不应当是议会式的，而应当是兼管行政和立法的工作机关。"① 因此，列宁指出："摆脱议会的出路，当然不在于取消代表机构和选举制，而在于把代表机构由清谈馆变为'工作'机构"，"议员必须亲自工作，亲自执行自己通过的法律，亲自检查在实际生活中执行的结果，亲自对选民负责。代议机构仍然存在，然而作为特殊制度的议会制，作为立法与行政的分工以及议员们享有特权的议会制，在这里是**不存在的**"。② 列宁在这里强调的是：革命胜利后的无产阶级其政权应该是巴黎公社式的管理机构，它应拥有立法权、行政权与司法权，并且应直接对选民负责。如何使政治民主得以体现，改变资产阶级民主内容与形式相脱节，列宁主张实行巴黎公社首创的"立行合一"的政体形式。马克思、恩格斯认为，这种政体形式可以实现切实的民主，因为根据巴黎公社新确定的原则，"公社是由巴黎各区通过普选选出的市政委员组成的。这些委员是负责任的，随时可以罢免。其中大多数自然都是工人或公认的工人阶级代表。公社是一个实干的而不是议会式的机构，它既是行政机关，同时也是立法机关。警察不再是中央政府的工具，他们立刻被免除了政治职能，而变为公社的负责任的、随时可以罢免的工作人员。所有其

---

① 《马克思恩格斯选集》第 3 卷，人民出版社 1995 年版，第 55 页。
② 《列宁选集》第 3 卷，人民出版社 1995 年版，第 149、151 页。

他各行政部门的官员也是一样"①。马克思、恩格斯进一步指出："立行合一"可以改变资本主义国家普选主要是选举立法机关，但行政官员大多是任命的状况，也改变了议会议而不决的低效率，从而可以从根本上改变政府与广大人民的关系，即政府机关由压迫人民的机关变成为人民服务的机关，人民从被政府压迫者变成国家的主人。由于"立行合一"是以行政官员普选为基础和前提的，选民可以随时罢免不称职的工作人员，"这些勤务员总是在公众监督之下进行工作的"②。

　　资产阶级在反封建专制制度斗争过程中形成的行政、立法、司法三权分立政体，无疑在民主制度建设方面是个重大进步。但在资产阶级不论在政治上还是在经济上占主导地位的条件下，这种三权分立的政体不可避免地成为主要为资产阶级服务的工具，因此，在实现政治民主方面有很大的局限性。这就是为什么列宁强调与赞赏巴黎公社式的国家政体，推崇"立行合一"体制。至于这一体制的监督职能，它是通过普选制的途径实现的，即如上面指出的，人民直接选举官员并随时可以撤换不称职的官员。这一有别于西方国家三权分立的政体，由于较充分体现了人民主权的原则，因此，它颇受广大民众拥护。

　　但要指出的是，在实施"立行合一"这一政体的过程中，由于以下原因使得"立行合一"逐渐失去最重要的两个基础——全民直接选举与直接监督，因为：一是十月革命前的俄国是一个落后的封建制国家，农民占全国人口的80%以上，他们之中70%—80%是文盲与半文盲；二是俄国是个幅员辽阔的国家，占绝大多数的农民分散在全国各地，在上述条件下实行全民直接选举会产生很多困难；三是十月革命后不久，苏维埃政权又面临帝国主义的军事干涉与国内白卫军的叛乱；四是俄国的国情与法国有着很大的差别，这表现在工人阶级队伍的数量、觉悟水平与民主传统等方面。在上述情况下，行政官员通过普选来产生的原则未能实现，劳动群众的直接管理及监督与人民自治也就被党的管理与监督所取代。这些因素亦使得列宁认识到，苏维埃政权虽在法律层面上产生了劳动群众参加管理的可能性，但实际上尚难以实现。对此，列宁指出：劳动者参与管理的障碍，"但是直到今天我们还没有达到使劳动群众参加管理的地步，因为除

---

①　《马克思恩格斯选集》第3卷，人民出版社1995年版，第55页。
②　同上书，第96页。

了法律，还有文化水平，而你不能使它服从任何法律的。由于文化水平这样低，苏维埃虽然按党纲规定是通过劳动者来实行管理的机关，而实际上却是通过无产阶级先进阶层来为劳动者实行管理而不是通过劳动群众来实行管理的机关"①。显然，这里指的这个"先进阶层"就是俄共（布）。随之而来的是，官员的任免制代替了选举制。据有关统计资料，仅在1920年4月到11月，中央委员会就任命了37547名干部，把他们安排在最重要、最艰巨的工作岗位上。1922年又任命1万多名官员，其中一半是负责干部，之后，委派制不断发展，实际上变成了一种干部制度。

二 关于政党制度问题

十月革命前后的历史表明，无产阶级取得政权后并不一定要实行一党执政。马克思、恩格斯在《共产党宣言》中亦曾指出："共产党人不是同其他工人政党相对立的特殊政党。"② 布尔什维克党在十月革命进行过程中和革命胜利的一段时期里，一直与左派社会革命党同时存在，是结盟的，是以布尔什维克领导下的多党联合执政。但正如前面指出的，只是到了1918年3月因《布列斯特和约》问题布尔什维克党与社会革命党关系恶化，使多党联合执政局面未能维持多久，最后变成了布尔什维克一党执政。谈到形成一党执政的原因时，还必须提及短命的立宪会议。不论在俄国早期革命时期还是在十月革命前，包括布尔什维克党在内的各革命政党，都把立宪会议视为俄国新的社会制度产生的起点。但由于在1918年1月5日各党通过普选的代表比例，在总席位715位中，布尔什维克党只占175席，而右派社会革命党占370席，刚刚取得革命胜利的无产阶级政党，不可能把政权拱手让给右派。在此情况下，在1918年1月3日，全俄中央执行委员会第二十二次会议通过了由列宁起草的《被剥削劳动人民宣言》，该文件供立宪会议采用，宣布一切政权归苏维埃。在1月5日立宪会议开幕时宣布此文件，右派社会革命党立即退出会场，1月6日人民委员会正式下令宣布解散立宪会议，就这样，各党追求了几乎一个世纪的立宪会议不复存在了。这里应该指出的是，列宁虽对资产阶级的三权分立体制持否定态度，主张"立行合一"，但在最初亦并不主张一党执政，而是主张朝着以布尔什维克

---

① 《列宁全集》第36卷，人民出版社1985年版，第155页。
② 《马克思恩格斯选集》第1卷，人民出版社1995年版，第479页。

为主的多党联合执政方向发展，后来迫于形势的变化，才走向一党执政，其对苏维埃政权与布尔什维克党的民主政治发展所产生的不利影响，是不可低估的。在苏联以后的发展过程中，可以看到，出现的党政不分、以党代政、少数领导人专政直至"领袖专政"都与此有关。随后，俄（布）中央决定全国的重大问题乃至日常事务。布尔什维克党为了加强领导与统一党的纪律，采取的另一个重要措施是取消党内派别活动。人所共知，在俄国从十月革命武装起义到列宁逝世，可以说在一切重要问题上都有不同意见，从而产生了派别活动。列宁与布尔什维克党对这一问题的原则立场是："党生活中的一切争论问题，在决议未通过之前，党内可以充分自由地进行讨论。"但是党决不允许结成有组织的派别，干扰党内正常的民主生活和组织领导工作。一旦形成决议之后，一切党员"都必须迅速而准确地执行"。

布尔什维克党成为唯一的执政党（即一党制）之后，就面临着如何正确处理党与国家机关与群众团体的关系，以避免党政不分、以党代政的问题。这也是列宁感到苦恼的问题。虽然列宁与布尔什维克党都认识到解决这个问题的重要性，但一直未能为党政分工建立起一套有效的制度。这也是日后苏联形成高度集权体制的一个重要因素。

第二节　为创建现代化经济体制经济基础实施的革命性改造

从 1917 年十月革命胜利到 1924 年 1 月列宁逝世这一历史时期，从转型对经济体制现代化进程的影响来看，尽管时间不长，但由于是革命后的最初阶段，它与沙皇俄国在经济体制方面毕竟发生了根本性的改变，而这种改变是通过改革和与此相适应的重大政策的实施来推进经济体制转型的。列宁执政时期的转型对经济体制现代化发展所产生的影响是一个曲折与复杂的过程。

一　十月革命前夕列宁对经济革命性改造的设想

列宁从瑞士回国后的第二天，即 1917 年 4 月 4 日，在塔夫列达宫召开了布尔什维克党代表会议，列席了会议，并在会上作了《论无产阶级在这次革命中的任务》的报告。之后，报告的提纲刊登在 4 月 7 日的《真理报》上，这就是著名的《四月提纲》。他在《四月提纲》中对经济的革命改造，主要规定了以下内容：

1. "在土地纲领上，应把重点移到雇农代表苏维埃。"为此，采取的具体措施有：（1）"没收地主的全部土地。"（2）"把国内一切土地收归国有，由当地雇农和农民代表苏维埃支配。单独组织贫苦农民代表苏维埃。"（3）"把各个大田庄（其面积约为 100 俄亩至 300 俄亩，根据当地条件和其他条件由地方机关决定）建成示范农场，由雇农代表进行监督，由公家出资经营。"

2. "立即把全国所有银行合并成一个全国性的银行，由工人代表苏维埃进行监督。"

3. 我们的"直接任务并不是'实施'社会主义，而只是立刻过渡到由工人代表苏维埃监督社会的产品生产和分配"①。

列宁这个向社会主义过渡的最初步骤的纲领得到了布尔什维克党四月全国代表会议的赞同。会议决议指出："这样的办法在经济上已经完全成熟，在技术上完全可以立即实行，在政治上能够获得绝大多数农民的拥护，因为这些改革在各方面都是对他们有利的。"②

《四月提纲》首先提出的是土地国有化问题，这是农业方面首要的革命措施，因为俄国在农业上的历次改革均未解决土地问题，如果不解决土地国有化问题，就不能彻底解决阻碍俄国经济发展的地主土地占有制。列宁在不少著作中论证消灭地主土地占有制条件已经成熟与经济上的必然性。他还强调，土地国有化能使资产阶级革命进行到底，从而使俄国摆脱中世纪残余的影响。在社会主义革命的发展过程中，土地国有化是俄国走向社会主义必不可少的一个重要步骤。列宁在 1917 年 4 月 10 日写成的《无产阶级在我国革命中的任务》中强调："为了俄国农民土地革命的利益，我们无产阶级政党不仅绝对必须立即提出土地纲领，而且绝对必须宣传那些立刻可以实现的实际措施。"③列宁还看到，仅仅依赖土地国有化还难以使农民摆脱贫困，因此提出："必须考虑如何向公共经营的大农场过渡，必须**立刻着手来实行这种过渡**，教导群众并向**群众学**

---

① 《列宁选集》第 3 卷，人民出版社 1995 年版，第 16 页。

② 转引自苏联科学院经济研究所编《苏联社会主义经济史》第一卷，复旦大学经济系等部分教员译，三联书店 1979 年版，第 22 页。

③ 《列宁选集》第 3 卷，人民出版社 1995 年版，第 51 页。

习用些什么切实可行的办法来实现这种过渡。"① 具体做法是组织示范农场，由农业工人代表苏维埃在农艺师指导下，采用最好的技术设备，实行公共经营。

《四月提纲》是逐步向社会主义过渡的纲领，并没有规定立即没收和剥夺所有资本家的财产。到了 1917 年 5 月，列宁还只是主张必须夺取金融资本的主要堡垒，而对个别资本家，甚至大多数资本家，无产阶级并不打算剥夺他们的"一切"、把他们"剥光"，而是让他们"在工人亲自监督下去做有益的和光荣的工作"。列宁还指出，在向社会主义过渡的开始阶段，只是要地主、资本家"放弃"财产权。只要迫使"放弃"几百个、最多一两千个百万富翁（银行巨头和工商巨头）"放弃"财产权就行了。②

列宁考虑到克服由帝国主义战争、资产阶级临时政府、银行与辛迪加的头子所推行的反人民政策对经济造成的破坏，他在谈到向社会主义过渡的政策时，认为向社会主义过渡的步骤应与破坏经济作斗争的任务密切配合，为此，列宁特别强调工人监督的重要性，他指出："克服这种灾难的唯一出路，就是真正建立起工人对产品的生产和分配的监督。"③

随着革命形势的变化，列宁在十月革命前提出的《四月提纲》所规定的经济纲领也发生了变化。从土地纲领来看，土地国有化的基本政策并没有变化。但在 1917 年夏列宁在分析了体现广大农民要求的社会革命党提出的《示范委托书》之后，改变了原来计划从地主大庄园那里没收来的土地改建为示范农场的主张，而是把没收来的土地，按劳动或消费定额在劳动者中间分配。为此列宁写道："农民希望保留自己的小经济，希望平均分配，定期重分……让他们这样希望吧。没有一个明智的社会主义者会因此而同贫苦农民分手。"一旦资本的统治被摧毁，地主的土地与农具被没收，**只要无产阶级取得了中央的统治**，那么，"其他一切**自然而然**就会得到解决，就会因'示范的力量'而产生，就会由实践本身来提示"。从这里可以看到，列宁是非常讲究实际的人，勇于修正自己的观点，他分析了《示范委托书》后说："我们不是学理主义者。我们的学说不是教

---

① 《列宁全集》第 29 卷，人民出版社 1985 年版，第 270 页。
② 参见《列宁全集》第 30 卷，人民出版社 1985 年版，第 108、121 页。
③ 《列宁全集》第 24 卷，人民出版社 1990 年版，第 276 页。

条，而是行动的指南。""我们只知道（社会主义）这条道路的方向，我们只知道引导走这条道路的是什么样的阶级力量；至于在实践中具体如何走，那只能在千百万人开始行动以后由**千百万人的经验**来表明。"①

关于工商业的改造纲领，从列宁1917年9月撰写的《大难临头，出路何在？》这篇著作中可以看到，要比《四月提纲》中提出的政策严厉和更进了一步。

对银行，不只强调把其合并成一个全国性的银行，对其进行监督，而且同时强调银行国有化。列宁指出："大家都知道，银行是现代经济生活的中心，是整个资本主义国民经济体系的神经中枢。谈'调节经济生活'而避开银行国有化问题，就等于暴露自己的极端无知，或者是用华丽的词句和事先就拿定主意不准备履行的漂亮诺言来欺骗'老百姓'。"②"只有实行银行国有化，才能使国家知道几百万以至几十亿卢布流动的来去方向、流动的方式和时间。只有监督银行，监督这个资本主义周转过程的中枢、轴心和基本机构，才能在行动上而不是口头上做好对全部经济生活的监督，做好对最重要产品的生产的分配的监督，才能做到'调节经济生活'，否则这必将仍然是欺骗老百姓的一句部长式的空话。""银行国有化对于全体人民，特别是对于农民和小手工业者大众，而不是对于工人（因为工人很少同银行有来往），好处是非常大的。"列宁还强调："银行国有化将会大大有助于保险事业的一并国有化，也就是把一切保险公司合并成一个，把它们的活动集中起来，受国家的监督。"③

对国民经济中的各个辛迪加收归国有。列宁指出："不采取步骤对工商业辛迪加（糖业、煤业、铁业、石油业等等辛迪加）实行国家垄断，不把这些辛迪加收归国有，而只把银行收归国有是行不通的。另一方面就是说，要认真调节经济生活，就要把银行和辛迪加同时收归国有。"另外，强调把各个辛迪加收归国有，还因为这些在沙皇制度下建立起来的辛迪加"充满了最反动的、官僚的气息，它保证资本家获得骇人听闻的高额利润，使职员和工人处于绝对无权的、卑贱的、受压制的、奴隶的地位"。还要考虑到，二月革命后，"无论是资产阶级的政府，或者是社会

---

① 《列宁全集》第32卷，人民出版社1985年版，第111页。
② 《列宁选集》第3卷，人民出版社1995年版，第238页。
③ 同上书，第239、240、243页。

革命党人、孟什维克和立宪民主党人的联合政府，都什么事也没有做，只是玩弄了一套官僚主义的改良把戏，连一个革命民主的步骤也不敢采取……一切都和沙皇制度下一样，改变了的只是'共和国'各办公厅发文和收文上的名称！"①

列宁还提出取消商业秘密问题。他认为："如果不取消商业秘密，对生产和分配的监督，要么仍旧是空洞的诺言——立宪民主党人用它来愚弄社会革命党人和孟什维克，而社会革命党人和孟什维克又用它来愚弄劳动阶级；要么可能完全用反动官僚的办法和措施来实现。"② 只有取消了商业秘密，才能使大企业与富人提供最完备的报表，以供任何一个公民团体进行审查。

对工业家强迫其参加联合组织，即强迫辛迪加化。列宁认为，这样做，"一方面是国家对资本主义发展的一种推动……另一方面，强迫'联合化'又是任何一种稍微认真的监督办法与任何一种节省国民劳动的办法所必需的先决条件"③。

根据战争使俄国消费市场特别是面包供应出现的极端困难，参照交战国都实行面包配给制加上俄国富人可以轻易躲过面包配给制，列宁提出调节消费的主张。列宁认为："为了战胜当前的灾难，革命民主政策应不限于实行面包配给制，还要加上以下的办法：第一，强迫全体居民加入消费合作社，因为不这样就无法充分贯彻对消费的监督；第二，对富人实行劳动义务制，要他们无报酬地在这些消费合作社中从事文书之类的劳动；第三，把一切消费品真正平均分配给居民，使战争的重负真正平均分担；第四，实行监督，要使富人的消费受到居民中贫苦阶级的监督。"④

列宁在《大难临头，出路何在？》中，还提出了实行普遍劳动义务制问题。他在解释普遍劳动义务制时写道："这就是在最新的垄断资本主义基础上前进了一步，是朝着按照某一总计划来调节整个经济生活的方向，朝着节省国民劳动、防止资本主义加以滥用的方向前进了一步。""由工兵农代表苏维埃实行、调节、指导的普遍劳动义务制，虽然还不是社会主

---

① 《列宁选集》第3卷，人民出版社1995年版，第243—246页。
② 同上书，第246—247页。
③ 同上书，第251页。
④ 同上书，第256页。

义，但是**已经不是**资本主义了。这是**走向**社会主义的一个巨大步骤。"①

以上大体上反映了在十月革命前夕改造俄国经济的初步设想。

二 十月革命后最初时期的经济革命性改造

在十月革命取得胜利，政权转到了工人阶级手里后，新生的苏维埃使俄国刻不容缓地退出战争。为此，在 1917 年 11 月 8 日召开的全俄工兵代表苏维埃第二次代表大会上，通过了列宁提出的和平法令，从而把布尔什维克党在战争发生后即宣布的完全摆脱帝国主义战争的政策从法令上固定下来。接着，对俄国的资产阶级地主经济进行革命性的改造，使其转向社会主义，使生产服从于人民群众利益，这是胜利了的工人阶级与劳动人民的主要任务。十月革命后的最初时期对俄国经济的革命改造纲领与政策，大体上是按照十月革命前夕列宁在《大难临头，出路何在?》中提出的主张进行的。

（一）实行土地改革

在通过和平法令之后，紧接着解决关系到千百万农民群众根本利益的土地问题。土地改革是十月革命后苏维埃政权实行的第一批重大经济措施之一。土地法令还规定，地下资源和水域都收归国有。地主的牲畜、农具和建筑物也同土地一起没收。

土地改革经历了两个主要阶段。第一阶段从 1917 年 11 月 8 日通过土地法令开始到 1918 年夏。这一阶段的主要任务是打击地主，没收其土地及其他农业生产资料，平均分配给农民，是反封建的资产阶级民主革命。第二阶段是从 1918 年夏成立贫农委员会时开始的。全俄中央执行委员会 1918 年6 月 11 日关于组织贫农委员会的法令被视为发展土地改革的转折点。这一阶段的主要任务是向富农进攻，将他们的土地重新分配，没收富农多余的，即超过劳动标准的土地，并把这些土地分配给贫农与中农。同时还剥夺了富农多余的机器、工具与牲畜。当时，苏维埃政权之所以在完成第一阶段资产阶段民主革命任务的土地改革之后急于转入向富农进攻的第二阶段土地改革，直接原因是富农藏有粮食。从强制富农交出粮食发展到没收他们的土地、农具与财产。第二阶段的土地改革具有社会主义革命的性质。

十月革命胜利后立即进行土地改革，具有十分重要的意义。

---

① 《列宁选集》第 3 卷，人民出版社 1995 年版，第 267 页。

第一，巩固了年轻的苏维埃政权。土地改革解决了二月革命遗留下来的一项极为迫切的社会经济任务——取消土地私有制和把土地交给农民，以满足俄国农民长期渴望获得土地的夙愿，使广大农民支持苏维埃政权。第一阶段的土地改革使农民无偿得到 1.5 亿俄亩土地，为农民所使用的土地面积约增加了 70%。农民再也不用向地主与资本家缴纳地租，也不需要用钱去购买新土地了。土地法令还废除了农民所欠农民土地银行的约 30 亿卢布的债务。第二阶段的土地改革，剥夺了富农 5000 万公顷土地和大量的牲畜和农具。列宁说到土地改革的意义时指出："如果无产阶级的国家政权不实行这种政策（指土地改革——笔者注），那它就维持不下去。"[①]

第二，在俄国，通过土地改革在农村消灭了阻碍社会经济发展的封建农奴制残余，地主作为一个阶级被消灭了。另外，土地改革不仅沉重地打击了地主，也沉重地打击了在俄国国内占有大量土地的资本家。资本家拥有 1900 万俄亩土地，还有 6200 万俄亩土地抵押给银行。这样，农村的阶级关系、经济关系发生了根本性的变化。在苏维埃政权领导下实行的土地改革，已超出了民主改革的范围，成了走向社会主义的一个步骤，也就是说成了向社会主义过渡的一项措施。

从俄国十月革命前夕与十月革命胜利后初期布尔什维克党土地改革政策的变化情况来看，有一个问题是值得我们思考的，那就是急于搞大农业、搞农场或集体化，并不符合当时俄国农民的思想。这也是列宁与布尔什维克党修改二月革命后提出的第一个土地纲领的原因。现在回过头来看，十月革命后实行土地改革的结果是，使俄国农村由大土地占有制国家变成了中农占有制国家，或者说变成了"中农化"国家。中农由原占总农户的 20% 骤升为 60% 以上。[②] 在这种情况下，布尔什维克党如何引导俄国农民走向社会主义，成为一个十分重要的问题。客观地说，布尔什维克党虽然接受了农民委托书的要求，平均分配土地，亦看到这样做在反封建主义残余的斗争中具有进步性，但与此同时，也反复强调其局限性，认为把平分土地作为摆脱贫困和破产的一种方法是靠不住的。尽快把小农经济、小商品生产者过渡到大规模的社会化生产、建立大型的国营农场的思想，一直影响着布尔什维克党的农民政策。

---

① 《列宁全集》第 39 卷，人民出版社 1986 年版，第 239 页。

② 转引自姜长斌《苏联早期体制的形成》，黑龙江教育出版社 1988 年版，第 193 页。

（二）银行国有化

通过银行国有化来控制俄国资产阶级地主的整个信贷系统，这在苏维埃改造俄国经济中具有特别重要的意义。因此，在推翻资产阶级临时政府，当银行领导人拒绝承认人民委员会，并拒绝按照人民委员会的要求支付货币时，1917 年 11 月 7 日即十月革命的第一天，赤卫队就占领了革命前俄国最大的信贷机构——国家银行。1917 年初国家银行设有 11 个管辖行，133 个固定的与 55 个临时的分行，在 42 个粮库设有代办所，至 1917 年 10 月 23 日，国家银行的资产负债表上的总金额为 242 亿卢布，而当时全国所有私营信贷机构（股份银行、互助信用社、城市银行等）的资产负债表上的总金额的汇总数为 1800 万卢布。① 从中可见占领国家银行的重要性。

在银行国有化之前先是实行对银行的监督，采取这一准备性措施的目的有二：一是实行工人监督为的是制止资产阶级为反革命的目的而利用银行，使得苏维埃政权有关限制往来账户和存款支配权得以保证，同时防止资产阶级分子在信贷机构国有化之前从这些机构中继续提取资金；二是在工人监督过程中，使劳动者熟悉银行业务，学会管理银行，为银行国有化做好准备。但在实行工人监督过程中，遭到银行资本家的强烈反抗。在此情况下，1917 年 12 月 27 日晨，武装赤卫队的人员占领了彼得格勒各银行，并且为了使这些银行不能彼此联系，切断了它们之间的电话联系。到了中午 12 时，彼得格勒的一切私人银行都掌握在了苏维埃政权手里，当天晚上，全俄中央执行委员会批准了全国银行国有化法令。同一天，莫斯科的一切私人银行也被占领。列宁谈到为什么采取这一办法实行银行国有化时指出，这是为了要使银行的巨头惊慌失措，以便使他们来不及“找到一条退路，逃避这件不愉快的事情”②。银行国有化法令还规定对银行业实行国家垄断。另外，还通过了关于检查银行保险箱的法令。法令规定，保险箱的现款被列入国家银行的活期存款，而金币、金块则予以没收。从 1918 年 1 月起暂定支付息票与股息，禁止股票及有价证券交易。最后，1918 年 1 月 24 日人民委员会的法令把私人银行的全部股份资本没

---

① 参见苏联科学院经济研究所编《苏联社会主义经济史》第一卷，复旦大学经济系等部分教员译，三联书店 1979 年版，第 112 页。

② 《列宁选集》第 3 卷，人民出版社 1995 年版，第 411 页。

收并交给国家银行，银行的全部股票被废除。由于这一法律的实施，从法律上讲银行国有化彻底完成了。

废除沙皇与临时政府的国债，是苏维埃政权在财政信贷方面仅次于银行国有化的第二个重大革命措施。外国银行利用债务作为制约俄国的重要手段，大量国债使广大劳动人民承担着沉重的负担。在十月革命前夕，俄国的国债已超过 600 亿卢布，几乎比战前国家预算多 16 倍。内债为 440 亿卢布，其中长期债务为 250 亿卢布，国库短期债务超过 70 亿卢布。[①]十分明显，不废除债务，既不能有力地打击剥削阶级在债务上获取的资本利益，也不能减轻广大劳动群众的负担。为此，全俄中央执行委员会于 1918 年 2 月 3 日通过法令，决定取消沙俄与资产阶级政府所借的国债，以及政府对各企业、机关债务的担保。还宣布，储金局的存款和利息不受侵犯，同时储金局的债券也不予取消。贫苦公民持有的被废除公债的债券，可以调换俄罗斯苏维埃联邦社会主义共和国准备发行公债的记名证券。

列宁十分重视银行国有化，这对革命初期打击和剥夺大资产阶级，并用革命手段制止银行资本家的怠工、反抗起了重要作用，也是使经济转向社会主义的决定性步骤和克服全国经济紊乱的必要条件。列宁在 1918 年 1 月 11 日全俄工兵农代表苏维埃第三次代表大会上的报告中指出："为了在俄国土地上不仅消灭地主，而且要根本铲除资产阶级的统治，铲除资本压迫千百万劳动群众的可能性，苏维埃政府采取的第一批措施之一，便是过渡到银行国有化。"[②] 列宁还认为，银行和铁路的国有化才使苏维埃政权"有可能着手建设新的社会主义经济"[③]。

这里，还应指出，银行国有化不仅摧毁了国内资产阶级经济，还对外国资产阶级经济给予了严重打击，因为革命前外国资产阶级在俄国各股份商业信贷银行的私人资本中占 42%。

（三）工人监督与工业国有化

1905 年，列宁首次指出在工业中实行工人监督的思想。后来，在二月革命前后列宁又发表了几篇研究工人监督的文章。列宁把工人监督社会

---

① 参见苏联科学院经济研究所编《苏联社会主义经济史》第一卷，复旦大学经济系等部分教员译，三联书店 1979 年版，第 118—119 页。

② 《列宁选集》第 3 卷，人民出版社 1995 年版，第 411 页。

③ 同上书，第 412 页。

生产与产品分配、普遍劳动义务制等措施视为走向社会主义的过渡步骤。他在 1917 年 3 月到 10 月期间，一再宣传工人监督的思想，他认为，在当时俄国的情况下，工人监督是同经济破坏和饥饿作斗争的主要手段，它为银行和辛迪加的国有化创造前提，调动劳动群众的主动创造精神，推动他们的政治教育，向工人提供经济活动的经验。[1] 1917 年 7 月到 8 月召开的俄国社会民主党（布）第六次代表大会肯定了列宁有关工人监督的思想，代表大会提出："应当通过逐步实行的措施把工人监督发展为对生产进行完全的调节。"到了十月革命胜利后，工人监督开始普遍开展，成了工业国有化的准备措施。在革命胜利的头几天，列宁就制定了《工人监督条例草案》，规定了工人监督机构的任务、权利与义务。该草案共有八条，其中第一条就规定："在工人和职员（共计）人数不少于 5 人，或年周转额不少于 1 万卢布的一切工业、商业、银行、农业等企业中，对一切产品和原料的生产、储藏和买卖事宜应实行工人监督。"接着，列宁在这个草案的基础上，开始起草全俄中央执行委员会和人民委员会关于工人监督的法令。1917 年 11 月 14 日通过了《工人监督条例》，第二天即 1917 年 11 月 15 日，列宁签署了法令。法令的第一条宣布："为了有计划地调节国民经济，兹规定在一切工业、商业、银行、农业、运输业、合作社和生产协作社，以及其他有雇佣工人或家庭劳动的企业中，施行由工人监督企业产品和原料的生产、买卖及其保管事宜以及监督财务的办法。"法令规定：工人监督由该企业全体工人通过其选出的机构实行之；同时该机构中应该有职员和技术人员的代表参加。每个大城市、省或工业区均设立地方工人监督委员会，由工会、工厂委员会和工人合作社的代表组成。工厂委员会和监督委员会有权监督"生产和规定企业的最低产量，以及采取措施查明生产产品的成本"。营业秘密应予以废除，企业主应将本年度以及过去各决算年度的所有账册、决算报告和各种单据提交监督委员会。工人监督机关的决定，企业主必须服从，企业主和选出行使工人监督权的职工代表，都应"对国家负维持最严格秩序、纪律和保护财产之责"[2]。

在实施工人监督过程中，遭到了资本家的激烈反抗，并扬言："凡实

---

① 参见《列宁全集》第 24 卷，人民出版社 1990 年版，第 80 页。
② 有关《工人监督条例》的法令内容，转引自苏联科学院经济研究所编《苏联社会主义经济史》第一卷（复旦大学经济系等部分教员译，三联书店 1979 年版），第 143 页。

行监督、积极干预原来管理的企业都予关闭。"许多企业主不承认工人监督，他们主要通过关闭工厂、破坏生产、停运燃料和原料、停拨企业流动资金、拖延或完全停发工资、解雇工人等办法，来抵制工人监督。仅彼得格勒在 1917 年 12 月怠工的资本家就关闭了 44 家企业。列宁与布尔什维克党对此进行了坚决斗争，在工人监督机构的帮助下，挽救了大批的企业，这对促进经济的发展，巩固十月革命的成果起了十分重要的作用，也为工业国有化做好了准备。

十月革命后，在对私人企业实行工人监督的同时，苏维埃政权立即对归俄国的国有企业（官方企业）实行国有化，收归苏维埃国家所有。至于私人工业，在实行一段时间的工人监督之后，从 1918 年春开始，对大工业的主要部门实行国有化。完成一切工厂、铁路、生产资料和交换的国有化是苏维埃政权最重要的任务之一。工业国有化首先是石油、机器制造、纺织和制糖业有计划地实行国有化。同时只规定剥夺大资本家，对中小企业，考虑到它们分担了年轻的苏维埃国家必须充分保障千百万人就业的重担，对它们尚不能实行国有化。很快，大工业的国有化在相当短的时间内完成了。据 1918 年 6 月 28 日的法令，应当收为国有的企业共 3000 多家。到 1918 年 5 月 31 日止，有 512 家大企业已国有化，其中仅矿山冶金工业和金属加工工业企业就有 218 家，占 42.7%。此外，还有 17 家燃料工业企业、18 家电机工业企业和 42 家化工企业实行了国有化。在所有上列部门中，国有化企业共计有 295 家，占 57.6%。在转归苏维埃共和国所有的企业中，有半数以上属于重工业。一些重工业地区的国有化进展也很快，如到 1918 年 5 月中旬，乌拉尔重工业的大多数大型企业已实行国有。1917 年 11 月到 1918 年 3 月，苏维埃政权机关已将乌克兰大多数大型企业收归国有。到 1918 年 3 月底，仅在顿巴斯收归国有的矿井和矿场就达 230 个。[①] 到 1918 年 10 月，所有各部门的全部大工业企业都收归苏维埃国家所有。

大工业的国有化对形成苏维埃共和国的经济基础有决定性的意义，因为这表明基本生产资料向公有制过渡，也意味着新政权掌握了主要经济命脉，并为对整个国民经济的社会主义改造创造了必要的条件。

---

① 有关大工业企业国有化进展情况的资料，参见苏联科学院经济研究所编《苏联社会主义经济史》第一卷（复旦大学经济系等部分教员译，三联书店 1979 年版），第 155、159、160 页。

在实行大工业国有化的同时，苏维埃政权在最初几个月里，为了摧毁资产阶级的经济势力，克服经济紊乱，把官办的铁路掌握在自己手里。十月革命胜利后不久，先对铁路行政当局的活动进行监督，到 1917 年 12 月初，就完全停止了铁路行政当局的活动，使铁路的领导权转到执行委员会手中。在掌握了官办铁路（占全部铁路线的 70%）后，苏维埃政权就利用它来为当时面临的政治、经济与军事任务服务。到了 1918 年年初，对许多私人股份公司的所有铁路也开始实行工人管理，实际上是没收了资产阶级的大的私人铁路。到 1918 年 6 月 28 日，苏维埃联邦社会主义共和国人民委员会以法令的形式，把私人铁路收归国有在法律上固定下来。

另外，在大工业普遍国有化法令颁布前的几个月，用命令的方式颁布了海上商船和内河商船国有化的法令。苏维埃政权没收了 1.4 万只内河船舶和 2476 只远洋船舶。

以上措施，也就实现了苏维埃政权对资产阶级交通运输业方面的主要生产资料的剥夺，从而也为在全国形成统一的运输系统创造了前提条件。

（四）国内贸易和对外贸易的革命性改造

十月革命后，苏维埃政权根据当时国内在商品交换方面面临的复杂与困难局面，首先实行了对私人商业的监督和调节，并规定最主要食品与日用品的固定价格。正确地组织商业，最迅速地掌握商品交换是事关苏维埃共和国生死存亡的问题。也像在其他经济领域一样，监督与调节政策遭到商业资本家的强烈反抗。在此情况下，苏维埃政府不得不对大型批发商业实行国有化，对最重要的商品实行国家垄断。与此同时，对部分零售商业也收归市有。

在对外贸易方面，十月革命后不久就实行了垄断。列宁在谈到实行对外贸易垄断必要性时指出：我们对资本主义国家的关系只能建立在对外贸易垄断的基础上，只有这样，才能使年轻的共和国免受外国资本家的侵犯，成功地解决社会主义建设的任务。"没有这种垄断，专靠缴纳'贡款'，我们就不能'摆脱'外国资本的羁绊。"列宁还认为，加强对某些商品对外贸易业务的国家垄断，是准备实行对外贸易部门国家垄断的重要条件。必须"巩固并且整顿那些已经实行了国家垄断的事业（如粮食垄断、皮革垄断等等），借此准备实行对外贸易的国家垄断"[①]。1918 年 4 月

---

① 《列宁选集》第 3 卷，人民出版社 1995 年版，第 486 页。

22 日，人民委员会通过了《关于对外贸易国有化》法令，实行对外贸易国家垄断。法令规定："对外贸易全部实行国有化。向外国政府以及国外一些贸易企业买卖各种产品（采掘工业、加工工业和农产品等等）的交易，由特别受权的机关代表俄罗斯共和国进行之。除这些机构外，禁止同外国进行任何出口交易。"

（五）推行强有力的财政政策与改造国家社会保险

十月革命后的苏维埃共和国，面临着极其困难的财政状况。为了解决财政困难，苏维埃政府在革命后的最初时间里，采取了一系列强有力的政策措施。

考虑到资产阶级的反抗，不得不对其采用强制征款的办法。

为了满足对货币资金的需要，在考虑到稳定卢布的情况下，不得不发行纸币。

严格管制货币流通，办法是：货币资金必须存放在信贷机构（国家银行及其分行和储金局）；从往来账户上和从存款中提取消费性需要的现金，要以规定的最低生活费为限；对往来账户上和从存款中提取生产资金实行工人监督；实行非现金结算，其中包括支票流通。

实行外汇垄断，把黄金储备集中在国家手里，制止黄金外流。

为了减少货币发行量与克服财政危机，实行硬性削减国家开支的临时性措施。

着手编制经费预算。

实行统一的财政政策，在全国范围内有计划地分配货币资金，从上到下严格执行各项财政上的决定。

正确组织税收，征收累进的所得税及财产税。为了保证经常的资金收入，把一开始对资产阶级的强制征款改为经常的征税。对各种税收进行严格的计算与监督。

准备实行货币改革，用新货币更替旧货币，目的是一方面进一步打击资产阶级分子，另一方面为稳定货币创造条件。1918 年 4 月货币改革准备工作已就绪，已准备印发新货币，到 1918 年秋开始兑换旧币，但因外国武装干涉和国内战争破坏了这一计划的实行。

强有力的财政措施，对苏维埃政府渡过经济难关起了不小的作用，它的意义是不能低估的。正如列宁所说："我们无论如何要争取完成财政的扎实的改造，但必须记住，如果我们的财政政策不成功，那么，我们的一切根本改革都会遭到失败。"①

实行国家社会保险并确立国家对保险的垄断，也是十月革命后采取的一项重要政策。革命前的俄国，在 1912 年曾实行过社会保险，但只涉及职工总人数的 15%，并只限于在劳动时由于事故而丧失劳动能力的人。苏维埃政府执政后，对社会保险进行了根本性改造。在 1917 年 11 月 14 日的政府公报中阐明了新社会保险制度的一些基本原则：保险毫无例外地扩大到所有雇佣工人与城乡贫民；保险适用于各种丧失劳动能力的人（患病、残废、年老、产期）以及鳏寡孤独和失业者；全部保险费用完全由企业主承担；在失业和丧失劳动能力期间偿付全部工资；保险者在一切保险机构中充分享有自治权利。② 苏维埃政府考虑到大部分私有财产已收归国有，私人保险公司也已不存在，通过对各种保险事业的国家监督并逐步加以改造。1918 年 11 月 28 日人民委员会通过了《关于俄罗斯共和国建立保险事业》的法令，宣布各种类型和形式的保险事业实行国家垄断。

（六）建立具有集中统一领导职能的中央领导机构——最高国民经济委员会

为了与快速地完成革命性经济改造任务相适应，客观上要求建立一个能起到集中统一领导的中央经济领导机构。为此，1917 年 12 月 2 日全俄中央执行委员会和人民委员会颁发了成立最高国民经济委员会的法令，该委员会的主要任务是：组织国民经济和国家政权；制订全国经济调节计划；协调并统一中央和地方经济机关、全俄工人监督委员会、工厂委员会及工会的活动；有权没收、征用、冻结、管制工商业及其他部分的企业，并有权强制这些企业联合成辛迪加；掌握与监督工业国有化的进程；等等。到了 1918 年 8 月 8 日再次发布了有关最高国民经济委员会法令，降低了其地位，其任务也大为减少。但从当时成立最高国民经济委员会的目的和规定的职权范围来看，它是拥有十分广泛权力和高度集中管理的经济行政管理机构。

最高国民经济委员会内工业部门设立总管理局。随着战争的进行，加快了建立总管理局的步伐。1918 年 1 月至 4 月建立了 7 个总管理局，1918

---

① 《列宁全集》第 34 卷，人民出版社 1985 年版，第 327—328 页。

② 参见苏联科学院经济研究所编《苏联社会主义经济史》第一卷，复旦大学经济系等部分教员译，三联书店 1979 年版，第 121 页。

年 9 月至 12 月建立了 24 个，到 1920 年总计有 52 个总管理局，13 个生产部，8 个各自管辖若干个企业工业部门的"混合性"的部。此外，还建立了集团性（联营的和地区的）生产联合组织，即托拉斯。1920 年年初国内已有 179 个托拉斯，联合了 1449 个企业。[①] 总管理局是通过强制性的垂直行政领导的方法来管理其下属企业的。这样，在军事共产主义时期，苏维埃国家的国有企业一般实行三级管理体制，即最高国民经济管理委员会管理局—州管理局—企业；直属中央管理的企业则实行两级管理体制，即总管理局—企业。

在谈及经济管理问题时，不能不提及有关列宁提出的一长制问题。我们在前面已谈到，十月革命胜利后不久，列宁决定实行工人监督。苏维埃政权实行工人监督有以下意图：一是刚刚建立起来的苏维埃政权实行无产阶级在经济领域向资产阶级的夺权；二是在国家经济生活中使工人监督委员会成为群众性的权威组织；三是发现与培养第一批社会主义企业的管理干部；四是能起到对国民经济实行计划调节的起点作用。在资本主义企业国有化后，工人直接参加管理。当时对国有企业由工厂委员会按集体原则进行管理，实行集体管理制即委员制。由于当时苏维埃面临极其复杂的社会、政治与经济形势，加上工人管理委员会缺乏明确的分工，职责不明，很多问题往往议而不决。由此使无政府主义、无组织无纪律现象日益泛滥，企业运转不灵，从而严重阻碍经济的发展。列宁针对上述情况指出："工人监督应当是任何一个社会主义工人政府必须实行的第一个基本步骤。……我们知道，这一步骤是存在矛盾的，不彻底的，但是必须让工人们在不要剥削者和反对剥削者的情况下亲自担当起在一个大国建设工业的伟大事业。"[②] 在 1918 年春随着工业国有化政策的推行，列宁在工业管理方面提出应由委员制向一长制转化，必须把民主制同一长制（"个人独裁"）结合起来。[③] 列宁关于一长制的主张，曾遭到来自各方面的批评与反对，并在布尔什维克党内也展开了激烈争论。反对者所提出的问题实质上只是一个，即实行一长制与苏维埃政权要推行的民主制是否矛盾，一长制会不会形成个人独裁。列宁阐述之所以要实行一长制，有两个理由：一

---

①　参见苏联科学院经济研究所编《苏联社会主义经济史》第一卷，复旦大学经济系等部分教员译，三联书店 1979 年版，第 312 页。

②　《列宁全集》第 35 卷，人民出版社 1985 年版，第 138 页。

③　《列宁全集》第 34 卷，人民出版社 1985 年版，第 178—180 页。

是与管理大机器工业的客观需要联系起来。他指出："任何大机器工业——即社会主义的物质的、生产的泉源和基础——都要求无条件的和最严格的**统一意志**，以指导几百人、几千人以至几万人的共同工作。"① "可是，怎样才能保证有最严格的统一意志呢？这就只有使千百人的意志服从于一个人的意志。"② 列宁说："如果没有统一的意志把全体劳动者结合成一个象钟表一样准确地工作的经济机关，那么无论是铁路、运输、大机器和企业都不能正常地进行工作。社会主义是大机器工业的产物。如果正在实现社会主义的劳动群众不能使自己的各种机构象大机器工业所应该做的那样进行工作，那么也就谈不上实现社会主义了。"③ 二是列宁指出，一长制与管理的民主基础不矛盾。他说："把开群众大会**讨论**工作条件同在工作**时间**无条件服从拥有独裁权力的苏维埃领导者的意志这两项任务结合起来。"④

（七）制订第一个工业化计划的电气化计划

在十月革命胜利后头几个月，列宁就指示要尽快制订为恢复经济、进行技术改造与建立社会主义物质技术基础的发展俄国经济的长期计划（10—15年），即著名的俄罗斯电气化计划。列宁在谈到电气化计划的重要意义时指出："**共产主义就是苏维埃政权加电气化。不然我国仍然是一个小农国家。**"⑤ 当时对制订计划提出的要求是：（1）首先保证在资本主义包围下建设社会主义的国家在经济上的独立自主；（2）力求做到重新合理分布生产力，有计划地综合利用俄国各地区的天然财富以节约人民的劳动，其中也包括全力发展和利用各地方燃料基地和动力资源（水力、风力、泥炭、地方煤矿以取得最廉价的电力）；（3）俄国经济发展应立足于先进技术基础上，社会主义经济的基础应是现代化大机器工业、全国电气化。⑥ 1918年年初已在彼得格勒、莫斯科和顿巴斯三个地区先后成立了电气化计划委员会。前两个地区的电气化工程已动工。

电气化计划的全称是"苏俄电气化委员会计划"，它包括电气化、燃

---

① 《列宁全集》第34卷，人民出版社1985年版，第179—180页。

② 同上书，第180页。

③ 同上书，第144页。

④ 同上书，第181页。

⑤ 《列宁选集》第4卷，人民出版社1995年版，第399页。

⑥ 参见苏联科学院经济研究所编《苏联社会主义经济史》第一卷，复旦大学经济系等部分教员译，三联书店1979年版，第200页。

料供应、水力、农业、运输业和工业六个部分。按计划规定，10 年内，大工业产值不仅要恢复到 1913 年水平，而且要再增加 80%—100%，生产资料生产增加 1.2 倍，其中发电量增加 3 倍，消费和生产增加 47%。计划期末的主要工业品生产指标如下：生铁 820 万吨，比 1913 年增加 95.2%；钢 650 万吨，增加 54.8%；煤 6220 万吨，增加 1.1 倍多；石油 1180 万—1640 万吨，增加 28.3%—78.3%；水泥 775 万吨，增加 4.2 倍；纸张 68.9 万吨，增加 2.5 倍，等等。此外，还规定对工业中机械动力增加 70%。在农业方面，规定的任务是扩大播种面积、增加产量等。在运输方面，规定建设铁路 2 万—3 万公里，使部分干线电气化，广泛开展水路运输。① 实际上，电气化计划是十月革命胜利后苏联的第一个工业化计划。

十月革命后，苏维埃政权在短短的时间里，对经济采取了一系列十分急迫的革命改造政策，它涉及经济的各个领域。我们上面所列举的仅仅是一些主要方面，实际内容要广泛得多。这些革命性的，往往是强制性的经济改造政策，既巩固了政权，也形成了社会主义的经济基础。但是，由于这一革命改造政策速度快，时间十分紧迫，工人监督实践过程又很短，难以培养出大批管理经济的干部，从而经济管理难以跟上，加上资产阶级的反抗与倒乱和复杂的国际环境，因而在十月革命后到 1918 年夏实行的经济改造政策，并未起到促进经济发展与提高经济效益的作用。考虑到这一情况，列宁在 1918 年 3 月提出政策的调整问题。他在《苏维埃政权的当前任务》一文中指出："不能以继续向资本进攻这个简单的公式来规定当前的任务。""为了**今后**进攻的胜利，**目前**应当'暂停'进攻。""现在居**首要地位**的是在资本家已被剥夺的那些企业和其余一切企业中组织计算和监督。""提高劳动生产率，使生产**在事实上社会化**。"② 这一调整政策刚开始执行，就因外国武装十涉与国内战争被迫停了下来，由此苏维埃国家转入了军事共产主义时期。

---

① 转引自宋则行、樊亢主编《世界经济史》中卷，经济科学出版社 1993 年版，第 26 页。
② 《列宁选集》第 3 卷，人民出版社 1995 年版，第 480、476 页。

第四章

从军事共产主义转向新经济政策
时期的经济体制

军事共产主义时期，对十月革命胜利后不久的苏维埃俄国来说，是一个极为特殊的、非常短促的一个历史时期。后来东欧与亚洲一些国家无产阶级取得政权后，都没有经历这样一个历史时期。但俄国军事共产主义时期所形成的、有关建设社会主义的思想、理论与政策，对后来苏联的社会主义建设产生了不小的影响。特别是对如何向社会主义过渡，构建什么样的政治经济体制问题，有着十分深远的影响。

第一节 军事共产主义时期实施的
主要经济政策

新生的苏维埃政权在经济方面进行的社会主义革命改造取得初步的成功，给国内外阶级敌人以沉重打击。但他们并不甘心这个失败，互相勾结起来，妄图用武力推翻年轻的苏维埃政权，达到最终在俄国复辟地主和资本主义制度的目的。列宁在 1918 年 2 月 22 日发布的《社会主义祖国在危急中》的号召书中写道："德国军国主义履行各国资本家的委托，**要扼杀俄罗斯和乌克兰的工人和农民，要把土地归还地主，工厂归还银行家，政权恢复君主制。**德国将军们想在彼得格勒和基辅建立自己的'秩序'。**苏维埃社会主义共和国处在万分危急中。**"[①] 苏维埃共和国的国内经济本来就十分困难，而国内资产阶级对工人监督又竭力反抗，因而经济情况极其严峻，为了战胜敌人，年轻的苏维埃政权不得不暂时停止执行列宁 1918

---

① 《列宁选集》第 3 卷，人民出版社 1995 年版，第 418 页。

年春天和平暂息时期拟定的经济政策，而实行带有军事性的特殊的军事共产主义政策，把全俄国变成一个军营，把全国经济生活服从于战争的需要，全国只服从一个任务："一切为了前线，一切为了胜利！"围绕实现这个任务，苏维埃共和国采取了一系列特殊的坚决的经济政策。

一　余粮收集制

十月革命前俄国农业由于战争而处于全面衰退状况，1917 年十月革命后短短的几个月里，就已出现粮荒。1918 年 1 月粮食部门只完成粮食计划采购量的 21.8%，2 月和 3 月只完成 36.5%，4 月为 14.1%，5 月为 12.2%。莫斯科和彼得格勒的粮食供应 1 月份只及计划供应的 7.1%，2、3、4、5 月份的粮食供应量分别只占供应计划的 16%、16%、6.1%、5.7%。到了夏天，这两个城市的工人每人只能领到 1/8 磅的面包，有时整整一个星期领不到面包。[①] 1918 年 5 月 9 日，列宁向各地发出电报："彼得格勒处于空前的危急境地，没有粮食。只能把剩余的土豆粉、面包干发给居民。红色首都因饥荒处于灭亡边缘……我以苏维埃社会主义共和国的名义，要求你们毫不迟延地支持彼得格勒。"[②] 随着武装干涉与国内战争的发展，粮食问题变得非常严重和尖锐。而且，以下情况使粮食问题更加突出：一是由于工业的严重衰退，苏维埃政府已没有可以用于交换农产品的工业品。二是在战争的第一年，武装干涉者与白卫分子便侵占了俄国的主要产粮区——乌克兰、北高加索、西伯利亚。甚至连伏尔加河流域各个地区也被占领了。这样，全国粮食供应的全部重负就由俄罗斯中部少数几个产粮省承担。三是随着战争的进行，国内外资产阶级分子对粮食组织与供应工作的破坏活动加强了。在上述情况下，为了保证对前线士兵的粮食供应和城市居民粮食的最低需要，必须把一切余粮收归苏维埃国家掌握并加以合理分配，这成为一项十分迫切的工作，做不好这项工作，要取得战争的胜利是不可想象的。所以，争取粮食的斗争成了拯救苏维埃共和国的斗争。为此，苏维埃国家被迫决定实行从粮食垄断专卖转向粮食收集制。1918 年 5 月 9 日，全俄苏维埃中央执行委员会颁布法令，授予粮食

---

① 转引自周尚文、叶书宗、王斯德《苏联兴亡史》，上海人民出版社 2002 年版，第 71—72 页。

② 转引自苏联科学院经济研究所编《苏联社会主义经济史》第一卷，复旦大学经济系等部分教员译，三联书店 1979 年版，第 246 页。

人民委员会特别职权，法令重申：粮食垄断和固定价格都是不可更改的，必须同粮食投机商进行无情的斗争。号召全体劳动者和贫苦农民立即联合起来同富农展开无情的斗争。法令还宣布，所有握有余粮而不送往收粮站的人以及浪费存粮酿造私酒的人为人民敌人，要把他们交付革命法庭，判处十年以上的监禁，还要从村社中永远驱逐出去，并无偿没收其粮食。①后来，又不断采取措施，加强国家对粮食的控制。为了贯彻粮食专卖法令，严禁粮食私人买卖，人民委员会决定建立工人征粮队，奔赴农村征购粮食。1918 年下半年全国征购粮食 6700 万普特，这比上半年增加了 3900 万普特。

但是，实施粮食垄断与专卖的法令并不能从根本上解决国家粮食困难问题。这是由以下几个因素决定的：第一，粮食生产总的形势恶化，粮食大幅度减少，征购来的粮食只能满足城市居民口粮的一半左右，其余一半仍需向私商购买；第二，在粮食严重短缺、小农经济占优势与黑市价格比规定的国家收购价格高出 10 倍的情况下，要杜绝粮食私人买卖与投机倒卖是不可能的。为了进一步控制粮食，全俄中央执行委员会于 1918 年 10 月 30 日又颁布了征收农产品实物税的法令，规定必须在缴纳实物税后的粮食才可以按固定价格出售或收购。法令的主要目的是对农民中不同阶层征收不同的实物税来取代过去对所有农民同一的货币税，从而可以达到在货币不断贬值的条件下，能保证征集到粮食。余粮收集制这种摊派原则与办法，应用范围不断扩大，1919 年只用于粮食、谷物、饲料与肉类，1920 年油脂、其他农产品与农产原料的采购也采用摊配的办法。实行余粮收集制后，征集的粮食与饲用谷物大大增加，1920/1921 年度征集的粮食为 1917/1918 年度的 5 倍。

余粮收集制是按阶级原则实行的：不向贫农收粮，中农酌情征收，富裕农户多收。

但苏维埃共和国出于对粮食的迫切需要，在实行余粮收集制过程中，也常常出现摊派的指标过高，征集的粮食不只是余粮，而往往把农民的口粮甚至种子粮亦被征集了。所以有的学者认为，应把余粮收集制改称为粮食收集制。对此，列宁在《论粮食税》中指出："特殊的'战时共产主

---

① 法令内容，详见《苏联共产党和苏联政府经济问题决议汇编》第一卷（中国人民大学出版社 1984 年版），第 52—55 页。

义'就是：我们实际上从农民手里拿来了全部余粮，甚至有时不仅是余食，而是农民的一部分必需的粮食，我们拿来这些粮食，为的是供给军队和养活工人。其中大部分，我们是借来的，付的都是纸币。我们当时不这样做就不能在一个经济遭到破坏的小农国家里战胜地主和资本家。"[①]

二　普遍实行工业国有化

随着经济转入战争轨道，苏维埃共和国不仅要对粮食等食品加紧控管，而且为了保证战争的胜利，还需要把整个工业控制在自己手里，为此，加速了普遍实行工业国有化的步伐。在 1918 年 5 月底和 6 月初召开的全俄国民经济委员会第一次代表大会上通过的《关于经济状况和经济政策》的决议中规定：必须从个别企业国有化进而到"各个工业部门的彻底国有化，首先是金属加工和机器制造业、化学工业、石油工业和纺织工业的国有化"。人民委员会于 1918 年 6 月 28 日通过了《关于采矿、冶金、金属加工、纺织、电气、锯木、木器制造、烟草、玻璃、陶瓷、皮革、水泥和其他工业部门的大企业以及蒸汽磨、地方公用事业企业和铁路运输企业的国有化》法令。该法令一开头就指出，为了与经济遭受破坏和粮食危急状态进行坚决的斗争，为了巩固工人阶级和农村贫农的专政，人民委员会决定：宣布苏维埃共和国境内的下列各工业企业和工商企业及其所有资本和财产，不论属于什么种类，一律为俄罗斯社会主义联邦苏维埃共和国的财产。这里说的下列各工业企业和工商企业，包括：采矿工业、冶金工业与金属加工工业、烟草工业、橡胶工业、玻璃工业与陶瓷工业、皮革工业、水泥工业、蒸汽磨、地方公用事业、铁路运输和其他工业部门。[②]

1918 年底举行的全俄国民经济委员会第二次代表大会宣布："工业国有化已基本完成。"这里要指出的是，在工业国有化过程中，被国有化的工业企业不只限于大企业，而是涉及一批中小型企业。1920 年 11 月 29 日，最高国民经济委员会颁布了法令，规定凡雇佣工人 5 名以上，并拥有动力机械，或雇佣工人在 10 名以上，无动力机械的一切私人企业，全部

---

① 《列宁选集》第 4 卷，人民出版社 1995 年版，第 501—502 页。

② 详见《苏联共产党和苏联政府经济问题决议汇编》第一卷，中国人民大学出版社 1984 年版，第 98—105 页。

收归国有，使全部工业都为国防服务。后来由于战争结束很快转入新经济政策时期，该法令未能全部实行。但是，这个法令的颁布，意味着从法律角度上讲，在苏维埃共和国，全部大、中、小私人企业已失去了存在的合法性。

三 禁止自由贸易，货币流通范围大大缩小，经济关系实物化

在军事共产主义时期，苏维埃共和国实行余粮收集制，垄断了全部农产品和工业品，并由国家组织分配，对商业又进行国有化，禁止自由贸易，在这种条件下，流通领域必然产生重大变化。再说，在当时粮食与工业极端短缺的情况下，正常的商品交换实际上也不可能，而存在的只是投机。为此，列宁认为，必须对自由贸易加以严格的限制。1919 年 1 月 17 日，列宁在全俄中央执行委员会、莫斯科苏维埃和全俄工会代表大会联席会议上指出："如果在关系人民死活的食物明明不够的情况下准许自由贸易，就一定会造成疯狂的投机，使食物价格暴涨，以至出现所谓垄断价格或饥饿价格。"①

围绕取消自由贸易，苏维埃政府在国内战争期间采取了一系列十分严厉与广泛的措施，不仅对粮食等重要食品实行国家垄断，还对烟草制品、食糖与糖制品、茶叶、咖啡、食盐、火柴、纺织品、煤油及工厂生产的鞋子、钉子和肥皂等实行国家垄断。

四 平均主义的分配制

苏维埃政府对经济实行严格的管制，除了实行国有化、垄断、集中管理等政策外，另一个重要政策是改变对居民的分配供应制度。

首先要指出的是，十月革命后苏维埃政府制定的劳动报酬（工资）制度②，在国内战争期间已无法实行。这是因为，在通货膨胀极其严重的情况下，货币工资已失去意义。而在商品极其短缺的条件下，实物分配又是严格按定额标准分配的且定额非常低，最后不得不以平均主义的政策来进行分配。职工工资的实物部分主要是口粮。食品根据配给证和固定价格

---

① 《列宁全集》第 35 卷，人民出版社 1985 年版，第 408 页。
② 1919 年苏维埃政府制定了 35 个等级，其最低级和最高级的比例为 1∶5 的统一工资等级表。其中：前 14 级是工人的等级；从 15 级起是工程技术人员的等级。

发给职工。到 1920 年末，是免费供给。免费发放和提供的还有工作服、各类公用事业和交通服务。

五　推行共产主义劳动义务制

国内战争期间，一方面由于大批工人参军走向前线，另一方面由于城市粮食等食品供应的极度困难和工厂关闭，致使一部分工人流向农村。这样，出现了劳动力资源严重不足。这在客观上要求苏维埃政权在组织劳动方面有新的举措。布尔什维克党一方面号召全体有觉悟的工人、农民创立越来越多的劳动业绩，以革命的精神从事劳动；另一方面提倡群众性的共产主义劳动义务制。一开始，实行普遍的义务劳动制主要针对剥削阶级与非劳动者阶层，强迫他们必须参加劳动，只有在领取到劳动的证明之后，才可分得食物。对广大工人和其他劳动者来说，主要是强调加强劳动纪律。1918 年 12 月 10 日全俄中央委员会颁布的《劳动法典》规定，对16—50 岁的所有有劳动能力的公民实行义务劳动。地方机关有权强迫这些公民完成公益劳动。

六　实行高度集中的工业管理体制

我们从国内战争期间苏维埃政府采取的上述一些主要政策与措施可以看出，年轻的苏维埃政权为了应对严峻的战争局势，不只需要通过国有化、垄断等政策，把全国经济控制在自己手里，还通过建立高度集权化的管理体制，对经济实行严格的管制。这样，就需要有一个既具有广泛权力又能高度集中指挥的机构。

我们在前面已提到，十月革命胜利后不久，随着土地与银行国有化的完成，于 1917 年 12 月就建立了最高国民经济委员会，它是管理经济的最高机关。国内战争开始后，统一集中的管理体制不断强化。1918 年 9 月 2日，全俄中央执行委员会宣布苏维埃共和国全国为"军营"，1918 年 11月 30 日成立了以列宁为首的工农国防委员会（1920 年春改名为劳动和国防委员会），以协调军事主管部门、交通人民委员部、粮食人民委员部与红军给养委员会的工作。管理体制高度集中化的一项重要措施是，最高国民经济委员会做出决定，按工业部门建立工业管理总局，即把大量国有化的工业企业按部门原则分给各总局，实行垂直领导。到了 1920 年底，最高国民经济委员会在全俄已建立了 52 个工业管理总局。总局的权限很大，它有权向大型国有化的工业企业委派厂长，在企业中实行一长制的领导原则。总局的建立，大大强化了中央管理经济的权力。例如，在原料供应方面，如果在 1918 年，由各管理总局及最高国民经济委员的物质资源使用委员会制定对现有物质的分配计划只有 19 项，1919 年就增加到 33 项，1920 年前十个月已达到 55 项。① 总局是工业管理体系中的中心环节。总局的管理体制，对经济领导是以垂直的行政方法进行的，它控制着下属企业的生产、物资调拨、产品销售等全部生产经营活动。企业不存在经营自主权，也谈不上实行经济核算。苏维埃政府在建立总局时曾设想，可以减少管理层次，取消工业管理的中间环节，由总局直接管理企业。但实际上，总局下属企业数量多，又分布在全国各地，总局要对下属全部企业实行直接领导，在客观上有很多困难，因此，在一些工业部门不得不建立一个中间管理环节——托拉斯。

到 1920 年底，国内战争结束。战争期间，苏维埃俄国的经济遭到了严重的损失。国民收入从 1913 年的 210 亿卢布降到 1920 年的 105 亿卢布。战争给苏维埃国家造成的损失总数为 390 亿金卢布，也就是说，国家的国民财富减少了 1/4。② 工业的总产值 1920 年只及 1915 年的 13% 多一点。一些主要工业产品的下降情况是：煤产量 1920 年为 870 万吨，是 1917 年 3130 万吨的 28%；石油产量为 390 万吨，是 1917 年 883 万吨的 44%；铁产量为 12 万吨，是 1917 年 3303 万吨的 4%；钢产量为 19 万吨，是 1917 年 310 万吨的 6%。

农业生产也出现大幅度下降。粮食产量 1920 年为 27.59 亿普特，比 1912 年下降 317.2%。粮食大减产的主要原因有：一是由于战争使农户经济遭到严重破坏，大批农户破产，丧失了马匹与产品畜。二是由于余粮收集制度没收了一切余粮，使农民在物质利益上丧失了发展农业生产的兴趣。

战争期间，农业社会主义改造并没有停止，由地主庄园改变为带有示范性的国营农场，在 1918 年底在俄罗斯苏维埃共和国已有 3000 个，到 1920 年，全国有 6000 个左右。集体农庄也有一定发展，但总的来说数量

---

① 转引自陈之骅主编《苏联史纲》（上），人民出版社 1991 年版，第 154 页。
② 参见苏联科学院经济研究所编《苏联社会主义经济史》第一卷，复旦大学经济系等部分教员译，三联书店 1979 年版，第 344 页。

极少，到 1920 年共有 1.05 万个。

国内战争使运输业遭到了巨大损失，财政领域出现了严重危机。

第二节 对军事共产主义经济政策的几点看法

一 军事共产主义经济政策的基本评价

这一时期采取的种种经济政策，是在特殊条件下实行的特殊政策，往往是一种极端的政策，服从于战争的需要，是为取得战争胜利与保证年轻的苏维埃政权的需要。这是军事共产主义最主要的功绩。但是，军事共产主义的政策也有不少消极与错误的方面。列宁指出，那时候"做了许多完全错误的事情；我们没有掌握好分寸，也不知道如何掌握这个分寸"①。另外，在商业国有化和工业国有化方面，在禁止地方流转方面走得太远了。从实际结果来看，对小型工业国有化并没有产生积极作用，国家垄断全部流通领域，禁止地方贸易活动使得向居民供应地方产品的情况恶化，导致投机的蔓延。缺乏商品流转渠道，使工农业之间的正常联系也被破坏了，这特别影响了农民的小商品经济的发展，严重打击了农民发展生产的积极性，这样也影响了工业的发展。正如列宁在《论粮食税》一文中所指出的："工业和农业之间流转'被堵塞'的情况已经到了不堪忍受的地步。"② 另外，还应看到，由于军事共产主义走得太远，也超过了工农联盟许可的程度。总之，军事共产主义在军事上取得了成功，战胜了敌人，但在经济战线上，不能说是圆满成功的，它没有把基本群众吸引到社会主义建设中来。"在某种程度上脱离了广大农民群众中所发生的情况"，"当时在国有化和社会化的工厂和国营农场中建立起来的经济没有同农民经济结合起来"。③

二 军事共产主义时期经济政策形成的原因

应该说这一时期苏维埃政府实行的一系列经济政策，一个直接的、重要的因素是当时战争的环境，这是无疑义的。但是，如果仅仅归结为战争

---

① 《列宁全集》第 41 卷，人民出版社 1986 年版，第 56 页。
② 《列宁选集》第 4 卷，人民出版社 1995 年版，第 512 页。
③ 同上书，第 660—661 页。

环境这个客观因素，也是不全面的，应该看到主观因素即直接过渡思想所起的作用。从列宁从十月革命到 1918 年夏这一期间所采取的基本经济政策可以看到，当时直接过渡到社会主义的途径主要有：一是经过全民对产品生产和分配的计算与监督；二是对土地银行和大工业国有化。这反映了列宁在国内战争前一个阶段直接过渡的思想。到 1918 年夏战争开始后，在战争环境下，军事共产主义的道路是直接过渡的思想的进一步发展，在政策上体现得更加具体。所以，笔者认为，军事共产主义的各种政策，如从思想理论根源来探索的话，反映了传统的马克思主义观点，力图通过直接过渡的办法在俄国实现共产主义。否则，我们就难以解释 1920 年春季战争基本结束，和平形势已经到来时，苏维埃俄国所采取的政策，并不是解除或取消 1918 年夏以来推行的特殊政策，而是还不断强化。这可从 1920 年 4 月 3 日《俄共（布）第九次代表大会决议》中说明这一点，该决议强调说："我国经济恢复的基本条件是，坚定不移地实行最近一个历史时期的统一的经济计划"；进一步强化劳动义务制，强调 "对于星期六义务劳动，各地都应当比目前更加重视"；对工业继续加强垂直的集中领导，并制定社会主义集中制的各种形式；等等。① 又如，在 1920 年 9 月 7 日还通过法令，决定进一步对小企业实行国有化。

我们讲，军事共产主义这种直接过渡的思想，反映了传统的马克思主义，这有多方面的内容。这里，笔者仅从经济体制这个角度作些分析。

大家知道，按照马克思、恩格斯的看法，随着私有制的消灭，在未来社会商品生产也应消除，价值关系必将消失。马克思在《哥达纲领批判》一书中写道："在一个集体的、以生产资料公有为基础的社会中，生产者不交换自己的产品；用在产品上的劳动，在这里也不表现为这些产品的价值，不表现为这些产品所具有的某种物的属性，因为这时，同资本主义社会相反，个人的劳动不再经过迂回曲折的道路，而是直接作为总劳动的组成部分存在着。"② 而恩格斯在其《反杜林论》一书中曾断言："一旦社会占有了生产资料，商品生产就将被消除，而产品对生产者的统治也将随之消除。社会生产内部的无政府状态将为有计划的自觉的组织所代替。"③ 他往下接着说："社会一旦占有

---

① 详见《苏联共产党和苏联政府经济问题决议汇编》第一卷，中国人民大学出版社 1984 年版，第 173—187 页。

② 《马克思恩格斯选集》第 3 卷，人民出版社 1995 年版，第 303 页。

③ 同上书，第 633 页。

生产资料并且以直接社会化的形式把它们应用于生产，每一个人的劳动，无论其特殊的有用性质是如何的不同，从一开始就直接成为社会劳动。那时，一个产品中所包含的社会劳动量，可以不必首先采用迂回的途径加以确定；日常的经验就直接显示出这个产品平均需要多少数量的社会劳动。……因此，在上述前提下，社会也不会赋予产品以价值。生产 100 平方米的布，譬如说需要 1000 劳动小时，社会就不会用间接的和无意义的方法来表现这一简单的事实，说这 100 平方米的布具有 1000 劳动小时的价值。……人们可以非常简单地处理这一切，而不需要著名的'价值'插手其间。"① 从上面马克思、恩格斯的论述可以看到，未来的社会主义社会是自觉调节的，即以生产资料公有制为基础有计划的、没有商品生产的与自治的社会。这样，社会可以十分简单地直接计划生产与计划分配。这就是计划经济理论的渊源。在这种产品经济观支配下，就出现了无产阶级取得政权后，可以立即地、全面地实现"一个国家＝一个工厂"的设想，整个社会的生产与分配可以按照预先经过深思熟虑的计划来进行。

从思想理论上讲，自十月革命前一直到俄国开始社会主义建设为止，列宁一直赞成马克思、恩格斯有关社会主义社会是没有商品生产的观点。列宁早在 1906 年就提出："只要还存在着市场经济，只要还保持着货币权力和资本力量，世界上任何法律都无法消灭不平等和剥削。只有建立起大规模的社会化的计划经济，一切土地、工厂、工具都转归工人阶级所有，才可能消灭一切剥削。"② 这里可以看到，首先明确提出"计划经济"的是列宁。1908 年列宁又提出："社会主义……就是消灭商品经济。……只要仍然有交换，谈论什么社会主义就是可笑的。"③ 十月革命后的初期，列宁关于社会主义应该是没有商品、没有货币的观点变得更加巩固。特别要指出的是，由列宁制定基本原则并经 1919 年 3 月俄共（布）第八次代表大会通过的俄共（布）党纲草案规定，坚定不移地继续在全国范围内用有计划、有组织的产品分配来代替贸易，并准备采用最激进的措施来消灭货币，并把上述措施列入纲领。1921 年第 1—2 期的《国民经济》杂志中说："社会主义是实物经济，它的发展不需要货币。"当时被认为这是

---

① 《马克思恩格斯选集》第 3 卷，人民出版社 1995 年版，第 660—661 页。
② 《列宁全集》第 13 卷，人民出版社 1987 年版，第 124 页。
③ 《列宁全集》第 17 卷，人民出版社 1988 年版，第 111 页。

不可争辩的真理。在俄共（布）第二个纲领中写道：在分配领域，苏维埃政权当前的任务是，要坚定不移地继续在全国范围内以有计划的、有组织的分配产品代替商业。目的是把所有居民都组织到消费公社的统一网络之中。为了更快地消灭货币，列宁还拟定了下列措施："俄共将力求尽量迅速地实行最激进的措施，为消灭货币作好准备，首先是以存折、支票和短期领物证等等来代替货币，规定货币必须存入银行等等。"① 在俄共（布）纲领中提出了把银行机构变为苏维埃共和国的统一核算和总簿记机构的任务，随着有计划的公有经济的建立，这一切就会导致消灭银行，并将银行变成共产主义社会的总会计部门。1918 年 11 月 21 日颁布法令把商业收归国有，并用强制性、国家有组织的分配来取而代之。1920 年 1 月取消了人民银行，而在财政人民委员部系统建立了预算结算局。②

否定与消灭商品生产与货币的理论观点，这在军事共产主义时期的经济政策中得到了充分的体现。

在军事共产主义所实行的经济政策影响下所形成的经济体制，主要特点是：

第一，除了农业外，几乎对全部经济（包括对超过 5 人的小企业）都实行国有化，以此来达到最大限度地扩大国有制企业。对农民，通过余粮征集制征收全部农业剩余产品集中在国家手里。

第二，对从生产到分配的全部经济活动，其决策与管理权都集中在国家手里，实行强制的行政方法进行管理。

第三，在消灭商品、货币的条件下，经济关系实物化。

第四，国有企业与国家（总管理局）的关系是一种行政隶属关系，各企业从国家那里获得全部物资供应，而企业生产的全部产品上缴国家，是完全的"统收统支制"。

第五，分配上实行高度的平均主义。

第六，实行劳动力的强制分配和普遍劳动义务制。

第七，对当时很不发达的对外经济是完全由国家控制，这与十月革命后不久列宁把对外贸易实行国家垄断制的措施有关。

---

① 《列宁全集》第 36 卷，人民出版社 1985 年版，第 91 页。

② 转引自［苏］尤里·阿法纳西耶夫编《别无选择——社会主义的经验教训和未来》，王复士等译，辽宁大学出版社 1989 年版，第 489 页。

很显然，这种体制不是现代化的体制，依靠这种体制模式不可能促进经济朝着现代化方向发展。

第三节　转向新经济政策时期探索新的经济体制

国内战争结束时，苏维埃俄国的经济可以说已到崩溃的边缘。在最为严重的经济危机中潜伏着的种种政治危机亦明显地暴露出来，政治形势已非常紧张。到1921年初，紊乱、复杂的形势已到了顶点。

从农民的情况来说，在战时，农民还能接受余粮收集制，但战争结束后，农民就不愿接受余粮收集制了。苏维埃政府从农民那里收到的粮食日益减少，粮食问题特别尖锐化。一方面农民无法承受国家征集沉重的粮食负担；另一方面由于工业的严重衰退，农民最必需的一些日用工业品，如肥皂、火柴、煤油、蜡烛等，也得不到起码的满足。在余粮收集制的条件下，农民感到国家分给土地后，并没有使他们获得实际好处，也并没有获得实际使用土地的权利。在此情况下，农民的不满情绪日益激化，这就是在1920年底到1921年初，在全俄国各地普遍发生农民武装骚动的原因。最为严重的是1921年3月爆发的喀琅施塔得叛乱事件。参加叛乱的士兵，大部分是参军不久的农民。他们占领了波罗的海舰队和喀琅施塔得要塞。当时为了镇压这次叛乱，派去了一些红军精锐部队，还派去了以伏罗希洛夫为首的300名出席第十次党代表大会的代表加强红军部队。3月17日才平定了这次叛乱。另外，1921年2—3月，西伯利亚伊施姆一县，参加暴动的农民就有6万余人，参加坦波夫省安东诺夫叛乱的农民有5万人。这些叛乱在全国很多地方都有出现，尽管有各种反革命分子的煽动，但根本原因是农民的严重不满所引起的，也充分说明农民对严重恶化的经济已忍无可忍。这也是为什么当时把"打倒苏维埃"的旧口号改换为"拥护苏维埃，但不要共产党员参加"的新口号会有市场。同时亦说明，农民对无产阶级专政的态度已发生重大变化，对苏维埃政权失去信任。列宁对农民叛乱及时地提出了看法，他说："农民曾经不得不去拯救国家，同意实行无偿的余粮收集制，但是它现在已经承受不了这样的重担。"[①] 事件表明，这已是"向政

----

① 《列宁全集》第41卷，人民出版社1986年版，第131—132页。

治转变。1921 年春天的经济转变为政治：‘喀琅施塔得’”①。1921 年 10 月
17 日，列宁在《在俄政治教育省委员会第二次代表大会上的报告》中，在
分析 1921 年春产生严重危机的原因时指出："在农村实行余粮收集制，这
种解决城市建设任务的直接的共产主义办法阻碍了生产力的提高，它是我
们在 1921 年春天遭到严重的经济危机和政治危机的主要原因。"②

从工人的情况来说，由于国内战争使大批工业企业因开工不足而关
闭，1920 年的工人人数仅为战前的一半。许多工人由于饥饿，逃往粮食
供给稍比城市好的农村。由此导致工人队伍不仅大大减少和涣散，而且与
农民一样，不满情绪日益滋长。在这种情况下，难以让广大工人群众积极
参与经济的恢复工作。

从工农联盟来看，实行余粮收集制后，农民没有余粮用来交换工业
品，而国家也没有工业品用来与农民交换，加之贸易已被国家垄断。这说
明军事共产主义的政策使工农联盟日趋走向破裂，它已失去了生命力。如
果不改变这种极端的直接过渡的政策，最后结局是导致革命的失败。像列
宁说的那样，"我们便会像法国革命一样倒退回去。一定是这样"③。十分
明显，根本改变军事共产主义政策已刻不容缓。

一　转向新经济政策

1921 年 3 月 8 日至 16 日，在莫斯科召开了俄共（布）第十次代表大
会。参加会议的有 694 名有表决权的代表，共代表 732521 名党员。会议
议程有十项。虽然议题很多，但主题是总结军事共产主义的错误与教训，
在此基础上，讨论如何解决国内面临的政治与经济危机，特别是解决农民
与农业的发展问题，再深一步说，要解决在农民小商品经济占统治地位的
俄国，如何建立起符合历史发展进程的现代化经济体制，从而解决向社会
主义过渡的正确途径问题。

为实现由军事共产主义向新经济政策过渡，要解决的主要问题有：

（一）最为重要的一项政策是以实物税代替余粮收集制

经过多次讨论，1921 年 3 月 15 日俄共（布）第十次代表大会一致通

---

① 《列宁全集》第 32 卷，人民出版社 1992 年版，第 576 页。
② 《列宁选集》第 4 卷，人民出版社 1995 年版，第 576 页。
③ 《列宁全集》第 41 卷，人民出版社 1986 年版，第 132 页。

过了《关于以实物税代替余粮收集制的决议》。① 该决议的主要内容如下：

1. 为了保证农民在比较自由地支配自己的经济资源的基础上正确和安心地进行经营，为了巩固农民经济和提高其生产率，以及为了确切地规定农民所应担负的国家义务，应当以实物税代替余粮收集制这种国家收购粮食、原料和饲料的方法。

2. 这种税的税额应当比以前用余粮收集制的方法所征收的少。税额的总数应当满足军队、城市工人和非农业人口的最低限度的必需的消费。当运输业和工业的恢复使苏维埃政权有可能通过正常途径，即以工业品和手工业品做交换的方法取得农产品时，税的总额应当随之不断减少。

3. 征收的税额应当根据农户的收获量、人口和实有牲畜数量，从农户产品中按百分比扣除或按份额扣除。

4. 税额应当具有累进的性质；对于中农、力量单薄的农民和城市工人等，税额应当低一些。

最贫苦的农户可以免缴某些实物税，而在特殊情况下可以免缴全部实物税。

扩大自己的播种面积以及提高整个农户生产率的勤恳的农民，在缴纳实物税方面应当得到优待，或者是降低税额，或者部分地免税。

5. 在拟定税收法令和确定其公布日期时，应当考虑到使农民在春耕开始以前就尽可能比较确切地知道他所应当缴纳的数额。

6. 向国家缴纳实物税，应当在法令所确切规定的一定期限内完成。

7. 缴纳实物税的税额应当按农村联合组织（村社）计算。在农村联合组织内部，税额是根据第3条所规定的一般标准，由联合组织自己决定如何在各个农户之间分配。

为了监督税收标准的实施和税款的征收，应当按不同的纳税额分别成立当地农民的民选组织。

8. 在纳税后剩余的一切粮食、原料和饲料，农民可以自己全权处理，可以用来改善和巩固自己的经济，也可以用来提高个人的消费，用来交换工业品、手工业品和农产品。

允许在地方经济流通范围内实行交换。

9. 为了供应最贫苦的农民以及为了交换农民在纳税后剩余的、自愿

① 参见《列宁选集》第4卷，人民出版社1995年版，第444—468页。

缴售给国家的粮食、饲料和原料，应当建立专门的农具和日用品储备。这种储备应当包括国内的产品以及用一部分国家黄金基金和一部分收购来的原料从国外换来的产品。①

接着，1921 年 3 月 23 日，全俄中央执行委员会发表了《告俄罗斯联邦共和国农民》号召书。以这种形式告知全体农民："从现在起，全俄中央执行委员会和人民委员会决定废除收集制，代之以农产品实物税。"明确指出："纳税之后留在农民手中的剩余产品完全由自己支配。"② 号召俄国农民全力以赴，把每一俄亩耕地都种上庄稼。现在，每一个农民都应当知道并牢牢记住，他播种的地越多，完全由他支配的余粮就越多。③ 3 月28 日，人民委员会又颁布了《关于 1921—1922 年粮食实物税总额》与《关于已完成收集制的省份进行自由交换农产品》两项法令，主要规定：一是减少 1921—1922 年粮食税总额的数量；二是对 1920 年已完成余粮收集制的 44 个省，撤除所有的武装征粮队，并允许粮食与饲料可以自由交换与买卖。

在改行粮食税后，苏维埃政府获得粮食等农产品有两种渠道：一是实物税；二是商品交换。

在粮食税推行过程中，也遇到了种种问题，党内思想也并不完全统一，如有些人把粮食税这一政策视为临时性措施。此外还出现不按粮食税有关规定征收，而往往习惯于余粮收集制的征收办法。针对这一情况，列宁在《论粮食税》这一重要论著中，进一步阐述了实行粮食税的意义与必要性。他一再强调："在小农国家内实现本阶级专政的无产阶级，其正确的政策是要用农民所必需的工业品去换取粮食。只有这样的粮食政策才能适应无产阶级的任务，只有这样的粮食政策才能巩固社会主义的基础，才能使社会主义取得完全的胜利。""粮食税就是向这种粮食政策的过渡。"④ 这实质上是向正常的社会主义产品交换的过渡。在这一论著中，列宁批判了那些把粮食税取代余粮收集制的实质归结为似乎是从共产主义过渡到资产阶级制度的错误看法。他认为，如果按照这些人的想法，必将

---

① 参见《苏联共产党代表大会、代表会议和中央全会决议汇编》第二分册，人民出版社1964 年版，第 105—107 页。

② 同上书，第 235 页。

③ 同上。

④ 《列宁选集》第 4 卷，人民出版社 1995 年版，第 502 页。

堵塞商品交换，禁止商业发展，这是死路一条。

（二）新经济政策的实质是发展商品货币关系，在发展经济过程中运用市场机制

1921 年 5 月 26 日至 28 日，在莫斯科召开了俄共（布）第十次全国代表大会。会议是由于必须对各地执行新经济政策的经验进行研究临时召开的。列宁在会上作了关于新经济政策的报告。他强调说："应当把商品交换提到首要地位，把它作为新经济政策的主要杠杆。如果不在工业和农业之间实行系统的商品交换或产品交换，无产阶级和农民就不可能建立正常的关系，就不可能在从资本主义到社会主义的过渡时期建立十分巩固的经济联盟。""同时，实行商品交换可以刺激农民扩大播种面积和改进农业。"列宁还具体指出："应当以余粮最多的省份作为重点，首先实行商品交换。"他还认为："合作社是实行商品交换的主要机构。"① 1921 年 11 月 5 日，列宁在《论黄金在目前和社会主义完全胜利后的作用》一文中说："假定……假定在千百万小农旁边没有电缆纵横的先进的大机器工业，——这种工业按其技术能力和有组织的'上层建筑'以及其他伴生的条件来说，能够比从前更迅速更便宜更多地向小农提供优质产品——那么商业就是千百万小农与大工业之间唯一可能的经济联系。"② 1921 年 12 月 23 日，列宁在苏维埃第九次代表大会的报告中又指出："虽然大工业转到国家手里，靠它供给农民产品的尝试还是没有成功。既然这一点办不到，那么在农民和工人之间，即在农业和工业之间，除了交换，除了商业，就不可能有别的经济联系。问题的实质就在这里。……只能在工人国家的领导和监督下利用商业并逐步发展农业和工业，使其超过现有水平，此外没有任何别的出路。"③

列宁为什么反复强调要恢复发展商品货币关系，指出其重要的意义，这与一开始通过粮食税与国家资本主义来发展商品货币关系出现的问题有关。到了 1921 年秋发现商品交换的计划未能实现，当时形成这一局面的主要原因是：第一，原来列宁设想的是通过有组织的、直接的商品交换来向社会主义过渡，但这行不通。1921 年 10 月 29 日，列宁在《在莫斯科

---

① 《列宁选集》第 4 卷，人民出版社 1995 年版，第 533 页。
② 同上书，第 615 页。
③ 《列宁全集》第 42 卷，人民出版社 1987 年版，第 334—335 页。

省第七次代表会上关于新经济政策的报告》中指出："商品交换没有取得丝毫结果，私人市场比我们强大，通常的买卖、贸易代替了商品交换。""我们应当认识到，我们还退得不够，必须再退，再后退，从国家资本主义退到由国家调节买卖和货币流通。"① 退到哪里，要退到通过商业的这条迂回的道路上去，即实行真正意义上的商品交换。第二，从 1921 年改革余粮收集制后，虽在客观上使农民有余粮可以与工业品进行交换，但 1920 年与 1921 年的干旱使农业歉收，农民手中的余粮有限。再说，实行新经济政策初期，工业刚在恢复，国家还拿不出大量工业品与农民去交换。第三，当时作为商品交换主要机构的消费合作社，它的能力非常薄弱，其总基金只有 25.4 亿卢布，一个城市合作社的平均资本仅为 950 金卢布，一个农村合作社的平均资本只有 29 金卢布。② 在这种情况下，合作社是不可能完成商品交换的主要工作任务的。第四，由于战后工农业产品价格剪刀差相比战前不仅未缩小，反而提高了两倍，在这种情况下，农民不愿意与国家组织的工业品进行交换，而是愿意在私人市场进行交换，这样必然出现像列宁前面所指出的，"私人市场比我们强大"的局面。

为了实现真正意义上的商品交换，最主要的是要重新认识商品交换的性质。应该说，列宁本人在这个问题上的认识也是不断发展的，并且不断纠正在这个问题认识上的片面与狭隘的观点。1921 年 8 月 9 日，人民委员会发布了《关于贯彻新经济政策原则》的指令，明确指出："为了全面恢复国民经济，尤其是恢复货币流通，又需要发展城乡之间的商品交换。鉴于所有这一切，应当采取措施发展国营的与合作社的商品交换，而且不应当只限于地方流通范围，在可能和有利的地方应当转为货币交换方式。"③ 与此同时，还采取了一些扩大商品交换的具体措施，主要有：

改组与重新设立一些商品流通机构。在对军事共产主义时期形成的供应机构和商品流通机构进行改组时，又重新设立了贸易辛迪加、合作社、商品交易所、定期市场、贸易股份公司等组织。在流通领域建立三类贸易机构：国营、合作社与私营机构。在批发贸易中，是国营占优势；在零售贸易中，部分是合作社占优势，部分是私人资本占优势。

---

① 《列宁全集》第 42 卷，人民出版社 1987 年版，第 228 页。
② 转引自陈之骅主编《苏联史纲》（上），人民出版社 1991 年版，第 194 页。
③ 《苏联共产党和苏联政府经济问题决议汇编》第一卷，中国人民大学出版社 1984 年版，第 270 页。

发展私人贸易。实际上，在新经济改革实行前，小集市、小商贩等私人贸易一直存在着，但它们是非法的。实行新经济政策后，这些私人贸易以合法的形式出现，并且不断地发展。

在组织国营贸易、合作社及私人贸易的商业企业网的同时，还成立了一些专门的贸易机构，如交易所与定期市场等。

为了使工农业之间、城乡之间商品交换顺利进行，还必须调整工农业产品价格的比价。由于工业销售机构任意提高工业品价格，使工农产品价格的剪刀差到1923年秋达到了顶点，农用生产资料的价格特别高。例如，1913年农民购买一架犁要出售20普特粮食，1923年则要出售150普特，相应地，买一台刈草机必须分别要出售150普特和847普特粮食，买一台收割机要出售120普特和704普特粮食。再从农民购买工业消费品的情况看，1913年1普特小麦平均可买到5.7俄尺印花布，1923年只能买到1.5俄尺；1913年1普特黑麦能买到0.16普特食糖，1923年只能买到0.06普特。显然，这种不合理的价格，必然导致农民不购买机器与农具，而这些商品不得不滞留在仓库里，这就出现了销售危机。为了解决这个问题，苏联政府采取措施，改进这种不合理的价格，主要是降低工业品批发价格，限制商品流通网的商业加成，降低工业品的成本。1923年10月1日至1924年10月1日，国营工业品的出厂价格降低了25.3%。与此同时，不同程度地提高农产品价格的水平。例如，与1913年相比，1925年黑麦价格提高了50.2%，燕麦价格提高了41%，土豆价格提高了23.5%。以上措施，既有利于工农产品的正常销售与交换，也有利于巩固工农联盟。

（三）改变土地使用方面的一些限制政策

尽快恢复农业生产，巩固工农联盟，除了我们在前面谈到的取消余粮收集制与积极发展商品货币关系外，改变土地使用法也具有重要意义，即必须取消军事共产主义时期在土地使用方面已不合时宜的一些限制性政策。1921年3月23日至28日召开的第九次全俄苏维埃代表大会通过的有关农业问题的决议强调："在毫不动摇地保持土地国有化的基础上，巩固农民的土地使用权，并给农村居民以选择土地使用形式的自由，以保证农民得以正确经营和发展所必需的条件。"为此，代表大会委托农业人民委员部制定土地法典。这是新经济政策在农业中的一项重要政策与措施，这对充分利用有多余生产资料和生产能力的农户的力量，扩大耕地面积，促进农业生产力的发展，都具有重要的意义。后来，在土地出租期限和使用雇佣劳动的范围等方面又进一步放宽。以上政策执行的结果，出租的土地与雇佣劳动力的情况呈不断发展的趋势。

（四）积极发展合作社

列宁特别重视合作社的发展，在实行新经济政策时期，合作社的意义更为重要。列宁指出："不管新经济政策如何（相反，在这方面应该说，正是由于实行了新经济政策），合作社在我国有了非常重大的意义。"①

在实行新经济政策前，列宁就早已把广泛发展合作社视为联合农民走社会主义道路的主要形式。他在1918年就指出，对农业的社会主义改造应采取一系列的过渡办法。"一下子就把数量很多的小农户变成大农庄是办不到的。"②"由个体小农经济过渡到共耕社，是千百万人生活中一场触及生活方式最深处的大变革，只有经过长期的努力才能变成，只有到人们非改变自己生活不可的时候才会实现。"③ 在发展合作过程中，列宁反复强调坚持自愿的原则。列宁强调说："我国有千百万个体农户，分散在偏僻的农村。要想用某种快速的办法，下个命令从外面、从旁边去强迫它改造，那是完全荒谬的。我们十分清楚，要想影响千百万小农经济，只能采取谨慎的逐步的办法，只能靠成功的实际例子，因为农民非常实际，固守老一套的经营方法，要使他们进行某种重大的改变，单靠忠告和书本知识是不行的。"④

在实行新经济政策前，列宁着重从改造小农与小农经济如何向社会主义过渡角度来论述合作社问题。在推行新经济政策后，列宁在强调合作社的重大意义时，不只着眼于改造小农经济，而且还把它与农业的恢复和发展联系起来。他设想，通过广泛地发展各种简单易行的初级形式的合作社，并逐步在产品销售、生产资料供应与信贷等方面把农民联合起来，从而使商品货币关系得到发展，使农民生产的积极性得以提高。

在实行新经济政策过程中，合作社有多种形式。在头几年，农户组织起来的供销合作社具有重要意义。国家通过供销形式的合作社取得农产品以供应城市居民食品，供应工业所需的原料，而农民通过这种合作社销售自己的劳动产品并购买必需的农用生产资料。后来，农业合作社得到广泛

---

① 《列宁选集》第4卷，人民出版社1995年版，第767页。
② 《列宁全集》第35卷，人民出版社1985年版，第170页。
③ 同上书，第353页。
④ 《列宁全集》第37卷，人民出版社1986年版，第360—361页。

发展，建立了各种形式的合作社组织。1921 年共有合作社 24000 个，1925 年为 54800 个，联合了 650 万农户（占农户总数的 28%）。

在新经济政策推行的头几年，苏维埃国家为了尽快恢复农业生产，除了采取以上一些具体措施外，还在其他方面为农业提供贷款与帮助。1924—1925 年间，享受农业贷款的农民超过 110 万人，贷款数额从 1923 年的 810 万卢布增加到 1925 年的 23770 万卢布。

（五）租让制与租赁制的发展

军事共产主义时期，苏维埃国家实际上对全部工商企业实行了国有化，从而列宁早在 1918 年初提出的通过国家资本主义向社会主义过渡的特殊经济形式并未付诸实践。在实行新经济政策时，列宁又根据他在 1918 年对苏维埃俄国存在 5 种经济成分①，再次提出国家资本主义是小农国家向社会主义过渡的形式的观点。他指出："我们应该利用资本主义（特别是要把它纳入国家资本主义的轨道）作为小生产和社会主义之间的中间环节，作为提高生产力的手段、途径、方法与方式。"② 这就是说，要使私人经济与社会主义经济相结合，通过这种结合既要达到恢复经济的目的，又要成为一种向社会主义过渡的经济形式。租让制与租赁制就是在这种背景下提出来的。

1. 租让制。1921 年 3 月俄共（布）第十次代表大会通过的决议中指出："租让是外国资本家参加开发苏维埃共和国的自然资源的一种切实可行的形式。在实行租让制的时候，承租者可以得到租让企业所生产的一部分产品作为报酬。""可以作为租让对象的有下列这些国民经济部门：森林、采矿、石油和俄国电气化事业等。""租让在实质上是社会主义共和国同在工业方面比它发达的资本主义国家之间缔结经济协定的一种形式，同时，它也应当成为发展苏维埃共和国的生产力和巩固在苏维埃共和国内已经建立的社会主义经济基础的有力手段。"③ 很明显，苏维埃俄国设想通过租让制，达到利用外国资本、先进技术与管理经验的目的。对于租让的资源、土地与企业，按一定的条件在一定时期内租

---

① 1. 宗法式的，即最原始形式的；2. 小商品生产（这里多数是指出卖粮食的农民）；3. 私人资本主义；4. 国家资本主义；5. 社会主义。

② 《列宁全集》第 41 卷，人民出版社 1986 年版，第 217 页。

③ 《苏联共产党代表大会、代表会议和中央全会决议汇编》第二分册，人民出版社 1964 年版，第 110 页。

让给外国资本家，但仍保留其财产所有权，而承租者必须按合同的规定把其所得产品的一部分交给苏维埃国家。租让期限一般为 20 年以上。为了推行租让制，人民委员会组建了租让事业管理委员会。在1921—1926 年期间，苏维埃国家共收到承租申请 1937 份，但因西方国家往往提出苛刻的条件，实际签订的合同不足 1/10（共 144 项），而实际执行的合同又只及签订数的一半。到 1927 年，苏联共租让企业 73 家，这些企业的就业人数约 5 万人，租让企业的产值还不到苏联工业产值的0.5%。[①] 这说明，租让制所起的作用远远没有达到原来的设想。

2. 租赁制。这是指苏维埃国家把一部分中小企业租给私人或合作社经营。1921 年 5 月 27 日，人民委员会颁布了有关国有企业可以租赁的法令。同年 8 月 9 日，又颁布了《关于贯彻新经济政策原则》的法令，规定把一部分企业，"应当根据出租法和最高国民经济委员会的细则所规定的原则租给合作社、协作社和其他联合组织以及私人"。"应当毫不迟疑地坚决贯彻出租法令，以便使国家机关卸掉小企业小工厂这些包袱。""未能出租而国家及其机关又不能承担起经营责任的企业应予关闭。"[②] 到1921 年 9 月，出租了 260 家关闭的或管理差的企业，到 10 月，出租企业已增至 600 余家。随着 12 月全俄中央执行委员会颁布解除小企业国有化的法令之后，企业的出租进程加快，到 1923 年 1 月，出租企业约为 5000家，工人人数为 7.5 万—7.8 万人。[③]

租赁制的推行，对促进工业的发展，增加居民所需的日用品与食品的供应，活跃市场都起到了积极作用。另外，还使得国家用更多的精力去集中管理大型工业企业，提高其生产效率。

（六）财政信贷政策

国内战争结束时，苏维埃国家在财政信贷方面面临一系列尖锐的问题，最为突出的是货币大幅度贬值与巨额的财政赤字。在这种情况下，要使新经济政策得以贯彻，使商品货币关系正常发展，那是不可能的。因此，在实行新经济政策的最初几年，财政政策的一项中心任务是巩固与稳定苏维埃货币。1922 年 11 月 13 日，列宁在《俄国革命五年和世界革命

---

① 参见陆南泉主编《苏联经济简明教程》，中国财政经济出版社 1991 年版，第 167 页。

② 《苏联共产党和苏联政府经济问题决议汇编》第一卷，中国人民大学出版社 1984 年版，第 269 页。

③ 转引自陈之骅主编《苏联史纲》（上），人民出版社 1991 年版，第 193 页。

的前途》这一报告中说："首先谈谈我们的金融体系和出了名的俄国卢布。俄国卢布的数量已经超过 1000 万亿，我看，单凭这一点，俄国卢布就够出名的了。（笑声）这可真不少。这是天文数字。"因此，"真正重要的是稳定卢布的问题，我们在研究这个问题，我们的优秀力量在研究这个问题，我们认为这一任务具有决定意义。如果我们能够使卢布稳定一个长时期，然后永远稳定下来，那我们就胜利了。……那时我们就能把我们的经济放在一个坚固的基础上继续发展下去"①。

苏维埃国家解决卢布稳定问题，是在战后经济完全被破坏的情况下进行的。为此采取的主要政策措施有：通过发展国营、合作社和私营的国内商业及提高农民经济商品率的办法来扩大商品流通范围，扩大对外贸易；减少而后完全消灭财政赤字；通过运用和巩固经济核算制、扩大商品和服务收费制度、提高劳动生产率、降低杂费的办法来增加国营企业的收入和财产；加强税收收入，坚定不移地从实物税过渡到货币税；发展信贷业务；等等。②

在向新经济政策过渡后，随着商品货币关系的发展，信贷关系的范围扩大了，对经济的作用提高了。信贷的主要作用在于：促进工业、农业和商品流转的发展，使卢布尽快稳定。

推行新经济政策初期，最为重要的任务是恢复农业生产，因此，通过信贷系统帮助农民提高生产成了一项十分迫切的工作。为此，从 1922 年 1 月开始，成立了信用和贷款储蓄合作社。在十月革命前的 1913 年，农村信用合作社的生产性贷款占 40.8%，而到 1925 年则为 86.6%。1923 年 2 月 1 日，苏维埃第十一次代表大会通过决议，创立中央农业银行，并确定该行与各共和国农业银行、地方农业银行相互关系的原则。各级农业银行是以集股方式建立起来的。预算拨款是农业银行的主要资金来源，1923—1925 年期间，预算转拨给农业银行的资金超过 2.05 亿卢布，其中 1.3 亿卢布组成它们的资金，0.75 亿卢布作为专用资金。

按照苏联学者的总结，在新经济政策实施的头几年（1925 年之前），国民经济的恢复与发展的次序是："首先恢复农业，然后小工业，在这个

---

① 《列宁选集》第 4 卷，人民出版社 1995 年版，第 720—721 页。

② 详见《苏联共产党代表大会、代表会议和中央全会决议汇编》第二分册，人民出版社 1964 年版，第 165—170 页。

基础上再恢复大工业；为整个国民经济的改造建立新的强大的技术基础；同时准备和实现对农民小商品经济的社会主义改造；消除经济的多成分性；保证社会主义在整个国民经济中获得胜利。"① 这个总结大体上符合战后头几年的情况。

1925 年苏联生产的粮食比 1920 年多 17 亿普特，即多 0.6 倍，比战前5 年的平均数多 4.45 亿普特，即多 11.2%。

由于工业遭到战争的严重破坏，因此，到 1925 年工业未恢复到 1913年的水平，整个工业产值 1925 年为 1913 年的 75.3%。

在工业中轻工业与食品工业恢复较快，除了农业恢复较快而提供较多的原料这一因素外，还因为，这些部门的固定生产基金，在战争期间尽管处于无人照管状态，但完好保存的程度比重工业要好。如轻工业部门的固定生产基金基本上保存在 92% 以内，其中机器设备保存 90% 左右。另外，在具体做法上也较合理，即在缺乏原料的情况下，苏维埃政府恢复轻工业的办法是，先集中在技术设备好、地理位置有利的企业开始，即对这些企业首先提供原料与必要的资金。这样做，取得了较好的效果。

在工业中重工业的恢复要困难得多。这不只是因为重工业遭受的损失比轻工业大，而且还由于：第一，革命前俄国机器制造业落后，因此，在战后恢复时期新设备代替旧设备遇到了重大困难。第二，战争使运输系统极度紊乱并遭到严重破坏，这样对重工业企业恢复生产需要运输大量货物带来了十分严重的困难。第三，在 1921—1925 年，苏维埃俄国产品出口极其有限，这样外汇资金很少，从而很难通过进口来恢复与发展重工业所需的设备。第四，恢复重工业还遇到一时难以解决的两个最尖锐、最迫切的问题：金属与燃料。尽管苏维埃俄国做了很大努力，重工业也得到了很大恢复，但一些主要重工业产品到 1925 年未能达到战前水平：1925 年石油开采量为战前的 76%，采煤量为 56.7%，生铁产量为 36.4%，钢产量为 50.3%，当时全俄国感到"金属荒"。整体来说，1921—1925 年苏维埃国家工业有了大的发展，1925 年工业总产值已达到战前的 73%，其中大工业为战前水平的 75%。某些重要工业产品产量超过了 1913 年的水平，如 1925 年发电量超过 50.4%，泥炭采掘量超过 47.1%，蒸汽涡轮生

---

① 苏联科学院经济研究所编：《苏联社会主义经济史》第二卷，唐朱昌等译，三联书店1979 年版，第 77 页。

产量超过 174.6%，锅炉超过 16%，变压器超过 159%，等等。①

运输业亦有了很大的恢复。1913 年铁路长度为 58500 公里，到 1925 年增长到 74500 公里。货运量从 1920 年的 3190 万吨增加到 1925 年的 9240 万吨，即约为战前水平的 70%。②

在经济恢复的开始阶段，重工业的年均增长率很高。例如，1921—1923 年达到 48.3%，而消费资料生产的年均增长速度为 30.4%，整个工业生产的年均增长速度为 41.4%。这样，第一部类在工业总产值中的比重从 1921 年的 43.7% 提高到 1923 年的 48.1%。

随着国民经济的恢复，人民生活水平也随之提高。这表现在很多方面：工人就业人数从 1921 年的 118.55 万人增加到 1925 年的 234.79 万人，实行了 8 小时工作日制度。整个工业部门职工平均工资在 1925 年已恢复到 1913 年的 90.8%。1922—1925 年，建设了 400 多万平方米的住房。1926 年的城市住房总面积比 1913 年增加了 3600 万平方米。特别要指出的是，食品供应有了很大改善。1918 年工人家庭中成年人每日摄取热量为 1786 卡，而到 1926 年增至 3445 卡。同时，饮食质量也有所改进。面包、各类谷物、土豆等消费量日益减少，而肉类、油脂、奶制品、蛋类等消费量日益增加。

二 转向新经济政策是为建立新经济体制的一次重大转型

新经济政策一直推行到 1929 年。在苏联历史上，新经济政策时期具有特别重要的意义，它给人们很多启示，不少问题值得我们思考。

新经济政策实行的头几年，在经济上取得的成效，对巩固工农联盟所起的作用，都表明它是行之有效的政策，是向社会主义过渡的康庄大道。邓小平在评论苏联社会主义时指出："社会主义究竟是个什么样子，苏联搞了很多年，也并没有完全搞清楚。可能列宁的思路比较好，搞了个新经济政策，但是后来苏联的模式僵化了。"③ 在这里，邓小平对苏联表示明确肯定的只是实行"新经济政策"的 8 年。后来新经济政策夭折，虽有不少原因，但主要与当时党内不少人存在"左"的"直接过渡"的思想

---

① 参见［苏］波梁斯基等主编《苏联国民经济史讲义》下册，秦文允等译，三联书店 1964 年版，第 524—525 页。

② 同上书，第 526 页。

③ 《邓小平文选》第 3 卷，人民出版社 1993 年版，第 139 页。

有关。在新经济政策形成与实施过程中，党内一直存在争论与斗争，在领导层未达成共识。也正是这个原因，在推行新经济政策过程中，并没有使高度集权的政治体制发生相应的变化。到 1929 年，斯大林宣布"当它（指新经济政策——笔者注）不再为社会主义事业服务的时候，我们就把它抛开"①。在 1929 年全面停止了新经济政策，推行他自己的一套建设社会主义的方针政策。

新经济政策是代表列宁晚年思想的一个主要内容，也是对苏联今后发展道路、创建什么样的经济体制模式的重要探索。可以说，列宁从 1921 年提出新经济政策到 1924 年逝世这段时间，他的全部精力着力研究这一政策制定与如何有效地付诸实施。由于列宁过早逝世，没有来得及对新经济政策头几年实施的情况进行总结并在此基础上进一步完善与发展他的设想，使其系统化。并且，没有给列宁留下时间，去解决新经济政策与当时布尔什维克党及其他一些领导人在社会主义观念上及未来经济体制模式设想方面存在的矛盾乃至冲突。这也是有关新经济政策的理论与政策过早地被高速工业化与农业全盘集体化政策取代的一个重要原因。但是，新经济政策关系到如何向社会主义过渡与建立什么样的经济体制等一系列重大问题，反映了列宁晚年思想的一个主要内容，它体现在：

1. 反映了列宁在向社会主义过渡问题上两种不同的理论与政策。从十月革命前与革命胜利后的初期，列宁认为，通过全盘国有化即国家垄断制，利用国家机器的强制力量，不需利用商品货币关系的办法，过渡到由国家直接控制生产与分配，这就是"直接过渡"。1918 年春采取的战时特殊的紧急措施，与"直接过渡"思想结合起来，形成了"军事共产主义"政策。列宁回顾说："当时设想不必先经过一个旧经济适应社会主义经济的时期就直接过渡到社会主义。我们设想，既然实行了国家生产和国家分配的制度，我们也就直接进入了一种与以前不同的生产和分配的经济制度。"②列宁在总结军事共产主义政策之后，认识到这种"直接过渡"在俄国是行不通的。从而否定了"直接过渡"的思想，而是采用"间接过渡"的方式，即国家在掌握国民经济中居重要地位的大企业的同时，允许多种经济成分存在，要正确对待国家资本主义、私人资本主义与小生产

---

① 《斯大林全集》第十二卷，人民出版社 1955 年版，第 151 页。
② 《列宁全集》第 42 卷，人民出版社 1987 年版，第 221 页。

者，通过利用商品货币关系以迂回方式向社会主义过渡，这就是新经济政策。

2. 新经济政策对军事共产主义时期的经济体制而言，无疑是一次重大而又十分深刻的改革，也是十月革命胜利后苏维埃政权在经济体制方面的第一次改革。这一改革使军事共产主义时期产品交换的经济关系过渡到商品货币关系，从坚决排斥市场机制转变为必须运用市场机制。这样，使一系列经济政策符合当时苏维埃俄国的客观实际，新经济政策时期成为苏联历史上最富有生命力的时期，也是列宁对发展科学社会主义理论所做出的最为重大的贡献。正是由于新经济政策符合俄国的实际，因此，取得了明显的效果。

3. 列宁明确指出：真正意义上的商品交换实现了，新经济政策才算全面形成。这个时间是1921年秋，即在列宁发现了由国家和合作社组织进行"商品交换失败了"之时。列宁在1921年10月29日对此作了解释，他说："现在你们从实践中以及从我国所有的报刊上都可以清楚地看到，结果是商品交换失败了。所谓失败，是说它变成了商品买卖。"[1] 列宁还说："如果我们不想把脑袋藏在翅膀下面，如果我们不想硬着头皮不看自己的失败，如果我们不怕正视危险，我们就必须认识到这一点。"[2] "我们不得不退这样远，因为商业问题成了党的一个实际问题，成了经济建设的一个实际问题。"[3] 这里也可看到，要真正转到新经济政策上来，要以实现商品经济意义的商品交换关系为条件。同时也说明，列宁关于商品货币的理论有个发展与变化的过程。客观地说，甚至在新经济政策实行开始实行时，列宁还认为，货币是资本主义经济范畴，因此，最初设想不用货币，而是用国营企业的产品直接交换农民的粮食来组织城市和乡村之间的联系。[4]

4. 对社会主义的看法发生了根本的变化。列宁推行新经济政策的时间不长，从1921年算起到列宁逝世，总共才3年的时间，如果从1921年

---

① 《列宁全集》第42卷，人民出版社1987年版，第228页。

② 同上。

③ 同上书，第237页。

④ 列宁在1921年10月之前也经常用"商品交换"一词，但其含义一般与"产品交换"的概念相同，即不是指真正商品经济意义上的"商品交换"，不弄清这一点，会误认为列宁早就承认社会主义应存在货币、商品交换等范畴了。

10 月新经济政策才全面形成算起，那么时间更短，只有两年多一点。所以，这个时期苏联的经济体制是很不成熟和很不定型的。还应看到，列宁对社会主义的认识，一方面在理论上是十分谨慎的，另一方面也是经常变化的。列宁在 1918 年 3 月召开的俄共（布）第七次代表大会上强调："我们不知道，而且也不可能知道，过渡到社会主义还要经过多少阶段。"[①] 还说："社会主义不是少数人，不是一个党所能实施的。只有千百万人学会亲自做这件事的时候，他们才能实施社会主义。"[②] 到了 1923 年 1 月，列宁在《论合作社》一文中说："我们不得不承认我们对社会主义的整个看法根本改变了。"[③] 苏联长期以来受《联共（布）党史简明教程》的影响，往往把这一"改变"仅归结为用粮食税代替余粮收集制。实际上，这一"改变"的内容要广泛得多、深刻得多，还反映在工作重心的转移，对社会主义条件下合作社的性质与商品经济做出新的判断上，以及"国内和平"、大量裁军及财政改革等。在国外方面，包括同资本主义国家的经济合作、共产国际的"统一战线"和与社会民主党人关于共同行动的谈判等。正如苏联学者所指出的，"这种'根本转变'，就其深刻的程度来说，也许只有 1917 年的十月革命能够与之加以比较"[④]。再从对新经济政策的认识来讲，列宁在 1922 年 3 月联共（布）党的第十一次代表大会期间还认为新经济政策是"退却"，到 1922 年底至 1923 年初，列宁改变了看法，认为新经济政策是向社会主义过渡的必由之路。

这里顺便要指出，从十月革命胜利后到列宁逝世前，当时的苏维埃政权面临着极其严峻的形势与复杂的任务，采取什么方式与政策去解决问题，党内存在尖锐的意见分歧，不赞成列宁某些主张的人不少，有时争论得非常激烈，但列宁对不同意见的人，甚至坚决反对他的人，乃是允许充分发表意见，没有用什么反党等政治帽子压人，也没用镇压的办法，更没有采用肉体消灭的办法去对待。历史证明，一旦党的领袖容不得不同意见，动辄加以批判乃至镇压，必定会给其领导的国家、民族带来严重的灾难。另外，列宁对政策的修改，是根据变化了的情况做出的，不把马克思

---

① 《列宁选集》第 3 卷，人民出版社 1995 年版，第 460 页。
② 同上书，第 464 页。
③ 《列宁选集》第 4 卷，人民出版社 1995 年版，第 773 页。
④ ［苏］尤里·阿法纳西耶夫编：《别无选择——社会主义的经验教训和未来》，王复士等译，辽宁大学出版社 1989 年版，第 501—520 页。

主义理论当作教条。他说："我们决不把马克思的理论看作某种一成不变的和神圣不可侵犯的东西；恰恰相反，我们深信：它只是给一种科学奠定了基础，社会党人如果不愿意落后于实际生活，就**应当**在各方面把这门科学推向前进。"[1]

---

[1] 《列宁全集》第 4 卷，人民出版社 1984 年版，第 161 页。

第五章

工业化政策是苏联迈向现代化
极为重要的一步

如果主要以由传统的农业社会转向现代工业社会视为现代化的主要标志，那么对十月革命胜利后不久的苏联来说，从落后的农业社会的俄国变成现代工业社会，无疑是实现国家现代化极为重要的一步。

第一节　苏联工业化的进程

俄国从彼得一世起，在认识到与西欧先进资本主义存在巨大差距的情况下，便提出要搞工业化，其工业化的政策一直延续到十月革命前。到20世纪20年代中期，由于实行了新经济政策，苏联基本上完成了经济的恢复工作，1925年农业基本上达到了战前水平，但并没有改变经济严重落后的状况，仍然是俄国遗留下来的技术经济结构。第一，表现在苏联还是一个以手工劳动为主的落后的农业国。1926年，农村人口占总人数的82.1%，农业产值占国民生产总值的56.6%，农业产值超过工业产值。第二，1925年工业总产值已达到战前的73%，但要看到，代表工业主体的机器制造业、冶金、燃料、航空、电力和建筑材料等部门很不发达。实际上，到1925年苏联还没有汽车、拖拉机和航空工业这些最重要的部门。第三，工业的设备基本上是旧式的，而且多半是磨损很大的机器与机床。现代化的设备国内又不能生产，因此，很多机器设备要靠进口解决。1927年机器设备进口额比1924年增加1.3倍，其中金属加工设备增加3.9倍，动力设备增加5倍。这严重影响了苏联经济的独立性。第四，由于运输业的严重破坏，它大大落后于国民经济发展的需要。

随着经济的恢复，斯大林认为，应该把更多的注意力放在工业化问题上来。1926 年 4 月 13 日斯大林所作的《关于苏联经济状况和党的政策》的报告，集中反映了其思想的变化。他在报告中把新经济政策分成两个时期：1921 年至 1925 年底为第一个时期，主要任务是在扩大商品流转的条件下，以发展农业为中心建立国民经济基础；而 1926 年开始为第二个时期，"最重要最突出的一点，就是重心已经转移到工业方面了"，整个国民经济的发展主要"依靠工业的直接扩张了"。① 后来，正如我们在前面提到的，斯大林认为，必须结束新经济政策，否则就难以实行工业化政策，到了 1929 年他就宣布：当它（新经济政策）不再为社会主义服务的时候，就把它抛弃。

在上述背景下，1925 年 12 月召开的联共（布）党的十四大提出了工业化方针。斯大林在这次代表大会上说："我在报告中谈到我们的总路线，我们的前途，意思是说要把我国从农业国变成工业国。"② 他在报告的结论中明确指出："把我国从农业国变成能自力生产必需的装备的工业国，——这就是我们总路线的实质的基础。"③ 1925 年提出工业化方针，但并不是说，工业化时期就此开始了。因为工业化并不是十四大讨论的重点问题，也没有提出实现工业化的具体政策、纲领并规定明确的任务。从实际情况看，苏联工业化作为一个运动的全面开展始于 1928 年，即第一个五年计划。

至于工业化时期何时结束的问题，斯大林本人就有各种说法。④ 看来，工业化作为一个运动或时期来讲，斯大林 1946 年的说法可能更贴近实际，即苏联工业化是用了三个五年计划（共 13 年）完成的。但要指出的是，随着斯大林在 1926 年的经济建设思想由农业转向工业，因此 1926

---

① 《斯大林选集》上卷，人民出版社 1979 年版，第 461 页。
② 《斯人林全集》第七卷，人民出版社 1995 年版，第 293 页。
③ 同上书，第 294 页。
④ 按斯大林第一种说法，1932 年，即"一五"计划结束时，工业化时期结束了。他在 1933 年 1 月作的《第一个五年计划的总结》报告中说：由于第一个五年计划四年完成，"这一切就使我国由农业变成了工业国，因为工业产值的比重和农业产值的比重相比，已经由五年计划初（1928 年）的 48% 提高到五年计划第四年度（1932 年）末的 70%"（《斯大林全集》第十三卷，人民出版社 1995 年版，第 164 页）。但到了 1946 年，斯大林在谈到苏联由落后国变成先进国、由农业国变成工业国之时，称这是"一个飞跃"。在他看来，"这个历史性的转变是从 1928 年即第一个五年计划的头一年开始，在三个五年计划期间实现的"。他还进一步明确说："我们国家由农业变为工业国一共只花了十三年左右的时间。"（参见《斯大林选集》下卷，人民出版社 1979 年版，第 495 页。）

年与 1927 年，已经对发展工业进行了大量投资。在第一个五年计划前，苏联有近千个新建企业投产，其固定资产为 8500 亿卢布。大量发电站交付使用，还开始兴建包括第聂伯列宁水电站在内的 11 座巨型电站。冶金工业是重点发展的部门，为此扩建与改建了刻赤冶金厂等企业。此外，还开始着手建设一些大型的拖拉机厂、重型机器厂、车辆厂、钢铁厂、化工厂等。在扩大煤炭、石油与泥炭开采方面，都取得了进展。

为了具体了解苏联工业化的进程，下面我们对苏联二战前实行工业化的三个五年计划作一概述。

一　"一五"计划

苏联第一个五年计划，是从 1928 年 10 月 1 日开始执行到 1932 年结束。按苏联的说法，实际上是用了 4 年零 3 个月的时间完成了"一五"计划的任务。

"一五"计划要实现广泛的经济与政治任务，但如果作一简单的归纳，其主要任务有三个方面：

第一，建立具有头等意义的重工业，在此基础上着手改造国民经济各部门，以便巩固苏联的国防与经济的独立性。

第二，着手把个体的小农经济改造成为大型的社会主义集体经济，主要途径是发展集体农庄与国营农场。

第三，在经济中不断排挤资本主义成分，最后达到消灭资产阶级。

但要指出的是，"一五"计划的中心环节是经济建设。这是由当时苏联所处的历史条件所决定的，这指的是：国家需要高速度地发展工业，必须从速彻底改变旧的经济结构，建立起符合建设社会主义经济基础的任务的结构；需要在整个社会生产中提高工业的比重，改变轻重工业之间和工农业之间的对比关系；改变生产力的布局；广泛开展国民经济的技术改造，首先实现国家电气化计划规定的任务。

关于"一五"计划发展国民经济的任务，1929 年 4 月在联共（布）第十六次代表大会决议中，作了具体的规定。

"一五"计划经济增长方面应达到的水平：

（1）5 年期间，整个国民经济的基建投资总额为 646 亿卢布。

（2）由于进行了这些投资，国家固定基金总额在 5 年期间要增加 82%。

（3）工业总产值到"一五"计划结束时要比战前增加2倍多，农业产值增加50%以上。

（4）根据国家工业化、加强苏联国防力量与不依赖资本主义国家这一总方针，工业基建投资主要用于生产生产资料的工业部门，它要占全部工业投资的78%。因此，这些工业部门的产值增长快得多：在计划工业总产值增长1.8倍的情况下，生产生产资料的工业部门的总产值增加2.3倍。

"一五"计划还规定了一系列重大的建设项目：

（1）在电站建设方面，计划规定建设42个区中心发电站，从而使五年计划末发电量由50亿度增加到220亿度。

（2）在黑色冶金业方面，计划规定建设像马格尼托哥尔斯克等大型冶金工厂，这样，到1932—1933年度生铁的产量应当由350万吨增加到1000万吨。①

（3）在煤炭工业方面，计划在顿巴斯、乌拉库兹巴斯和莫斯科煤矿区建设大矿井，使煤产量从1927—1928年度的3500万吨增加到1932—1933年度的7500万吨。

（4）在机器制造业方面，由于改建原有的工厂和建设新工厂，可使机器制造业的总产值增加2.5倍，农业机器制造业的产值增加3倍。

（5）在化学工业方面，计划建设化学联合工厂，使化肥产量在1932—1933年度达到800多万吨，而1927—1928年度是17.5万吨。

1933年1月，斯大林宣布"一五"计划提前完成。

"一五"计划执行结果的基本特点是：首先，从总体上来讲，发展速度是很高的，工业总产值年均增长速度为23.5%。但就是这样的增长速度，也未达到计划规定的目标。如工业总产值原计划规定1932年要比1928年增加1.8倍，而实际只增长1.33倍；重工业计划规定要增加2.3倍，而实际为1.93倍。其次，特别强调生产生产资料部门的增长。"一五"计划期间在整个工业产值年均增长率为23.5%的情况下，第一部类为31%。

由于"一五"计划期间第一部类发展速度大大快于第二部类，这使第一部类在整个工业总产值中的比重由1928年的39.5%上升到1932年的53.4%，而第二部类的比重则由60.5%下降为46.6%。第一部类的快速

---

① 后来斯大林把生铁产量指标提高到1700万吨，钢产量规定为1040吨。

增长，也使工农业之间的比例发生了变化，工业产值在工农业总产值中的比重由 1928 年的 48% 上升到 1932 年的 70%。

这里值得一提的是，苏联在"一五"计划期间开展大规模工业化过程中，既要对许多陈旧设备加以更新，又要新建大量的大型工业企业（"一五"计划期间新建了 1500 个工厂），这样，就需要大量的新技术设备，但国内又无法满足这一需要。而这一期间，又恰逢西方资本主义国家面临 1929—1933 年的空前严重的经济危机，这就形成了一个极好的机遇，即西方国家为了摆脱自身的经济危机，纷纷竞相向苏联出售工业设备与钢铁、机械等重要产品。这样，在"一五"计划期间，进口商品中生产资料的比重提高到 90% 以上，其中机器设备占一半以上。到"一五"计划结束时，苏联进口的机器设备占世界机器设备出口总量的一半，居世界第一位。[①] 苏联在购入技术设备的同时，还十分重视技术的引进。1929 年 5 月，苏联最高国民经济委员会的建设委员会专门设立了外国咨询局，以领导外国技术力量的引进与利用业务。1932 年，在苏联工作的外国专家和技术人员分别为 1910 人与 10655 人，比 1928 年分别增加了 4 倍多和 20 多倍。与此同时，还选派了领导干部、经济工作者和工程技术人员到国外进修和进行合作研究。在 1929—1931 年期间，仅最高国民经济委员会就派出了 2000 多人。

大量购进设备与引进技术，对"一五"计划期间建立大型工厂与技术进步都起着重要作用。苏联的马格尼托哥尔斯克钢铁厂、库兹涅茨克钢铁厂和扎波罗钢铁厂，均是在美国与德国的技术援助下建成的。斯大林格勒拖拉机厂、第聂伯列宁水电站等，也都是在利用西方技术与设备的条件下建成的。

1933 年斯大林在党的中央委员会和中央监察委员会一月联席会议总结第一个五年计划主要成绩时指出："苏联由农业国变成了工业国，因为工业产值在国民经济全部生产中的比重已增长到百分之七十。"[②]

二　"二五"计划

在"一五"计划结束前夕，苏联已着手制订"二五"计划。1934 年

---

① 参见陆南泉主编《苏联经济简明教程》，中国财政经济出版社 1991 年版，第 168 页。

② 联共（布）中央特设委员会编：《联共（布）党史简明教程》，中共中央马克思、恩格斯、列宁、斯大林著作编译局译，人民出版社 1975 年版，第 351—352 页。

1 月 26 日至 2 月 10 日召开的联共（布）第十七次代表大会，通过了《关于发展苏联国民经济的第二个五年计划（1933—1937 年）》的决议。决议规定"二五"计划期间工业产值年均增长率为 16.5%。

"二五"计划与"一五"计划相比，主要特点有：一是降低增长速度。二是在经济结构方面力图进行调整，并采取了一些具体措施。如为了增加与人民生活密切相关的日用品、食品工业的发展，"二五"计划规定，生产资料的生产增加 97.2%，而消费品的生产则要求增加 1.34 倍。对农业的投资增加 50%，产值要求增加 1 倍。对生产消费品的工业部门的投资也有明显的增加，投资额规定为 161 亿卢布，这比"一五"计划期间的 35 亿卢布增加了 3.6 倍。而对生产生产资料的工业部门投资增长幅度为 1.5 倍。三是把完成整个国民经济的技术改造放在中心地位。

根据苏联官方宣布，"二五"计划于 1937 年 4 月 1 日完成，与"一五"计划一样，只用了 4 年 3 个月完成了 5 年的任务。

"二五"计划最后一年即 1937 年，工业产值比 1932 年增加 1.2 倍，年均增长率为 17.1%，计划为 16.5%，生产资料的产值增加 1.39 倍，消费资料的产值增加 99%，农业产值增加 50%，国民收入增加 1 倍。"一五"计划时期甲类工业增长速度超过乙类工业 75%，而"二五"计划时期仅超过 20%，甲、乙两类的增长速度出现接近的趋向。"二五"计划执行结果表明，机器制造业的增长大大超过原计划规定的速度。1937 年机器制造与金属加工工业产值比 1932 年增加 1.9 倍，而计划规定为 1.1 倍。在整个工业产值增加 1.2 倍的情况下，钢与钢材产量增加 2 倍，化学工业产值增加 2 倍，发电量增加 1.7 倍，但发电量只完成计划规定的 96%。"二五"计划的后几年，苏联把一部分原计划用于发展轻工业的资金调拨给了国防工业部门，使国防工业产值增长 1.8 倍。由于机器制造业的高速发展，为更新生产设备创造了条件，"二五"计划期间更新了 50%—60% 的生产设备，如考虑到"一五"计划期间进行的设备更新，那么在 1928—1937 年这两个五年计划期间，苏联生产部门的设备已全部得到更新。"二五"计划期间，对运输业的投资为 170 亿卢布，比上个 5 年多 1.5 倍。铺设了 3000 公里长的新铁路线和 5700 公里长的复线，对改变交通运输业的落后状况起了不小的作用。

"二五"计划期间，苏联人民的物质文化生活也有了大的提高。职工实际工资增加了 1 倍。由于农业发展情况远不如工业，如粮食产量"一

五"计划期间年均产量为 7360 万吨，而"二五"计划期间下降为 7290
万吨①，但集体农庄庄员的实物收入和现金收入与"一五"计划时期相比
还是增长了。

根据"二五"计划期间在经济发展与社会主义改造等方面发生的变
化，斯大林在 1936 年 11 月宣布："我们苏联社会已经做到在基本上实现
了社会主义，建立了社会主义制度，即实现了马克思主义者又称为共产主
义第一阶段或低级阶段的制度。这就是说，我们已经基本上实现了共产主
义第一阶段，即社会主义。"②

三　"三五"计划

1939 年 3 月 20 日联共（布）第十八次代表大会通过了"三五"计划
的决议。

"三五"计划的主要特点：一是考虑到面临复杂的国际形势，计划的
出发点是要迅速提高苏联的军事经济潜力，加强国家的防御能力。规定加
速发展国防工业，建立雄厚的国家储备，一是燃料、电力及某些其他具有
国防意义的产品储备；二是新的工业主要拟建在苏联的东部地区，特别是
像钢铁、石油、化工、机器制造业更着重建在东部地区；三是改变"一
五"与"二五"计划期间建设大型工业企业的方针，而改为重点发展中
型企业的方针，目的是缩短工厂的施工与投产期；四是新建企业不要集中
在某些地区，而要分散到各个不同地区；五是强调应确立国民经济的一些
主要的新的比例关系，如积累与消费、工业中的甲类与乙类、工业与农业
等关系。1938 年 2 月由人民委员会批准的苏联国家计委的条例中指出：
"国家计划委员会的最主要任务是，保证苏联国民经济计划各部门发展的
正确对比关系，以必要的措施防止国民经济比例失调。"

由于希特勒德国发动战争，"三五"计划不得不中断。从 1938 年至
1940 年的三年情况看，工业产值年均增长率为 13%（计划规定为 14%），
生产资料生产年均增长率为 15.3%（计划规定为 15.7%）。但机器制造业
产值年均增长率为 20.6%，大大超过计划规定的指标。

"三五"计划的头三年，整个工业产值年均增长率为 13%，而国防工

---

① 陆南泉等编：《苏联国民经济发展七十年》，机械工业出版社 1988 年版，第 250 页。
② 《斯大林选集》下卷，人民出版社 1979 年版，第 399 页。

业为 39%。国防工业在 3 年中增加了 1.8 倍。与此相关，到 1940 年，生
产资料生产在全部产值中的比重达到 61.2%，消费品生产的比重
为 38.8%。

1940 年是苏联"三五"计划的最后一年，也是完成工业化计划的最
后一年。为了了解苏联工业化的水平，下面以苏联官方公布的统计资料为
依据，对 1940 年的国民经济主要指标列表展示（详见表 5 - 1）。

表 5 - 1 　　　　　　　　　**苏联 1940 年国民经济主要指标**

产品	1913 年	1940 年
电力（亿度）	20.39	486
石油（包括凝析油，万吨）	1028.1	3112.1
天然气（亿立方米）	—	32.19
煤炭（万吨）	2915.3	16592.3
生铁（万吨）	421.6	1490.2
钢（万吨）	430.7	1831.7
钢材（万吨）	359.4	1311.3
化肥（按 100% 有效成分计算，万吨）	1.7	75.6
化学纤维（万吨）	—	1.1
金属切削机床（万台）	0.18	5.84
汽车（万辆）	—	14.54
水泥（万吨）	177.7	577.3
拖拉机（万台）	—	3.16
谷物联合收割机（万台）	—	1.28
木材运出量（实积亿立方米）	0.67	2.47
纺织品（亿平方米）	4.60	33.20
纸张（万吨）	4.0	83.8
皮鞋（万双）	680	21200
砂糖（万吨）	136.3	216.5
肉（屠宰量，万吨）	500	470
粮食产量（万吨）	8600	9564
籽棉产量（万吨）	74	224
牲畜存栏头数（万头）	5840	4780

资料来源：根据陆南泉等编《苏联国民经济发展七十年》（机械工业出版社 1988 年版）与
周荣坤等编《苏联基本数字手册》（时事出版社 1982 年版）等相关资料编制。

三个五年计划结束时，苏联农村与城市人口结构有了大的变化。农村人口由 1917 年占总人口数的 82% 下降到 1940 年的 67%，而城市人口相应由 18% 上升到 33%，城市人口增加了 3110 万。

第二节　工业化的基本政策及其理论争论

由于苏联工业化其基本政策涉及如何建设社会主义的道路问题，因此，苏共党内在工业化理论上一直存在严重分歧，有过激烈的斗争。

苏联工业化是完全按照斯大林的思想进行的，其基本政策或者说主要特点是：重工业化、超高速与主要通过剥夺农民的办法用高积累来保证工业化的资金来源。斯大林实行的三大工业化政策的核心是重工业化。

一　重工业化的实质是集中一切力量片面优先发展重工业

1925 年 12 月联共（布）十四大通过的关于工业化决议，并没有强调要侧重发展重工业。但到了 1926 年 4 月，斯大林开始强调优先发展重工业。他明确指出："不是发展任何一种工业都是工业化。工业化的中心，工业化的基础，就是发展重工业（燃料、金属等等），归根到底，就是发展生产资料的生产，发展本国的机器制造业。""工业化首先应当了解为发展我国的重工业特别是发展我国自己的机器制造业这一整个工业的神经中枢。"[①] 后来，斯大林还说："在资本主义国家，工业化通常都是从轻工业开始的。……我国共产党也就拒绝了'通常的'工业化道路，而从发展重工业开始来实行国家工业化。"[②]

为了实现斯大林重工业化的政策，在战前三个五年计划的 13 年期间，苏联对工业的投资为 1550 亿卢布，占国民经济投资总额的 42%。而用于工业的投资中，重工业占 84%，轻工业占 16%。重工业投资在国民经济投资总额中一般要占 30%，有时高达 40%，而轻工业的投资只占 7%，有时仅占 4%。而对农业的投资出现不断下降的趋势："一五"期间为

---

① 《斯大林选集》上卷，人民出版社 1979 年版，第 462—463 页。
② 《斯大林选集》下卷，人民出版社 1979 年版，第 496 页。

15.5%，"二五"期间为11.8%，"三五"期间为10.7%。① 根据官方的材料，从1926年到1940年，苏联重工业增长18.4倍，年均增长率为21.2%；轻工业增长6.2倍，年均增长率为14.1%；农业仅增长26%，年均增长率仅为1.5%。

有关工业化从何开始的争论，在托洛茨基等"反对派"在党内失去领导地位之后，斯大林与布哈林之间的分歧日益尖锐。斯大林在坚持重工业化政策的同时，指责布哈林等右倾反对派提倡的是"印花布"工业化道路。实际上，布哈林等人也强调发展重工业的决定性意义，但反对片面发展重工业。他认为："为了使社会再生产和社会不断增长尽可能有利地（尽可能没有危机地）进行，从而达到对无产阶级尽可能有利的国内阶级力量对比，必须力求把国民经济各种基本成分尽可能正确地结合起来（它们必须'保持平衡'安排得恰到好处，积极影响经济生活和阶级斗争的进程）。"②

二 超高速的工业化

斯大林一再强调高速度是工业化的灵魂。其做法是高积累高投入，把基本建设投资主要用于工业，尤其是重工业。当时布哈林认为，应该使工业化具有尽可能的速度，但"不是把一切都用于基本建设"，不能片面追求积累和工业投入，"应该坚决地把严重的商品荒缓和下来，并且不是在遥远的将来，而是在最近的几年中"。③ 他还指出：单纯追求高速度，是"疯人的政策"。④ 但斯大林不顾有人反对，还是竭力追求高速度。在1930年6月召开的联共（布）十六大上，当有人表示反对斯大林提出的"五年计划四年完成"等口号时，斯大林说："那些胡说必须减低我国工业发展速度的人，是社会主义的敌人，是我们阶级敌人的代理人。"此后，还有谁敢提反对意见呢?!

三 斯大林主要通过剥夺农民的办法用高积累来保证工业化所需的资金

为了保证工业化的高速发展，苏联在"一五"、"二五"计划时期，

---

① 参见陆南泉等主编《苏联兴亡史论》，人民出版社2004年修订版，第406—407页。
② 《布哈林文选》中册，东方出版社1988年版，第293页。
③ 同上。
④ 同上书，第309页。

积累率一般要达到 26%—29% 的水平，个别年份要占到国民收入的 1/3。在工业化初期的 1928—1931 年，积累率的增长速度很快，积累基金增长近 2 倍，而消费基金仅增长 0.5 倍。①

斯大林为了重工业高速发展所需的资金，就必然要提高积累率。而提高积累率的一个重要办法是剥夺农民，即靠农民的"贡税"来解决资金来源问题。斯大林在 1926 年党中央四中全会上的报告中，专门谈到工业化资金来源问题，即社会主义积累问题。他提出，苏联工业化的资金来源不能像英国靠数十年数百年掠夺殖民地收集"追加的"资本，也不能像德国靠在普法战争后索取赔偿来加速工业化，更不能走俄国靠接受奴役性的条件下获得外国贷款实现工业化的道路，而是要靠苏联国内积累解决资金问题。到了 1928 年工业化时期开始之际，大量的资金来源已成为十分迫切的现实问题了。内部积累究竟靠什么，斯大林于 1928 年 7 月 9 日在《论工业化和粮食问题》的演说中回答说：这种内部积累的源泉是农民，明确提出了"贡税"论。他说："农民不仅向国家缴纳一般的税，即直接和间接税，而且他们在购买工业品时还要因为价格较高而多付一些钱，这是第一；而在出卖农产品时多少要少付一些钱，这是第二。这是为了发展为全国（包括农民在内）服务的工业向农民征收的一种额外税。这是一种类似'贡税'的东西，是一种类似超额税的东西；为了保持并加快工业发展的现有速度，保证工业满足全国的需要，继续提高农村物质生活水平，然后完全取消这种额外税，消除城乡间的'剪刀差'，我们不得不暂时征这种税。"② 斯大林通过"贡税"这种强制的办法，使农民一半的收入交给国家。据估计，"一五"计划时期，从农业吸收的资金占用于发展工业所需资金的 1/3 以上。

斯大林的"贡税"论来自托洛茨基的"超工业化"、"工业专政"的理论。托洛茨基认为，在苏联这样一个农民占大多数的国家，无产阶级要像战胜资产阶级那样战胜农民，为此，国家必须实行"超工业化"，即通过向农民征收高额赋税对国民收入进行再分配，同时提高向农民供应的工业品价格，靠这种剥夺农民与挤压农业的手法获取大量工

---

① 苏联科学院经济研究所编：《苏联社会主义经济史》第三卷，王逸琳等译，三联书店 1982 年版，第 122—124 页。

② 《斯大林全集》第十一卷，人民出版社 1955 年版，第 139—140 页。

业化所需资金。他还认为，要对整个国民经济领域实行"工业专政"，即使一切经济部门都必须严格服从国家工业发展的需要，以全力保证工业化的高速度。

布哈林针对托洛斯基的上述理论与斯大林的"贡税"论指出，这些理论实际上是把农村当作殖民地，剥夺农民的政策实际上是"建议无产阶级杀掉会生金蛋的母鸡"，从长远来看，其结果必然是"需求缩减，销售危机，社会再生产的过程进行缓慢，工业凋敝等等"，最后"完全会导致社会主义工业和整个国民经济崩溃和破产"。① 布哈林认为，社会主义工业化的资金积累应通过不断扩大农村市场容量的办法去解决，这样做，在开始时工业化发展得慢一点，但之后随着农民市场容量的不断扩大与资本周转的加快，最后会获得一个较高甚至最高的积累速度。

第三节　对工业化的评价

一　工业化促进了工业现代化

在苏联特定的历史条件下，斯大林推行的工业化政策，从工业生产的发展与工业经济现代化角度来看，取得了不少成就，这是应该充分肯定的。关于这一点，苏联各届领导人也是一再强调的。积极反对斯大林个人迷信的赫鲁晓夫说，斯大林时期正是由于遵循"优先发展重工业的总路线"，在"很短的时期内就改变了经济落后的面貌"，并"建立了强大的社会主义工业"，使苏联"变成为强大的工业—集体农业的强国"和"坚如磐石的社会主义堡垒"。② 勃列日涅夫在评价实行工业化的三个五年计划时说："头几个五年计划的岁月离开得越远，这段困难的然而是光荣的时间在我们面前也就显得越加宏伟"，"我们头几个五年计划是争取社会主义的真正战斗"。③ 提倡改革新思维的戈尔巴乔夫说："当时不加快工业化进程是不行的。法西斯的威胁从1933年起就开始迅速增长。""我国人民用他们在20—30年代建立起来的力量粉碎了

---

① 《布哈林文选》上册，东方出版社1988年版，第233页。
② 参见《赫鲁晓夫言论》第九集，世界知识出版社1965年版，第18—20页。
③ 《勃列日涅夫言论》第三集，上海人民出版社1974年版，第182—183页。

法西斯。如果没有工业化，我们就会在法西斯面前处于手无寸铁的境地。"① 长期以来，多数苏联学者对工业化的评价与官方是一致的。

斯大林时期的工业化的功绩主要表现在以下几个方面：

1. 工业实力大大提高。

由于工业的高速发展，在"二五"计划结束时，苏联工业产值从欧洲的第四位跃升为欧洲的第一位，世界的第二位。苏联的工业产值占世界工业产值的比重从 1917 年的 3% 提高到 10%。按斯大林的说法，"三五"计划结束时，苏联已由一个落后的农业国变成强大的工业国。

2. 基本上建立起部门齐全的工业体系，工业独立性大大增强。

由于重工业特别是机器制造业的高速发展，这为工业的其他部门发展提供装备有了可能，从而使苏联在工业化的较短时间内，使很多重要的工业部门得以建立和迅速发展，如建立了汽车和拖拉机制造业，机床制造业，飞机制造业，联合收割机、大型涡轮机和发动机制造业，多种化学工业，优质钢材的生产，等等。木材、轻工业和食品工业也得到了一定发展。在工业化时期，由于集中力量加速重工业的发展，因此，在工业中机器制造业、冶金工业、燃料工业、建筑材料等部门发展尤为迅速。

由于在工业化期间机器制造业处于特殊的优先发展地位，仅"三五"计划的头三年，机器制造业总产量就增长 0.76 倍。1940 年机床总数为 71 万台。这样使苏联工业独立性大大提高。在战前苏联能依靠国产机器和设备满足国内大部分的需要，特别是能保证军用生产部门的需要。

3. 带动了经济落后地区工业的发展。

斯大林从重工业开始的工业化，不仅需要投入大量资金，还必须有大量资源作保证。苏联东部地区（西伯利亚与远东）蕴藏着十分丰富的资源。这就要求加速东部地区的资源开发与经济发展。1940 年，该地区的生铁产量为 425 万吨，占全苏产量的 28.5%；钢产量为 678.1 万吨，占全苏产量的 37%；生产轧材 479.2 万吨，占全苏产量的 36.8%；铁矿砂产量为 857.5 万吨，占全苏产量的 28.7%；炼焦 516 万吨，占全苏产量的

---

① ［苏］米·谢·戈尔巴乔夫：《改革与新思维》，苏群译，新华出版社 1987 年版，第 41 页。

24.5%。东部地区的生产能力仅次于南部地区，居全苏第二位。从经济增长速度来讲，东部地区的工业增长速度亦高于全苏的工业增长速度。在1940年全苏整个工业的总产量比1913年增长11倍的情况下，乌拉尔、西西伯利亚分别增长13倍、28倍。经济落后的哈萨克共和国增长19倍，格鲁吉亚共和国增长25倍多，吉尔吉斯坦共和国增长152倍，塔吉克斯坦增长272倍。[①]

4. 军事实力加强，为打败德国法西斯创造了物质条件。

大力发展与军事工业密切相关的重工业，是斯大林一直坚持的战略思想。所以可以说，苏联工业化过程，也是大力加强国防实力的过程。在工业化期间，苏联军事工业的核心是由一些"骨干"的军工企业组成的。这些企业在1928年为46家，到1938年增加到200家。100%的航空工业、80%的造船工业及5%—10%的机器制造业、仪器制造业和化学工业的基础部门属于"骨干"军工厂。[②]

苏联军工生产能力发展十分迅速，工业化时期军工产品大幅度地增长（详见表5-2）。

表5-2　　　　　1930—1938年苏联军工产品增长情况

项目	1930—1931年	1938年
大炮（门）	1911	12687
步枪（支）	174000	1174000
机枪（支）	40980	74657
飞机（架）	860	5469
坦克（辆）	740	2271

资料来源：转引自陆南泉等主编《苏联真相——对101个重要问题的思考》（上），新华出版社2010年版，第227页。

在战争爆发前的一年多的时间里，苏联共生产了2700架新型飞机、4300辆坦克，其中50%是新型的。

在工业化过程中，迅速发展的军事工业，是战胜德国的一个重要因

---

① 参见苏联科学院经济研究所编《苏联社会主义经济史》第五卷，周邦新等译，三联书店1984年版，第69页。

② 参见左凤荣《致命的错误——苏联对外战略的演变与影响》，世界知识出版社2001年版，第75页。

素，这是无可争议的。但要指出的是，工业化时期形成的经济和军事力量，在战争中并未能全部发挥作用。人所共知的事实是，由于德国发动突然袭击，斯大林又没有防御的准备，因此，苏联大量领土很快被德军占领。这样，使苏联遭受到重大损失。以下事实可说明这一点：1940 年苏联钢的产量为 1830 万吨，其中南部地区钢产量占一半以上。战争初期，南部冶金工业地区和部分中部冶金工业地区被德军占领，这意味着在战争中苏联不是以 1830 万吨钢同德国作战，而是以 800 万吨钢抗击德军进攻。在头三个星期里，红军损失约 85 万人、3500 架飞机、一半坦克，整个1941 年下半年红军损失 500 万人，占战前红军总数的 9/10 以上。[①]

5. 教育与科技有较大发展。

工业化带动了教育与科技的发展。第三个五年计划结束的 1940 年，苏联劳动者的扫盲目标已基本完成，9—49 岁的居民识字率达 87.4%，在校学生数为 4760 万人（1913 年为 1060 万人），全苏具有高等与中等教育的人数为 1590 万人（1913 年为 290 万人），其中，高等院校毕业的为 120 万人。在高校工作的在编人员为 5 万人，从事教学活动的有5300 名教授、13100 名副教授、31600 名助教与教师。到战前的 1940年，苏联建立了很多科研院所，全国已有 2359 个科研机构，科研人员为 98315 人。苏联在物理、微分方程、复变函数、数论与概率等理论领域都取得了重大成就。另外，在科技具体应用研制方面也取得了不小进步，如电气机械制造、机床制造、化学机器与重型机器制造等新部门均已掌握了新型产品。化学工业取得的成绩更为明显，1940 年化学产品的生产量已超过 1928 年水平的 14 倍，超过 1913 年的 24 倍。[②]

教育与科技的发展，一方面是工业化的要求，另一方面又积极推进了工业生产的现代化。

6. 促进了城市化的发展。

1927—1940 年，平均每年建成 8 座城市。城市建设速度最快的时期是 1941—1945 年，平均每年增加 9—10 座新城市。1946—1958 年，基本保持每年建造 9 座新城市的速度。1959 年以后，城市建设速度放缓。

①　参见李宗禹等《斯大林模式研究》，中央编译出版社 1999 年版，第 55 页。

②　参见苏联科学院经济研究所编《苏联社会主义经济史》第五卷，周邦新等译，三联书店 1984 年版，第 197、199、205—207 页。

1959—1991 年，平均每年建造 4 座城市（见表 5-3）。高速的城市建设使城市数量大增。到 1989 年，俄罗斯联邦社会主义共和国境内共有 10 万人以上的城市 168 座，其中 50 万人以上的城市 19 座，百万人以上的城市 13 座，这些城市集中了 62% 的居民[1]。

表 5-3　　　　　　　　俄罗斯欧洲部分城市的建设速度

年份	新建城市数量（座）	平均建设速度（座/年）
1901—1916	7	0.5
1917—1926	65	6—7
1927—1940	116	8
1941—1945	48	9—10
1946—1958	115	9
1959—1991	135	4

资料来源：Т. Нефедова，П. Полян，А. Трейвиш，Город и деревня в Европейской России: сто лет перемен，М.：ОГИ，2001. стр. 128.

随着城市化的发展，城市人口亦迅速增长。1926 年，城市人口占总人口的 17.9%。开始实行大规模工业化进程后，许多村庄变成了城市或城市型的市镇，农民大量涌入城市，城市人口迅猛增长。1927—1938 年间，城市人口每年增加 240 万人，到 1939 年城市人口占总人口的比重约为 1/3，1957 年为 1/2，1980 年前后，城市人口占比追上发达国家，1990 年占比约为 3/4。[2]

二　工业化存在的主要问题

随着对苏联模式与现代化问题研究的不断深入，对斯大林工业化道路的认识也发生了很大的变化。官方与学术界对斯大林工业化道路持简单的完全肯定的观点已不多见，而更多的是既肯定其成绩，也明确指出其存在的严重问题。人们越来越清楚地看到，在战前斯大林工业化过程中取得重大成就的同时，也包藏着过去对斯大林工业化的看法，戈尔巴乔夫说，过

---

[1]　Ю. Пивоваров，Урбанизация России в XX веке: представления и реальность，Общественные науки и современность，№6. 2001.

[2]　参见高际香《俄罗斯城市化与城市发展》，《俄罗斯东欧中亚研究》2014 年第 1 期。

去苏联往往用"增强国家的必要性为苏联采用的方法辩护（指斯大林工业化方法——笔者注）"。正如斯大林所说的："不这样，我们就会挨打。但是有谁说过，采用别的办法，就不可能使国家发展起来呢?"[①] 苏联学者卡普斯京指出："从历史上看，不惜任何代价的超工业化策略是否站得住脚呢？是否还有别的、非斯大林的实现工业化选择？选择是有的，存在过!"接着他说，这种选择就是列宁提出的使国民相互配合发展的新经济政策，而这一政策被1929年秋天斯大林突然提出的"大转变"而停止了，转向"迅速向工业化和全盘集体化"。[②] 在改革大潮席卷中国大地的大前提下，在解放思想、对斯大林模式的研究不断深化的条件下，"我国学术界开始重新认识斯大林时期的苏联工业化运动。通过10多年的艰辛努力，我国学者就斯大林时期工业化问题的研究发表了不少成果，与过去相比，科研水平无论从广度和深度讲都有了极大的提高，如果说人们的认识有了质的飞跃也是毫不过分的"[③]。不少学者对斯大林工业化的评价与以前相比，要贴近实际得多、深刻得多。如有些学者指出："把斯大林进行的国家工业化放到历史的长河考察，只能恰如其分地给予肯定，如实承认这不过是一个集中力量发展工业并取得了一些成效的阶段。但是，就在这个阶段中，伴随着成就，既包含着违反客观规律的理论错误，也包含着严重的实践错误，如果把一时取得的成就夸大为多么正确的理论，多么伟大的功绩，那就极为片面了。至于有人认为这是斯大林的英明决策，吹嘘他给马克思主义增添了多少新内容，为社会主义国家开创了现实的发展道路等等，那更是差之毫厘，谬以千里了。"[④]

苏联著名学者麦德维杰夫在1974年指出："应该直截了当地说，我国二十年代末—三十年代初工业发展过程中所付出的代价，如果有一个更明智的计划和领导，就不会这么大，在这方面斯大林的领导所起的作用并不是无足轻重的。如果把我们的人民为了工业化而付出的巨大努力和牺牲同工业化初步结果比较的话，那么应该承认，如果没有斯大林的话，我们的成就可能会大得多。"斯大林作为一个唯意志论者和空想家，在许多情况

---

① ［俄］米·谢·戈尔巴乔夫:《对过去和未来的思考》，徐葵等译，新华出版社2002年版，第36页。

② 参见苏联《十月》杂志，1988年第4、5期。

③ 姜长斌主编:《斯大林政治评传》，中共中央党校出版社1997年版，第456—457页。

④ 李宗禹等:《斯大林模式研究》，中央编译出版社1999年版，第156页。

下，他的领导"不是引向胜利，相反，在我国制造了多余的困难"①。笔者认为，麦德维杰夫对斯大林在工业化中所起的作用的评价是较为客观的，值得我们思考。

斯大林工业化存在的主要问题突出反映在以下几个方面：

1. 通过"贡税"榨取农民的政策，导致农业破产，影响整个国民经济的正常与平衡发展。

斯大林工业化时期，一方面坚持从重工业开始，实行高积累；另一方面坚持高速度。实行这两项政策必须有大量的资金来支撑，而当时主要通过"贡税"的途径，从农民那里获取大量工业化所需的资金。人所共知，二三十年代的苏联农业十分落后，生产力水平很低，农民普遍处于贫困状态，在此情况下，农业很难承担工业化所需的巨额资金。斯大林如何解决这个矛盾呢？他认为出路是快速搞农业全盘集体化，把农业牢牢控制在国家手里。

应该说，斯大林在1928年工业化开始前，对农民问题的认识在总体上与列宁是一致的，强调要"和基本农民群众结合起来，提高他们的物质生活与文化生活水平并和这些基本群众一道沿着社会主义的道路前进"②。但从1928年开始工业化后，斯大林对农民的看法与采取的政策发生了根本性的变化，直接起因是出现了粮食收购危机。实际上，在1928年以前，国家粮食收购量已有多次出现过下降的情况，如1924年收购量为524万吨，这比1923年的652万吨减少了128万吨。截至1927年1月，国家收购的粮食为4.28亿普特，这与1926年同期6.3亿普特相比减少了2.02亿普特。但到了1928年1月，粮食收购的情况进一步急剧下降，减少到了3亿普特，使城市和军队的粮食供应发生了严重困难。围绕粮食收购危机在党内领导层展开了激烈的争论，存在着两种截然不同的看法：一派的看法是，粮食收购危机的主要原因是党实行的压低粮食收购价格，是人为地扩大了工农业产品"剪刀差"的结果；而另一派则认为，粮食收购危机的发生，完全是由于阶级敌人主要是农村富农的破坏与捣乱的结果，因此，主张采用暴力剥夺的办法，从农民特别是富裕农民手中夺取

① ［苏］罗·亚·麦德维杰夫：《让历史来审判》（上），赵洵等译，人民出版社1981年版，第172、182页。

② 《斯大林选集》上卷，人民出版社1979年版，第346页。

粮食。

1928 年 6 月初，布哈林就粮食问题给斯大林写信说："苏联的国内形势很严峻，而党没有整体计划，只是凭经验办事！国内粮食普遍欠缺，而问题根本不在富农的'猖獗'。我们不能一下子向集体农庄提供足够的资本和机器，因此不能不考虑必须发展个体经济的问题。不能把同农民的关系搞得紧张。"① 一个月之后，斯大林在七月全会上的发言中指出：成功地推行工业化政策的关键在于靠农村来进行内部积累。他主张对农民征收"贡税"，以促使工业的高涨。在强大的政治压力下，用粗暴的命令乃至暴力迫使农民参加集体农庄。

1933 年 1 月，联共（布）中央宣布："把分散的个体小农经济纳入社会主义大农业轨道的历史任务已经完成。"

很明显，斯大林在 1929 年决定推行农业全盘集体化的直接起因是为了控制粮食，向农民征收"贡税"提供组织上的保证。

在工业化时期，斯大林为了榨取农民，一方面是对农庄不断增加农畜产品的征购量，另一方面是不断压低农畜产品收购价格。如果说 1932 年集体农庄交售给国家的粮食占其收获量的 1/4 多一些，那么 1933—1934 年是 1/3 强，1935 年几乎达到 40%②，集体农庄通过义务交售和上缴拖拉机站的实物报酬，还分别占其粮食收获量的 31% 与 34%。之后，再留下种子与庄员的口粮，农庄与农民能拿到市场上进行贸易的粮食就只占其收获量的 4%—5%。斯大林用强制和暴力的手段，用高征购的办法使国家控制更多粮食，这样，悲剧就一幕一幕地出现了。因未完成交粮任务的农庄领导有的被撤职、开除党籍，有的甚至被枪毙。在库班地区，甚至将 16 个未完成交粮任务的村镇迁徙到极北地带。由于高征购，农民连口粮都上缴了。农村严重缺粮，造成了大量农民死亡。有关材料显示，1931—1933 年，饿死的农民达 300 万—500 万人。斯大林的农业集体化确实是独特的原始积累方式。当我们说到它在推进苏联从农业文明社会向工业文明社会转换中的作用时，应当补充说一句，苏联为此付出的代价太大了。

从农畜产品价格制度来看，完全可以说是为实现斯大林的"贡税"

---

① 转引自《国外社科信息》1992 年第 4 期。

② 参见［苏］罗·亚·麦德维杰夫《让历史来审判》（上），赵洵等译，人民出版社 1981 年版，第 163 页。

政策服务的。在工业化时期，为了保证超高速工业化所需的资金，工农业产品"剪刀差"的价格不仅形成了，并且不断地发展着。农产品的收购价格比其成本低好几倍的情况长期未得到改变。只要举出下面的例子就足以说明这一点：在1953年斯大林逝世时，集体农庄义务交售的粮食价格只等于成本的13.2%，土豆价格等于成本的7.5%，牛肉价格等于成本的5%。为了能买一辆"吉斯—5"型汽车，1940年乌克兰的集体农庄需要卖给国家99吨小麦，在1948年就必须卖出124吨小麦，而到了1949年就要卖出238吨小麦。

由于实行榨取农民的政策，不顾客观条件过急地实行农业集体化，对农业造成了极大的破坏。以实现农业全盘集体化有决定意义的第一个五年计划为例，如以1928年农业产值为100%，那么1929年为98%，1930年为94.4%，1931年为92%，1932年为86%，1933年为81.5%。畜产品生产1933年只占1913年的65%。1933—1940年粮食年均产量为45.63亿普特，而1913年为47.7亿普特。到1953年，牛、马、绵羊的头数仍未达到集体化前的水平，粮食产量甚至还低于1913年的水平。

2. 片面优先发展重工业，导致国民经济结构严重畸形。

苏联经济的一个重要特点是：重工业过重，轻工业过轻，农业长期落后。我们在前面已提到，到1953年苏联的粮食产量未达到1913年沙皇俄国的水平。赫鲁晓夫上台时，面临的是"实际上半崩溃的农村"[1]，"农村过着贫穷的生活"[2]。当时不少苏联学者指出："再有二三年时间，就可能发生灾难性的粮食生产危机和全国性的饥荒。"[3] 这迫使赫鲁晓夫一上台就首先抓农业，并采取了一系列改革措施。头几年农业有所好转，但在1960—1963年这4年间，农产品的年均增长速度仅为1.7%。到1964年畜产品严重缺乏，1963年连面包供应也出现了严重的困难。勃列日涅夫上台后也不得不亲自首先抓农业，并大大增加了对农业的投资，但并没有保证农业的稳定发展。在勃列日涅夫执政的1973年，苏联历史上第一次

①　[苏]尤里·阿法纳西耶夫编：《别无选择——社会主义的经验教训和未来》，王复士等译，辽宁大学出版社1989年版，第239、584页。

②　[俄]亚·尼·雅科夫列夫：《一杯苦酒——俄罗斯的布尔什维主义和改革运动》，徐葵等译，新华出版社1999年版，第15页。

③　[苏]罗伊·A. 麦德维杰夫等：《赫鲁晓夫的执政年代》，邹子婴等译，吉林人民出版社1981年版，第36页。

成为粮食净进口国，这一年净进口 1904 万吨。后来，粮食进口上了瘾，就像吸毒者上了海洛因的瘾一样①。苏联连年需要进口粮食 3000 万吨。农业落后状态难以扭转的主要原因，仍然是片面优先发展重工业的政策没有改变，如工农业产品的"剪刀差"问题，不论是在赫鲁晓夫时期还是在勃列日涅夫时期都没有解决。

农业的长期落后也制约了轻工业与食品工业的发展。在苏联，食品工业 80% 以上、轻工业 2/3 以上的原料来自农业，以轻工业中的纺织业为例，苏联甲类工业为它提供的化纤只能满足其需要的 1/4，其他 3/4 要靠农业原料。轻工业、食品工业的严重落后，使得在勃列日涅夫时期花大量外汇进口食品与食品原料，这项费用要占每年外贸进口总额的 20%，成了苏联仅次于机器设备进口的第二项大宗商品。

斯大林片面优先发展重工业，是以牺牲广大人民物质与文化生活水平为代价的。当提高人民生活水平与扩充军备发生矛盾时，苏联最终总是"大炮"战胜"黄油"。有关材料显示，如 1928 年农民人均收入为 100，1932—1933 年为 53，1936 年为 60，则 1928—1938 年间农民人均收入降低约 20%。② 居民的住房条件未得到改善。1913 年城市人均住房面积为 7 平方米，1928 年降至 5.8 平方米，1932 年为 4.9 平方米，1940 年为 4.5 平方米。在工业特别是重工业大幅度增长的同时，居民住房建设计划常常完不成。"一五"计划规定建造住房 6250 万平方米，而实际建造 2350 万平方米；"二五"计划规定建造 7250 万平方米，结果只建造了 2680 万平方米。

由于苏联经济结构严重畸形，一直被称为短缺经济，市场供应紧张，排长队、抢购一直是苏联社会经济生活中的一个重要特征。

3. 粗放型的工业化政策，造成资源的极大浪费。

斯大林保证重工业高速发展主要靠大量投入人力、物力与财力的办法，这种粗放型的工业化政策，其结果必然是资源浪费大而经济效益低。在 1929—1940 年期间，社会总产值年均增长率为 13.4%，国民收入为 14.6%，而基建投资为 17.9%，后者比前两者分别高出 4.5 个百分点和

---

① ［俄］格·阿·阿尔巴托夫：《苏联政治内幕：知情者的见证》，徐葵等译，新华出版社 1998 年版，第 239 页。

② 参见李宗禹等《斯大林模式研究》，中央编译出版社 1999 年版，第 145 页。

3.3 个百分点，即分别高 33.6% 和 22.6%。[①] 1918—1940 年，苏联国民经济投资额为 617 亿卢布，投入工业部门的为 215 亿卢布，占 34.9%；农业为 70 亿卢布，占 11.3%。对工业大量投资，又必然提高积累率。战前三个五年计划时期，积累率一般在 26%—29% 之间，1931 年高达国民收入的 1/3。[②] 从就业人数来看，工业化时期工业部门的职工增加最快，从 1922 年的 190 万人增加到 1940 年的 1308 万人，增加了 5.9 倍，而同期，整个国民经济中职工增加了 4.4 倍。[③] 粗放型的工业化政策，虽然使工业高速发展，但经济效益一直低下。工业化时期虽有大量企业投产，但经济效益长期上不来，从 1928 年开始实行"一五"计划后，到 1935 年才有第一家新建的重工业企业成为赢利企业。工业劳动生产率到战后的 1950 年不到美国的 30%，一直到苏联解体前的 20 世纪 80 年代末 90 年代初，这个指标才为 55%。至于农业劳动生产力，则长期停留在 20%—25% 这个水平上。苏联在物质生产部门手工劳动占的比重很大，直到 80 年代中期，从事手工劳动的还有 5000 万人，在工业中从事手工劳动的工人约为 1/3，建筑业为一半以上，农业为 3/4。[④]

4. 工业化运动对斯大林社会主义模式的形成有着十分重要的作用。

苏联在工业化开始后，一方面加强计划性，加强对经济的计划领导，靠行政命令的指令性计划管理经济；另一方面着手在工业管理体制进行调整与改组，结果是使企业实际上成为上级行政机关的附属品或派出单位。

十分明显，如果从体制角度来分析，斯大林工业化运动所形成的体制绝不是符合现代化要求的体制。

第四节　斯大林工业化道路对中国提供的启示

斯大林工业化道路是在当时特定条件下的产物，绝不能成为社会主义各国工业化应遵循的共同规律。毛泽东较早发现了斯大林工业化道路存在的问题。1956 年 4 月，他在《论十大关系》的报告中就指出：苏联"片面地注重重工业，忽视农业和轻工业"，是犯了"原则性的错误"和产生

---

① 李宗禹等：《斯大林模式研究》，中央编译出版社 1999 年版，第 150 页。
② 陆南泉主编：《苏联经济简明教程》，中国财政经济出版社 1991 年版，第 83 页。
③ 参见陆南泉等编《苏联国民经济发展七十年》，机械工业出版社 1988 年版，第 433 页。
④ 参见《戈尔巴乔夫言论选集》，人民出版社 1987 年版，第 93 页。

了严重后果①，又提出了要正确处理重工业和轻工业、农业间的相互关系的见解。中国其他领导人也对斯大林在优先发展重工业的同时而忽视人民当前利益的做法提出了批评。1956 年，周恩来在谈到中国经济建设几个方针性问题时指出："直接与人民利益关系最大的是轻工业、农业，轻视这两者就会带来不好的后果，就会发生经济发展上的严重不平衡。""如果不关心人民的当前利益，要求人民过分地束紧裤带，他们生活不能改善甚至还要降低水平，他们要购买的物品不能供应，那么，人民群众的积极性就不能很好地发挥，资金也不能积累，即使重工业发展起来也还得停下来。所以，这一条经验也值得我们在建设中经常想到。"总之，中国应实行"既要重工业，又要人民"② 的工业化政策。

目前，中国工业化已进入中期。中国今后如何推进工业化的进程，如何实现温家宝总理在 2007 年夏季达沃斯论坛上的致辞中提出的中国工业化"将坚持走新型工业化的道路"的方针，这需要总结各方面的经验教训，而苏联工业化模式也可为我们提供不少启示。

一　最为重要的是解决好"三农"问题

斯大林的工业化模式，其最突出的问题是牺牲农业去高速发展重工业，使农业濒临破产状态。

苏联之所以长期解决不了"三农"问题，都与斯大林的工业化政策有关，突出的问题有两个：一是为工业化所需的大量资金，通过行政手段乃至强制与暴力的办法搞农业集体化，以便达到牢牢控制农业的目的；二是通过不等价交换和在大多数情况下直接掠夺的办法，把农业创造的收入纳入国家预算。1935—1937 年，苏联国家预算收入的 50%—60% 来自农业。工农业产品"剪刀差"的问题直到苏联解体前都未能解决。在勃列日涅夫时期，大大增加了对农业的投资，它要占到整个国民经济投资总额的 27% 左右。这项投资占农业创造的纯收入的 35%，而国家通过再分配把农业创造的纯收入的 80% 集中到国家财政。这说明农业仍是提供积累资金的重要来源。在上述情况下，农民不可能有积极性，"三农"问题不可能解决。毛泽东针对上述情况指出："苏联的农业政策，历来就有错

---

① 《毛泽东著作选读》下册，人民出版社 1986 年版，第 268 页。
② 《周恩来选集》下卷，人民出版社 1984 年版，第 230 页。

误，竭泽而渔，脱离群众，以造成现在的困境。"① 遗憾的是，毛泽东并没有跳出斯大林工业化的框框。他为了加速工业发展，大搞群众运动的"大炼钢铁"，搞"一大二公"的人民公社，剥夺农民，结果出现严重饥荒，大量农民饿死。"1961 年，毛泽东在一次中央工作会议上曾沉痛地说，这几年我们掠夺农民比国民党还厉害！"②

针对苏联工业化过程中对"三农"问题的严重错误，中国今后在推进工业化进程中，以下问题值得认真思考。

第一，我国自实行改革开放总方针之后，"三农"问题有了很大的改善。特别是近几年来，对国家对农业支持的力度大大加强了，如实行农业税减免，对种粮农民实行直接补贴，对主产区重点粮食品种实行最低收购价格等政策，对农村教育事业的发展也给予了大力支持。无疑，这些政策大大调动了农民的积极性，促进了农业发展。今后我们必须进一步落实对农业"多予、少取、放活"的方针。我们要清醒地认识到，中国农村人口近 8 亿，即使工业化与城市化进展顺利，2020 年农村人口仍有 6 亿左右，"三农"问题仍是个大问题。再说，全国农村有近 2000 万人仍未解决温饱问题，近 6000 万人处于低水平、不稳定的温饱状态。不解决"三农"问题，就会影响工业化的进程，也将成为制约整个国民经济进一步发展的瓶颈。所以，在今后的工业化进程中，一刻也不能放松解决"三农"问题，思想上认识到只有农业有了大的发展，工业化才能更快地发展。在这个问题上，列宁有很多深刻的分析，他在俄共（布）十一大的报告中说："同农民群众，同普通劳动农民汇合起来，开始一道前进，虽然比我们所期望的慢得多，慢得不知多少，但全体群众却真正会同我们一道前进。到了一定的时候，前进的步子会加快到我们现在梦想不到的速度。"③

第二，目前中国的农业还是个弱势的产业，农业增收缺乏重要的支撑，又面临国内外的激烈竞争。因此，在我国工业化中期阶段，农业不能再为工业化提供积累，而是国家应该给予大量补贴的部门，让农业从工业化与城市化取得的进展中分享到好处，绝不可以牺牲农民的利益来推进工

---

① 《毛泽东文集》第 8 卷，人民出版社 1999 年版，第 428 页。

② 转引自张素华《变局：七千人大会始末》（1962 年 1 月 1 日—2 月 7 日），中国青年出版社 2006 年版，第 153 页。

③ 《列宁全集》第 43 卷，人民出版社 1987 年版，第 77 页。

业化和城市化进程，并且要采取一些有力的政策推动农业现代化，特别是要使乡镇工业得到进一步发展与提高，这既可以使其与整个工业化融合为一体，还可以推进农村城市化进程。

第三，吸取苏联的教训，在中国今后的工业化进程中，绝不能不顾生产力发展的实际水平，在条件不成熟的情况下，用行政的手段去改变农业生产关系，去不断地折腾生产关系。农业的生产组织形式与经营方式要由广大农民创造。要牢记马克思的话："无论哪一个社会形态，在它所能容纳的全部生产力发挥出来以前，是决不会灭亡的；而新的更高的生产关系，在它的物质存在条件在旧社会的胎胞里成熟以前，是决不会出现的。"①

二　农轻重必须平衡协调发展

在工业化过程中，斯大林一再强调的是优先高速发展重工业，这不仅牺牲农业，同时也放慢与人民生活密切相关的轻工业和食品工业的发展速度。在斯大林看来，工业化从重工业开始，优先高速发展重工业是苏联工业化的一个特点，也是一个优点。他还断言，资本主义工业化是从轻工业开始的。实际上，从欧美五个最早的资本主义国家工业化过程来看，共同特点是都以纺织工业、冶金业为先导，其他重工业各部门紧随其后，轻重工业相互依存、互相补充、互相推进。② 由于轻工业和食品工业严重落后，缺乏竞争力，在苏联解体后实行开放政策后，这两个部门一下子被冲垮，需要重建。20 世纪 90 年代初期，俄罗斯的食品与食品原料一半左右要靠进口，就是到 20 世纪末，食品进口仍占俄罗斯进口总额的 1/4。畸形的经济结构，一直是制约苏联人民生活水平提高的一个重要因素。到苏联解体前夕，市场供应越来越紧张。市场上真是"空空如也"。奈娜回忆起 1991 年随叶利钦访问德国的情况时说："当时他们应邀参观市场和路旁的店铺，那里商品丰富，琳琅满目，使她想到了俄罗斯商店里商品奇缺的情况，羞愧得恨不得一头钻到地底下，心想，我们一辈子都在工作，完成五年计划，但是，为什么我们什么都没有呢？"③

---

① 《马克思恩格斯选集》第 2 卷，人民出版社 1995 年版，第 33 页。
② 参见李宗禹等《斯大林模式研究》，中央编译出版社 1999 年版，第 123 页。
③ 《北京晨报》2002 年 3 月 17 日。

苏联长期以来坚持优先发展重工业，保证生产资料优先增长，其理论根据是生产资料优先增长规律。苏联对此存在片面化与绝对化的理解。生产资料优先增长是马克思作为扩大再生产原理提出的，但马克思提出这一理论时，是从社会再生产过程出发的。国民经济是一个整体，因此，任何社会生产资料的生产必须与再生产的其他因素相互协调与平衡。列宁指出："社会产品的第Ⅰ部类（生产资料的生产）能够而且应当比第Ⅱ部类（消费品的生产）发展得快。但是决不能由此得出结论说，生产资料的生产可以**完全不依赖**消费品的生产而发展，也不能说**二者毫无联系**。……生产消费（生产资料的消费）归根到底总是同个人消费联系着，总是以个人消费为转移的。"① 实际上，马克思主义有关生产资料优先增长的理论是十分明确的，即它是扩大再生产的条件而不是生产的目的。马克思指出："不变资本的生产，从来不是为了不变资本本身而进行的，而只是因为那些生产个人消费品的生产部门需要更多的不变资本。"② 这些说明，不为扩大消费资料生产而去优先发展生产资料就会失去社会经济意义。

毛泽东在谈到斯大林片面发展重工业忽视轻工业的错误时指出："真想建设重工业，就必须建设轻工业。"③ 他在《论十大关系》的报告中分析说："我们现在发展重工业可以有两种办法，一种是少发展一些农业、轻工业，一种是多发展一些农业、轻工业。从长远观点来看，前一种办法会使重工业发展得少些和慢些，至少基础不那么稳固，几十年后算总账划不来的。后一种办法会使重工业发展得多些和快些，而且由于保障了人民生活的需要，会使它发展的基础更加巩固。"④

中国要努力实现协调发展，解决不平衡、不协调问题是一项长期而艰巨的战备任务。这也是在中国今后工业化过程中要解决的一项重要任务，而调整经济结构是保证经济协调发展的重要内容之一。在这一方面，我们应从苏联工业化模式中吸取的主要教训是：首先，从指导思想来讲，应该明确，工业化也好，发展整个经济也好，最终的目的是满足人们不断增长的物质文化生活的需要。搞工业化、现代化要以人为本，即要把人民的需要作为发展生产的出发点和落脚点。因此，片面地发展重工业，忽视农业

---

① 《列宁全集》第4卷，人民出版社1984年版，第44页。
② 《马克思恩格斯全集》第46卷，人民出版社2003年版，第340页。
③ 《毛泽东传》（1949—1976）上，中央文献出版社2003年版，第481页。
④ 《毛泽东选集》第5卷，人民出版社1977年版，第268页。

和轻工业，必然造成市场紧张，人民的消费得不到满足，乃至像苏联后期那样，出现严重的消费品供应危机。其次，随着中国经济的发展，广大人民购买力的提高，特别是随着农业进一步发展，具有巨大潜力的农村市场的需求将大大扩大，对生活消费品不论在数量还是质量方面，都将提出更多更高的要求。在此背景下，忽视农业和轻工业的发展，势必会影响广大居民生活水平的提高与整个经济的协调发展。最后，我国农产品和轻工业产品的发展，应提高科技含量，多生产附加值高、质量高和安全程度高的产品，以提高国际市场的竞争能力。这是我们今后努力的方向，也是在国际市场不被打败的必要条件。

三　绝不能搬用斯大林实行的赶超战略

在斯大林执政后，赶超战略集中体现在他的工业化方针与政策上，以后苏联在经济发展的各个时期，一直实行赶超战略。1939 年 3 月，在讨论第三个五年计划的联共（布）第十八次代表大会上，斯大林在其总结报告中，一方面继续坚持"向共产主义前进"的口号，另一方面提出苏联的基本任务是要在 10—15 年内按人均计算的产量方面赶上或超过主要的资本主义国家。

赫鲁晓夫上台执政后，在苏共二十大提出了"20 年内基本上建成共产主义"的思想，并把赶超美国作为建成共产主义的主要内容与标志，提出：第一个十年内工业生产绝对量与按人均计算的工业产品的产量都压倒美国，从而使苏联成为世界上第一个工业强国；第二个十年内即到 1980 年在按人均计算的工业产品生产方面将把美国远远地抛在后面。勃列日涅夫上台后，提出经济高速增长要为在军事上赶超美国提供条件。戈尔巴乔夫上台后，提出过"加速战略"。

经济落后的国家在社会主义革命胜利后，力图尽快在经济上赶上乃至超过发达的资本主义国家，这不仅是可以理解的，并且亦应该通过努力加速经济的发展，争取早日改变经济落后的面貌，从而体现社会主义的优越性。因此，实行经济发展的赶超战略本身并没有错，而苏联实行这一战略的问题在于：一是脱离客观条件的可能性，提出不切实际的目标，不论是斯大林提出的还是赫鲁晓夫提出的赶超目标，都没有也不可能实现，完全是不顾客观条件的一种唯意志论的表现。二是苏联的赶超战略重点是片面地发展重工业，特别是军事工业，不是国民经济平衡协调的发展，从而造成国民经济结构的严重畸形。三是赶超战略的重要目标是使苏联成为超级大国，在很大程度上是为对外扩张与争霸服务的。一个国家通过经济快速发展，成为世界上经济强大的国家，并在此基础上大大提高人民生活水平，这是理所当然要追求的目标，特别是像苏联这样的第一个社会主义大国，尤其是必要的，但如果实行赶超战略的目的是追求和扩张与霸权相联系的超级大国，则是另一回事。

中国在这方面也是有深刻教训的。1956 年毛泽东曾提出，中国有可能用 12 年的和平时间基本上实现工业化。[①] 毛泽东在 1957 年 11 月的莫斯科会议上最先提出主要工业品产量"15 年赶上英国"的口号。这个口号当时成了中国人民的头等大事，成了"大跃进"运动发动的助推器。在这个"15 年赶超英国"口号的实施过程中，在"大跃进"浪潮推动下，毛泽东又将 15 年变为 10 年，后来又改为 7 年，再后来降到 2 年至3 年。[②]

在今后的工业化时期，中国应从苏联长期实行的赶超战略吸取的主要教训是：第一，工业与整个经济的发展，要尊重客观经济规律，防止盲目性和唯意志论。第二，绝不能像苏联那样，赶超主要是集中在军事工业方面，为争霸扩张服务。中国在天下还不太平，加上还没有完成国家统一大业的情况下，适当地增加军费开支，提高国防力量，这是完全必要的，完全是为了防御。中国绝不能参加军备竞赛，军备竞赛拖垮了苏联经济，中国参与军备竞赛亦必将把经济拖垮。所以，中国一定要坚定不移地走和平发展的道路。

四　工业化要走集约化的道路

斯大林用大量投入人力、物力与财力的办法实现高速发展重工业的政策，在工业化初期有其客观必要性。但问题是，苏联在工业化和整个国民经济发展过程中一直是以粗放方式进行的。

苏联自 20 世纪 30 年代消灭失业后到 80 年代末，每年平均增加劳动力 200 万人。基建投资不仅增长幅度大，而且增长速度快。它一般要占国

---

① 《毛泽东传》（1949—1976）上，中央文献出版社 2003 年版，第 470 页。

② 张素华：《变局：七千人大会始末》（1962 年 1 月 11 日—2 月 7 日），中国青年出版社2006 年版，第 145 页。

民收入的 30% 左右，约占国家预算支出的 50%。基建投资增长速度快于国民收入增长速度，如 1961—1987 年，国民收入平均增长率为 5.4%，而基建投资为 5.6%。苏联生产每单位产品的物资消耗很大，如在 20 世纪 70 年代末，生产每单位国民收入用钢量比美国多 90%，耗电量多 20%，耗石油量多 100%，水泥用量多 80%，投资多 50%。

到了 20 世纪 60 年代苏联已感到，有劳动能力人口的增长率与基建投资的增长速度都已大大下降，原材料、燃料供需之间开始出现不平衡。在上述情况下，20 世纪 70 年代初苏联提出向集约化方针过渡。但由于受经济体制的制约，集约化方针未能得到实现。苏联一直到 1991 年底解体，基本上仍是粗放经济，经济效益没有提高，如基金产值率继续下降，每卢布生产性固定基金生产的国民收入从 1970 年的 55 戈比下降到 1990 年的 28 戈比。80 年代中期生产的切屑机床的金属耗用量比美国、日本、德国和法国同类新产品高 1—1.5 倍。工业生产日益下降的趋势十分明显，1976—1980 年年均增长率为 4.4%，1981—1985 年为 3.6%，1986—1990 年已降为 2.5%，到 1991 年已为负增长 2.8%，而这一年 GDP 负增长 13%。十分明显，粗放型的经济发展方式难以保持经济可持续发展。这也是导致苏联最后出现经济危机的一个重要因素。

鉴于苏联上述教训，中国在今后的工业化进程中，如何改变落后的粗放工业增长方式，是一个非常重要和十分紧迫的问题。目前，我国经济特别是工业增长方式存在的主要问题是：高投入、高消耗、高排放、不协调和难循环。这些问题必然导致经济的低效率。很长一个时期，我国的工业劳动生产率只相当于美国的 1/30、日本的 1/18、法国的 1/16、德国的 1/12 和韩国的 1/7。资源产出效率大大低于国际水平。按现行汇率计算，我国单位资源的产出水平相当于美国的 1/10、日本的 1/20、德国的 1/6。

十分明显，不改变工业发展的粗放方式，不仅关系到我国工业增长的资源环境支撑问题，而且还影响到中国的国际形象。中国在今后的工业化进程中，在发展方式与资源环境方面，要努力走出一条资源节约和环境友好的绿色发展道路。中国今后必须坚持走科技含量高、经济效益好、资源消耗低、环境污染少、人力资源优势得到充分发挥的新型工业化道路。中国已提出了科学发展观，为了在工业化过程中得到落实，必须深化体制改革，这是推动工业增长方式根本性转变的决定性因素。

第六章

农业集体化并没有使苏联
农业迈向现代化

如果说斯大林推行的工业化政策，虽对形成的工业管理体制并不符合世界历史发展总趋势的要求，但对工业发展来说，在迈向现代化方面取得了重大进展。而斯大林通过农业集体化所建立的集体农庄制度，不管是所形成的农业管理体制还是对农业生产的发展，都难以说对苏联农业迈向现代化起了积极作用。

俄国是个落后的农业国家，十月革命后，由于经历了连续几年的国内战争，加上实行军事共产主义政策，使得农业形势更加严峻，农村更加贫困。对农民占全国人口80%以上的国家来说，如何对待农民、建设农村成为当时苏维埃政权极为重要又十分迫切的问题。

第一节　列宁改造农业的主要思路

列宁针对苏维埃政权面临的十分落后的农业状况，提出了改造小农经济、农业发展道路等重要问题的主要思路。

第一，列宁充分地认识到，苏维埃政权要恢复与发展整个国民经济，其首要任务是要使农业得到恢复与发展。他强调："一切政治问题就都集中到了一个方面，就是无论如何要提高农业生产率。农业生产率的提高必定带来我国工业的发展。"[①] 他还指出："不使小农经济得到切实的大规模的改善，我们就没有出路，因为没有这个基础，任何经济建设都不能进

---

① 《列宁全集》第42卷，人民出版社1987年版，第284页。

行，无论多么伟大的计划都会落空。"①

第二，列宁清醒地认识到，农业、农民问题解决不好，农业生产上不去，就连广大农民与城市工人吃饭问题都解决不了，这不仅影响社会稳定，还会破坏工农联盟。列宁指出："苏维埃政权需要有劳动群众最广泛的支持。在整个这一时期，我们对农村的全部政策归结起来就是为了这一目的。必须把城市无产阶级和农村贫苦农民联系起来。"② 他还指出："只有城市无产阶级同农民的亲密团结才使我们的政权得以巩固。只有无产阶级，在贫苦农民的帮助下，才坚持了反对一切敌人的斗争。"③ 列宁还认为，对布尔什维克党与苏维埃政权构成的主要威胁之一，就是工农联盟的破裂。解决上述问题的主要途径，就是要有一个正确的农民、农业政策，加快农业发展，使农民生活得到改善，不要使农民在政治上发生动摇，从无产阶级倒向资产阶级。

第三，列宁把农业合作化计划的实现视为长期的过程。他在《论合作制》一文中指出："为了通过新经济政策使全体居民个个参加合作社，还需经过整整一个历史时代，在最好的情况下我们度过这个时代也有一二十年。"④ 建立合作社长期性的原因在于：除了应遵循自愿原则与具备雄厚的物质技术基础外，还必须提高农民的文化水平与觉悟水平，否则要完全合作化是不可能的。列宁对此指出："改造小农，改造他们的整个心理和习惯，这件事需要花几代人的时间。"⑤ 十月革命前，农民的识字率不到20%，而识字的农村妇女只有7%。为此，列宁强调要在农民中进行文化工作。

第四，提出发展农业合作化计划。有关这方面的内容，我们在本书第四章已简要地谈及列宁把发展合作社视为联合农民走社会主义道路的主要形式。应该说，列宁的农业合作化政策在实践中取得了明显的成效。参加合作化的农户迅速增加。现实中很快见效，合作社迅速发展，1924/1925年度农业合作社联合了24%的农户，1927年已经联合了32%的农户，在"伟大转折"的前夕，有55%以上的农户加入农村合作社。在合作化的基

① 《列宁全集》第40卷，人民出版社1992年版，第146页。
② 《列宁全集》第36卷，人民出版社1985年版，第6—7页。
③ 《列宁全集》第35卷，人民出版社1985年版，第209页。
④ 《列宁选集》第4卷，人民出版社1995年版，第770页。
⑤ 《列宁全集》第41卷，人民出版社1986年版，第53页。

础上，城乡之间的经济联系不断扩大，1922/1923 年度国家和合作社采购了 8480 万普特谷物，1923/1924 年度采购的谷物达 3.1 亿普特，1924/1925 年度采购的谷物已达到 3.23 亿普特。在这个时期，供应农村的工业品也逐年增加，1923/1924 年度农民购买了价值 1800 万卢布的机器，1924/1925 年度购买了 3300 万卢布的机器。从农业生产发展情况来看，由于推行合作化与其他有关正确的农业政策，农业经过三四年的时间，到 1925 年已基本恢复到战前水平。1925 年粮食产量为 7.247 万吨，是 1913 年产量的 95%，虽尚未达到战前水平，但比 1920 年产量增加了 60%，比战前 5 年的平均产量增加了 11.2%。大牲畜的恢复是从 1923 年开始的。到 1925 年底，牛、羊、猪等都超过战前水平，只有马仅为战前的 75.7%。1925/1926 年度农业总产值达到 97.46 亿卢布，相当于 1913/1914 年度农业总产值（102.25 亿卢布）的 95.3%。

第二节　斯大林的农业全盘集体化思想

列宁逝世后，斯大林继续推行农业社会主义改造的政策，并在他执政的二三十年代完成这一任务。但他的农业改造政策与列宁的思路有着很大的区别。这还得从党内对新经济政策的不同看法谈起。列宁在谈到新经济政策与合作化关系时曾指出："从实质上讲，在实行新经济政策的条件下，使俄国居民充分广泛而深入地合作化，这就是我们所需要的一切。"[1] 积极推行合作化是列宁新经济政策的重要内容之一。就是说，斯大林对农业的改造之所以有别于列宁，与其对新经济政策的认识有关。可以说，有关新经济政策的争论与党内展开的斗争，主要是在斯大林与布哈林之间进行的。那么，斯大林对新经济政策持何种观点呢？他在 1924 年以前很少谈及，并没有提出什么明确的看法，也更没有把新经济政策与建设社会主义思想与方法等重大理论问题联系起来。笔者认为，在分析斯大林在列宁逝世后有关新经济政策的看法时，必须与当时存在的建设社会主义的两种不同主张与两条不同路线联系起来考察。从这个角度看，斯大林的思想倾向更接近于"左"派代表托洛茨基，因此，在新经济政策等问题上，他不可避免地与布哈林发生对抗。在 1924 年之后，斯大林也是把新经济政

---

① 《列宁全集》第 43 卷，人民出版社 1984 年版，第 362 页。

策理解为一种过渡性政策，是权宜之计。但与"左"派的不同之处是，他认为新经济政策不仅是退却，还包含着进攻之意。斯大林说："新经济政策是无产阶级国家所采取的一种特殊政策，它预计到在经济命脉掌握在无产阶级国家手中的条件下容许资本主义存在，预计到资本主义成分同社会主义成分的斗争，预计到社会主义成分的作用日益增长而资本主义成分的作用日益削弱，预计到社会主义成分战胜资本主义成分，预计到消灭阶级和建立社会主义的经济基础。谁不了解新经济政策的这种过渡性即两重性，谁就是离开列宁主义。"① 他还说："新经济政策是党容许社会主义成分和资本主义成分斗争并预计社会主义成分要战胜资本主义成分的政策。其实，新经济政策只是以退却为开始，但它预计在退却过程中重新部署力量并举行进攻。其实，我们已经进攻几年了，而且很有成效地进攻着：发展我们的工业，发展苏维埃商业，排挤私人资本。"②

斯大林与布哈林之间斗争的直接起因是有关 1928 年的粮食收购危机的原因与摆脱危机的途径问题。③ 斯大林硬把危机与阶级斗争联系起来，在他看来，小农经济的落后性、劣根性与富农（实际上多数为富裕中农）捣乱是粮食收购危机的主要原因，也是问题的"全部实质"。在此分析基础上，他提出建立集体农庄的主张。而布哈林则认为，粮食收购危机的主要原因是粮价偏低，使得农民不愿种粮与卖粮，因此，出路在于调整工农业产品的市场价格比例，城乡关系的基础是农业的商品化，个体农民仍具有发展潜力。事实证明，布哈林的观点是正确的。1928 年粮食收购危机的真实原因是国家政策的失误，亦是反映了农民对国家制定的不合理的价格的抗议，这本来是可以通过调整价格来解决的，但斯大林抓住这个事件，急剧改变新经济政策。1929 年 11 月 7 日，斯大林为纪念十月革命十二周年而作的《大转变的一年》一文，其主要目的是推动当时已处于高速发展的农业集体化运动。他在文章中说，1928 年是"大转变"的一年，这个"大转变"的实质"过去是现在仍然是在社会主义向城乡资本主义分子坚决进攻的标志下进行的"④。这也是在 1929 年斯大林宣布抛开新经济政策的一个原因。事

① 《斯大林全集》第七卷，人民出版社 1958 年版，第 302—303 页。
② 《斯大林全集》第八卷，人民出版社 1954 年版，第 82 页。
③ 布哈林于 1929 年 4 月被撤领导职务，11 月被开除出政治局，1937 年被捕，1938 年被枪毙。
④ 《斯大林选集》下卷，人民出版社 1979 年版，第 196 页。

实上，当斯大林用高压手段强制征粮时，十分严重地损害了农民利益，与此同时，新经济政策的基础也就被动摇了。可以说，从1928年起，斯大林对农民的政策发生了根本变化。在击败布哈林后，斯大林在1929年全面停止了新经济政策，推行他自己的一套建设社会主义的方针政策。

1929年斯大林提出的"大转变"有着深刻的含义，涉及各个领域，也可以说是全方位的"大转变"，包括经济、政治、意识形态领域的"大转变"。斯大林在1924—1929年党内斗争中的胜利，这个"大转变"的胜利，其影响十分深远，他在结束新经济政策的同时，就大胆地提出了自己的发展社会主义的一套"左"倾路线，从而为建立斯大林体制模式开辟了道路。通过农业全盘集体化来推行工业化成为这个"大转变"的一个重要内容。

从斯大林根本改变对农民的看法为起点，随之而来的是根本改变农民的政策，推行农业全盘集体化运动，其结果是，不仅把占人口最多的农民与国民经济中居重要地位的农业纳入了斯大林统制经济体制之中，而且意味着在苏联正在朝斯大林整个社会主义模式迈进。为什么这样讲，因为十月革命前的俄国，虽然已经走上了资本主义的发展道路并过渡到垄断资本主义，但在认识到这一点的同时，必须清醒地看到，俄国仍然是一个小农经济占优势并且农业水平相当落后的国家。1913年、1917年，农村人口都占全俄人口总数的82%[1]。1914年俄国国民经济固定资产的构成是：农业占53.7%，工业、交通、商业、事业合计占46.3%；国民收入中农业占53.6%，其余部门占46.4%。不论从哪个角度来讲，俄国的农业生产水平都是十分低下的。[2] 第一次世界大战前，俄国的农业机械化水平只及德国的1/9、美国的1/2；1913年俄国每公顷耕地使用的化肥平均为6.9公斤，而比利时为36公斤；在1909—1913年期间，俄国谷物的平均产量为每俄亩45普特（1普特等于16.38公斤），而丹麦为195普特，德国为152普特。第一次世界大战前，俄国农业商品率大约为26%。[3]

在上述国情条件下，如何把占人口多数的农民与十分落后的农业引向社会主义的道路，以什么样的态度与政策对待农民与农业问题，是十月革

① 参见苏联部长会议中央统计局编《苏联国民经济六十年》，陆南泉等译，三联书店1979年版，第4页。

② 转引自陆南泉《论苏联、俄罗斯经济》，中国社会科学出版社2013年版，第60页。

③ ［苏］B. T. 琼图洛夫等编：《苏联经济史》，郑彪等译，吉林大学出版社1988年版，第98页。

命胜利后布尔什维克党面临的一个极为重要的问题，也成为苏联社会主义改造与建设中的一个中心问题。也正因为问题如此重要，因此，在十月革命后，不论在军事共产主义时期、新经济政策时期，还是在工业化运动时期，农民问题都成为苏联党内、各政治派别间斗争的焦点。在展开农业全盘集体化运动过程中，农民问题自然就更加突出了，围绕这个问题的斗争更加尖锐了。列宁在对军事共产主义时期"直接过渡"的理论与实践进行批判性总结之后，对农民问题看得更清楚、更深远了，他指出："从世界无产阶级革命发展的整个进程来看，俄国所处的时代的意义，就是在实践中考验和检验掌握国家政策的无产阶级对待小资产阶级群众的政策。"[1]

十分遗憾的是，异常复杂、对苏联具有关键性历史转折意义的农业集体化问题，"由于斯大林的无能的冒险主义领导更加复杂化了，现在来描写这段历史是很痛苦的"[2]。

第三节　实行农业全盘集体化直接
起因是粮食收购危机

我们在前面已谈到，列宁的合作化政策取得了明显的成效，受到了农民的欢迎。到 1927—1929 年，农业合作社已遍及苏联各个共和国和地区，1929 年 10 月 1 日，社员已超过 1300 万人，在发动群众性大规模集体化前夕，农业合作社联合了 55% 以上的农户。这些合作社，其组织形式较简单，活动主要局限于消费与流通领域，但它符合当时俄国生产力水平低和人民文化水平不高的客观实际情况，正如列宁所指出的，是"尽可能使农民感到简便易行和容易接受的方法过渡到新制度方面"[3] 的组织形式。这种合作社遵循农民自愿参加和退出的原则，是按商品生产与市场规律进行活动的。如果能继续坚持下去，并在发展过程中按照列宁合作制思想不断修正与完善政策，那么完全有可能走出一条改造农民的康庄大道。遗憾的是，由于斯大林到了 1928 年对农民问题的看法有了重大变化，列宁的合作制思想与政策已不再符合他的口味了。

---

① 《列宁全集》第 42 卷，人民出版社 1987 年版，第 4 页。

② ［苏］罗·亚·麦德维杰夫：《让历史来审判》（上），赵洵等译，人民出版社 1981 年版，第 141 页。

③ 《列宁选集》第 4 卷，人民出版社 1995 年版，第 682 页。

应该说，斯大林在 1928 年前对农民问题的认识，在总体上与列宁的思想是一致的，对农民在社会主义建设中的作用基本上是肯定的，也讲过，"基本农民群众的根本利益是同无产阶级的利益完全一致的"①。"这些共同利益就是工农联盟的基础。"② 对工农联盟内部的斗争，要"用协商和互助让步的方法来调节"，"无论如何不要把它导向尖锐化的形式，导向冲突"。③ 斯大林在 1925 年 5 月召开的联共（布）第十四次代表会议上的工作总结中的第五部分，专门论述"党在农村中的政策"。在这里，他明确指出："现在主要的问题完全不是挑起农村中的阶级斗争。现在主要的问题是：使中农团结在无产阶级周围，重新把他们争取过来。现在主要的问题是：和基本农民群众结合起来，提高他们的物质生活和文化生活水平并和这些基本群众一道沿着社会主义的道路前进。"④

但从 1928 年开始，斯大林对农民的看法及采取的政策发生了根本性的变化，直接起因是出现了粮食收购危机。实际上，在 1928 年以前，国家粮食收购量已多次出现过下降的情况，如 1924 年收购量为 524 万吨，这比 1923 年的 652 万吨减少了 128 万吨。截至 1927 年 1 月，国家收购的粮食为 4.28 亿普特，这与 1926 年同期的 6.3 亿普特相比减少了 2.02 亿普特。但到了 1928 年 1 月，粮食收购的情况进一步急剧下降，减少到了 3 亿普特，使城市和军队的粮食供应发生了严重困难。围绕粮食收购危机在党内领导层展开了激烈的争论。存在着两种截然不同的看法：一派的看法是，粮食收购危机的主要原因是党实行的压低粮食收购价格，是人为地扩大了工农业产品"剪刀差"的结果。1923 年 10 月，工农业产品的价格比例几乎是战前的 3 倍。后来在 1923—1924 年工业品价格下调了 23.3%。但在 1924 年对农户实行货币税后，政府又竭力压低粮价。

另外，大幅度增加富裕农户（售粮大户）的纳税负担，仅 1926/1927 年度的税额就比上年度增加 58%，超过贫困农户的 100 倍。⑤ 这些因素，很自然地让农民感到生产粮食是无利可图的，严重挫伤了农民种粮的积极性，从而农民不仅缩小播种面积（从 1926 年起，苏联播种面积的增长速

① 《斯大林选集》上卷，人民出版社 1979 年版，第 372 页。
② 同上书，第 336 页。
③ 同上书，第 369 页。
④ 同上书，第 346 页。
⑤ 参见姜长斌主编《斯大林政治评传》，中共中央党校出版社 1997 年版，第 470 页。

度就开始减缓，当年增长为 5.8%，1927 年为 1.9%，1928 年降为 0.5%，该年谷物播种面积甚至比 1927 年减少 2.6%①），而且即使有余粮也不愿卖给国家，而用出卖畜产品或技术作物的收入来缴纳税收与购买工业品。还有些农民，用余粮去发展畜牧业，之后再出卖牲畜，而不愿出售粮食。这正是使 1927—1928 年粮食收购危机突然严重起来的主导原因。

而另一派则认为，粮食收购危机的发生，完全是由于阶级敌人主要是农村富农的破坏与捣乱，因此，主张采用暴力剥夺的办法，从农民特别是富裕农民手中夺取粮食。其中，有人建议用暴力剥夺富农和富裕中农的至少 1.5 亿普特粮食。这一建议被 1927 年 8 月召开的联共（布）中央委员会和中央监察委员会联席全会否定。全会于 1927 年 8 月 9 日通过的决议说："中央委员会和中央监察委员会拒绝反对派关于用暴力剥夺余粮的荒诞的，预谋在国民经济发展中造成更多困难的蛊惑性的建议……中央委员会和中央监委认为，这些建议实际上要推翻在列宁领导下由党制订的新经济政策。"

但时隔不久，在 1927 年底至 1928 年初，在斯大林主持下，不断地以联共（布）中央的名义，向各级地方党组织发出紧急指示，限期完成粮食收购任务。仅在 1928 年春季，就派出 3 万多名城市工人和党政干部下乡征粮，这些征粮工作队，在农村挨家挨户搜查，通过设路卡强行拦截农民出售和关闭市场等办法完成征粮任务；此外，还应用俄罗斯刑法第 107条的规定，对"抗粮"农民实行没收其粮食和农业机器，乃至处以三年以下监禁的惩罚措施。这就是 1928 年斯大林对农民采取的"非常措施"。苏联政府在 1928 年初开始，还对农民提高征税额，如 1928 年初北高加索地区农业税与 1927 年相比提高了 101%。但是，"非常措施"得到的回报是，富农（到 1928 年，此时的富农相当一部分是新经济政策时期富裕起来的中农）缩小和减少农业生产。事实证明，到 1928 年秋粮食收购计划又受到了威胁。到 1929 年 4 月，收购的粮食比 1928 年同期还少，连莫斯科的面包供应也出现了间断的情况。对富裕农民施加压力的结果是，他们还是继续以缩小耕种面积来回应。应该说，到了 1929 年，苏联面临的形势十分复杂和危险。调整"非常措施"这一错误政策的余地很小了。一

① 参见苏联科学院经济研究所编《苏联社会主义经济史》第三卷，王逸琳等译，三联书店 1982 年版，第 416 页。

方面，以斯大林为首的联共（布）党已很难对富裕农民作出相当大的让步，使党与富裕农民的关系恢复到实行"非常措施"之前的状况；另一方面，富裕农民已不再相信党会继续实行新经济政策了。就在这种情况下，斯大林决心加速农村的集体化运动，实行农业全盘集体化，即在农村建立相当强大的集体农庄并消灭富农对商品粮的垄断，以便把粮食牢牢地控制在国家手里。

这里还要指出的是，粮食收购危机不只使斯大林对农民的认识与政策发生了根本性的变化，并且也是布哈林与斯大林分歧公开化的催化剂。可以说，1928 年联共（布）中央七月全会召开时，布哈林与斯大林的关系紧张到了临界点。1928 年 6 月初，布哈林就粮食问题给斯大林写信说："苏联的国内外形势都很严峻，而党没有整体计划，只是凭经验办事！国内粮食普遍欠缺，而问题根本不在富农的'猖獗'。我们不能一下子向集体农庄提供足够的资本和机器，因此不能不考虑必须发展个体经济的问题。不能把同农民的关系搞得很紧张。"[①]　一个月之后，斯大林在七月全会上的发言指出：成功地推行工业化政策的关键在于靠农村来进行内部积累。他主张暂时对农民征收类似"贡税"的超额税，以促使工业的高涨。也正是在七月全会上，布哈林决定与斯大林最后摊牌。

第四节　农业全盘集体化的进程与目的

一　进程

斯大林从 1929 年开始向富农进攻，消灭富农阶级，用集体农庄和国营农场的生产代替富农的生产。

1929 年中，每 25 户农民只有一户参加集体农庄，到了下半年，斯大林及其助手们推出集体化高速发展的方针，用各种办法催促地方机关加速集体化进程。到 1929 年 11 月初，全国虽已有 7 万个集体农庄，但规模很小，只包括了 1919400 个农户，占全国总户数的 7.6%。农庄庄员绝大部分是贫民，只有个别地区中农也加入了农庄。但斯大林急急忙忙地把个别事实加以综合，认为这是集体农庄根本的新的转折的开始。他在 1929 年 11 月 3 日发表的《大转变的一年》一文中宣称："目前集体农庄运动中的

---

① 转引自《国外社科信息》1992 年第 4 期。

新现象是什么呢？目前集体农庄运动中具有决定意义的新现象，就是农民已经不像从前那样一批一批地加入集体农庄，而是整村、整乡、整区甚至整个专区地加入了。""这是什么意思呢？这就是说，中农加入集体农庄了。这是农业发展中的根本转变的基础，而这个根本转变是苏维埃政权过去一年最重要的成就。"① 在这种缺乏根据的基础上，斯大林在 1929 年秋提出普遍集体化的口号。

在上述背景下，1930 年 1 月 5 日通过了《关于集体化的速度和国家帮助集体农庄建设的办法》的决议，根据这一决议，联共（布）中央委员会按不同地区集体化装备程度的差别，把各地区按照集体化的速度划分为三类：第一类包括最主要的产粮区北高加索、伏尔加河中游和下游。这些地区的集体化要在 1931 年春季大体完成。乌克兰、中部黑土地区、西伯利亚、乌拉尔、哈萨克斯坦为第二类。这些地区要在 1932 年春季完成。其余地区，如莫斯科州、南高加索、中亚等，集体化要推迟到 1933 年，即第一个五年计划结束时完成。根据这个决议，联共（布）中央委员会和苏联人民委员会在 1930 年 2 月通过了一个决定，禁止个体农户使用雇佣劳动，并赋予各地方苏维埃在全盘集体化地区可以采取一切必要措施同富农作斗争，直至没收富农土地和强制富农迁出本地区的权力。

在斯大林普遍集体化的思想指导下，在强大的政治压力下，用粗暴的命令和暴力强迫农民与中农参加集体农庄的情况，在 1929 年底与 1930 年初就开始出现了。许多州提出了"谁不加入集体农业，谁就是苏维埃政权的敌人"的口号。随着农业全盘集体化运动的开展，农村形势的紧张程度在加剧，1930 年 3 月斯大林不得不发表《胜利冲昏头脑》的文章，对集体化政策进行纠偏，才使农村形势得以缓解。斯大林的文章发表后不久，联共（布）中央通过了《关于在集体化运动中同对党的路线歪曲作斗争》的决议，主要解决在集体化运动中采取强制的做法，并允许农民退出农庄。到 1930 年 7 月 1 日，留在集体农庄中的农户已不到 600 万，占贫农与中农总数的 1/4 还不到。有些州把 1930 年初以来建立起来的集体农庄都解散了。② 这里要指出的是，强制与暴力在整个农业集体化运动

---

① 《斯大林选集》下卷，人民出版社 1979 年版，第 206—207 页。
② 参见［苏］罗·亚·麦德维杰夫《让历史来审判》（上），赵洵等译，人民出版社 1981 年版，第 153 页。

中实际上没有停止过。

按苏联公布的材料，1932 年底至第一个五年计划结束时，已有 60%
以上的农户加入了集体农庄，集体农庄的播种面积已占全国播种面积的
70% 以上。在主要产粮区，加入集体农庄的农户达到 80%—90%。以此
认为，在苏联"新的集体农庄制度建立起来了"①。1933 年 1 月，联共
（布）中央宣布："把分散的个体小农经济纳入社会主义大农业轨道的历
史任务已经完成。"

二 目的

1. 控制粮食与取得资金。从斯大林 1929 年决定推行农业全盘集体化
的直接起因来看，控制粮食是建立集体农庄的一个重要的又是直接的原
因。建立集体农庄可为斯大林取得粮食，向农民征收"贡税"提供组织
上的保证。由于工业化与集体化基本上是同时进行的，加上超高速的工业
化所需资金相当一部分要从农业中取得，因此，加速农业集体化，又为斯
大林通过控制农业来解决工业化所需资金提供了保证。但是，把农业集体
化的目的仅仅归结为控制粮食和资金，是不够全面的。

2. 全面建立社会主义的经济基础。在斯大林看来，农业集体化使苏
联社会主义有了牢固的经济基础。到了 1934 年，由于工业化与农业化都
取得了重大进展，社会主义经济成分在苏联已成为整个国民经济的绝对统
治力量。社会主义工业已占苏联全部工业的 99%。社会主义农业（集体
农庄与国营农场）的谷物播种面积已占全部谷物播种面积的 85.5%。斯
大林认为，如果不搞农业集体化，苏维埃政权和社会主义建设事业就会建
立在两个不同的基础上，"就是说，建立在最巨大最统一的社会主义工业
基础上和最分散最落后的农民小商品经济基础上"。如果是"这样下去，
总有一天会使整个国民经济全部崩溃"，那么，"出路就在于使农业成为
大农业"。② 斯大林的上述看法，是他在 1929 年 12 月 27 日发表的《论苏
联土地政策的几个问题》演说中讲的，是用来批评"平衡"论的。很清
楚，这时的斯大林完全否定了小商品生产者再有发展的可能了，在社会主

---

① 参见［苏］安·米·潘克拉托娃主编《苏联通史》第三卷，山东大学翻译组译，三联
书店 1980 年版，第 617 页。

② 参见《斯大林选集》下卷，人民出版社 1979 年版，第 213 页。

义建设中不再有积极作用了，从而也就否定了改造农民的长期性。

3. 消灭"最后一个资本主义阶级"的个体农民。随着斯大林对农民问题看法的根本改变，在农业集体化高潮的 1930 年，不仅用暴力消灭了"富农阶级"①，而且把个体农民视为最后一个资本主义阶级加以消灭。斯大林对此解释说："为什么把个体农民看作是最后一个资本主义阶级呢？因为在构成我国社会的两个基本阶级中，农民是一个以私有制和小商品生产为经济基础的阶级。因为农民当他还是从事小商品生产的个体农民的时候，经常不断地从自己中间分泌出而且不能不分泌出资本家来。"② 就这样，把在苏联社会中人口众多的农民当作"最后一个资本主义阶级消灭了"。这样就在国内消灭了资本主义复辟的最后根源。③

4. 最后形成了完整的斯大林经济体制。在农业集体化完成过程中，苏联也逐步建立起高度集中的农业管理体制，并成为斯大林经济体制中的一个不可分割的有机组成部分。

苏联在完成农业全盘集体化之后，对集体农庄的管理体制，基本上搬用了国营工业企业的管理体制。这表现在：

1. 从计划管理体制来讲，按理论，集体农庄是集体所有制经济，国家无权给它们下达指令性指标。再说，农业经济与工业经济不同，它受自然条件的影响很大，因此，应给予集体农庄更大的自主权与独立性。但实际情况是，随着集体农庄的建立，国家开始对农业实行直接的指令性计划管理。从 1931 年起，国家开始对各级地方机关和集体农庄下达扩大播种面积和实现农业技术改造的计划。对从 1933 年开始的第二个五年计划，规定了直接下达给集体农庄的指标。随着集体农庄的发展，对其生产计划的指标越来越细。播种面积、播种作物的结构、播种时间与收获时间，总

---

①　正如我们在前面所指出的，这时的富农大部分是新经济政策时期发展起来的富裕农民。另外，农业集体化时期对划定富农的标准随意性很大，扩大化也十分明显，往往寻找各种理由把中农当成富农。例如：一个中农因为过去卖给同村人十几把镰刀；另一个中农因为出卖了自己的余粮；第三个是因为买了自留地；第四个是因为两年前卖了牛；第五个是因为卖了鞋底子；第六个是因为于 1927 年把谷草卖给合作社等。再如，巴图林区村苏维埃决定把 34 户当富农没收。检查后发现，其中有 3 户是富农，其他全是中农。（参见［苏］罗·亚·麦德维杰夫《让历史来审判》（上），赵洵等译，人民出版社 1981 年版，第 160—161 页。）

②　《斯大林全集》第十二卷，人民出版社 1955 年版，第 37 页。

③　联共（布）中央特设委员会编：《联共（布）党史简明教程》，人民出版社 1975 年版，第 337 页。

产量与单位面积产量、牲畜种类、头数与牲畜产品率，以及各种农艺措施，均由国家自上而下地作出规定。最后发展到连农作物的行距有多大、庄员家庭饲养的牛羊头数都由上级统一规定。这种做法，严重地束缚了集体农庄的积极性，难以做到因地制宜。为此，1939 年 12 月，苏联决定不再把各类谷物播种面积计划下达到集体农庄，而只下达谷物播种的总面积计划，农庄在保证完成各类谷物义务交售的条件下，可根据自己的个体条件确定各类谷物播种的面积。但由于在 1946—1947 年发生了严重的粮食困难，从 1947 年起，苏联又恢复了 1939 年以前的计划制度。到 20 世纪 50 年代初，国家给集体农庄下达的各类生产计划指标已多达 200—250 个。集体农庄把大量精力花在各种烦琐的报告、统计报表等工作上。在一年中，每个农庄要把近 1 万个项目的情况报告给区农业机关，比战前年代几乎增加 7 倍。①

　　以上情况说明，苏联在农业集体化过程中形成的农庄计划体制具有以下特点：一是计划的指令性，即国家下达的指标，集体农庄必须执行；二是指标繁多；三是完全忽视集体农庄是集体经济的特点，实质上实行的是与国营企业同样的计划制度；四是从农业集体化时期开始一直到斯大林逝世前国家在规定集体农庄生产计划制度时，都以有利于国家控制粮食为基本出发点和原则。

　　集体农庄生产计划制度的上述特点，决定了计划往往脱离实际，国家下达的指令性计划经常完不成。拿加速推进农业全盘集体化的第一个五年计划来说，农业生产总产值只完成计划规定的 58%，其他主要指标仅完成 32.8%—75.6%。

　　2. 从农畜产品采购制度来看，是一种挖农民的制度。在新经济政策时期，实行的是通过市场采购农产品的办法。但到 1928 年新经济政策即将结束时，为了加强农畜产品收购的计划性，打击市场上的投机活动，苏联把市场采购改为预约订购，即国家采购组织通过预先同农民签订合同的办法采购农畜产品。随着农业集体化完成，从 30 年代初开始，苏联对粮食等主要农畜产品（经济作物产品仍实行预约订购制度），主要实行两种采购制度：一是义务交售制。集体农庄、经营个人副业的庄员，个体农户必须按规定的数量完成向国家交售的农畜产品任务，这是一种十分严厉的

―――――――――

　　①　参见《赫鲁晓夫言论》第二集，世界知识出版社 1964 年版，第 369 页。

强制性交售制度。如不能按期完成交售任务，要罚款乃至要负法律责任。二是国家收购制。它是指国家对集体农庄和庄员，在完成义务交售与上缴向拖拉机站的实物报酬任务之后的剩余部分农畜产品，以较高的价格进行收购的制度，通过这个办法收购的农畜产品数量不大，是国家获取农产品的补充办法。

这里必须谈谈国家通过拖拉机站在获取农畜产品中的作用。拖拉机站负责完成集体农庄所需使用机器的农活，而农庄则向拖拉机站以农畜产品支付实物报酬，即表现为农庄向拖拉机站支付的劳动报酬。从这个意义上讲，它不同于以上两种粮食收购制度。但从控制农庄粮食角度来看，它起的作用是不小的，特别是在农庄机械化农活日益增多的情况下，通过这种劳动报酬形式获得的农畜产品占全部农畜产品采购中的比重越来越大。以1937 年为例，国家收购农庄粮食中各种方式所占的比重是：义务交售占40.6%，国家采购占14.4%，而拖拉机站实物报酬占45.0%。[①]

这里要指出的是，拖拉机站的作用不局限于控制粮食，而对农庄进行政治控制的作用是不能低估的。特别是在1933—1934 年全国3000 多个拖拉机站设立了政治部之后，对农庄的政治领导大大加强了，强化了阶级斗争，为在农庄实现党的政策与确保中央指令性计划的完成起了极其重要的作用。

3. 从农畜产品价格制度来看，完全可以说是为实现斯大林的"贡税"政策服务的。在工业化与农业集体化时期，为了保证超高速工业化所需的资金，工农业产品"剪刀差"的价格不仅形成了，并且不断地发展着。农产品的收购价格比其成本低好几倍的情况长期得不到改变。只要举出下面的材料就足以说明这一点：在1953 年斯大林逝世时，集体农庄义务交售的粮食价格只等于成本的13.2%，土豆价格等于成本的7.5%，牛肉价格等于成本的5%。为了能买一辆"吉斯—5"型汽车，1940 年乌克兰的集体农庄需要卖给国家99 吨小麦，在1948 年就必须卖出124 吨小麦，而到了1949 年就要卖出238 吨小麦。

4. 从集体农庄人事制度来讲，按照农庄章程的规定，集体农庄的最高权力机关是庄员大会，大会选举农庄管理委员与主席。但实际上，农庄

---

① 参见苏联科学院经济研究所编《苏联社会主义经济史》第四卷，马文奇等译，三联书店1982 年版，第493 页。

的最高领导人——主席，是由代表国家的上级机关指定的，选举只是一种形式而已。很明显，这种人事制度完全排斥了农民参加管理的民主权利。特别要指出的是，1932 年 12 月 27 日，苏联实行统一的身份证制度，发给 16 岁以上的公民身份证，但不发给农民。这种歧视性政策，为的是阻止农庄庄员流入城市，剥夺其自由迁徙权。

5. 从劳动和分配制度来看，可以说，农庄庄员的劳动基本上是强制进行的，庄员在农庄的劳动报酬是极其低的。农庄的基本生产单位是按专业划分的生产队，每个庄员都组织在生产队里，无权拒绝分配给他们的农活，每年必须完成最低限度的劳动量，不完成劳动量的庄员要受到严厉的处罚，如扣除 1/4 的劳动报酬，没收其宅旁园地，甚至可开除出农庄。此外，庄员没有职业选择权、生产资料所有权、生产管理权与产品支配权。更有甚者，苏联在 1932 年 12 月实行身份证制度时，不发给农庄庄员身份证，目的是不让他们自由迁徙，把他们牢牢地固定在一个地方。至于劳动报酬，在农庄采用按完成劳动日支付的制度。农庄靠个人副业。在不少情况下，正是想保有个人副业的愿望才迫使农民到农庄田地上去干活，因此只有庄员才有从事个人副业的权利。所以有人说，在公有土地上实际上无报酬的劳动，变成了农民对自己一小块土地的使用权的一种特殊形式的报偿。

第五节　从转型与现代化角度来评价农业集体化

应该说，国内外学术界对斯大林农业全盘集体化运动已作了大量研究，认识也日益加深。如果对斯大林工业化还有不少可以肯定的话，那么对斯大林全盘农业集体化从官方到学者大多数持否定的态度。在这里，笔者仅从转型与现代化角度提出几点看法。

一　集体化之后建立的集体农庄制度并不符合现代化要求

从全盘农业集体化之后形成的农业制度来看，它远不具有现代化的性质，在相当程度上带有沙俄时期农奴制的性质。之所以出现这种情况，有以下的原因。

1. 从理论上讲，反映生产关系一个重要内容的经济体制，十分突出地超越了生产力的发展水平。从斯大林整个经济体制形成过程来看，生产关系脱离生产力发展水平，使形成的经济体制不符合客观实际，这是带有普遍性的问题，但农业集体化显得最为突出。在苏联农业集体化的 20 年代末，农业还非常落后，1928 年全苏春播作物的工作，99% 是由人力与畜力完成的。这一年每俄亩平均粮食产量为 52.9 普特，人均粮食占有量为 30.6 普特，这两个数字均低于第一次世界大战前 5 年的平均数——54.9 普特和 38 普特。① 这说明，第一，在农业水平如此低的情况下，不具备在农村立即实现社会主义的条件；第二，俄国的小农经济尚有巨大的发展潜力，绝不像斯大林 1928 年后讲的小农经济已毫无生命力了。斯大林否定新经济政策和农民容易接受的合作社，而匆忙地搞集体农庄，并建立了与国营企业无实质差别的农业管理体制，这种集体农庄制度对农业的发展，从一开始到以后的很长一段历史时期内一直起着消极的作用，甚至是严重的破坏作用。

2. 农业集体化运动过程中行政命令、强制与暴力的作用充分发挥，把商品货币关系作用的范围压挤到最低限度。列宁的合作制思想，强调的是农民改造的长期性；自愿，即不能用行政命令和强迫的办法；建立在商品货币关系基础上，通过农民熟悉市场贸易把他们逐步引向社会主义经济轨道。从斯大林整个农业集体化过程来看，与列宁的合作制思想是完全背道而驰的，充满着行政命令的强制与暴力。这方面的材料在研究斯大林农业集体化的论著中已有不少。在这里，笔者要着重指出的是，用行政命令的强制乃至暴力来推行农业集体化运动，其目的先是牢牢控制粮食，最终是为了把整个农业牢牢控制在国家手里，从而使商品货币关系、贸易等价值范畴的作用排挤出去。为此采取的主要措施是：一方面，通过义务交售等渠道，把农庄与庄员生产的大部分农畜产品收购到国家手里；另一方面，在农业生产不断下降的条件下，国家的收购量不断增加。在这样的条件下，农庄和农民就没有多少剩余畜产品可拿到市场上进行贸易。关于这一情况可用以下材料证明：如果把 1926—1929 年年均农产品产量当作 100，那么以后 10 年（1930—1939 年）年均农业生产产量为 95，可是 30 年代国家征购和收购的农产品量比 20 年代后半期增加了许多。例如，粮食就增加 1 倍。如果说，1932 年集体农庄交售给国家的粮食是 1/4 多一

---

① 转引自李宗禹等《斯大林模式研究》，中央编译出版社 1999 年版，第 79—80 页。

些，那么1933—1934年是1/3强，1935几乎达到40%。① 在农业歉收的1938年和1939年，集体农庄通过义务交售和上缴拖拉机站的实物报酬，还分别占其粮食总收获量的31%与34%。之后，再留下种子与庄员的口粮，农庄与农民能拿到市场上进行贸易的粮食就只占其收获总量的4%—5%。直到1952年斯大林在《苏联社会主义经济问题》一书中还认为，将集体农庄生产的剩余品进入市场，从而列入商品流通系统，就会阻碍集体农庄所有制提高到全民所有制的水平。他还说，把巨量的农业生产工具投进商品流通的范围去与农庄进行商品贸易，就会扩大商品流通范围，从而也只会阻碍向共产主义前进。他接着批评两位苏联经济学家说，他们的错误在于"不了解商品流通是和从社会主义过渡到共产主义的前途不相容的"②。

在农业集体化期间一直到以后相当长的历史时期，对商品经济、货币关系不仅在理论上持否定态度，而且在实际经济生活中特别在工农业的经济联系中被否定了，从而失去了联结工农联盟的纽带。这也是长期以来农民没有积极性的一个重要原因。

3. 用原始积累的"贡税"方式剥夺农民。

从斯大林在建立集体农庄制度过程中，可以看到行政命令强制和暴力所起的巨大作用。有的学者说："农业集体化、农民缴纳'贡税'，成为20世纪苏联大地上完成原始积累的独特方式。不过，这也支撑了斯大林式的国家工业化计划，推进苏联社会最终从农业文明社会向工业文明社会的转换。"③ 斯大林的农业集体化确实是独特的原始积累方式，说到它在推进苏联从农业文明社会向工业文明社会转换中的作用时，笔者补充一句，苏联为此付出的代价太大了。要知道，20世纪30年代初期苏联出现严重饥荒，农民大量饿死时，斯大林并没有停止粮食出口，有的年份还增加了，如1930年出口4.83亿公担，而1931年为5.18亿公担，1932年为1.8亿公担，甚至饥荒最严重的1933年还出口1000万公担。如果1932—1933年出口粮食减少一半，就可以把苏联南方各省从饥荒中挽救出来。而在斯大林看来，不断地出口粮食是为引进工业化所需的机器和技术所必

---

① 参见［苏］罗·亚·麦德维杰夫《让历史来审判》（上），赵洵等译，人民出版社1981年版，第163页。

② 参见《斯大林选集》下卷，人民出版社1979年版，第609—610页。

③ 周尚文、叶书宗、王斯德：《苏联兴亡史》，上海人民出版社2002年版，第362页。

需的。为了工业化而不顾几百万农民被饿死还坚持出口粮食，这难道是共产党人应采取的政策吗？用这个办法实现向工业文明社会的转换，难道是广大人民所需要的吗？难道是人道的吗？戈尔巴乔夫在下台后出版的著作中指出："在斯大林时期，工业化是靠强迫劳动，靠利用集中营的囚犯，同时也是靠农业的破产来实现的。对农业来说，集体化实际上成了新的农奴制。"①

二　集体化并没有促进农业现代化

全盘农业集体化并没有促进农业发展，消极作用十分明显。以对实现农业全盘集体化有决定意义的第一个五年计划为例，如果 1928 年农业产值为 100%，那么 1929 年为 98%，1930 年为 94.4%，1931 年为 92%，1932 年为 86%，1933 年为 81.5%。畜产品生产 1933 年只是 1913 年的 65%。1933—1940 年粮食年均产量为 45.63 亿普特，而 1913 年为 47.7 亿普特。到 1953 年，牛、马、绵羊的数量仍未达到集体化前的水平，粮食产量甚至还低于 1913 年的水平。单位面积产量从 1913 年至 1953 年就没有什么提高，其产量仅是欧洲其他国家平均产量的 1/3。

由于农业集体化严重挫伤了农民的积极性，并发展到消极对抗，这样就造成了以下的局面：一方面，农民生产积极性下降并且发展到消极对抗，或者用斯大林 1933 年致肖洛霍夫信中的话说，"令人尊敬的庄稼人实际上同苏维埃政权进行一场'无声'的'战争'"。这自然导致农业生产情况的恶化；另一方面，高速工业化和城市的发展又增加了对农畜产品特别是粮食的需求。矛盾如何解决？斯大林用强制和暴力的手段，用高征购的办法使国家控制更多的粮食，这样，悲剧就一幕一幕地出现了。因未完成交粮任务的农庄领导有的被撤职、开除党籍，有的甚至被枪毙。在库班地区，甚至将 16 个未完成交粮任务的村镇迁徙到极北地带。由于高征购，农民连口粮都上缴了。农村严重缺粮，造成了大量农民死亡。有关材料显示，1931—1933 年，饿死的农民达 300 万—500 万人。有的村庄粮食被拉走了，颗粒不剩，种子也被拉走了。"全村一个接一个地死亡，起初是小孩和老人，后来是中年人。一开始还埋起来，后来也不埋了。死人就在街

---

① ［俄］米哈伊尔·戈尔巴乔夫：《对过去和未来的思考》，徐葵等译，新华出版社 2002 年版，第 35—36 页。

上，在院子里，最后的人在房子里扔着。全村安静了——全死光了。"[1]

综上所述，斯大林对待农民的政策，发展农业的模式，不可能符合时代发展的要求，不论从体制还是从农业经济发展本身来看，都不可能成为现代化的农业。

---

[1]　这段话是麦德维杰夫引用瓦·格罗斯曼《时过境迁》一文稿，苏联只有打字稿流传（参见《让历史来审判》（上），赵洵等译，人民出版社1981年版，第169页）。

第七章

斯大林模式对现代化进程的影响

可以说，在 19 世纪中期，马克思、恩格斯对资本主义制度阻碍人的自由发展的各种弊端的批判，是构成马克思主义的一个重要内容。从而，自那时以来，按照马克思主义的学说，社会主义运动应集中在如何为人的最终解放创造条件。同时，亦应看到，此时，人类社会发展的总趋势是政治民主化与经济市场化。不论在哪个国家、哪个政党，革命也好，改革也好，都必须顺应这一时代潮流，这也是一个国家向现代化方向发展的必由之路。斯大林执政后所创建的体制模式，在很多方面阻遏了现代化的进程。

第一节　斯大林模式的主要内容与特点

一　主要内容

斯大林模式是指斯大林按照他的社会主义观在苏联建立的社会主义制度，人们一般称为斯大林模式或苏联模式，或表述为斯大林—苏联模式。它是在 20 世纪二三十年代形成的，后来不断巩固与发展。斯大林模式是一个统一的完整体系。它包括的主要内容有：

1. 决定社会经济基础和生产方式性质的是生产关系的性质，而生产关系的组成中，起决定性作用的是生产资料占有方式，即生产资料归谁所有的问题。在斯大林看来，苏联建立的公有制有两种形式：一是以国有企业为代表的全民所有制，被认为是社会主义公有制的最高形式；二是以集体农庄为代表的集体所有制，它是公有制的低级形式，应该尽快向全民所有制这一最高形式过渡。国有企业是社会主义公有制的最高形式的理论，实际上并不来源于马克思主义，而是来源于斯大林主义。从斯大林的苏联社会主义实践中可以看到，在国有制条件下，支配生产资料的不是社会的人，劳动者并没有取得他们用于集体劳动的生产资料的个人所有权，支配生产资料的是党、国家和斯大林。

2. 从政治上来讲，实行高度集权的政治体制，在贯彻民主集中制原则过程中，实际上搞的是没有广泛民主（包括党内民主）基础的集中制，把权力集中在少数人手里，最后集中在斯大林一个人手里。斯大林搞的高度集权的政治体制，"其要害是实行个人集权制、领导职务终身制、指定接班人制、党政不分制、干部等级授职制和党政官僚特权制"①。

3. 在社会主义建设与社会改造过程中，在强大的阶级斗争压力下，用行政的手段，实行超高速工业化与农业全盘集体化的道路。

4. 以公有经济为基础和以产品经济观为理论，建立起与高度集权的政治体制模式相适应的高度集中的、指令性的计划经济体制模式。这种经济体制模式的最大特点可以简单地归结为：管理权限的高度集中化，管理方法的高度行政化。

5. 在民族问题上，历史实践表明，斯大林实际上是把联邦制度变形为事实上的单一制。斯大林执政时期，随着政治权力日益集中在中央，集中在斯大林一个人手里，各加盟共和国的独立自主权大大削弱，民族自决权的原则实际上流于形式。1990 年召开的苏共中央二月全会指出，斯大林时期的联邦制"就实质来说是单一制的国家制度的模式"②。苏联"这个国家一直是采取单一形式进行统治，民族和地方利益并不是考虑问题的原则"。"每一个民族都有自治权……在苏联整个历史中，这理论只是一种幻想。"③

6. 斯大林模式在对外关系方面，往往表现为实行扩张与霸权主义。斯大林的扩张与霸权主义有以下几个明显特点：一是在国际主义和世界革命的旗号下进行的；二是重点放在意识形态方面，斯大林把他的社会主义观强加给别人，让别国接受，俯首听命；三是国内高度集中的经济体制是其推行霸权主义最为有效、最为稳妥的手段。

---

① 高放：《苏联制度宏观研究论纲》，载宫达非主编《中国著名学者苏联剧变新探》，世界知识出版社 1998 年版，第 80 页。

② 苏联《真理报》1990 年 7 月 15 日。

③ ［美］小杰克·F. 马特洛克：《苏联解体亲历记》（上），吴乃华等译，世界知识出版社1996 年版，第 33 页。

7. 一系列赖以形成斯大林模式的理论，如："一国社会主义"；不受法律限制的无产阶级专政；"阶级斗争尖锐化"；国有企业是社会主义公有制的最高形式；社会主义是产品经济；个体农民是"最后一个资本主义阶级"；等等。

这里需要指出的是，我们上面所列举的构成斯大林模式的一些主要方面，它们相互之间有着密切的联系，互相促进，相互制约，互为条件。

二　主要特点

笔者认为，对斯大林模式的主要特点可作以下归纳。

1. 从政治体制来讲，最主要的、基本的特点是高度集权。权力高度集中在少数人手里，最后发展到集中在斯大林一个人手里。在这种政治体制下，民主政治难以建立，从而遏制了广大民众的创新意识，苏共亦不能根据变化了的情况，在理论上与时俱进。

2. 从经济体制来讲，其最大特点可以简单地归结为：管理权限的高度集中化，管理方法的高度行政化。这一特点反映在苏联经济活动的各个方面。

（1）管理权限高度集中化，国家对整个经济实行统制。

与整个高度集权的斯大林模式相适应，其经济管理权限也是高度集中的，即集中在中央。具体来说，在中央，地方和企业之间经济管理权限的相互关系方面，把管理经济的权力高度集中在按专业划分的中央经济管理部门，由它们来统制全国的经济。1936 年全苏工业总产值中，中央管理的工业占 90%，地方管理的工业只占 10%。这也是苏联长期实行的高度集中的部门管理体制，也是一种"条条专政"的体制。在这种体制下，企业的全部生产经营活动由中央各部门决定，甚至"每一千块砖头，每一双皮鞋或每一件内衣，都要由中央调配"。这种由中央各部门集中管理经济，必然要求建立大量的管理机关，到 1950 年，苏联部长会议直属的国家委员会与主管局共有 7 个，即国家计委、国家经委、国家物资技术供应委员会、国家先进技术委员会、中央统计局、国家银行与国家建设委员会，全联盟工业部就有 19 个；联盟兼共和国工业部共 6 个。

（2）实行无所不包的计划经济管理体制。

长期以来，苏联的基本观点是，在完成了生产资料所有制的社会主义改造后，只存在社会主义所有制的两种形式，即全民所有制和集体所有制，而全民所有制又表现为国家所有制的形式。在这种条件下，国家作为全民的代表，支配着社会生产资料，掌握着国民经济命脉，因此，国家就应该具有集中管理经济的权威和能力。另外，在苏联对计划经济还长期存在绝对化的和片面的理解。这些因素，逐步形成了苏联国家实行的计划经济是一种包揽国民经济整个生产过程和分配过程的国家计划。这种计划不仅决定宏观经济，也决定微观经济。也就是说，中央计划定下来，基本上也等于企业计划定下来。另外，对外经济关系也严格实行计划控制和国家垄断。对企业经营活动成果，基本上实行由国家包下来的办法，即获得利润大部分上缴国家财政，亏损由财政补贴，企业所需要资金再由国家财政进行拨款。物资由国家统一分配，产品由国家商业部门统销，价格由国家统一规定，等等。在这种经济管理体制下，企业的权限很小，它的任务主要只是限于使国家计划具体化和寻找完成计划的方法。苏联的计划管理制度渗透到社会经济生活的各个领域。古比雪夫曾说过："在我们计划制度中，我们已经走得这样远、这样深，以致我们确实没有任何经济、文化和科学研究部门还在计划之外和在计划工作范围之外。"

为了实行无所不包的计划经济管理，一是必须建立庞大的计划管理机构体系。在苏联，这个庞大的体系，主要由两大系统组成，即各级政府的计委系统与部门计划机构系统。各级政府的计委系统又分中央一级（苏联部长会议下设的苏联国家计划委员会）和地方一级［各加盟共和国、州（边疆区）与市（区）三级政府所设的本地区计划委员会］。二是设置计划指标体系。国家规定的计划任务具体体现在各种的计划指标上。计划指标体系按其性质和表现形式可分为：数量指标与质量指标；实物指标与货币指标；指令性指标与核算指标。计划指标的数量在各个历史时期是不相同的。在斯大林逝世前，国家下达给企业的指标有九大类：生产计划、生产技术发展计划、基本建设投资计划、物资技术供应计划、劳动计划、原材料消耗计划、生产费用和成本计划、财务计划和其他。

（3）实行全面直接的指令性计划管理。

赋予计划经济以指令性的特征，是苏联传统经济体制的一个重要内容。中央制订的十分详细的计划，是通过国家下达几十项"指令性"指标的形式逐级下达的，而下级机关和企业必须执行。国家用这个办法来达到控制地方和企业的目的。长期以来，在苏联一直把中央指令性与计划经济等同起来。计划的指令性是斯大林明确提出的。按当时任苏联国家计委主席沃兹涅辛斯基的解释，指令性就是：计划作为经济政治指令，具有法律的效力。不完成指令性计划，国家可以追究行政责任乃至法律责任。在斯大林时期，经济计划一般是以年度计划为主，并按季度、月度和天数划分，至于五年计划或时间更长一点的远景计划，实际上只是反映国家经济政策的纲领，主要起宣传动员作用，对企业没有约束力。由于实行严格的指令性计划，又以年度计划为主，因此，年度计划完成情况成了衡量企业工作成绩的主要标准。

（4）对经济的管理主要靠行政方法。

既然计划是通过指令性的方式下达的，决策权主要集中在中央，因此，管理经济主要靠行政方法，即整个经济的运转主要靠各种行政指令和指示，而不重视经济方法，忽视经济规律和经济刺激的作用，排斥市场机制经济的调节作用。在管理经济高度行政化的条件下，国家行政机关与企业的关系是行政上的隶属关系，企业实际上成了国家机关的一个派出机构。国家机关对经济的管理更多的是考虑行政上的方便，并喜欢习惯性地通过强制性的各种指令来达到管理经济的目的。从斯大林执政时期来看，这种管理经济的行政化趋势是逐步加强的，其原因有：一是在生产资料公有化之后，斯大林强调国家管理经济的职能要强化；二是在管理组织方面推行了部门管理；三是在企业贯彻一长制的原则。这些因素，逐步使国家的行政管理职能与经济管理职能日益密切地结合在一起，而这两种职能又是通过各级行政首长来行使的。

（5）实物计划占主要地位。

高度集中的管理体制的另一个重要特点是实物计划占主要地位。苏联在编制计划时，虽然一直是把产量计划与产值计划结合起来的，但由于国家下达大量的指令性指标，注重实物数量，因此，实际上在产品生产和分配中突出的是以实物单位计算的数量计划。另外，在国营企业内部，货币的作用十分有限，企业所需的原材料不能自由选择，价格对企业也不起作用，经济核算往往徒具形式。在这种经济管理体制下，货币流通基本上是消极和被动地反映按计划调节的物资运动，货币、价格、财政等对经济活动所起的杠杆作用很小，往往只是监督计划执行的工具。由于货币计算、货币关系作用被忽视，导致了经济上的浪费和低效率。

（6）带有明显的等级性和矛盾性。

在高度集中的指令性计划经济体制下，苏联的经济过程由其国家通过生产和分配计划来控制，但苏联国家是由按等级（或层次）划分的各级国家机关组成的。国家的集中计划，并不意味着中央一级能够安排国民经济发展的全部过程和各个方面。这是因为：第一，中央计划机关不可能知道国民经济各方面的情况，并能从下面迅速得到经济信息，对信息做出及时处理；第二，由于各级国家政治和经济机关之间存在利益上的矛盾，而这种矛盾，在经济管理权限上，不可避免地要反映出来，这就会导致各级机关会从自身的利益出发，用各种办法来应付上一级的指令和控制，各级都这样做，就形成管理体制上的等级性和矛盾性。这说明，传统的经济管理体制，在其存在高度集中一面的同时，实际上又不可避免地存在摆脱国家集中控制的分散一面。这也就是我们常说的上有政策下有对策。因此，国家要通过计划来控制经济生活，这只能是一种幻想。传统体制的这一矛盾，亦是导致在苏联经济中出现种种问题的根由之一。

第二节　斯大林模式形成的原因

关于斯大林模式形成的原因，在过去很长一个时期，往往用已经形成的传统观点来加以解释，比如：苏联是世界上第一个社会主义国家，如何建设社会主义，建立什么样的体制无先例可循；由于资本主义国家对苏联的包围，苏联是处于世界资本主义汪洋大海中的一座"孤岛"，苏联不得不用特殊的方式发展自己，壮大自己。这种观点来源于《联共（布）党史简明教程》。其实，这种看法只是表面上有一定的道理，但是经不起推敲。第一，列宁的新经济政策，把发展重点放在解决苏俄农民—农业问题上，这是抓住了俄国问题的核心和要害。在农民占大多数、农业处于小生产占优势的自然经济国度里，社会主义建设如果不能合理地解决这一难题，就谈不上社会主义的健康发展。第二，新经济政策并不是单独地只解决农民—农业问题。它是在解决核心问题的基础上，平衡发展国民经济。当然，这种平衡发展决不排斥适当地发展国防工业，在一段时间里，甚至加大国防工业的发展力度也是允许的。但是无论如何，不能"倒立行走"，始终把发展国防工业当作"龙头老大"。苏联的这一教训是极其沉重的，值得一切社会主义国家认真地吸取，决不能重蹈覆辙。第三，苏联在世界上也决不是什么"孤岛"，它有世界1/6的土地，两亿多人口，在十月革命刚刚胜利后就打败过14国武装干涉。如果按照新经济政策思想继续进行社会主义建设，那么随着经济的发展和壮大，苏联抵御外国入侵的实力只能是越来越强，而不是单纯地"被动挨打"——如斯大林所说的那样。①

斯大林模式的形成，决不能简单地从客观因素去研究，实际上有其复杂的原因，是各种因素综合作用的结果。

1924 年 1 月列宁去世后在苏联党内发生了三次大论战：关于列宁主义的大争论；关于一国能否建成社会主义的大争论；关于如何建设社会主义的大争论。不论从理论方面还是从权力斗争方面看，这场大论战都可以被看作是斯大林模式的准备阶段。随着斯大林在理论、政治与组织三条战线上都获得了胜利，这为他抛弃新经济政策，为其建立斯大林模式提供了基础性条件。因此可以说，停止实行新经济政策，接着实行农业全盘集体化，这是标志着斯大林模式开始建立的阶段。苏联工业化运动与 30 年代的"大清洗"运动中，斯大林逐个击败了他的对手，是斯大林模式的最终形成时期。普遍认为，农业全盘集体化、超高速工业化与政治"大清洗"三大社会运动，是构成斯大林模式的三大社会支柱，也是形成斯大林模式的主要因素。

考虑到斯大林模式的形成有个历史过程，并且围绕三大运动还存在其他方面的一些因素，都对形成斯大林模式有着重大影响，为此，我们下面进行一些较为具体的分析。

1. 1924—1929 年围绕新经济政策的党内斗争。

这期间苏联党内展开的大论战涉及多方面的内容，但主要围绕如何建设社会主义问题为中心展开，而其中尤为突出的问题是新经济政策，要解决的问题是，是按列宁提出的新经济政策建设社会主义，还是回归到军事共产主义道路上去。争论的结果是：

第一，虽然列宁一再指出军事共产主义时期的不少政策超过了限度，多次加以批判性的总结，但应看到，俄共（布）领导层和一般党员干部中仍然有不少人把这个时期实行的那套高度集中的、用行政命令的、排斥商品货币关系的经济体制视为长期有效的。这也是以斯大林为首的新领导下决心取消新经济政策，向军事共产主义政策回归的一个不可忽视的因素。

---

① 参见陆南泉、姜长斌为《苏联兴亡史论》（修订版）一书撰写的"导论"（该书由陆南泉等主编，人民出版社 2004 年出版，第 16 页）。

第二，随着新经济政策的中止，布哈林被击败并清除出党，斯大林的主张逐步成了党的指导思想，这标志着斯大林的经济体制模式的初步确立，因为这时布哈林等人竭力维护的列宁提出的一系列正确主张已最后被否定，按照新经济政策建设社会主义、建立经济体制的可能性已被排除。也就是说，又回到了"军事共产主义"向社会主义"直接过渡"的方式上来了。

第三，1929 年斯大林提出的"大转变"有着深刻的含义，涉及各个领域，也可以说是全方位的"大转变"，包括经济、政治、意识形态领域的"大转变"。斯大林在 1924—1929 年党内斗争中的胜利，这个"大转变"的胜利，其影响十分深远，他在结束新经济政策的同时，就大胆地提出了自己的发展社会主义的一套政策，从而为建立斯大林体制模式开辟了道路。

第四，社会主义两种模式（军事共产主义模式与新经济政策模式）、两种社会主义观念的斗争，从这个时期起显得特别明朗，并在整个苏联历史发展过程中没有停止过，尽管表现的形式与斗争激烈的程度有很大不同。苏联各个阶段状况的变化一般都与两种模式斗争结果有关。但同时也不得不承认，斯大林的社会主义观，他逐步确立起来的体制模式，在苏联解体前，虽然遭到多次冲击，但长期居统治地位。

第五，也正是在这个时期，苏联社会主义开始变形。可以认为，1924—1929 年是斯大林主义奠定前提的时期。[①] 这时的斯大林主义"是比较简单的、有点庸俗的、没有被理解透的马克思主义"。"当时革命人民中明显地有两派：一派虽然有些左的情调，但仍可称为革命现实主义派、革命民主派；另一派是左倾革命派、兵营共产主义派。早期斯大林主义更多依靠的是后一派革命群众。""兵营共产主义派则是那些被抛弃在最底层、比较封闭的劳动群众，他们憎恨现存社会，具有很大的破坏性。涅恰也夫分子就认为，'我们的事业就是可怕的、彻头彻尾的、无处不在的、无情的破坏'。他们想借助'火和剑'，借助强大的暴力来完成自己的事业。当时有一个革命领袖说过：'如果太阳只照亮资产阶级，那就把它弄灭！！'""斯大林主义把这种否定的价值和冒险主义方针固定下来了，并

---

① 斯大林于 1922 年 4 月担任总书记，但独立领导全党工作是在 1924 年 1 月列宁逝世之后。

且提升为理论及党和国家的政策。"①

2. 工业化运动对最后形成斯大林模式具有特别重要的意义。

如果说1929年全面中止新经济政策和斯大林思想占主导地位标志着斯大林模式得以初步确立，那么斯大林工业化方针的全面贯彻和到战前的1941年，不只是斯大林工业管理体制、经济体制模式全面建立并已扎了根，而且斯大林社会主义模式已全面建立并扎了根。这是因为：第一，在工业化运动期间，斯大林不只在苏联创造了"世界上所有一切工业中最大最集中的工业"，并且成为"按照计划领导"的"统一的工业经济"②；第二，在工业化运动过程中，对整个经济的计划性管理大大加强了，行政指令的作用大大提高了；第三，工业化运动时期，斯大林不仅一个一个地打败了他的政敌，并且接着30年代搞"大清洗"运动，最后形成了高度集权的政治体制模式，并把这一模式一步一步地推向极端，斯大林成了独揽大权的最高统治者，他凭借手中掌握的权力与专政机器，使全党、全国人民服从于他一个人，从而使社会主义遭到了极大的扭曲。

3. 农业全盘集体化使农业成为斯大林模式的一个重要内容。

从斯大林根本改变对农民的看法为起点，随之而来的是根本改变农民的政策，推行农业全盘集体化运动，其结果是，不仅仅把占人口最多的农民与国民经济中居重要地位的农业纳入了斯大林统制经济体制之中，而且意味着苏联正在朝斯大林整个社会主义模式迈进。1929年，随着全盘农业集体化的快速推行，农业也受到斯大林经济体制的统制。

在斯大林普遍集体化的思想指导下，在强大的政治压力下，用粗暴的命令和暴力强迫农民与中农参加集体农庄。1933年1月，联共（布）中央宣布："把分散的个体小农经济纳入社会主义大农业轨道的历史任务已经完成。"

斯大林之所以用强制与暴力的办法加速农业集体化，其主要目的有：控制粮食与取得资金；全面建立社会主义的经济基础；消灭"最后一个资本主义阶级"的个体农民；农业也受到斯大林经济体制的统制，最后形成完整的斯大林模式。

从体制与农业经济现代化角度来看，农业集体化中存在的问题有：

①　转引自《国外社科信息》1992年第4期。
②　参见《斯大林全集》第十卷，人民出版社1954年版，第258页。

（1）反映生产关系一个重要内容的经济体制，十分突出地超越了生产力的发展水平。从斯大林整个经济体制形成过程来看，生产关系脱离生产力发展水平，使形成的经济体制不符合客观实际，这是带有普遍性的问题，但农业集体化显得最为突出。

（2）农业集体化把商品货币关系作用的范围压挤到最低限度。斯大林发展农业的模式，不可能是符合科学社会主义本质要求的，它极大地阻碍了农业经济现代化的进程。

4.30 年代的"大清洗"运动是导致斯大林模式形成与巩固的一个重要因素。

斯大林模式的形成过程，也是与围绕社会主义发展道路、方针与政策所展开的政治斗争紧密联系在一起的过程，也就是说，它是在苏联特殊历史条件下在复杂斗争过程中形成的。20 世纪 30 年代的"大清洗"运动又最为集中地反映了政治斗争对形成高度集权政治体制的影响，这种政治体制又反过来使高度集中的计划经济体制日益巩固与发展。这样保证了斯大林模式的巩固与进一步发展。在这里，我们也只是从这个角度来简要地论述 30 年代在苏联发生的"大清洗"运动。

我们通过对工业化与农业集体化运动的研究，十分清楚地看到，这两个运动不只是通过行政命令进行的，而是在相当程度上，借助强制和暴力，从而导致社会关系和党群关系紧张，党内外的强烈不满。仅 1930 年 1—3 月全苏就发生了 2200 多起骚乱，大约有 80 万人参加。[①] 斯大林为了坚持推行他的工业化与农业集体化运动的各项政策，在 20 世纪 20 年代末，用压制、批判等办法，已把一个一个的党内反对派打下去。1929 年联共（布）中央批判"布哈林右倾投降主义集团"之后，党内已不存在公开的反对派，但这并不意味着党内不同意见与矛盾就不存在了，而是在斯大林高压政策的情况下，以别的形式表现出来。这就使得 20 世纪 30 年代"公开的"政治审判与秘密的镇压事件大量出现，并且规模越来越大，镇压的手段也越来越残酷。这就构成了 20 世纪 30 年代的"大清洗"运动。"大清洗"运动不仅是实现工业化与农业集体化的重要政治保证的手段，也是最终形成斯大林模式的不可或缺的重要因素。从 1934 年底到 1938 年秋的近 4 年时间里，"大清洗"运动高潮迭起。但这里需要指出的

---

① 姜长斌、左凤荣：《读懂斯大林》，四川人民出版社 2001 年版，第 206 页。

是，第一，斯大林的镇压并没有到 1938 年就结束了。大量材料证明，在斯大林逝世之前，镇压一直未停止过。[①] 第二，斯大林的镇压并不是从 1934 年才开始的，在此前已经出现了。现在大家都用"30 年代大情况"这个概念，主要是因为这个年代特别是其中的 1937—1938 年，镇压运动规模之大使苏联所有的人震惊。这简直是突然降临在苏共党和国家头上的某种莫名其妙的可怕的灾难。

斯大林的"大清洗"涉及各个阶层的人，既包括原反对派领导人及其成员，也包括苏联党、政、军的高层领导人与广大干部队伍和人民群众。不论是"大清洗"的规模还是手段之残酷，都可以说是苏联历史上最可怕的悲剧。

我们要回答的问题是：斯大林"大清洗"运动的目的是什么？我赞成这样的看法，不要把它说得太复杂了。斯大林的目的是保持自己无限的权力，斯大林的内心里充满着渴求权力的强烈欲望。在 20 世纪 30 年代初，他的影响已经很大了，但他想要获得的是无限的权力和对他绝对地服从。同时他也很清楚，要做到这一点肯定会遭到和他一起在革命和国内战争年代造就的党与国家领导人的反对。正是这个原因，就不难解释为什么"大清洗"首先冲向中央领导干部了。

上面简单的分析表明，斯大林 20 世纪 30 年代的"大清洗"运动，一个中心目标是把一切权力集中在他手里。

这次"大清洗"运动结束了夺权过程。由于大规模的镇压，集中制发展到了专制主义，使全党全国服从于斯大林一个人的意志，按照他的思想在苏联建设斯大林模式的社会主义。到了这个时候，凡是限制斯大林个人权力的制度都将被抛弃，凡是他不喜欢的人都将被撤职或消灭。应该看到，20 世纪 30 年代的"大清洗"使苏联进入到了一个严重的历史转折时期，不论是社会主义建设理论还是实践，都已遭到严重的扭曲。麦德维杰夫在 1974 年就谈到，这场"大清洗"可能会断送十月革命的成果。他指出，"那是一场沉疴重病，其严重后果的现实危险性在于有可能把十月革命的许多成果完全断送"[②]。不幸言中了，"大清洗"使得斯大林个人专权

---

① 如 1949—1951 年发生的所谓"列宁格勒事件"和 1952 年 11 月发生的"医生谋杀案"等。

② ［苏］罗·亚·麦德维杰夫：《让历史来审判》（下），赵洵等译，人民出版社 1981 年版，第 740 页。

形成和巩固，并导致最后形成斯大林模式，而这个模式在斯大林之后又未进行根本性的改革，这样，斯大林模式最后成为 20 世纪 80 年代末 90 年代初苏联发生剧变的根本性、主导性原因。换言之，斯大林模式的失败是 20 世纪社会主义遭到严重挫折的根本原因。

5. 俄国长期实行专制制度、集权与扩张等历史传统，对斯大林建立高度集中的经济体制，潜移默化地产生着影响。

要对苏联十月革命之后出现的种种重大问题有个深刻理解，就必须把这些问题的研究与十月革命前俄国在漫长的发展历史过程中形成的传统联系起来考察，特别是在分析斯大林模式形成原因问题时，显得尤为重要。

从俄国发展的历史可以发现，十月革命前的俄国曾是一个长期集权统治的国家。当世界资本主义进入垄断阶段以后，列宁还一再称俄国是"军事封建帝国主义"，是"军事官僚式的帝国"。在经济上，在十月革命前，俄国的资本主义经济还带有浓厚的封建关系。这就是说，俄国虽已进入垄断资本主义即帝国主义阶段，但在经济与政治方面仍保留着浓厚的封建传统的特点。俄国的资本主义在相当程度上是在封建主义体制中运行的。正如列宁所说的：俄国的"现代资本帝国主义可以说是被前资本主义关系的密网紧紧缠绕着"①。在这种政治经济条件下，沙皇长期实行的是专制制度，国家最高权力集中在沙皇一人手中。因此，在分析斯大林模式形成原因时，必须考虑到影响很深的历史传统因素。正如列宁在十月革命胜利五年以后所指出的，苏维埃国家机构仍是"从沙皇制度那里接收过来的，不过稍微涂了一点苏维埃色彩罢了"②，它们"仅仅在表面上稍微粉饰了一下，而从其他方面来看，仍然是一些最典型的旧式国家机关"③。斯大林所继承的俄国历史传统，最主要的是沙皇的集权与扩张。当然，这种扩张是以世界革命名义的扩张。而所有这些，都要求有个以高度集中的政治经济体制为主要内容的统治模式，依靠它把政治经济权力集中在少数人乃至斯大林一个人手里。

6. 斯大林个人品性对斯大林模式的产生，不可能不起作用。

斯大林作为苏联最高领导人，执政长达 30 年，因此，斯大林个人品

---

① 《列宁选集》第 2 卷，人民出版社 1995 年版，第 644 页。
② 《列宁选集》第 4 卷，人民出版社 1995 年版，第 755—756 页。
③ 同上书，第 779 页。

性对斯大林模式形成的影响是不能不考虑的。不少学者认为，坚毅、刚强和政治敏感反映了斯大林个人品性的一个方面，而粗暴任性、强烈的权力欲，冷酷无情、崇尚暴力，主观片面、妒贤忌能和孤僻，是反映斯大林个人品性的另一个方面。斯大林是苏联历史上一个十分重要的人物，也是十分复杂的人物，因此，他的个人品性对体制模式形成所产生的影响也表现在很多方面。

7. 与对马克思主义采取教条主义有关。

这里，从作为斯大林模式的一个重要组成部分的高度集中的计划经济体制的形成原因，来分析斯大林如何教条地对待马克思主义理论。

一定的经济体制模式是由一定的经济理论决定的。计划经济的理论源于马克思、恩格斯有关未来社会是不存在商品货币、市场的社会的理论。列宁在实行新经济政策前也与马克思、恩格斯持相似的看法。他们都把社会主义经济视为一种产品经济。但到了实行新经济政策时期，列宁改变了上述看法。后来，在工业化、农业集体化过程中，一直到斯大林经济体制模式的最后形成的历史时期，有关商品货币关系的理论，尽管中间有所变化与发展，也有不少争论，但总的来讲，把社会主义经济视为商品经济和承认价值规律、市场对经济起调节作用的观点，一直不占主导地位，并不断遭到批判。而产品经济观，即否定社会主义经济是商品经济，否定价值规律、市场的调节作用的观点，一直居主导地位。从而，也就牢牢地成为斯大林计划经济体制的理论基础，也就成为斯大林逝世后苏联难以对经济体制进行根本性改革的一个重要原因。

恩格斯在对未来社会没有商品货币设想时，就指出，这种设想，带有一般的、大概的、草图的性质。列宁在总结军事共产主义后，果断地改行新经济政策，并认为，新经济政策就是要充分利用商品货币关系。他在货币、商品等问题上的看法有了很大的变化。列宁一开始就从允许小生产者有贸易自由做起，而对大资本的生产资料则运用国家资本主义的一些原则，要求国营企业实行商业性质的经济核算制。但后来很快被实践证明，在生产力水平低下的小生产占优势的俄国，必须后退，从而"在国家的正确调节（引导）下活跃国内商业"[①]。这里可以看到，列宁在实行新经济政策开始阶段强调利用商品货币关系与发展商业，主要出发点是当时存

①　《列宁选集》第4卷，人民出版社1995年版，第614页。

在大量小生产者等多种经济成分，为了建立国营经济与非社会主义的一种联系方式，那么在所有制改造任务完成之后，即在社会主义经济基础建成后如何对待商品货币关系与商业等问题，列宁没有作出明确回答。但列宁毕竟否定了长期存在的社会主义与商品货币关系不相容的观点，这不能不说是个重大进步。这也为党内坚决拥护新经济政策的领导人正确理解与对待市场关系提供了理论依据，如布哈林指出："过去我们认为，我们可以一举消灭市场关系。而实际情况表明，我们恰恰要通过市场关系走向社会主义社会。"①"市场关系的存在——在某种程度上——是新经济政策的决定因素。这是确定新经济政策实质的重要标准。"②

但斯大林不从俄国实际情况出发，积极主张取消商业，他说："国家、国营工业不经过中介人直接成为农民的商品供应者，而农民也不经过中介人直接成为工业、国家的粮食供应者，这有什么不好呢？"③ 很清楚，斯大林这里说的取消"中介人"就是指取消商业，商业没有了，就不存在商品流通了，那也不存在商品货币关系了。这种思想是他对商品经济的错误看法的必然反映。在斯大林看来，资本主义的根就"藏在商品生产里"④，也正是这个原因，斯大林急于结束新经济政策，急于搞农业全盘集体化，尽快消灭在他看来迫使苏维埃从事商业和商品流通的小生产者。就这样，斯大林在工业化与农业集体化过程中，坚持要消灭商品货币关系，坚持产品经济观，以此理论为基础，一步一步地建立起了高度集中的指令性计划经济体制。这个体制的特点可简单归结为：管理权限的高度集中化；管理方法的高度行政化。

这里顺便要指出，斯大林在教条地对待马克思主义的同时，往往对马克思主义采用实用主义的态度。正如尤·波利亚科夫在列宁120周年诞辰前夕举行的讨论会上所指出的："斯大林主义的一个特点是……根据自己的需要加以剪裁，以便首先能够证明他的学说的正确。为了达到这个目的，有些事要略而不计，有些事巧而掩饰，有些事要秘而不宣，有些事则干脆一笔勾销。"斯大林在推行他的政策或提出理论时，"最不光彩的就

---

① 《布哈林文选》上册，人民出版社1981年版，第441页。
② 《布哈林文选》下册，人民出版社1981年版，第392页。
③ 《斯大林全集》第十二卷，人民出版社1955年版，第43页。
④ 《斯大林全集》第十一卷，人民出版社1955年版，第196页。

是，这一切都是打着列宁主义的旗帜做的"①。

第三节　几点看法

高度集中的体制，特点是高度集中的指令性计划经济体制，在苏联特定的历史时期，曾对经济发展起过积极作用，这主要表现在：第一，利用这种体制，最大限度地集中全苏的人力、物力和财力，建设一些重大项目，特别是在工业化时期，建成了大量具有重要意义的项目。在战前的三个五年计划时期，共建成了9000个大型工业企业。第二，利用这种体制，通过行政手段（往往是强制性的）调整经济结构，加速苏联基础工业建设，在工业化时期，这一作用更为明显。第三，利用这种体制，通过对落后地区增加投资等办法，较快地实现了调整生产力布局的战略意图。加速对资源丰富但经济又十分落后的西伯利亚与远东地区的开发，就说明了这一点。第二个五年计划时期，用于重工业新建项目的投资约有50%用于这一地区。从1928年到1937年，西伯利亚工业的总产值增长了8倍，几乎为全苏工业总产值增长速度的2倍。这一地区的快速发展，满足了工业化所需的原料，也使东部地区在卫国战争中发挥了后方基地的作用。第四，利用这种体制，对一些落后的民族地区的经济发展也起过一定的作用。

但在谈到斯大林经济体制模式的积极作用的同时，应清醒地认识到：第一，它只是特定历史时期，如革命胜利后的初期，经济目标单一，在落后国家从事基础工业的发展和备战或战争时期（西方往往称苏联经济是备战经济）；第二，就是在这一体制发挥积极作用的同时，它也潜在着深刻的矛盾并存在着严重的问题，从而对今后的经济发展带来了一系列的困难；第三，借助斯大林经济体制在30年代与40年代所取得的成就，苏联人民为此付出的代价太大了；第四，随着历史的发展，斯大林经济体制模式的弊端也在发展，越来越突出，越来越阻碍社会经济的发展，离科学社会主义也越来越远；第五，它与构成斯大林模式的其他各个因素联系在一起，成为阻碍苏联现代化的重要原因。在这里，不论是从体制转型与现代化关系来看还是从对苏联社会发展的影响来分析斯大林模式，以下几个问

---

① ［苏］《党的生活》1990年第7期。

题值得我们思考。

一　斯大林模式的社会主义与马克思、恩格斯所设想的是不相同的

这表现在：从政治上说，在马克思、恩格斯看来，无产阶级在夺取政权后，近期目标是发展民主，使无产阶级与广大劳动群众成为国家和社会的真正主人。而长远的目标是，运用无产阶级国家的权力，消灭阶级与阶级对立存在的条件，使得社会成为"每个人的自由发展是一切人自由发展的条件"的"联合体"。这也是马克思、恩格斯的社会理想。这个理想的核心是人道主义。在马克思主义经典作家看来，共产主义与"真正的人道主义"是画等号的。从所有制上说，马克思主义的基本理论是：取代资本主义的新的社会主义生产方式将是实现劳动者与生产资料所有权的统一，它是"联合起来的社会个人所有制"。马克思认为，这种所有制具有以下两个方面密切相关的本质内涵：一是劳动者集体共同占有和使用生产资料，任何个人均无权分割生产资料；二是在用于集体劳动的生产资料中，每个劳动者都享有一定的生产资料所有权。这就是"在自由联合的劳动条件下"实现劳动者与生产资料所有权相统一的具体形式。可见，不论从政治上还是从经济上看，斯大林模式与马克思主义经典作家设想的相去甚远，它不可能到达科学社会主义的彼岸，也不可能使社会朝着现代化方向发展。

二　难以克服的异化是阻碍苏联社会经济发展与现代化的一个重要因素

在斯大林模式的条件下，生产者与生产资料不能结合，人民远离政权，这样必然出现的一个弊端是，不仅不能克服资本主义社会存在的异化，而且使异化普遍地存在并日益加深。可以说，研究苏联社会异化问题的论著不多，特别是在苏联国内更少，而从斯大林模式弊病这一角度研究异化的论著更是少见。产生这个情况是有原因的。长期以来，苏联理论界否定在社会主义社会存在异化，异化作为一个哲学概念几乎没有合法存在的理由。《苏联简明哲学辞典》在1963年改为《哲学词典》出版时，第一次有了"异化"这一条目，而《苏联大百科全书》到1975年出版第3版时才收入"异化"这一条目。在这个时期，苏联之所以不得不承认"异化"这个范畴，其主要目的是对国际上对苏联制度存在异化所进行的

批判做出一种反应，并一再力图证明，苏联在劳动成果的异化、人和人的异化以及人与社会的异化等方面，都已卓有成效地克服。而实际上，苏联在高度集中的指令性计划体制下，在生产活动中的异化处处都存在，例如，劳动者只按行政指令从事生产活动，实际只能充当"螺丝钉"的角色，并未感到自己是劳动的主人，广大劳动者并没有感到劳动成为"自己的"自由的劳动，他们并没有参加管理生产的权力，即在经济上没有民主管理权。因此，在工矿企业，旷工、怠工十分严重。又如，在对待劳动成果方面，劳动者并不感到自己是劳动产品的主人，因此，在生产中的浪费远远超过资本主义国家，这就毫不奇怪了。按照奥塔·希克的说法，第一个指出当代"社会主义"国家仍继续存在着异化的是亚当·沙夫，但他并没有从这个事实出发对现存社会主义制度的性质提出异议，不过他毕竟对社会主义制度中还存在异化提出了批评。奥塔·希克本人对斯大林时期建立起来的经济体制与异化关系作过深刻的分析。他指出：依靠权力建立起来的制度，其特点是既没有克服那些已成熟的资本主义矛盾和异化现象，相反，还加深了这些矛盾和异化现象。从这一事实中可以得出结论：今日的苏联体制根本不是社会主义的体制。他接着指出：只有当劳动人民"在经济上与企业、与生产的相异化真正被克服了，他们能够参与对企业的管理，享有对企业、企业管理和生产成果的共同决定权，了解宏观经济的发展情况，并能通过其他的抉择来影响决定，国家对他们来说已不再是异己的了，那么，那里的生产条件才算是真正实现了社会化"。他还说："如果在一个制度中，大多数的劳动者继续只对个人消费和工资感兴趣，丝毫不关心资本，如果在这个社会中，劳动者对企业的发展剩余价值的分配和使用情况，国家的经济政策、政治机构的组成，重要的政治决定，既不能参与决定，也对此漠不关心，那么，这个社会就不是社会主义社会。"他最后得出的结论是："实际上，在今后的'社会主义国家'中，劳动者的严重异化已成为制度本身内在的问题，如果继续保持这种制度的基本特点，异化就不可能克服。尽管这个制度的执政者仍坚持用社会主义的称号，但这个制度并不具备社会主义特征。"

上述分析说明，高度集中的经济管理体制，加上利用依靠政权力量排斥市场的作用，再加上集权体制下劳动者长期处于无权地位并逐步养成的奴隶心理，即依赖于和服从于"上面"指示的习惯，就难以解决资本主义存在的异化问题，无法解决生产者与生产资料的结合问题。正如俄罗斯一些学者所指出的，斯大林的模式，"不可避免地导致了劳动人民一方面同公有制的异化，另一方面同政权的异化。除了新的无可弥补的损失及危机状态，这种道路不能有别的结果"。戈尔巴乔夫谈到这一问题时指出："极权主义促使人与国家、财产，政治和文化异化，力图压制社会多样性的最小表现，它使社会丧失了自我发展的动力，从而注定了它自己的失败。"总之，严重地异化也就导致广大劳动者在生产中缺乏主人翁感，而且对生产不可能有强烈的责任心。应该说，这是苏联高度集中体制的一个重大弱点，是阻碍生产力发展的一个重要因素。因为，人们对事业的积极性和主人翁感，是提高工作效率的最大潜力之一，限制这种潜力的发挥所带来的物质损失是无法计算的。

在斯大林模式的条件下存在的异化，如果从更广泛的视角去考察，还表现在难以使国家、企业和个人三者利益相结合。在构成斯大林模式主要内容的高度集中的指令性计划经济体制条件下，由于企业缺乏经营自主权，只是完成上级规定计划的机械执行者，因此也就缺乏生产的积极性。企业和劳动者往往感到，对国家有利的，并不一定对企业和职工有利。这样，使国家、企业与个人三者利益难以结合。从而，经济的运行，主要靠由上级（主要是中央）下达的大量指令性计划指标，采用的是强制的行政手段。对企业来说，它一直是政府的附属品，不是独立的商品生产者，从而必然导致官僚主义的管理。这样，市场的作用必然被排除在外，竞争机制也建立不起来，经济活动以上级领导者的意志为转移，这些最终导致经济发展违背客观经济规律。与此同时，使苏联各级管理机关中必然出现一批缺乏主动精神的"传声筒式"的经济领导干部。这些人只是机械地执行上级下达的任务，例行公事，而对承办的事情表现为不负责任，缺乏主动精神。这样一批"传声筒式"的干部的存在，加上普遍存在的广大生产者的惰性，对苏联在政治和经济上产生的消极影响是极其严重的。

三　不走苏联社会主义的老路，要搞中国特色社会主义

在中国社会主义的建设进程中，相当一个时期是搬用苏联的那一套做法。跟苏联走了一段后发现，苏联在建设社会主义方面的理论与实践，都存在不少问题。邓小平再次执政后，在总结了中国社会主义历史特别是"文化大革命"教训的基础上，根据斯大林模式提供的教训，不断地批判斯大林模式的社会主义。1977年9月29日，邓小平说："过去，我们很

多方面学苏联，是吃了亏的。"① 邓小平在 1982 年党的十二大开幕词中提出："把马克思主义的普遍真理同我国的具体实际结合起来，走自己的路，建设有中国特色的社会主义，这就是我们总结长期历史经验得出的基本结论。"② 他还讲："坦率地说，我们过去照搬苏联搞社会主义的模式，带来很多问题，我们早就发现了，但没有解决好，我们现在要解决好这个问题，我们要建设的是具有中国自己特色的社会主义。"③ 邓小平总结我国发展历史时说："中华人民共和国成立三十五年多，走的路是比较曲折的。因为我们干的是一件新的事情，叫建设社会主义。这个社会主义比我们搞得早的有苏联，还有东欧。我们开始是照搬他们的，看来他们的东西也并不那么成熟。"④

中国的革命者，为什么从"走俄国人的路"转变为"走自己的路"？这是因为十月革命后，在苏联建立的是不符合科学社会主义本质要求的斯大林模式的社会主义。人们常讲，十月革命一声炮响，给我们送来了马克思列宁主义，但后来，实际上更多学到的是斯大林模式的社会主义。

邓小平从理论上分析社会主义改革必要性时说："斯大林犯过错误，就是搞得太死了，搞得太单纯了。在苏联，马克思主义在一个时期衰退了。"⑤ 这是针对斯大林理论上的教条主义与僵化讲的。

为什么社会主义必须进行不断的改革，主要有以下两个重要原因。

首先，社会主义至今尚在实践中，社会主义并未成型。中国经过对社会主义建设历史的总结，明确提出中国处于社会主义初级阶段的科学概念。邓小平在谈到建设初级阶段的社会主义时特别强调："我们现在所干的事业，是一项新事业。马克思没有讲过，我们的前人没有做过，其他社会主义国家也没有干过，所以，没有现成的经验可学。我们只能在干中学，在实践中探索。"⑥ 社会主义远未定型，只是在实践过程中不断地探索，在此过程中使社会主义日益完善、成形。在实践与探索过程中，必然要根据客观变化了的情况进行改革。关于这一点，恩格斯曾说过："所谓

① 《邓小平年谱》（上），中央文献出版社 2004 年版，第 210 页。
② 《邓小平文选》第 3 卷，人民出版社 1993 年版，第 3 页。
③ 同上书，第 261 页。
④ 《邓小平年谱》（下），中央文献出版社 2004 年版，第 1049 页。
⑤ 《邓小平文选》第 3 卷，人民出版社 1993 年版，第 272 页。
⑥ 同上书，第 258—259 页。

'社会主义'不是一种一成不变的东西，而应当和其他任何社会制度一样，把它看成是经常变化的改革的社会。"① 邓小平明确指出："社会主义基本制度确立之后，还要从根本上改变束缚生产力发展的经济体制，建立起充满生机和活力的社会主义经济体制，促进生产力的发展，这是改革，所以改革也是解放生产力。"② "要发展生产力经济体制改革是必由之路"。不改革就是死路一条。改革是革命，是一个不断进行的革命，也就是说，只有通过不断的改革，才能适应生产力发展的需要。邓小平还指出："只有对这些弊端进行有计划、有步骤而又坚决彻底的改革，人民才会信任我们的领导，才会信任党和社会主义。"③

其次，不断丧失改革机遇与改革失误使斯大林模式的社会主义试验失败。苏联在历史上曾痛失过多次重要的改革机遇。不论从社会主义存在的客观条件来讲，还是从苏联改革的实践来看，都说明，社会主义社会必须进行改革，正如胡绳同志所指出的："20 世纪的历史经验，并不证明社会主义制度已经灭亡，但的确证明社会主义制度必须改革。在 20 世纪大部分时间通行的社会主义模式并不是唯一可能的模式，随着世纪的更替，新的模式正在促成社会主义的更生。"④ 1991 年底苏联发生剧变的历史事实，亦明确无误地证明，不改革是死路一条。这个教训是十分深刻的。1996 年 6 月，东欧各国像多米诺骨牌似的倒下，1991 年 12 月 25 日苏联不复存在。苏联解体后的第 20 天即 1992 年 1 月 17 日，88 岁高龄的邓小平急于起身南巡。在笔者看来，这次南方之行的背景有二：一是国内改革受阻，姓"资"姓"社"的争论不休；二是苏联垮台，使邓小平产生了加快改革的紧迫感。他十分清楚，苏联垮台的根本原因是斯大林—苏联模式的社会主义制度弊病太多，已走不下去，已走入死胡同，失去了动力机制。历史唯物主义的一个基本观点是，社会变迁的原因应该从社会经济与政治制度中去寻找。苏联剧变的根本原因亦应从制度中去找，而不能简单地归结为某些领袖人物。早在 1980 年，小平同志在总结社会主义历史经验，特别是"文化大革命"的沉痛教训时就指出："不是说个人没有责任，而是说领导制度、组织制度问题更带有根本性、全局性、稳定性和长期性。这

---

① 《马克思恩格斯全集》第 37 卷，人民出版社 1971 年版，第 370 页。
② 《邓小平文选》第 2 卷，人民出版社 1983 年版，第 333 页。
③ 同上。
④ 转引自《中共党史研究》2004 年第 1 期。

种制度问题，关系到党和国家是否改变颜色，必须引起全党的高度重视。""……制度好可以使坏人无法任意横行，制度不好可以使好人无法充分做好事，甚至会走向反面。即使像毛泽东同志这样伟大的人物，也受到一些不好的制度的严重影响，以至对党对国家对他个人都造成很大的不幸。"小平同志还说："斯大林严重破坏社会主义法制，毛泽东同志就说过，这样事件在英、法、美这样的国家不可能发生。他虽然认识到这一点，但是由于没有在实际上解决领导制度问题以及其他一些原因，仍然导致了'文化大革命'的十年浩劫。这个教训是极其深刻的。"① 因此，邓小平认为，应吸取苏联不断丧失改革机遇而最后导致垮台的教训，中国不应错过改革时机，不允许让改革半途而废，从而重蹈苏东国家的覆辙。

---

① 《邓小平文选》第 2 卷，人民出版社 1983 年版，第 333 页。

第八章

赫鲁晓夫尝试通过改革
推进政治现代化

1964 年 10 月 14 日下午召开的苏共中央全会解除了赫鲁晓夫苏共中央第一书记、苏共中央主席团委员的职务，12 月 9 日苏联最高苏维埃举行会议，解除赫鲁晓夫部长会议主席职务。这样，通过一场真正的"宫廷政变"结束了赫鲁晓夫时代。

第一节　赫鲁晓夫上台面临的困境

不论是在 20 世纪 60 年代中苏大论战时期，把赫鲁晓夫时期的改革、政策、路线说成是"违背马克思列宁主义所指出的社会历史的发展规律"，是"现代修正主义的头号代表"也好[①]，还是当今还有人把赫鲁晓夫时期的改革视为"日后苏联解体、苏共垮台这大山般的倒塌掘了第一锄，也可被称之为关键性的第一锄"也好[②]，甚至还有人把苏联发生剧变的原因归结为赫鲁晓夫揭露与批判了斯大林的个人崇拜也好，但是不可否认，赫鲁晓夫是苏联历史上第一个改革者，他执政 11 年（1953—1964年），是斯大林逝世后苏联历史上的一个重要转折时期。

赫鲁晓夫于 1894 年 4 月 17 日出生在库尔斯克州卡利诺夫卡村的一个贫穷家庭。他在农村当过牧童，后来在顿巴斯地区的尤索夫卡的矿区城镇做过机械工人，并在苏维埃政权极其困难与危险的岁月里参加过各种战

[①]　《关于国际共产主义运动总路线的论战》，人民出版社 1965 年版，第 519—520 页。

[②]　李慎明主编：《居安思危——苏共亡党二十年的思考》，社会科学文献出版社 2011 年版，第 21 页。

斗。这些一直都是赫鲁晓夫引以自豪的。他在1918年24岁时加入了布尔什维克，在党内晋升得很快，可以说是官运亨通。1935年，赫鲁晓夫担任了莫斯科市委和莫斯科州委第一书记。1938年1月，在苏联最高苏维埃会议上，赫鲁晓夫被选进主席团，并在同时举行的党中央委员会全体会议上被选为政治局候补委员，从而进入了苏联党与国家的最高决策层。1938年初，斯大林把赫鲁晓夫派往苏联仅次于俄罗斯联邦的第二大加盟共和国——乌克兰，当第一把手。

卫国战争胜利后，赫鲁晓夫又忙于乌克兰的重建工作。在斯大林70岁寿辰的1949年12月，赫鲁晓夫又被召回莫斯科，担任莫斯科州委第一书记，并同时担任莫斯科市委第一书记。1952年夏，斯大林考虑到自1938年召开联共（布）十八大至今已有14年，卫国战争结束也已有7年之久，难以找到不召开代表大会的理由了，于是着手筹备召开十九大的工作。当时，他把中央委员会的政治报告这一任务交给马林科夫，让萨布罗夫作关于第五个五年计划的报告，赫鲁晓夫作关于修改党章的报告。1952年10月召开联共（布）十九大后不久，在斯大林主持的中央委员会第一次全体会议上，一致通过了由他提出的由25人组成的主席团名单，根据斯大林的建议成立主席团常务委员会，其成员包括：斯大林、马林科夫、贝利亚、赫鲁晓夫、伏罗希洛夫、卡冈诺维奇、萨布罗夫、别尔乌辛与布尔加宁。这样，在斯大林逝世前，赫鲁晓夫进入了苏共领导的核心层。

1953年3月5日，斯大林去世。他在世时的最后几年，实际上他对任何人都不信任，包括最亲近的同事，并一直害怕会被推翻，因此，斯大林并没有留下任何形式的政治遗嘱，也没有明确地指定接班人。[①] 因此，不论主席团成员还是主席团常务委员会成员中的任何一个成员，没有人能说或敢说自己是斯大林的接班人。在这个背景下，赫鲁晓夫要达到权力的顶峰，必然面临着严峻的挑战和种种危险。但赫鲁晓夫成功了，他克服了一个接一个的障碍，最终成了斯大林之后苏联历史上第一位最高领导人（不算马林科夫的短暂执政[②]）。但他面临着十分复杂的局面和艰巨的任

---

① 1923年，当列宁病危时，曾以给党代表大会的一封信的形式留下遗嘱，对身边的其他主要领导人一一作了评价。遗憾的是，他的关于把斯大林调离权力中心的这一主要意思，未能得到实施。

② 从斯大林1953年3月5日去世到同年9月7日赫鲁晓夫任苏共中央第一书记前这段时间内，马林科夫主持苏共中央主席团工作。

务。正如苏联著名政论家费奥多尔·布尔拉茨基所指出的，放在当时赫鲁晓夫面前的斯大林所留下的苏联是："越来越贫困的、实际上半崩溃的农村、技术上落后的工业、最尖锐的住房短缺、居民生活的低水平、数百万人被关押在监狱和集中营、国家与外部世界的隔绝——所有这一切都要求有新的政策和彻底的变革。于是，赫鲁晓夫——正是这样！（像人民期望的那样）成了新时代的先驱者。"① 亚·尼·雅科夫列夫在分析赫鲁晓夫上台时前任留给他什么样的遗产时写道："赫鲁晓夫继承了一份可怕的遗产。1953 年初，专制制度的狂妄行为达到了登峰造极的地步。""千百万人还关在劳改营和监狱里。""农村过着赤贫生活，战后完全荒芜。每天晚上集体农庄的作业队长总是沿着村里的街道一户一户地给成年人派明天的任务。他这种派工也是吃力不讨好，因为那些由于繁忙的家务变得凶狠的婆娘们都给做嘲弄的手势，而留在农村的男子汉则一边骂娘一边诅咒为'工分'、为工作日去干活。""儿童们拎着粗布袋在收割过的麦子的布满麦茬的地里捡掉下来的麦穗。""每个农户在整个春天和夏天向收货站交牛奶，而秋天交牲畜和家禽，这是在交实物税。""斯大林爱好历史，熟知农奴制的一套规章制度，他原封不动地通过强硬手段把它们运用于我国农村。""20 世纪中叶，俄罗斯的农村成了国家农奴制农村，而且国家从农民那里夺去了除空气以外的所有东西。"②

　　以上对斯大林逝世时苏联状况的论述是十分概括和简要的。当时苏联的实际情况与存在的问题要复杂得多，赫鲁晓夫面临很多难题。从政治体制来讲，发展到斯大林一个人说了算，无产阶级专政已成为斯大林个人专政，斯大林个人崇拜已达到登峰造极的地步。怎么解决，只能通过更新政策与根本性的改革才能找到出路。赫鲁晓夫执政年代，他向人民表明，他对此是有深刻理解的，改革确是赫鲁晓夫的本意。尽管他的改革有时表现得反复无常，但一直到他下台前，改革　天也没有停止过。针对当时的情况，赫鲁晓夫先从政治领域着手，推行一系列改革措施，力图把苏联的政治体制向现代化方向发展。

　　在斯大林执政时期，滥杀无辜、冤假错案的严重性达到了难以置信的

---

　　①　［苏］尤里·阿法纳西耶夫编：《别无选择——社会主义的经验教训和未来》，王复士等译，辽宁大学出版社 1984 年版，第 584 页。

　　②　［俄］亚·尼·雅科夫列夫：《一杯苦酒——俄罗斯的布尔什维主义和改革运动》，徐葵等译，新华出版社 1999 年版，第 15 页。

地步。一个国家要前进，社会要稳定，经济要发展，就需要有法制，要防止斯大林时期严重破坏法制的不正常状态重演，消除广大人民、干部的政治恐怖。因此，在社会政治领域进行严肃的整顿与清理，成为赫鲁晓夫上台后首先要做的一件大事。正如赫鲁晓夫所指出的："在我们要苏维埃国家的生活中，斯大林逝世后的时期就是这样一个整顿和清理的时期。"[①]为此，他采取了一些措施。

第二节　初期采取的措施

一　清除贝利亚，为政治领域进行整顿清理创造前提条件

贝利亚在斯大林执政后期是苏联党和国家的主要领导人之一，他长期把持苏联内务部的重要职权。斯大林死后，内务部与安全部合二为一，作为部长会议第一副主席的贝利亚兼任部长，他的权力更加扩大，实际上把公、检、法的权力集中在他一人手里。在斯大林时期，贝利亚及其领导的内务部直接受斯大林个人控制，不受党和国家机关的监督。斯大林死后，贝利亚已无所顾忌，建立起自己的"独立王国"。作为斯大林破坏法制，进行恐怖活动最主要与直接帮凶的贝利亚，他的权势进一步扩大，使得其他的领导人极度恐慌，处于人人自危的状态。在这种情况下，如果不解决贝利亚的问题，就无法在政治领域进行整顿清理，消除政治恐怖，让广大人民、干部过上正常的生活。为此，1953 年 6 月下旬，在赫鲁晓夫积极做好各方面的工作之后，苏共中央主席团决定采取措施，逮捕与处决了贝利亚。[②] 清除贝利亚，在苏联历史上意味着一个恐怖时代的结束；对苏联社会政治生活和人民的思想来说，意味着解冻的第一步；对苏联今后政治领域的整顿清理和体制改革来说，扫除了一个障碍。

二　清理冤假错案，全面平反昭雪

贝利亚被清除后，"法院里堆放了几百万份上诉，要求对仍被关在监狱和集中营里的人的案子重新进行复查，或亲属要求为死者平反，恢复名

---

①　［苏］《共产党人》1961 年第 7 期。

②　至于贝利亚是怎样被捕和处决的，有各种说法。弄清楚这个问题并不是本书的任务。但不管怎么说，贝利亚被逮捕和处决是历史事实。

誉。国家司法机关再也不能对这些要求盖上'拒绝重新审理'的印章置之不理了。因为在为几乎整个国家保安部门的核心受到谴责、批判的时候，自然对被这个机构所处理的，包括逮捕、判刑的所有案件都要打上问号"①。为了进行平反工作，1954年苏共中央成立了一个调查委员会。另外，考虑到原有的司法机构对迅速复查所有案情已无能为力，于是设立了临时司法委员会，它被授权对在关押囚犯的场所进行平反工作。据估计，在斯大林时代被关进集中营的1200万—1300万人中，1953年只有4000人得到释放。1954年至1955年，被释放的人数增至12000人，这些人中大多数曾在党和政府内担任过要职，具有广泛的社会关系，因此这些人返回工作岗位，使党内的领导层的组成和政治气氛有了变化。1956年至1957年，有700万—800万人被释放回家，另有500万—600万人得到死后的平反昭雪。早在1937年至1938年被捕的那些人中，只有4%—5%到1956年还活着，而且多数人已经年老体弱，不能工作。在集中营里被处决或死掉的军人，由国防部长朱可夫发布特殊命令，追认为烈士，与在前线牺牲的烈士同等看待，并发给家属抚恤金和特别终身养老金。②

　　赫鲁晓夫从集中营释放"政治犯"具有非常重要的意义，它所产生的积极影响是不可低估的。如果继续推迟人们期待已久的大规模的平反昭雪工作，那么已为日益增长的强烈的公众舆论所不容，会失去民意。当然，如果认为这些"政治犯"被释放后就万事大吉了，那就错了，他们必然会在两个方面提出要求：一是对那些制造冤假错案的人进行道义上的谴责；二是采取法律行动，惩罚那些历史罪人，其中有相当数量的人仍然处于重要的领导岗位上。中央委员会和总检察长的办公室里堆满了上访信件，就是一个证明。这些被释放的人，要求有强有力的法律制度加以保证，使斯大林时期的镇压和恐怖行动不再重演。自然，这些要求是完全合理的。

三　采取组织措施，改组国家安全机构和健全司法制度

　　为了使苏联社会有安全感，在清除贝利亚之后，赫鲁晓夫对国家安全

---

　　①　[苏]罗伊·A.麦德维杰夫等：《赫鲁晓夫的执政年代》，邹子婴等译，吉林人民出版社1981年版，第22页。

　　②　同上书，第25—26页。

机构进行改组，并健全了司法制度。在这一领域采取的主要措施有：贝利亚清除后，苏联重新把内务部一分为二，即国家安全委员会（即"克格勃"）和内务部。内务部的权力大大缩小，只负责维护社会治安；精简机构和编制，对这两个部门的干部进行撤换的调整。赫鲁晓夫在苏共二十大上说："用经过审查的干部来加强国家安全机关。"同时，检察机关的职权逐步得到恢复。斯大林时期这一机关的职能大大削弱了，没有全苏性的法律来保证检察长的监督权。1955 年 5 月颁布了《苏联检察长监督条例》，规定了检察机关的权力、义务和检查工作的原则与方法，它有权对一切机关、公职人员和苏联公民是否准确遵守法律进行监督；还规定，对侦察机关的活动实行监督，以便"使任何一个公民不致被非法地和无根据地追究刑事责任，或者在权利上受到非法的限制"，"使任何人非经法院决定或检察长批准，不受逮捕"。此外，完善了审判制度。在斯大林时期，苏联的审判制遭到严重损害，正常的诉讼秩序已遭破坏。为了完善审判制度，苏联撤销了内务部"特别会议"这种不经过法院审理刑事案件的制度，取消了侦查和审理方面的"特别程序"；等等。

另外，还应指出的是，赫鲁晓夫上台后，苏共在采取上述措施的过程中，一方面提出了"加强社会主义法制"的口号；另一方面组织理论界批判斯大林有关苏联越向社会主义前进阶级斗争就越尖锐的错误理论，从而从理论上消除了粗暴地破坏社会主义法制与大规模进行镇压的论据。

第三节　反对斯大林个人崇拜是进行改革绕不过的一步

苏联要向前发展，要推动国家现代化建设，就必须对斯大林体制模式进行改革，因此，"非斯大林化"成了赫鲁晓夫上台后必须解决的一个重要问题，也是赫鲁晓夫执政时期的一个主要标志。

有关赫鲁晓夫反对个人崇拜、批判斯大林问题，国内外已作了大量的研究，出版了大量论著，笔者不想作一般泛泛的论述，而是从体制改革对推进国家现代化这个角度作些分析。

1953 年召开的苏共中央七月全会，正式开始了批判个人崇拜。这次全会的主要议题，除了揭露和处理贝利亚外，还包括批判个人崇拜和讨论经济问题。但到 1953 年底，并没有以苏共或其他组织名义公开点名批判斯大林。对斯大林的批评仅在党内上层内部进行。但要指出的是，赫鲁晓夫本人对斯大林公开点名批评也并不是从 1956 年苏共二十大才开始的。1954 年赫鲁晓夫在滨海边疆区对包括渔船船长在内的当地积极分子的一次讲话中，"他对斯大林时代讲了一段很尖锐的话。……当时他说：党当前面临着一项任务，这就是'要把在斯大林年代被糟蹋掉的、被轻率地消耗掉的人民信任的善意一点一滴地收集起来'"①。1955 年，赫鲁晓夫在第一次农业问题上公开地批评了斯大林。② 随着国内外形势的发展，反对个人崇拜、批判斯大林的呼声日益强烈。这是因为：第一，在 1954 年到 1955 年间，在苏联全国范围内审讯贝利亚的同案犯过程中，调查出来的大量材料证明，在苏联搞"大清洗"恐怖运动的核心人物不是别人，正是斯大林。因此，再要把一切罪责推给贝利亚已难以自圆其说了。第二，审讯贝利亚的同案犯是公开进行的，全国各地很多党员、干部、知识分子与前政治犯都参加了，这对推动反对个人崇拜起了很大的作用。第三，由于平反工作进展缓慢，集中营里还有大量的政治犯，当审讯贝利亚的同案犯、"医生谋杀案"和"列宁格勒案件"平反的消息传到集中营时，大量政治犯强烈要求尽快平反，有些集中营甚至发生暴动。第四，对苏共与其他国家共产党关系存在的问题，特别是苏南关系，苏共把责任推给贝利亚，引起了南斯拉夫领导人的强烈不满，因为主要责任在斯大林。苏共领导亦感到不批判斯大林，就难以与其他兄弟党关系正常化。

　　在上述情况下，赫鲁晓夫感到再也无法容忍下去。当时，赫鲁晓夫是这样描述自己的心情的：大量触目惊心的事实，"沉重地压在我的心上"，"几十万被枪毙的人使我良心不安"，一种为无辜蒙冤者恢复名誉的崇高责任感和正义感使我在二十大会议的一次休息期间"鼓足了勇气"，向苏共中央主席团提出反斯大林个人崇拜问题③，决定在 1956 年召开的苏共二十大上，把反对个人崇拜的斗争推向高潮。在会议的最后一天，赫鲁晓夫决定由自己向代表们作重要历史意义的"秘密报告"，报告的题目是"关于个人崇拜及其后果"。赫鲁晓夫在报告的开头就指出："斯大林死了

---

　　① ［俄］亚·尼·雅科夫列夫：《一杯苦酒——俄罗斯的布尔什维主义和改革运动》，徐葵等译，新华出版社 1999 年版，第 12—13 页。

　　② 参见邢广程《苏联高层决策 70 年》第三分册，世界知识出版社 1998 年版，第 25—26 页。

　　③ ［苏］赫鲁晓夫：《赫鲁晓夫回忆录》，张岱云等译，东方出版社 1988 年版，第 504 页。

以后，党中央奉行的政策是要详细地、彻底地阐明：决不允许把一个人吹捧到具有神仙般那样超自然性格的超人地步。我们还指出：这种做法是没有一点马克思主义气味的。这种做法就是认为这样的人物什么都懂得，什么都了解，他能代替一切人思考，他什么都能做，他的行动绝对没有错误。""长期以来，在我们中间培育着某个个人，具体地谈也就是对斯大林的这种崇拜。"赫鲁晓夫接着说："我这个报告的目的并不在于全面地评价斯大林政治生涯及其活动，就斯大林的功绩而论，在他活着的时候已经写过无数这方面的书籍、小册子、研究性文件，就斯大林在准备和进行社会主义革命的过程中所起的作用以及他在内战时期和我国建设时期所起的作用作了大量的宣传。这是众所周知的。我们现在关心的是一个无论现在还是将来对党都是极为重要的问题，即对于斯大林的个人崇拜到底是怎样慢慢滋长起来的。而这种个人崇拜又怎样在特定的阶段成了给予党的各项原则，党内民主以及革命的法制秩序的极其严重、极其深刻的危害的一切事情的根源的。"

苏共二十大后，赫鲁晓夫的"秘密报告"引起了国际与国内的强烈反应。国际共运内部出现动荡，格鲁吉亚共和国发生骚动。在内外压力下，赫鲁晓夫转而发表了一些颂扬与肯定斯大林的话。但到1961年10月召开的苏共二十二大上，赫鲁晓夫再一次掀起公开批判斯大林个人崇拜的高潮。

纵观批判斯大林个人崇拜的过程，联系到《赫鲁晓夫回忆录》，可以看到，赫鲁晓夫在他执政后对斯大林个人崇拜、严重破坏法制和集体领导原则等问题上，总的是持严厉批判态度。尽管由于受国内外形势的牵制，也不时地出现过来回摇摆。

通过批判斯大林个人崇拜，揭露斯大林—苏联社会主义模式的严重弊端，是改革斯大林体制模式使国家向现代化方向迈进必须走的重要的步骤，因此，从体制改革角度来看，它具有十分重要的意义。

一　人们认识到个人崇拜是斯大林—苏联体制模式的产物

在苏联出现极其严重的斯大林个人崇拜，绝不是由最高领导个人品性决定的，最重要的根源在于过度集权的政治与经济体制。关于这一点，应该说在苏共二十大之后，当时不少共产党的领导人有深刻的认识。南共联盟领导人铁托指出："个人崇拜，实际上，是一种制度的产物"，"这里不仅仅是一个个人崇拜问题，而是一种使得个人崇拜得以产生的制度，根源就在这里。"① 波兰领导人哥穆尔卡认为："个人崇拜不能仅仅限于斯大林个人。个人崇拜是一种曾经流行于苏联的制度，而且它大概曾经移植到所有的共产党，以及包括波兰在内的一些社会主义阵营国家。个人崇拜的制度的实质在于这样一个事实：产生了一个个人的和层层的崇拜阶梯。每一种这样的崇拜都包含它发挥作用的一定领域。在社会主义国家集团里，斯大林站在这个特权的崇拜阶梯的顶端。所有站在阶梯的较下层的人都向他鞠躬致敬。那些鞠躬的人不但有苏联共产党的其他领导人和苏联的领导人，而且还有社会主义阵营国家共产党和工人党的领导人。后者也就是各国党中央委员会的第一书记，他们坐在一个人崇拜阶梯的第二层，也披着不会犯错误和英明的大袍。但是对他们所受的崇拜只是存在于一定国家的领土范围以内，在这些国家里，他们站在他们本国的崇拜阶梯的顶端。这种崇拜只能称为是一种反射的光彩，一种借来的亮光。它的光同月亮的光一样。尽管这样，它在它的活动范围内仍旧有无上权力。这样，在每个国家里又有从上而下地坚持着崇拜的阶梯。"② 以上的分析都说明，个人崇拜是斯大林—苏联体制模式的产物，因此，认识了这一点，就必须从改革体制着手才能从根本上解决这个问题。意大利共产党领导人陶里亚蒂也指出"斯大林的错误同苏联的经济和政治生活中，也许首先是整个党的生活中各个官僚机构的分量过分增长有关"这一事实后，得出的结论是，要解决个人崇拜问题，"有必要在体制内部进行甚至是深刻的修改"，改革"极端的中央集权形式"。③

邓小平同志在作出中国实行改革开放政策的战略时，总结了中国与苏联的历史经验教训，特别强调了要从制度上去解决问题。他说：制度问题"更带有根本性、全局性、稳定性和长期性"。

二　人们认识到斯大林—苏联体制模式并非是唯一正确的模式，因此需要变革

只有通过对斯大林个人崇拜的揭露与批判，才有可能对苏联传统模式

---

①　《铁托在普拉的演说及有关评论》，世界知识出版社 1966 年版，第 78 页。

②　转引自邢广程《苏联高层决策 70 年》第三分册，世界知识出版社 1998 年版，第 95—96 页。

③　参见《陶里亚蒂言论》第 2 卷，世界知识出版社 1966 年版，第 70 页。

进行批判性的认识。正如同俄罗斯著名学者阿尔巴托夫所指出的："苏共二十大向人们讲出了他们曾经猜测的许多事情的实话后，与其说它给我们的社会提供了答案，毋宁说是提出了问题——它的历史意义恰恰就在这里。当时谁也没有答案，重要的是把主要的问题极其尖锐地摆出来，即必须变革，必须探索新的社会主义模式。但是为了能够有说服力地提出问题，就必须说出有关过去的严酷的真话。说明我们的社会发生了什么，斯大林主义把它带到哪里去了。在这个意义上，揭露斯大林及其罪行是赫鲁晓夫所能做的最有效的行动。"① 各国共产党也深刻地认识到，斯大林时期所建立起来的苏联体制模式，不论是在政治上还是经济上，都存在严重的弊端。这个问题，特别是在战后表现得更为明显。个人崇拜不只是制约了苏联社会各个领域的发展，还严重地束缚国际共运的发展，使得各社会主义国家从本国具体条件出发，独立自主地决定本国社会主义建设的政策，选择符合本国实情的体制模式，对明显已成为阻碍社会经济发展的体制进行改革。不反对个人崇拜，斯大林模式还将是绝对正确的，不能离开它一步。所以，随着对个人崇拜的批判，不只消除了对斯大林的个人迷信，更重要的是使人们认识到斯大林—苏联模式并不是唯一正确的模式，从而推动了人们对社会主义模式多样化的探索。苏共二十大后，一些社会主义国家，特别是南、匈、波、捷等国力图通过改革建立符合本国国情的体制模式，决定走自己的道路。意大利共产党总书记陶里亚蒂明确指出："苏联的模型已经不能并且也不应当被认为是必须遵循的模型了。"② 哥穆尔卡指出："社会主义的形式也能够是不同的。它可以是在苏联产生的那种形式，也可以是像我们在南斯拉夫所看到的那种形式，它还可以有别的不同形式。只有通过各个建设社会主义国家的经验和成就，才能产生在一定条件下最好形式的社会主义。"③ 20 世纪 50 年代中期开始的东欧一些国家的改革，也充分体现了一些国家对社会主义不同模式的探索。在这里，应该指出的是，允许其他社会主义国家走不同的建设道路，可以有不同的体制模式。在苏联，赫鲁晓夫是起了带头作用的。1955 年 6 月赫鲁晓夫率苏联政府代表团访问南斯拉夫，为恢复苏南关系作出努力。这次访问不

---

① ［俄］格·阿·阿尔巴托夫：《苏联政治内幕：知情者的见证》，徐葵等译，新华出版社 1998 年版，第 56 页。

② 《陶里亚蒂言论》，世界知识出版社 1966 年版，第 90 页。

③ 《关于波兰局势》，世界知识出版社 1957 年版，第 23 页。

仅使苏南两国建立了新型的国家关系，即两国关系应建立在相互尊重他国的主权、独立、领土完整和互相平等的基础上，而且赫鲁晓夫认为社会主义可以有不同的道路，并承认南斯拉夫建设社会主义的独特道路。他说："如果你们认为你们的做法好，那我们祝你们成功。至于说到我们，我认为我们仍将采用自己的方法，但是，无论是我们还是你们，更深入地研究彼此的经验，学习那些被证明是有用的经验，是有好处的。但是这是一种自愿的事情。"① 在发表的《两国政府宣言》中也明确地说："互相尊重并且互不以任何（经济上的、政治上或思想体系上的）理由干涉内政。因为国内制度问题，社会制度的不同和发展社会主义的具体形式的不同是各国人民自身的事情。"

三　促进思想解放，活跃理论研究，从而为推动改革创造条件

理论的创新与发展，是推动体制改革的重要因素。正如赫鲁晓夫在"秘密报告"中说的那样："在斯大林总是正确的"、"他能代替一切人思考"的情况下，理论不可能发展，只能是僵化的教条。大家都按斯大林的指示办，都按斯大林的理论行动，其他社会主义国家也不能离斯大林总结的"共同规律"一步，这样，斯大林的体制模式就难以进行改革，并且越来越僵化。通过对个人崇拜的批判，在赫鲁晓夫执政时期，人们的思想得到了解放，围绕改革展开的理论讨论十分活跃（关于这个问题在本书第九章将作专门论述）。这些，对于推进体制改革无疑是重要的。

四　直接推动了改革的进程

这里，首先应该指出，在酝酿反对个人崇拜过程中，同时也推行了一些调整与初步的改革的政策与措施。在苏共二十大前，苏联通过了大量决议，以解决斯大林时期留下的亟待解决的问题。从经济领域来讲，1953年的苏共中央九月全会通过了《关于进一步发展苏联农业的措施》的决定，以此为契机，一步一步地推动农业的改革。对工业也进行了一些调整与改革，扩大了加盟共和国与企业的权限。1954年10月14日有关改进国家机关工作措施的决议，要求精简机构和行政管理人员，整顿核算、报

---

① 苏联《真理报》1955年6月2日。

表和计划工作，这是作为"保证根本改进国家机关工作的第一步"①。从政治领域来讲，围绕反对个人专权，实行集体领导原则，推行了不少调整与改革措施，这主要有：改变了自 1941 年起斯大林一人身兼党政军大权这种党政不分的状况。斯大林逝世后，马林科夫任苏共中央书记兼任部长会议主席，但仅仅任职 9 天，后来只任政府首脑，赫鲁晓夫任党的最高领导人。党政最高领导职务分开，这是避免权力过分集中在一个人手里，防止破坏集体领导原则、决策中主观主义和工作中的一言堂，具有重要意义。为了恢复党内生活正常化，恢复了定期召开党代会和党中央全会的制度。

在苏共二十大之前，苏联采取的上述调整与改革措施，都是初步的。要进行更深入的重大改革，不从思想上、政治上破除对斯大林的个人崇拜，那是不可能的。

要大力推行改革政策，需要有稳固的领导地位，需要有强有力的权力，清除贝利亚，反对个人崇拜，这些对赫鲁晓夫巩固与扩大权力都起了重要作用。但是，这并不意味着改革已不存在阻力了。在当时的苏联，特别是苏共高层领导中顽强抵制改革的势力仍是相当大的。因此，赫鲁晓夫面临着复杂的形势。借用苏联官方报刊的说法，"'革新与传统'这两股互相对抗的力量构成苏联政治、文化和社会中的'两极'。它们反映着'两种根本不同的生活态度'，它们在'为心理障碍所分隔的两部分人之间的激烈冲突'中表现着自身"。这实际上反映着"改革势力与保守势力之间的对抗"，这也是"苏联政治生活中'两极'之间根本冲突的含义"②。在这两种势力之间对抗和两极之间根本冲突中，要使改革势力不断取胜，就要看赫鲁晓夫在政治斗争中能否战胜保守势力在党内高层领导的人物，为此，赫鲁晓夫在调整政策与进行体制改革的同时，又要与保守势力作斗争，有时是你死我活的斗争。

赫鲁晓夫首先要削弱马林科夫的权力。斯大林去世后，马林科夫既是政府首脑又是党的主要领导人。1953 年 3 月 14 日，马林科夫为了集中力量做政府工作而辞去了苏共中央书记的职务，同时选举赫鲁晓夫等 5 人组

---

① 参见《苏联共产党和苏联政府经济问题决议汇编》第四卷，中国人民大学出版社 1987 年版，第 149—150 页。

② ［美］斯蒂芬·F. 科恩：《苏联经验重探——1917 年以来的政治和历史》，陈玮译，东方出版社 1987 年版，第 141—142 页。

成中央书记处。由于只有赫鲁晓夫一人同时任中央主席团成员和书记处书记，因此，他实际上成了主持党务工作的主要人物。在同年召开的苏共中央九月全会上，赫鲁晓夫被选为中央委员会第一书记，这样正式成为苏共最高领导人。在赫鲁晓夫与马林科夫联手清除贝利亚之后，他们两人的摩擦与矛盾日益增多，在一些重要问题上，如农业问题的解决途径、垦荒问题与发展工业方针等问题，都存在分歧。在这些问题上，赫鲁晓夫都取得了胜利，使马林科夫处于不利地位。赫鲁晓夫还揭露马林科夫参与"列宁格勒案件"，并与贝利亚一起对此案件负有责任，这使马林科夫处于极其困难的境地，不得不于1955年2月8日在苏联最高苏维埃联盟院和民族院举行的联席会议上提出辞职申请。他在辞职报告中说："我清楚地看到由于我缺乏在地方工作的经验，以及没有在部里或任何经济机关中直接管理过国民经济的某些部门，这就对我执行部长会议主席这个复杂和责任重大的职务产生了不好的影响。""我特别清楚地看到自己的过失和对农业中存在的不能令人满意状况所要负的责任，因为在这以前的好几年中，我一直负责监督和领导中央农业机关的工作，以及地方党和苏维埃组织在农业方面的工作。"[1] 他还承认"继续发展重工业，并且只有实现这一点才能为一切必需消费品生产的真正高涨创造必要的条件"的观点是"唯一正确的"。[2] 会议接受了马林科夫的辞职要求，任命布尔加宁为部长会议主席。尽管马林科夫还是中央主席团成员，并任苏联部长会议副主席兼苏联电站部部长，但其威信已大大下降，而同时，赫鲁晓夫的地位与威信大大上升。

但随着改革的进一步发展，对内外政策的不断调整，同时也由于赫鲁晓夫在工作中各种缺点和错误的出现，党内高层领导中的矛盾与斗争日趋严重与尖锐。以马林科夫、莫洛托夫和卡冈诺维奇为代表的赫鲁晓夫的对手，在1957年6月7日赫鲁晓夫与布尔加宁一起对芬兰进行为期一周的访问之际，策划召开苏共中央主席团会议，计划在会上撤掉赫鲁晓夫苏共中央第一书记的职务，如他能认错，可让其任农业部长。当时主席团成员有11名，其中7人（马林科夫、卡冈诺维奇、莫洛托夫、布尔加宁、别尔乌辛、萨布洛夫和伏罗希洛夫）对赫鲁晓夫推行的改革政策持抵制态

---

① 《人民日报》1955年2月9日。

② 《新华日报》1955年第3期，第80页。

度，对其粗暴、专断、个人说了算的领导作风表示强烈不满，而米高扬、苏斯洛夫和基里钦科 3 人则站在赫鲁晓夫一边。6 月 18 日赫鲁晓夫接到布尔加宁的电话，通知赫鲁晓夫去克里姆林宫参加会议。会议由布尔加宁主持，马林科夫首先发言，诉说赫鲁晓夫的种种错误，并向会议明确提出撤销赫鲁晓夫的苏共中央第一书记的职务。赫鲁晓夫坚决反击，他要求召开中央全会，因为第一书记是由中央委员会选举产生的，所以主席团无权撤换第一书记。另外，赫鲁晓夫在主席团虽不占优势，但在主席团中的 6 名候补委员中只有谢皮洛夫 1 人反对赫鲁晓夫，其余 5 人都支持赫鲁晓夫。朱可夫表示军队支持赫鲁晓夫。6 月 22—29 日召开中央全会，经过激烈争论，反对派承认错误，赫鲁晓夫获胜。6 月 29 日，在莫洛托夫一票弃权的情况下，全会通过了《关于格·马·马林科夫、拉·莫·卡冈诺维奇和米·莫洛托夫反党集团的决议》。决议指出："这个集团为了达到改变党的政治路线的目的，采取了反党的派别斗争的手段，谋求更换由苏共中央全会选举产生的党的领导机关的组成人员。"在有关反党集团问题苏共中央致党内的一封信中指出："马林科夫、卡冈诺维奇和莫洛托夫同志强烈反对中央委员会和我们全党为消除个人迷信造成的后果，为消除先前破坏革命法制的现象，以及为防止此类现象今后重演而创造条件所采取的种种措施。"决议还指出："马林科夫、卡冈诺维奇和莫洛托夫同志之所以采取同党的路线相悖的立场，其根源就在于：他们过去和现在一直沉湎于陈腐的观念和方法，脱离党和国家的实际生活，视而不见新的条件、新的情况，因循守旧，对于已经过时的、不利于向共产主义前进的工作方式和方法，总是死抱住不放，而对那些生活中产生的、源于苏联社会发展的利益和整个社会主义阵营的利益所需要的事物，则一概采取排斥的态度。"① 这是苏联共产党最后一个反党集团。俄罗斯《历史档案》杂志对此评价说，这样"结束了斯大林亲信们在独裁者死后进行的权力之争"。对反党集团成员的处理完全不同于斯大林时期，没有一个被开除出党，更没有一个被杀头。后来，马林科夫任一个水电站的站长，卡冈诺维奇任一家水泥厂的厂长，莫洛托夫去蒙古当大使，谢皮洛夫去大学任教。应该说，这样处理问题，是苏共历史上的一大进步，也可以认为，它向人

① 《历史档案：苏联共产党最后一个"反党"集团》，赵永穆等译，中国社会出版社 1997 年版，第 973、988、978 页。

们昭示，斯大林的恐怖时代结束了，一些基本法制在恢复。

第四节　推行一系列改革力图使政治 体制迈向现代化

赫鲁晓夫上台后，为了推行政治体制改革，除了前面提到的在其执政初期采取的清除政治恐怖，恢复与健全法制等措施外，还在政治领域实行了一系列具体改革措施。

（一）干部制度的改革。

这一领域的改革是赫鲁晓夫在苏共二十二大正式提出的，主要包括两方面内容，即干部实行任期制与干部轮换制，并把干部更新制度列入苏共纲领和章程。他在关于苏共纲领的报告中说：必须"经常更换党的领导机关的成员"。"经常更换干部，提拔在工作中成长起来的新同志，把年轻的工作人员同富有经验的工作人员在我们党和国家的乐队中结合起来，是马克思主义政党的发展规律。"赫鲁晓夫还论证了他提出的干部更新制度。他说：这是"一种新的制度，它保证经常更换党的领导机关的成员"，它符合"全民国家"、"全民党"这个时期的要求，"是发展民主制的一大步骤"。他强调："由选举产生的各级机关的经常更换，今后应该成为不可违反的党内生活准则，成为国家和社会生活的准则。"[1] 苏共二十二大通过的党纲与党章规定：每次例行选举，中央委员及主席团成员至少更换1/4，主席团委员一般最多只能连续三届当选；加盟共和国党中央、边疆区委、州委的成员每次选举时至少更换1/3，党的专区委、市委、区委、基层党组织的党委或支委会的成员至少更换一半，同时，这些党的领导机关的成员可以连续当选，但最多不得超过三届。基层党组织的书记可以连续当选，但最多不得超过两届。这项措施对苏联长期实行的领导职务终身制是一个巨大的冲击，是赫鲁晓夫政治体制改革中最富有挑战性的措施。赫鲁晓夫认为，这项措施可以成为防止个人崇拜复发的"保障"，"将更为彻底地实现集体领导制原则创造新的可能性"。[2]

---

[1]　《苏联共产党第二十二次代表大会文件汇编》，人民出版社1961年版，第287、289、290页。

[2]　同上书，第276、277、402页。

虽然干部更新制度是在苏共二十二大明确规定的，但在 1956 年苏共二十大已有体现。1952 年苏共十九大选出的中央委员有 125 名，在 1956 年苏共二十大继续当选的只有 78 人，占 62.40%。到 1961 年，苏共二十二大时中央委员的更新幅度更大，苏共二十二大选出的中央委员共 133 人，继续当选的只有 66 人，占 49.60%。1962 年，苏联最高苏维埃代表在选举中更换了近 70%。

应该说，干部更新制度有其积极意义，首先打破了领导干部终身制。在领导干部终身制的条件下，对一些干部来说，十分容易产生以下思想：认为一旦担任领导工作，就以为是终身的职务，以后终身当领导，相信自己是不可更换的。赫鲁晓夫对此指出，有些领导干部，"过去得到了应有的重视，被选出来担任领导职务，并且一连几十年留在这些职位上。在这个时期内，他们当中有些人失掉了创造性办事的能力，丧失了对新事物的感觉，成为一种障碍"①。他还认为，建立干部更新制度"应当造成防止个人崇拜复发的保障，应当在个人崇拜的道路上建立可靠的关卡"，并为"更彻底地实现集体领导原则创造新的可能性"。②

其次，干部更新制度可使干部年轻化，有利于培养新生力量，还有利于具有现代化专业知识与文化水平高的干部担任领导职务。

（二）按党章规定，定期召开党代会与中央全会。斯大林执政后，特别是在 1939 年 3 月召开十八大之后，党代会与中央全会很少召开。十八大之后，过了 14 年才在 1953 年召开十九大。1941 年到 1952 年，仅召开了三次中央全会。这完全破坏了党章有关规定。赫鲁晓夫执政后，按照 1952 年党章规定，每 4 年召开一次党代会，每 6 个月召开一次中央全会。而在他执政的 11 年间，召开了 3 次党代会与 34 次中央全会。赫鲁晓夫认为，严格按照党章规定定期召开党代会与中央全会，是克服个人专权与加强集体领导的一项重要措施。

（三）规定党政最高领导职务分开。在列宁逝世后的前 18 年期间，党政最高领导职务是分开的。在这期间，党内一直存在尖锐的斗争，斯大林逐个击败反对派，已把权力集中在自己手里，并开始出现对斯大林的个人崇拜。1941 年，随着卫国战争的爆发，斯大林在 5 月 6 日以联共（布）

---

① 《苏联共产党第二十二次代表大会文件汇编》，人民出版社 1961 年版，第 289 页。
② 同上书，第 290 页。

中央总书记的身份兼任人民委员会（1946 年改为部长会议）主席，之后他又兼任国防委员主席。这种一人身兼三职的情况，一直延续到斯大林逝世。由于党内政治生活不正常，缺乏民主，大大强化了权力集中在斯大林一个人手里，也是形成个人崇拜的一个重要因素。斯大林逝世后，一开始由马林科夫任苏共中央书记兼部长会议主席，但这个兼职仅 9 天，1953 年 3 月他辞去了苏共中央书记的职务，只担任部长会议主席，苏共中央书记处的工作实际上由赫鲁晓夫主持，同年 9 月，赫鲁晓夫当选为苏共中央第一书记。应该说，赫鲁晓夫执政前期，他坚持党政分开，他主要抓党的工作，不干预政府事务，并认为，这样做有利于防止权力过分集中，有利于加强集体领导。当时，苏联报刊谈到这一问题时指出："生活证明，一个人兼任这样两个最高职务是不适当的，也是不合理的。这造成了权力集中一个人手上的过分集中，并由此产生在工作中违反集体原则，以主观主义态度决定一系列的问题。"①

（四）完善苏维埃制度与提高其作用。赫鲁晓夫在批评个人崇拜的同时，揭露苏维埃体制中存在的弊病并提出完善苏维埃的措施。这主要有：一是扩大地方苏维埃权限；二是完善苏维埃内部结构与完善最高苏维埃的两院制，加强常设委员会，以保证苏维埃代表权利与义务的实现。

（五）改组监督机构，强化党内监督。在斯大林高度集权的体制下，实行的是"议行监合一"的权力结构，对各级领导、对党实际上不存在什么监督。1962 年 11 月，在苏共中央全会上，赫鲁晓夫指出："监察组织的重大缺点，严重地影响了我国经济和文化的进程。国家监察机关对党和政府的最高指示的执行情况的检查仍然软弱无力，没有很好地同欺骗、盗窃、贪污、官僚主义、因循拖延以及其他与社会主义制度的性质格格不入的不良现象进行斗争。"于是，全会决定党和国家监察机关合并，把党的监察委员会改组为苏共中央党务委员会，成为党和国家的统一的监督机关——苏共中央和苏联部长会议党和国家监察委员会。同时，赫鲁晓夫强调，要使新的监察制度成为"统一的、经常起作用的、有广大劳动群众参加的监督制度"。因而吸收人民群众参与监督工作，在企业、建筑队、集体农庄、车间等都应成立协助党和国家检察机关工作的监督小组和监督

---

① 《苏联共产党历史》增订第 4 版，人民出版社 1960 年版，第 578—579 页。

岗，这在一定程度上提高了监察机关的地位和效能。[①]

（六）调整与精简政府机构。赫鲁晓夫执政后，对政府机构作了重大调整，大幅度精简管理人员，仅中央部级单位通过合并就减少了约一半，人员精简了75万。苏共二十大在提出简化机构的同时，还提出要同官僚主义作"最无情的斗争"的任务。

（七）取消党政干部的一切特权。赫鲁晓夫执政后，决定取消中央委员、州委书记等高级干部的相当可观的月薪津贴，对局级干部不再配备司机，不再提供可以任意到任何地方去的专车，并撤销除最高机关外的其他机关的疗养院，撤销内部供应网点。在取消党政干部的一些特权的同时，赫鲁晓夫还提倡党务公开性，以利于政治民主发展，保障党内外人士民主权利的实现。

应该说，赫鲁晓夫执政前期针对斯大林时期高度集中的极权体制，在政治领域进行了上述一系列的改革，也确实在推进政治体制朝现代化方向发展方面有所进步，但在执政后期，他所推行的改革措施又出现明显的回归，这如何解释，原因何在？我们将在本书第十章加以分析。

---

① 转引自李永忠、董瑛《苏共亡党之谜——从权力结构之伤到用人体制之亡》，商务印书馆2013年版，第293—294页。

第九章

赫鲁晓夫的经济改革难以使经济 体制迈向现代化

这里要指出的是，赫鲁晓夫上台后在政治领域进行一系列政策调整与改革过程中，并不是单纯地撇开经济领域的改革，而实际上，他一上台就着手经济政策的调整与某些改革。赫鲁晓夫在经济方面的改革，主要涉及农业与工业管理体制两大领域。

第一节　首先试图改变落后的农业体制

一　缘何首先抓农业改革

赫鲁晓夫上台时面临的农业问题是十分尖锐的。由于长期实行不符合农业经济发展客观要求的集体农庄组织形式，忽视农业，战后苏联没有把注意力放在与人民生活密切相关的农业问题上，而是集中精力抓城市的重建与工业的恢复工作。战争期间，大量农民从农村参加军队，在战争结束后，复员退伍的年轻人并没有大量地回到农村的集体农庄，而是去了工厂做工。这些因素导致在斯大林逝世时，苏联农业处于严重落后状态。苏联平均单位面积产量从 1913 年至 1953 年就没有什么提高，其产量仅是欧洲其他国家平均产量的 1/3。1953 年的农业生产水平只达到 1940 年的 104%。[①]

赫鲁晓夫在 1953 年苏共中央讨论农业问题的九月全会上所作的《关于进一步发展苏联农业的措施》的报告中，分析了当时农业中存在的种

---

① 参见［苏］罗伊·A. 麦德维杰夫等《赫鲁晓夫的执政年代》，邹子婴等译，吉林人民出版社 1981 年版，第 32、35 页。

种严重问题。他指出："我们还有不少落后的，甚至无人过问的集体农庄和整块的地区。在许多集体农庄和地区内，农作物的产量仍然很低。农业生产的产品率，特别是畜牧业的饲料作物、马铃薯和蔬菜的产品率提高得非常缓慢。"赫鲁晓夫在报告中还特别指出，苏联畜牧业"发展得特别缓慢。公有畜牧业的产品率仍然低。个别州和共和国的牛奶产品率的情况特别不能容忍"。乳牛在 1953 年初比 1941 年初少 350 万头，比 1928 年少 890 万头。但与此同时，苏联城市人口大幅度增加，从 1926 年到 1952 年，城市人口增加了 2 倍以上。1940 年到 1952 年工业产量增加了 1.3 倍，而农业总产量（按可比价格计算）只增加了 10%。① 这样，就形成了农业与工业及居民对农产品需求之间极不协调的局面。1953 年 3 月 15 日，赫鲁晓夫在苏联最高苏维埃第四次会议的讲话中指出："随着劳动人民的物质福利的增进，居民的需要日益从面包转到肉类和奶类产品、蔬菜、水果等等方面了。但是，正是在这些农业部门中，居民迅速增长的需要和生产的水平，在近几年来是明显地不相称的。许多重要的农业部门的落后，延缓了轻工业和食品工业的进一步发展，阻碍了集体农庄和集体农民的收入的增加。"②

赫鲁晓夫还特别分析了苏联粮食问题。大家知道，马林科夫在 1952 年召开的苏共十九大报告中，宣布苏联粮食问题已彻底解决。③ 但是，这个说法不符合实际情况。1954 年 1 月 22 日，赫鲁晓夫在给苏共中央主席团的信（题为"解决粮食问题的途径"）中说："进一步研究农业和粮食收购的状况表明，我们曾经宣布粮食问题已经解决，这是不完全符合国内粮食供应的实际情况的。""粮食生产现在还保证不了需求，满足不了国民经济全部需要，而国家的粮食储备量又不允许我们普遍进行数量充足的谷物产品，特别是优质谷物产品贸易和米粮贸易。由于粮食不宽余，我们只得限制粮食的出口量。""许多州、边疆区和共和国的集体农庄在完成对国家的义务后剩下来的粮食，不能满足集体农庄在公共经济的一切需要。留给农庄的谷物饲料尤其少，而没有谷物饲料，畜牧业就不可能急剧

---

① 参见《赫鲁晓夫言论》第三集，世界知识出版社 1964 年版，第 317、318、327 页。

② 《赫鲁晓夫言论》第二集，世界知识出版社 1964 年版，第 318 页。

③ 马林科夫在苏共十九大上是这样讲的："今年（1952 年），谷物的总收获量达 80 亿普特，而最主要的粮食作物——小麦的总收获量比 1940 年增加了 48%。以前认为最尖锐、最严重的问题——谷物问题——就这样顺利地解决了，彻底而无可改变地解决了。"

发展。""1940 年其收购粮食二十二亿二千五百万普特，而 1953 年只收购十八亿五千万普特，即减少了三亿七千五百万普特。同时，由于国民经济的普遍发展，城市人口大大增加，实际工资的提高，国内的粮食消耗量正在逐年增加，国家掌握的粮食数量同粮食需求量的增长不相适应。"①1953 年粮食的收购量同 1948 年的收购量大致相当（分别为 18.42 亿普特与 18.50 亿普特），可是消费却增加了 50% 以上。这样，1953 年的收购量满足不了国内粮食的必需消费量。这个差额不得不动用国家储备粮 1.6 亿普特。赫鲁晓夫对此在信中说，这是绝对不允许的。② 由于 1953 年苏联粮食歉收，这就要求"农业产量需要大幅度提高，农产品的匮乏已经严重到即使农业以每年 10% 的速度增长，也难以解决城市的粮食供应，因为城镇人口的增长过于迅速"③。

应该说，斯大林逝世时苏联所面临的农业问题是极其严重的，一些苏联学者甚至指出："再有二三年时间，就可能发生灾难性的粮食生产危机和全国性的饥荒。斯大林没有意识到这一点。在最接近他的人当中，只有一个人真正看到了这种危险，这个人就是赫鲁晓夫。""斯大林自己对农业一窍不通，还对农民怀有一种特别的憎恶与不信任，他从来没有参观视察过任何一个集体农庄。""其他政府官员，如日丹诺夫、马林科夫、米高扬等，比斯大林懂得更少，十月革命前，斯大林到底还在西伯利亚的一个村庄被流放了三年，而且自己种过一个小菜园。""赫鲁晓夫出身于农民家庭，他是斯大林的政治局成员中唯一经常去农村视察的人，他常与农庄主席交谈，努力了解他们的困难。"④ 这里还应指出的是，斯大林作为苏联最高领导人，只有 1928 年到西伯利亚农村去过，目的是推行以强迫的手段征收农民存粮，在以后的 20 多年里再也没有去过农村。这能搞好国民经济基础的农业吗？

苏联农业问题发展到如此严重的地步，已不能从十月革命前的历史原因中去寻觅了。1955 年 3 月 18 日，赫鲁晓夫在萨拉托夫市举行的东南地区各州农业工作会议的讲话中说："沙皇俄国没有给我们留下多少东西。

① 《赫鲁晓夫言论》第三集，世界知识出版社 1964 年版，第 3 页。
② 参见《赫鲁晓夫言论》第三集，世界知识出版社 1964 年版，第 3—4 页。
③ ［苏］罗伊·A. 麦德维杰夫等：《赫鲁晓夫的执政年代》，邹子婴等译，吉林人民出版社 1981 年版，第 59 页。
④ 同上书，第 36 页。

但是，同志们，自从苏维埃政权成立以来，已近三十八年了。时间不算短了。因此，再往尼古拉二世身上推诿，该觉得可耻了，他早已不在人世了。"[1] 农业严重落后是多种原因造成的，既有斯大林经济体制模式特别是农业制度严重弊端的因素对农业发展的制约作用，也有具体的农业政策因素对农业发展的破坏作用。这方面的问题甚多，比如：长期以来片面发展重工业而忽视农业；长期实行剥夺农民的政策；违反物质利益原则，对农产品实行高征购和低价的政策；对农村的个人副业缺乏稳定的政策；等等。总之，苏联的农业不论是从生产力还是管理体制来讲，都是十分落后的，离现代化甚远。赫鲁晓夫执政后，在农业方面的政策，既涉及农业制度方面的问题，也涉及农业政策。

二　改革阻碍农业发展的农业计划体制

在斯大林逝世前，由于国家对农业生产实行的是与工业部门相同的严格的指令性计划管理，极大地束缚了农庄、农场的主动性。对此，1953年赫鲁晓夫在苏共中央九月全会上所作的《关于进一步发展苏联农业的措施》的报告中指出：农业部门"工作中的缺点特别显著地反映在制定农业计划的工作上。计划中有许多不必要的项目，限制住地方机关、农业机器拖拉机站和集体农庄的主动性。只要指出这一点就够了，这就是分配给集体农庄的耕作业和畜牧业方面的任务总共有二百到二百五十个项目。中央计划了这样的措施：例如由杂交得来的猪的养肥工作应于什么时候结束，播种高茎植物作物休闲地屏障的工作以及其他许多工作等等"。"由于任务所包含的项目多，数量又太大，下面就必然要制作一大堆各式各样的报告。大批农业专家和集体农庄工作人员把精力花在制作各种各样的报告、呈文和报表上面去了。每一个集体农庄在一年中要向区农业机关交约有一万个项目报告材料。和战前相比，集体农庄报告中的项目几乎增加了七倍。"[2]

另外，苏联对农庄实行与国营企业一样的高度集中的指令性计划制度，这就忽视了农庄集体经济的特点，不尊重农庄的自主权与庄员个人的利益，在处理国家与农庄和庄员的关系时，不实行等价交换与自愿原则。

---

[1]　《赫鲁晓夫言论》第四集，世界知识出版社1965年版，第112—113页。
[2]　《赫鲁晓夫言论》第二集，世界知识出版社1964年版，第369页。

在斯大林逝世前，苏联的农业计划制度，既不考虑农业生产与自然条件密切有关的特点，也没有考虑农庄这一集体经济的特点，这样，必然形成对农业生产的瞎指挥，使农业生产违背自然规律，从而破坏农业生产。

赫鲁晓夫执政后，首先着手对农业体制进行改革，而在改革农业体制方面，首先改革农业计划制度。1955 年是最为重要的一次改革。这一年的 3 月 9 日苏共中央和苏联部长会议通过了《关于修改农业计划工作的办法的决议》（以下简称《决议》）。[①]《决议》明确指出：苏联国家计划委员会、苏联农业部和农产品采购部在农业计划工作的实践中，犯有严重的缺点和错误。现行的农业计划制度过于集中，而且对集体农庄、机器拖拉机站和国营农场规定过多的指标，这种做法并非出于国家需要。为了保证国家得到各种农产品，决不需要由中央给集体农庄和国营农场布置各种作物的播种面积，计划规定出所有种类的牲畜和牲畜头数，因为这不能使各集体农庄和国营农场发挥主动精神来更正确、更合理地管理经济。在现行的农业计划制度下，往往导致不合理的经营管理。千篇一律地计划播种面积造成了农作物分布上的不合理现象，因为这不符合各集体农庄的经济条件和土壤气候条件，不符合集体农庄积累的经营农业的经验和现有的耕作水平，并且无助于农作物总产量的提高。这种计划方式也不容许各集体农庄更符合实际地组织公有畜牧业的管理和争取提高肉、奶、蛋、羊毛及其他产品的产量。这一切限制了集体农庄和机器拖拉机站的主动精神，削弱了它们对发展农业生产的责任心和兴趣，不能刺激各集体农庄在它们使用的土地上增加产品的产量，减少了集体农庄获得高额收入的可能性。

《决议》还指出，苏联的农业计划制度是官僚主义的和非常脱离实际、脱离生活的。因此，苏共中央和苏联部长会议明确提出：在集体农庄中，必须改用以商品产量为出发点的计划方法。农业生产的计划工作应该直接从集体农庄（会同机器拖拉机站）和国营农场开始做起，计划中应考虑到更好地利用土地资源的问题。同时，在定计划和计算时，不应根据某种作物的播种公顷数，也不应根据牲畜的头数，而要以谷物、土豆、蔬菜和其他农作物实际收获的公担数，以及肉、奶、羊毛和其他畜产品的收获量为依据。

[①] 《决议》详细内容可见《苏联共产党和苏联政府经济问题决议汇编》第四卷（中国人民大学出版社 1987 年版），第 200—205 页。

这次农业计划体制改革的主要内容有：一是农业计划工作以商品产量为出发点，大大减少给农庄、农场的计划指标，即只下达农产品采购量一项指标，其他生产计划均由农庄、农场根据农产品采购任务与自己内部需要来确定；二是农业计划制订的程序作了改变，即由过去农庄、农场从上级机关领取任务，改为直接由农庄、农场制订计划；三是计划计算的方法也作了改变，即把过去按种植作物的公顷与饲养牲畜头数的计算方法改为按农产品、畜产品数量进行计算。

1955 年实行新的农业计划办法，目的是使集体农庄与农庄庄员、机器拖拉机站和国营农场及其工作人员充分利用生产潜力并发挥农业生产的主动精神，促进每个集体农庄和国营农场从计划给他们的农业用地上获得尽可能多的产品，增强集体农庄、机器拖拉机站和国营农场为国家生产必要数量农产品的责任感。但是，新计划办法的实施并不顺利，主要原因有：第一，很多地方机关并不认真执行新的农业计划办法，它们与过去一样，照旧向农庄、农场下达农产品采购指标之外的其他指标，对农业瞎指挥现象仍然十分严重。第二，正如前面提到的，由于 1955 年《决议》规定，如果区执委会认为农庄制订的生产计划不能保证国家收购任务的完成，有权让农庄修订计划。这样，农庄自行制订生产计划的权限就受到很大制约。为此，1964 年 3 月苏联取消了上述规定。但实际证明，农庄、农场自行制订生产计划的权限问题并没有得到实际解决。第三，国家下达给农业企业的采购计划指标过高，使很多农庄、农场难以完成。这种做法迫使农庄、农场不能按自己的实际情况，因地制宜地制订生产计划，而计划的制订受制于如何完成国家下达的农畜产品采购指标。这样做，也必然使农庄、农场在生产中丧失主动性与积极性。从而，使赫鲁晓夫在 1954 年 2 月 23 日在苏共中央委员会全体会议报告中提出的改革农业计划制度的两大目标，即"一方面能够保证国家有计划地领导农业的发展，同时也要能够发挥地方的主动性"①，都难以很好地实现。

这里还要指出的是，为了实现以扩权为主要目的的农业体制改革，赫鲁晓夫对农业管理机构进行了改组。1954 年他明确提出，要"从上到下地改进所有农业机关的工作"②。他改组农业机关的目的是，削弱这些机

---

① 《赫鲁晓夫言论》第三集，世界知识出版社 1964 年版，第 171 页。
② ［苏］《真理报》1954 年 4 月 27 日。

关对农庄、农场的控制，使农业计划体制改革的主要目的——扩权，能得以实现。到后来，赫鲁晓夫又把苏联农业部的主要职能改为"领导科学机关，进一步发展科学和在生产中广泛推行农业生产工作者的经验"[①]。他还提出：农业部只应通过试验和实例向集体农庄提出建议。并且把农业部全部人马迁到了距莫斯科 100 多公里外的规模巨大的米哈依洛夫国营农场。

三　改革农产品采购制度

斯大林时期，苏联实行的农产品采购制度是剥夺农民的一种重要手段，也是严重影响农业发展的一个重要因素，它涉及一系列关系，如：国家、农业企业与农业生产者三者利益的关系；工业与农业的关系；工人与农民的关系；城乡经济关系和工农联盟关系；等等。如果这些关系处理不好，不只直接影响农业的发展，还会产生严重的社会政治影响。

斯大林逝世时，在农产品采购制度方面的问题已异常突出，已是发展农业的一个严重障碍。从农产品收购价格来说，20 世纪 50 年代初，苏联每公斤谷物为 4—8 戈比，这一收购价格还是在 1927—1931 年间规定的，在以后的整个时期中实际上没有变动过。1952 年，小麦每公斤按 9.7 戈比出售，马铃薯 4.7 戈比，蔬菜 19.2 戈比，牛肉 20.3 戈比，猪肉 67.2 戈比，牛奶 25.2 戈比，蛋每千个 2 卢布。集体农庄按照这种价格交售了谷物总收获量的 20% 左右以及几乎全部的畜产品，收获量的 1/3 付给机器拖拉机站。这样，致使农庄交售产品所得的收入还不够补偿生产费用。许多农庄生产 1 公担马铃薯的成本是 40 卢布，而它的收购价格仅为 3 卢布。1952—1953 年谷物、牛肉、猪肉和牛奶都是赔本的。

农业品收购价格不合理，还表现在价格不能反映出用于生产各种农产品的劳动消耗的实际比价。虽然 1953 年生产 1 公担籽棉的劳动消耗比生产 1 公担谷物只高出 4.8 倍，但 1 公担籽棉的价格却超过 1 公担谷物价格的 37 倍。用于生产 1 公担糖用甜菜的劳动要比生产 1 公担谷物少耗费 38%，但糖用甜菜的收购价格却超过谷物价格的 25%。还有，生产 1 公担肉的劳动耗费比生产 1 公担谷物高 14—15 倍，而 1952 年的肉的采购价格仅高于谷物价格的 5—7 倍。

---

① ［苏］《真理报》1961 年 1 月 21—22 日。

另外，农产品收购价格的不合理，还反映在与工业品、食品零售价格之间的不协调。如果工业品与食品零售价格 1950 年与 1940 年相比，提高了 86%，那么正如前面提到的，农产品收购价格在这一期间大致停留在原来水平上。[①] 这自然使工农业产品价格"剪刀差"日益扩大，严重损害了农庄、农场的物质利益，从而束缚了农业生产的发展。

赫鲁晓夫执政后，为了调动农庄、农场的生产积极性，贯彻物质利益原则，在农产品采购制度方面采取了一系列措施。

第一，提高农畜产品价格。从 1953 年到 1963 年，农畜产品共提价 6 次。1964 年与 1952 年相比，全部农畜产品的收购价格提高了 2.54 倍，其中粮食提高了 7.4 倍，畜产品提高了 15 倍，牛奶提高了 3.55 倍。

第二，实行统一的国家收购制度。随着 1958 年改组机器拖拉机站，要求对采购制度也做出改革。1958 年 6 月，决定取消义务交售制和机器拖拉机站实物报酬制，实行按地区分别规定的统一收购价格。这种价格比义务交售价格提高了 2 倍。

第三，在取消义务交售制与机器拖拉机站实物报酬制前，逐步放宽农产品义务交售的定额并最后取消义务交售制。根据苏共中央九月全会（1953 年）决议，苏联降低了集体农庄和庄员个人副业向国家义务交售畜产品、马铃薯、蔬菜的定额。1954 年，免除了拥有个人副业的庄员、职工、渔业和手工业劳动组合成员的谷物义务交售任务。从 1958 年 1 月 1 日起，完全取消了庄员、职工个人副业的义务交售。

由于采取了上述措施，特别是农产品收购价格的提高，使农庄收入大大提高。如果说 1953 年农庄向国家和合作社出售种植业和畜牧业产品的收入为 41.4 亿卢布，那么 1960 年为 141.6 亿卢布，即在产品量增长 0.6 倍的情况下，收入增加 2 倍以上。这样，生产者从出售农产品中多增加了 75.4 亿卢布的现金收入。据有关材料，1952—1962 年期间，苏联全国集体农户的收入增长了 2.9 倍。

另外，由于实行了按地区分别规定的统一收购价格，缩小了苏联各共和国集体农户在收入方面的差距。1952—1961 年期间，集体农户高收入

---

① 有关斯大林逝世时苏联农产品收购价格严重扭曲的材料，参见苏联科学院经济研究所编《苏联社会主义经济史》第六卷（盛曾安等译，东方出版社 1986 年版），第 521—522 页。

与低收入之间的差距缩小到 4 倍。[①]

赫鲁晓夫执政后，为了提高农业企业与农业劳动者的收入水平和加强物质刺激，除了采取提高农产品收购价格、取消义务交售制等措施外，还勾销了农庄在义务交售和支付机器拖拉机站实物报酬方面的积欠，勾销了各农庄和庄员在畜产品方面未完成的交售量。此外，还在所得税方面实行优惠政策，并增加了对农庄的贷款，延长了贷款期限，从 1955 年起，利率几乎降低了 1/2。从 1956 年起，改变了过去用于劳动日分配的大部分收入只能在经济年度年终发给农庄庄员的办法，而改为每月按庄员在公有经济中所做的全部劳动日发给预付款的办法。从 1957 年起，集体农庄开始逐步改行货币形式的报酬，到 1960 年，货币在苏联农庄庄员报酬中的比重已提高到 62%。[②]

四　个人副业管理制度的改革

苏联农村的个人副业，是在农业集体化过程中产生并得到不断发展的一种经济形式。个人副业主要是指农庄庄员、农场职工和农村其他居民耕种宅旁园地与自养牲畜、家禽等家庭副业。

长期以来，个人副业在苏联农业经济中占有相当重要的地位。据苏联官方公布的材料，在斯大林去世的 1953 年，个人副业生产的农产品占全苏总产量的比重是：肉为 52%，奶为 67%，蛋为 85%，粮食为 3%，土豆为 72%，蔬菜为 48%。个人副业在农庄庄员家庭收入来源中占 26%。[③]

赫鲁晓夫上台初期在个人副业的管理方面，实行积极鼓励的政策。当时他主要出于以下原因：一是为了尽快缓解苏联面临的食品供应方面的严重困难，特别需要采取一些措施来扶植个人副业的发展。二是赫鲁晓夫在 1953 年的九月中央全会报告中明确提出，农业落后的一个重要原因"是违反了物质利益原则"，其中包括违反了农业劳动组合章程关于允许"每个集体农户都有权拥有小规模的经济作为个人财产"这个"最主要的原则"，而许多农庄违反了这个原则。他还指出："如果公有经济中的工作

---

① 参见苏联科学院经济研究所编《苏联社会主义经济史》第六卷，盛曾安等译，东方出版社 1986 年版，第 524—525 页。

② 同上书，第 527 页。

③ 陆南泉：《赫鲁晓夫、勃列日涅夫的农村私人经济政策》，载苏联经济研究会编《苏联经济体制问题》，时事出版社 1981 年版，第 166 页。

不能使集体农民得到劳动日应得的收入，如果他的副业中的个人利益又受到损害，那么集体农民很容易给自己的劳动找到另外的用途——他跑到城里去，到工厂做工。这就是集体农民个人经济缩减和落后的集体农庄的农业人口外流的原因。"他还要求："在发展公有畜牧业的同时，党、苏维埃和农业的地方机关必须完全终止在个人所有牲畜方面侵犯集体农民利益的不正确的做法。""必须消除这样一种偏见，即认为工人和职员个人有牲畜是件不体面的事。"① 这次全会以后，赫鲁晓夫对个人副业的管理采取一系列鼓励的措施，这主要有：免除庄员和农场职工的欠款；先是降低庄员、职工向国家义务交售畜产品、土豆和蔬菜的定额，最后废除经营个人副业的义务交售制度，并取消了1953年1月1日以前的向国家义务交售的私人牲畜的积欠；实行新的农业税法，税额按每1%公顷土地上的收入规定的固定税率计算；实行新税法，使个人副业的税率降低了80%；要求各级领导人都要协助居民购买牲畜和家禽，并保证他们私养牲畜所需的饲料与运输饲料的工具；等等。以上措施，使个人副业得以迅速恢复与发展。1958年与1953年相比，个人副业有了较大幅度增长：土豆、蔬菜增长14.3%，牛的头数增加了25.3%，肉、奶产品量分别增加了33%和27%，水果增加了46%。② 1953年时，2000万农户中，有1/4的家庭不养奶牛，到了1959年，几乎每家农户都养了奶牛。③ 应该说，在1958年以前，赫鲁晓夫在个人副业方面所采取的改革措施，其积极影响是不可低估的，苏联当时有人称这是一种使私人生产受益的"新经济政策"。"它带来了一定程度的民主化。即国家不再直接干预一个地区的人民生活，允许他们自己决定怎样使用实际上多少是租借来的那四分之一公顷土地。希望得到一小片菜地或果园的要求，很快超出了小镇和城郊工人的范围。大城市的机关被允许在乡村的路边、树林及铁路沿线寻找荒地，作为菜地或果园分给其工作人员，一般为1000平方米。这就是所谓工人集体园地的开端，工人们可以在业余时间和工休日来这里劳动。"④

---

① 《赫鲁晓夫言论》第二集，世界知识出版社1964年版，第320、337、338页。

② 陆南泉：《赫鲁晓夫、勃列日涅夫的农村私人经济政策》，载苏联经济研究会编《苏联经济体制问题》，时事出版社1981年版，第167—168页。

③ ［苏］罗伊·A.麦德维杰夫等：《赫鲁晓夫的执政年代》，邹子婴等译，吉林人民出版社1981年版，第39页。

④ 同上。

但是，从 1956 年开始，赫鲁晓夫对个人副业的看法发生了变化。1956 年 3 月 6 日通过的苏共中央和苏联部长会议《关于农业劳动组合章程进一步发挥农庄庄员在组织集体农庄的生产和管理劳动组合事务中的主动精神决议》中指出："庄员的一切需要基本上靠公有经济来满足"，而个人副业"只起辅助作用"，"主要满足庄员个人对新鲜蔬菜、水果和浆果的需要，并且力求在宅旁园地建造果园、浆果园以美化庄员的生活环境"。① 随着对个人副业认识的变化，赫鲁晓夫对其在管理上开始采取限制的政策。1956 年 8 月，苏联最高苏维埃主席团通过法令，规定对城市公民个人饲养牲畜征收货币税，如所养牲畜数额超过规定标准，税收加倍。由于 1958 年农业丰收②，在这一年召开的苏共中央十二月全会上，赫鲁晓夫讲："党解决了发展社会主义农业最重要的经济问题。"苏联"在短期内克服了农业生产的落后状态"。"在经济方面最强大的集体农庄目前就已经能够满足集体农庄庄员个人对马铃薯、蔬菜，甚至是牛奶的需要。"个人副业"将逐渐失去它的意义"。③

赫鲁晓夫执政后期，之所以对个人副业在管理上实行卡紧的政策，其主要原因有：

首先，最为重要的是对苏联农业状况缺乏一个正确的看法，把农业问题的解决看得过于简单，特别是 1958 年的丰收使赫鲁晓夫头脑发热，认为作为苏联最重要的经济问题——农业问题解决了，并且是在短期内克服了农业落后状况。不论是农畜产品的市场供应还是满足农庄庄员家庭需要方面，靠公有经济均可得到解决。而实际情况证明，在苏联个人副业长期占十分重要的地位。如 20 世纪 70 年代末 80 年代初，为农村居民提供 95% 的土豆、75% 的蔬菜、80% 的肉奶及其制品、100% 的鸡蛋。同时，通过市场也为全国居民提供 1/10 的食品。④ 个人副业在农庄庄员家庭收入中一般要占 1/4 以上。

其次，从客观上讲，在赫鲁晓夫对个人副业管理上采取宽松政策后，

① 《苏联共产党和苏联政府经济问题决议汇编》第四卷，中国人民大学出版社 1987 年版，第 303—304 页。

② 1958 年苏联谷物产量比上年一下子增加了 3200 万吨，增长 31.2%，农业产值增长 10.7%。

③ 《赫鲁晓夫言论》第十集，世界知识出版社 1965 年版，第 415、477 页。

④ ［苏］《农业经济》1980 年第 1 期。

出现了一些庄员把主要时间花在私人经济上而不是花在集体经济上的情况。

再次，苏联从斯大林开始，其农业政策的一个最为重要的目标是控制粮食。而个人副业提供的粮食极其有限①，主要是提供农副产品。赫鲁晓夫担心农庄庄员劳力过多投入到农副产品的生产上，从而会影响粮食生产。

最后，由于过高地估计了公有农业经济发展水平，赫鲁晓夫在1958年提出苏联已经到了使"集体农庄庄员，特别是女庄员，从每天饲养自己的奶牛的生产率很低的劳动力中解放出来"的时候了。这显然不符合实际情况。实际上占全苏耕地不到3%的个人副业，就是在赫鲁晓夫1958年采取限制政策之后，仍然提供大量农产品，如1961—1965年期间（年平均），个人副业的产值占苏联农业产值的33%，其中种植业占22%，畜牧业占44%。在上述情况下，提出可以使农庄庄员从个人副业中解放出来，这既不实际，也不可能。

五　机器拖拉机站的改组

机器拖拉机站与农庄的关系，绝不限于前者为后者提供生产技术服务，后者为前者支付报酬。实际上，机器拖拉机站一直起着联共（布）党在农村的一个政治领导作用，也是对农庄加以控制的机构。1958年3月31日苏联最高苏维埃通过的《关于进一步发展集体农庄制度和改组机器拖拉机站》的法律中也明确指出："机器拖拉机站曾经是掌握在苏维埃国家手中一支巨大的政治力量与组织力量。"② 因此，机器拖拉机站是苏联—斯大林农业制度中的一个重要组成部分，有人把苏联—斯大林农业制度称为机器拖拉机站—集体农庄制度，这不无道理。这也充分说明，改组机器拖拉机站在改革整顿农业制中占有十分重要的地位。赫鲁晓夫在1958年3月27日的第五届苏联最高苏维埃第一次会议的报告中指出："工业管理的改组是一个重要的革命措施。而在农业方面应该采取的革命措施就是改组机器拖拉机站。"③

---

① 1953年，个人副业生产的粮食占苏联全国粮食产量的3%。

② 《苏联共产党和苏联政府经济问题决议汇编》第四卷，中国人民大学出版社1987年版，第416页。

③ 《赫鲁晓夫言论》第八集，世界知识出版社1965年版，第318页。

到了 1957 年下半年，有关机器拖拉机站—集体农庄制度问题，成为苏联理论界讨论的热点。在讨论中，普遍认为，将机器拖拉机站的农业机器出售给农庄是必要的，在这个时候已具备了可能性。

接着，1958 年召开的苏共中央二月全会通过了赫鲁晓夫《关于进一步发展集体农庄制度和改组机器拖拉机站》的报告。同年 2 月 26 日，苏共中央通过相应的决议；3 月 31 日，苏联最高苏维埃通过相应的法律。这些文件对机器拖拉机站的历史作用作出评价，并对其改组的内容、部署等都作了规定。

改组机器拖拉机站的主要内容是：改变为集体农庄进行生产技术服务的现行制度，逐步把机器拖拉机站改组为技术修理站，由此逐渐过渡到把农业机器卖给集体农庄。在苏共中央的决议中指出，采取这一措施，"势必可以大大改善利用现代化技术设备，加速农业的技术进步，势必可以大大改善利用现代化技术设备，加速农业的技术进步，提高劳动生产率，增加每百公顷农业用地的平均总产量和商品量，并降低其成本"[①]。

改组机器拖拉机站要解决的问题有四：

第一，最为重要的是要解决长期存在的、难以解决的"一块土地，两个主人"的极不协调的农业管理制度。这是赫鲁晓夫在谈及改组机器拖拉机站时一再强调的一个重要理由。他在 1958 年 2 月提供的有关这一问题的报告提纲中指出：把农业机器卖给农庄，"这样一来就能取消两个社会主义企业——集体农庄和机器拖拉机站同时经营一块土地这种在目前条件下已经过时的制度，这种制度使得领导平行重叠，使生产组织无人负责，并且维持多余的管理机构，结果使得生产工具和劳动力不能得到充分利用"[②]。

第二，使得土地的主要耕作者——集体农庄与生产工具能紧密地结合在一起。改组前，在苏联"很多地区，首先是谷物区，机器拖拉机站替集体农庄进行绝大部分耕耘工作。因此，农业的主要生产力——集体农庄的劳动力就脱离了主要生产工具——拖拉机和其他机器，从而妨碍了劳动力和技术设备的最有效的利用"[③]。

---

① 《苏联共产党和苏联政府经济问题决议汇编》第四卷，中国人民大学出版社 1987 年版，第 412 页。

② 《赫鲁晓夫言论》第八集，世界知识出版社 1965 年版，第 181 页。

③ 同上书，第 179 页。

一块土地上有两个主人和农庄与主要生产工具相脱离，是农庄与机器拖拉机站经常发生矛盾的主要原因，并且往往出现扯皮，农庄主席一个意见，拖拉机站站长又是一个意见，最后往往按掌握农业机器的站长的意见办，而牺牲农庄的利益。由于机器拖拉机站控制的农业机器越多，其权力也越大，因此，往往产生机器拖拉机站盲目增加农业机器，而不管实际是否需要，从而造成机器的闲置，难以充分发挥作用，有时放在仓库里锈坏。

第三，从制度上促进和保证以扩权为主要目的的农业计划制度改革。我们在前面谈到，对农业实行高度集中的指令性计划制度，其消极作用异常突出，因此改革农业计划制度是赫鲁晓夫整个农业改革的一个重要内容。但要通过改革农业计划制度来达到扩大农业企业的自主权，使其能因地制宜地进行生产经营活动的目的，除了对农业计划制度自身进行改革外，改组机器拖拉机站具有重要意义。机器拖拉机站一直是直接管理农庄计划的领导者，是组织农庄执行指令性计划的直接监督者。因此，如果不改组机器拖拉机站，不废除集体农庄向它支付实物报酬的制度，农业计划制度的改革就难以实现，农畜产品的采购制度的改革也同样难以进行。从这里可以看出，改组机器拖拉机站是赫鲁晓夫整个农业制度改革中的重要一环，是破除机器拖拉机站—集体农庄的苏联农业制度不可或缺的一个步骤。

第四，在理论和实践中，推动农业与工业之间主要以商品交换形式的经济关系，从而扩大商品货币关系的范围。

1958 年，赫鲁晓夫详细分析后认为改组机器拖拉机站的条件已经成熟，他总的看法是，自 1953 年苏共中央九月全会到 1958 年这一时期，苏联为发展农业所作的努力和取得的成就，"标志着在集体农庄制度发展中的新阶段的开端"①。这个阶段的特点有：

第一，1950 年到 1951 年进行的合并扩大集体农庄的工作取得的进展，加上农业自身获得的较大发展，使得大部分集体农庄的规模大大扩大了，经济实力有了很大提高。在进行生产时都已在广泛采用现代化的技术设备以及科学成就。1949 年全苏共有 35 万个以上的集体农庄，由于合并的结果，到 1957 年约为 7800 个。该年，苏联平均每个集体农庄有 1954

———————

① 《赫鲁晓夫言论》第八集，世界知识出版社 1965 年版，第 177 页。

公顷耕地，这比集体农庄合并前增加了 2 倍多。许多农庄，特别是主要的谷场地区，分别有 5000 公顷、1 万公顷和 1 万公顷以上的耕地，这样就有可能大规模地使用机器技术。平均每个集体农庄有劳动能力的人数也增加了 2 倍多。

第二，为农业提供的机器设备大量增加。1957 年为农业提供的拖拉机、联合收割机、载重汽车及其他机器，比前 4 年增加了 50%—100%。1953—1957 年，苏联农业得到了 90.8 万台拖拉机（每台按 15 匹马力计算）、29.3 万台谷物联合收割机、14.3 万台青贮饲料联合收割机和玉米联合收割机、46.7 万辆载重汽车。

第三，集体农庄干部大大增加，其水平也大大提高，其中包括技术干部。如果说 1953 年在集体农庄里工作的专业干部只有 18500 人，那么到 1958 年，受过高等和中等专门教育的专业人才已达 15 万人。

第四，集体农庄收入水平有了较大提高。1956 年农庄的货币收入为946.16 亿卢布，几乎比 1950 年增加了 2 倍，这使农庄的公积金大量增加。据赫鲁晓夫的估计，1958 年集体农庄的公积金约为 250 亿卢布，要卖给农庄的技术设备总价值为 180 亿—200 亿卢布。[1]

以上一些条件，就是赫鲁晓夫提出把拖拉机和其他农业机器卖给集体农庄的依据。[2]

六　集体农庄劳动报酬制度的改革

苏联集体农庄在 1956 年之前，一直实行自 1931 年起的按劳动日计酬的制度。根据这一制度，农庄在年终缴纳所得税、偿还银行贷款、提取公积金和扣除其他必要的支出之后，把收入的剩余部分作为劳动报酬基金，按每个庄员的劳动日数，并根据每个劳动日的日值以实物为主向庄员发给劳动报酬。当时苏联采取这种付酬办法的主要根据：一是认为这一制度能够比较充分地体现按劳分配原则；二是较适应当时农业生产的水平。但是，这一报酬制度有明显的缺点：首先，庄员的按劳动日得到的报酬，一般要等到经济年度结束时才能给予，这就是说，在一年内，庄员没有任何固定收入。另外，劳动日的日值是随着年景好坏而波动的，因此，庄员也

---

[1]　参见《赫鲁晓夫言论》第八集，世界知识出版社 1965 年版，第 189 页。
[2]　同上书，第 177—188 页。

不清楚一个劳动日能拿到多少报酬，当然也更不知道经济年度结束时总共能获得的收入是多少。这种付酬制度，减弱了农庄庄员对劳动结果的物质兴趣，也就不会从物质利益上去关心农业的发展。其次，由于各种农活繁多，十分复杂，很难使劳动日记分的标准定得合理与科学。随着农业经济的发展，生产力水平的提高，为了克服上述缺点，在总结了许多农庄已采取的更先进的付酬制度基础上，苏联于1956年决定改行按庄员在公有经济中所做的全部劳动日发给预付款制度。这一制度规定，年初以卢布对劳动日单价进行估算，然后按月预支报酬，到年终结算。预付款由货币与实物两部分组成。集体农庄要建立滚存的货币基金和粮食储备。货币预付基金的来源是25%的农产品销售收入和50%的采购预付定金。为了保证每月的预付款能兑现，苏联国家银行将货币预付基金的上述两项来源列入特别往来账户。这笔钱只能由农庄管理委员会用来给农庄庄员发放预付款和按劳动日进行分配。

应该说，这次改革虽然有利于克服按劳动日年终支付报酬的一些缺点，并对提高农庄庄员对劳动成果的关心也能起到一定的作用，但改革之后的庄员付酬制度其基础仍是劳动日，因此，并没有解决庄员的报酬所存在的不稳定和无保障的问题。

赫鲁晓夫上台执政后，为了摆脱国家面临的农业严重落后状况，使农业有较快的发展，可以说，他是在多方面采取了措施，即除了对农业制度的各个领域进行改革外，还在与农业发展和农业制度改革有着密切关系的垦荒、扩种玉米与畜产品产量赶超美国三个方面，采取重大的政策。

第二节　以调整中央与地方关系为主要内容的工业管理体制改革

按照高度集中的计划经济体制模式运行与管理经济，在工业部门表现得尤为突出。这是因为：一是到了斯大林1936年宣布社会主义在苏联基本建成时，工业企业几乎都国有化了，这在客观上为国家对工业企业进行直接的行政控制创造了条件；二是在苏联工业中重工业特别是军事工业占主导地位，因此，国家必须牢牢地控制工业。消除高度集中的计划经济体制模式的严重弊端，必须改革工业管理体制，这也是赫鲁晓夫面临的极为迫切的重大任务。工业管理体制改革大体上分两步进行：第一步是在 1957 年之前的局部性改革；第二步是 1957 年的大改组。

一　1957 年工业和建筑业大改组之前的准备工作

（一）先进行局部性改革

赫鲁晓夫上台后，从 1953 年起就已开始探索工业管理体制的改革，并着手解决工业管理中过分集中的弊端，扩大各加盟共和国对经济管理权力和企业权力的问题。

战后的第四个五年计划时期，即 1946—1950 年，苏联在工业管理方面不仅没有扩大地方、各加盟共和国的权力，反而加强了各部的专业化进程，当时还新建了很多独立的部，甚至建立了专业很窄的医疗工业部和调味品工业部。这样，以部为核心的部门管理体制进一步加强。与此同时，工业管理集中的程度也在提高。但"管理的过分集中意味着在经济建设中缩小了加盟共和国的权力，把它们降低到地方党组织、地方苏维埃和经济机关的地位。1953 年共和国管辖的企业提供了全部工业产值的 31%，而 69% 的工业产值是在联盟管辖的企业中生产的。共和国领导机关对相当大部分位于共和国境内的企业停止领导，因为这些企业隶属于联盟和联盟—共和国的部。因此，共和国对工业工作的责任心降低了"①。

为了扩大加盟共和国的权力，提高其在管理工业方面的作用，在工业和建筑业大改组前，苏联采取了一些扩大加盟共和国权力的措施。

在扩大加盟共和国经济权限的同时，在 1957 年工业和建筑业大改组之前，还就扩大企业经理权力采取了一些改革措施，这集中反映在 1955 年 8 月 9 日苏联部长会议通过的《关于扩大企业经理的权力》的决议中。该决议的主要目的是：加强企业经理对完成国家计划、在生产中推行新技术和新工艺、规定劳动定额和组织劳动、提高劳动生产率、降低产品成本、更广泛地发挥企业工作人员的主动性与创造性，以及充分利用现有生产潜力等方面的责任，消除解决业务问题时权力过于集中的现象并保证企业管理具有更大的独立性和机动性。

应该说，在工业部门推行的上述局部性改革，对调动各加盟共和国和

---

① 苏联科学院经济研究所编：《苏联社会主义经济史》第六卷，盛曾安等译，东方出版社 1986 年版，第 362 页。

地方的积极性与主动性起了一定的作用，加上农业方面采取的改革措施，有利于经济的发展。1956 年苏联的经济形势是令人振奋的，工业产值比 1955 年增长 11%，谷物总收获量增加 20%。可以说，1956 年是赫鲁晓夫十分得意的一年。同时，对他在苏共二十大上提出的主要经济任务——在历史上的短时期内在按人口平均计算的产品产量方面赶上和超过最发达的资本主义国家这一任务的实现充满信心。而要使整个国民经济特别是工业顺利发展，赫鲁晓夫认为，一项迫切的任务是要对工业建设进行大改组。

（二）工业和建筑业大改组前把酝酿方案提交全民讨论

为了进行这次重大改革，进行了一系列准备工作，包括把这个问题提交全民讨论。赫鲁晓夫之所以发动这场讨论，笔者认为，用意有四：一是这次工业和建筑业的大改组，毕竟是个十分复杂的问题，涉及要处理好各经济区、各州、各共和国、各国民经济部门的经济利益关系，需要听取各方面的意见和具体建议；二是为了发扬民主，不是口头上而是实际上保证亿万劳动群众广泛参加解决发展国民经济的重大问题；三是通过广泛的讨论，深入揭示原工业和建筑业管理体制的种种问题与存在的矛盾，为赫鲁晓夫论证进行大改组的必要性寻找更充实的根据；四是为了对反对派施压。在大讨论过程中，发表的意见大多数是赞成和支持进行大改组的。正如 1957 年 5 月 7 日赫鲁晓夫在最高苏维埃第七次会议的报告中说的："对于那种无忧无虑、自安自慰和骄傲自满的情绪采取布尔什维克的不调和的精神……同因循守旧、停滞不前、官僚主义、狭隘本位主义等现象作斗争，这种不断前进的不可抑止的志向，乃是这次全民讨论的突出的特点。"[①]

根据大讨论提出的有关苏联工业与建筑业管理体制存在的主要弊端与改组必要性有关材料，可以作以下归纳。

第一，从总的情况看，赫鲁晓夫认为，随着苏联工业和建筑业数量大大增加（1957 年已有 20 多万个国营工业企业和 10 多万个建设工地），并分散在辽阔的苏联各个地区，"在这种条件下，一个部或一个局很难对大量企业和工作进行有效的领导。在现有的生产规模的条件下，目前的工业和建筑业的管理形式不能适应具体而有效地领导国民经济发展的日益增长

[①]《赫鲁晓夫言论》第六集，世界知识出版社 1965 年版，第 241—242 页。

的要求，它们限制了充分利用社会主义经济体系内的潜力"①。

第二，集中揭示和分析部门管理原则所造成的本位主义以及它所带来的严重后果。赫鲁晓夫认为，"本位主义的障碍是工业和建筑业领导工作中的重大缺点，它往往有碍于许多极重要的发展国民经济问题的解决"。他具体指出：本位主义"往往会破坏同一个城市或同一个经济区内属于不同部门的企业之间的正常的生产联系"。对待工作的本位主义态度，致使国民经济中的大量设备经常不能得到合理的应用。

第三，机构庞大，平行重叠，必然造成管理机构臃肿，人浮于事。而集中在部和管理局中的干部，大部分是有才干的工程技术人员和有专业知识的专家，而这些人员往往不能直接参加和组织生产，只能留在管理机构中处理日常事务。这既影响科技发展，也容易埋没和浪费人才。只有通过改革，才能把这些人员从管理机构中精简出来，调到直接创造物质财富的企业和工地。

第四，原有的工业和建筑业管理体制存在的另一个重要问题是，不利于发挥地方领导人员的积极性。赫鲁晓夫认为，"为了进一步发展我国的国民经济……必须采取这样的经济建设领导形式，它能把地方上具体而有效的领导同严格遵守全国范围内集中的计划原则充分地结合起来。根据上述方针来改革工业和建筑业的领导工作，一定能够进一步巩固领导国民经济的列宁的民主集中制原则和计划基础"②。

在分析大改组的必要性时，还有两个因素也是必须考虑的：一是从赫鲁晓夫本人的工作经历来看，他长期工作在乌克兰共和国，这使他熟知斯大林时期的那套过度集中的管理体制存在的问题，特别是看到了中央与共和国之间存在的矛盾及部门管理原则的严重弊端。所以，他一上台，就集中力量急于解决扩大地方管理经济权限的问题。二是当时苏联为了在极短的历史时期内，完成在按人均计算的产品产量方面赶超最发达的资本主义国家——美国的任务。但苏美之间的经济差距很大，在短期内完成这一任务是难以实现的。而赫鲁晓夫把达到这一目标的赌注押在了工业和建筑业的大改组上。赫鲁晓夫在1957年3月8日的一次讲话中说："我们一旦实现二月全会通过的决议，一旦发挥出自己的组织力量，工业就将突飞猛

---

① 《赫鲁晓夫言论》第六集，世界知识出版社1965年版，第108页。
② 同上书，第114页。

进，工业方面的成就不会小于我们在农业方面由于开垦荒地而取得的成就。根据二月全会的决议改组工作，将在我国工业中开拓出真正的生荒地。"后来，他于 5 月 22 日在列宁格勒的一次讲话中说："我们成功地开垦了生荒地并收到了很大的效果。然而，我们在改组工业管理方面将取得的一切，就其范围和意义来讲，会大大超过我们在生荒地的工作。工业中现有的（假如可以这样说的话）不是两个或三个生荒地，而是更多的生荒地，因为在工业中有数以百万计的人，而且都是技术最熟练的人。"①赫鲁晓夫确信："将要进行的改组，能够为领导我国工业和建筑业创造极好的条件，能使国民经济的巨大潜力开始发挥作用。"②

二　大改组的主要内容与措施

经过一些准备工作后，1957 年 5 月 28 日苏共中央和苏联部长会议通过了《关于改进工业和建筑业管理体制而精简的管理人员的工作安置问题》的决议。7 月 10 日，苏联最高苏维埃公布全国 105 个经济区的划分。8 月 29 日，苏联部长会议通过了《关于再把一些经济和文化建设问题交给各加盟共和国部长会议处理》的决议。9 月 26 日，苏联部长会议通过了《苏联各经济行政区国民经济委员会条例》，以确定国民经济委员会管理体制的组织形式。

根据通过的大量决议、决定等文件来看，这次大改组的主要内容是，根据部门管理体制存在的弊端，决定变工业和建筑业管理的部门原则为地区原则，即以"条条"部门管理改为"块块"地区管理，以便把工业和建筑业管理的重心从中央转到地方；通过大改组，要达到的目的是，在解决部门管理原则而产生的管理过分集中等问题和扩大地方管理经济权限的同时，以便能使国家的集中领导与提高地方经济机关、党的机关和工会组织的作用结合起来，使全国（联盟、加盟共和国和地方）的经济协调发展；大改组后，管理工业和建筑业的基本组织形式是以经济行政区来建立国民经济委员会。为了实现上述改组的目标，采取的主要措施有：

第一，撤销联盟和联盟—共和国的绝大多数部。1957 年 5 月 10 日通

---

① 《赫鲁晓夫言论》第六集，世界知识出版社 1965 年版，第 63、347 页。

② 转引自陆南泉主编《苏联经济简明教程》，中国财政经济出版社 1991 年版，第 273—274 页。

过的法令指出：随着工业和建筑业管理工作的改变，应撤销苏联下列 10 个全联盟部，它们是：汽车工业部、机器制造部、仪器制造和自动化工具部、机床制造和工具工业部、建筑机器和筑路机器制造部、石油工业企业建设部、拖拉机和农业机器制造部、运输机器制造部、重型机器制造部和电工器材工业部。撤销 15 个联盟—共和国部，它们是：造纸和木材加工工业部、城乡建设部、轻工业部、森林工业部、石油工业部、乳肉制品工业部、食品工业部、建筑部、冶金工业和化学工业企业建设部、煤炭工业企业建设部、煤炭工业部、有色冶金工业部和黑色冶金工业部等部。加上撤销的各加盟共和国部，总共撤销了 141 个部。与此同时，将苏联电站部和苏联电站建设部合并为苏联全联盟电站部，将苏联国防工业部和苏联普通机器制造部合并为全联盟国防工业部。进行这样的调整与撤销工作之后，保留的全联盟工业和建筑部有：航空工业部、无线电工业部、造船工业部、化学工业部、中型机器制造部和运输建筑部。被撤销的各部所管辖的企业和机构，以及保留的联盟工业部所管辖的一部分企业和机构（根据苏联部长会议批准的企业名单），移交给相应的国民经济委员会。

1957 年 7 月至 9 月，拟议中的上述各部的撤销工作基本上已结束。同年 12 月，最高苏维埃主席团又决定撤销航空工业部、国防工业部、无线电工业部和造船工业部。在这 4 个部的基础上成立 4 个隶属于部长会议的国家委员会。

第二，在全苏建立 105 个经济行政区（俄罗斯联邦 70 个、乌克兰 11 个、哈萨克斯坦 9 个、乌兹别克斯坦 4 个，其他 11 个加盟共和国各 1 个①）。每个经济行政区建立一个国民经济委员会来管理工业和建筑业。经济行政区的国民经济委员会被视为能够成为管理工业和建筑业的最适当的机构，是管理工业和建筑业的"基本环节"②，下面设立各种公司、托拉斯等经济联合组织，对企业实行具体领导。国民经济委员会由加盟共和国部长会议组建，成员有国民经济委员会主席 1 人，副主席数人及委员若干人。各经济行政区的国民经济委员会受加盟共和国部长会议和加盟共和国国民经济委员会的双重领导。国民经济委员会拥有广泛的权力，其主要

---

① 1961 年调整后为 102 个经济行政区，其中：俄罗斯联邦 67 个、乌克兰 14 个、哈萨克斯坦 9 个，其他 12 个加盟共和国各 1 个。

② 参见《赫鲁晓夫言论》第六集，世界知识出版社 1965 年版，第 116—117 页。

任务是："制定和实行长期和短期生产计划，制定企业专业化计划、生产协作计划、经济行政区内部及同其他州和共和国相互供应原料和半成品的计划；编制和实行物资技术供应计划。"[①] 国民经济委员会有权解决过去由各部解决的重大经济问题。

第三，改变部的工作性质与职能。改组后保留的一些部，其主要任务是制订本部门的发展计划并保证其生产的高技术水平，编制科研和设计工作计划并监督其执行。这些部的职能是通过各国民经济委员会来实现的，它们不再对企业进行直接管理。

第四，改组中央经济管理机构。既然国民经济委员会已成为经济管理的基本环节，已实行以地区为主的管理原则，那么必然要求改组中央经济计划管理机关。

不论在工业和建筑业大改组之前的局部改革过程中，还是在全面开展大改组的过程中，赫鲁晓夫经常谈到国家计委等中央经济计划管理机关存在的问题。他于1957年5月7日在最高苏维埃第七次会议上所作的报告中，用了很大的篇幅集中地谈了国家计委工作中的缺点与如何改组的问题。[②] 赫鲁晓夫在这次会议上专门提出，请各位代表在讨论改组国家计委时应加以注意的一些问题，特别涉及计划机关工作中存在的严重缺点，如各年年度计划、各五年计划之间的相互脱节；编制计划工作拖的时间太长，往往需要一年的时间才能为某部门制订出详细的长期计划来，这样往往使国家急需生产的产品和上马的项目，国家经委不能列入新编的年度计划中去……赫鲁晓夫提出："工业和建筑业的改组，要求根本改进中央和地方的计划机关的工作，为苏联国家计划委员会、共和国计划委员会以及地方计划机关配备有能力的专家。""苏联国家计划委员会应当成为全国计划和经济的科学机关。它的责任是深入地全面地研究国民经济的需要，考虑科学和技术方面的成就并在此基础上提出关于发展国民经济各部门的建议。这些建议详细规定综合发展经济的可能性，并从全国利益出发合理利用全国资源。在新的条件下，国民经济计划将由共和国和行政区编制。苏联国家计划委员会应保证国民经济各部门的正确的合理的发展，并从这

---

① 《赫鲁晓夫言论》第六集，世界知识出版社1965年版，第117—118页。
② 详见《赫鲁晓夫言论》第六集，世界知识出版社1965年版，第267—277页。

个立场出发检查各共和国和经济区的计划。"① 还规定，国家计委不得干预经济区的行政管理。根据工业和建筑业大改组的要求，苏联决定撤销原来负责短期计划的国家计委，把国家经济长期规划委员会改组为国家计委，负责全苏长短期的综合平衡工作，不再是部长会议的职能机构。与此同时，还在改善计划工作方面采取了一些措施，如从 1959 年起，不再实行制定和批准年度国民经济计划的办法，而规定国民经济计划应以长期规划为根据，分别按年度、部门、加盟共和国、各经济区企业和建筑机构进行编制。另外，还大大减少了国家下达的计划指标，1958 年比 1956 年减少了一半，1959—1965 年"七年计划"的控制数字比 1958 年又减少2/3。②

至于国家经委，在工业和建筑业改组后，就没有必要存在了。它的职能由苏联国家计委和共和国计委来履行。

与工业和建筑业的大改组相适应，苏联在物资技术供应体制方面也作了较大改革。主要内容是：把原来由国家计委、供委和各部管理与分配的绝大部分物资，下放给各加盟共和国国民经济委员会来管理与分配。撤销了原来负责全国范围内物资技术供应的国家供委。物资分配和供应计划也交由各国民经济委员会编制，国家计委负责综合。以上的改革，使物资的管理体制也由部门原则改为地区原则。改革后，物资分配的权力作了以下规定：凡由一个加盟共和国（或一个经济区）生产，若干加盟共和国消费的生产资料，为生产该产品的加盟共和国（或经济区）分配；凡由 2—3 个加盟共和国生产，在若干加盟共和国消费的，归生产该产品的比重最大的加盟共和国分配和供应；其他凡由若干加盟共和国生产，若干加盟共和国消费的产品，以及最重要的产品，仍由国家计委统一分配。改革后，由苏联国家计委负责分配的物资为 1100 种，由各加盟共和国分配的为 5000 种，其中 4000 种由俄罗斯联邦共和国分配，600 种由乌克兰共和国分配，近 400 种由其他加盟共和国分配。③

工业和建筑业的大改组，一个重要的意图是克服过分高度集中管理体

---

① 《赫鲁晓夫言论》第六集，世界知识出版社 1965 年版，第 267—268 页。

② 转引自陆南泉主编《苏联经济简明教程》，中国财政经济出版社 1991 年版，第 275—276页。

③ 参见刘克明、金挥主编《苏联政治经济体制七十年》，中国社会科学出版社 1990 年版，第 491 页。

制产生的严重弊病，特别是解决部门本位主义和扩大地方管理经济的权限，提高其积极性与主动性等问题。从这个意义上，这次大改组的效果很快得到了体现，表现在：到 1959 年，按经济行政区成立的国民经济委员会管辖的工业占全苏工业总产值的 72%，地方管辖的工业占 22%，而中央管辖的工业急剧下降到 6%。联盟预算与加盟共和国预算以及地方预算的关系也有了大的变化。1955 年联盟预算占全国预算支出的 73%，到 1960 年降至 41.2%。而同期，加盟共和国和地方预算分别从 12.5% 和 14.5% 提高到 39.1% 和 19.7%。[①] 大改组对协调各地区经济综合发展和同一个地区内不同部门之间的协作方面，也起了一定的促进作用。由于大改组在克服部门本位主义方面起了作用，从而打破各部门的"条条"分割，从而使很多跨部门的综合性的重要问题较容易获得解决。另外还应看到，实行地区管理原则，使得在本经济区范围内可以较合理地组织产销关系，互通有无，充分利用本地区物资，从而有利于节约运费和降低成本。

但是，这次大改组出现了不少问题，从发展经济的综合效益来看，并没有达到预期的目的。突出的问题有：最为尖锐的问题是，在克服部门本位主义的同时，导致以地区本位主义为基础的地方主义和分散主义的严重泛滥，消除部门"割据"的同时又产生地方"割据"；地区本位主义和分散主义的泛滥，必然影响到国家对国民经济必要的集中统一领导。国民经济委员会往往以邻为壑、高筑壁垒，破坏供货合同，这在相当程度上冲击了过去全苏范围内已形成的国民经济综合体系，从而在全国范围内造成了经济的混乱；搞乱了生产专业化和协作，影响了统一技术政策的有效执行；管理机构重叠，从而更加臃肿。由于出现了机构重叠、平行和责任分散等问题，出现了以下情况：一方面是短缺产品更多了；另一方面仓库里却堆满了被消费者嗤之以鼻、卖不出去的过时产品。

针对大改组出现的问题，赫鲁晓夫除了反复强调要与地区本位主义、地方主义作斗争外，还不得不采取一些应急的修补和调整措施，以尽快摆脱困境，控制局面。为此，在赫鲁晓夫推行大改组政策的后期，通过了大量的决议。但收效甚微，这也是导致赫鲁晓夫最终下台的一个重要原因。

---

① 陆南泉等编：《苏联国民经济发展七十年》，机械工业出版社 1988 年版，第 637 页。

第十章

赫鲁晓夫的改革难以使体制迈进
现代化台阶的原因

赫鲁晓夫执政后在政治与经济领域进行的改革，取得了一些成效，但总的来说，并没有使苏联政治与经济体制迈进现代化的台阶，其根本原因是什么，这是本章主要论述的问题。

第一节　改革的历史作用

总的来说，赫鲁晓夫的改革未能从根本上改变传统体制，不少改革出现回归。但他的改革在苏联改革史上留下了不可磨灭的痕迹，仍有不少方面应加以肯定。

一　改革在苏联历史上留下深刻痕迹

作为苏联历史上第一个改革者，赫鲁晓夫在对斯大林高度集中体制的弊端有所认识的基础上，在批判斯大林个人迷信开始解冻后，下决心在各个领域进行了改革，这对苏联产生了深远的影响。戈尔巴乔夫在其执政时期以及下台后，多次谈及这一历史时期改革的积极意义。[①] 戈尔巴乔夫在庆祝十月革命70周年大会上的报告中说："在50年代中期，特别是在苏共二十大之后，变革之风吹到国家上空，人民振奋起来，活跃起来，变得更大胆，更有信心。批评个人迷信及其后果，恢复社会主义法制要求党及

---

① 戈尔巴乔夫和苏联大多数官方人士、学者以及西方学者一样，对赫鲁晓夫时期的改革既有积极的评价，也提出了尖锐的批评性看法。在本章下一节分析赫鲁晓夫时期改革不成功的原因时，我们将会引用戈尔巴乔夫等人的一些分析。

其以尼·谢·赫鲁晓夫为首的领导拿出很大的勇气。开始摧毁以前对内对外政策中的刻板公式。开始试图摧毁 30—40 年代所确立的发号施令和官僚主义的管理方法，赋予社会主义以更大的活力，强调人道主义理想和价值观，在理论和实践中恢复列宁主义的创造精神。苏共中央九月全会（1953 年）和七月全会（1955 年）决议的核心是力求改变经济发展的先后次序，使联系与劳动成果挂钩的个人利害关系的刺激因素起作用。于是着重注意了农业的发展、住房建设、轻工业、消费领域和满足人的需要有关的一切。"他在《改革与新思维》一书中指出："苏共第二十二次代表大会是我们历史上的一个重大里程碑。它对社会主义建设的理论和实践作出了很大贡献。会上和会后都曾作出过大力的尝试，想使国家走上正轨，想推动我国摆脱对斯大林的个人崇拜在社会政治生活中所产生的各种消极因素。"① 戈尔巴乔夫在下台后出版的著作中说："由于苏共二十大而对'个人迷信'进行的批判……变革开始了，整个社会气氛改变了。这是摆脱极权主义的第一步。""赫鲁晓夫是改革的先驱者。他第一个推动了改革进程。""赫鲁晓夫留下的主要东西就是使斯大林主义失掉了声誉……这是改革得以开始的前提和条件之一。因此，我承认，改革②是同赫鲁晓夫所做的事是有一定联系的。一般说，我对他的历史作用是有较高评价的。"③ 西方学者斯蒂芬·科恩在为麦德维杰夫等所写的《赫鲁晓夫的执政年代》一书所作的序中说："赫鲁晓夫执政的年代，是苏联进行了真正的政治和社会改革的时期。尽管这些改革充满矛盾，而且毕竟是有限的，但在实际上，苏联社会生活的每一领域无不受到 1953 年至 1964 年这段时期变革的影响：大恐怖的结束，千百万监押在集中营的囚犯获释，为限制一些最恶劣官僚习气和特权所采取的措施；公众的觉悟，知识界越来越多地参与政治。一系列经济和社会福利的改革；以及导致我们今天所谈的'缓和'的外交政策的变化，等等。这个常常被称为'非斯大林化'的改革过程，有许多值得注意的特点，其中远不只是它的发生没有引起长时间的暴力或动乱和往往出人意料这两点。"他还批评说，西方一些研究苏联

---

① ［俄］米哈伊尔·米·谢·戈尔巴乔夫：《改革与新思维》，苏群译，新华出版社 1987 年版，第 47 页。

② 系指戈尔巴乔夫在 20 世纪 80 年代中期推行的改革。——笔者注

③ ［俄］米哈伊尔·戈尔巴乔夫：《对过去和未来的思考》，徐葵等译，新华出版社 2002 年版，第 41、42、44 页。

问题的学者，由于"他们被斯大林二十五年的恐怖专制主义统治及其强加给社会和官场的畏惧、尊奉、僵化的形象所束缚，也被他们自己头脑中固定不变的'极权主义'的苏维埃模式所禁锢，感到难以想象任何重大、持久的变化。他们否认或者看不到，在赫鲁晓夫作为苏联领导人当权的整个时期内，这种变化已经发生，而且进行改革确是赫鲁晓夫的本意"①。

有关评论赫鲁晓夫的论著卷帙浩繁，众说纷纭，莫衷一是。但笔者认为，不论是赞誉还是诋毁，但有一条是不能否认的：赫鲁晓夫顶住了巨大的压力勇敢地站出来破除斯大林个人迷信，成为苏联第一个改革者，使苏联历史上翻开了新的一页，活跃了气氛，振奋了人心，给苏联历史上留下了谁也不能抹杀的深深的印痕。美国前总统尼克松的下面一段话是很有道理的。他说："在第二次世界大战以后的年代里，没有一位世界领袖人物的成败能像赫鲁晓夫的成败如此急剧地和决定性地改变历史的进程。"② 这就是为什么笔者在论述赫鲁晓夫时期改革的意义时，首先是从他的改革对改变苏联历史进程的影响这个大视角来考察的。苏联不少学者也指出，当时赫鲁晓夫的改革，是符合社会发展已经成熟的需要的，改革对当时官僚化的苏联引起了一场"地震"，在国内和国际关系方面都产生了"良好的变化"。

二　推进了理论的发展

（一）首先是对斯大林经济理论的重新审视

从客观条件来看，1956 年苏共二十大后，斯大林垄断理论局面结束了，他的《苏联社会主义经济问题》与由他定稿的《政治经济学教科书》提出的经济理论观点，再也不是神圣不可侵犯的绝对真理了，并要求在经济理论的研究方面克服书呆子习气和教条主义。主管意识形态的苏共领导人苏斯洛夫在苏共二十大发言中强调："苏维埃社会的发展已经进入应当把主要的注意力集中在研究和探讨经济科学的阶段了。""由于部分经济学家和哲学家脱离实际，书呆子习气和教条主义得到了广泛的传播。这种书呆子习气的坏毛病的实质不单纯在于染上这种毛病的人所作的引证是否

---

① ［苏］罗伊·A. 麦德维杰夫等：《赫鲁晓夫的执政年代》，邹子婴等译，吉林人民出版社 1981 年版，第 1—2 页。

② ［美］尼克松：《领袖们》，刘湖译，知识出版社 1984 年版，第 230 页。

恰当，而在于他们认为真理的最高标准不是实践，而是权威人士对这一问题的言论。他们丧失了研究具体实际情况的兴趣，他们用选择引文和巧妙地搬弄引文来代替一切。他们认为稍微违反引文就是修改原理。书呆子们的这种做法不仅没有好处，而且还有害处。"他还批评说："经济学家没有好好地研究价值规律在社会主义生产中的作用。我们的建筑师一味奢侈浪费，不考虑人民的戈比，机器拖拉机站和集体农庄中还是常常不计算生产一公担谷物、肉类的费用，这些情况毫无疑问也反映出经济学家没有研究价值规律如何具体在我国经济中起作用这个问题。"[①] 另外，赫鲁晓夫执政后实行的一系列改革措施，如农产品采购价格制度的改革，机器拖拉机站的改组，广泛运用商品货币关系编制国民经济计划，在确定国民经济各种比例时开始考虑到价值规律的要求，在实施各种经济政策时考虑到贯彻物质利益原则等等，所有这些，在实践中已突破了斯大林的一些经济理论的束缚。同时，也应看到，苏联经济理论界，在1961年苏共二十二大前这一期间，对有关商品货币关系的理论已进行了相当广泛的讨论，并对推动经济理论的发展起了十分有益的先导作用。下面我们就一些主要理论问题，根据这一期间苏联报刊和一些论著的材料作一简要的介绍。[②]

1. 社会主义制度下商品生产存在的原因与必要性问题。

人所共和，一直到20世纪50年代中期，苏联都以斯大林的生产资料两种公有制形式的存在为理由解释商品生产存在的必要性。苏联在苏共二十大后，于1957年5月，在苏联科学院经济研究所召开了关于价值规律及其在苏联国民经济中利用问题的学术讨论会。苏联经济理论界联系实践展开了广泛讨论，对发展商品货币理论起了很大的推动作用。

会上，广泛讨论了在社会主义制度下商品生产的必要性问题。苏联著名经济学家K. 奥斯特罗维季扬诺夫院士作了《社会主义条件下的商品生产及其特点》的报告。他坚持这样的论点：商品生产之所以必要，是由于存在着生产资料的两种公有制形式。同时，他批判了这样的理论：生产

---

① 《苏联共产党第二十次代表大会文件汇编》（上），人民出版社1962年版，第405—406页。

② 以下两个问题（即社会主义商品生产存在的原因与必要性和社会主义经济性质）一些观点的材料，除了脚注说明的之外，笔者引用了苏联学者有关介绍。参见 [苏] A. H. 马拉菲耶夫《社会主义制度下的商品生产理论今昔》，马文奇等译，中国财政经济出版社1979年版，第89—120页。

资料在实质上似乎不是商品，而只具有商品的纯粹的外壳。

在会议发言者中间，只有少数人（H. C. 斯皮里多诺娃、Б. Ю. 阿洪多夫、И. A. 维亚齐明）支持社会主义制度下商品生产的必要性是由于存在着生产资料的两种所有制形式这一解释。其他接触到这个问题的人则注意到 K. 奥斯特罗维季扬诺夫在逻辑上的混乱，因为他以为下面这个原理是正确的，即在国营经济内部流通的生产资料不仅在形式上，而且在实质上也是商品；但同时，他又认为商品生产之所以必要，是由于存在着生产资料的两种公有制形式。

按照 В. П. 季亚钦科的看法，对社会主义制度下商品生产存在的原因和性质作如下的解释才是正确的：社会分工和社会主义生产资料所有制，它们决定着社会劳动的独特性质，而社会劳动又决定着商品生产的必要性和社会主义制度下商品的各种矛盾的特殊性。

在 1957 年会议后，关于商品生产必要性的问题在莫斯科大学会议上、在 1959 年 10 月顿河罗斯托夫市高等院校的会议上、在有关报刊和书籍中继续进行讨论。在讨论中，提出了许多新的关于商品生产必要性的观点，其内容已由 Г. Б. 普拉沃托罗夫汇编成册，并作了说明，普拉沃托罗夫得出的结论是：其中每一种观点都包含着不少有价值的综合，但任何一种观点都没有彻底解决问题，因为每种观点的维护者们在其他的理论体系中都能找到不论是立足点、论据体系还是最后结论方面的缺点。作者得出结论：所有这一切表明有必要继续开展研究工作，以探索社会主义经济中商品货币关系存在的原因。而 A. H. 马拉菲耶夫认为，对商品生产必要性的各种解释，在绝大多数情况下是把商品生产同社会主义生产关系的各个不同的个别方面联系起来，可是，社会主义制度下商品生产存在的主要原因，必须在社会主义生产关系的整个体系中，即从生产力发展的水平上去寻找。但是这样的回答仍旧很一般，因为商品货币关系本身原是社会主义生产关系的一个因素。在我们看来，商品生产的直接原因在于，存在着社会主义的社会分工和社会主义企业及其工作人员的相对独立性。这种独立性是多种多样的。以国营企业为一方，集体农庄为另一方，由于它们对生产资料和所生产的产品的不同关系，彼此是独立的。各个集体农庄，作为不同的所有者，是彼此独立的。各个国营企业，作为生产资料和所生产的产品的不同占有者，也是彼此独立的。一部分生产资料和产品是在副业经济中生产的，集体农庄庄员就是它们的个人所有者。社会主义社会的劳动者是他们所获得的收入的所有者。这样一来，社会主义的客观经济条件（社会分工和国民经济各个不同环节在经济上的独立性）使劳动产品变成了商品，并决定社会主义制度下商品生产的存在。

绝不能以为通过纯粹逻辑的论证来解释商品生产的必要性是非常有说服力的。在 1957 年的讨论会上，B. Г. 温热尔在论证商品生产的必要性时援引了"来自实践"的理由。他说道："苏联四十年的社会主义建设经验表明，社会主义生产是特种商品生产，社会主义没有劳动产品的商品形式是不可思议的。"A. 帕什科夫号召正视事实。他说，现在也许是我们应该老老实实地、严肃地对待在苏维埃经济中存在已不止一个十年的商品生产，承认商品货币关系的必要性早已为实践本身所证实的时候了。他接着说："苏联和各人民民主国家的全部实践令人信服地、不容置辩地证明：没有商品生产，没有使城乡、工农业和国民经济其他各部门相联系的市场形式，无论在资本主义到社会主义的过渡时期，或者在社会主义社会里，经营活动都不可能顺利地开展。过渡时期商品生产的必要性，实践上和理论上早于 1921 年已在列宁的著作、苏联共产党的决议中得到了证实。商品生产对于社会主义社会的必要性，实践上和理论上也早已于 30 年代初期，在同所谓'左派空谈家'的斗争中同样得到了证实，由于新经济政策已经到了最后阶段，'左派空谈家'们便硬说贸易、货币、银行体系以及商品生产的其他因素和杠杆似乎在当时已面临末日。""以后的全部实践也表明，即使在社会主义制度下，不仅对集体农庄农民，而且对工人阶级来说，贸易、市场仍然是经济联系的必要形式，而在共产主义社会的第一阶段，党也不可能向劳动人民提出更好的形式来代替这个经过人类几千年实践的考验和检查的联系形式。社会主义政治经济学应该注意到这一事实，应该揭示社会主义制度下商品生产的特点。"

2. 社会主义经济性质问题。

20 世纪 50 年代末，围绕经济体制改革，对社会主义经济是否是商品经济与价值规律是否起作用的问题，也是一直存在争论的重要经济理论问题。这一时期，存在三种观点：一种观点认为，社会主义并不是一种商品生产制度，它只存在商品关系的外表形式，商品货币关系的空虚性表明，价值规律并不发生作用。有的学者对此解释说，社会主义生产是直接社会生产，它本身在直接上不是商品生产。商品生产和社会主义是不相容的。另一种观点认为，社会主义生产是新型的商品生产。持这一观点的学者指出，只要有商品生产存在，生产资料不是商品的观点是不可思议的。生活实践证明，社会主义生产不是通过直接的产品交换来代替商品货币关系，而是通过广泛利用价值范畴而向前进步的。在社会主义的商品生产中，价格、利润、工资等不是资本主义的残余，而是社会主义生产关系的表现，是社会主义的价值范围。之所以说社会主义生产是新型的商品生产，是因为这种商品生产不是自发的，而是有计划的；不是以劳动工具私有制，而是以公有制为基础的商品生产形式。社会主义集中计划制度不仅包括商品生产的经济杠杆，而且是和合理地利用它们分不开的。第三种观点是承认社会主义制度下存在商品生产，主张对商品货币关系要充分地利用。持这一观点的学者指出，那种只认为社会主义条件下存在的仅仅是产品的商品货币形式，而不存在商品生产和价值规律的观点是错误的。因为，不存在没有形式的内容或没有内容的形式。商品、价格、货币、利润以及与价值规律有关的社会主义经济的其他范畴，并不只是外表形式，或只是简单的核算劳动和计算成本的工具。这些范畴和经济杠杆具有一定的社会内容，反映了社会主义生产关系的一定联系和相互依赖性。它们本身是社会主义生产关系内在固有的，是同社会主义生产关系不可分离的。[①]

从苏共二十二大前这一时期的讨论情况看，大多数经济学家认为，商品生产在社会主义条件下是必要的。但也应看到，还有不少的学者断言，在社会主义制度下，商品形式并不反映商品的内容，而价值规律似乎不起作用。1959 年，在莫斯科大学举行的讨论会上，H. 赫辛和 K. 奥斯特罗维季扬诺夫之间就这个问题开展了一场论战。H. 赫辛认为社会主义不是一种商品生产制度，所以在书籍中所碰到的诸如"社会主义的商品生产"、"社会主义商品"、"社会主义的价值规律"这样一类提法，应该说是不正确的。按照他的意见，可以说在社会主义制度下存在着商品关系的形式，但是不可能明确地说出这种关系的实质。商品形式的空虚性表明，在社会主义制度下价值规律并不发生作用，而价格政策是以考虑到社会主义的全部规律的要求为基础的。

在其他一些学者的发言中，也往往低估了社会主义制度下商品货币关系的作用。K. 奥斯特罗维季扬诺夫针对 H. 赫辛等人的发言说道："我听

---

①　转引自陆南泉等编著《苏联经济建设和经济体制改革理论的发展》，中国社会科学出版社 1988 年版，第 113—116 页。

了赫辛同志的发言，之前还听了科尔加诺夫同志的发言，使我想起了1951年的经济讨论会，我似有'车到现在还没动'之感。我忽然想到，否定苏维埃经济中商品生产和价值规律的说法，在我国1941年以前曾风行一时，正像解释商品生产的核算分配观点在我国曾一度占优势地位一样，但都早已成为历史的档案。"K. 奥斯特罗维季扬诺夫还指出 H. 赫辛等人错误观点的根源，在于以反历史的态度来对待社会主义制度下的商品生产问题，在于使形式脱离内容并学究式地解释马克思列宁主义经典作家的观点。实际上，H. 赫辛认为只有资本主义生产才是名副其实的商品生产。与 H. 赫辛持相同观点的代表人物还有 B. 阿特拉斯教授，他在1959年的会议上说："虽然在社会主义社会里存在着商品货币关系，同时商品货币形式在国民经济发展中起着重要作用，然而决不能把整个社会主义生产看作商品经济制度的变种，即使加上'特种'两个字。社会主义社会，这是直接社会生产，它本身在实质上并不是商品生产。"阿特拉斯说不是商品生产，而是社会主义从资本主义经济继承下来的商品货币形式。这种观点遭到不少学者的批判。认为阿特拉斯把形式同内容割裂开来，因而不止一次地自相矛盾。他错误地把直接社会生产同商品生产对立起来，企图以此来加强自己关于社会主义生产非商品性质的结论。

莫斯科大学讨论会之后，在苏联出版的学术专著中，还不断出现否定在社会主义制度下存在商品生产和价值规律起作用的观点。K. 奥斯特罗维季扬诺夫等人，也在自己的论著中不断批判这些经济学家的观点是同社会主义建设事业中利用商品货币关系的任务不相容的。

总的来说，苏共二十大后，围绕商品货币关系问题展开的理论讨论，使苏联经济理论前进了。特别是1957年苏联科学院经济研究所召开的这次讨论会，在推动经济理论发展方面的作用是不可低估的。有关社会主义国家为了有计划地扩大和完善整个社会生产，以及提高人民物质福利而自觉地利用价值规律，这一原理得到了所有谈及这个问题的人的支持。承认价值规律的作用，它为运用经济核算、赢利、价格形成和基建投资的效率等问题的研究，在经济理论上提供了基础。例如，有的学者在这次讨论会上，提出在价格形成方面研究的四个问题：（1）商品的价格与价值的关系，以及苏联的价格动态；（2）生产资料价格与消费品价格的关系；（3）生产资料的价格体系；（4）国民消费品的零售价格。这些问题的研究都涉及如何正确认识价值规律的作用问题。又如在《经济问题》杂志上，就基建投资效率与价值规律的关系展开了讨论。通过讨论，在 20 世纪 50 年代下半期，苏联经济学界得出一个重要结论：价值规律的作用不只包括消费品生产领域，还包括生产资料生产领域。承认这一论点是以后接踵而来的对基建投资和新技术效率问题开展讨论取得成效的必要条件之一。

1958 年 6 月举行了讨论这些问题的全苏科学技术会议，会议由苏联科学院经济研究所和全苏工会中央理事会科学技术协会全苏委员会经济与生产组织委员会召开，参加者约 800 人。会议承认，社会主义生产条件下的基建投资和新技术经济效率的实质在于提高社会劳动生产率，即降低产品价值，从而在解决效率问题时考虑到价值规律作用方面跨出了一步。会议认为，将国民收入实际额的增长同为此所必需的基建投资进行对照的原则是确定国民经济范围内基建投资经济效率的基础。为了选择最有效的投资方案，会议建议将追加投资回收率的期限同这一指标的标准值进行对照，并利用其他的技术经济指标，也包括生产的盈利。

根据会议的各种建议，制定了《确定苏联国民经济基建投资和新技术经济效率的标准方法学》。该方法学提供了比较效率的标准系数（回收率数值、回收期限）。

3. 苏共二十二大进一步强调商品货币关系的作用。

苏共二十二大之前多次举行经济理论讨论会，总的来说，学术界对斯大林有关生产资料不是商品、缩小商品流通、用产品流通代替商品流通和忽视价值规律作用持批判态度，强调要在新的条件下，根据社会经济生活的变化创造性地运用与发展马克思列宁主义。

1961 年 10 月，不论是苏共二十二大通过的《苏共纲领》，还是赫鲁晓夫在大会上作的报告，都强调要重视经济科学的研究，要扩大企业自主权，加强物质刺激和充分利用商品货币关系。《苏共纲领》指出："为了动员内部潜力，更有效地利用基本建设投资、生产基金和财政资金，必须在国家计划任务的基础上，扩大企业的业务独立性和主动性。提高企业在采用先进技术和更充分利用生产能力方面的作用和兴趣。""在共产主义建设过程中，经济领导将依靠对高生产指标的物质刺激和精神刺激。对劳动的物质刺激和精神刺激的正确结合，是争取共产主义的斗争中的伟大的创造力量。""在共产主义建设中，必须根据商品货币关系和社会主义特有的新内容，对商品货币关系充分加以利用。在这方面，运用经济核算、货币、价格、成本、利润、贸易、信贷、财政这些发展经济的工具，起着巨大的作用。""必须大力加强经济核算，力求做到严格的节约、减少损失、降低成本和提高生产赢利。应当经常改善价格制度……价格应当在越来越大的程度上反映必要劳动消耗，保证能补偿生产和流通费用，使每一个正常工作的企业得到一定的利润。在提高劳动生产率和降低产品成本的基础上，不断地、有经济根据地降低价格。"[①] 赫鲁晓夫在苏共二十二大的报告中说："把物质刺激和精神刺激正确地结合起来——这是我们的方针，我们在整个共产主义建设时期的路线。当社会处在社会主义阶段的时候，不要按劳分配，不要商品货币关系以及像价格、利润、财政、信贷这样一些范畴是不行的。"他接着说："在建设共产主义的进程中，我们的任务是要更多地利用和完善财政信贷的杠杆、卢布监督、价格、利润。我们应该提高利润和赢利的意义。为了更好地完成计划，应该给予企业以更多的可能性来支配利用，更广泛地利用利润来奖励自己集体良好的工作，来扩大生产。研究和采用集体刺激的形式，使每个工作者不只从物质利益上关心自己的工作成果，而且关心全部集体劳动的成果，这一点具有重大意义。"[②]

在斯大林时期，个人崇拜严重地束缚人们的思想，僵化的教条主义盛行，在理论上不可能与时俱进。应该说，在赫鲁晓夫执政时期，围绕经济体制改革展开的经济理论讨论十分活跃，特别是在商品货币关系等主要问题上，苏联学者提出不少新的看法。[③] 尽管经济理论的发展受历史条件的影响，仍有很大的局限性，但毕竟是对多少年来不容有半点怀疑的斯大林经济理论的一次巨大的冲击，让人们有可能根据实际已变化的情况去探索理论和发展理论，可称得上是苏联在经济理论的一个重要的发展时期。赫鲁晓夫时期展开的经济理论大讨论的重要意义还在于：一是为苏联以后的经济改革作了一定的舆论和理论的准备；二是赫鲁晓夫在苏联这么一个大国推行改革政策，又积极提倡改革理论的讨论，这对东欧一些国家相继在20世纪60年代中期实行经济体制改革有着十分重要的影响。

（二）提出社会主义各国可以有不同的体制模式

随着经济体制改革与理论的发展，赫鲁晓夫提出，各国的社会主义建

---

① 《苏联共产党第二十二次代表大会主要文件》，人民出版社1961年版，第235—236页。
② 同上书，第349页。
③ 详见本编第八章。

设可以走不同的道路，可以有不同的体制模式。我们在本书第五章谈到反对斯大林个人崇拜的意义时已指出，它有助于人们认识到斯大林—苏联模式不是唯一正确的模式。而在开展体制改革过程中，赫鲁晓夫意识到，苏联长期以来把自己建设社会主义的道路及体制模式视为样板，不允许别国偏离一步，否则就动辄批判、开除甚至加以镇压的做法是不可取的。1963年8月，正当世界各国共产党和工人党同声谴责南斯拉夫背离社会主义复辟资本主义之际，赫鲁晓夫赴南访问，他在访问期间公开发表演说时指出：南斯拉夫是一个"先进的"社会主义国家，在那里，不是"空谈革命"，而是"具体建设社会主义"，南斯拉夫的发展是"对总的国际革命工人运动的具体贡献"。[①]

南斯拉夫是社会主义阵营中率先进行改革的国家，它第一个宣布摒弃斯大林模式。人们都可以看到，尽管南斯拉夫所进行的改革有不少问题，有些问题还十分严重，并且也没有形成一个成熟的体制模式，最后也没有逃脱垮台的命运，但在斯大林的寒冬时期走了自己的改革之路，确实是第一枝报春花。

三　经济体制改革本身也有一些应予肯定的方面

我们讲，在赫鲁晓夫下台时，从苏联出现的种种社会经济问题来看，他的改革的确是不成功的。苏联经济发展的"伟大十年"是在赫鲁晓夫下台前有人制造出来的一个根本不存在的神话。这些说法是符合客观情况的。但是，赫鲁晓夫在改革经济体制过程中，也确有一些值得肯定的东西。拿农业制度改革来说，在1958年前的一些改革思路与政策措施，肯定的方面应该是多一些。这主要反映在：第一，赫鲁晓夫一上台就紧紧抓住了农业的改革，无疑是个正确而又果断的决策。这样做，使苏联躲过了很可能会出现的粮食危机和全国性的饥荒。第二，通过对农业计划制度的改革来扩大农场、农庄的经营自主权，提高物质利益原则的作用和大规模垦荒等思路，是符合当时农业发展客观要求的，特别是对解决苏联当时最为关心的粮食增产问题，起了积极作用。1953年苏联粮食产量为8250万吨，1954年为8560万吨，1955年为10370万

---

① 参见赫鲁晓夫1963年3月30日在南斯拉夫维累涅市群众大会上的讲话。

吨，1956 年为 1.25 亿吨[①]，1957 年为 10260 万吨，1958 年为 13470 万吨。这期间，粮食产量除个别年份出现过下降的情况外，总的来说，呈现增长的趋势。也正是在这个期间，"使赫鲁晓夫赢得了农业内行的声誉"[②]。还应该说，这对赫鲁晓夫在 1957 年苏共中央六月全会上战胜马林科夫、卡冈诺维奇和莫洛托夫反对派并一致同意继续留任第一书记，都起了不可低估的作用。

至于经济改革的另一个重要内容即工业和建筑业的大改组问题，苏联自己的评价是，这不能算是一次改革，而"只是一次不成功的试验"。在赫鲁晓夫下台后不久，苏联《真理报》发表的社论中批评 1957 年的大改组是"没有经过周密思考、没有仔细权衡、没有经过实际试验的改组"[③]。

以上的评价，总的来说也是符合实际的。但 1957 年的大改组，力图解决部门与地区管理之间的矛盾，虽然未取得成功，但赫鲁晓夫搞经济行政区建立国民经济委员会的办法，毕竟是一种试验，为后人提供了经验教训：如何使部门管理与地区管理有机结合，如何发挥地方的权限来提高其管理经济的主动性，与此同时中央又不失控，这对所有当今处于经济转轨的国家来说，仍是一个有待解决的最为复杂的问题之一，至今都尚在寻觅解决的途径。从苏联来说，勃列日涅夫执政后，又恢复了部门管理原则，但在他执政后期，又发现部门管理原则存在一系列问题，后来又成为阻碍工业和建筑业发展的一个重要因素。正是这个原因，广大学者在勃列日涅夫执政后期对此又展开了热烈的讨论，对部门管理原则提出了尖锐的批评意见，这也证明，在工业和建筑业中改变高度集中的部门管理原则有其必要性。关于这方面的情况，我们将在本书第十三章第一节作较为详细的阐述。

---

① 这是 1956 年以前苏联历史上的最高产量，而在 1.25 亿吨粮食产量中，一半以上产自新的开垦区。苏联学者指出："若不是多亏新开垦的处女地获得丰收，苏联在 1956 年几乎肯定要发生饥荒。"参见［苏］罗伊·A. 麦德维杰夫等《赫鲁晓夫的执政年代》，邹子婴等译，吉林人民出版社 1981 年版，第 63 页。

② ［苏］罗伊·A. 麦德维杰夫等：《赫鲁晓夫的执政年代》，邹子婴等译，吉林人民出版社 1981 年版，第 38 页。

③ ［苏］《真理报》1964 年 11 月 8 日。

第二节　改革难以使体制迈向现代化的
主要原因

导致赫鲁晓夫时期的改革未获得成功，难以使苏联体制迈向现代化的原因是多种多样的。涉及的问题很多，这可以从多个方面去分析。

一　首先要看到赫鲁晓夫反斯大林的局限性

不认识这一点，就难以对赫鲁晓夫时期改革出现的种种问题有深刻的理解。现在人们对赫鲁晓夫在苏共二十大反斯大林已有一个共识，即"赫鲁晓夫揭露的、批判的并力图战而胜之的是斯大林，而不是斯大林主义。也许，他真诚地相信，整个问题也就是这样，只要揭露斯大林，他就解决了使社会从过去的极权主义桎梏中解放出来的全部问题"[①]。赫鲁晓夫并不理解，揭露斯大林仅是走上革新社会道路的第一步，而更重要的是对斯大林模式，必须在经济、政治、社会精神生活等方面进行根本性的重大改革。"赫鲁晓夫的主要错误认识就在于此，而他至死也没有摆脱这个错误认识。总的看来，他真的相信，揭露了斯大林个人，他就完成了任务，完成了自己的使命，虽然对消除我们社会生活各个方面（经济、文化、意识形态、整个社会上层建筑）出现的深刻的变形现象没有做任何一点事情。""我在读他的回忆录时感到震惊的是，他或者对一些明显的事情完全视而不见，或者是顽固地相信那些老的谎言，即使是他后来的经验已揭穿了这些谎言的时候仍然如此。例如在他回忆录中，他似乎一本正经地说，在挑选领导人问题上，用哪一个人取代另一个人的问题可经常提到代表大会和中央委员会去解决。没有这一点，'我不知道党会变成什么样的党'。"[②] 赫鲁晓夫揭露斯大林问题的局限性，还表现在对苏联历史发展过程中一些重大问题的错误认识，"赫鲁晓夫主张，绝不能为在'公审'时被'公开定罪'和斯大林的激烈反对者，如季诺维也夫、加米涅夫、季可夫和布哈林等人平反，就像不能让人不得安宁的魔鬼列夫·托洛

---

① ［俄］格·阿·阿尔巴托夫：《苏联政治内幕：知情者的见证》，徐葵等译，新华出版社1998年版，第139页。

② 同上书，第139—140页。

茨基恢复名誉一样。他认为，斯大林在这些案子中消除了对尚处于在幼年时期的共产党国家进行破坏的'极左'和'极右'分子是正确的。而且在他看来，对农民残酷地搞集体化，以及二十年代末、三十年代初对一部分知识分子的镇压，也都是必要和正当的"①。西方学者认为，赫鲁晓夫对斯大林的指控在三个重大方面有明确的局限性。"首先，这种指控集中在斯大林'对党的干部'以及其他政界精英'实行大恐怖'问题上。它反映了赫鲁晓夫在50年代作为恢复活力的共产党领袖执政以及他的改革主张的局限性；它只字不提在斯大林统治下无辜屈死的数百万老百姓。其次，赫鲁晓夫把斯大林的罪恶暴行说成是从1934年开始的，这等于为斯大林于1929—1933年间推行的、给农民带来极大痛苦的集体化运动辩护，把它说成是令人钦佩的必要措施；同时，这也等于宣布不准讨论关于1929年以前党内反对派对斯大林主义的选择这一禁令继续生效。最后，赫鲁晓夫把滥用权力说成仅仅是斯大林以及'一小撮'帮凶（这些帮凶已被揭露并受到惩办）的罪过，从而回避了广泛追究刑事责任并给予惩罚的问题。他硬说（至少是公开表示过），幸存下来的政治局委员都是无罪的。"②

上述的局限性，决定了赫鲁晓夫不能从斯大林体制模式的根本性弊端这个角度去思考问题和进行改革。

赫鲁晓夫对斯大林问题认识之所以存在严重的局限性，这与赫鲁晓夫是斯大林时代的产儿，是斯大林体制形成与发展时期的产儿有关。正如阿尔巴托夫说的，赫鲁晓夫的"主要问题在于他本人就是那个时代的产物，斯大林主义的产物"。因此，要靠他来"清除斯大林主义遗产方面做更多的事，他多半是根本做不到的"。这样，"在政治上他变成了'在原地跑步'"。③ 对此，麦德维杰夫分析说："赫鲁晓夫同时又是斯大林的门生，是斯大林时代的一个产物，那个时代训练了他在政治上的灵巧熟练，也为他留下一部具有残酷无情、审慎从事以及那种可以置某些明显真理不顾之

---

① [苏] 罗伊·A. 麦德维杰夫等：《赫鲁晓夫的执政年代》，邹子婴等译，吉林人民出版社1981年版，第22—23页。

② [美] 斯蒂芬·F. 科恩：《苏联经验重探——1917年以来的政治和历史》，陈玮译，东方出版社1987年版，第116页。

③ [俄] 格·阿·阿尔巴托夫：《苏联政治内幕：知情者的见证》，徐葵等译，新华出版社1998年版，第141页。

机敏颖悟的遗产。"① 因此，就产生了赫鲁晓夫这位"非同寻常的、带有悲剧性的双重意识的矛盾人物。他在苏共二十大所做的关于揭露斯大林镇压的报告，这是在政治上走出的出色的一步，这在很多方面决定了斯大林去世后的过渡时期事态发展方向。他想要同斯大林主义分手，但不是同这种制度分手。他虽同这种制度的创造者决裂，可是他崇拜由这位创始者所创造的世界。这种矛盾无法解决，但他不懂得这个道理"②。赫鲁晓夫一方面"给了社会一点儿自由，后来他自己拧紧了龙头"。正如他在自己的回忆录中所说的："苏联领导决定开始解冻时期，并自觉地走去的时候，大家，也包括我在内，同时对解冻感到担心：'会不会因解冻而出现冲向我们的洪水，这就将很难处理。'""在赫鲁晓夫的活动中有许多与他的生活道路的特点（从政治意识形态上说他是斯大林派的活动家，在他的良心中也有斯大林制度的罪恶的阴影）以及他的个性相联系的矛盾。他往往是进一步，退两步。这儿碰碰，那儿撞撞。"③ 这些都说明，赫鲁晓夫执政期间，在体制改革和重大国内外政策方面出现的摇摆、前后不一贯、不彻底性和动摇性的原因，不能归结为纯属他个人的弱点（如虚荣心）和实用主义（争权）。

二　赫鲁晓夫的改革从来没有离开斯大林体制模式的大框架

在赫鲁晓夫改革过程中，往往是一只脚向民主迈进，另一只脚却陷入了教条主义和主观主义的泥潭。④ 由于赫鲁晓夫个人的经历，他在反斯大林过程中，也能感悟到战后新时代将会到来，但他又无力自觉地把握住战后时代转换的重要契机，深刻地转变斯大林留下的不能再继续推进社会经济进步的体制。很明显，他只能是个过渡性人物，而不是能担当推进苏联社会大步前进、改变旧体制的代表新生力量的人物。

从经济理论上讲，为了进行改革，虽然取得了一定进展，但赫鲁晓夫

---

① ［苏］罗·亚·麦德维杰夫等：《赫鲁晓夫传》，肖庆平等译，中国文联出版公司1988年版，第4页。

② ［俄］亚·尼·雅科夫列夫：《一杯苦酒——俄罗斯的布尔什维主义和改革运动》，徐葵等译，新华出版社1999年版，第202—203页。

③ ［俄］米哈伊尔·戈尔巴乔夫：《对过去和未来的思考》，徐葵等译，新华出版社2002年版，第43—44页。

④ 参见［苏］尤·阿克秀金编《赫鲁晓夫——同时代人的回忆》，李树柏等译，东方出版社1990年版，第3页。

时期并没有摆脱斯大林"左"的教条主义。拿讨论得最多的商品货币理论来说，到 1961 年通过的《苏共纲领》，也只是说它具有新内容和加以充分利用而已，根本没有人提出经济体制改革要以市场经济为方向，强调的还是指令性计划。在所有制问题上，赫鲁晓夫同样是片面追求"一大二公三纯"。在他执政时期，急于消灭手工业合作社，向单一的全民所有制过渡；在赫鲁晓夫的倡导下，人们搞起扩大集体农庄规模的事来，有的地方甚至把 30 来个，乃至更多的农村合并成一个大集体，也就是说，成立了根本无法管理的集体农庄。"合并集体农庄，而且常常是胡来的令人不快的合并，这也是集体化的继续，确切地说是集体化的大功告成"；1958 年砍掉农村个人副业，认为它影响了公有农业经济发展。这种错误思想，"是赫鲁晓夫对农民，也是对全体人民犯下了滔天大罪"①；在"左"的思想支配下，赫鲁晓夫超越社会发展阶段，急于向共产主义过渡……

政治体制改革的局限性，也使赫鲁晓夫经济体制改革难以从传统体制中解脱出来。应该说，赫鲁晓夫在揭露斯大林问题过程中，力图推进苏联政治民主化进程，他针对斯大林政治体制存在的弊端，提出了反对个人集权、加强党的集体领导、加强法制、反对个人专横行为、反对干部终身制和提出实行干部任期制等。这些改革措施在赫鲁晓夫执政的头几年（1958 年前）取得了一定进展，但到执政后期，有的改革措施并没有贯彻到底，有的被赫鲁晓夫自己破坏，譬如，他自己搞集权乃至个人迷信；又如，他通过干部制度的改革，并没有建立起一套民主、科学的选拔干部制度，"他挑选干部越来越不按德才兼备的原则，而按忠实于人，叫干啥就干啥的原则"②。产生这种情况虽有多种原因，但主要是赫鲁晓夫时期的政治体制改革没有从根本上触动其要害即权力过度集中。按照熟知苏联内情的阿尔巴托夫的说法，"赫鲁晓夫完全是有意识地不想放弃从斯大林时期继承下来的政治制度的，因为他作为党的头头知道这样做会直接威胁到他自己的利益，因为他想象不出用以取代这种制度的其他方法。如果你不想在政治和经济体制中实现深刻的变革（而赫鲁晓夫是不想的），掌握权

---

① 〔俄〕亚·尼·雅科夫列夫：《一杯苦酒——俄罗斯的布尔什维主义和改革运动》，徐葵等译，新华出版社 1999 年版，第 16 页。

② 引自解密档案材料，俄罗斯联邦总统档案馆 3 号全宗，67 号目录，223 号案卷。

力就会越来越变成目的本身。他不想放弃过去的政治制度。如果将从斯大林那里继承下来后，当年斯大林建立它们正是为了确保'个人专政'（尼基塔·谢尔盖耶维奇在回忆录里用了库西宁的这个概念，看来，这个概念深深地印在他心上——显然他不了解这个概念的全部含义）的许多机制原封不动地保留下来，那么领导党和国家就可能简单得多和方便得多了。他还欣赏对他本人的颂扬，当然不是斯大林时期的那种凶险的血腥的个人迷信，但毕竟是十分有害的"①。苏联著名历史学家麦德维杰夫与阿尔巴托夫在这个问题上有共同的认识。麦德维杰夫说：赫鲁晓夫"本人肯定没把扫除他前任所建立的那种政治体制当成自己的任务，相反，为了巩固他自己的权力以及实施某些政治和经济上的改革，他还充分利用了这种体制的独裁主义结构"②。特别是到了其执政后期，逐步走向斯大林的极权道路，执政初期推行的政治体制改革出现了回归，如实行党政合一，赫鲁晓夫作为党的第一把手又兼任部长会议主席，又搞任人唯亲、封建家族式的干部授职制，又搞个人集权与个人崇拜，对外同样搞霸权主义，等等。

以上分析说明，赫鲁晓夫执政时期，不论是经济体制改革还是政治体制改革，都没有改变斯大林模式的大框架，高度集中的指令性计划经济与高度集权的政治体制交织在一起，互为需要，从而成为阻碍体制改革的一个重要因素。

三　经济体制改革本身存在一系列问题

1. 从改革思路来讲，为了克服传统体制的弊病，在改革开始阶段，首先应把重心放在改革经济机制和调整经济关系上，即要调整好国家与企业的关系，扩权让利，重视商品货币关系与经济杠杆的作用，而1957年的工业和建筑业大改组把中心放在调整经济管理组织形式上，只是把经济管理的重心由中央转到地方，管理机构从"条条"搬到"块块"，即只是在"条条"与"块块"、中央与地方的关系方面兜圈子。由于上述原因相联系，大改组的结果是，只是从一种行政手段转为另一种行政手段，即从中央的行政指令方法转向地方的行政指令方法。另外，由于改组的核心是

①　［俄］格·阿·阿尔巴托夫：《苏联政治内幕：知情者的见证》，徐葵等译，新华出版社1998年版，第140页。

②　［苏］罗·亚·麦德维杰夫等：《赫鲁晓夫传》，肖庆平等译，中国文联出版公司1988年版，第2页。

取消部门管理原则，因此花大力气分析了部门管理存在的种种问题，但并没有注意部门管理的客观合理的内核，并努力在改组中解决地区管理与部门管理如何合理地结合的问题。

2. 从改革的步骤来看，1957 年大改组确实是未经充分准备，仓促上阵，事先也未经过试验。正如一些苏联学者所指出的："这样全面的工业改革，不言而喻是一项十分复杂的工作，应该经过几个州若干年试点后，再在全国范围内推广。报刊上对改革计划的种种分析，不能代替实际的尝试。"① 改组的结果是，使企业下放过了头，权力分散过了头。例如，大改组后，使中央管辖的工业产值在全苏工业产值中的比重大大下降，从而削弱了国家对国民经济必要的集中统一领导和计划管理，致使地区的"分散主义"和"本位主义"泛滥，"差不多在每个管理局中都有分散力量的情况"② 。赫鲁晓夫在打破原来的部门管理体制的同时，并没有建立起一套新的管理体制。

3. 从改革方法来看，赫鲁晓夫往往凭个人的主观愿望，依靠行政命令强制推行改革，特别是到后期，随着赫鲁晓夫领导地位的确定，他的头脑日益膨胀起来，个人专断、唯意志论日益增长。苏联学者布尔拉茨基在发表的文章中分析说，赫鲁晓夫的改革是不彻底的和低效益的。其原因是由于他用传统的行政方法、官僚主义方法搞改革，不重视人民群众的作用，没有发动劳动人民为改革而斗争。③ 这个说法是有道理的。这里特别要指出的是，赫鲁晓夫对农业心血来潮的改革和对农业发展政策的瞎指挥尤为突出，他不顾条件地扩种玉米，取消农民的个人副业，停止采用草田轮作制，通过政治压力在短期内改组了机器拖拉机站……这些都对农业的发展带来了极其不利的影响。

四 政治领域改革缺乏缜密考虑与安排

从政治角度来看，由于赫鲁晓夫的改革涉及大量的人事变动，侵犯了很多人的利益，对此事先又没有充分考虑，也未作出应有的安排。在这方面，赫鲁晓夫面临的挑战是十分严峻的，例如，他要取消领导干部终身

① ［苏］罗伊·A. 麦德维杰夫等：《赫鲁晓夫的执政年代》，邹子婴等译，吉林人民出版社 1981 年版，第 103 页。

② ［苏］《消息报》1963 年 11 月 3 日。

③ 参见［苏］《文学报》1988 年 2 月 24 日。

制，对于党的选举产生的各级领导机关（从地方到中央委员会成员），采取按一定比例经常更换的制度。每次选举时，苏共中央委员会及其主席团成员至少更换 1/4，1962 年苏联最高苏维埃的代表在选举中更换了近 70%。[①] 他还取消了高级干部（如州委书记、中央委员、报纸主编等）的相当可观的月薪"津贴"，对局级干部不再配备司机，不再提供可以随意到任何地方去的专车。在工业和建筑业大改组时，引起大量领导干部的调动；在农业改革过程中，由于赫鲁晓夫的鲁莽和急躁，改组了从农业部、大中农业机构、农学院到试验站的整套政府结构。让农业部离开莫斯科，迁到农村，农业部工作人员失去了在莫斯科舒适的办公室，与此同时，各加盟共和国也采取了类似的做法。并且，从苏联农业部长到各加盟共和国农业部长，都由一个国营农场的场长来担任。一年之内，2200 名工作人员中有 1700 名接到了调离的通知，其中大部分是职务较高的领导人。农业院校也迁到了农村。不论是农业部还是农业院校的工作人员，由于农村条件差，造成了大量农业工作人员包括农业专家的流失……赫鲁晓夫上述种种做法中，有关反特权的措施有其积极意义，但必然会引起原来受益者的反对。至于在农业改革中的一些做法，既导致了农业灾难，又引起了农业部门干部的反对。

以上情况说明，赫鲁晓夫在改革过程中，触犯了很多人的利益，在客观上树立了一批"政敌"或"反对派"。在这种情况下，即使是正确的改革方案，也难以得到贯彻和取得成功。

五　不可忽视的赫鲁晓夫个人性格因素

赫鲁晓夫个人性格尽管对改革的失败不起主要作用，但也是不可忽视的因素。苏联著名政治家布尔拉茨基写道："赫鲁晓夫不仅是环境的牺牲者，而且也是其性格的牺牲者。急性子、过于匆忙、容易激动，这是他无法克服的缺点。"他还引证 1956 年赫鲁晓夫和布尔加宁访问英国期间，在苏联大使馆举行招待会上，丘吉尔对赫鲁晓夫说的话："赫鲁晓夫先生，您在着手大规模改革，这当然好！我只是想劝您不要操之过急。靠跳跃两步跨越鸿沟是相当难的，还可能会坠入沟中。""我（布尔拉茨基——笔者注）冒昧地试着以个人名义补充一句：当你没有看清，准备跳到那个

---

① ［苏］《真理报》1962 年 4 月 25 日。

岸上时，是不能跨越鸿沟的。"①

六 不可忽视的国际压力

赫鲁晓夫要推进体制改革，阻力不只来自国内保守势力和传统的意识形态，还有来自国际的压力。1956 年苏共二十大揭开斯大林盖子后，西方国家利用斯大林问题大肆攻击社会主义制度，在资本主义国家的共产党陷入了严重困境；而在东欧一些原社会主义国家出现了混乱，发生了波兰和匈牙利事件；中苏两党因在斯大林问题上产生不同看法并加上其他因素，导致历时十年之久的有关建设社会主义道路和国际共运的意识形态的大论战。这种压力，使赫鲁晓夫反斯大林个人迷信和改革时而出现动摇。阿尔巴托夫谈到这一问题指出："共产主义运动中的困难使得赫鲁晓夫转而放慢而不是加速去克服斯大林主义，放慢而不是加速去进行改革，首先是实行国家政治生活的民主化。""在赫鲁晓夫和当时的整个领导对东欧一些国家，尤其是匈牙利和波兰政治危机作出的反应中，这一点表现得更为明显。"而中国因素对赫鲁晓夫在这一转变中，也起了不小的作用。中国先后发表《一论无产阶级专政历史经验》《再论无产阶级专政历史经验》两篇文章和"九评"，在当时形势复杂和思想混乱的条件下，"中国的宣传就不难在一些问题上把我们吓住，迫使我们处于守势，促使我们采取前后不一贯的，或者完全错误的立场"②。

这里顺便说几句有关中苏大论战的问题。1989 年 5 月，邓小平在会见戈尔巴乔夫时说："经过二十多年的实践，回过头来看，双方都讲了许多空话。""多年来，存在一个对马克思主义、社会主义的理解问题。""马克思去世以后一百多年，究竟发生了什么变化，在变化的条件下，如何认识和发展马克思主义，没有搞清楚。"③ 从邓小平的谈话中可以看出，中苏大论战脱离了已经变化的历史实际，论战双方尽管都以"真正的马克思主义"自居，而实际上并没有弄懂什么是马克思主义，什么是社会主义。大论战是一场"空对空"、"左对左"的论战，后来发展到中国

---

① 转引自［苏］尤里·阿法纳西耶夫编《别无选择——社会主义的经验教训和未来》，王复士等译，辽宁大学出版社 1989 年版，第 606 页。

② ［俄］格·阿·阿尔巴托夫：《苏联政治内幕：知情者的见证》，徐葵等译，新华出版社 1998 年版，第 66、133 页。

③ 《邓小平文选》第 3 卷，人民出版社 1993 年版，第 291 页。

"极左"。从总体来说，赫鲁晓夫不是右，而是"左"，这样就形成了中国的"极左"对赫鲁晓夫的"左"。后来，又给赫鲁晓夫扣上了修正主义帽子。邓小平曾对法共领导人马歇说："我们的错误不是个别的错误，我们的错误在于以我们的标准去评判别人的实践和是非，违反唯物辩证法。"在这样的背景下，对赫鲁晓夫进行的浅层次的、不触及斯大林模式要害的改革横加批判，"九评"连赫鲁晓夫在改革经济体制过程中提出物质刺激、利润原则、改变官僚主义的农业计划制度等，都说成是在苏联复辟资本主义，是修正主义。大论战，无疑会对苏联当时正在进行的经济改革产生影响。对中国的影响是，强化了斯大林模式，理论上更加教条化。更为不幸的是，大论战和农村开展社教运动实际上为"文化大革命"做了理论、舆论和政治准备，把中国最后带入"文化大革命"的十年浩劫，全国上下到处抓大大小小的"赫鲁晓夫"。

如果要说大论战的积极意义，也许可以说，使中国彻底摆脱了苏联的控制，打破了苏共在国际共运中的霸主地位。邓小平讲："我们一直反对苏共搞老子党和大国沙文主义那一套。他们在对外关系上奉行的是霸权主义的路线和政策。"① "我们反对'老子党'，这一点我们是反对得对了。"②

赫鲁晓夫时期的改革，既没有促进体制现代化，也没有使经济沿着现代化道路发展。这不仅从上面的论述中可以看到，并且从 1964 年召开的苏共中央十月全会迫使赫鲁晓夫下台的有关材料中得到论证。

苏斯洛夫在 1964 年召开的苏共中央十月全会上所列举的赫鲁晓夫的一系列的严重错误有：

从政治体制角度看，赫鲁晓夫背离集体领导原则，把无限的权力集中在自己手里，但又不善于乃至不正确地运用这权力。这样就造成以下的状况：对带有根本性的重大的内外政策问题，中央集体无法进行自由的、切实的讨论。赫鲁晓夫公然无视党与政府领导集体的意见，不再考虑其他领导人的主张，不把任何人放在眼里，力图建立他的个人专政；赫鲁晓夫自以为绝对正确，骄傲自满、毫无根据地企图充当马克思列宁主义的伟大理论与实践家；他把一切成就不是归功于党，而是全部归功于他个人；他在执政后期，尽量摆脱苏共中央及其主席团的监督；在工作中，不尊重别人，只要别人谈谈自

---

① 《邓小平文选》第 2 卷，人民出版社 1994 年版，第 319 页。
② 《邓小平文选》第 3 卷，人民出版社 1993 年版，第 237 页。

己的看法，立即就被打断，经常怒气冲冲地吼叫，极端粗暴，为所欲为，任性，心胸狭窄和热衷于发号施令；赫鲁晓夫的个人迷信虽未最后形成，正处于形成过程中，处于复发阶段……一句话，在苏共中央"形成了一种令人不能容忍的局面，使得中央主席团不能正常地进行工作"①。正是在这种情况下，苏共中央主席团不得不下决心让赫鲁晓夫离开领导岗位。

写到这里，笔者不禁要问，赫鲁晓夫上台后把很大精力花在反对斯大林个人迷信，揭露其独裁政治产生的严重弊端问题上，后来，他为什么在不少方面又走斯大林的老路呢？斯大林的一些不良品质为什么又会在赫鲁晓夫身上得到反映呢？在波利扬斯基起草的报告中，对此作了一些分析。事情的发生亦是有个过程的。斯大林去世后，苏共"一面揭露对斯大林的个人迷信，一面遵循列宁的警告，并没有立即委托给赫鲁晓夫同志无限的权力。初期他仅仅领导苏共中央，担任中共第一书记。在这一时期，尽管他犯过一些错误和失误，总的说来还是相当谨慎地使用权力，尊重领导人集体的意见。因此，当1957年推举部长会议主席人选时，党中央委员会提名赫鲁晓夫，认为他在这方面也会正确地使用权力。他当时的行为没有引起人们的担心。此外，当时允许这种权力集中还出于一些国内和国外形势的考虑"。"我们党及其中央委员会，在推举赫鲁晓夫同志担任苏共中央第一书记和苏联部长会议主席之后，不断地对他表示关注，使他能够出色地履行这些崇高的职责，少犯错误，少出差错，使他的威望不断提高和巩固。的确，由于苏共中央委员会和全党的努力，为他树立了不小的威望。""应当承认，赫鲁晓夫同志在初期似乎还能理解这些事实真相，对自己的威信所以不断提高似乎还有自知之明。""大概正因为如此，我们的警惕在某种程度上放松了。""当时的形势也助长了这个问题的发展。我指的是派别活动分子——对斯大林个人迷信的拥护者向党发动进攻的那个时期。当然，他们也向赫鲁晓夫同志发动了进攻。我们在反击的过程中，按照斗争的逻辑，不得不说许多赞扬赫鲁晓夫的话，而且那时又不能批评他。看来，他由此得出关于他本人的、完全不正确的结论。"这里可以看到，在高度集权的政治体制没有触动的情况下，在党内没有民主，对最高领导缺乏监督机制的条件下，起初沿着正确路线前进的赫鲁晓夫，之所以会背离这条路线，"这首先是权力过分集中在一个人手中的结果"。

---

① 引自俄罗斯联邦总统档案馆3号全宗，67号目录，223号案卷。

"权力集中在一个人手中，势必潜伏着产生严重危险的可能性"①。亚·尼·雅科夫列夫对此说道："人是脆弱的：绝对的权力使人绝对腐败。"②说得多有哲理啊！

从经济体制改革角度看，由于改革未取得成功，使得经济状况呈现恶化的趋势并出现了混乱的局面。这主要表现在以下几个方面：

一是一些国民经济综合指标下降。根据苏联科学院经济研究所提供的材料，社会总产值从1956年到1963年的8年间，增长速度降低了一半（详见表10－1）。

表 10－1　　　　　　　　　　**社会总产值下降情况**

年份	年均增长率（％）
1950—1953	10.6
1953—1956	11.1
1956—1959	8.9
1959—1962	6.9
1962	6.0
1963	5.0

资料来源：引自解密档案材料，俄罗斯联邦总统档案馆3号全宗，67号目录，223号案卷。

国民收入指标也出现了下降，直到1964年初，在8年中，国民收入增长速度降低了2/3（详见表10－2）。

表 10－2　　　　　　　　　　**国民收入下降情况**

年份	年均增长率（％）
1950—1953	11.0
1953—1956	12.0
1956—1959	8.9
1959—1962	6.9
1962	6.0
1963	4.0

资料来源：引自解密档案材料，俄罗斯联邦总统档案馆3号全宗，67号目录，223号案卷。

---

① 引自解密档案材料，俄罗斯联邦总统档案馆3号全宗，67号目录，223号案卷。

② ［俄］亚·尼·雅科夫列夫：《一杯苦酒——俄罗斯的布尔什维主义和改革运动》，徐葵等译，新华出版社1999年版，第18页。

二是一些重要的质量指标不断恶化。以固定资产的利用指标为例，在七年计划①的 4 年当中，整个国民经济中的上述指标降低了 9%，而在农业当中甚至降低了 21%。劳动生产率也不断下降。1950—1955 年，工业中劳动生产率年均增长 7.8%，而在七年计划的年份里，工业劳动生产率年均增长实际下降到 5.6%，1962 年为 5.5%，1963 年为 5.2%。而按中央统计局的汇总材料来看，劳动生产率增长计划已经超额完成了。

工业中的"第一部类"与"第二部类"之间的比例更加失调。到1963 年，这种比例失调已经达到创纪录的水平。当年，"第一部类"的增长速度为 10%，比"第二部类"的 5% 高出 1 倍。

三是农业生产形势严峻。按七年计划规定，1959—1963 年农产品的年均增长速度应为 8%，而实际上，前 4 年的年均增长速度为 1.7%，1963 年则为负增长，按价值计算的总产量低于 1958 年的水平。5 年中，国营农场的农产品成本理应降低 2.1%，实际上却提高了 24%。严重缺粮和缺饲料，导致大量屠宰牲畜，结果是使肉、油、蛋及其他产品严重缺乏。到 1964 年，肉类产品在各地几乎普遍出现长时间脱销。在 1963 年，苏联国内甚至连面包供应都发生了严重的困难。为此，赫鲁晓夫甚至建议实行粮食凭卡供应制度。后来动用了 860 吨黄金，从加拿大和美国进口粮食。另外，还动用了国家的国防储备粮，才未实行凭卡供应粮食制度。

通过农业改革提高农业工作人员对物质利益的关心问题，也未能得到很好的解决。1958 年，集体农庄一个人日的劳动报酬所得的货币与实物报酬合计为 1.56 卢布，而到 5 年后的 1963 年，仅增加到 1.89 卢布，5 年期间一共增加 36 戈比，即一个人日每年才增加 7 戈比。

从赫鲁晓夫执政后期来看，苏联经济的发展状况远没有达到改革所预期的目的。

---

① 1959 年召开的苏共二十一大通过的 1959—1965 年国民经济七年发展计划。

第十一章

勃列日涅夫时期经济改革停滞
阻塞经济现代化

勃列日涅夫执政 18 年，时间之长仅次于执政 30 年之久的斯大林。在这 18 年期间，大致可分为两个阶段：从开始执政到 20 世纪 70 年代初为第一阶段；从 70 年代上半期到勃列日涅夫 1982 年逝世为第二阶段。在第一阶段，勃列日涅夫主要做了三件事：一是调整赫鲁晓夫时期的政策；二是积极营造与巩固权力；三是探索改革与全面推行新经济体制。

第一节　执政第一阶段调整经济
政策与探索改革

一　调整赫鲁晓夫时期的政策

赫鲁晓夫下台时，苏联社会经济处于混乱状态。以勃列日涅夫为首的新领导班子一上台，就一再地强调赫鲁晓夫时期召开的苏共二十大、二十一大和二十二大所确定的路线方针不变。勃列日涅夫第一次向公众亮相是在 1964 年 10 月 19 日出席欢迎宇航员的大会上。在会上，他说："我们党第二十次、第二十一次和第二十二次代表大会所制定的我们党的总路线是列宁主义的路线。它过去、现在和将来都是共产党和苏联政府对整个对内外政策唯一的、不可动摇的路线。党认为自己的最高目标是为人民服务，加强我们社会主义祖国的威力，提高它的荣誉和威信，始终如一地、坚持不渝地贯彻马克思列宁主义的伟大思路。"[①] 1964 年 11 月 25 日，柯西金在土库曼共和国成立 40 周年庆祝大会上也明确地说："我们的一切成绩，

---

① 《勃列日涅夫言论》第一集，上海人民出版社 1974 年版，第 4 页。

都是由于实行第二十次、第二十一次和第二十二次党代表大会决议以及苏共纲领所规定的党的总路线的结果。这是马克思列宁主义的路线，它是不可动摇的。"①《真理报》还发表了编辑部文章，表示苏共"始终不渝地执行着"并"永远忠于""苏共第二十次、第二十一次和第二十二次代表大会所拟订的、在苏共纲领中得到反映的列宁主义的总路线"。苏共新领导上台伊始，之所以一再公开作以上的表态，一个重要的直接原因是针对当时国内外有相当多的人，对赫鲁晓夫的被废黜，新领导会不会改变苏共二十大反对斯大林个人崇拜的立场和政策，绝大多数拥护二十大方针的人都感到不安和困惑，或者觉得失望。当时，苏共内部确实也存在为斯大林主义恢复名誉、主张回到内外政策的陈规旧套方针的人。他们在 1964 年苏共中央十月全会以后，竭力对勃列日涅夫吹风，吹了各种各样的风，在争取勃列日涅夫的"心"。但也应看到，对二十大方针的攻击，遭到苏共党内不少人的强烈反击。② 在这种情况下，勃列日涅夫上台之初，为了在重大政治问题上不出现大的反复，明确表明坚持赫鲁晓夫执政时期三次代表大会制定的路线方针是必要的。正是在这种背景下，1966 年 3 月召开的平淡与保守的苏共二十三大，在官方文件中还不时提到二十大和二十二大。并且，勃列日涅夫还考虑到，应把人们的注意力引到发展经济等问题上来。在我们上面提到的第一次亮相会上，他说："党认为国内政策的主要任务是：发展我国社会的生产力，在此基础上不断提高苏联人民的福利，大力发扬社会主义民主。我们党希望苏联人民一年比一年生活得更好，更有保障，更有文化，希望人民充分发挥主动性。"③

　　但在保证社会稳定和安定人心的条件下，为了克服赫鲁晓夫执政时期造成的混乱，勃列日涅夫又必须对其前任的一些重要政策进行批判、调整与修改。这除了在撤销赫鲁晓夫职务的 1964 年苏共中央十月全会所作的批判外，勃列日涅夫上台后，在苏联报刊上对赫鲁晓夫不点名的批判还在继续进行。1964 年 10 月 17 日《真理报》发表的题为《苏共不可动摇的列宁主义总路线》一文指出："列宁式的党反对主观主义和在共产主义建设中采取放任自流的态度。裙带关系，草率的结论，鲁莽冒失的、脱离实际的决

---

①　[苏]《真理报》1964 年 11 月 26 日。

②　参见 [俄] 格·阿·阿尔巴托夫《苏联政治内幕：知情者的见证》，徐葵等译，新华出版社 1998 年版，第 164—165 页。

③　《勃列日涅夫言论》第一集，上海人民出版社 1974 年版，第 4 页。

定和行动，吹牛皮说大话，根本不顾科学和实际经验已经研究出来的结论，凡此种种都和列宁式的党格格不入。共产主义建设是个生气勃勃的创造性的事业，它不能容忍官府衙门的工作方法，个人单独做出决议，不能容忍无视群众实际经验的态度。"后来，"唯意志论"和"主观主义"成为苏联报刊用来批判赫鲁晓夫的代名词。政策的调整与修改突出反映在以下几个方面：

1. 1964 年召开的苏共中央十一月全会通过决议，决定重新恢复按地区生产特征建立统一的党组织与领导机关，取消赫鲁晓夫时期以生产原则为基础分别成立的工业党组织与农业党组织。

全会决议指出："必须恢复按地区生产特征建立党组织及其领导机关的原则。""在原被分为工业党组织和农业党组织的州和边疆区，恢复统一的州、边疆区的党组织，把州和边疆区的所有共产党员，不论他们是从事工业工作，还是从事农业生产，都联合在一起。边疆区、州的党组织建立统一的边疆区、州的党委会。""必须把集体农庄国营农场生产管理局党委改组为区党委会，集中对各级党组织，包括对该区的工业企业和建设单位党组织的领导。撤销以前在农业地区、州中心和共和国中心建立的工业生产（地区）党委会。""凡是恢复统一的边疆区党委会和州党委会的边疆区和州，于 1964 年 12 月分别举行党的代表会议，选举相应的党的组织机关。"决议还指出："赞成苏共中央主席团提出的关于合并边疆区、州的工业党组织和农业党组织的办法的建议；委托中央主席团研究和解决有关在边疆区和州建立统一的党及其领导机关以及有关恢复统一的苏维埃机关的一切组织问题。"

在谈到这次苏共中央全会之所以要尽快纠正赫鲁晓夫时期把党分为工业党和农业党的做法时，《真理报》在中央全会结束后的 11 月 18 日发表的《忠于列宁主义组织原则》的社论中，对此作了说明，指出："把党组织分为工业的和农业的，引起了许多困难和麻烦。改组同生活发生了矛盾。生活表明，实践上不可能划清工业党组织同农业党组织的活动范围。用所谓生产原则代替按地区特征建立党组织的原则，客观上使党政机关和经济的组织职能、权利和义务相互混乱，使党委会代替了经济机关。改组的结果，作为行政经济单位的区，在党和国家的关系上应付不过来。"

2. 考虑到赫鲁晓夫执政后期，党的集体领导原则遭到严重破坏的情况，勃列日涅夫上台后，也像赫鲁晓夫上台初期一样，强调要恢复被斯大林破坏了的集体领导原则。

这也是斯大林逝世后在苏联第二次认真地试图实行集体领导。《真理报》发表的社论中说："党内生活和活动等是由弗·伊·列宁制定的，并为几十年的历史经验所考验、检验和丰富的那些原则和标准确定的。集体领导是这些原则中最重要的一个原则，是经过考验的武器，是我们党的最伟大的政治财富。""只有在列宁的集体领导原则的基础上，才能引导和发扬党和全国人民日益增长的创造性的主动精神。只有依靠这个原则，才能正确地分析局势，才能清醒地、客观地、不骄傲地评价所取得的成就，才能看到缺点，并且及时地彻底地消除这些缺点。"[①]

勃列日涅夫执政初期，还是比较谨慎的，在一段时期内他与部长会议主席柯西金和最高苏维埃主席波德戈尔内（他是在年满 70 岁的米高扬于 1965 年 12 月辞职后接任该职务的）三人，形成了被称为"三驾马车"的、体现最高权力的集体领导的架构。另外，勃列日涅夫上台不久，就通过决议，规定苏共中央第一书记和苏联部长会议主席职务"永远分离，不得兼任"。但后来的实际情况证明，当勃列日涅夫地位日益巩固，"三驾马车"的架构也逐步解体，集体领导也不复存在，最后也发展到个人崇拜（关于这个问题下面将会论述）。这是因为在高度集权的体制下，党内缺乏民主的条件下，集体领导很难实现，最高领导凌驾于政治局之上的局面也很难解决。

3. 改变党的作风，强调民主与法治。

这主要是针对赫鲁晓夫时期"唯意志论"、草率决定重大问题等弊端提出来的。勃列日涅夫在刚上台欢迎宇航员大会上的讲话中说："我们在前进的同时，将提高党的责任及其在社会生活中的领导作用和组织作用，在经过周密考虑的、严格的科学基础上制定自己的政策。"他在不久后的庆祝十月革命 47 周年大会上的报告中强调："不大力提高群众的创造性，不发扬社会主义民主，是不可能建立共产主义的物质技术基础。""我们的制度保障劳动人民享有广泛权利和政治自由。党和国家将警惕地捍卫这些权利和自由，恪守社会主义法制。"[②]

以上三个方面的调整，主要是涉及政治领域的一些重要问题，这对以后有序地开展经济改革是十分重要的。

---

① ［苏］《真理报》1964 年 10 月 17 日。
② 《勃列日涅夫言论》第一集，上海人民出版社 1974 年版，第 5、23 页。

4. 在农业方面采取一些应急的纠偏政策。

勃列日涅夫一上台，对农村个人副业即采取措施，决定取消赫鲁晓夫时期的种种限制性规定。为此，苏共中央 1964 年 10 月 27 日通过了《关于取消对集体农庄庄员、工人和职员个人副业的不合理限制的决议》。苏共中央委托加盟共和国党中央和部长会议，审议和解决关于取消最近几年实行的对集体农庄庄员、工人和职员（在农村、城市和郊区）个人副业中生产农产品的限制的问题。要求苏联财政部和苏联国家银行，在一个月内向苏联部长会议提出关于给集体农庄庄员、工人和职员提供购买奶牛和牛犊用的贷款办法的建议。1964 年 11 月 6 日，勃列日涅夫在庆祝十月革命 47 周年大会上的报告中对此解释说："忽视集体农庄庄员、工人和职员为满足本身需要而从事个人副业的条件，是不正确的。最近几年，在这方面实行了没有根据的限制，而采取这种步骤的经济条件并没有成熟。"[1]

1965 年 4 月 1 日，苏共中央和苏联部长会议通过了《关于向集体农庄提供财政帮助的决议》。目的是进一步增加农产品产量，增加集体农庄公有基金和收入，为提高集体农庄庄员的物质兴趣创造条件。为此，决议决定：责成苏联国家银行破例注销集体农庄拖欠苏联国家银行的贷款，数额为 20.1 亿卢布；集体农庄按预购合同拖欠采购组织的预付款可以延期偿还，数额为 1.2 亿卢布；集体农庄因向机器拖拉机站和修理技术设备、房屋而拖欠的债务余额，应予全部注销。[2] 在全面推行新经济体制之前，勃列日涅夫为加强农业采取了不少的措施，通过了不少的决议。仅 1965 年 4 月 1 日苏共中央和苏联部长会议通过了《关于 1966—1970 年供应农业拖拉机、农业机器、运输工具、挖土技术设备和化肥》《关于 1966—1970 年发展农业的基建投资》《关于 1966—1970 年农产品收购计划》《关于提高集体农庄和国营农场对增加肉类产品量和国家交售量的物质兴趣》和《关于土地已交给国营农场及其他企业及组织的前集体农庄成员的优抚保障》等决议。

二　探索改革与为全面推行新经济体制做准备

勃列日涅夫上台后，在调整赫鲁晓夫时期的政策与巩固自己的权力的同

---

① 《勃列日涅夫言论》第一集，上海人民出版社 1974 年版，第 22 页。

② 参见《苏联共产党和苏联政府经济问题决议汇编》第五卷，中国人民大学出版社 1983 年版，第 631 页。

时，考虑到国内经济面临种种问题的压力，也看到东欧各国都在推行经济体制改革，因此，在他执政的第一个阶段，对经济体制的改革持积极支持的态度。这一阶段的改革从时间先后的进程看，主要是在以下三个方面展开的。

1. 对赫鲁晓夫后期酝酿的经济改革继续进行试验。

勃列日涅夫上台后在采取一系列调整政策时，并不全盘否定赫鲁晓夫时期的经济体制改革，也并不像有些学者所说的："直到1964年末，赫鲁晓夫的许多改革——不论好坏——全都废除了。"[①] 勃列日涅夫没有完全否定改革的必要性。他在1964年11月6日庆祝十月革命47周年大会上的报告中指出："在发展生产方面，我们必须广泛地采用经济刺激，这一点现在比任何时候更明显了。经济杠杆应该促使企业更好地使用生产基金，更节约地耗费原料和材料，更快地运用新技术，完善所生产的产品和提高每个企业的劳动生产率。""完成这些任务有助于保证把整个社会的利益同每个生产单位和每个劳动者的物质利益正确地结合起来。""与一贯实行使工作人员从物质利益上关心他们劳动成果的原则的同时，在我们的社会里精神刺激因素也起着作用。"[②] 作为主管经济的苏联部长会议主席柯西金也一再强调，必须改善现行的经济管理体制和提高经济刺激对生产的作用。1964年12月9—11日，他在第六届苏联最高苏维埃第五次会议上说："扩大企业经营独立性，扩大企业经理、车间主任、工长的权力，采用经济核算，规定有经济根据的价格，提高利润的作用和物质鼓励是加速发展苏联经济的条件。"1965年4月勃列日涅夫访问波兰时在华沙车站的讲话中又谈到了苏联对经济管理体制改革的想法，他论述了物质刺激与发展农业的关系，指出：苏联"将特别注意对集体农庄庄员和国营农场工作人员的劳动的物质刺激问题。在这方面，我们党的出发点是：进一步发展农业生产的任务同提高农村劳动者的福利有着不可分割的联系。只有在提高农民的收入、生活水平和文化的基础上，才能提高农业生产的效力"。接着，他在谈到社会主义国家在寻求计划工作和领导国民经济、科学地组织劳动和管理新形式问题时说："实际上这就是要更合理地利用社会主义的经济规律，制定符合我们国家已经达到的生产力水平的社会主

---

① ［西德］米夏埃尔·莫罗佐夫：《勃列日涅夫传》，张玉书等译，三联书店1975年版，第346页。

② 《勃列日涅夫言论》第一集，上海人民出版社1974年版，第21页。

义经营方法。同时，生活和实际经验也不断肯定一些形式和淘汰另一些形式。"他还强调"研究其他兄弟国家的相应经验，无疑对每个社会主义国家都有很大意义"①。

勃列日涅夫和柯西金上台不久有关经济改革的上述讲话，可以说明：一是他们上台后，并没有忽视经济改革的紧迫性，并在探索与酝酿下一步的苏联经济改革的方案。二是他们的上述讲话，在一定程度上反映出今后经济体制改革的大体思路，例如：要使经营方法符合已达到的生产力发展水平；扩大企业权限；加强物质刺激和提高利润的作用等。

与此同时，苏共中央和苏联部长会议，为了制定新的经济改革方案，继续进行赫鲁晓夫在 1964 年夏天已进行的"利别尔曼建议"的试验。1964 年 12 月 26 日，苏联《消息报》宣布，从 1965 年开始，利沃夫国民经济委员会所属的 5 个工业企业试行"利别尔曼建议"，试验方案是由利别尔曼教授亲自参加制定的。方案的主要内容是：对重工业企业只规定产量（包括品种）计划与赢利（包括赢利率）计划，其他各项经济指标由企业自行规定。对轻工业企业的产量（品种）计划根据商店的订货合同，由企业自行规定。方案还规定，利润是奖金的来源。当企业完成计划时，可按照工资基金的比例从利润中提取奖励基金。利润越大，奖励基金也越多。企业的奖励基金一半用于企业的投资，另一半用作企业领导人、工程技术人员的奖金。奖金的最高额度不得超过基本工资的 40%。

1965 年 1 月 1 日，苏联最高国民经济委员会决定，自即日起，在莫斯科、列宁格勒等十个大城市的全部缝纫和制鞋企业，以及哈萨克、摩尔达维亚、中亚细亚与外高加索各共和国的 400 家轻工业企业和 128 家纺织与皮革厂，推行根据商业部门直接订货进行生产的试验。试行新制度的企业，其经理有权根据订货者的需要改变计划，规定总产量、工资基金和工作人员人数等。产品销售量与赢利成为企业的两项主要计划指标。1965 年 1 月 13 日，《真理报》公布，又有 336 家企业进行改革试验。据《经济报》统计，在 1965 年，莫斯科、列宁格勒、高尔基市与其他一些城市，31% 的服装企业、17% 的纺织工业企业、10% 的皮革业试行利别尔曼改革方案。

据 1965 年 1 月 13 日《经济报》报道，伏尔加国民经济委员会化学和机器制造厂、中央黑土地带经济区机器制造厂、吉尔吉斯国民经济委员会

---

① 《勃列日涅夫言论》第一集，上海人民出版社 1974 年版，第 137 页。

房屋家具厂等企业，从 1965 年开始，对建造、改建与扩建现有企业所需的投资，试行由原来的财政拨款改为贷款，其目的是通过贷款的方式加强对工程的监控，以促使工程缩短工期，加快投资回收和降低造价。

1965 年先后通过了有关部门与行业进行改革试验的决议，它们是：

1965 年 3 月 13 日，苏联部长会议通过了《关于使轻工业和食品工业企业工作人员更加从物质利益上关心增产日用消费品和改进产品质量，使商业企业工作人员更加从物质利益上关心完成和超额完成商品周转额计划的决议》；

1965 年 4 月 3 日，苏联部长会议通过了《关于在汽车场的工作中试行计划和领导的新办法的决议》；

1965 年 5 月 15 日，苏联部长会议通过了《关于改进居民生活服务企业工作的措施的决议》；

1965 年 9 月 25 日，苏联部长会议通过了《关于在莫斯科市执委会所属的莫斯科住房及民政建筑总局的某些组织和企业的工作中试行计划与领导的新办法的决议》。

以上改革试验与通过的有关改革决议内容说明：一是赫鲁晓夫下台后，"利别尔曼建议"改革方案的试验一直未停止过，并且试验涉及的部门很多；二是改革试验的中心内容是一样的，即扩大企业在计划方面的自主权，用利润和奖金来加强工作人员的物质利益，从而达到增加生产和提高经济效益；三是在试验过程中，不断总结，积极酝酿改革新方案，并准备全面推行经济改革。

2. 抓农业改革。

在全面推行新经济体制前，勃列日涅夫上台后不得不先抓农业改革，这是因为：第一，我们在前面提到，一开始勃列日涅夫在农业方面只是采取了一些应急的纠偏措施，并没有重大改革措施，因此不可能解决赫鲁晓夫执政后期留下的严重农业问题。这突出表现在农业在 1959 年以后实际上是原地踏步，从而出现了人们排队买面包、肉类及其他食品供应短缺的情况。第二，农业停滞导致市场供应紧张，从而影响社会稳定，这不利于全面推行经济改革。在上述背景下，勃列日涅夫于 1965 年召开了苏共中央全会，集中讨论了赫鲁晓夫下台时苏联面临的农业形势，分析了当时存在的问题及解决问题应采取的措施。全会通过了《关于进一步发展农业的刻不容缓的措施的决议》。从决议的名称来看，也说明解决农业问题已到了"刻不容缓"的紧迫地步。在这次全会代表发言中提出的共同性问题有：

（1）在赫鲁晓夫执政后期，对农业的领导存在破坏发展经济规律的瞎指挥、唯意志论与好大喜功等不切实际的政策。

（2）不合理的农产品采购制度和价格阻碍农业发展。赫鲁晓夫时期虽然在这方面作了一些改革，但并没有从根本上解决问题。结果是与此相关的两个老大难问题未能解决：一是在一系列地区，收购谷物的价格还补偿不了生产谷物的费用[①]；二是谷物收购任务过重，农庄与农场难以完成。勃列日涅夫在报告中说，近十年来只有1956年、1958年和1964年三次完成了收购计划。但集体农庄和国营农场在完成粮食征购任务后，不得不向国家申请拨给种子，1965年就向国家申请拨给大约200万吨种子。

（3）农业技术装备程度未能得到很快的提高。拖拉机、汽车、联合收割机和其他农业机器普遍不足。1965年，农庄、农场所需要的重型拖拉机与谷物播种机分别只能达到需要量的40%与20%。

（4）农用技术装备和备件定价过高，使工农产品"剪刀差"扩大，严重影响农业的发展。关于这一点，很多代表在发言中都谈到了。有人举例说：一台谷物联合收割机主动轮的外胎就值224卢布50戈比，为了买一条外胎，农庄需要卖给国家15公担粮食。而买一条履带（它每年都要换），需要卖给国家3吨谷物。另外，农机涨价太快，1955年一台 суь—48型播种机价值180卢布，而1965年却要340卢布。

（5）由于农村生活条件差，缺乏必要的福利设施，导致农村人口外流，使农村严重缺乏劳动力。集体农庄的很多居民点没有福利设施，没有学校、医院、诊疗所、俱乐部与取暖设备。由于这些情况，在一些农庄中60%强的男人从事自己的私人经济（这包括个人副业和家务劳动）。[②] 有人在发言中深刻地指出，在苏联农村出现了"农民不再爱惜土地，丢开不管，任其荒芜，要求少种、不种等等"现象。出现这种情况，其原因不在于土地的本身，而在于集体农庄制度本身。

（6）由于唯意志论、行政命令盛行，农业科学、农业专家的作用日益被削弱。忽视了他们的知识和经验，在许多情况下，他们实际上被排

---

① 参见《苏共中央三月全会速记记录》（1965年3月24—26日），世界知识出版社1966年版，第123页。

② 同上书，第131—132页。

挤。这次全会，严厉地批判了在赫鲁晓夫后期一些行政领导人充当科学家之间争论的仲裁者的角色，从而导致起码的农业技术规程没有得到遵守。

（7）农庄的民主原则遭到严重破坏。在许多集体农庄里，集体农庄庄员基本群众实际上不参加讨论和解决集体农庄经营的根本问题。

针对农业中存在的问题，勃列日涅夫自这次苏共中央全会后，在农业方面采取了以下的政策与改革措施。

（1）实行固定收购和超计划交售奖励的制度。在赫鲁晓夫时期，国家收购农产品的计划是每年下达一次，并且下达的时间过晚，在征购过程中还经常发生变更与追加收购任务的情况。这样影响了农庄、农场的主动性和积极性，不能正确地计划自己的生产。为此，1965年召开的苏共中央三月全会提出了实行若干年的收购农产品固定计划。后来，规定五年不变的收购计划，并且降低收购计划指标。[①] 同时，在降低收购计划后，为了使国家能得到满足需要的农产品，还实行奖励超计划交售农产品的办法。具体做法是，凡是农庄、农场超过固定收购计划指标后交售给国家的农产品，国家按比收购价格高出50%的价格收购。

（2）提高农产品收购价格。赫鲁晓夫执政时期也不断提高农产品的收购价格，但在他执政后期工业品价格也随之提价，从而使农业生产费用不断增加，后来又形成了收购价格不能抵偿生产成本。勃列日涅夫上台后，为了提高物质刺激在促进农业生产中的作用，一个重要的改革措施是提高农产品收购价格。从1965年到1979年，农产品共提价7次（分别在1965年、1969年、1970年、1975年、1976年、1978年和1979年）。

苏联在不断提高农产品收购价格的过程中，实行了稳定零售价格的政策（除了1962年赫鲁晓夫在大幅度提高畜产品收购价格的同时，提高肉类、肉制品、动物油的零售价格外）。这样做，有利于社会稳定，但也出现一些问题：一是某些农产品收购价格超过了零售价格水平，出现了倒挂，从而产生一些极不正常的情况，如近郊农民拿着大麻袋到城市大量购买面包用于喂猪；二是财政补贴不断增加。1961—1965年苏联国家财政为此支出的补贴额为87.9亿卢布，占同期国家预算支出的2%；1971—1975年为860亿卢布，占9.2%。

（3）国营农场推行完全经济核算制。1967年4月13日苏共中央和苏联

---

① 《苏共中央三月全会速记记录》（1965年3月24—26日），世界知识出版社1966年版，第10页。

部长会议通过了《关于国营农场和其他国营农业企业改行完全经济核算制的决议》。决议指出，为了加强对农产品生产的经济刺激并提高国营农场及其他国营农业企业的工作人员对改进企业工作成果的物质兴趣，决定在国营农场、种畜场和种马场、养禽工厂、苗圃、试验农场和教学实验农场及其他国营农业企业改行完全经济核算制。改行完全经济核算制的农业企业应能保证靠自有资金偿付一切生产费用，进一步扩大再生产（进行生产性基建投资，组成基本畜群，增加自有流动资金，等等），设立各种经济刺激基金和其他资金，以及按时归还银行贷款。[①]

农场完全经济核算制的主要内容包括以下两个方面：一是扩大农场的经营自主权。为此，缩减了上级机关对这些农业企业规定的计划指标。二是改革利润分配和使用办法。在改革前，国营农场与整个国营工业企业一样，大部分利润上缴国家预算。为了提高利润对农场发展生产的积极性，必须改变利润分配和使用办法，以便使改行完全经济核算制的农场，把大部分利润留为自己支配，而不是上缴预算。

（4）为加强农民个人物质利益采取的重要改革政策。在这方面采取的措施有：一是改革农庄劳动报酬制度。农庄庄员的劳动报酬制度虽经多次改革，但其基本办法是按劳动日计酬。这种计酬制度，简单地说，其缺点主要有二：一是报酬水平低；二是庄员收入不稳定并得不到保障。为了迅速改变这一局面，1966 年 5 月 16 日，苏共中央和苏联部长会议通过了《关于提高集体农庄庄员对发展公有生产的物质兴趣的决议》。苏联决定从 1966 年 7 月 1 日起，按照国营农场相应工种职工的工资标准，对庄员实行有保障的劳动报酬制（发给货币与实物）。农庄参照国营农场同类工作的现行工作定额，结合自身的具体条件，制定庄员工作定额。除了按完成工作量发给庄员有保障的劳动报酬外，还按他们劳动的最终成果（按生产的产品数量和质量或按实际总收入）发给劳动报酬。

应该说，上述改革，是苏联对农庄庄员劳动报酬制度方面的一次重大变革，它表现为从以劳动日为基础的报酬制转为等级工资奖励制，从以实物为主转为以货币现金为主。这种改革，所起的作用有：明显地提高了庄员的收入水平；在相当程度上满足了庄员按月获得现金收入的要求；固定

---

① 详见《苏联共产党和苏联政府经济问题决议汇编》第六卷，中国人民大学出版社 1983 年版，第 388—400 页。

等级工资与按最终成果发给奖金相结合，有利于促进庄员对生产与改善经营管理的关心。

（5）在农村试行和推广小组包工奖励制。赫鲁晓夫时期已进行过机械化小组包工包产制度。勃列日涅夫上台后以小组包工奖励制形式逐步加以推广。简单地说，就是实行分田到组、包工奖励的制度。它的最大特点是把劳动者的报酬与最终成果紧密联系起来。包工小组拥有一定数量的生产资料（土地、拖拉机与其他机器设备）和固定的人员，人数视生产的条件而定，从几人到几十人，大田作物人多一些，技术作物人少一些，小组领导人经选举产生。包工小组实行内部经济核算，要包产包工包费用，多产多得，节约为己。其劳动报酬支付办法是，在农活结束前，发包人先要预支一部分基本工资（70%—90%不等），年终收获后总结算。如超产、提高产品质量和节约费用有奖，反之则罚。试行这一制度的农庄、农场，在产量、劳动生产率和利润等方面，都取得了较大的效果。

但在推行这一制度过程中遇到的困难与阻力很大，这主要有：一是农庄、农场领导人，不愿因实行这一制度而丧生自己的权力，也不愿为自己的工作"增添新的麻烦"；二是小组包工奖励制本身也不完善，一系列数据与标准计算起来很麻烦，从而难以准确反映小组内每个人的劳动贡献，容易产生纠纷；三是受到整个农业体制的制约，如计划、物资技术供应体制在未改革前，很难适应小组包工奖励制的要求。

（6）对农庄员工实行社会保障与保险制度。在1964年之前，从法律上讲，对农庄庄员生老病死，国家并没有规定给予保障。1964年7月15日苏联最高苏维埃通过了《集体农庄成员优抚金和补助金法》。该法律指出：苏联现已有可能在集体农庄中设立养老金、残废优抚金、丧失赡养人员优抚金以及女庄员的妊娠生育补助金，从而实行更稳定的社会保障制度。法律规定的优抚金和补助金，用农庄和国家的资金来支付，不得从农庄庄员收入中作任何扣除。几经变更后，农庄的社会保证与保险基金，1/3来自农庄，2/3来自国家预算拨款。从1965年到1982年，按法律规定领取优抚金（主要是养老金）的农庄庄员人数由800万人增加到1080万人。

（7）增加农业投资。从发展政策来看，勃列日涅夫上台后采取的一项重要政策是，大幅度增加对农业的投资，以进一步加强农业的物质技术基础，以加快农业机械化、化学化和水利化的进程，开发俄罗斯联邦的非黑土地带，加强农业的科研工作。

苏联 1982 年的农业投资比 1965 年增长了 2.1 倍，而同期，整个国民经济的基建投资总额增长了 1.57 倍。从 1973 年开始到勃列日涅夫逝世，农业投资在整个国民经济的基建投资总额中一直要占 27% 左右。如果把与发展农业直接有关的化肥、农药、农机、混合饲料、微生物工业部门的投资计算在内，农业投资要占整个国民经济投资总额的 30% 以上。苏联对农业的投资，在世界各大国中居首位。[①]

（8）从生产经营组织形式来看，在勃列日涅夫时期，积极发展跨单位合作与农工一体化。这一组织形式始于 20 世纪 60 年代中期，并被视为苏联农业生产组织发展的基本方向。采取以上的农业组织形式，其主要目的是使农业进一步加深专业化，把各单位的力量联合起来，广泛利用科学技术进步的成就，以利于合理利用土地、劳动、技术设备以及集约化的其他因素，并在此基础上加速提高农业生产的产量和效率。跨单位合作与农工一体化，反映了科技进步与社会劳动分工深化的要求，即在客观上，使农业提供的最终产品（食品和各种消费品），越来越变成农业与农业相关的工业部门共同活动的成果，这也就要求农业与工业部门之间联系更加紧密，形成一个有机的综合体，即农工综合体。这种综合体，在当时，苏联基本上有两种形式：一是农工企业。它是农场、农庄和工业企业联合从事农畜产品生产和加工的企业。农工企业有统一的经营领导，农场的场长同时也是企业领导人。农工企业以生产水果、蔬菜与罐头的居多。二是农工生产联合公司。它是由若干农业企业与在生产上和农业有关的从事加工、废物利用、农产品保管及包装的企业和生产单位组成的。后来经过不断发展，出现了一些规模更大、社会化程度更高的农工生产联合公司。它包括的部门有：为农业提供生产资料和生产服务的"农业前"部门；农业生产部门；"农业后"部门与专业化生产部门。

三　全面推行新经济体制

勃列日涅夫在对赫鲁晓夫后期已酝酿的经济改革进行继续试验与对农业进行改革的基础上，决定在工业部门推行新经济体制。

1. 改革的原则与目标。

1965 年，苏共召开了中央九月全会。时任苏联部长会议主席的柯西

---

① 参见陆南泉等主编《苏联兴亡史论》，人民出版社 2004 年修订版，第 633 页。

金在会上作了《关于改进工业管理、完善计划工作和加强工业生产的经济刺激》的报告。1965 年 9 月 29 日，苏共中央通过了相应的决议。会议决定苏联推行新经济体制。决议提出，苏联工业管理体制之所以需要进行改革，这是因为："工业中现行的管理组织结构、计划工作和经济刺激的方法，不适合现代条件和生产力发展的水平"；"在工业领导中也有严重缺点，那就是喜欢用行政方法，而厌弃经济方法。企业经济核算大多徒具形式，企业在经济活动方面的权利受到限制"；"按地区性原则管理企业，使工业生产在经济区范围内实现跨部门专业化和协作化有了更多的便利条件，但同时却妨碍了部门专业化和不同经济区企业之间合理的生产联系的发展，使科学远离生产，导致工业各部门领导的分散和层次繁多，使工作失去效能"；"为了进一步发展工业，提高社会生产效率，加速技术进步，提高国民收入增长速度，并在此基础上保证苏联人民福利的进一步高涨，要求完善工业生产的计划方法，加强工业生产的经济刺激，使工作人员更加从物质利益上关心改进企业工作结果"。[①]

为了消除工业管理体制中存在的上述种种问题，并达到工业改革的目的，柯西金在报告中指出："这一切只有在集中的计划领导同企业和全体职工的经营主动性相结合、同加强发展生产的经济杠杆和物质刺激相结合、同完全的经济核算制相结合的情况下，才能达到。这样，经营管理体制才足以适应提高生产效果的任务。"

自 1965 年苏共中央九月全会通过了《关于改进工业管理、完善计划工作和加强工业生产的经济刺激的决议》后，接着苏共中央与苏联部长会议于 1965 年 9 月 30 日通过了《关于改进工业管理的决议》，1965 年 10 月 4 日通过了《关于完善计划工作和加强工业生产的经济刺激的决议》，同一天，苏联部长会议批准了《社会主义国营生产企业条例》。这些经济改革决议的通过，标志着新经济体制正式推行。可以认为，1965 年 9 月至 10 月通过的上述经济改革决议，是勃列日涅夫时期所进行的各种改革的基础，以后的各种改革措施，都是这次改革的继续和修补。

勃列日涅夫一直强调，改革要遵循以下三项基本原则进行：一是扩大企业经营管理的自主权，以利于提高企业的主动性和积极性；二是管理经

---

① 《苏联共产党和苏联政府经济问题决议汇编》第五卷，中国人民大学出版社 1983 年版，第 667—668 页。

济由行政方法与经济方法相结合，逐步转向以经济方法为主，加强经济杠杆作用；三是贯彻国家、企业和个人三者利益结合的原则。这三条，既是实行新经济体制的原则，也是改革要达到的目标，同时也是达到提高经济效率、克服经济增长率下降的主要措施。

从 1965 年通过的决议和柯西金所作的报告看，新经济体制涉及的内容十分广泛，它关系到经济体制的各个领域，主要有：改进工业管理的组织，恢复部门管理原则；改进工业计划工作和扩大企业经营自主权；加强对企业的经济刺激和巩固经济核算制；加强工作人员从物质利益上对改进企业工作的关心；提高信贷在工业发展中的作用；完善工业品批发价格和改革物资供应体制等。按柯西金在报告中的说法，这些改革内容大体可分为两方面："第一是关于完善计划工作、加强企业的经营主动性和经济刺激；第二是关于改进管理工业的组织。第一类问题与批准的社会主义企业条例有密切联系；第二类问题是同扩大加盟共和国的经营权限的决议密切联系。所有这些问题构成一个统一的整体。"① 而以上的改革内容，实际上都是为了实现我们上面提到的三项改革原则和目标。

2. 围绕改革目标采取的主要政策与措施。

首先，重新建立部门管理体制。1965 年苏共中央九月全会通过的决议明确指出：为了克服按地区性原则管理工业原则所产生的弊端，"必须按部门原则组织工业管理，按工业部门成立联盟兼共和国部、全联盟部"②。在重建工业部的同时，决议决定：撤销苏联部长会议所属的苏联最高国民经济委员会、苏联国民经济委员会、共和国国民经济委员会和经济区国民经济委员会。

苏联国家计划委员会和国家建设委员会改为苏联部长会议直接领导，并设立国家物资供应委员会。

经过上述改组以后，苏联工业管理体制大体上又恢复到 1957 年赫鲁晓夫大改组以前的状况。这里需要指出的是，我们讲苏联工业管理体制大体上回归到 1957 年以前的情况，是从总体上来说的，但并不是说没有任何区别。苏联在 1965 年 9 月决定恢复部门管理原则时，与 1957 年以前相

---

① ［苏］《真理报》1965 年 9 月 28 日。
② 《苏联共产党和苏联政府经济问题决议汇编》第五卷，中国人民大学出版社 1983 年版，第 668 页。

比，还是有某些新情况的。最为重要的是，1965 年恢复部门管理是在推行新经济体制的大前提下进行的，这一改革涉及的内容十分广泛，而决不只是像赫鲁晓夫 1957 年大改组时那样，主要局限于部门管理改为地区管理问题上，即在"条条"和"块块"上兜圈子。因此，在恢复部门管理原则时，它需要充分考虑推行新经济体制的要求。例如，新条件下恢复和发展部门集中管理，不应妨碍调整国家与企业关系和扩大企业自主权。勃列日涅夫在 1965 年召开的苏共中央九月全会上讲："我们今天在全会上讨论改善工业领导问题，不是说机械地回到旧的、国民经济委员会以前的制度，而是在计划和评价企业经济活动的新原则基础上、在进一步发展集中管理和扩大企业的业务经营自主性的基础上的部门性管理制度。"[①] 1965年苏联在恢复部门管理原则时，还是十分注意发挥共和国和地方积极性的，力图"把集中的部门管理同共和国和地方的广泛的经营主动性结合起来"[②]。从 1965 年改组到 1970 年，加盟共和国（包括地方）所属工业产值与联盟所属工业产值一般各占 50% 左右（详见表 11 -1）。

表 11 -1　　　　　　　　**按企业隶属关系划分的工业产值**　　　　　　（%）

年份	全部工业	其中	
		联盟所属工业	联盟共和国所属工业、共和国所属工业和加盟共和国部长会议所属地方工业
1950	100	67	33
1955	100	53	47
1957	100	6	94
1958	100	6	94
1959	100	6	94
1960	100	6	94
1965	100	49	51
1970	100	50	50
1975	100	51	49
1982	100	55	45

　　资料来源：陆南泉等编：《苏联国民经济发展七十年》，机械工业出版社 1988 年版，第122 页。

---

　　① 《勃列日涅夫言论》第一集，上海人民出版社 1974 年版，第 304 页。
　　② 《苏联共产党和苏联政府经济问题决议汇编》第五卷，中国人民大学出版社 1983 年版，第 669 页。

其次，在加强企业经营独立性与经济刺激方面实行的改革措施，主要内容有：

一是改革计划体制。这主要涉及两项内容：

（1）扩大工业企业的经营自主性，减少上级组织为企业规定的计划指标的数目。传统的计划经济体制，国家主要靠下达大量指令性指标来控制企业的生产经营活动，从而也使企业丧失独立性。1965年改革时，国家给企业下达的指标，由赫鲁晓夫时期的八类二十多项减为六类九项。

（2）考核指标的变革。1965年前，考核工业企业工作的指标主要为总产值和成本两项。1965年实行新体制后，考核指标改为产品销售额、利润与赢利三项指标。

二是企业利润分配制度的改革。

1965年改行新经济体制的一个极为重要的目的是，调整或者说理顺国家、企业和职工三者之间的利益关系。而要做到这一点，其中的一个重要内容是，如何合理地分配和使用企业创造的利润。这必然涉及经济关系中的一个重要关系——利益关系。正如恩格斯所指出的："每一既定社会的经济关系首先表现为**利益**。"①

从1965年的经济体制改革来看，企业利润分配制度的改革，主要涉及国家财政与企业的关系，即利润上缴财政制度与财政对企业拨款制度的改革；企业基金的建立和使用制度。改革的主要措施有：

1965年之前，苏联企业的利润80%以上上缴预算，这会严重影响企业及职工的积极性。1965年实行的经济改革，重视企业这一环节，强调企业应具有相对的独立性。因此，把解决国家与企业利益相结合的问题作为改革的一项重要任务，在调整国家与企业关系方面下了更大的功夫。

苏联在调整国家与企业的财政关系时，力图体现以下四个原则：

第一，要做到国家财政收入稳定增长，又要保证企业在上缴财政后仍保留相当数量的利润；

第二，在改革企业上缴利润的制度和方法时，既要考虑到保证国家财政收入，又要考虑到能刺激企业关心改善经营管理；

第三，在分配和使用留归企业支配的利润时，既要考虑到企业发展生产的需要，又要考虑到提高职工物质福利的需要；

---

① 《马克思恩格斯选集》第3卷，人民出版社1995年版，第209页。

第四，在用留归企业支配的利润来提高职工物质福利时，要把集体福利与个人奖励两者结合起来，并要把个人奖励放在首位。

为了体现以上四个原则，对企业上缴财政制度作了重大改革，其主要内容是，把实行新经济体制的企业由原来上缴的利润提成改为三种缴款，即生产基金付费、固定（地租）缴款和闲置利润余额缴款。

（1）基金付费。1965年苏联改行新经济体制时，规定企业实行固定基金及定额流动资金的付费制度。实行基金付费制度，主要目的是促使企业改进生产基金的使用。

（2）固定（地租）缴款。这项缴款，主要是采掘和加工工业部门，因所处自然、地理、运输和其他条件的优越而获得收入的一种缴款形式。采取这种缴款制度，可以把不是由于企业的努力而获得的那部分利润征入国家预算，同时可以消除赢利率悬殊，避免因赢利率过高而不关心改善经营管理的情况，也为客观地评价企业经济活动创造条件。

苏联采用企业利润与部门平均利润之间的差额（超过部分）作为确定固定（地租）缴款的标准。计算固定（地租）缴款的办法取决于应征产品的种类。

（3）闲置利润余额缴款。所谓闲置利润余额，是指企业获得的利润总额中，除去企业的各种义务缴纳、向银行支付贷款利息以及按规定建立经济刺激基金以后所剩下的那部分利润。闲置利润余额缴款是最终使企业经营条件均等的一种利润缴款制度。其目的是把超出企业资金需要量的那部分利润征入国家预算。

三是国家财政对企业拨款制度的改革。

长期以来，由于企业利润基本上全部上缴，因此，基本建设投资主要靠国家财政的无偿拨款。勃列日涅夫时期进行经济改革时，强调基建投资的资金来源与企业经营活动结果之间要挂钩，并且有相当一部分利润留为企业，这样，基建投资的资金来源除了国家财政拨款外，还有相当一部分是企业自有资金和银行长期贷款。但是，财政拨款一直是企业增加固定基金的一项重要来源。

四是企业内部的利润分配和使用制度改革。在前面，我们着重从企业向国家财政的缴纳制度和国家对企业拨款制度两个方面，论述了苏联国家与企业在分配企业创造的纯收入方面的关系。但是，从财政体制这个角度来研究国家、企业和职工个人三者关系，还必须进一步分析企业上缴后所剩下的、留归企业支配的那部分利润的分配和使用制度。因为，这对在财政上保证企业权限的扩大，调动企业集体和广大职工的积极性有直接的关系。为此，企业建立经济刺激基金，它包括：物质鼓励基金、社会文化措施和住宅建设基金及发展生产基金。

物质鼓励基金主要用于以下几个方面：

根据批准的奖励条例，对工人、工程技术人员和职员进行奖励；

对在完成特别重要的任务中表现出色的优秀职工的一次性奖励；

支付给工人、工程技术人员和职工全年工作总成果奖金；

对企业职工进行一次性补助。

社会文化措施和住宅建设基金就其经济内容而言，属于社会消费基金的一种形式。所不同的是，一般社会消费基金是通过国家预算对国民收入再分配来形成的，它为全国居民服务；而企业设立的社会文化措施和住宅建设基金，是在一个企业范围内使用和分配的，是改善该企业职工劳动和生活条件的主要资金来源，它是靠该企业的利润提成建立的。

社会文化措施和住宅建设基金的具体用途是：

建设、扩建和大修企业职工住房、文体卫生和食堂等工程项目，以及购买与上述各项工程有关的交通运输工具和其他设备、器材；

支付文化教育、体育运动、医药卫生和生活服务等措施的费用；

增加幼儿园、托儿所、少年营的儿童营养，补贴职工食堂伙食费。

发展生产基金是专门用于改善和发展生产的基金，其主要用途是：

采用新技术、设备现代化和固定资产更新；

偿还银行提供的采用新技术贷款；

完善劳动和生产组织；

发展生产的其他投资，如扩建生产用房、生活住房和仓库以及组织日用消费品生产，等等。

应该说，对长期实行高度集中的指令性计划经济体制在改革起步阶段的苏联来说，勃列日涅夫推行改革的三项原则与目标，具有合理性与必要性。勃列日涅夫一上台，为了调整经济结构，改变落后的粗放型的经济增长方式，尽快抑制赫鲁晓夫执政后期经济增长速度下滑的趋势，他对改革还是持积极态度的。由于这些因素，在勃列日涅夫执政的第八个五年计划时期（1966—1970 年），经济状况要好于赫鲁晓夫执政后期的第七个五年计划（详见表 11 - 2）。

表11-2 "八五"与"七五"计划时期苏联经济
发展情况比较 （年均增长率,%）

	1961—1965 年	1966—1970 年
社会总产值	6.5	7.4
国民收入	6.5	7.8
工业产值	8.6	8.5
农业产值	2.2	3.9
基建投资	5.4	7.3
社会劳动生产率	6.1	6.8
居民人均实际收入	3.6	5.9
国民经济赢利率	8.0	15.4
零售商品流转额	6.0	8.2
对外贸易额	7.1	8.3

资料来源：《苏联国民经济七十年》（纪念统计年鉴），财政与统计出版社1987年俄文版，第51页。

从表11-2中可以看出，在勃列日涅夫推行新经济体制的"八五"计划时期，从总体来看，经济形势有所好转，一些综合性经济指标（除工业产值外）年均增长率要高于上个五年计划，从"八五"计划时期的经济增幅来看，一些重要指标也高于上个五年计划，如社会总产值增加了43%（上一个五年为37%）；国民收入分别为45%与37%；农业产值分别为23%与12%。[①] 俄罗斯学者菲利波夫对第八个五年计划的评价是，它"是作为斯大林时代以来最成功的一个五年计划载入苏联历史的"。他在分析上述成效的原因时指出："尽管犹豫不决和保守主义不允许改革者的计划得以彻底地实施"，但"新办法开始在绝大部分工业企业实行，并波及运输业和其他一些国民经济部门"，因此，"到1960年代末期，还是取得了一些成就"。[②] 阿尔巴托夫谈到这个时期说，在勃列日涅夫执政"早期"，他懂得改革的必要，"他与柯西金一起进行了在农业与工业方面

—————————

① 根据苏联有关年份公布的统计资料。

② ［俄］亚·维·菲利波夫：《俄罗斯现代史》，吴恩远等译，中国社会科学出版社2009年版，第167页。

的某些改革，使得第八个五年计划（1966—1970 年）成为我国历史上最好的一个五年计划（至少从开始实行五年计划以来）"①。但俄罗斯学者都同时看到，这个时期的改革并没有使传统的体制发生根本的变化，后来，改革实际上停了下来。

第二节　执政第二阶段经济改革停滞

在勃列日涅夫执政的头几年，改革取得了一些进展，社会经济情况较好，也就是在这一时期，随着其领导地位日趋稳固，他的一些亲信也逐步进入各级领导岗位。就勃列日涅夫本人来说，执政初期他对问题的处理也持谨慎的态度。后来，他开始越来越自信并发展到自以为是，在这方面，不少阿谀奉承者起了作用。周围的保守力量对他的影响日益增加，依赖于旧体制获得与保持既得利益的官僚权势阶层反对改革的影响力日益增强，而作为本质上持保守、怕承担责任与从来不想对传统体制进行根本改革的勃列日涅夫来说，对改革的态度也就开始消极起来，后来实际上取消了改革。在 1971 年的苏共二十四大后，就不准用"改革"一词了，而改用"完善"一词，认为苏联对原有的体制不需要改革。俄罗斯学者说得好，这一改变是苏联向"停滞"过渡的标志。改革停滞的突出表现在传统的经济体制没有被触动。

如果说赫鲁晓夫时期的改革主要是在"条条"与"块块"之间兜圈子，那么勃列日涅夫时期的改革，则是在减少还是增加几个指令性指标之间扭来扭去，一直迈不出大步。改革停滞在工业领域突出表现在原来确定的改革三项目标未能实现。

首先，企业自主权问题未能取得实质性的解决。经过改革，企业自主权有了一定程度的扩大，但并未得到实际解决，企业的地位并未发生根本性的变化。据苏联调查，大多数经理认为，改革的主要问题是，企业权限太小，就是企业条例中规定的一些权限经常遭到上级机关的侵犯。这一直是苏联改革过程中存在的主要矛盾之一。苏联著名学者 A. 阿甘别基扬在发表的一次调查报告中说："被调查的 1064 名大企业经理中，有 80% 的人

---

① ［俄］格·阿·阿尔巴托夫：《苏联政治内幕：知情者的见证》，徐葵等译，新华出版社1998 年版，第 172 页。

认为，各级机关仍然像以前一样，侵犯企业权力；90%的经理认为，企业权力太小，今后必须面临一整排军官们指挥的士兵，而当其中一个军官下达'前进'的命令时，另一个军官却高喊'卧倒'！……"① 扩大企业自主权问题得不到实际解决的主要原因有：第一，从计划制度来看，尽管减少了下达给企业的指令性指标，但一些主要指标仍由国家控制。再说，减少下达指令性指标的数量，这毕竟只是量的变化，并没有使计划制度发生质的变化。第二，改革以来，企业的法律地位在理论上和实际上都未得到解决，现在企业实际上仍面对几十个"婆婆"，各上级机关不时发出各种指示或某些禁令，但对企业执行它们的种种指示所需要的资金和条件却不加过问，而且对执行它们的指示的后果也不负任何责任。苏联报刊发表了不少文章，要求从法律上切实解决企业地位问题，制止各机关任意指挥企业的做法，并强烈要求每个企业只能有一个上级领导机关，其他单位都只能是平等的伙伴关系。第三，没有解决企业实现经营自主权的客观条件。在高度集中的管理体制下，极大地限制了企业经营的自主权和主动性。

其次，经济方法在领导经济中的作用十分有限。之所以用经济方法来领导经济的设想未能实现，是因为经过18年的改革，并没有改变按老一套行政指令下达计划任务的做法。各种经济杠杆的作用往往被忽视，加上苏联长期存在的随意给企业下达指标的做法，使得计划难以符合市场需要等客观条件。苏联对经济改革过程中存在的问题，一般也是通过一些强制性的条例、法令等行政措施解决。这个原因，造成了在国民经济各部门中各种指示和规章数以千计，无数烦琐的规定简直难以使人弄清情况。在这样的条件下，经济方法在经济管理中的作用必然会受到很大限制。

最后，国家、企业和个人三者利益仍处于矛盾状态。在勃列日涅夫时期，经过改革，国家、企业和个人三者利益关系有了一定改善，但在不少场合下，这三者之间仍然是矛盾的，并没有很好地协调起来。从企业和职工的关系来看，主要是通过物质刺激制度来调动劳动者个人的生产积极性。经济改革后，苏联虽然建立了名目繁多的奖金，但奖金对职工的生产积极性并没有起多大作用。这首先是由于长期以来没有真正解决奖金与企业的最终成果挂钩问题。其次是由于在奖金方面存在很多矛盾，而日益出现了平均主义的倾向，奖金慢慢成为固定的附加工资。另外，一些企业领

---

① ［苏］《工业生产的经济与组织》1975年第5期。

导人，经常利用职权和非法手段捞取奖金。这些都使得奖金难以起到调整企业和职工利益关系的作用。从国家与企业的关系来看，由于目前行政方法领导经济仍然盛行，这就往往造成行政领导不顾社会与企业之间存在的矛盾，强制企业违背自己的切身利益去从事行政领导认为社会需要的各种经济活动。其结果是，使企业活动在经济上的动机消失了，更多的是行政杠杆起作用。

以上分析说明，1965 年改革时确定的一些原则并没有实现，一些问题也未得到解决，因此，改革也就不可能达到预期的目标，收效不大。到勃列日涅夫执政后期，认为 1965 年的改革已经失败的议论多了起来。有的学者在《真理报》公开发表文章说："往往可以听到这样的议论，似乎经济改革已经失败，不得不放弃这一改革。"① 西方学者对勃列日涅夫时期经济改革的评价比较一致：一方面认为，1965 年的经济改革完全是必要的；另一方面认为，这次改革和后几年实行的改革措施所带来的变化，只是触动了经济计划和管理的具体制度安排，但没有触动苏联经济运转机制，更多的是改变了计划和指标等表现形式。谈到改革成效时，西方的一般结论是：收获甚微。1977 年 12 月美国中央情报局全国国际情况估计中心编写的以《苏联经济的组织与管理——无止境地寻找灵丹妙药》为题的研究报告和美国牛津大学客座教授布鲁斯·W 亦持类似看法，认为苏联 1965 年的经济改革，其效果是微乎其微的。

从农业领域来讲，勃列日涅夫一上台首先进行了改革，但原来高度集中的统制农业的思想与体制并没有大的变化。这主要反映在以下几个方面：

一是长期以来苏联农业生产力水平与生产关系不相适应的问题未能改变。"左"的生产资料越公越先进、生产规模越大越优越的思想，在勃列日涅夫执政时期仍占统治地位。突出反映在：不断合并集体农庄，把农庄改为国营农场。勃列日涅夫执政的 18 年间，集体农庄由 1965 年的 36300 个减至 1982 年的 26400 个，而国营农场在上述时期由 11681 个增加到 22000 个。对农业中生产资料公有制的两种形式——全民所有制的国营农场和集体所有制的集体农庄，实际上不加区分。国家对它们下达一样的指令指标，领导人实际上均由国家委派，不尊重农庄的自主权。在理论上强

---

① ［苏］《真理报》1977 年 11 月 10 日。

调的是，加速集体所有制向全民所有制过渡。

二是在管理体制方面，特别是在农业计划制度方面，虽然在农业改革时明确规定国家只下达主要农产品的采购量，但实际上，农庄、农场并未摆脱上级机关的琐碎监督。仍然是从上到下，从共和国的部，经过州和区的机关，向农庄、农场下达播种计划、牲畜头数，有时简直闹到向农庄下达母猪交配任务的荒谬程度。① 在这样的情况下，农庄、农场的生产经营自主权只是一句空话。

三是农业劳动者实际上无权参与生产与经营活动。尽管勃列日涅夫上台后，亦曾批评由于农业劳动者无管理权，农庄理事会流于形式，从而影响生产者的积极性，但这个问题一直到勃列日涅夫 1982 年逝世时也未发生实质性变化。苏联农业生产在自然、气候等十分多样化的条件下，特别需要农业生产者的主人翁态度，要给予他们作出决定的独立性和灵活性的可能。由于农庄、农场缺乏真正的自主权，农业劳动者又没有民主决策权，在这样的情况下，物质刺激并不总是能把积极性刺激起来。

阿尔巴托夫对勃列日涅夫时期的体制改革所作的总体评价是："到这个时期，我国社会在斯大林专制的艰难年代中保存下来的向前发展的潜力看来已经耗尽。而苏共二十大所激发的，而在随后的岁月中被保守主义的灭火队竭力加以扑灭的那股新的热情也已逐渐泯灭。1964 年上台的领导人甚至不想去使国内政策恢复活力。经济方面的改革也是短命的，很快被我国历史上最盛行的无所不在的行政命令和官僚主义的管理作风和管理方法所代替。"②

勃列日涅夫时期经济体制改革停滞不前，有着多方面的原因。

1. 必须充分考虑到苏联已建成发达社会主义是勃列日涅夫时期改革的大背景。

勃列日涅夫在 1967 年 11 月第一次宣布：苏联已经建成发达社会主义。③ 后来，把发达社会主义与逐渐发展为共产主义社会关系联系起来。关于这一点，勃列日涅夫在 1977 年 10 月 4 日所作的《关于苏联宪法草案及全民讨论的总结》报告中作了论述。他说："发达社会主义社会才有可

---

① 参见［苏］《共产党人》1982 年第 2 期。

② ［俄］格·阿·阿尔巴托夫：《苏联政治内幕：知情者的见证》，徐葵等译，新华出版社 1998 年版，第 266 页。

③ 《勃列日涅夫言论》第三集，上海人民出版社 1974 年版，第 190 页。

能着手进行共产主义建设。"他解释说："苏联现在已经建成了发达的社会主义，也就是说，新社会达到这样一个成熟阶段：根据社会主义内在和固有的集体性原则对全部社会关系进行的改造即将完成。从这里可以看到社会主义规律发挥作用的广阔天地，以及社会主义生活各个领域显示其优越性的广阔天地。从这里可以看到社会制度所具有的有机的完整性和活力，以及它在政治上的稳定性和牢不可破的内在统一性。从这里可以看到各个阶级、各个社会集团和各民族在日益接近，人们在我国结成了历史上崭新的国际主义的社会共同体——苏联人民。从这里可以看到新的社会主义文化的诞生和新的社会主义生活方式的确立。"[①] 自勃列日涅夫提出苏联已建成发达社会主义并要向共产主义过渡这一理论后，可以说，有关发达社会主义的论著充斥着苏联的出版物，真可谓连篇累牍。这些论著都在强调苏联发达社会主义社会的成熟性、社会的一致性和矛盾的统一性。有鉴于此，苏联所需要的是发达社会主义自我完善。可见，在此背景下，勃列日涅夫不可能也不认为需要进行大的改革，更不用说根本性的改革。

2. 改革一开始就强调在不影响集中统一计划的原则下进行。

我们如果仔细地研究勃列日涅夫执政后所通过的各项有关经济改革的决议、决定，就可以发现，在推行各项改革措施时，都强调不能影响国家集中统一计划的原则。1965 年全面推行新经济体制的有关决议指出："统一的国家计划对所有企业、组织的活动，对苏联人民的集体劳动，发挥保证和指导作用。""进一步改进工业的计划领导，是解决这些任务的最重要的条件。"[②] 到了 1977 年苏共中央五月全会上，勃列日涅夫还强调："经济管理上的集中制是必要的，也是合理的。"[③] 从采取的一些改革措施来看，有的措施是为了加强管理的集中，如建立联合公司，虽有多方面的目的，但其中重要的一条是使经济更加集中和加强集中管理。

另外，再从勃列日涅夫上台之初推行新经济体制的客观条件来分析，也容易使改革朝着原来设想的原则的相反方向发展。在赫鲁晓夫下台时，苏联经济面临很多困难，经济紧张且混乱，市场供应严重不足，经济结构严重不合理等。就是说，当时苏联国民经济中的薄弱环节很多，改革的任

---

①　《勃列日涅夫言论》第十三集，上海人民出版社 1981 年版，第 300—301 页。

②　《苏联共产党和苏联政府经济问题决议汇编》第五卷，中国人民大学出版社 1983 年版，第 684 页。

③　《勃列日涅夫言论》第十三集，上海人民出版社 1981 年版，第 130 页。

务又非常广泛，在这样的情况下，要解决这些问题，往往就会较多地利用行政手段，加强集中控制。这样，使扩大企业自主权、更多地利用经济方法的经济改革方向，容易朝着相反的方向发展，出现倒退的现象。

3. 改革引起的权力之争使不少改革措施难以落实。

经济改革首先关系到实行改革的人，因此势必要涉及各种系统各级领导之间的权力再分配。在苏联，由于官职、地位和权势与物质利益是密切结合的，因此，改革实际上也会导致物质利益的再分配。

从苏联中央最高领导层来看，现行的管理体制虽有不少问题，但在这种体制下，可以通过国家计委、价格委员会、供委和财政部等这样一些中央经济机关，把全国的经济大权控制在自己手里。苏联害怕进行根本性的改革，因为这样会从根本上破坏以高度集中计划原则为基础的经济管理体制，从而影响到资金聚集到国家预算中来，减少国家集中调配全国的物资和资金的可能性。而传统的、高度集中的管理体制，可使全国国民经济各部门都听命于党和国家机关的指令之下，这尽管大大限制了人民实行民主管理的可能性，影响了地方和广大生产者的积极性和主动性，极大地阻碍了经济的发展，但却是实行集中控制经济的有效方法。

从各管理机关与企业的关系来看，自改革开始后，围绕权力问题的斗争和争论从未停止过，经常在报刊上互相指责和质问。矛盾的焦点是，企业要求扩大经营管理的自主权，认为权力小是妨碍提高积极性和经济效率的主要障碍，而计划管理等机关则认为，企业工作没有搞好，主要不是由于权力小的问题，指责企业是用客观原因来掩盖自己由于经营不善而带来的损失。苏联报刊经常透露：许多主管部门反对对它们的权力给予任何法律上的限制，一直喜欢发号施令，"俨然以管理机关自居"，竭力反对扩大企业权力。

从执行决议来看，由于涉及权力和利益问题，往往议而不决，决而不行，行而无效。例如，在苏联，长期以来存在破坏供货合同的现象。1973年，由于破坏合同而引起的财产纠纷事件比1965年增加了50%，每4个供货单位中就有1个破坏合同。为了加强经济纪律，在1974年3月公布了有关企业不执行合同必须罚款及其主要领导人不能获得奖金的规定，但由于遭到企业经理和一些主管部门的抵制和反对，一直到1978年1月，即经过了4年多的时间才开始执行上述规定。在这个过程中又经过不断修改，留下了很多空子，使这一规定起不了多大作用。

4. 理论上"左"的教条主义。

在理论方面，主要障碍来自根深蒂固的"左"的教条主义。苏联各届领导，往往以"马克思主义的正统"自居并对其持"左"的教条主义态度。勃列日涅夫也显得十分突出。在这种背景下，也就很难根据变化的情况发展理论，提出新看法。理论对体制的改革有着十分重要的影响。体制模式实质上是由理论决定的，即有什么样的指导理论及体现这一理论的、运用在政治与经济体制上的原则，就有什么样的体制模式。因此，要想改革，首先要有理论勇气，打破旧思维的禁锢。在长达18年之久的勃列日涅夫时期，对赫鲁晓夫时期理论上开始出现的一点活跃气氛，像灭火队一样很快把它压下去了。纵观勃列日涅夫执政18年的思想理论，从大的方面即社会主义模式来看，仍是坚持斯大林的那一套，并且使斯大林模式的社会主义在勃列日涅夫时期更处于"成熟"，即更加"定型"和更加"僵化"。这也是"左"的教条主义发展的必然结果。

勃列日涅夫时期"左"的教条主义反映在许多方面。他在鼓吹建成发达社会主义的理论是十分卖力的，在批判"市场社会主义"是最起劲的，并且在批判时，常常挥舞政治大棒，这对体制改革影响最大，也最为直接。与"市场社会主义"关系最为密切的是涉及商品货币关系理论问题。勃列日涅夫时期在这一理论问题上有了一些进步，不再简单地把商品货币关系与资本主义画等号，而是强调要利用商品货币关系。但有关这一问题的理论未取得实质性进展，基本观点是：

第一，商品货币关系不是社会主义经济属性，表明社会主义本质特征的是直接社会关系，商品关系是处于从属地位的。

第二，直接社会关系是社会主义经济的内容，而商品关系是形式。

第三，在强调必须利用商品货币关系的同时，又强调它的"新内容"、"新特征"。就是说，市场机制的一切作用都要通过计划来实现。

第四，与第三点相联系，不恰当地强调商品货币关系的特殊性，忽视其共性，从而导致否定价值规律的调节作用。

可以说，在勃列日涅夫时期，占主导地位的商品货币关系理论是"新内容论"。

"新内容论"的实质是，把商品货币关系与市场机制的作用纳入社会主义的计划体系之中，具有计划性的特点，从而从根本上否定了价值规律与市场机制在经济中的调节作用。

　　勃列日涅夫时期坚持认为，市场调节实际上是资产阶级学者所说的资本主义式的"市场社会主义"，是一种"邪说"。它会使中央计划机关只起情报中心作用，它是"右倾修正主义"作为计划工作"民主化"对"官僚主义"作斗争的借口，实际上会使经济离开党和国家的政策，造成经济混乱。1979年，苏共中央社会科学院院长麦德维杰夫发表文章强调说：要揭露借改善计划制度之名，而引向"市场社会主义"方向去的"伪善建议"，要积极地抵制这种资产阶级和修正主义的谰言。①

　　在对"市场社会主义"展开批判之后，少数学者如利西奇金、列昂捷夫主张市场调节的观点，也就销声匿迹了。在这种理论条件下，经济体制改革不可能有重大进展，更不可能使经济体制改革以市场经济为取向，而只能在传统的集中计划体制的范围内进行修补。

　　在生产资料所有制问题上，勃列日涅夫在整个改革过程中，一直坚持全民所有制是最高形式和最先进形式的观点，并认为，经济改革不涉及改变所有制形式问题。因此，在改革有关生产资料实际由谁来支配、决策和使用问题上，与改革前没有什么区别，在理论上也没有深入展开讨论。

　　关于领导经济的方法问题，也是一个争论的理论问题。在勃列日涅夫时期的经济改革过程中，竭力主张不要削弱行政方法的观点一直占主导地位。并且持这种观点的人往往抓住在改革中出现的一些问题，就对经济方法进行批判，似乎经济中出现的问题都是强调经济方法造成的。

　　从苏联经济改革的历史来看，围绕改革展开的理论争论一直没有停止过，但到勃列日涅夫后期，探索的问题越来越狭窄，对一些重大的理论问题日益采取回避的态度。因此，讨论问题的气氛也远远没有改革一开始那样活跃。产生这种情况的一个主要原因是，一些代表官方观点的经济界"权威人士"，经常对一些新提出的理论加以批判，并戴上各种政治帽子，把争论压下去。这种情况，很难使经济体制改革取得重大发展。

　　5. "布拉格之春"助长了苏联国内反改革势力的滋长。

　　在赫鲁晓夫执政时期反对斯大林个人崇拜与推行改革的影响下，东欧各国也进行了一些改革，但都是修补性的。因此，大量的社会经济问题日趋严重，这样使东欧国家一些领导人意识到不摆脱斯大林模式的束缚，难以解决根本问题。在这方面，捷克斯洛伐克1968年试图推行的改革具有

---

　　① ［苏］《经济报》1979年第26期。

代表性。由于历次改革未能取得成功，捷克斯洛伐克 1963 年的社会总产值的增长率已降至 0.54%，工农业发展水平大大低于战前，外贸逆差大大增加，职工工资与人民生活水平下降，社会不稳定因素增加。在这种情况下，要求改革的力量日益壮大，并于 1963 年成立了全国性的经济改革委员会，直接受党中央领导，是与中央各部平行的机构。经过一段时间的准备，改革委员会提出了经济改革方案，一个十分重要的内容是确定要逐步向市场机制过渡。在推行这一改革方案时，遇到了 1964 年 10 月赫鲁晓夫的下台，当时捷克斯洛伐克领导人诺沃提尼认为，赫鲁晓夫下台的主要原因之一是搞了改革特别是政治体制改革，为此，决定把改革方案推迟到 1966 年实施。在 1965 年 1 月举行的捷共中央全会通过的决议中，一方面认为现行体制已完成其历史使命；另一方面又认为今后的体制改变不过是"完善"，还"必须利用现行体制的优点"。由于改革的延滞，到 1967 年，捷克斯洛伐克经济已出现严重的困境，从而要求改革的呼声越来越高。在此期间，在捷共党内改革与反改革势力的斗争也日益尖锐。斗争结果是，诺沃提尼于 1968 年 1 月 4 日被解除捷共中央第一书记职务，杜布切克当选为捷共中央第一书记。接着，诺沃提尼于 3 月 22 日又被迫辞去共和国总统职务。

新领导上台后，于 1968 年 4 月 5 日，捷共中央全会通过了《捷克斯洛伐克通向社会主义的道路》的改革纲领，一般称为《行动纲领》。该纲领的实质性内容是：首先，要求改革党的领导体制，实现党内民主化。《行动纲领》指出："过去常常把党的领导作用理解为把权力垄断性地集中到党的机关手中。它符合了党是无产阶级专政工具这种错误论断。这一有害的概念削弱了国家、经济和社会组织的主动性和责任心，损害了党的威信，使它无法履行自己最本质的职能。"另外还强调：党不能垄断一切社会权力，必须实行党政分开。"党的目标不是当社会的'总管家'。"其次，《行动纲领》强调，要以反对国家权力垄断化与集中化以实行政治民主化为主要内容的政治体制改革。该纲领提出要建立的社会主义模式应该是"十分民主的、适合捷克斯洛伐克的社会主义新模式"。还认为，必须确保公民的权利与自由，社会主义社会应实现马克思、恩格斯在《共产党宣言》中提出的原则，即"每个人的自由发展是一切人的自由发展的条件"。最后，在经济体制方面，《行动纲领》指出，经济发展缓慢、比例失调与效率低下等问题，是由苏联模式产生的，因为这个模式排斥了市场的作用。因此，主张经济改革要着重解决市场与计划、企业与国家之间的关系，企业要实行工人自治与民主管理。总之，这份长达 63 页的《行动纲领》文件，涉及很多内容，它是推行政治与经济体制全面深刻改革的纲领，"它的基本论点是承认有一条特殊的'捷克斯洛伐克通向社会主义的道路'，它否定了勃列日涅夫坚持的阶级斗争继续存在的观点，声称：党坚决谴责想使社会主义社会的各阶级和阶层相对立的企图……党将努力消除可能使各阶级和阶层间关系紧张的一切因素"①。

1968 年捷克斯洛伐克力图推行的改革，说到底是要从根本上走与苏联模式不同的发展道路，与斯大林在二战后强加给东欧各国的体制模式决裂，这样的改革目标必然遭到勃列日涅夫等苏联领导人的反对，最后决定出兵镇压。这次入侵捷克斯洛伐克表明，勃列日涅夫是根据根深蒂固的斯大林留下的意识形态行事的，在他看来，任何背离苏联模式就等于背叛、犯罪，所以他确信：如果不干预捷克斯洛伐克的改革，"就是背叛社会主义事业，或至少是会损害自己作为苏共和苏联领导人的地位"。他曾对时任捷克斯洛伐克大使的契尔年科说："如果在捷克斯洛伐克'修正主义'倾向胜利，他就只好辞去苏共中央总书记的职务。"②

在 1968 年，一方面，苏联认为捷克斯洛伐克改革会导致走与苏联不同之路的危险。镇压结束后，1968 年 9 月 26 日苏联《真理报》发表的文章说，1968 年捷共的改革是"捷克斯洛伐克人民被推上反社会主义道路"。另一方面，这一年也是苏联国内保守分子十分活跃的一年，为斯大林恢复名誉、不赞成苏共二十大反斯大林个人崇拜的政治气氛也越来越浓。按照阿尔巴托夫的看法，在"1968 年初，莫斯科已在某种程度上开始放弃二十大的路线"③。以上两个方面结合起来，对苏联推行的改革不可避免地产生严重的消极影响。阿尔巴托夫谈到 1968 年苏联入侵捷克斯洛伐克对国内改革的影响时指出："它在助长国内的保守趋势中起了重要作用，这种趋势最终导致了一个停滞时期。"④

---

① ［美］塔德·舒尔茨：《"布拉格之春"前后》，张振第等译，新华出版社 1983 年版，第431 页。

② ［俄］格·阿·阿尔巴托夫：《苏联政治内幕：知情者的见证》，徐葵等译，新华出版社1998 年版，第 188—189 页。

③ 同上书，第 185 页。

④ 同上书，第 184 页。

6. 在勃列日涅夫因循守旧、求稳抑变的思想支配下，对传统经济体制不可能采取根本改变的方针。

纵观勃列日涅夫 18 年的体制改革，不难发现，改革一直是在因循守旧、求稳抑变的思想支配下进行的。为什么上述思想占据了支配地位，大致有以下三个因素：

首先，从出版的有关勃列日涅夫传记等有关材料看，对他的评价基本上是一致的。他的家庭成员以及他周围的人强烈地表现和反映出小市民的气质、小市民的思维方式和心理状态，甚至小市民的某些"天性本能"。①总的来说，勃列日涅夫是个平庸之辈，文化水平不高，不爱学习，思想上与理论上保守僵化，性格上软弱，特别爱好虚荣与阿谀奉承，生活上贪图安逸，爱好打猎与开从西方进口的高级轿车。在苏联曾流传着这样一个政治幽默，有一次勃列日涅夫没有受过教育的母亲看见儿子丰富的汽车收藏后担忧地说道："噢，这些东西太漂亮了，我亲爱的儿子！不过，要是布尔什维克回来了那该怎么办？"勃列日涅夫工作上不勤奋刻苦，长期从事政治工作。他最大的一个弱点是，对新生事物简直就是个过敏反应症患者。还应指出，勃列日涅夫思想守旧，缺乏经济知识，要准确地说出一个经济术语会很困难，这与他不爱学习理论有关。在他的助手给他写讲话稿时，勃列日涅夫对他们说："写简单点，不要把我写成理论家，否则，不管怎么样，谁也不会相信这是我写的，他们将会嘲笑我的。""他常常把复杂的、别出心裁的段落勾掉（有时他甚至删去经典作家的引语），并解释说：有谁会相信我读过马克思著作呢！"②勃列日涅夫作报告的一贯风格是："四平八稳，既无高潮，也无水平，无聊乏味，一本正经。"③对这样的人，不可能期待他不时地出现新思想，不断地改革传统的体制。

其次，勃列日涅夫的专长是搞组织工作，操纵权力可谓得心应手。在他上台初期，他的很大一部分精力用于积极培植亲信，在排除异己方面很快取得进展。到 20 世纪 60 年代末，他的地位与权力，在最高领导层中已明显高于其他人。之后，到了 70 年代，随着苏联国力的增强特别是军事力量

① ［俄］格·阿·阿尔巴托夫：《苏联政治内幕：知情者的见证》，徐葵等译，新华出版社 1998 年版，第 337 页。

② 同上书，第 333、162 页。

③ ［西德］米夏埃尔·莫罗佐夫：《勃列日涅夫传》，张玉书等译，三联书店 1975 年版，第 370 页。

的膨胀，勃列日涅夫对苏联当时形势的估计十分乐观，并不认为苏联需要什么改革，还是认为传统的高度集中的计划经济体制是十分有效的，对柯西金的经济改革政策表现不满。据苏共中央机关的干部回忆，当时勃列日涅夫对柯西金的经济改革报告说过以下的话："看他想出什么来了，改革、改革……谁需要这个改革？而且，谁懂得改革？现在需要的是更好地工作，这就是全部问题之所在。"① 到了1974年勃列日涅夫成为一个病人之后，更不能指望他来推动改革，整个体制改革像勃列日涅夫的身体和国家一样，朝着停滞方向发展，不断地滑坡。

最后，如果说赫鲁晓夫只反斯大林不反斯大林主义，那么勃列日涅夫既不反斯大林又不反斯大林主义。在勃列日涅夫执政的18年里，越来越清楚地看到，把掌握权力看作是目的本身，他不想改变斯大林建立起来的政治体制，因为没有这个体制就难以保证他"个人专政"或者说个人专权和特权。而不触动政治体制，不把政治体制与经济体制改革结合起来，政治体制就必然对经济体制改革起不到促进作用，而是相反，日益成为制约经济体制改革的一个重要因素，这已为所有转轨国家的实践所证明。

在勃列日涅夫时期，因循守旧、求稳抑变的思想占主导地位。对此，阿尔巴托夫指出："应该看到这一时期有一种越来越清楚的现象，那就是大部分领导人倾向于倒退。"② 因此，体制改革必然难以推进，这在经济体制改革方面，明显地表现为对传统体制不是采取根本改革的方针。

7. 实行扩张、争霸政策需要高度集中的体制。

如果以苏美关系作为苏联对外政策的主要内容来考察，应该说，在勃列日涅夫执政初期，由于国内与国际诸因素的制约，出现了一定的缓和，到20世纪70年代前半期，缓和有了较大发展。苏联对东欧国家的政策，主要是加强控制。特别是在1968年苏联入侵捷克斯洛伐克之后，出现了作为控制东欧各国的理论——"勃列日涅夫主义"，特别是"有限主权论"与"国际专政论"等，像悬在东欧各国头上的一把利剑。对第三世界则是加强争夺与渗透，当然是在支援这些国家革命、民族独立的口号下进行的。在对华政策方面，继续推行反华路线，在中苏边境增兵，加强对中国的军事

---

① 转引自陆南泉《苏联经济体制改革史论（从列宁到普京）》，人民出版社2007年版，第387—388页。

② ［俄］格·阿·阿尔巴托夫：《苏联政治内幕：知情者的见证》，徐葵等译，新华出版社1998年版，第364页。

威胁。就勃列日涅夫时期对外政策的整个内容来看，从 20 世纪 70 年代中期起，缓和政策所取得的成效逐步丧失，到勃列日涅夫逝世的 80 年代初，已经从缓和进入第二次"冷战"。这一时期的缓和被称为短命的和不走运的缓和，究其原因，主要与苏联实行扩张、争霸的政策有关。勃列日涅夫在这方面继承了斯大林的传统。随着经济、军事实力的增强，苏联在勃列日涅夫时期特别是在后期，扩军、争霸的政策大大发展了。苏联对别国不断进行军事干涉就是例证。阿尔巴托夫指出，这个时期，"在安哥拉之后，我们沿着这条显得已经蹚平的道路大胆前进，实际上是沿着干涉升级的阶梯前进。这些阶梯就是——埃塞俄比亚、也门及一系列非洲国家（我不想涉及近东问题，它十分复杂，应该由专家研究），最后是阿富汗"。这样做的结果是，"在 70 年代下半期我们自己对一系列国家的事务实行军事干涉和'半干涉'的政策，我们国家变成了一个扩张主义的侵略国家，促使大量国家起来反对我们自己，并且给缓和带来严重的打击。实际上我们是在给美国极右派伴奏"。而推行扩张、争霸政策，必然使苏联"以史无前例的速度实施许多军事计划。在这些年内我们全力以赴地狂热地卷入军备竞赛的旋涡，很少考虑这样做会导致什么样的经济后果和政治后果"①。

苏联推行扩张、争霸的对外政策，就必须大力发展军事工业，使"军工综合体膨胀到不受政治控制的程度"②。据一般公认的估计，苏联这一时期的军费开支与美国相当，甚至还超过美国，但其国民生产总值只是美国的 50%—60%。如何保证巨额军费开支所需的资金，高度集中的计划经济体制是保证其扩军的重要条件。苏联通过这种体制，把大量的资金集中在国家手里。在勃列日涅夫时期，苏联国家预算收入占国民收入的比重呈不断上升的趋势，1966 年占 51.3%，勃列日涅夫逝世的 1982 年提高到67.4%。③ 另外，苏联为了把更多的资金集中到国家预算中来，预算收入的增长速度要比国民收入的增长速度快得多。20 世纪 70 年代末 80 年代初几年的情况充分说明这一点：1979 年苏联国家预算收入的增长率为 5.9%，而国民收入的增长率为 2.2%，1980 年这两个指标的增长率分别为 7.5% 和

---

① ［俄］格·阿·阿尔巴托夫：《苏联政治内幕：知情者的见证》，徐葵等译，新华出版社 1998 年版，第 273、279 页。

② 同上书，第 280 页。

③ 陆南泉等编：《苏联国民经济发展七十年》，机械工业出版社 1988 年版，第 636 页。

3.8%，1981 年为 5.9% 和 3.8%，1982 年为 10.1% 和 2.6%。① 把那么多的财政资源集中在国家手里，便于集中用于发展军工和与军工密切相关的工业部门。在勃列日涅夫时期，如以工业投资为 100，那么其中甲类工业一般要占 85%—88%。国家掌握了大量资金，还保证了迅速增长的军费支出的需要。勃列日涅夫就是这样把苏联的军事实力推向"鼎盛"时期的。

第三节　体制改革停滞阻塞了经济现代化

这方面的突出表现除了上面提到的，勃列日涅夫执政 18 年的改革没有触动落后的、失去动力机制的传统经济体制外，另一个突出表现是落后的、低效的经济增长方式未转变。

长期以来，苏联经济发展走的是粗放发展道路。斯大林举全国之力实现工业化，其中的一个特点是实行粗放型的政策。

赫鲁晓夫时期的改革并未涉及经济增长方式的转变，导致经济效率不断下降。

在 20 世纪 70 年代以前（二战期间除外），苏联经济一直以较高速度增长，这是靠不断地大量投入新的人力、物力和财力达到的，走的是粗放发展道路，是一种消耗型经济。苏联自 20 世纪 30 年代消灭失业后到 80 年代末，每年平均增加的劳动力为 200 万人。基建投资不仅增长幅度大，而且增长速度快，一般要占国民收入的 30% 左右，约占国家预算支出的 50%。基建投资增长速度大多数年份高于国民收入增长速度，如 1961—1987 年，国民收入年均增长率为 5.4%，而基建投资为 5.6%。1950 年苏联的基建投资只及美国的 30%，到 1971 年已与美国相当，1974 年超过美国。苏联生产每单位产品的物资消耗很大，如在 70 年代末，生产每单位国民收入用钢量比美国多 90%，耗电量多 20%，耗石油量多 100%，水泥用量多 80%，投资多 50%。70 年代初，苏联经济面临的主要任务是：扭转已开始出现的速度下降趋势与提高经济效益。要做到这一点，必须使经济发展由粗放转向集约化。1971 年，苏共二十四大正式提出经济向以集约化为主的发展道路过渡。

勃列日涅夫执政后，日益感到粗放经济增长方式难以为继。苏联在 20 世纪 70 年代初决定改变经济增长方式，走集约化道路的直接原因是粗放因素日

---

① 陆南泉等编：《苏联国民经济发展七十年》，机械工业出版社 1988 年版，第 637 页。

益缩小。表现在：

一是从 60 年代中期开始，苏联国民经济的许多部门已感到劳动力不足。据计算，70 年代有劳动能力人口的年增长率为 18%，到 80 年代将下降到 3.8%。1961—1965 年，靠农庄庄员补充劳动力的人数为 310 万人，1971—1975 年降到 150 万人，1976—1980 年又降到 80 万人。退休人员激增（从 1950 年的 85 万人增加到 1970 年的 1900 万人），使劳动资源问题更加突出。

二是由于长期实行粗放发展经济方式，结果使原材料、燃料动力资源消耗量大量增加，出现供需之间的不平衡。苏联虽然资源丰富，但地区分布极不平衡。进入 70 年代，集中工业生产能力 80% 的西部地区资源"已近于耗尽"，要靠东部地区供应，从而使运输距离大大拉长。1966—1977 年，燃料运输的平均距离从 734 公里拉长到 1152 公里，生产费用日益提高。另外，随着原料、燃料基地东移，开采条件恶化，开采成本大大提高，如 1980—1985 年，开采每吨石油的费用增加 80%—100%。廉价原料与燃料的时代已一去不复返。再者，苏联每年要出口大量原料与燃料以换取外汇。这些因素，使得苏联用大量投入资源来发展经济的道路走不通了。

三是资金日益紧张。60 年代中期之后，基建投资增长速度明显下降。苏联 20 世纪 50 年代基建投资年均增长率为 13.3%，60 年代降为 7.1%，70 年代降到 5.3%。

另外，由于长期实行粗放的经济增长方式，使经济效益日益下降，如 1960 年每卢布生产基金生产的国民收入为 72 戈比，1970 年降为 55 戈比，下降了 28%。社会劳动生产率从 1961—1965 年年均增长率的 6.1% 下降到 1971—1975 年的 4.8%。70 年代初，苏联已有大量产品产量占世界第一和第二，但质量次，报废率高。如钢的产量很大（1970 年为 1.16 亿吨），但仍需进口各种钢材。拖拉机每年的报废率有时甚至高于新增产量。

苏联认识到，在不少产品数量超过美国之后，要想争取优势，必须通过科技进步，由过去的数量赶超转向质量赶超。而达到这一目标的主要途径是改变经济增长方式，实行集约化方针。

勃列日涅夫时期，为了转向集约化曾提出要采取以下措施：

（1）加速科技进步。苏联提出，要把科技进步作为经济发展的"决定性的战略方向"，应看作是推动生产集约化的主要因素。具体措施有：发展"科学与生产密切联系的一体化"，实行有利于新技术、新产品应用、推广和生产的价格政策，加强科技进步的物质刺激，积极引进外国先进技术和设备等。

（2）调整投资政策，把投资重点从新建企业为主转向现有企业的技术改造，加速技术设备的更新，提高陈旧设备报废率等。

（3）调整国民经济的部门结构和技术结构。主要是优先发展机器制造业等技术密集型部门，调整和改进能源需求结构等。

（4）提高劳动者的文化技术水平，加速智力开发。为此，调整专业和学科设置，增加教育和科研经费拨款，加速科技干部与管理干部的培训等。

（5）改革经济体制，使其符合集约化方针的要求。

20世纪70年代初推行的集约方针，并没有取得成效。到戈尔巴乔夫上台时，仍然面临难以改变的落后的经济增长方式。1981—1985年社会劳动生产率由1976—1980年的3.7%下降为2.7%。据计算，如果苏联继续靠粗放经营方式来发展经济，走拼消耗的道路，要达到计划规定的经济增长率，那么每个五年计划的燃料和原材料的开采量需要增加10%—15%，基建投资总额需增加30%—40%，需为国民经济补充800万—1000万劳动力。很明显，苏联根本不存在这种可能性。[①]

苏联一直到1991年底解体，仍是粗放型经济，经济效益没有提高，如基金产值率继续下降，每卢布生产性固定基金生产的国民收入从1970年的55戈比下降到1990年的28戈比。80年代中期生产的切屑机床的金属耗用量比美、日、德、法同类新产品高1—1.5倍。集约化因素在扩大再生产中的比重不仅没有提高，反而日趋下降。在苏联扩大再生产的增长额中，3/4是依赖于粗放因素得到的。经济增长方式未能转变，不只制约了这个时期的经济发展，并且也为以后时期的经济发展带来了严重的影响，成为苏联发生剧变的一个不可忽视的因素。

苏联转向集约化难以取得进展的根本原因是经济体制问题。我们可以从科技进步与经济集约化发展相互关系方面作些分析。苏联长期把加速科技进步视为推行集约化方针最重要的措施。明确指出：加速科技进步、提高劳动生产率与实现经济集约化发展两者之间的密切关系，是"极严格的，毋庸置疑的"，在这个问题上不可能有其他"可供选择的方案"。苏联拥有巨大的科技潜力，80年代末科技人员为150万人，相当于世界科技人员总

---

① 《戈尔巴乔夫言论选集》，苏群译，人民出版社1987年版，第89页。

数的 1/4；每年新技术发明占世界新技术发明总数的 1/3，仅次于日本，居世界第二位。但巨大的科技能力，难以在经济转向集约化发展过程中发挥作用。长期以来，只有 1/4 的科技成果在经济中得到应用，一项新技术从研究到应用的周期长达 10—12 年之久。形成上述情况的主要原因是传统经济体制对科技进步的阻碍作用，苏联学者认为，传统体制在科技进步道路上制造着一种独特的"反促进因素"。① 这突出反映在企业缺乏采用新技术的内在动力。苏联长期坚持指令性计划制度。企业的任务是竭尽全力去完成和超额完成国家下达的生产指标。总产值指标是对企业工作评价和奖励的中心指标。这是企业对采用新技术顾虑重重的一个重要原因。因为，采用新技术、生产新产品，需要改装设备，改变工艺流程，重新培训技术人员和工人，等等。这些都会打破原来的生产节奏，并在一段时间内往往会导致产量下降，最后完不成生产计划和利润计划，从而使企业收入减少，最终影响经济刺激基金。这样，企业领导人只愿意"稳稳当当"地进行生产，不想冒采用新技术的"风险"。这就是说，传统经济管理体制，促使企业的活动只局限于追求短期内获得最多的产量，而阻碍生产的革新过程。

另外，科技管理体制存在很多弊病。这方面的主要问题有：一是科研、设计、实验直到生产这几个环节是相互脱节的，各机构只对"研究—生产"过程中的某一阶段负责，这是造成新技术从研制到采用周期长的一个重要原因。二是很多科研机构缺乏必要的实验基地，现有的实验基地也不完善，能力薄弱，缺乏成套的工艺设备，不完全具备制造新技术工业样品的生产能力。三是苏联生产部门的科研与研制工作是按部门原则实行领导的。各部门一般都把生产计划排得满满的，主要考虑完成生产计划，这样就往往把完成科研和研制新技术任务所需的人员和设备挤掉。四是国家财政为科研机构完成科研课题提供无偿的固定经费，这样不易保证科研成果的质量，即其实际应用价值。五是科技管理方面存在严重官僚主义。如苏联机床制造与工具工业部门，批准一项技术设计平均要经过10—12 个领导人签字，要经过标准化部门及其下属技术机构的 30 道关口。每年仅花费在批准设计上的人力和时间就要 35 万个人时，即要使40% 的最熟练的设计人员脱离自己的设计工作。这种官僚主义浪费了大量

① 参见陆南泉《苏联经济体制改革史论（从列宁到普京）》，人民出版社 2007 年版，第 403页。

的时间和技术人才，使得最先进的技术设计投入生产时已变得陈旧。

还要指出的是，苏联保密范围过宽，造成了相互封锁严重的情况，技术情报传播很慢。军工部门的先进技术转到民用部门的速度十分缓慢，造成了同一领域的技术在军事工业部门十分先进，而在民用工业部门十分落后的现象。

以上分析说明，传统经济体制严重阻碍科技进步，从而也成为阻碍苏联经济集约化发展的一个重要因素。所以，一些俄罗斯学者在后来总结科技进步与体制改革关系时明确指出："要加速科技进步而不在经济上进行根本的改革，简直是不可思议的。"① 另外，还应指出，在勃列日涅夫时期，科技进步缓慢与当时"左"的封闭的思想有关。当时，苏联对 60 年代末开始的世界上已发生新的一轮科技革命的信号"置之不理，直到 70 年代初甚至还不准使用'科学技术革命'这个概念，不仅想方设法从官方文件中勾掉，而且还从报刊书籍中删掉"②。勃列日涅夫时期，苏联经济质量与效率低以及高浪费问题得不到解决，其经济增长方式仍是粗放型的，形成这种情况的主要原因是经济体制改革没有发生根本性变革。这种经济增长方式必然导致功效日益衰退，从 20 世纪 60 年代起，经济增长速度递减与效率下降趋势已十分明显（详见表 11 - 3、表 11 - 4、表 11 - 5）。

表 11 - 3　　　　　　　　　**苏联经济增长率下降情况**　　　　　　（年均增长率，%）

	1966—1970 年	1971—1975 年	1976—1980 年	1982 年
社会总产值	7.4	6.3	4.2	3.3*
国民收入	7.8	5.7	4.3	2.6
工业总产值	8.5	7.4	4.4	2.8
农业总产值	3.9	2.5	1.7	4.0
基建投资	7.3	6.7	3.7	2.0

注：＊表示 1982—1983 年平均增长率。

资料来源：《苏联国民经济七十年》（纪念统计年鉴），财政与统计出版社 1987 年俄文版，第 51 页；中国苏联经济研究会编：《1984 年苏联经济》，人民出版社 1986 年版，第 355 页。

---

① ［俄］格·阿·阿尔巴托夫：《苏联政治内幕：知情者的见证》，徐葵等译，新华出版社 1998 年版，第 217 页。

② 同上书，第 216 页。

表 11 - 4　　　　　　　集约化因素在扩大再生产中的比重　　　　　（％）

	1961—1965 年	1966—1970 年	1971—1975 年	1976—1980 年
按社会最终产品计算	33.8	35.2	26.9	30.5
按社会总产值计算	33.6	37.1	32.9	24.6

资料来源：［苏］《经济科学》1981 年第 10 期。

可以看出，在苏联扩大再生产的增长额中，3/4 是依赖于粗放因素得到的。无论是按社会最终产品计算还是按社会总产值计算，从 60 年代至 80 年代，集约化因素的作用明显下降。整个 70 年代集约化未取得进展，可以用反映集约化程度的一些效率与质量指标不仅没有改善反而进一步恶化的事实加以说明。例如，苏联提出集约化方针之后，反映经济效益重要指标的劳动生产率不断下降。

表 11 - 5　　　　　　　　劳动生产率年平均增长速度　　　　　　　（％）

	1961—1965 年	1976—1980 年	1981—1982 年
社会劳动生产率	6.1	3.3	2.9
工业劳动生产率	4.6	3.2	2.4
农业劳动生产率	4.8	2.6	1.0
建筑业劳动生产率	5.3	2.1	2.3
铁路运输业劳动生产率	5.4	0.1	0.0

资料来源：《1984 年苏联国民经济统计年鉴》，财政与统计出版社 1985 年俄文版，第 53 页；《苏联国民经济七十年》（纪念统计年鉴），财政与统计出版社 1987 年俄文版，第 107 页。

从以上材料可以看出，从 70 年代初开始，经济增长率日益下降，特别是到 80 年代初，速度已下降到使苏联"几乎临近停顿的程度"。[①] 勃列日涅夫逝世的 1982 年，国民收入仅比 1981 年增长 2.6%。以上的数字均为官方公布的，按照美国中央情报局的估计，苏联国民收入年均增长率 1966—1970 年为 5.1%，1971—1975 年为 3%，1976—1980 年为 2.3%，而按苏联学者估计以上三个相应时期国民收入年均增长率分别为 4.1%、

---

① ［苏］米·谢·戈尔巴乔夫：《改革与新思维》，苏群译，新华出版社 1987 年版，第 14 页。

3.2%和1.0%。① 戈尔巴乔夫在苏共中央二月全会（1988年）上的报告中指出：80年代初苏联经济缓慢的增长速度在很大程度上也是在不正常的基础上，靠一些临时性的因素达到的。这指的是靠当时在国际市场上高价出售石油，大量生产和出售对人体健康有害的酒精饮料达到的，如排除这些因素，差不多有4个五年计划期间，国民收入的绝对额没有增加。

这里，我们完全从量这个角度即增长速度来考虑勃列日涅夫时期出现的经济停滞趋势，即经济增长速度大大放慢了。问题是，这个低速增长，也并不能反映勃列日涅夫时期经济的实际情况，正如前面提到的，其中国际市场石油价格猛涨起了很大的作用。人所共知，在1973年中东战争与世界经济危机期间，石油价格提高了19倍，原料价格提高了7—9倍。从1969年起的10年间，石油开采量增加了9倍。② 这里不能不提及在70年初苏联石油增产主要靠西西伯利亚油区即秋明油田的情况。1974年秋明油田石油产量为1.16亿吨，到1980年为3.12亿吨，占全苏石油产量的50%以上。苏联当时作为世界主要石油输出国之一，借机大量出口石油，据统计，1974—1984年苏联仅从出卖石油与石油产品获得的收入，最保守地估计也达到1760亿外汇卢布，约折合2700亿—3200亿美元。③ 这笔巨额"石油美元"对当时苏联渡过经济难关起着重要的作用，在很大程度上掩盖了经济停滞和下滑的严重性，缓解了种种矛盾。有人说，这里不存在掩盖不掩盖的问题，因为石油产量和出口量的激增是客观事实。但是，问题在于，石油价格上涨19倍，这比石油产量和石油出口量的增速不知高出多少倍。据苏联统计资料，石油产量从1974年的6.5630亿吨增加到1984年的8.7620亿吨，增长了33.5%。1974年石油与石油产品出口量为1.1620亿吨，1985年为1.6670亿吨，增长了43.5%。④ 非常明显，如果这个时期不是石油价格飞速上涨，单靠石油产量与出口量的增加，绝不可能获得如此大的"石油美元"。正如马龙闪研究员所指出的："这笔收入在以总产值指标衡量经济发展的条件下，也掩盖了苏联70年

---

① 转引自吴敬琏《计划经济还是市场经济》，中国经济出版社1991年版，第104页。

② ［俄］亚·维·菲利波夫：《俄罗斯现代史》，吴恩远等译，中国社会科学出版社2009年版，第171页。

③ 参见陈之骅主编《勃列日涅夫时期的苏联》，中国社会科学出版社1998年版，第195—196页。

④ 由于1984年的数字未能找到，在这里石油与石油产品出口量用的是1985年的数字。

代中后期经济的停滞与衰退，它像雨后天空的彩虹一样，给苏联经济以虚幻的繁荣。待短暂的彩虹逝去，依然是飘散着片片乌云的天空。"① 对此问题，阿尔巴托夫分析说：当时苏联应该把这种赚取的石油外汇视为一个喘息时机，并充分有效地利用这个时机推进改革，使国民经济走上正轨，但苏联并没有这样做，这"主要是由于石油财富突然从天上落到了我们手里，于是我们就冻结了把经济改革推向前进的尝试，取消了研究科技革命的中央全会"。他接着又指出："在 70 年代末 80 年代初，不论是我还是我的许多同事都不止一次地想到，西西伯利亚石油挽救了我国经济。而后来开始得出结论，这个财富同时又严重破坏了我国经济，它使我们不可饶恕地丢失了许多时间，长久地推迟了已经成熟甚至过分成熟的改革。"② 他还说："那时我们把载能体出口无限度地增长，从这里找到了摆脱一切灾难的灵丹妙药。那时没有一个人（包括我自己）懂得不是挣来的财富最容易使人腐败这句古老的谚语，不但适合于个人，而且也适用于国家。"③

以上的材料与分析说明，在判断苏联 20 世纪 70 年代初以来的经济情况时，应该看到 1973 年以来因石油飞速涨价而获得的巨额"石油美元"所起的作用，没有这个因素，勃列日涅夫执政后期的经济将会完全处于停滞不前的状态。

另外，还应看到，勃列日涅夫时期的农业问题十分突出。勃列日涅夫执政后虽对农业体制作了一些改革，并且正如我们在前面提到的，还大大扩大了对农业的投入。可以说，勃列日涅夫时期对农业投资的数额，在世界各大国中居首位，它要比美国多 4 倍。但是，正如我们前面谈到的，主要由于与生产力发展水平不相适应的农业体制没有得到根本改革，因此，勃列日涅夫执政 18 年，并没有从根本上解决农业问题。投资大、效益低，生产稳定性差、波动幅度大，仍是苏联农业的基本特点。就粮食产量来说，勃列日涅夫执政 18 年，就有 10 年减产。有些年份减产幅度很大，如 1975 年比 1974 年减产 5560 万吨，1979 年比 1978 年减产 5790 万吨。粮

---

① 转引自陈之骅主编《勃列日涅夫时期的苏联》，中国社会科学出版社 1998 年版，第 196 页。

② ［俄］格·阿·阿尔巴托夫：《苏联政治内幕：知情者的见证》，徐葵等译，新华出版社 1998 年版，第 300—301 页。

③ 同上书，第 299 页。

食产量也经常达不到计划规定的指标。更为严重的是，1979—1982年出现连续4年歉收，这是创历史纪录的。农业的上述情况，完全打破了苏联粮食生产的一般常规，即在三年中，一年丰收，一年平年，一年歉收。农业连续多年的不景气，给苏联整个国民经济的发展带来了严重的影响，它越来越成为经济增长率下降的重要因素之一。例如，1979年粮食产量与农业产值分别比1978年下降26.4%和3.1%，这使当年的国民收入增长率下降为3.4%，由于1981年农业大歉收，迫使苏联在制订1982年计划时，国民收入的计划增长率只规定为3%。粮食连年减产，导致苏联不得不靠进口来满足国内的需求。在勃列日涅夫执政的1973年，苏联在历史上第一次成为粮食净进口国，这一年净进口1904万吨。后来，粮食进口上了瘾，就像吸毒者上了海洛因的瘾一样。[①] "1981—1982年，由于购买小麦太多，震惊了世界市场，各国纷纷表示愤怒：俄罗斯简直是在吃穷人的粮食。但是，事已至此，粮价虽然贵两倍，还是进口大量粮食。"[②] 农业占用大量资金，生产落后，还限制了其他部门的发展，仅粮食每年大约需要进口3000万吨。进口食品和食品原料所花的钱，约等于每年外贸进口总额的20%，成了苏联仅次于机器设备进口的第二项大宗商品。这种情况，使得苏联外汇更加拮据，这样迫使苏联出卖黄金来弥补出卖石油所得而购买粮食所需资金的不足，1970年出卖黄金2000多吨，尽管还在不断生产黄金，但国家储备减少了一半，到1981年只剩下452吨。外汇严重短缺，难以保证对国内经济发展起重要作用的技术设备的进口，从而也影响着整个国民经济，特别是一些关键部门的发展。农业不景气，还限制了经济结构的调整。苏联一直在设法加速乙类工业的发展，但苏联轻工业原料的2/3和食品工业原料的80%来自农业，这样，甲、乙两类的比例和工农业之间的比例关系很难得到改善，农业的连续多年歉收，直接影响市场供应和人民生活水平的提高。这使得一部分有支付能力的需求不能实现，从而使储蓄迅速增长。在勃列日涅夫执政时期，零售商品流转额与储蓄的增长速度很不协调，如1970—1981年期间，零售商品流转额增长了82.7%，其中食品商品零售流转额增长了56%，而同期居民的储蓄存款

---

① 参见［俄］格·阿·阿尔巴托夫《苏联政治内幕：知情者的见证》，徐葵等译，新华出版社1998年版，第239页。

② ［俄］瓦·博尔金：《戈尔巴乔夫沉浮录》，李永全等译，中央编译出版社1996年版，第28页。

则增长了 2.56 倍。这显然是今后通货膨胀的重要潜在因素，并给以后的改革造成障碍。为此，勃列日涅夫在 1982 年的多次讲话中谈到，食品问题已成为苏联"最紧迫的政治和经济问题"。

综上所述，可以清楚地看到，由于在勃列日涅夫执政时期经济改革停滞，成了阻塞苏联经济体制与经济发展方式现代化的一个重要原因。

第十二章

勃列日涅夫时期政治体制
倒退导致旧体制回归

如果说勃列日涅夫执政初期对经济体制作了一些局部性改革的话，那么对政治体制不仅没有触动，而且上台后很快取消了赫鲁晓夫时期曾进行的一些改革，随后政治体制出现了倒退，向斯大林时期建立的高度集权的体制回归。

第一节　政治体制倒退的突出表现

勃列日涅夫执政时期政治体制的倒退反映在很多领域。

一　恢复并逐步加强党政集中领导的政治体制

这突出表现在以下三个方面：

1. 党政不分、以党代政进一步发展。在勃列日涅夫时期，特别是在后期，党政不分、以党代政的情况日益严重。表面上，各政治局各委员会都对自己主管的领域负责，一切决策都由政治局作出，但实际上，政治局作出决策，也往往是形式上的，主要还是由党的最高领导勃列日涅夫等少数几个人决定。特别是随着勃列日涅夫的地位巩固与加强之后，更是大权独揽。1977年苏共中央五月全会决定，勃列日涅夫以总书记身份兼任最高苏维埃主席团主席。同年10月7日，最高苏维埃非常代表会议上审议通过了《苏维埃社会主义共和国联盟宪法（根本法）》。按新宪法增加的一些条款，勃列日涅夫同时又兼任国防委员会主席，这样，他就总揽了党、政、军的大权。这种党政不分、以党代政的体制，不只反映在勃列日涅夫这个最高领导人一个人身上，在苏联党的很多领导人兼任苏维埃与政府部门的重要职务。另外，在党政领导的组织机构上也得到充分体现。苏共中央机关设置的与政府部门相应的部门比过去更多了，如国防工业、重工业、机器制造、化学工业、食品工业和农业等部门，在加盟共和国党中央委员会和地方党委也出现了类似的情况。这导致各级党组织往往对一些具体经济问题作决议与发指示，从而大大削弱了苏维埃与政府部门的领导作用。

勃列日涅夫坚持党政不分的政策，其理论根据来自斯大林。勃列日涅夫在 1977 年苏共中央五月全会上决定兼任苏维埃主席团主席的讲话就可以说明这一点。当时他解释说："这绝非是一个徒具形式的行动"，"这首先是共产党领导作用不断提高的表现"，"苏共作为执政党……在我们的日常工作中，中央政治局许多成员直接处理国家的内政外交事务"。换言之，因为苏共是执政党，因此苏共领导人可以处理苏联国内外所有事务。十分明显，这种观点，直接承袭斯大林在苏共十八大报告中的下列提法："党的干部是党的指挥人员，而由于我们是执政党，所以他们也就是国家领导机关的指挥人员。"

苏联长期以来未能正确处理好党政关系，在勃列日涅夫时期党政不分、以党代政进一步发展，这虽由多方面的原因造成，如有关党政关系一直缺乏正确的理论指导，因此也就没有确定党政关系的原则。在实际工作中，过多强调苏共执政党的地位等。但最主要的原因还是与斯大林高度集中的体制模式紧密联系在一起的。高度集权，在客观上要求党统揽党。如果不对高度集权的体制模式进行根本性改革，则党政不分的体制也就难以改革。

2. 在恢复部门管理原则后，经济管理机构日益庞大，官僚主义日趋严重。政治体制倒退导致管理权力的进一步集中和行政命令体制的加强。全联盟和联盟兼共和国部从 1965 年的 29 个增加到 80 年代初的 160 个。这些部门主要通过布置各种计划指标和下达文件的方式进行领导。据统计，管理国民经济的各种命令、指示和其他各种法规竟达到 20 万种之多，它们几乎为企业全部活动规定了详尽的细则，使地方和企业不敢也无法越雷池一步，严重地影响了生产者的积极性。行政命令体制的加强必然导致国家机构的臃肿和官僚主义作风的增长。苏联部长会议所属的 64 个部和 20 多个国家委员会及直属机关的正副部长级领导干部达到 800 多人，以黑色冶金工业部为例，这个部共有正副部长 19 人，其中部长 1 人，第一副部长 3 人，副部长 15 人。一件普通公文的传阅，经常要几个星期，甚至一两个月。①

3. 个人集权加强，独断专行现象严重。随着勃列日涅夫领袖地位和权力基础的巩固，个人集权日益发展。应该说，勃列日涅夫执政初期形成的"三驾马车"之间的关系，一开始也不是三者之间的力量与权力处于均等状态，作为总书记的勃列日涅夫利用一切机会提高自己的政治地位，扩大权力。苏共中央 1972 年十二月全会上对由柯西金主管的"新经济体制"作了否定性评价之后，勃列日涅夫把在经济方面的决策权控制在自己手里，随后又控制了外交权，此后，柯西金的地位大大下降。1977 年解除了波德戈尔内最高苏维埃主席团主席职务并宣布他退休。此后，勃列日涅夫的权力大大膨胀，决策权高度集中。据不少材料披露，像 1979 年底出兵入侵阿富汗这样的重大事情，只是由勃列日涅夫、乌斯季诺夫、葛罗米柯和安德罗波夫四人商量后作出决定的。② 从这一件事就可看出勃列日涅夫时期个人专权的情况。

由于个人集权的加强，党内民主日益流于形式。在勃列日涅夫时期，虽然中央全会、政治局会议、书记处会议和苏共代表大会按规定举行，但并不意味着党内有真正的民主生活。戈尔巴乔夫在 1987 年举行的苏共中央一月全会上讲："让我们坦率地说，多年来，党和人民关心的许多迫切问题没有被提到全会日程上来。同志们都记得，虽不止一次地举行时间很短和形式化的中央全会，许多中央委员在其整个任期内没有可能参加讨论甚至提出建议。中央全会的这种气氛也影响到这种情况，在勃列日涅夫时期显得更加突出。沃尔戈诺夫所著的《七个领袖》一书中说：政治局讨论问题的程式，如由谁发言，如何发言等，事先都由党中央机关秘书班子做好仔细安排。令人难以想象的是，政治局委员们事实上经常不是进行讨论，而是相互念自己的助手们为他们写好的 2—3 页讲稿。大家总是表现出"英雄所见略同"，照例不会发表同事先由起草班子起草的决议草案有多少出入的意见。③ 戈尔巴乔夫在他的回忆录《生活和改革》一书中说：在那个时期政治局有些会议，开会的时间只有 15—20 分钟，用于集合就

---

① 转引自江流等主编《苏联演变的历史思考》，中国社会科学出版社 1994 年版，第 51 页。

② 详见［俄］格·阿·阿尔巴托夫《苏联政治内幕：知情者的见证》，徐葵等译，新华出版社 1998 年版，第 274—279 页。

③ 转引自《东欧中亚研究》1998 年第 1 期。

座的时间往往比用于讨论工作的时间还多。即使是十分重大的问题，也很难进行认真的讨论。主持者惯用的言辞是："同志们已作过研究，事先交换过意见，也向专家作过咨询，大家还有什么意见？"在这种情况下，还能提什么意见？①

二　个人崇拜盛行

个人集权、缺乏民主必然产生个人崇拜。随着勃列日涅夫个人权力的膨胀，个人崇拜也泛滥起来。勃列日涅夫在这方面采取的方法有很多，如用编造历史来夸大其在战争中的作用，通过各种宣传工具，大肆宣扬其工作中的政绩，给自己颁发各种勋章奖章，军衔不断晋升，从 1975 年到 1977 年的 3 年内，他由中将一跃而为苏联元帅。他拥有的勋章与奖章共达 200 多枚，死后在送葬行列中为他捧胸章与奖章的军官有 44 人之多。如果翻开 20 世纪 70 年代中期的苏联报纸杂志，对勃列日涅夫令人作呕的颂扬言论随处可见。1976 年底在为勃列日涅夫庆祝 70 岁诞辰时，掀起了颂扬的高潮，为此，《真理报》开辟了 7 天的专栏。而率先颂扬勃列日涅夫的是基里延科，他称勃列日涅夫为"我们党的领袖"，当时阿塞拜疆第一书记阿利耶夫称勃列日涅夫为"我们时代的伟大人物"。② 那些阿谀奉承、恭维勃列日涅夫的言论更多："党和人民热爱您，列昂尼德·伊里奇。他们爱您，是由于您的仁慈和热忱，是由于您的智慧和对列宁主义的无限忠诚。您的一生，您的智慧和天才赋予您获得并融化党和国家领导人的宝贵品质的能力，这些品质是我们这个时代伟大人物，我们党和我国各族人民的领袖的特殊品质。"③ 吹捧的调子越来越高，如有人称勃列日涅夫是"真正列宁式的领导人"、"党和国家的英明领袖"、"英明的理论家"。这里还要指出的是，组织人代为撰写的以勃列日涅夫名义出版的几本小册子《小地》《复兴》《垦荒地》等，获列宁文学奖。其发行量之大也是惊人的，截至 1981 年底，平均每两个苏联人就有一册。④ 1978 年 11 月 12 日《真理报》宣传说：苏联人在"读、重读、废寝忘食地研究勃列日涅夫的著作"，因为这是"无穷无尽的思想智慧和泉源"。还有些报刊

---

① 转引自《东欧中亚研究》1998 年第 1 期。
② 苏联《巴库工人报》1976 年 11 月 25 日。
③ 《国外社会主义研究资料》，求实出版社 1983 年版，第 1 期。
④ 《苏联东欧问题》1983 年第 2 期。

吹捧这些著作是"党的巨大瑰宝"、"政治才略的教科书"，是"令人爱不释手的诗篇"等。而这种做法所起的作用是极其恶劣的。阿尔巴托夫说，这像"全民演出了一出荒诞的戏"，人们"都并不信以为真。这大大加深了人们对政权的不信任感，加强了不关心政治和玩世不恭的消极风气，腐蚀了人们的思想和灵魂。从象征的意义上说，这个插曲犹如我国历史上我们为之付出了很大代价的这段可悲的时期树立了一块墓志铭。这是名副其实的停滞时期。其登峰造极之时我认为是1975—1982年"。① 苏联新闻媒体在报道1981年勃列日涅夫在苏共二十六大作报告的情景时写道，在他作报告的过程中，被74次掌声、40次长时间的掌声和8次暴风雨般的掌声所打断。

从这些可以看出，勃列日涅夫为制造对他的个人崇拜和个人迷信是费尽了心机。个人迷信是个人集权的必然产物，它反过来也为巩固与发展个人集权创造条件，相互促进。这样发展的结果是，在勃列日涅夫时期的政治体制朝高度集权方向一步一步地迈进，一步一步地深化，使得斯大林时期形成的高度集权的政治体制变得"成熟"即更趋凝固化、僵化。这种"'成熟'在掩盖着、钝化着矛盾的同时，就已孕育着、潜伏着危机!"②

三　干部领导职务终身制等体制的弊端日益严重

应该说，赫鲁晓夫执政时，他看到了传统体制下的干部制度存在严重弊端，因此他在这方面作了不少改革，目的是要废除像干部领导职务终身制等腐朽的制度，使社会的发展富有活力。但他在这一领域的改革，也出现了一些问题，如发生过干部大换班、变动过于频繁等。勃列日涅夫上台后，把注意力集中放在赫鲁晓夫时期干部制度改革所出现的问题上，并没有考虑到传统的干部制度存在的严重弊端。因此，勃列日涅夫执政后以稳定政局等为由，很快就恢复了传统的干部领导职务终身制和干部任免制。在这方面的倒退，其消极作用十分明显。

第一，干部领导职务的终身制，使新生力量难以成长，难以在年富力强时进入重要的领导岗位。在赫鲁晓夫执政年代，中央委员连选连任者占

---

① ［俄］格·阿·阿尔巴托夫：《苏联政治内幕：知情者的见证》，徐葵等译，新华出版社1998年版，第346页。

② 宫达非主编：《中国著名学者苏联剧变新探》，世界知识出版社1998年版，第294页。

49.6%，到二十二大，中央委员连选连任者上升为 79.4%，二十五大时上升为 83.4%，二十六大为 90% 以上。勃列日涅夫时期，中央政治局、书记处的变动更小，18 年中只换下 12 人。[①] 1981 年召开的苏共二十六大选出的中央政治局和书记处，是二十五大的原班人马，这是苏共历史上没有过的。1976 年至 1981 年两届加盟共和国党的代表大会期间，共和国党中央第一书记，除死亡和正常工作调动外，没有 1 人被撤换。[②] 由于干部领导职务终身制、任命制，重要干部由"一号人物"来决策，一些重要岗位的领导干部不可能由年轻干部去担任。勃列日涅夫后来提拔和担任重要领导职务的人员的情况就说明了这一点。例如：苏联国防部长格列奇科 1976 年去世时为 73 岁，而接替他的乌斯季诺夫当时已经 69 岁；苏联交通部长科热夫 1975 年去世时为 70 岁，接替他的索斯诺夫为 67 岁；造船工业部长托马 1976 年去世时为 69 岁，接替他的叶戈罗夫当年也是 69 岁。勃列日涅夫兼任国家元首之后，竟选择比他大 5 岁的库兹涅佐夫担任自己的副手。1976 年吉洪诺夫任苏联部长会议副主席时已 72 岁。[③]

第二，终身制的一个必然结果是领导干部老龄化。1952 年苏共中央政治局委员平均年龄为 55.4 岁，书记处成员为 52 岁，到赫鲁晓夫下台前夕的 1964 年，政治局委员平均年龄为 61 岁，书记处成员为 54 岁。到 1981 年苏共二十六大时，政治局委员平均年龄为 70 岁，书记处成员为 68 岁，核心成员的平均年龄高达 75 岁。最高领导层的老龄化，同样反映在地方党政机关。戈尔巴乔夫在 1981 年一月中央全会的报告中说："一系列党委的书记和成员，地方、共和国和全苏一级苏维埃和经济机关的工作人员，往往好几十年没有发生必要的干部变动，没有增添新人。"干部的普遍老龄化，是苏联社会死气沉沉、保守、僵化和各种消极现象出现的一个不可忽视的因素。这个问题，从勃列日涅夫本人就可充分说明这一点。大家知道，勃列日涅夫于 1974 年 12 月在符拉迪沃斯托克附近的军用飞机场刚送走美国总统福特，他感到不适，患了大脑动脉粥样硬化症。第二天前往蒙古，从那里乘火车返回莫斯科时又发生了第二次中风，从此，他病得很重，病了很长时间。阿尔巴托夫在他的回忆录中说：从这时起，勃列日

---

① 参见刘克明、金挥主编《苏联政治经济体制七十年》，中国社会科学出版社 1990 年版，第 549 页。

② 参见《苏联东欧问题》1983 年第 2 期。

③ 同上。

涅夫还活了八年，并在干部领导职务终身制的体制下，他还"统治了"八年。在这八年中，他的病情不时地有某些好转，但他一直没有能恢复到哪怕是自己正常的工作状态。他极易疲倦，没有精力处理手头该解决的问题，说话越来越困难，记忆力越来越衰退。在他生命的晚期，就连起码的谈话内容和礼节性的应酬话也要别人替他写好，没有这种"小抄"他简直无法应付。① 对此，博尔金作了以下的描述："很多人都非常清楚，勃列日涅夫不能继续领导党和国家，中央政治局会议越开越短。勃列日涅夫茫然坐在那儿，并不十分清楚自己身在何处，会议室里都有谁，应该做些什么。经常出现这种局面，他坐在那儿，读着助手们用特制大号字母打字机打出的简短讲稿，有时读错行，前言不搭后语。他大概自己也意识到这一点，用忧伤的目光望着在场的人。为了尽快作出结论并提出提案，结束这种折磨人的场面，契尔年科出面结束会议，大家急忙通过各种议案，怀着不安的心情离开政治局会议室。"② 在勃列日涅夫后期的八年中，他已失去了工作的能力，"已经无力正常执行领导者的起码职责"③。这在当时的苏联上层都很清楚，但在传统的集权体制下，在干部领导职务终身制的条件下，只有等到勃列日涅夫去世他才能离开苏联最高领导的职位。这正如阿尔巴托夫所说的："现行的机制、传统和现实的政治环境实际上排除了'正常'接班的可能性。"④

第三，干部领导职务终身制、任命制产生的另一个严重弊端是不正之风盛行。在勃列日涅夫时期，苏联高层领导人是否退休，并不取决于年龄与是否有才能，而是取决于与苏联主要领导人的关系。正如利加乔夫指出的："在勃列日涅夫时期，党的领导干部是否退休，主要取决于与某些政治局委员和列昂尼德·伊里奇本人的关系。这种程序（确切些说是无程序）必然要加重地方领导人对中央领导机关的依赖性。就问题的实质来说，一切都取决于个人的好恶程度，换句话说，是否退休问题在于主观方面。所以出现这种情况，那些忘我工作的书记，由于没有注意到在中央和

① 参见［俄］格·阿·阿尔巴托夫《苏联政治内幕：知情者的见证》，徐葵等译，新华出版社 1998 年版，第 267—268 页。

② ［俄］瓦·博尔金：《戈尔巴乔夫沉浮录》，李永全等译，中央编译出版社 1996 年版，第 30 页。

③ ［俄］格·阿·阿尔巴托夫：《苏联政治内幕：知情者的见证》，徐葵等译，新华出版社 1998 年版，第 266—267 页。

④ 同上书，第 267—268 页。

中央委员会的个人关系，当到退休期限时便处于‘无人过问状态’。"① 可以说，在勃列日涅夫时期，在干部任用问题上，任人唯亲、搞裙带关系已发展到极其严重的程度。这样，使不少干部不是把精力用于如何做好工作上，而是搞投机钻营，那些吹吹拍拍、讨好上级、唯上是从、在上层寻找保护伞的干部越来越多。还要特别指出的是，勃列日涅夫还对其家属与沾亲带故的人给予"照顾"，让这些人升官、捞取私利。他女儿的最后一个丈夫丘尔巴诺夫令人头晕目眩地青云直上，在几年之内当上了中将，从一个普通的民警政治工作者一跃成为内务部第一副部长。勃列日涅夫的儿子被提拔为外贸部第一副部长。他的弟弟也当上了副部长。这两个人都有酗酒的恶习。②

四　"特权阶层"扩大化、稳定化和思想僵化

勃列日涅夫时期，政治体制倒退，使得苏联的"特权阶层"进一步扩大与稳定，这一阶层的人思想更趋僵化，这也成为阻碍整个体制改革的一个重要因素。是的，"特权阶层"是在斯大林时期就逐步形成起来的。阿尔巴托夫指出："早在30年代所有这些已经形成完整的制度。根据这个制度的等级——政治局委员、政治局候补委员、中央书记、中央委员、人民委员、总局的首长，等等——每一级都有自己的一套特权。战争之前享有这种特权的人范围相当小，但特殊待遇本身是非常优厚的，特别是同人民生活相比更是如此。"③ 在战后，对苏联上层领导人的配给制达到了非常精细的程度。特别是各种商品的购货证与票券大大发展了，逐渐成了高中级负责干部家庭正常生活方式的一部分。高级将领在这方面越来越起带头作用。有些将军胆大妄为到这种地步，以致向来对这种腐化行为睁一只眼闭一只眼的斯大林不得不出来纠正，命令把某些人逮捕。但特权并没有消失，后来很快地扩大了，在斯大林时期达到登峰造极地步的是所谓钱袋，即领导人的工资附加款，这个附加款可以从几百卢布到几千卢布，取决于职位高低，装在信袋里秘密发放。一个部长可拿到相当于1960年改革后的2000卢布，如果考虑到通货膨胀和不纳税，这个数目相当于不久

---

① ［俄］格·阿·阿尔巴托夫：《苏联政治内幕：知情者的见证》，徐葵等译，新华出版社1998年版，第341—343页。

② 同上。

③ 同上书，第311页。

前苏联总统规定的工资的两倍。①

不少西方学者也都认为，苏联的特权阶层早在斯大林时期就已经形成。② 他们把特权阶层的特权归结如下：名目繁多的津贴，免费疗养和特别医疗服务，宽敞的住宅和豪华的别墅，特殊的配给和供应，称号带来的特权，等等。对苏联上层领导来说，高薪并不是主要报酬，远为贵重得多的是上层所享有的特权。他们一切的获得主要靠特权。因此，不论苏联的任何时期，作为特权阶层的一个基本特征是一样的，即他们掌握着各级党政军领导机关的领导权。这个领导权是实现特权的基础。

赫鲁晓夫时期，领导人的特权虽有些削弱，但依然存在。到了勃列日涅夫时期，又开始悄悄地斯大林化。这期间，特权阶层扩大化与稳定化成为勃列日涅夫时期改革停滞不前的一个重要原因。

由于在勃列日涅夫时期特权阶层的人数与特权的膨胀，这个阶层享受的特权亦日益增多。1976 年开始任斯维尔德洛夫斯克州委第一书记、1985 年任苏共政治局候补委员、莫斯科市委书记后来任俄罗斯总统的叶利钦，在其自传中，根据个人亲身经历对苏联"特权阶层"的种种特权加以揭示：特权阶层有"专门的医院、专门的疗养院、漂亮的餐厅和那赛似'皇宫盛宴'的特制佳肴，还有舒服的交通工具。你在职位的阶梯上爬得越高，为你享受的东西就丰富"。"如果你爬到了党的权力金字塔的顶尖，则可以享受一切——你进入了共产主义！那时就会觉得什么我这个政治局候补委员，这样的级别，都配有 3 个厨师、3 个服务员、1 个清洁女工，还有一个花匠。""特权阶层"享受着现代化的医疗设施，"所有设备都是从国外进口的最先进的设备。医院的病房像是一个庞大的机构，也同样很豪华气派：有精美的茶具、精制的玻璃器皿、漂亮的地毯，还有枝形吊灯……"。"购买'克里姆林宫贡品'只需花它的一半价钱就行了，送到这儿来的都是精选过的商品。全莫斯科享受各类特供商品的人总共有 4 万。国营百货大楼有一些框台是专为上流社会服务的。而且那些级别稍低一点的头头们，则有另外的专门商店为他们服务。一切都取决于官级高低。所有的东西都是专门的——如专门提供服务的师傅；专门的生活条件；专门的门诊部、专门的医院；专门的别墅、专门的住宅、

---

① ［俄］格·阿·阿尔巴托夫：《苏联政治内幕：知情者的见证》，徐葵等译，新华出版社 1998 年版，第 311—312 页。

② 参见陆南泉等编《国外对苏联问题的评论简介》，求实出版社 1981 年版，第 81—83 页。

专门的服务……”“每个党中央书记、政治委员和候补委员都配有一个卫士长。这个卫士长是受上级委派办理重要公务的职员，是一个组织者。”“他的一个主要职责是立刻去完成自己的主人及其亲属请求办理的任何事情，甚至包括还没有吩咐要办的事情。譬如要做一套新西服。只要说一声，不一会儿裁缝就来轻轻敲你办公室的门，给你量尺寸。第二天，你便能看到新衣服，请试试吧！非常漂亮的一套新西装就这样给你做好了。”“每年3月8日妇女节，都必须给妻子们送礼物。这同样也不费事，会给你拿来一张清单，那上面列出了所有能满足任何妇女口味的礼品名称——你就挑吧。对高官们的家庭向来是优待的：送夫人上班，接他们下班；送子女去别墅，再从别墅接回来。”“每当政府的‘吉尔’车队在莫斯科的大街上沙沙地飞驶而过时，莫斯科人通常停下脚步。他们停下来不是因为此刻需用敬重的目光瞧一瞧坐在小车里的人，而是由于这确实是个令人有强烈印象的场面。‘吉尔’车尚未来得及开出大门，沿途的各个岗亭就已得到通知。于是，一路绿灯，‘吉尔’车不停地、痛痛快快地向前飞驶。显然，党的高级领导们忘了诸如‘交通堵塞’、交通信号灯、红灯这样一些概念。若是政治局委员出门，则还有一辆‘伏尔加’护卫车在前面开道。”叶利钦谈到自己的别墅时叙述道：“我头一次到别墅时，在入口处，别墅的卫士长迎接我，先向我介绍此处的服务人员——厨师、女清洁工、卫士、花匠等等一些人。然后，领我转了一圈。单从外面看这个别墅，你就会被它巨大的面积所惊呆。走进屋内，只见一个50多平方米的前厅，厅里有壁炉、大理石雕塑、镶木地板、地毯、枝形吊灯、豪华的家具。再向里走，一个房间、二个房间、三个房间、四个房间。每个房间都配有彩色电视机。这是一层楼的情况，这儿有一个相当大的带顶棚的玻璃凉台，还有一间放有台球桌的电影厅。我都弄不清楚到底有多少个洗脸间和浴室；餐厅里放着一张长达10米的巨大桌子，桌子那一头便是厨房，像是一个庞大的食品加工厂，里面有一个地下冰柜。我们沿着宽敞的楼梯上了别墅的二楼。这儿也有一间带壁炉的大厅，穿过大厅可以到日光浴室去，那儿有躺椅和摇椅。再往里走便是办公室、卧室。还有两个房间不知是干什么用的。这儿同样又有几个洗脸间和浴室。而且到处都放有精制的玻璃器皿，古典风格和现代风格的吊灯、地毯、橡木地板等其他东西。”①

---

① 参见［苏］鲍里斯·叶利钦《叶利钦自传》，朱启会等译，东方出版社1991年版，第140—147页。

　　法国作家罗曼·罗兰在 1935 年访问莫斯科时发现，连无产阶级作家高尔基也享受着贵族待遇，在金碧辉煌的别墅里，为他服务的有 40—50 人之多。在罗兰的《莫斯科日记》里写道：苏联已出现了"特殊的共产主义特权阶层"和"新贵族阶层"。"他们把荣誉、财富与金钱的优势攫为己有。"①

　　事实上，苏联特权阶层享受的特权是很多的。那么，在苏联为何需要建立这样一个让苏共党内少数领导干部享受的厚颜无耻的特权制度，为什么要建立那种财富帮会式的官僚机构配给的方式？关于这个问题，阿尔巴托夫进行的分析是很有道理的。他说：特权阶层的形成，"这是斯大林故意采用的政策，目的在于收买党和苏维埃机关上层，使其落入某种连环套之中，这是一种路线，旨在借助于直接收买，借助于灌输丢掉职位就丢掉特权、失掉自由甚至生命的恐惧思想，从而保证官员们绝对听话，并积极地为个人迷信服务"②。

　　应该说，不论是斯大林还是勃列日涅夫时期，斯大林为苏共领导层提供的种种特权，是他建立的一种制度，或者说是苏联政治制度的一个内容，是用来巩固其统治的重要手段。勃列日涅夫时期特权阶层扩大化与稳定化的主要原因有：第一，由于勃列日涅夫时期实际上没有进行政治体制改革，干部领导职务搞任命制与终身制，干部队伍较为稳定，因此，特权阶层也比较稳定。而斯大林时期，虽然形成了特权阶层，但它是不稳定的。这是因为，斯大林一方面给予上层人物大量的物质利益和特权，另一方面又不断地消灭这些人。在 30 年代的"大清洗"运动中，首当其冲的便是这个特权阶层。第二，由于勃列日涅夫时期的僵化和官僚主义的发展，各级领导机关干部数量大大膨胀，与此同时，特权阶层的人数也随之增加。据俄国学者估计，当时这个阶层有 50 万—70 万人，加上他们的家属，共有 300 万人之多，约占全国总人口的 1.5%。③ 人们对特权阶层的人数估计不一。英国的默文·马修斯认为，连同家属共有 100 万人左右。

---

　　① 转引自陆南泉等主编《苏联真相——对 101 个重要问题的思考》（下），新华出版社 2010 年版，第 1193 页。

　　② ［俄］格·阿·阿尔巴托夫：《苏联政治内幕：知情者的见证》，徐葵等译，新华出版社 1998 年版，第 312 页。

　　③ ［俄］A. H. 博哈诺夫等：《20 世纪俄国史》，莫斯科阿斯特出版社 1996 年俄文版，第 571 页。

西德的鲍里斯·迈斯纳认为，苏联的上层人物约有40万，如果把官僚集团和军事部门的知识分子包括进去，约70万人。苏联持不同政见者阿·利姆别尔格尔估计，在勃列日涅夫时期，特权阶层有400万人，另一些人估计不少于500万人。① 第三，斯大林时期，特权阶层的主要使命是维护、巩固斯大林的体制模式。而勃列日涅夫时期，特权阶层的主要使命是抵制各种实质性的改革，维护现状，使斯大林模式的社会主义更加"成熟"。这也就是说，这个既得利益的"特权阶层"成为抵制与反对改革的主要阻力，是阻滞体制改革的一个重要因素。

五　重新斯大林化

政治体制倒退的另一个突出表现是，在勃列日涅夫时期，苏联社会又开始了"悄悄地重新斯大林主义化"。这是笔者借用了阿尔巴托夫回忆录中的一个提法，因为这个提法很符合实情。"我之所以把这个重新斯大林主义化的过程称为悄悄的过程，就是因为它不是用一个正式的法令、一项专门的决定去推行的，它是渐渐地、一步一步地把社会生活笼罩起来的，一个阵地一个阵地巩固起来的。那些想要回到斯大林主义的人，则是有意识地加以推动。"② 应该说，重新斯大林主义化在勃列日涅夫时期并不是困难的事，因为：一是在赫鲁晓夫时期虽然捅了一下斯大林，特别是斯大林个人崇拜，但是并没有从根本上触动斯大林主义或斯大林时期形成与发展起来的体制。就是说，赫鲁晓夫在苏共二十大作报告时，对斯大林时期的苏联社会主义制度存在的问题是想得很肤浅的，可以说还根本没有触及制度性问题。二是植入苏联社会的斯大林主义，它经历了一个很长历史时期，为了让它生根采取了各种手段，包括最极端的大规模的恐怖，从而使其在苏联根深蒂固。三是在斯大林时期，不只形成了以斯大林主义为基础的体制，并在这个体制下培养了适应和积极维护这个体制的领导干部。这些干部，同时又握有种种特权，他们离开了这个体制很难工作，又会失去特权与利益。因此，在勃列日涅夫时期，"正如我们所看到的，领导层中很多很多人仍然持旧的、斯大林主义观点。他们要在任何一个别的社会政

---

① 陆南泉、张文武编：《国外对苏联问题的评论》，求实出版社1981年版，第82页。

② ［俄］格·阿·阿尔巴托夫：《苏联政治内幕：知情者的见证》，徐葵等译，新华出版社1998年版，第191页。

治体制下为自己寻找一个位子即使说不是完全不可能，那也是很难的。这些当权者除了往下面贯彻'上头'的意旨外，不会做任何其他事情"。在上述条件下，在苏联社会"形成了一种独特的局面。只要最高领导一停止施加压力，使社会实现非斯大林主义化的种种努力，整个社会意识形态和社会设制几乎无须下达新的补充指示就会自动恢复原状，就像被按倒的不倒翁一样，只要手一松开，它马上便直立起来，或者像自行车一样，如果你不再用脚蹬，它就向一侧倒下去"①。所以，正如有人所指出的："断言我们似乎告别了斯大林主义，此话说早了，太早了。"②

勃列日涅夫在重新斯大林主义化方面，首先的步骤是恢复斯大林作为"伟大领袖"的名誉，最简单的办法是 1965 年利用纪念卫国战争胜利 20 周年庆典，提及以中央委员会总书记斯大林为首的国防委员会。1970 年，在斯大林墓为他建立半身雕塑像。后来，利用撰写各种各样的有关二战的回忆录把斯大林重新抬出来。官方要求不论是回忆录也好，还是二战史也好，要符合当时的苏共路线、方针与政策的需要。这样，连十分重要的朱可夫回忆录中，也要把有损于斯大林形象的内容删去，如从书的原稿中砍掉有关 1937 年斯大林对红军高级指挥人员实行镇压的一章。③

六 加强了对文化意识形态的控制

随着重新斯大林化的发展，勃列日涅夫时期在文化意识形态方面出现了停滞。这一领域的停滞主要有以下几个特点：

第一，文化意识形态的理论与宣传都要符合推行"发达社会主义"理论纲领的要求。这一理论在 1971 年苏共二十四大上正式提出，并在 1977 年写进通过的苏联新宪法。当时苏联认为，发达社会主义社会在现实生活中已是"全面而协调发展"的社会，已建立了"成熟的社会关

---

① ［俄］格·阿·阿尔巴托夫：《苏联政治内幕：知情者的见证》，徐葵等译，新华出版社 1998 年版，第 190 页。

② ［俄］亚·尼·雅科夫列夫：《一杯苦酒——俄罗斯的布尔什维主义和改革运动》，徐葵等译，新华出版社 1999 年版，第 323 页。

③ 朱可夫元帅的回忆录完整的未经删改的版本现在已经问世。自 1937 年 5 月至 1938 年 9 月，遭到斯大林镇压的有近半数的团长，几乎所有的旅长和师长、所有的军长和军区司令员、军区军事委员会委员和政治部主任；大多数军、师旅的政工领导干部，近 1/3 的团政委，以及高等和中等军事学校的许多教员。参见［俄］格·阿·阿尔巴托夫《苏联政治内幕：知情者的见证》，徐葵等译，新华出版社 1998 年版，第 202—205 页。

系"，并强调"社会统一性"。这些观点完全是脱离苏联现实生活状况的，它掩盖了社会存在的各种矛盾与问题，让人们对已出现的与潜在的危机处于麻痹状况，不去正视现实，起到安抚人心的作用。为了实现发达社会主义理论纲领，苏共在文化意识形态工作方面采取虚伪的、形而上学的态度，用教条主义的说教向广大群众灌输，着力宣传苏联社会已是多么和谐、协调与统一，一旦在这方面出现揭示问题、矛盾的文学、艺术、电影与戏剧等作品，就被视为"离经叛道"并加以批判。另外，在勃列日涅夫执政后期，更多地强调社会主义文化与资本主义文化绝对的对立，对资本主义文化与人类历史上创造的共同文明成果持拒绝的态度。

第二，强化对文化意识的监控，一个重要办法是对社会科学与文艺作品进行严格的审查，不断地把不按党指示的报刊主编调离，任命与党保持"一致"的新领导人。勃列日涅夫执政时期在出版领域特别严格控制两方面的问题：一是一些被视为与党的方针政策不一致的作品，特别是被视为"不同政见者"的作品，这是绝对不许问世的；二是那些遵循苏共二十大路线批判斯大林的作品，同样经常遭到查禁与删改。严密的审查制度，不放过任何一个在一般人看来无足轻重的作品。据当时任斯塔夫罗波尔边疆区党委第二书记的戈尔巴乔夫回忆，1969 年斯塔夫罗波尔农学院哲学教研室代理室主任萨德科夫出版了《人民团结和社会主义的矛盾》一书，从书名来看就与勃列日涅夫发达社会主义理论强调的全面协调、和谐、统一等思想不一致。检查机关发现了，这时"莫斯科传来了信号：狠批。于是 5 月 13 日举行了边疆区党委会，讨论的问题是：关于斯塔夫罗波尔农学院哲学教研室副教授 Ф. Б. 萨德科夫书中的严重错误。我们可以说是把他批了个体无完肤。这的确是一个喋喋不休的批判会。我们的主要'思想家'利霍塔要求将其开除出党……我的发言充满了火药味。萨德科夫受到严重警告，并宣布撤销其教研室主任的职务"①。

勃列日涅夫时期对文化意识形态的严密控制反映在很多方面，如对一些重要报纸规定报道选题、报道重点，对要求发表的有关重要文章需向苏共中央宣传部请示报告，记者到国外采访与进行国际学术交流都要经过审批同意，报刊连改变纸型等亦要征得上级主管部门审批同意。勃列日涅夫

---

① ［俄］米·谢·戈尔巴乔夫：《戈尔巴乔夫回忆录》（上册），述弢等译，社会科学文献出版社 2003 年版，第 129 页。

作为苏联最高领导人十分关注国家广播电视委员会与《真理报》，这两个机构的领导人直接由他指挥。

第三，增强文化意识形态的管理机构。勃列日涅夫执政后不久于1966年5月，把赫鲁晓夫在1962年将由联盟共和国宣传鼓动部，科学、高等教育与学校部及文化部三个部门合并为统一的苏共中央意识形态委员会撤销，又重新分成三个部：苏共中央宣传部、文化部、科学与学校部，并把这三个部门的工作职能与管辖权划归苏共中央书记处。这里特别要指出的是苏共中央宣传部在控制文化意识形态方面所起的特殊重要作用。该部下设13个局：俄罗斯联邦局、加盟共和国局、党务宣传局、群众性政治和文化教育工作局、报刊局、广播电视局、出版局、杂志局、出版物和印刷品发行局、体育文化和运动局、讲师团、专家咨询组与办公厅。十分明显，这13个局几乎监管了文化意识形态的全部领域。但是，勃列日涅夫与主管意识形态的被称为"灰衣主教"的苏斯洛夫，对中央宣传部的宣传往往不满意，认为其贯彻苏共中央意识形态方针不力与控制不够，所以在勃列日涅夫时期整个领导干部十分稳定的条件下，苏共中央宣传部部长出现了多次更迭：1965—1970年斯捷帕科夫任部长；1970—1973年雅科夫列夫任部长；1974—1976年斯米尔诺夫任部长；1976—1982年佳热利尼科夫任部长。与此同时，广大民众特别是知识分子阶层，对宣传部与各届领导都没有良好的印象，更多的是有一种厌恶的感觉。

谈到严控文化意识形态的机构，不能不提及克格勃第五局。它在勃列日涅夫时期的作用日益凸显。克格勃就其性质来讲是安全机关，但它在反对西方意识形态渗透与决定国内"持不同政见者"的命运等方面有其独特的作用。这期间，"秘密警察"机关作用加强了，鼓励大家告密，检查私人信件，偷听电话谈话多了起来。"苏共中央的高级负责人，甚至中央书记，在自己的办公室谈到尖锐的话题时，也常常看一看电话机，作出一种明显的手势——把手指按在嘴上，并转到另一个话题。"①

勃列日涅夫时期文化意识形态出现停滞的原因，"最重要的是思想感念上的停滞，是勃列日涅夫一班人对社会主义的理解还停留在30年代的

---

① ［俄］格·阿·阿尔巴托夫：《苏联政治内幕：知情者的见证》，徐葵等译，新华出版社1998年版，第317页。

水平上，把苏联模式看成是一成不变的，无视变化了的时代的要求"①。

第二节　政治体制倒退产生的严重后果

应该说，勃列日涅夫时期政治体制倒退，一步一步地向斯大林时期建立的后来逐步巩固与发展的高度集权体制回归，它对苏联社会的发展在很多方面产生了消极影响，后果是十分严重的。

1. 政治体制倒退首先成为阻滞经济体制改革的主要因素。在勃列日涅夫时期，由于政治体制倒退，它不仅不能促进经济体制改革，而且还丧失了头几年经济体制改革取得的一些成效，最后使经济全面的停滞与衰退。有关这个问题，我们在上一章已作了较为详细的论述，在此不再重复。

2. 社会、政治问题日趋增多与尖锐。在这一领域的问题反映在诸多方面，社会、政治与意识形态等问题相互交织在一起。

应该说，勃列日涅夫执政时期特别是在后期，苏联在社会、政治与精神道德领域出现了许多异常情况。

由于从党和国家高层领导到各级地方领导，弄虚作假，言行不一，使得苏联广大群众对党与国家提出的政策、口号持不信任态度。"在这种情况下，对所号召的东西，对讲坛上讲的东西，对报纸上和教科书中说的东西就开始不那么相信了。"②

在勃列日涅夫时期，"一个具有代表性的特征，这就是官僚主义、本位主义、机关专权和独断得到了史无前例的所谓双倍的泛滥"。"所有的决定都是由最上层作出的，与此同时，'上边'却不能真正采取任何一个决定——其中每一项决定要经过几十次甚至几百次协商。此外，领导人任何一项决定作出后，在贯彻时又受到机关的专横的阻挠。""几乎没有人对某件事真正承担责任。""官僚主义的管理机关膨胀到令人难以置信的规模。"③ 据俄罗斯社会科学研究所提供的材料，这一时期，苏联党政领

---

① ［苏］费奥多尔·布尔拉茨基：《领袖与谋士——关于赫鲁晓夫、安德罗波夫和其他人》，徐锦栋等译，东方出版社1992年版，第333页。

② ［苏］米·谢·戈尔巴乔夫：《改革与新思维》，苏群译，新华出版社1987年版，第46页。

③ ［俄］格·阿·阿尔巴托夫：《苏联政治内幕：知情者的见证》，徐葵等译，新华出版社1998年版，第265页。

导机构作出的决议得到执行的充其量不到 1/10。① 官僚主义的盛行，勃列日涅夫本人表现得尤为突出。阿尔巴托夫在其回忆录中列举了不少事例，其中有关科技革命问题最为生动。在 60 年代末，考虑到苏联加速科技发展的紧迫性，苏共二十四大后，政治局作出决定，准备专门就科技革命问题召开一次苏共中央全会。会议的准备工作与通常一样，委托一个委员会负责，该委员会由数名中央书记组成。经过多个月的紧张工作，终于拟就了一份篇幅长达 130 页的总结性文件。文件于 1973 年 5 月按期交基里延科等三位书记。自然，这份文件交给了勃列日涅夫，但长久没有下文，召开讨论科技革命的中央全会的整个思想石沉大海了。到了 1982 年，勃列日涅夫逝世后一个专门委员清理他的档案时，发现了这个文件。之后，再转到戈尔巴乔夫手里。但科技体制改革拖延了 20 年，从而使科技进步问题大大加重了。②

社会道德堕落。在勃列日涅夫时期，苏联酗酒的人数急剧增加，1980 年有 4000 万酒徒，占全国人口的 14.81%。在酗酒的人群中，扩展到妇女和广大青少年。同时，酒精中毒程度也日益加深。1968 年苏联酒精中毒死亡人数为 18150 人，每 10 万人的酒精中毒死亡数为 7.6 人，而到 1976 年，上述两个数字分别增加到 39800 人与 15.9 人。据统计，苏联 3/4 的暴力犯罪是在酗酒以后发生的。俄罗斯联邦法院 1971 年审理的案件中约有 80% 的抢劫案、69% 的流氓袭击案、56% 的盗窃案的罪犯是在酒后进行的。由于酗酒，每到星期一上午，1/3 的工人仍睡眼惺忪，不能集中精力工作，旷工、误工情况十分严重，还造成大量的废品与次品。据苏联专家估计，全国因酗酒造成的经济损失为 350 亿—400 亿卢布。另一个问题是离婚率上升很快，1960 年离婚家庭占全苏家庭的 10%，到 1979 年上升到 33%。③ 酗酒与离婚两大问题，在勃列日涅夫时期的迅速发展，反映了这一时期苏联社会道德水准下降，也说明衰败与腐朽在滋长。在苏共中央工作几十年的瓦·博尔金指出："勃列日涅夫及其家人还热衷于收受礼

---

① 《东欧中亚研究》1998 年第 1 期。

② 详见 ［俄］格·阿·阿尔巴托夫《苏联政治内幕：知情者的见证》，徐葵等译，新华出版社 1998 年版，第 216—218 页。

③ 有关酗酒与离婚率的资料，均转引自陈之骅主编《勃列日涅夫时期的苏联》（中国社会科学出版社 1998 年版）第 168、178、179 页。

物，当时总书记收到的礼物数不胜数。"①

在勃列日涅夫时期，吸毒和犯罪日益滋长，莫斯科市登记的吸毒者就有 3600 名。②

下流无耻、低级趣味和精神空虚的文化、艺术流行。

政治上的奉承及大量授予奖赏、称号和滥发奖金，往往取代了对人及其生活和劳动条件的真正关心。苏联报刊说，勃列日涅夫执政时期是一个"拍马屁和阿谀奉承"的时代。③ 这个时期，赠送礼物大大盛行起来，极大地败坏了社会风气。勃列日涅夫每次出行，必须带大量礼品。既然总书记、最高苏维埃主席能赠送这么贵重的礼品，那么地方官员就自然要回赠贵重的礼品了。1976 年勃列日涅夫 70 岁诞辰，掀起了一阵送礼高潮，赠礼在苏联找到了肥沃土壤，发展到顶点。④

社会精神生活军国主义化，也是勃列日涅夫时期社会意识形态方面的一个特点。苏联军事部门为了他们所需要的资金与其他东西，使用了各种手段，而首先是从意识形态方面开始的。"这些年来，我国实质上展开了无先例的军国主义宣传运动，积极地试图使社会精神生活军国主义化。利用伟大卫国战争这个对苏联人说来神圣的主题，无耻地进行投机：回忆录，接连不断的文艺作品（往往同艺术性没有任何共同点，更确切些说是粗糙的手工制品），多集连续的艺术影片，电视转播，宏伟的、造价极高的纪念碑的建设，各种各样仪式引入日常生活（包括纪念碑和烈士墓旁身穿军装手持冲锋枪的学生的仪仗队）。所有这些整年地冲进国内精神生活。而且根本不是在国家上空笼罩战争威胁的条件下发生的，恰恰相反，是在缓和时期发生的。"⑤ 意识形态军国主义化，对开展军备竞赛无疑是个有力的思想武器。

在勃列日涅夫时期的苏联，大约形成了 2400 个黑手党组织，它们大多数有官僚背景。80 年代初，莫斯科已和纽约一样，成为世界上最不安

---

① ［俄］瓦·博尔金：《戈尔巴乔夫沉浮录》，李永全等译，中央编译出版社 1996 年版，第 34 页。

② 陆南泉主编：《苏联改革大思路》，沈阳出版社 1989 年版，第 10 页。

③ 同上。

④ 参见 ［俄］瓦·博尔金《戈尔巴乔夫沉浮录》，李永全等译，中央编译出版社 1996 年版，第 34—35 页。

⑤ ［俄］格·阿·阿尔巴托夫：《苏联政治内幕：知情者的见证》，徐葵等译，新华出版社 1998 年版，第 281—282 页。

全的大城市之一。① 1973—1983 年的 10 年间，苏联每年出现的犯罪总量几乎成两位数增长，这其中针对个人的重大暴力犯罪增长 58%，抢劫犯罪增长两倍，而入室盗窃和受贿案件增长 3 倍。

贪污、盗窃、行贿问题日趋严重。据勃列日涅夫 1982 年下台时的调查材料，已查出了大规模的舞弊行为，在贸易中存在数万起侵吞资产行为。由此产生的刑事案件涉及 1.5 万个负责人，其中 2500 多人是大贸易机构的领导人，包括莫斯科总局的领导人。揭露出多年来大规模棉花欺诈的"乌兹别克事件"、"克拉斯诺达尔案件"，还有牵涉到了部长尼·安·晓洛科夫及其副手勃列日涅夫的女婿丘尔巴诺夫的"内务部领导层案件"。问题暴露后有些人受到惩处，有些人自杀，有些人（大约有 30% 以上）被迫辞职。②

3. 由于文化意识形态领域的死气沉沉，有创新思想的作品越来越少。拿经济科学来说，勃列日涅夫时期实际上在走回头路，精力集中在传统的政治经济学上，不切实际地去拨弄从马列主义奠基人著作中摘出来的一连串抽象原理，而且主要是用他们最粗俗的纯粹斯大林式的诠释来研究。这种斯大林式的诠释，早已成为被推销得贬了值的理论，还在强迫人们接受，而对"市场社会主义"的批判不断升级，并纳入了政治经济学科教科书。而主张更多发挥市场调节作用的学者如阿甘别基扬和扎斯拉夫斯卡娅等，成为围攻的对象。非商品派的理论一直居主导地位。在史学方面，歪曲与伪造历史的现象日益多起来，特别是尽量掩盖斯大林的错误与罪行。宣传性读物在勃列日涅夫时期发行量大幅增长。1971 年勃列日涅夫在苏共二十四大的报告中说："我们的报纸一次发行的份数约为 1.4 亿份，杂志 1.5 亿多份。"苏联平均每个家庭拥有 4 种以上的出版物。另据统计，每天出版430 万册书籍和小册子（1970 年为 15 亿多），10 年下来，书名的数量达到8.5 万个，但这些作品中绝大部分是社会政治书籍，不少是苏共领导人的讲话、代表大会的文件和宣传材料。而人们需要的真正的好书出现"饥荒"。③勃列日涅夫时期的苏联被认为是世界上最大的出版者。至于有多少人阅读与相信那些枯燥无味的、充斥着千篇一律的官话和套话的政治宣传读物，

---

① 《环球时报》2006 年 12 月 18 日。

② 参见［俄］亚·维·菲利波夫《俄罗斯现代史》，吴恩远等译，中国社会科学出版社2009 年版，第 180—181 页。

③ 同上书，第 209 页。

则是另外一回事了。正如俄罗斯学者谈到勃列日涅夫时期人民对官方宣传的那一套的反应所评论的："官方意识形态仅是一种流于表面的形式，它们已经不能操纵人们的思想和行为方式。"① 当时的大学生反映说："三年中我从来未看过现代苏联作家的作品，我的朋友们也是如此。"② 不用说青年学生，连许多从事意识形态工作的苏联党政干部，对自己宣传的那一套也并不相信，至于普通百姓，他们对意识形态方面的灌输的漠视与怀疑已是普遍性现象了。这一时期，科技人员也失去了创新的积极性，一项统计表明，70 年代，列宁格勒的 30 个科学研究所中，55% 的科研人员没有创造任何新贡献；在 80 年代初对 12 个科研所的 5000 名工作人员的调查表明，40% 的人花在自己的科研工作上的时间不足工作时间的一半；莫斯科的一家工厂的厂长发现，工厂工程师只发挥了他们的潜能的 20%。③

4. 出现"持不同政见者运动"。"持不同政见者"（Диссидент）是俄语中的外来语，意为"脱离国教的人"。有人认为，译为"异议者"更为确切。后来，不管是在苏联国内还是在西方，把各种对苏联制度各个方面提出不同看法的人一般称为"持不同政见者"。但苏联官方则称为"反社会分子"或"反社会主义分子"。④ 所以从广义上讲，所谓"持不同政见者"，"是指不同意现行规则和制度的人；在苏联，持有不同思想、观点的人和人权保卫者是这个概念的同义语"。⑤ 按苏联著名历史学者、"持不同政见者"罗·麦德维杰夫的看法："所谓持不同政见者是这样的一些人，他们对于任何社会（包括苏联在内）所赖以生存的意识形态、政治、经济或道德基础都多少持有不同的见解。不仅如此，他们还公开表明自己的观点，并以这样或那样的方式将这些观点表达出来。换句话说，他们不光是私下对自己的妻子或挚友发发牢骚而已。"⑥

---

① 参见 ［俄］亚·维·菲利波夫《俄罗斯现代史》，吴恩远等译，中国社会科学出版社 2009年版，第 227 页。

② 郭春生：《勃列日涅夫 18 年》，人民出版社 2009 年版，第 304 页。

③ 同上书，第 303 页。

④ 参见陆南泉等主编《苏联真相——对 101 个重要问题的思考》（中），新华出版社 2010年版，第 911 页。

⑤ ［俄］亚·维·菲利波夫：《俄罗斯现代史》，吴恩远等译，中国社会科学出版社 2009 年版，第 216 页。

⑥ ［苏］罗·麦德维杰夫：《论苏联持不同政见者》，刘明等译，群众出版社 1984 年版，第 1 页。

在苏联，从出现"持不同政见者"发展到"持不同政见者运动"，是勃列日涅夫时期一个重要的特有的现象，它从一个重要侧面反映了这一时期由于政治体制倒退所造成的严重后果。在斯大林与赫鲁晓夫时期都存在"持不同政见者"，但都没有形成"持不同政见者运动"。

我们之所以说在勃列日涅夫时期已形成"持不同政见者运动"，这是因为：一是在这个时期他们已从较为隐蔽的秘密活动转为公开的活动，活动的主要方式是集会与游行。二是"持不同政见者"不论是在形成的各种形式社会组织还是在人数方面都有了很大发展。据苏联克格勃的统计，1967年有502个组织被官方定为反苏组织，有2196名参加者；1968年有625个组织与2870名参加者；1969年有733个组织与3130个参加者；1970年有709个组织与3102名参加者。1967—1971年共出现了3096个被认为是"有政治危害性的团体"，参加这些团体的有13602人。从1967年到1974年，克格勃就发现了4408个地下秘密组织。① 三是"持不同政见者"的各种方式的自行出版物②大量增加，揭示苏联模式的社会主义社会的种种弊端，对社会产生了很大的影响。四是在"不同政见者"的影响下，在勃列日涅夫时期，"夜间人"与"厨房政治"的现象日益普遍起来。这些人并没有公开加入"持不同政见者"行列，他们十分有兴趣地阅读各种地下刊物，"夜间人"表现为双重人格，他们白天上班所说的注意与官方保持一致，夜间回到家与家人或朋友在厨房谈的是另一套，抨击各种社会不公现象，交流听到的各种政治笑话与幽默。这种"夜间人"现象，明显地反映了在勃列日涅夫时期，"在知识分子圈子里出现了一种'口是心非'的状况 ——内心不同意意识形态方针及其引起的生活方式，表面上却对现实认同或容忍，当时人们不得不采取说一套，想一套，做的又是另一套的方式"③。实际上，普遍存在的"夜间人"现象，已成为"持不同政见者运动"的广泛的群众基础。

那么，缘何在勃列日涅夫时期形成了"持不同政见者运动"呢？在

---

① 转引自郭春生《勃列日涅夫18年》，人民出版社2009年版，第157页。

② 自行出版物是指未经官方审查同意的私下出版物，俄文为самиздат，该词由两个词组成，前半部分是сам即"自己"之意，后半部分为издат即"出版"之意，音译为"萨米兹达特"。这在勃列日涅夫时期是"持不同政见者"十分流行的一种出版物。

③ ［俄］亚·维·菲利波夫：《俄罗斯现代史》，吴恩远等译，中国社会科学出版社2009年版，第209页。

笔者看来，主要有以下几个方面的原因。

首先，最为根本的或者说深层次的因素是，勃列日涅夫执政后实行向斯大林体制回归的政策，正如我们在前面提到的在悄悄地斯大林主义化。赫鲁晓夫在苏共二十大捅了一下斯大林，反对斯大林个人崇拜，揭露了斯大林的很多错误乃至罪行，应该说这对推动苏联历史进步并为推行改革创造了有利的条件，但同样应该看到，斯大林时期留下的很多问题并没有解决，此时的"不同政见者"也就在反对斯大林高度集权模式的旗帜下展开了种种活动。

其次，也是由于勃列日涅夫时期对文化意识形态实行专制主义的结果。他上台后像灭火队一样把赫鲁晓夫时期出现的某些"解冻"与活跃的气氛扑灭了，这引起了文艺界、理论界的强烈不满，为了争得言论、出版自由，不得不起来斗争与反抗，斗争与反抗又遭到镇压，结果是矛盾进一步激化，尽管在某个时候由于受到高压"持不同政见者运动"削弱了，但始终消灭不了，在某个时期还得到发展。我们可以从该运动发展的简要过程中看到这一点。

最早的起因是两位作家（西尼亚夫斯基与达尼埃尔）先后于1959年与1961年在西方发表自己讽刺斯大林的文学作品。这两人于1965年9月遭逮捕，两人分别判处7年与5年的强迫劳动。此事发生后，1965年12月5日（苏联宪法日），几百名青年学生与知识界人士在普希金广场公开集会，集会者打出的标语是"请尊重苏联宪法"、"要求法院公开审判西尼亚夫斯基与达尼埃尔"。克格勃抓走20多人，40多名大学生被学校开除，这可视为"持不同政见者运动"的开端。此后，每年的这一天，普希金广场差不多都有人要求保障实现苏联宪法所赋予的公民民主权利的集会。到60年代后期，"不同政见者"的各种组织纷纷出现，如1970年11月萨哈罗夫等三名著名物理学家成立了"人权委员会"。同时地下刊物大量出现，如《播种者》《时事纪事》与《政治日记》等广泛流传。1964年麦德维杰夫写成《让历史来审判》一书初稿，虽不允许公开出版，但在国内外引起很大反响，后来在西方出版。① 这是一部作者花了10年时间在收集大量史料基础上深刻揭示斯大林主义起源及其后果的专著。1959

---

① 我国在1981年将此书译成中文由人民出版社出版。该书为我国学者研究斯大林问题起了重要的作用。

年，索尔仁尼琴完成了描写劳改营生活的小说《第一圈》和《伊凡·杰尼索维奇的一天》。后一本书在赫鲁晓夫执政时期的 1962 年被允许出版，引起了苏联社会的轰动。但在勃列日涅夫上台后，对此书的出版表示不能容忍，提出要追查出版此书的责任者，苏联开始批判索尔仁尼琴，他的作品后来在苏联不再允许出版了。

我们上面提到的萨哈罗夫、麦德维杰夫与索尔仁尼琴，可称为"持不同政见者运动"的三个代表人物。他们三人代表着三个不同的派别与思想。萨哈罗夫被认为是自由主义派，主张尊重法律与保护人权。麦德维杰夫被视为民主社会主义派，他的主要观点是，斯大林搞的那一套并非是真正的社会主义，是国家资本主义，因此，他的著作主要是集中批判斯大林模式。索尔仁尼琴被称为新斯拉夫派，他是"集中营文学"的创始人。他对斯大林统治的残暴性进行深刻的揭露，但他崇敬十月革命前的俄国，他反对西方式的民主政治，而主张建立俄国式的专制制度，而这种制度不是建立在无穷无尽的"阶级"仇恨的基础上，而是建立在仁爱的基础上。1970 年 10 月 8 日，诺贝尔评奖委员会通过授予该年文学奖的颁奖词说："索尔仁尼琴的作品具有全球性的艺术魅力，这种魅力来自他贯穿于许多伟大前驱作品中无可比拟的俄罗斯传统的继承。他和他的前辈作家各以不同的艺术形式象征地表达自己对俄罗斯苦难的沉思和对俄罗斯母亲的挚爱。"[①] 普遍认为，这一段话反映了索尔仁尼琴作品所要表达的核心思想，也是他本人的基本思想。但由于苏联政府的阻挠，他未能前往瑞典参加授奖典礼。

尽管以上"持不同政见者运动"的三个代表人物其主张是有差异的，但有其共同点：反对在苏联建立的斯大林模式的社会主义；维护人权；尊重宪法，给人民以言论与出版自由；主张改革特别是政治体制改革；等等。他们还有一个共同点，那就是爱俄罗斯这个祖国。

再次，"持不同政见者运动"的出现与发展，反映了广大民众对勃列日涅夫执政后出现的社会、经济、政治与外交等领域严重问题的强烈不满，也反映了对阻碍时机已成熟的改革采取的官僚主义及其各种错误政策的不满。上述领域的各种问题我们在前面已作了论述。可以说，这是在勃列日涅夫时期出现"持不同政见者运动"的社会与群众基础，也是苏联

---

① 转引自陆南泉等主编《苏联真相——对 101 个重要问题的思考》（中），新华出版社 2010 年版，第 919 页。

在这一时期难以应对与解决的一个重要原因。

最后，不能不提及 1968 年的侵捷与 1979 年侵阿富汗对"持不同政见者运动"的影响。1968 年苏联出兵镇压捷克斯洛伐克，不仅扼杀了这个国家为摆脱斯大林模式的改革，亦使苏联的改革向后退缩，同时还导致苏联国内不少知识界人士对苏共与苏联政府的不满，引起了"不同政见者"对侵捷事件的抗议活动，示威者高举着"不许沾手捷克斯洛伐克"、"占领者可耻"等标语口号。俄罗斯学者认为侵捷是苏联的一次"政治道德失败"，对此，索尔仁尼琴指出，一个作家"应当对他的祖国或他的同胞所做的一切邪恶行径承担同样的责任，如果他祖国的坦克用鲜血淹没了一个外国首都的柏油马路，那么褐色的污点也就永远裹在作家的脸上"①。

1979 年苏联入侵阿富汗后，不少"持不同政见者"谴责与抗议苏联对别国的侵略行径，萨哈罗夫表示："如果对祖国的爱国主义反对了对人类的爱，那么他宁愿放弃爱国主义。"② 1980 年 7 月，"持不同政见者运动"的"女权运动"的代表人物达吉扬娜·玛莫诺娃发动了反战签名运动。10 月 16 日，7900 名西方科学家因"持不同政见者"的苏联科学家被捕，宣布中止同苏联的科学交流活动。③

谈到苏联入侵阿富汗问题时，不能不看到它对苏联剧变所产生的影响。苏联在这场战争中最终的失败，不论是对苏联军队还是苏联这个国家的形象都是一落千丈，并且还对苏联国内经济发展产生了严重的消极后果。截至 1980 年底，苏军死于阿富汗战争中的官兵达 11000 余人，在这一战争期间每昼夜苏联平均的耗费为：1984 年为 430 万卢布，1985 年为 720 万卢布，1986 年为 1000 万卢布，1987 年为 1470 万卢布。④ 苏联决定从 1985 年 5 月至 1989 年 2 月期间撤回驻阿富汗的 100300 名苏军，这一期间，由勃列日涅夫执政时期决定的这场战争留给后人的沉重负担，亦成为促进苏联最后剧变的一个因素。

勃列日涅夫时期，对"持不同政见者"通常采取各种强硬的镇压办

① ［俄］亚·维·菲利波夫：《俄罗斯现代史》，吴恩远等译，中国社会科学出版社 2009 年版，第 196、206 页。

② 转引自郭春生《勃列日涅夫 18 年》，人民出版社 2009 年版，第 164 页。

③ 同上书，第 165 页。

④ 转引自陆南泉等主编《苏联真相——对 101 个重要问题的思考》（中），新华出版社 2010 年版，第 954 页。

法，如逮捕、判刑、驱逐出境、流放、软禁、剥夺苏联国籍、开除党籍、开除公职、禁止出国、禁止接受外国记者采访等。1974年2月，苏联决定剥夺索尔仁尼琴的苏联国籍，并于2月13日将其押上飞机驱逐出境；1980年萨哈罗夫被捕，将其从莫斯科驱逐到高尔基市，实行"准监禁"；麦德维杰夫多次被抄家，日常活动一直受到克格勃的监控，失去了自由，只是到了戈尔巴乔夫上台后的1985年5月才撤销了对他的监控；苏联政府对"女权运动"代表人物达吉扬娜·玛莫诺娃的处置提出两种方案：服无期徒刑或离开苏联。用这种威胁的办法迫使她离境。

这里特别要指出的是，在勃列日涅夫时期对"持不同政见者"除了采取上述镇压办法外，还有一个独特的做法，那就是把"持不同政见者"说成是精神病患者并关进疯人院，这种把健康的自由思考的正常人关进疯人院的做法，是对民主、人权、自由的践踏，是一种极不人道的行为。

5. 最后导致苏联全面停滞与走近衰亡。由于经济体制改革半途而废与政治体制倒退，最后导致在勃列日涅夫时期苏联出现了一个全面停滞时期。

如果以主要领导人来划分苏联历史发展阶段的话，如果把安德罗波夫和契尔年科短暂执政时期撇开不算，那么勃列日涅夫时期是苏联解体前的最后一个历史时期。戈尔巴乔夫上台执政后，在对苏联国内情况进行分析之后，把勃列日涅夫执政的时期概括为停滞时期。当时任苏联部长会议主席的雷日科夫在苏共中央六月全会（1987年）的报告中说：勃列日涅夫时期的改革，实际上是"惰性和停滞不前的力量当时占了上风，一切都回到了旧的轨道"。戈尔巴乔夫在1988年召开的苏共第十九次代表会议上所作的报告中指出："我们对过去那些年里的扭曲和停滞的深度和严重性估计不足。许多东西过去根本不知道，只有现在才看到，各经济领域的松松垮垮状况比原来估计的要严重。"在他的《改革与新思维》一书中还指出："经济中的障碍和停滞现象不可能不反映在社会生活的其他方面。消极现象严重地触动了社会领域。"① 把勃列日涅夫执政年代视为停滞时期，在苏联和俄罗斯的领导到学术界较为一致地认可这一总体评价。例如，阿尔巴托夫指出："如果用很高的政治和经济标准来评价，那么我们可以认为从赫鲁晓夫下台到勃列日涅夫逝世的整个年代是停滞时期。在这些年内（这毕竟是

---

① ［苏］米·谢·戈尔巴乔夫：《改革与新思维》，苏群译，新华出版社1987年版，第16页。

18 年），我国没有出现过沿着使我们的社会得到总的改善的道路前进的任何不可忘却的历史性里程碑。"① 当然，由于勃列日涅夫执政时间长达 18 年，在这 18 年中，有着错综复杂的情况，在各个阶段也有所区别。对此，阿尔巴托夫接着指出："考虑到历史遗产的重负和斯大林专制年代形成的社会特点，而采用较为具体的标准来衡量，那么这 18 年就可能不是那么单一，不是那么全然灰暗无光。其中 60 年代下半期和 70 年代初期，开始在工业中实施某些改革，在农村贯彻某些重要决定，这是国民经济相当顺利发展的时期。"② 笔者认为，阿尔巴托夫上述两段话并不矛盾。如果从总的发展趋势来看，从苏联作为一种社会主义制度的变迁角度去分析，勃列日涅夫执政的 18 年，完全可以说是停滞和衰颓时期，僵化的保守的思想占统治地位，在很多方面"悄悄地重新斯大林主义化"③。就是说，苏联作为一种社会主义制度并没有朝着进步与完善方向迈出大的步子，总体上讲，仍然是斯大林时期形成的那一套模式。应该指出，近几年来，我国国内对勃列日涅夫时期的研究有了很大进展，如有些学术论著明确指出：在勃列日涅夫执政的这 18 年中，"苏联积累了大量政治、经济和社会问题，导致国家政治生活和经济发展的全面停滞。从最近十多年来苏联和俄罗斯发表的许多材料来看，我们可以确定地说，勃列日涅夫年代是苏联走向衰亡的一个关键性的转折时期"。"它为以后苏联的解体准备了条件。"④ 笔者认为，看到了勃列日涅夫时期的主要特征是停滞，是在走近衰亡，这是抓住了这一时期的本质，从而也就找到了它在苏联历史上的确切定位。

如果从转型与国家现代化关系视角来考察，那么不论是从生产力还是从体制模式去分析，勃列日涅夫时期的改革都没有使苏联在迈向现代化方面取得进展，而且在某些领域出现与现代化客观历史发展进程所要求的倒退现象。简言之，勃列日涅夫时期给后人留下的是落后的、失去动力的与不符合历史发展潮流的体制及低效的生产力。

---

① ［俄］格·阿·阿尔巴托夫：《苏联政治内幕：知情者的见证》，徐葵等译，新华出版社 1998 年版，第 265 页。
② 同上。
③ 同上书，第 190 页。
④ 徐葵：《勃列日涅夫年代：苏联走向衰亡的关键性转折时期》，《东欧中亚研究》1998 年第 1 期。

第十三章

戈尔巴乔夫力图通过根本性改革
使苏联顺应现代化要求

我们在前一章指出，由于勃列日涅夫时期经济改革长期停滞与政治体制倒退，使苏联在迈向现代化方面没有取得进展，是苏联走近衰亡的时期。后来，安德罗波夫与契尔年科短期执政，难以改变这一严峻的局面。针对当时苏联状况，利加乔夫说："国家已处在通往社会经济绝境的轨道上。应该真正地干一番事业，把国家拉到正道上去。"① 人民期待摆脱困境，振兴苏联，向现代化迈进。这就需要通过改革使体制转型。这就是戈尔巴乔夫1985年上台后面临的最为紧迫的主要任务。

第一节　戈尔巴乔夫上台执政时面临的主要问题

到了戈尔巴乔夫上台的1985年，苏联正处于历史性的关键时期，形势已迫使新领导人作出抉择：要么进行根本性的改革，对国内外政策作出重大调整，以达到振兴苏联的目的；要么对失去生命力的斯大林—苏联体制模式，像前几任领导那样进行修修补补，继续维持现状，最后使社会经济状况进一步恶化。1985年戈尔巴乔夫上台后作出了前一种选择，并且态度十分坚决，一再反复强调改革的必要性与紧迫性。在任总书记后不久的1985年召开的苏共中央四月全会上所作的报告中指出："由于管理体制不完善，繁文缛节的规章制度和泛滥成灾的表报文件，工作条件变得极为复杂。摆脱这种状况的出路只有一条，就是必须采取刻不容缓的强有力措

---

① 《政党与当代世界》1992年第8—9期。

施解决一揽子的管理问题。"①

为了向苏联人民进一步更具体和实际地说明改革的必要性，根据瓦·博尔金②的说法，戈尔巴乔夫上台后所组成的领导班子，"最初采取的行动之一就是组织力量对 80 年代中期国内的社会经济状况作出详细的分析。这无疑是一个正确的决定。它可以使人深刻理解国内形势，作出客观结论，提出摆脱社会近几年所陷入的绝境的途径。之所以必须研究经济、财政、科学、文化教育情况，还因官方统计往往为'迎合'过去的领导人，总是把形势说得一派大好"。"这种分析由苏共中央机关的一批专家、许多大学科研机构、苏联科学院、统计机关联合进行。参加材料总结工作的有阿·格·阿甘别基扬院士、安·伊·安奇什金院士、斯·谢·沙塔林院士、В. П. 莫任院士、斯·阿·西塔良院士、国家计委及其他政府机关和党的机关负责人。提交给总书记的分析报告得出的结论证明，国家正处在生产危机和严重的社会紧张局势的边缘。形成这种局势的原因是，以前的国家领导人对社会经济问题和工艺问题没有足够的重视，没有采取必要的措施改变局势。"③

笔者认为，有关 20 世纪 80 年代中期苏联国内社会经济状况的分析材料，是戈尔巴乔夫在 1987 年出版的《改革与新思维》一书的重要素材，为戈尔巴乔夫在该书中论述有关改革问题提供了根据。他在书中说：

> 我认为，要想了解苏联进行改革的起源和实质，必须注意下面这一点：改革不是个别人或一批人心血来潮的结果。如果是这样的话，任何号召、任何全会，甚至党代表大会都不可能发动人们投入这项工作，而今天这项工作却在我国全面展开，并且投身这项工作的苏联人一天比一天多。
>
> 改革是迫切的需要，是从我国社会主义发展的深刻进程中产生的。我国的社会主义社会迫切需要进行变革，可以说，为了变革，它历尽了艰辛，而拖延改革就会在最近时期造成国内局势的加剧，直截了当地说，这种局势包藏着发生严重的社会经济和政治危机的威胁。

---

① 苏联《真理报》1985 年 4 月 24 日。

② 系戈尔巴乔夫领导班子的成员。

③ ［俄］瓦·博尔金：《戈尔巴乔夫沉浮录》，李永全等译，中央编译出版社 1996 年版，第 407 页。

不抱偏见的诚实态度使我们得出一个必然的结论：国家正处于危机前的状态。这一结论是在 1985 年 4 月举行的中央全会上作出的，这次全会标志着转向新的战略方针，转向改革，给改革的构想提供了依据。

所积累的新问题既迫切又严重……这就要求采取革命性行动，宣布对社会进行革命性改革。

改革不能迟缓，“我们不能，也没有权利耽误，哪怕是耽误一天”①。

下面，我们较为具体地谈谈戈尔巴乔夫上台执政时面临的问题，有助于我们悟出戈尔巴乔夫强调改革紧迫性和提出根本改革体制必要性的缘由。

一　面临的仍是斯大林高度集中的指令性计划经济体制模式

这种模式早已失去动力机制，成了阻碍社会经济发展的主要阻力。对刚上台的戈尔巴乔夫来说，他要深思的一个问题是，为什么斯大林体制模式在此后经过多次改革没有发生实质性变化，现在应该是解决如何对待体制改革问题的时候了。1985 年 6 月 11 日，戈尔巴乔夫在一个讨论科技进步的特别会议上说，苏联在经济体制改革问题上，“已绕了多年的圈子，反复衡量怎么办才更好，但实际前进很少。看来是由于害怕采取坚决措施而犯错误，有时是明显的保守主义作怪。今天我们遇到的实质上还是 10 年前产生的问题，但变得更加尖锐了。我们越来越明显地感到，再也不能容许在这次工作中有消极情绪和惰性了”。也是在 1985 年 6 月，戈尔巴乔夫在乌克兰工业中心、前勃列日涅夫派的堡垒——第聂伯罗彼特罗夫斯基，对彼得罗夫斯基冶金厂的工人们说：“可以提这样一个问题，我们是进展得太快了吗？否，我们甚至一次都未能在苏共中央委员会中讨论过这个问题。一个不同的，也就是说一个更加折中的方案是我们所难以接受的。时代要求我们这样做，除此之外，别无选择。”②

---

① [苏] 米·谢·戈尔巴乔夫：《改革与新思维》，苏群译，新华出版社 1987 年版，第 11—12、20、54 页。

② 转引自 [联邦德国] 克里斯蒂安·施密特－毫尔《戈尔巴乔夫——俄罗斯的旋风》，吴红杰等译，工人出版社 1987 年版，第 126 页。

二　经济增长率下降趋势并未得到遏制

在勃列日涅夫时期，苏联经济增长率递减趋势已十分明显，但之后这种趋势并没有得到遏制。例如，1976—1980 年苏联社会总产值年均增长率为 4.8%，而 1981—1985 年下降为 3.7%；工业产值同期由 4.4% 下降为 3.6%，社会劳动生产率由 3.3% 下降为 2.7%。[①]

三　经济效益日益下降、浪费十分严重与生产设备十分落后

这个问题可以说贯穿苏联经济发展的全过程。尽管在勃列日涅夫时期曾一再强调经济的发展方式要从粗放型向集约化转变，但都停留在口头上。这方面的材料很多，这里引用的戈尔巴乔夫 1985 年 4 月 11 日向苏共中央政治局提交的材料就可说明这一点。

在食品工业中，手工劳动占 60%，劳动生产率比资本主义国家要低 60%—70%。1300 家干酪、奶类、黄油生产厂家，200 家肉类生产工厂，103 家罐头厂和 60 家淀粉—果酱生产厂没有净化装置。

在 1190 万个农产品储藏仓库中只有 1/3 安装了冷藏设备。只有 19% 安装有通风设备。在制糖企业中只有 20% 的企业拥有仓库。140 家肉类联合企业没有冷库。生产现代化机器的部门只能保证需求量的 55%。

由于这一切，农业原料的损失约为 30%。在采购和运输牲畜的过程中，损失 10 万吨，在采购和转运过程中，土豆的损耗量为 100 万吨，甜菜损耗量为 150 万吨，已捕捞的鱼类损耗量为 100 万吨。由于缺乏必需的包装材料，造成了大量鲜果及蔬菜的腐烂。

仅俄罗斯就有 2 亿平方米的住房面积急需大修或者拆除。大量简易住宅尚未拆除。自来水及排水设施的负荷已达到极限。还有 300 多座城市根本没有自来水和排水设施。俄罗斯联邦各城市的街道与马路

[①] 引自陆南泉《从"三个代表"重要思想分析苏联剧变苏共垮台的原因》，《上海行政学院学报》2004 年第 2 期。

几乎有一半没有铺设硬路面。①

客观地讲，到了戈尔巴乔夫上台的 1985 年，当苏联领导人正视现实的时候，国家确实已陷入了困境，已处于危机边缘。正如戈尔巴乔夫所指出的："粗放发展的惰性就把经济拉进了死相同，使发展停滞下来。国民经济的财政状况更加紧张。大量石油及其他燃料动力和原料商品投放世界市场的做法，不仅无济于事，而且还使疾病内延了。卖这些东西得到的外汇主要用于解决日常任务，而不是用于经济现代化和克服经济的技术落后状况。"②

由于经济效益下降和严重浪费，"形成了荒谬的局面。苏联在钢、原料和燃料动力资源生产方面规模巨大，早已无可匹敌，同时却由于浪费、无效的利用而又缺少这些东西。苏联的粮食生产方面在世界上名列前茅，但却要每年购进几百万吨谷物作饲料。按每个人平均计算的医生、医院床位最多，但同时在医疗服务中存在严重缺点，服务质量下降。我们的火箭以惊人的准确性找到哈雷彗星并飞上金星，而在取得这一科学和工程思想的重大胜利的同时，却在为了国民经济的需要而采用科学成就方面明显落后，我们的许多家用电器落后于现代水平"。"发展速度眼看着急剧下降，全套质量指标恶化，不愿接受新的科技成果，生活水平提高缓慢，食品、住房、消费品和生活服务方面遇到困难。"③

在分析经济效益时，戈尔巴乔夫一上台，在多次讲话中尖锐地批评在苏联长期存在的基本建设中投资效益低的问题并没有好转，例如，他在 1985 年召开的苏共中央四月全会上指出："许多项目建设周期过长，使不少物资被冻结，使生产能力增长停滞，国家不能及时得到需要的产品。固定生产基金交付使用计划完成得不能令人满意。"④

四　农业继续衰退

我们在分析勃列日涅夫时期苏联状况时指出，在 1979 年到 1982 年出

---

①　转引自［俄］阿·切尔尼亚耶夫《在戈尔巴乔夫身边六年》，徐葵等译，世界知识出版社 2001 年版，第 40 页。

②　［苏］米·谢·戈尔巴乔夫：《改革与新思维》，苏群译，新华出版社 1987 年版，第 15—16 页。

③　同上书，第 16—17 页。

④　［苏］《真理报》1985 年 4 月 24 日。

现了农业连续 4 年下降的局面，但这种趋势，在 1983 年到 1985 年并未得到控制。1983 年苏联谷物产量为 1.92 亿吨，1984 年为 1.73 亿吨，1985 年为 1.92 亿吨，就是说，这 3 年没有一年达到苏联"十一五"（1981—1985 年）计划规定年均谷物产量为 2.4 亿吨的指标。农业的继续衰退，对苏联社会经济的消极影响也在不断发展：迫使苏联大量进口食品和食品原料，这类产品的进口额在 1983 年、1984 年和 1985 年分别占苏联进口总额的 20.5%、22.5% 和 21.2%，其中 1984 年粮食进口占苏联进口总额的 8.2%[①]；阻碍了国民经济的调整；使市场供应更加紧张；使苏联外汇资金更加短缺。

五　与美国经济实力的差距呈拉大趋势

20 世纪 70 年代中期以前，由于苏联在经济增长速度方面对美国一直占有优势，因此，苏联与美国经济实力的差距是不断缩小的。但从 70 年代中期经济处于停滞之后，苏美两国的差距不仅没有缩小反而出现了扩大趋势。根据苏联官方的统计资料，1980 年苏联的工业产值、农业产值与工业劳动生产率分别为美国的 80%、85% 和 55%，而到 1985 年，这三项指标没有变化。国民收入指标 1980 年苏联为美国的 67%，而到 1985 年降为 66%，差距扩大了 1 个百分点。苏联农业劳动生产率从 1966 年到 1984 年，一直停留在美国的 20%—25% 水平上。[②] 失去速度优势，这对苏联来说，不能不是严重问题。这说明苏联已很难赶超美国。正如戈尔巴乔夫说的：由于经济的停滞，"一个以前大力追赶世界上最发达国家的国家，开始明显地失去一个又一个阵地"[③]。苏联把失去速度优势视为涉及确保国家"战略生存"的问题。

1987 年 3 月 19 日，美国中央情报局和国防部情报局，联合向美国国会联合经济委员会的国家安全经济小组委员会提交了一份现状分析报告。据这个材料分析，从 1976 年到 1985 年这 10 年，国民生产总值的年平均增长率，除美国低于苏联之外，其他发达西方国家都高于苏联，这也进一

---

① 引自陆南泉等编《苏联国民经济发展七十年》，机械工业出版社 1988 年版，第 662、666 页。

② 《1985 年苏联国民经济统计年鉴》，莫斯科财政与统计出版社 1986 年俄文版，第 581 页。

③ ［苏］米·谢·戈尔巴乔夫：《改革与新思维》，苏群译，新华出版社 1987 年版，第 14 页。

步说明问题的严重性。

六　越来越难以应对的世界新技术革命的挑战

"科技一直是推动生产力发展的一个重要因素，而这一作用，对现阶段的苏联经济来说显得更为重要。因为，当前苏联经济的发展不能再依赖于传统的粗放经营方式，即靠大量投入人力、物力和财力的办法了，而必须依靠科学的发展。据计算，如果苏联今后继续靠粗放经营方式来发展经济，走拼消耗的道路，要达到计划规定的经济增长率，那么，每个五年计划的燃料和原材料的开采量需要增加 10%—15%，基建投资总额需增加 30%—40%，需为国民经济补充 800 万—1000 万劳动力。很明显，苏联根本不存在这种可能性。"[①]

苏联科技力量的潜力很大，并有很多新技术发明，但长期以来，新技术成果在国民经济中得到应用的很少，而且周期很长。对此，戈尔巴乔夫在 1987 年召开的苏共中央六月全会的报告中说："最令人不安的还在于，我们的科技发展上开始落后"，科技停滞"不是由于缺乏科学成果，主要是国民经济接受新事物不积极"。在苏联，阻碍新技术成果及时应用的原因很多，但主要还是经济管理体制方面的因素。

由于管理体制严重阻碍着科技的进步，从而影响着经济的发展。苏联机械化水平提高得缓慢，生产中手工劳动比例一直很大：20 世纪 80 年代中期，苏联从事手工劳动的还约有 5000 万人，工业中从事手工劳动的工人约为 1/3，建筑业为一半以上，农业则为 3/4。[②]

据有关材料估计，在 20 世纪 80 年代中期，苏联与西方发达国家相比，科技水平要相差 15—20 年。据苏联电子工业部部长科列斯尼科夫估计，苏联一直重点加速发展的计算技术，现在要落后西方 8—12 年。

面对上述情况，戈尔巴乔夫在上台不久后的 1985 年 6 月 11 日，就召开了全苏科技进步问题会议。他在报告中明确指出："应该使经济最大限度地适应于科技进步，保证所有国民经济环节从切身利益上关心科技进步。""要切实保证在加速科技进步方面取得成绩的劳动集体处于优越地

---

① 《戈尔巴乔夫言论选集》，苏群译，人民出版社 1987 年版，第 89 页。
② 同上书，第 93 页。

位，要使生产陈旧过时，缺乏效率的生产变得无利可图。"① 戈尔巴乔夫要求把加速科技进步问题放到党的工作的中心位置来考虑。

七 社会危机因素在增加

勃列日涅夫执政后期出现的种种社会问题，在他逝世后，虽经安德罗波夫短期执政时期的整顿，但并没有好转。经济中出现的种种障碍和停滞不可能不反映到社会领域中来。因此，戈尔巴乔夫上台后，不仅不断地揭示经济领域的危机现象，还揭露社会领域中的各种严重问题。他在庆祝苏联十月革命胜利 70 周年的报告中和《改革与新思维》一书中都指出，当时苏联在社会与精神道德领域出现了许多异常现象。关于这方面的情况，在本书第十二章第二节做了较详细的论述。

这里特别要指出的是，当时苏联社会与广大群众对党的信任程度大大下降，对苏联长期以来存在的官僚主义体制已经十分厌恶了。我们前面提到的在短短的两年零 4 个月先后有三位年老多病的苏联最高领导人逝世，这远远不只是刺疼了广大人民的心，而是让广大人民群对苏联未来丧失信心。

八 面临着复杂的国际环境

从世界全局范围来讲，1985 年戈尔巴乔夫上台时，当时的世界是这样的："这是一个充满希望的世界，因为人们以前从来没有为了文明的进一步发展而如此全面地装备起来。然而，这也是一个危机四伏与矛盾重重的世界，这些危机与矛盾促使人们说：这几乎是历史上最令人忧虑的一段时期。""当代世界是复杂的、多种多样的、变化多端的，贯穿着各种对立倾向，充满着矛盾。"②

从苏联当时所处的外部环境来看，也是十分不利的。长期以来推行与美国争霸世界的政策，竭力争夺势力范围，这使得苏联与美国的军备竞赛不断升级。冷战的后果是使苏联不堪巨额军费的重负，经济被拖垮。"对苏联来说，冷战意味着苏维埃经济和政治制度的全部缺点和弊病无法遏制

---

① ［苏］《真理报》1985 年 6 月 12 日。

② 米·谢·戈尔巴乔夫在苏联共产党中央委员会向苏共二十七次代表大会提出的政治报告，见［苏］《真理报》1986 年 2 月 26 日。

地、强有力地增长和加深。国家事实上变成了冷战的工具，冷战吞噬了国家几乎 80% 的智力、思想、政治和物质资源。"① 对东欧各国，大国主义、老子党的政策从来没有改变，不准这些国家改革，干涉这些国家的内政。与此同时，东欧国家为了摆脱斯大林的模式，独立倾向在加强。与中国的关系，也刚刚开始改善。对第三世界的主权苏联不予尊重，往往加以干涉。1979 年入侵阿富汗，加剧与西方国家的对抗。正如戈尔巴乔夫所说的，苏联"是在国际局势日益紧张的形势下开始改革的"②。很明显，上述国际环境，对戈尔巴乔夫在国内推行改革政策是极其不利的，因此必须调整对外政策，改变苏联在国际上的形象。对此，戈尔巴乔夫在以后的著作中指出："我们在开始改革时懂得，如果在对外政策方面不作任何改变，我们设想的国内改革也不会成功。"③ 这也是戈尔巴乔夫在对外政策方面提出政治新思维的原因。

戈尔巴乔夫根据 1985 年上台执政时所面临的主要问题，从改革特别是经济体制改革角度来看，从他执政初期的几次重要讲话来看，戈尔巴乔夫得出的重要结论是：

第一，"总的来说，我们的经济基本上是一种浪费型经济"；

第二，"目前的主要任务是寻求和发掘提高生产效率和产品质量的一切潜力"；

第三，要"对计划和管理，以及整个经济机制进行深刻的改造"④。也就是说要有战略性的转变，转向改革。

第二节　逐步向市场经济转向的经济体制改革

我们说，戈尔巴乔夫执政时期的改革转向市场经济，是有一个发展过程的。他在推行体制改革的同时，一直在进行理论讨论，鼓励学术界

---

① ［俄］阿·切尔尼亚耶夫：《在戈尔巴乔夫身边六年》，徐葵等译，世界知识出版社 2001 年版，第 13—14 页。

② ［苏］米·谢·戈尔巴乔夫：《改革与新思维》，苏群译，新华出版社 1987 年版，第 169 页。

③ ［俄］米哈伊尔·戈尔巴乔夫：《对过去和未来的思考》，徐葵等译，新华出版社 2002 年版，第 83 页。

④ 戈尔巴乔夫 1985 年 6 月 11 日在全苏科技进步问题会议上的报告，见［苏］《真理报》1985 年 6 月 12 日。

大胆探索改革理论，使得在理论上有一个原则性的突破，以适应根本改革体制的需要。1986 年 2 月 25 日，戈尔巴乔夫在苏共二十七大报告中强调："要改造经济机制，首先得改变思想，抛弃老一套的思维和实践模式。"①

一　以解决人的问题作为经济改革的指导思想

戈尔巴乔夫在整个执政期间，在其经济体制改革过程中，一直强调人的地位和作用。从改革的实践过程看，戈尔巴乔夫的指导思想是要解决人的问题，强调人的作用，人的积极性和人的利益是经济改革的出发点。戈尔巴乔夫认为，社会主义思想的核心是人。斯大林时期所形成的社会主义发生了严重的变形，实际上建立的是"专制集权和行政命令的官僚体制"。在这种体制模式下，人不被当作目的，而是被当作手段来使用，也就是说，把人当作党和国家机器的"螺丝钉"。这样的结果是，必然在经济上产生人与生产资料、劳动成果的疏远；在政治上产生人与政权的疏远。为了克服上述弊端，通过改革，要使社会主义重新振作起来，发挥社会主义的潜力，克服人与所有制、与生产资料、与政治进程、与政权、与文化的疏远现象，从而需要明确人是问题的中心，明确社会主义"是真正的、现实的人道主义制度"，人是"万物的尺度"。

从经济体制改革来看，解决人与人权问题，其主要出发点是：首先要使经济面向人，面向社会，全部生产面向消费者的要求，目的是使苏联能创造出无愧于现代文明的劳动条件与生活条件，保证公民经营自由；其次是要保证劳动者变成生产的主人，使劳动者感到自己是全权主人，是真正的主人。

为了通过经济体制改革解决人、人权问题，调动人的积极性，使人民真正成为国家的主人，苏联特别强调了管理民主化和自治理论。

戈尔巴乔夫执政以来，民主管理、自治、自我管理等概念已越来越多地被人们接受。这是与他对上述问题给予的重视分不开的。苏共二十七大报告的第三部分，专门谈了社会进一步民主化和加深社会主义自治问题。苏联强调：不发扬社会主义民主，那么加速社会的发展是不可思议的，也是不可能的。要完成当前规模巨大而又复杂的任务，就要始终不渝地和不

---

① ［苏］《真理报》1986 年 2 月 26 日。

断地发扬社会主义的人民自治。

1987 年召开的苏共中央一月全会的主题也是发扬民主。戈尔巴乔夫强调：只有通过不断发展社会主义所固有的民主形式和扩大自治，才能在生产、科学和技术、文学、文化和艺术，在社会生活的各个领域中前进。只有通过这个途径，才能保障自觉遵守纪律。只有通过民主和借助民主，改革本身才有可能实现。

社会主义民主与自治是苏联制定企业法的指导思想，它在企业法中体现在许多方面，例如：企业法规定："企业的活动是根据社会主义自治原则进行的，作为企业全权主人的劳动集体，独立自主地解决生产发展和社会发展的一切问题。"这是自治思想在企业活动原则和企业地位方面的体现。"企业是社会主义商品生产者"，"劳动集体作为主人利用全民财产"，"企业是法人，具有独立的一部分全民财产和独立的资产负债表"，这里反映了企业与全民财产的关系，这是企业自治思想在所有制方面的体现。企业"要在民主集中制、集中领导和劳动集体社会主义自治相结合的原则基础上进行管理"。企业领导人由选举产生，企业实行劳动集体大会（代表会议）制。在企业行政部门与劳动集体委员会意见不一致的情况下，问题提交劳动集体全体大会解决。这样，企业的权力中心由原来的行政转移到企业劳动集体，经理不再是主宰一切的领导人。这些内容，是自治思想在企业权力领导体制方面的体现。

戈尔巴乔夫还强调改革与推动民主和自治制度的紧密联系。1987 年 5 月 18 日，他在回答意大利《团结报》编辑部问题时也强调了这一点，他说：苏联的"改革意味着深化社会主义民主和发展人民自治。这指的不是摧毁我们的政治制度，而是更充分、更有效地利用我们政治制度的可能性"。在民主问题上，"苏联国内的分歧主要涉及民主进程范围、程度和速度问题"。他还说："社会主义民主是我们改革的目的、条件和强大武器。"[1] 他在 1987 年召开的苏共中央六月全会的报告中提出，推行民主化方针是粉碎阻碍机制的主要措施。

关于自治问题，自苏共二十七大以来，已出现了各种不同的提法，如"人民的社会主义自治"、"社会主义自治"、"人民自治"、"企业自治"、"生产自治"和"劳动集体自治"等概念。尽管提法不同，但从当时的各

---

① 参见 ［苏］《真理报》1987 年 5 月 20 日。

种材料来看，实行社会主义自治的基础，从经济角度来看，那就是生产资料的公有制。在公有制条件下，每个劳动者与生产资料的关系应该是处于同等地位。随着生产资料公有化的发展，随着劳动者管理生产和组织自由劳动水平的提高，自治的经济基础必然会得到进一步的发展。从政治角度看，自治的基础是社会主义民主。自治也是民主不断发展的必然结果。从社会角度看，工人阶级在一切领域中的领导作用，工农和知识分子在政治、道义和利益等方面的一致，是自治的社会基础。从精神角度来看，劳动人民信仰马克思列宁主义，在生活中起主要作用的是社会主义的精神文化，这些是自治的精神基础。另外，从经济管理角度来看，苏联企业实行的自筹资金和完全经济核算制，它亦为自治和整个社会政治生活的民主化打下了经济基础，这也是保证劳动集体与每个职工实现民主管理权的重要条件。

总的来说，戈尔巴乔夫强调民主与自治思想，其基本出发点是寻找发展群众在社会生活各个领域中创造活动的新途径，让千百万人以主人翁态度负责地、自觉地和积极地参与社会经济目标的实现。根本改变过去把人看作像技术设备、原料、能源这类管理客体的概念，而要把人作为劳动活动和经济活动有意识的主体。要认识到人、人的劳动积极性是生产力、生产关系和经济机制这三个组成部分的核心，并从这个基本观点出发，来改革经济体制，使人这个主体成为推动社会经济发展的主要动力。

从戈尔巴乔夫执政后期的经济体制改革来看，把解决人的问题与向市场经济过渡为取向的改革日益密切地结合起来。1990 年 10 月，戈尔巴乔夫以总统名义提交给最高苏维埃通过的《稳定国民经济和向市场经济过渡的基本方针》文件中指出："我国社会向市场经济过渡完全是由人的利益决定的"，"只有市场与全社会的人道主义方向相结合，才能保证人们的需要得到满足、财富的公正分配、公民的社会权利和社会保障、自由和民主的扩大"。

二　对一些重要经济理论的重新认识

（一）对所有制理论的重新认识

戈尔巴乔夫执政后，对所有制理论的探索，在不少方面与安德罗波夫时期提出的观点相似，如安德罗波夫提出，"所有制方面的变革绝不会是一次性行动"，而戈尔巴乔夫在苏共二十七大报告中强调：社会主义所有制"具有丰富的内容"，它包含着"一整套多方面的关系和一整套经济利益"，"它是处于运动之中的"，需要"经常的调整"。[①] 又如，安德罗波夫强调，在现阶段的苏联集体所有制不是"过时的"所有制形式，而戈尔巴乔夫一再提倡要发展合作社，在合作社所有制问题上，应有完全明确的认识。他在1987年召开的苏共中央一月全会上谈到这一问题时指出：由于过去把苏联合作社所有制看作是某种"二等的"、没有前途的，因而产生了"严重后果"，"造成了经济上和社会上的不小损失"。有的学者还提出，合作化已经结束的结论下得过早了，现在应该在城市真正地开展合作化运动。[②] 与此相联系，各类租赁承包形式也得到发展。过去是急于把集体所有制过渡到全民所有制，而现在相反，已出现了把长期亏损的农场和农庄改为合作社经济，由劳动集体加以租赁。为了发展合作社所有制，1988年5月苏联还通过了《苏联合作社法》。再如，安德罗波夫提出要放松对个体劳动的限制，戈尔巴乔夫也认为，在社会主义制度下，一定数量的个体劳动活动是"符合社会主义经营原则"的"有益于社会的劳动"。这一问题的理论变化，其直接结果是，苏联于1986年11月通过了《个体劳动法》。该法从1987年5月1日起生效。这是苏联历史上第一个关于个体劳动的法律，也是经济改革中的一项重大措施。该法律规定，在生产和服务行业中可以从事29种个体劳动，对搞活苏联经济，缓和社会经济生活中的矛盾起了不小的作用。

戈尔巴乔夫执政时期，在所有制理论方面的新观点的主要特点是与发挥人的作用、落实人权和向市场经济过渡紧密连在一起的。

戈尔巴乔夫一再强调，解决人的问题与向市场经济过渡密切相关，而向市场经济过渡必须改革所有制，改革所有制又必须对传统所有制关系进行再认识。他认为，人道的、民主的社会主义经济的基本思想，只能在深入批判传统的经济管理体制基础上才能产生和形成，而传统经济管理体制的核心是所有制关系。

从解决人、发挥人的积极性、使人成为生产资料的真正主人等角度来

---

① 《苏联共产党第二十七次代表大会主要文件资料汇编》，人民出版社1987年版，第53页。

② 参见［苏］《文学报》1986年4月16日。

看，在生产资料所有制问题上，戈尔巴乔夫除沿袭安德罗波夫有关所有制的上述论述外，还特别强调以下几个问题。

第一，完善经济管理体制与完善公有制是同一个过程，是不可分割的。实现了生产资料社会主义改造任务之后，生产者取得主人的权利与成为真正和有主动精神的主人，并不是一回事。因为，实现了社会主义革命的人民还需要长期熟悉自己作为整个社会财富最高的唯一的所有者的新的地位，这就需要在经济上、政治上和心理上熟悉、培养集体主义的思想和行为。另外，要使劳动者成为生产资料真正的主人，最重要的一条是要在完善经济管理体制方面做大量工作，即只有在那种充分调动生产者积极性的经济管理体制条件下，才能做到。因此，必须认识到，要完善和发展生产资料的所有制，就必须完善和发展经济管理体制。这两者是紧密结合的同一个过程。戈尔巴乔夫反复强调经济管理的民主化和社会主义自治，亦是为了使劳动者成为生产资料的真正主人，调动生产者的积极性。

第二，对所有制的一些传统理论提出了质疑和新看法。例如越来越多的学者论证，全民所有制和国家所有制不是一回事，这两者在物质内容、形成的来源方面是完全不同的，有决定性的差别。全民所有制是由于当初资本主义私有财产实行国有化而形成的，后在社会扩大再生产过程中发展巩固。从经济意义说，就形成的根源而论，全民所有制是第一性的。从狭义上讲，国家所有制作为"国家机关系统的所有制"是这样形成的：从第一性的所有制中拨出一部分，用以满足国家机关的需要，因而从经济形成意义上说国家所有制是第二性的。

把全民所有制理解为国家即国家机关或者某个机关所有，这是广泛实行行政命令管理，压制企业主动性和对企业进行琐碎监督的重要原因。

第三，随着向市场经济过渡为取向的经济改革的推行，到戈尔巴乔夫执政后期，日益明确所有制的改革方向是非国家化、民营化和私有化。认为这一改革方向是解决劳动者与生产资料、与管理相结合的最重要的途径。戈尔巴乔夫指出："当前所理解的市场否定了单一所有制形式的垄断，要求有多种所有制，经济与政治的平等。""在向市场过渡时，需要订出一些首要措施。搞国营企业股份化，创造现实的经营自由，将小企业和商店出租，把住房、股票和其他有价证券及一部分生产资料纳入买卖领域。"① 在以戈尔巴乔夫总统名义提出并在最高苏维埃通过的《基本方针》这一文件中指出，使财产非国有化和民营化，实行土地改革，应是在向市场经济的第一阶段一开始就应实行的一项非常性措施。该文件还就如何实行非国有化和民营化作出了较详细的规定。

（二）从克服对商品货币关系的偏见到认同市场经济

苏联在历次经济体制改革过程中，都涉及社会主义社会的商品货币关系的理论问题。应该说，在理论认识上都有所进步，但都未取得实质进展，都没有摆脱商品货币关系不是社会主义经济的属性这一基本看法。

在戈尔巴乔夫执政后，在商品货币关系问题上，有较大发展。这表现在：

第一，从领导人到学术界，都强调要克服长期以来的对商品货币关系的偏见。戈尔巴乔夫在苏共二十七大报告中说，应该克服对商品货币关系的成见。在1987年召开的苏共中央一月全会上又指出："对商品货币关系和价值规律作用的偏见，以及往往把它们当作某种异己的东西同社会主义直接对立起来的做法，导致了经济中的唯意志态度，导致了对经济核算制估计不足，以及在劳动报酬方面的'平均主义'，在价格形成中产生了主观主义原则，破坏了货币流通，不重视调节供求问题。"

第二，普遍认为，商品货币关系是有机地列入社会主义经济系统中的，是社会主义的内涵关系，没有这种关系，社会主义经济就不可能存在和运行。

第三，在《企业法》中明确指出了"企业是社会主义商品生产者"的观点。

第四，戈尔巴乔夫在1987年召开的苏共中央六月全会的报告中提出："应该从整个管理经济体制中辩证统一和相互补充中出发来考虑计划性与商品货币关系问题。"另外，从这次全会通过的有关文件来看，苏联的经济改革将朝着形成生产资料批发贸易市场、资金市场、合同价格的方向发展，并扩大自由价格应用的范围与加深市场关系。

第五，提出在社会主义社会竞争的必要性。苏联强调，要限制垄断和开展竞争，不能把"竞争"这个词与"私人资本主义"紧紧连在一起，

---

① 《苏联共产党第二十八次代表大会主要文件资料汇编》，人民出版社1991年版，第12—13页。

竞争不是恶语。就是在资本主义条件下，竞争除了有其无人性、危害社会的消极作用外，更为重要的是还起着积极作用，它促进科技的发展，提高产品质量。

因此，随着经济改革的深入，在苏联，竞争必将扩展到整个经济领域。

第六，随着进一步深化经济改革方案的讨论，苏联终于在 1990 年结束了"市场经济"是个禁区的局面，而是把市场经济确定为经济改革的总方向。《基本方针》明确指出："除了向市场过渡，别无选择。全世界的经济已经证明，市场经济是有活力和效率。我国社会向市场经济过渡完全是由人的利益决定的，目的在于建立起面向社会的经济，使全部生产面向消费者的需求，克服商品短缺和排长队的耻辱，切实保证公民的经营自由，为鼓励热爱劳动、创造性、主动性和高生产效率创造条件。""向市场与我国人民的社会主义选择并不矛盾。只有市场与全社会的人道主义方向结合，才能保证人们的需要得到满足、财富的公正分配、公民的社会权利和社会保障、自由和民主的扩大。""市场固有的自我调节机制，能保证在全体生产者活动十分协调一致的情况下使经济保持平衡，保证合理地利用人力、物力和财力。市场要求生产具有灵活性，并能迅速接受科技进步的成果。""向以市场关系为基础的经济体制过渡，使我们的经济能够同世界经济有机地结合起来，并使我国公民得以利用文明的一切成就。"

可以说，以上对当时苏联为何要实行市场经济作了一个较为全面的分析。

第三节　从改革与人权相结合到提出"人道的、民主的社会主义"纲领

在 1988 年 6 月召开的苏共第十九次全国代表会议上，戈尔巴乔夫在其所作的报告中，把"改革与人权"单列一个问题加以论述，并第一次明确提出："全面充实人权，提高苏联人的社会积极性"，是苏联政治体制改革的"最终目的"，也是决定改革能在多大程度上实现的"主要标准"。①

---

① ［苏］《真理报》1988 年 6 月 29 日。

这次代表会议指出，苏联政治体制与党的变形，主要表现在以下几个方面：

1. 广大人民群众没有实际参加解决国家和社会事务的权力。各种管理任务都由执行机关来完成，党政领导人的权力越来越大。由于低估和贬低了社会主义民主的作用，导致个人崇拜现象不断复发。

2. 部门管理机关的职能和结构上都过于膨胀，苏维埃和党的机关均难以对部门利益进行有效监督，结果是，这些部门管理机关往往把自己的意志强加给各经济单位和政治部门。而这些部门对自己作出的决定和行动的后果又不负经济责任。

3. 社会生活的过分国家化，国家调节扩大到了社会生活的极广泛范围。力图用详细的集中计划和监督社会生活的所有角落这种做法已经笼罩整个社会，变为人们、社会组织和集体积极性发挥的严重障碍。

4. 国家结构的官僚化和群众的社会创造精神下降，这导致社会思想单一化和停滞不前。

5. 传统的政治体制，其运行机制不是靠法律而是靠行政命令，即靠强制的命令和指示。这在日常生活中表现为：口头上宣扬民主原则，而实际上却是独断专行；在讲台上宣扬人民政权，实际上是唯意志论和主观主义；在理论上大谈民主制度，实际上是践踏社会主义生活方式准则，缺乏批评与公开性。[①]

上述五个方面，集中到一点，那就是苏联传统的政治体制缺乏民主；没有把人、人权、人的社会价值放在首位，这是导致社会经济停滞不前的一个重要原因。

鉴于对传统政治体制的上述认识，苏联确定了以全面充实人权为主要方向的政治体制改革。

关于人权的内容，当时苏联学术界一般认为包括三个方面：一是指人的社会权利，要保障苏联人的平等权利和受社会的保护，如改善劳动条件，提高国民教育和保健卫生的质量，以及各种社会保障。二是指人的个人权利，这指的是整个法律制度来保证严格遵守公民的个人生活和住宅不受侵犯的权利，保障他们拥有打电话、通讯、通邮和发电报的隐私权，法律应当可靠地保护人的个人尊严。规定对批评者进行迫害要追究刑事责

---

① 参见苏联《真理报》1988 年 6 月 29 日。

任。由于这些条件，苏联决定不受理匿名信。三是指个人的政治权利。在过去的政治体制下，在这方面存在严重的问题，使人与政权、与政治疏远。个人的政治权利，最主要的是政治自由，给人提供对任何问题发表自己意见的机会。戈尔巴乔夫认为，只有这样，才能使公众对他所关心的任何问题进行讨论，并有可能在仔细考虑之后表示"赞成"还是"反对"。另外，还提出了信仰宗教的自由。戈尔巴乔夫指出："所有信教者，不管他们信仰哪个宗教，都是享有充分权利的苏联公民。"①

1990 年苏共中央二月全会通过了向党的二十八大提出的行动纲领草案，草案的第二部分，对有关通过改革如何解决人、充实人权问题，又作了进一步阐述。文件指出："党认为自己的主要目标是：使人真正处于社会发展的中心，保障人具备应有生活和劳动条件，保证社会公正、政治自由、个人能得到全面发展及精神焕发。社会的进步就是应该由这些来决定。""苏共主张尽快建立维护公民权利和自由的法律保障。""现在必须把这些权利固定下来，为他们奠定牢固的物质、法律和政治基础。"在这个草案中，苏共主张尽快使苏联公民得到以下权利：

第一，为公民的尊严与人身、为公民的住宅和财产不受侵犯、为通信和通话秘密提供可靠的法律保护。

第二，加强实现劳动权的保障，包括保证按劳动数量和质量及其最终成果付酬；建立扶持就业，对骨干的培训和进修、对被迫改变职业或工作地点的人提供必要的物质帮助的机制。

第三，发展和加强公民的政治权利，即参与社会和国家事务的管理，言论、出版、集会、游行、结社的自由。同时，应严格遵守法律程序与苏联法律的要求。

第四，创作自由，像对待国家财产一样对待才能。党在大力鼓励文化领域多样化的同时将捍卫人道主义标准，保护社会不受假文化的侵犯。对社会主义来说，对文化采取商业态度是不能接受的。

第五，人的精神领域的自由自决，信仰和宗教自由。党在不放弃自己的世界观立场的同时将深入进行无神论者与宗教信仰者之间的对话，继续执行使各教派有可能在法律范围内自由活动的方针，使其为人们的相互谅解做出自己的贡献。

---

① 参见苏联《真理报》1988 年 6 月 29 日。

第六，提高法院捍卫公民权利的作用，建立进行护法活动的社会—国家委员会。

苏共二十八大通过的《纲领性声明》又明确指出："党认为，保证苏联人良好生活条件是党政策的中心战略任务。""党主张：按照国际公认的准则实现人权；……人有权确定自己的世界观和精神需求以及信仰自由。"①

苏联以充实人权为主要取向的政治体制改革，基本趋向是：（1）坚持和发展民主化进程；（2）逐步向建立起公民社会和法制国家的目标前进。这包括两方面的内容：一是强调经民主程序制定的法律应在社会生活中占统治地位，实现法律面前人人平等的原则；二是国家与公民之间相互拥有的权利和应承担的义务，都必须按法律行事，换言之，应由法律来制约。苏联还强调立法过程的民主化与公开性，允许意见多元化，目的是排除政治权力的垄断。

在以充实人权为主要取向的政治体制改革过程中，亦逐步形成"人道的、民主的社会主义"纲领。

1988 年 6 月 28 日至 7 月 1 日，苏共举行了第十九次代表会议。在会上，戈尔巴乔夫总结了从 1987 年 2 月召开苏共二十七大以来经济体制改革的基本情况，一方面指出，在经济体制改革方面取得的进展，"已成功地阻止了国家滑向经济、社会和精神领域的危机"。另一方面指出，这并不意味着，到处都在全速地出现好转和革命性改造已经不可逆转。"还未消除造成障碍的深刻原因。"戈尔巴乔夫明确地指出："今天我们面临着许多复杂的问题。但它们之中哪个是关键问题呢？苏共中央认为，改革我们政治体制就是这样的问题。"他还讲："今天，改革的根本问题——经济改革、发展社会主义领域、教育人以主人翁的态度关心对待我国发生的一切——所遇到的障碍正是僵化的权力体制，这个体制的行政强制结构。""如果我们不改革政治体制，我们所有的创举，所有业已开创的大规模的事业将会停滞。""我们在精神领域做了许多工作，并且无论有多大困难都将进行根本的经济改革。但是，如果我们不改革政治体制，那么所有这一切都会付之东流。"从政治体制改革要实现的基本任务和最终目的来看，它与经济体制改革要达到的目标也是相辅相成的。根据戈尔巴乔夫的

---

① ［苏］《真理报》1990 年 7 月 15 日。

报告，政治体制改革应解决以下七项基本任务：

（1）尽一切可能使成千上万的劳动者不是在口头上，而是在行动上实现对国家的管理。

（2）为社会的自我调节和自治过程开辟最广阔的天地，为充分发挥公民、权力代表机关、党组织和社会组织、劳动集体的主动性创造条件。

（3）调节下列机制：自由形成和表现各阶级和社会集团的利益和意志，他们商定和实现苏维埃国家的对内对外政策。

（4）为各大小民族的进一步自由发展，在族际主义原则上加强他们的友好和平等合作保障条件。

（5）从根本上加强社会主义法律和法制，以排除篡夺政权和滥用权力的可能性，有效地抵制官僚主义和形式主义，可靠地保障公民的宪法权利和自由，以及他们对社会对国家的义务。

（6）根据列宁的共产党是社会的政治先锋队和苏维埃国家是人民的政权工具的观念，党的机关和国家机关的职能应严格分开。

（7）最后，建立一种有效的机制，随着国内和国际条件的变化，这种机制能保障政治体制及时自我更新，而政治体制要能在一切生活领域越来越积极地发展和实行社会主义民主和自治原则。[①]

具体一点说，通过政治体制改革要达到塑造社会新形象的目的，使最终达到的目标与社会主义理想接近。按照戈尔巴乔夫在报告中的说法，社会主义新形象体现在以下七个方面：

（1）认为社会主义是真正的、现实的人道主义制度，在这一制度下，人真正是"万物的尺度"。社会的整个发展，从社会的经济到精神思想领域，目的都是在于满足人的需求和人的全面发展。而且所有这一切都要通过人们本身的劳动、创造和凭人的毅力来达到。

（2）认为社会主义是一种有效而活跃的经济制度，它所依靠的是科技进步的优秀成果并保证有最高的劳动生产率；是一种直接服从于满足社会需要和灵活适应这种需要的经济。公有制和个人所有制以及生产组织的多种多样的形式是这种经济的基础。在这些组织形式当中，劳动人民实际上是生产的主人，工资和劳动成果直接挂钩得到保证。对经济实行计划管理的出发点是要使中央的作用同作为商品生产者的生产单位的广泛自主性

---

① 参见［苏］《真理报》1988年6月29日。

有机地结合，这些生产单位实行经济核算和自主的原则并为市场而工作。

（3）认为社会主义是一种社会公正的制度，这种制度把人对劳动、保健、教育和住房、社会赡养等十分重要的需求的社会保障，同始终不渝地实施按劳分配的原则、铲除任何形式的平均主义和社会寄生现象结合起来。在这个社会中，对人的能力、人的卓有成效的劳动、技能和天才给予最高的评价，给予应有的物质上和精神上的鼓励。

（4）认为社会主义是一种具有高度文化素养和道德的制度。它继承和扩大人类精神发展的优秀成果及人类丰富的精神阅历。这是一种劳动者的生活在物质方面和精神方面都生气勃勃和极为丰富的社会，这个社会否定消费主义、精神颓废和文化原始主义。在高度文化素养的概念中还包括社会的生态文化素养，以爱惜和理智的态度对待生活的自然条件和人们的生产活动，保护和增加自然资源。

（5）认为社会主义是一种真正的人民政权制度，在这种制度下，保证了全体劳动人民都有充分的可能性来表达自己的需求和利益，参与社会进程的管理，克服人与政权疏远的现象。这是一种社会主义人民自治、在管理经济和社会进程方面深入和彻底的民主化以及法制、开放性和公开性的社会。

（6）应把社会主义看作是各民族真正平等的制度，看作是各民族社会与精神繁荣和互相充实的制度。在这种制度中，任何民族间仇视的表现以及民族主义和沙文主义的偏见都没有存在的余地，占上风的是族际主义和各民族的兄弟情谊。

（7）应把社会主义看作是这样一种制度，它的本质和利益决定了必然渴望和平，渴望加强与社会主义兄弟国家的合作和协作，渴望在民主的平等原则、互不干涉事务、承认各国人民自己决定自己命运的主权的基础上，在各国和各国人民之间建立正常和文明的关系。

戈尔巴乔夫把上述社会主义新形象最后归为一种民主的和人道的社会主义。这是第一次提出了"民主的、人道的社会主义"概念。[①]

1990 年 7 月 2 日至 13 日，苏共召开了第二十八次代表大会。这次代表大会，是在苏联政治、经济形势十分尖锐、复杂，党内产生严重分歧的情况下召开的。会议总结了苏共二十七大以来苏联进行的经济与政治体制

---

① 参见［苏］《真理报》1988 年 6 月 29 日。

改革的经验、教训以及存在的问题，确定了在社会主义选择范围内进行体制改革与更新整个社会的政治方针，这指的是改革指导思想转向人道的、民主的社会主义。戈尔巴乔夫在报告中说："在这项工作的开始阶段，我们就理解到了社会需要根本革新。这就产生了改革的主导思想——在社会主义选择的范围内使社会深刻民主化和人道化，使其成为自由的社会，为人们创造应有的条件。""我们说：社会主义是现实的运动，是群众的生机勃勃的创造。我确信，苏共已正确确定了这个运动的目标——人道的、民主的社会主义。"代表大会通过了《走向人道的、民主的社会主义》的纲领性声明（以下简称《纲领性声明》），并对这一《纲领性声明》还通过了相应的决议。代表大会通过的《苏联共产党章程》规定："在国内建立人道的、民主的社会主义，保证人的自由全面发展的条件为自己的目标。"① 在《纲领性声明》中指出："政治改革的实质，就是从极权官僚制度向人道的、民主的社会主义社会过渡。这条道路尽管艰难，但却是通往美好生活，通往发挥国家物质和精神潜力的唯一正确的道路。"《纲领性声明》中还说：人道的、民主的社会主义，是这样一种社会：

——人是社会发展的目标，为人创造无愧于现代文明的生活条件和劳动条件，克服人与政权以及他们所创造的物质财富和精神财富的分离，确保人能积极参加社会进程；

——在多种所有制形式和经营形式的基础上，确保劳动者变成生产的主人，激励他们有从事高效率劳动的强烈愿望，为生产力进步和合理利用自然资源创造最佳条件，保证社会公正和劳动者的社会保护；

——人民的自主意志是权力的唯一源泉，受社会监督的国家应保证维护人的权利和自由、尊严与人格，而不问其政治地位、性别、年龄、民族和宗教信仰，保证在法律范围内行动的所有社会政治力量自由竞争。②

十分清楚，"人道的、民主的社会主义建设"已成为苏共体制改革方向的依据和奋斗的纲领性目标。

苏共二十八大实施的行动纲领目标，"既要求采取紧急的反危机措施，也要求有一项全面改革社会的长期政策"。谈到经济与经济改革问题

---

① 《苏联共产党第二十八次代表大会主要文件资料汇编》，人民出版社1991年版，第33、34、146页。

② 参见《苏联共产党第二十八次代表大会主要文件资料汇编》，人民出版社1991年版，第117页。

时，强调要建立有效的经济。在《纲领性声明》中指出："要建立社会进步的可靠基础，就必须实现经济关系的民主化，真正发挥人们的主动精神和工作积极性，鼓励高效率劳动。这正是苏共提出的经济体制改革计划的实质。"①

为了实现"民主的、人道的社会主义"纲领，在经济改革方面，应朝着以下四个方面作出努力：

一是使广大劳动者当家作主，热爱劳动。为此，必须为建立和发展多种形式的和平等的所有制形式以及它们的一体化和自由竞争创造条件：

——把国家所有制（全联盟、共和国和地方所有制）由官僚机关的所有制变成由劳动群众在现行法律基础上自己管理的社会所有制，给劳动者集体租赁国营企业和财产的权利以及购买工业、商业、服务领域设施的权利，采用股份形式组织企业；

——发展多种形式的合作所有制和社会组织所有制以及多种形式的混合所有制；

——能够改善人民生活的个体劳动所有制也应在所有制形式体系中占有一席之地。

苏共反对全面非国有化，反对强加某种所有制形式。

二是向可调节的市场经济过渡。《纲领性声明》指出：市场经济是排除过时的国民经济行政命令管理体制的唯一选择。苏共主张分阶段向市场过渡，认为必须做到：

——加快制定保证向市场经济过渡的立法以及法律准则和机制。

——给企业和所有商品生产者自主权和经营自由，而不问其属于何种所有制形式，促进他们之间发展健康的和诚实的竞争，把国家管理职能同直接的经营活动分开。

——实现生产、银行、保险、贸易、科研的非垄断化，支持大力发展中小企业。

——国家对市场关系的调节要有利于维护公民的社会权利，有利于国民经济的重大结构改革，有利于实施科技和生态纲要，以及在世界经济联系体系内确保国家利益。在经济核算原则和劳动集体自治的基础上，在统

---

① 《苏联共产党第二十八次代表大会主要文件资料汇编》，人民出版社1991年版，第121页。

一市场范围内确保国家对运输干线、邮电、能源和军工综合体各企业的管理。

——在计划体制方面，转向制定经济发展的战略远景规划和国家专项纲要，转向通过国家订货、价格政策、折旧政策、关税政策、税收、贷款利息等手段间接调节经济。

——保证向可兑换卢布过渡，保证经济向世界市场开放，为企业的对外经济活动创造有利条件，吸收外国资本以便最快地采用先进技术和丰富市场。

三是有关市场和保护机制的问题。《纲领性声明》指出：向市场过渡不是目的本身，而是解决社会问题的一种手段，考虑到这一过渡可能产生的消极后果，为此建议：

——补偿因调整商品零售价格和服务收费给居民造成的损失；以消费价格上涨为依据，实行灵活的居民货币收入指数化体系。

——建立维持就业、劳动安置和职业再培训的有效机制，在暂时不就业、重新培训和改行期间实行发放补助金制度。

——保证对调节市场关系的法律的遵守情况实行社会监督和国家监督。

四是农业政策问题。强调在农业方面应遵循下列原则：

——维护人民代表苏维埃支配土地的权利，维护国民经济、集体经济和个体经济拥有和使用土地的权利；

——保证城市和农村的等价经济关系；

——在土地经营方面取消一切强制做法和行政命令，相信农民的自由选择，保证公有经济、集体农庄经济和国营农场经济，以及重新得到确认的个体经济、家庭经济和租赁经济有同样的发展机会；

——根据各种经营形式的需要，保证优先发展农工综合体的物质技术基础；

——使每一个农村居民或是愿意在农村生活和工作的人有可能建设自己的住宅和庭院，改善农村的社会设施，使农业劳动成为社会上有吸引力的和经济上有效的劳动。[1]

---

[1] 《苏联共产党第二十八次代表大会主要文件资料汇编》，人民出版社1991年版，第121—123页。

从上述内容可以看到，为了使经济体制改革方面体现"人道的、民主的社会主义"纲领要求，规定了多方面的改革政策与实现途径，但最主要地强调三方面的问题：一是突出人在社会主义中的地位，强调社会的发展，从经济到精神领域，都是为了满足人的需求和人的全面发展。二是突出生产资料所有制的改革，根据苏共二十八通过的《纲领性声明》《苏联所有制法》《苏联和各加盟共和国土地立法纲要》与《稳定国民经济和向市场经济过渡的基本方针》等文件，当时苏联确定的所有制改革的基本方向是：通过支持非国有化和民营化，为形成和发展所有制的多种形式创造条件，积极发展合作社，使各种所有制形式一律平等，这样为向市场经济过渡与自由竞争创造条件。① 三是确定了向市场经济过渡的方针。苏联在 1990 年之前，不论从官方文件还是从领导人的讲话，都避而不谈市场经济。到 1989 年，由于经济形势严重恶化，工业产值比上年仅增长 1.7%，增速已降到战后的最低点。市场供应越来越紧张，经济已十分困难。这说明前几年实行的经济体制改革措施未能发挥作用。在此背景下，在客观上要求寻觅摆脱经济困境，稳定社会的新思路。经过一段时间的酝酿和讨论，向市场经济过渡的方针就提了出来。

经过各派政治力量的激烈较量，戈尔巴乔夫采取了折中办法，把两个纲领糅合在一起，最后于 1990 年 10 月 15 日以总统的名义向最高苏维埃提出了"向市场经济过渡"的官方文件。

第四节 积极推动对外经济体制改革，融入世界经济

苏联建国 70 多年来，在发展对外经济关系方面虽有了不小发展，但与西方发达国家相比，有其很大的局限性。例如，从对外经济关系形式来看，主要是商品贸易，对外的生产技术合作、投资等很不发达；从地区结构来看，主要限于经互会国家范围内。苏联为了实现从粗放经营向集约经营的经济发展战略的转变，为了缩小与西方发达国家的经济、技术差距，为了在充分发展经济的基础上提高生产技术水平与产品的国际竞争能力，

---

① 关于人的重要性与所有制问题，考虑到下一章在分析经济体制改革的理论探索时将会较详细的谈及，这里不作详细的论述。

积极参与国际经济合作，已成为发展苏联经济的一项战略性任务，亦是一种客观的必然趋势。

在戈尔巴乔夫执政时期，对外经济体制的改革，一方面是实现根本经济体制改革的一个重要内容，也是向市场经济过渡的要求；另一方面也是为了实现加大开放力度，使苏联经济日益国际化并融入世界经济的目的。戈尔巴乔夫在1987年苏共中央六月全会上讲："在当今世界上，任何一个国家都不认为自己在经济方面能够与其他国家隔绝。我国在这方面也不例外。苏联经济是世界经济的一部分。各个国家的国际贸易和外汇财政相互关系，以及最新科学技术改造，都不可避免地以某种形式影响我国的经济状况。"[①] 雷日科夫在苏共二十七大上也强调指出："在当今世界上，积极发展经济和科学技术联系，参加国际分工，都是极其必要的。"[②] 这次会议通过的关于《苏联1986年至1990年和至2000年经济和社会发展基本方针草案》规定，要大大扩大对外经济联系。苏联还强调，对外经济体制的彻底改革，可成为科技与经济发展的强大加速器。到了1990年7月的苏共二十八大，由于经济形势的恶化，戈尔巴乔夫在谈到改善经济状况时指出："苏联经济的健康化，在不小程度上取决于它纳入国际分工体系的状况。"[③]

戈尔巴乔夫执政时期，为了使苏联经济能更快地融入世界经济，使其经济适应开放与国际化这一总趋势的要求，在对外经济体制领域采取了一系列改革政策与措施。

一　对外政策日趋经济化

戈尔巴乔夫对外政策新思维的一个重要内容是：尽管当今世界矛盾重重，存在着多种多样的社会经济制度，各国人民在不同时期做出的选择也各不相同，但世界是一个，它是相互联系、相互依赖和相互需要的统一整体；而且各国之间的相互联系和相互依赖越来越紧密。当今世界的统一性和完整性，从社会经济角度来讲，主要由以下因素决定：第一，由于科技

---

① 《戈尔巴乔夫关于改革的讲话》，苏群译，人民出版社1987年版，第381页。

② 《苏联共产党第二十七次代表大会主要文件资料汇编》，人民出版社1987年版，第221页。

③ 《苏联共产党第二十八次代表大会主要文件资料汇编》，人民出版社1991年版，第15页。

革命的迅速发展，大大加速了各国经济国际化的发展。现代科技的发展，一方面促进了生产力的大发展从而要求世界开放，加强各国之间的经济联系和合作；另一方面又为经济国际化创造了必要的物质基础和技术条件，如提供现代化的交通工具和电讯，从而使地球大大缩小了。第二，世界各国面临着涉及全人类命运的一系列全球性问题，如保护和合理利用自然资源、保护生态平衡、消除各种可怕的新老疾病以及世界广大地区的饥饿和贫困、开发宇宙和海洋以造福于全人类。而当今世界，没有一个国家有能力单独解决这些问题。因此，必须加强国际合作，建立起有效的国际秩序和协调机制。这些都有力地推动着各国经济国际化的进程。

戈尔巴乔夫执政期间，在全力推行国内改革政策的同时，一直积极地调整对外政策。从发展对外经济关系角度看，苏联调整对外政策的主要目的在于：

一是要改变苏联在世界上的形象。为此，戈尔巴乔夫强调：在这个世界上每个人都可以保留自己的哲学、政治、意识形态观点和自己的生活方式。在外交活动中，要实行灵活的政策，要进行理智的妥协。苏联认识到，只有其形象改变之后，才能为其国内改革和经济发展创造宽松的国际环境，才能顺利地发展对外经济关系。

二是在处理国际关系时，强调求同存异，不把意识形态的分歧搬到国际关系中来；承认各国人民有权选择自己的社会发展道路，更多地着眼于同其他国家发展经济关系。

三是要使对外政策直接为苏联经济国际化服务，拓宽苏联与世界各国的经济联系和合作领域，使苏联经济成为世界经济的一部分，冲破过去传统的自我封闭的思想。① 正如时任苏联外长谢瓦尔德纳泽所指出的，此前苏联外交正处于一个非常重要的和不平常的时期，今天使苏联对外政策"更经济化"的时候到了。②

十分明显，苏联在发展对外关系方面的指导思想是"国际关系经济化、国际关系非意识形态化"。这种"更经济化"的外交政策，无疑是苏

---

① 参见［苏］米·谢·戈尔巴乔夫《改革与新思维》第三章有关部分，苏群译，新华出版社 1987 年版。

② 转引自《苏联东欧问题》1989 年第 4 期。

联经济国际化的催化剂。

　　戈尔巴乔夫执政期间，在对外经济关系问题上提出的新思维，还与以下几个因素密切相关：一是不再像过去那样用简单化的方法去看待资本主义经济的发展。认为，随着科技革命的迅速发展，资本主义的经济发展还有很大的余地。1987 年 10 月 10 日戈尔巴乔夫在访美期间向美国实业界人士表示：苏美经济协作在某种程度上将有助于解决苏联的问题。① 二是戈尔巴乔夫当时认识到，在当代资本主义经济已进入科技革命阶段，加强与西方发达国家的经济与技术合作，是实现苏联科技进步任务的一项战略性任务。对此，苏联科学院院士普里马科夫在分析苏共二十七大与世界经济及国际关系问题时指出："必须以现实主义的态度注意到资本主义的经济已进入科技革命的新阶段。发达资本主义国家加速科技革命的过程已经出现。这种加速过程的主要领域是微电子学、信息学、新科技的生产、生物工程等。" 因此，"对资本主义条件下的科技革命的研究非常重要"②。这就要求，在资本主义经济进入科技革命阶段之际，苏联必须通过经济体制改革，加快新技术的引进与开发，促进科技的发展，使本国科技的进步能跟上世界新科技革命的浪潮。三是戈尔巴乔夫上台执政时，中国与东欧一些国家，改革与开放出现了新的浪潮，这些国家特别是中国，对外开放已取得了不小进展。应该说，这对当时苏联推行开放政策是个促进因素。

二　赋予各部门、企业直接进入国外市场的权力

　　对外贸易的发展水平，是反映一个国家经济国际化程度的综合性标志，也是推行经济国际化政策普遍的、基本的形式。

　　苏联建国以来，已同世界 140 多个国家和地区建立了贸易关系。1988 年苏联外贸总额为 1320 亿卢布，这比 1950 年增长了 44 倍。但总体来说，由于长期实行外贸垄断制，产品缺乏竞争力，出口结构单一等因素的制约，外贸水平远不能与世界经济国际化发展进程相适应。1998 年，苏联出口总额为 670 亿卢布，占国民生产总值 8660 亿卢布的 7.7%。

　　戈尔巴乔夫上台执政以来，一直不断地在改革外贸体制，其改革的一个重要趋势是：通过外贸渠道，使各部门、地区和企业有可能直接进入国

---

① 转引自陆南泉主编《苏联改革大思路》，沈阳出版社 1989 年版，第 213 页。
② ［苏］《世界经济与国际关系》1986 年第 5 期。

际市场，并为此注入各种刺激机制，以此来加速苏联经济国际化的发展进程。所采取的措施有：

1. 从理论上重新认识外贸垄断制原则。

长期以来，苏联在谈到外贸垄断时，常常引 1918 年 4 月列宁签署的人民委员会《关于对外贸易全部国有化》法令中的一段话："全部对外贸易实行国有化，同国外和外国人个别贸易企业买卖各类产品（采掘业、制造业、农业及其他）的交易，只能由以俄罗斯共和国的名义专营此事的全权机关进行，除这些机关外，同外国的任何进出口交易一律禁止。"列宁的这一指示，并没有把外贸垄断说成是只能由一个部或一个主管机关来垄断。当时有权进入国际市场的，不仅有对外贸易人民委员部及全国消费合作总社，还有其他一些组织，例如，20 世纪 20 年代初就有对外贸易人民委员部、最高国民经济委员会和全苏联消费合作社同私人企业家共同建立的皮革原料内外销股份公司。这些都说明，在当时来说，对外贸易垄断也不应该理解为由一个主管部门来垄断，更不能理解为独家经营。

2. 实行对外贸易管理权与经营权分离的原则。

苏联于 1986 年 8 月 19 日通过的《关于完善对外经济管理措施的决议》中规定："在保持和发展对外经济活动国家垄断的同时，迫切需要扩大各部、主管部门、联合公司、企业和组织在这个领域的权利和加强它们的责任性，保证它们走向国外市场，加强对发展国际合作和加速采用最新科技成果的兴趣，从而提高对外经济联系的效率。"外贸管理权仍然是实行垄断原则，目的是使国家有效地控制对外经济关系，使国家利益不受损害。为此，新成立的对外经济委员会（它取代了原来有效地控制对外经济的联络委员会），其主要职能是：负责全面领导，制订远景计划，监督与协调外经外贸工作，实现外经外贸归口管理，统一对外，防止政出多门。与此同时，下放外贸经营权，逐步改变外贸部门垄断外贸的局面。

1987 年，苏联授权 22 个部门及 77 家生产联合公司、企业和组织可以面向世界市场，直接经营进出口业务。这些部门和企业获得外贸经营权后，进出口额大大增加，1987 年就已占全苏外贸总额的 19.5%，出口的机器设备、运输工具占该类商品出口额的 4.6%。1988 年底，苏联又通过了《关于进一步发展国营、合作社营和其他社会性企业、联合公司和单位的对外经济活动的决议》，规定从 1989 年 4 月 1 日起，凡产品（工程和服务）在国外市场具有竞争能力的所有企业、联合公司、生产合作社和其他单位，都有权直接从事进出口业务。苏联企业对这种直接联系形式的外贸活动，抱有极大的兴趣，促使企业关心其他产品的竞争能力，研究世界行情，尽快以最新技术更新其生产设备，生产现代化的产品，以扩大产品出口量。1988 年，由企业直接从事的进出口贸易已占苏联外贸总额的42%。可见，企业与国外直接贸易形式的作用已大大提高。

后来，苏联还赋予各加盟共和国和地区外贸经营权，授权它们开展地方贸易和边境贸易。波罗的海沿岸的爱沙尼亚、拉脱维亚和立陶宛共和国，以及俄罗斯、乌克兰、白俄罗斯等共和国相继成立了地方贸易公司，在边境地区也在积极发展边境贸易。授予各级地方从事外贸的权力，对于开拓对外贸易经营渠道，调动地方的积极性，将起很大的积极作用。就以与中国接壤的远东地区来说，两国边境贸易在高速增长，以黑龙江为例，1988 年，中苏边境贸易额为 1.96 亿法郎，这比上年增长 4.7 倍，相当于从 1957 年到 1966 年和从 1983 年到 1987 共 15 年的边贸的总和。

3. 注入刺激机制，从多方面来增强企业冲向国际市场的内在动力。

从当时苏联这方面采取的一些措施来看，着力解决的问题有：一是使有外贸经营权的企业具有真正的自主权。就是说，使这些企业的对外经济活动也建立在自主经营、自筹资金和自负盈亏的基础上。自主经营是指外贸企业成为决定对外经济活动的主体，外贸计划由其自身制订；自筹资金和自负盈亏的原则，主要是指要从根本上改变外贸企业与国家财政的关系。今后，这些企业的用汇和创汇应紧密结合，企业进口设备等所需外汇应靠自己产品出口所获的外汇来支付。同时，企业对其对外经济活动的效益和外汇的使用承担全部责任。企业为了扩大出口商的生产，如外汇不足，可向银行获得外汇贷款，并用出口商品获得外汇贷款。一旦发生因完不成出口任务而引起外汇短缺的情况，不能靠国家财政拨款来解决。二是实行外汇留成制度，刺激企业的积极性。苏联根据出口产品的不同种类，规定不同的外汇留成制度，刺激企业出口的积极性。苏联根据出口产品的不同种类，规定不同的外汇留成比例，从 0.5% 到 50%。例如，对出口原料商品留成比例为 0.5%—2%；机电产品为 15%（如创现汇则为 20%）；零配件为 30%（如创现汇则为 50%）。对超计划的出口创汇全部留归企业支配。十分明显，设置不同的外汇留成比例，目的是鼓励计划出口。这里应指出，外汇留成制度是外资企业实现自筹资金原则的一个重要条件。三是对一些地区制定特殊的优惠政策，为其走向世界市场创造更方便的条件。1989 年 9 月戈尔巴乔夫视察远东克拉斯诺亚尔斯克时提出,应为西伯利亚和远东地区更快地发展对外经济联系规定一些优惠待遇:这些地区的企业可以利用外汇留成在国外直接购买消费品;可以利用它们节约下来的全部材料加工出口,职工工资由经理和工会酌情决定,而不受一般企业工资制度的限制;等等。

三 摆脱传统理论束缚开拓非传统的对外经济合作形式

在 20 世纪 30 年代中期以前的一个较长时期,苏联与西方国家经济联系和合作的形式还是多种多样的,其中合营企业得到了相当发展。在 1925 年初,在苏联境内共有 64 家合营公司,它们在出口中所占的比重达到 10%,在进口中占 5%。在这些合营企业股份中,苏联占有 50% 以上的股权。特别要指出的是,苏联在各个重要部门都建立了合营企业,如俄美压缩天然气公司、俄奥搪瓷器皿公司、俄美木材公司、俄德建筑工程公司等。这些合营公司和租让企业一样,对当时恢复和发展苏联经济起过毋庸置疑的作用。但自 30 年代中期开始,苏联对西方国家的经济联系形式,基本上是通过对外贸易轨道实现的,即主要集中在流通领域。之所以出现这种情况,这与当时的苏联领导人错误地对待新经济政策,把它看作是暂时的,是向资本主义不得已的退却有关。新经济政策不存在了,从这一政策中产生出来的租让制和合营公司自然也就被革出了教门。

从这以后的很长历史时期里,特别是在苏联完成了生产资料所有制的社会主义改造以后,从理论到实践,不再允许在苏联国土上出现任何形式的生产资料私有制,更不允许外国资本在苏联国土上出现。对此,戈尔巴乔夫在苏共二十八大的报告中说:"要走向世界市场,要使苏联参与世界经济,我们干部的思维以及态度都得作根本改变","改变他们的思维,需要善于按新的方式办事"。[①]

戈尔巴乔夫执政后,在分析国内经济停滞原因时,也分析了长期以来苏联对外经济关系方面存在的保守主义、教条主义对经济发展所产生的影响,并认识到,要使苏联经济走向世界,只靠单一的传统的贸易形式是远远不能适应世界经济形势发展需要的,这只会导致苏联经济的继续落后,

---

① 《苏联共产党第二十八次代表大会主要文件资料汇编》,人民出版社 1991 年版,第 15 页。

要改变这一局面，就必须用其他一些社会主义国家，如中国、匈牙利、罗马尼亚、保加利亚等国，早已采用的一些非传统的对外经济关系合作形式，如建立合资企业、自由经济区和免税区等。

随着改革的发展，苏联在发展对外经济关系方面，特别注意了如何从单一的贸易方式转向生产合作方式。做法是：第一，在同社会主义国家的经济合作中，苏联已明确规定，要"从以贸易为主的联系方式向深层次的生产专业化合作过渡"①。在各部门、联合公司和企业一级进行直接的国际生产联系和科技联系，共同解决科研、生产、供货、销售、售后服务等问题。苏联把这种方式作为重点加以推广。当时，苏联已有 1700 多家企业与经互会成员国的企业建立了直接联系。第二，1987 年 1 月，苏联通过决议，决定在苏联境内同外国建立合资企业，以便利用这种方式来发展国际生产合作和开拓新的经济联系形式，并通过这种形式来吸收和利用外资，引进国外先进技术、工艺和管理方法，发展出口基地，提高产品在国际市场上的竞争能力、减少不合理的进口，最后达到加速经济发展和使经济转向集约化经营的目的。1988 年，苏联为了加快合资企业的建立，改善国内投资条件，提高合资参加者的兴趣，修改了合资法。主要内容有：取消了合资企业中外国参加者的比例不得超过 49% 的规定，而规定这个比例由合作者之间的合同确定；取消了合资企业管理委员会主席和经理必须由苏方人员担任的规定，而规定，可以由外国公民担任，合资企业的管委会有权独立为决定雇工、解雇、劳动报酬的形式和数量，以及对工作人员采取的奖励制度；对合资企业为发展生产而运进苏联的商品将征收最低的进口税或完全免除关税；外国伙伴的利润可以汇回本国；大大简化建立全资企业的手续；等等。采取上述措施以后，在苏联境内创办的合资企业的数量有明显增长：1987 年 5 月 12 日苏联建立了第一家合资企业，1987 年底仅有 7 家，1988 年底为 164 家，1989 年初为 191 家，而到 1989 年 4 月已达到 485 家。它们分布在工业、商业、建筑、科技、咨询等各行业。联邦德国和芬兰各占 53 家和 50 家。同社会主义国家建立的合资企业共有 44 家，其中苏合资企业为 4 家。这说明，苏联在认真研究和吸取其他国家的经验和外国伙伴的建议的基础上，对合资法所采取的种种完善措施，对外国投资者起到了应有的鼓励作用。当时苏联一再表示，在完善

---

① ［苏］《经济报》1987 年第 4 期。

合资企业方面的工作，并没有终止，将继续做大量的工作，要制定出更具体的法律和条例。苏联为了加强对合资企业的管理，成立了苏联合资企业联合会。485 家合资企业全部入会。还规定，不论合资企业规模大小，凡入会者每年缴纳会费 3500 卢布，其中 500 卢布为外汇。据合资企业联合会执行干事米特罗凡诺夫估计，几年后，在苏联境内的合资企业可达几千家，产值可占全苏社会总产值的 10% 以上。根据当时的发展势头来看，是有这种可能的。

关于自由经济区的问题，在戈尔巴乔夫上台执政的初期，苏联还是持怀疑态度，在思维观念上是有阻力的，更多地认为它只具有为资本主义复辟的本质属性。经过一段时间的研究，特别是对中国特区的多次考察和多方了解之后，在认识上发生了变化。后来，苏联开始讨论自由经济区的问题，把它看作是推动本国经济发展和扩大与密切同西方经济联系的一种重要形式。从 1988 年开始，苏联对建立自由经济区的问题已从讨论转入落实。并决定，首先建立两个自由经济区：一是苏芬边境的赛马运河区；另一个是远东的海参崴。

在推动苏联经济国际化进程中，另一个不可忽视的问题是，必须重新认识当今世界上存在的一些重要国际经济组织，特别是像国际货币基金组织和关税及贸易总协定。长期以来，苏联对这些组织持批判、否定的态度，其原因是：首先，苏联一直把东西方关系的经济内容看成是两种制度对立关系的一个重要方面，从而忽视了东西方互利和合作的可能性与重要性。其次，苏联认为，在二战后相继出现的国际经济组织，都是在由以美国为首的资本主义国家倡议和支持下成立的，是由资本主义国家，特别是美国等国所控制和操纵的。推行经济体制改革以来，苏联在戈尔巴乔夫新思维的指导下，逐步改变了上述看法，认识到在世界经济国际化迅速发展的今天，任何一个国家如不参加国际经济组织，不仅会给本国参加国际经济活动带来诸多不便，并且还难以使自己在国际经济活动中发挥作用。另外，苏联还认识到，有关重大的国际货币金融和贸易问题，一般都是通过这些国际经济组织成员国进行讨论、协商和决策的。因此，不参加这些组织，在经济上难以受益，如不能在国际贸易中取得最优惠国的待遇和获得国际货币基金组织的低利率贷款。后来，苏联主动要求以观察员身份出席关税与贸易总协定的协商会议，并关注国际货币基金组织的活动，设法与其接触。

四　积极调整对外经济关系的地区战略

总的来说，苏联建国以来，特别是在二战后，在其理论及实践中，一直把发展与东欧国家间的经贸关系视为战略重点。直到 1988 年，苏联与社会主义国家的外贸额占苏联外贸总额的 65% 以上。苏联上述地区战略思想，日益与戈尔巴乔夫推进其经济国际化方针不相适应。从经互会成员国民用技术水平来看，各国虽在某些领域各有其特点，但总的来说，处在同一水平线上，如果长期主要集中在这些国家范围内进行贸易和经济合作，不可避免地会出现低水平的重复，这对提高各国的技术水平和产品质量有着明显的消极作用。从经互会成员国的经贸体制来看，长期实行的是一种"统包统揽"的做法，进出口基本上都由政府统一包下来，这样，竞争机制不起作用。在这种体制下，经互会成员国采取把高质量产品出口西方换自由外汇，而把质次产品进行互相交换，这种做法必然会影响各国经济的发展和技术的提高。为了改变上述情况，戈尔巴乔夫执政后，在调整对外政策的同时，对对外经济关系的地区战略也作了相应调整。调整的总趋势是，把战略重点逐步由东欧移向西方。

第五节　戈尔巴乔夫顺应现代化的改革
缘何失败

戈尔巴乔夫从 1985 年开始执政到 1991 年 12 月辞去总统，一直在从事改革，并在某些领域和某个阶段取得了一些进展，一些改革政策及措施得到了实现，但从整个改革过程看，进行得并不顺利，改革最后以失败告终，并成为加速苏联剧变的一个重要的直接因素。

戈尔巴乔夫时期改革失败的原因十分复杂，有客观因素亦有主观因素。

一　客观因素——阻碍机制与阻力对改革的影响日益增大

长期以来，笔者在分析戈尔巴乔夫经济体制改革失败原因时，一直特别重视阻碍机制（有人用障碍机制，这是翻译的问题。原文都是 припяствие механизма）对其改革所产生的影响，这绝不是一个空洞的理论问题，而是在斯大林体制模式下长期成长起来的、在各个领域让人感觉到的实实在在存在的种种阻力，并在此基础上形成的一种十分顽固的一时难以克服的机制。笔者认为，由于在斯大林逝世后的历次改革并没有对斯大林体制模式产生根本性的触动，因此，这一阻碍机制虽然对社会经济发展和改革产生影响，但并不突出。但到了戈尔巴乔夫时期，进行根本性体制改革时，情况就不同了，阻碍机制对改革所体现的阻力就开始强化并最后发展到政治冲突的地步。改革刚开始时，"党领导层的大多数持正统观点的人，总的来说承认有必要进行局部改革"。这是因为，这些人在改革刚开始时认为，"这些变革的主要目的是进一步加强单一的权力、单一的所有制和单一的意识形态"。而当改革深化时，特别是从准备苏共第十九次代表会议起，这些人看到了改革的观念发生了大的改变，与此同时，对改革的"抵制也加强了，这种抵制马上显露了自己的布尔什维主义本性，即不能容忍异己思维"①。

应该说，戈尔巴乔夫在改革一开始，就意识到改革的阻力问题，随着改革实际进程的发展，认识在逐步加深。他在苏共中央一月全会（1987年）首次提出了"阻碍机制"之后，在1987年出版的《改革与新思维》一书中又指出："改革就意味着坚决果断地破除已形成的阻碍社会经济发展的东西，破除经济管理中的陈旧制度和思维上的教条主义的清规戒律。改革会触及许多人的利益，触及整个社会。自然，要破就不可能没有冲突，有时甚至不能没有新旧事物之间的尖锐斗争。只不过是没有炸弹的轰鸣和枪弹的呼啸声而已。"② 他还在各种场合谈到，围绕改革展开的斗争虽然不表现为阶级斗争的形式，但斗争却是很尖锐的。

1. 阻碍机制的含义与产生的原因。

关于这个问题，从苏联领导人到学者，都没有给予一个统一的、明确的解释，但基本含义还是比较清楚的。

从戈尔巴乔夫在一月全会（1987年）的报告来看，阻碍机制是指过去长时期内在理论、意识形态、政治、经济、组织等各个方面形成的一种阻碍社会前进的机制。后来，他对此又作了进一步的论述。他指出，20世纪三四十年代形成的管理体制，越来越不起作用，相反，阻碍作用不断

① ［俄］亚·尼·雅科夫列夫：《一杯苦酒——俄罗斯的布尔什维主义和改革运动》，徐葵等译，新华出版社1999年版，第184—185页。

② ［苏］米·谢·戈尔巴乔夫：《改革与新思维》，苏群译，新华出版社1987年版，第58页。

增长，从而形成了阻碍机制。这一机制在政治方面，表现出这样一个奇怪现象：有教养的、有才干的、忠于社会主义制度的人民不能充分利用社会主义所提供的可能性，不能利用其实际参加管理国家事务的权利，经济中的阻碍机制及其社会意识形态的一切后果，导致了社会结构的官僚主义化和各级官僚阶层的"不断繁衍"，这些官僚阶层在整个国家、行政乃至社会生活中都具有不可估量的影响。

苏联驻华大使罗扬诺夫斯基在一次谈话中解释说，阻碍机制是过去的一套机制，不能刺激企业采用新技术和新东西。

莫斯科大学 A. 布坚科教授撰写了若干篇专门分析阻碍机制问题的文章，他对产生阻碍机制的原因作了深刻分析。在他看来，阻碍机制这个术语虽在苏联是不久前才出现的，但这种现象本身却早已存在。阻碍机制是由那些不能使社会主义可能性得到充分发挥并束缚其优越性被顺利利用的经济、政治和意识形态的方式和现象，以及管理杠杆和体制组成的。

在社会主义条件下，并不是一定会产生阻碍机制。苏联出现这个机制，是有其原因的。它实际上是社会历史上形成的、行政和官僚对阶级统治的曲解的副产品。苏联不存在有人有意识地企图阻止苏联社会的发展，也没有人专门设计这种机制。在苏联，阻碍机制的基础是：

从政治关系看，由于苏联政权具有经过周密安排的职务上的等级制度，加上有一个保证国家对经济活动及社会生活的各个方面实行直接集中领导的系统，从而产生党和国家的职能实际上的相互重叠，难以分开，所有大权都集中在由上面任命的、不向人民汇报的行政领导阶层手中，在这种政治制度下，本位主义和官僚主义生长繁殖，使得无论是工人阶级还是全体人民都无法实现真正的民主政治，无法实现自己的国家主人的地位。

从经济关系看，被称为全面所有制形式的国家所有制是苏联政治制度的经济基础，但这种所有制只把劳动者看作是活劳动的体现者，而未能成为它的主人。在这种高度集中管理国家财产的条件下，这种所有制形式的空洞性越来越明显地暴露出来。在财产的分配、有效的使用和增加方面与生产者没有现实的利害关系。

从社会关系看，由于整个政治经济体制是以庸俗的社会各阶层根本利益一致的思想为依据的，因而对各个社会集团和阶层的利益不相同的观点持轻视和隐讳的态度。

对阻碍机制的基础作了以上的分析之后，布坚科教授得出的结论是：

"阻碍机制是僵化的经济形式、陈腐的政治组织体制、无效的领导方法和管理杠杆的总和，它阻碍着已成熟的矛盾的解决，使社会主义优越性得不到体现，束缚着社会主义的顺利发展并使其进步的速度放慢。"他的另一个重要结论是，"官僚主义是阻碍机制的主要社会力量"，为了解释这个结论，我们再引用另一位苏联学者莫佳绍夫有关分析官僚主义本质问题文章的观点（题为"从利益的不和谐到和谐"）①，也是有益处的。他的基本看法是：官僚主义者生活在一切都颠倒过来的"办公室"世界里，他们首先是为个人"谋前程"，在职务的阶梯上提升，当官以及每升一级随之而来的就是物质福利和显示自己权力的机会。"当官威风"是官僚主义者相当流行的人生哲学。他们盲目相信硬性规定的形式主义化的行动以及现成的世界观和公式，就其本质来说他们是教条式的，对变革特别反感，并疯狂地加以反对。他们压制各种不听"上面"意见和富有创造精神的人，不相信劳动群众的经验和对国家大事的思考。

笔者认为，苏联的官僚主义是在斯大林时期的政治经济体制条件下形成和滋长起来的。当然不能说，所有的各级领导人，都变成了以墨守成规为主要特征的官僚主义者，但也应该看到，患有不同程度官僚主义习气的人，却是厚厚的一层。所以，戈尔巴乔夫执政以来，一再抨击官僚主义是有道理的，它确实成了阻碍机制的主要社会力量。

阿巴尔金在 1987 年 5 月访华时，对阻碍机制也作了分析。他认为，所谓阻碍机制是指阻碍事物前进、相互作用的一系列因素，而不是个别的东西和因素。阻碍机制在苏联包括以下四个方面的内容：一是教条主义理论；二是在这个理论基础上产生的经济管理方法；三是苏联国民经济比例本身的失调；四是干部因素，主要是官僚主义。

2. 阻碍机制对改革体现出来的阻力。

在戈尔巴乔夫推行改革的过程中，改革遇到的阻力是多方面的，表现形式也是各种各样的。改革的阻力是阻碍机制的具体体现。正如戈尔巴乔夫所指出的："障碍机制的具体体现者在反抗，而无所事事，漠不关心、懒惰散漫、不负责任和经营不善也是一种反抗。"②

---

① 参见［苏］《真理报》1987 年 6 月 12 日。

② ［苏］米·谢·戈尔巴乔夫：《改革与新思维》，苏群译，新华出版社 1987 年版，第 58页。

第一，阻力来自中央领导层对改革的不同认识。

苏联从领导人到学者，在公开场合一向否认苏共中央领导层存在一个改革的反对派。例如，苏联部长会议主席雷日科夫就说过："我们这里没有人从政治上反对改革方针。"① 在不久前召开的第十九次全苏党代表会议上，苏共中央书记利哈乔夫在发言中说：党的高层领导"是团结一致的，既没有保守派，也没有改革狂"。又如苏联科学院世界经济与国际关系研究所所长普里马科夫在 1987 年 3 月访华时的一次发言中说，在苏联并没有改革的反对派。他举例说，在苏共中央一月全会上（1987 年）有 34 位代表发了言，没有一个发言者是反对改革的。笔者认为，普里马科夫所举的具体事例，也许是实情。但并不能以此证明，苏共中央领导层对改革的认识是一致的，在改革的做法、进程等方面的观点是相同的。据各种材料来判断，中央领导层在改革问题上的矛盾不仅存在，有时还表现得很尖锐。戈尔巴乔夫的每次报告和讲话，往往批评阻碍改革的保守势力。保守势力存在于各个阶层，其中也包括中央领导层。戈尔巴乔夫把保守势力作为抵制改革、反对改革的代名词。保守主义者对当时苏联改革的认识是这样的：改革是整容修理，是粉饰门面，是对现有机制的某种"小调整"，现有机制虽然运转不灵，但总还是在运转，而新机制会带来什么却不清楚。对保守主义者来讲，改革步子迈得大些，对旧体制作根本性的改革，对社会主义一些原则性问题进行反思，就意味着对马克思列宁主义的修正，放弃社会主义。

笔者认为，苏联最高领导层在改革的一开始，在改革问题上的矛盾是非本质的，只是表现为对改革的速度、范围等看法不一。但随着改革的深入，分歧的性质也逐步发生了变化，这突出表现在改革指导思想上的差别。戈尔巴乔夫等认为，要进行根本性的改革，必须对社会主义一些重要原则进行再认识，这就必然涉及斯大林问题。另外，为了解决人的问题，发挥和调动人的积极性，又必须实行民主化和公开性原则。而另一些人则采取各种形式反对这样做，认为这会引起思想混乱，否定社会主义。他们还认为会从公开性的瓶子里放出资产阶级自由化的妖魔来。

第二，来自权利之争。

我们常说，改革涉及权利再分配，因此，往往会遭到一些人的反对、

---

① ［苏］《新时代》1988 年第 2 期。

抵制。这是所有社会主义国家都会遇到的问题。但在各个国家不同的历史条件下会有不同的表现形式。从戈尔巴乔夫头几年的改革情况看，这方面的阻力主要表现在：

（1）地方党组织的领导人，他们中间不少人害怕因根本性的改革而失去权利。

（2）中央管理机关的阻碍作用。在苏联，经过几十年发展起来的高度集中的经济管理体制，已是根深蒂固、纵横交错，本身就是进行根本性改革的重要障碍之一。

（3）行政管理机关臃肿，人浮于事，是改革的一个重要障碍。现在苏联平均每6—7个工人中就有一个管理人员。在过去的旧体制条件下，逐步形成了庞杂的管理机制，习惯于行政命令的工作方法，文牍主义和官僚主义泛滥，往往不能切实有效地进行工作和解决问题。而这次根本性的经济体制改革，要大大精简行政管理机构和裁减行政人员。因此，人数如此众多的各级行政官员的权利将被剥夺，他们接受不了，于是就紧紧抓住过去的东西不放，对改革、对新思维持消极态度。这些干部的信条是："宁可安安稳稳坐办公室挣150卢布，也不愿为500卢布累断了腰。"这里，为了更清醒地认识这些干部对改革持消极态度的原因，要进一步分析这些干部的特点。在旧体制的长期培养下，出现了一大批富有惰性的干部。这些人习惯于机械地执行上级下达的任务、指标，履行公事，用行政命令领导经济。他们害怕为自己的行动承担责任。要改变工作方法，对这些人来说，是十分困难的。再从管理素质来说，具有积极的经济思维方法的领导干部只占1/4。

第三，阻力来自一部分企业领导人。

在勃列日涅夫时期，一直把企业领导人视为最支持改革的一个阶层。当时企业领导人要求扩权，反对上级对企业的种种限制。但现在进行根本性改革，企业要实行自负盈亏、自筹资金，大大扩大企业权限，使一部分企业领导人变得害怕起来，感到风险大、责任大，不希望进行大的改革。另外，还应看到，在企业这一级还有一个实际问题，即有不少企业经营条件不好，长期处于亏损状态，要自负盈亏在短期内不可能做到，这些企业的领导人更害怕大的改革。

第四，阻力来自一部分劳动群众。

苏联报刊摘登的一位读者来信说："人民没有把党所开始进行的改革

当作自己的切身事业，没有为实施改革承担责任。许多人对党的号召无动于衷，这似乎是一种普遍的气氛。"①《旗帜》杂志主编 Г.巴格拉诺夫指出：人民是赞成改革的，然而不少人在等待着看看改革能取得什么结果。在苏联产生上述情况，可能有很多方面的原因。

一是随着改革的深入，越来越涉及千百万人的切身利益，涉及整个社会。但人们还没有很好地弄清楚已开始的改革的实质和意义，特别是不清楚改革后自己在利益、社会地位方面将会发生什么变化，所以很多人持观望态度。

二是苏联长期以来，有相当一部分劳动者已习惯于吃"大锅饭"，搞平均主义的分配，习惯于在劳动中懒懒散散，不愿受劳动纪律的约束。改革必然要求改变上述情况，而这些人并不想很快改变原来的习惯。

三是因为目前苏联广大居民的生活水平，虽然赶不上发达的西方国家，但可以说过着较为舒适的生活，达到了小康水平。因此，人们不太想为多挣几个卢布而紧张地劳动，加上多挣了钱，也买不到自己需要的高质量商品。这样，也造成一些人对改革持消极态度。

四是由于人们还没有从头几年的改革中获得明显的实惠。这是非常重要的一个原因。它大大影响广大群众参与改革的积极性。戈尔巴乔夫执政以来，虽然一再强调要改善食品供应和住房条件，但进展缓慢。特别是食品供应仍令人失望，日用品供应也有很多短缺。总之，由于不少人对当前进行的根本性改革尚缺乏思想准备和充分的认识，因此，对改革的态度也各不相同。根据当时戈尔巴乔夫谈及人民对改革持不同态度的各种材料，有人加以归纳，大致有以下八种态度：

第一种态度是理解、拥护改革并"热情地投入工作"。

第二种态度是理解、拥护改革，但不主张"转得太急"。

第三种态度是"赞成改革，愿意参加改革"，但是"从纯消费的观点看待改革"，"用眼前的好处衡量改革"。

第四种态度是赞成改革，但"不知如何以新的方式工作"。

第五种态度是"支持新办法"，但却认为"搞改革的不应该是他们，而是上面的某个地方，是另一些人，即党的机关，国家机关，经济机关，其他部门，协作企业，相邻的车间、畜牧场或者建筑工地。简而言之，是

---

① 参见［苏］《共产党人》1987 年第 3 期。

所有的人，唯独没有他们自己"。

第六种态度是公开反对改革，并真心认为彻底改革是向资本主义倒退。

第七种态度是"清楚地了解什么是改革"，"知道后果如何"，但却"不接受改革"。

第八种态度是"等待和观望"，甚至不相信改革能取得成功。

阿巴尔金认为，一部分群众对改革的消极态度，对改革是十分不利的。但要改变这种情况也是十分困难和复杂的，需要有个过程；另外，改变消费结构和消费政策，使劳动者在消费方面有新的追求和刺激，不断地缩减社会消费基金，扩大付费范围等，这是更为复杂和要担风险的事。

第五，来自"左"的、僵化的理论和思想方面的阻力。

在改革过程中，戈尔巴乔夫一直在大力宣传新政治思维，要求人们改变旧观念、旧意识、旧习惯，并一再强调要抛弃教条主义、官僚主义和唯意志论的遗产。应该说，改革的头几年在这方面取得了不少的进展。阿甘别基扬认为，目前"精神领域的改革正以超越的速度发展着"。笔者认为，这个说法是符合当时苏联情况的。但这远不能说，经过头几年的斗争，已经克服了"左"的教条主义理论。应该看到，对苏联来说，教条主义理论、旧的观念和意识形态，一直是阻碍改革的一个重要因素，它还时时处处地在起作用。苏共中央书记处书记雅科夫列夫在一次讲话中指出：改革已经两年多了，希望对社会上正在进行的过程和新观点的性质进行科学的分析和理解。然而，处在进步最前哨的社会科学有时却是保守主义的前哨和教条主义的保护者。他批评理论工作者落后于改革实践。[①] 由于教条主义和旧的传统观念的严重存在，一直有不少人对苏联几十年来第一次出现的思想观念上的社会主义多元论，毫无准备，很不习惯。戈尔巴乔夫对这些人作了以下描述："直到现在，我们还听到和读到我们的某些正人君子的严厉指责。有这样一个迂腐的'正人君子'，一边走一边用手指着两旁说，这里乱七八糟，那里不成体统，这里不足，那里不够。当有人开始做一件有益的，但不寻常的事时，这位假社会主义者就大喊大叫：你们破坏社会主义基础！这也是改革中的一种实际情况。我们不得不同这

---

① 参见［苏］《真理报》1987 年 11 月 28 日。

些为'纯洁的'社会主义而斗争的斗士们进行耐心的争论,他们把社会主义抽象地理想化,认为社会主义是'一尘不染的',我们不得不证明生活中没有这样的事。"①

讲到传统习惯,不能不提到苏联各阶层存在的严重依赖心理。各地方领导人什么事情都要找莫斯科解决。在一些劳动集体流行的思潮是:有领导,让领导去考虑。从而形成以下的连锁反应:工人说,让经理去考虑吧;经理认为,市委或者苏维埃执行委员会应当考虑,而市委和苏维埃执行委员会则指望中央机关。这种传统习惯,白白地浪费了时间,延误了改革的时机和进度。

戈尔巴乔夫为了消除改革的阻力,在整个经济体制改革过程中曾采取了一系列措施,如提倡新思维,推行民主化方针与公开性原则,不断调整干部队伍,经常分析改革形势与揭示矛盾,加强法制建设,努力解决涉及群众切身利益的问题以及推行政治体制改革等。

尽管戈尔巴乔夫为消除改革阻力与疏通改革之路采取了一系列措施,但是经济体制改革最后仍然没有取得成功,这是因为,戈尔巴乔夫在改革过程中存在不少严重的失误。因此,要说明戈尔巴乔夫经济体制改革失败的原因,仅仅从戈尔巴乔夫上台时因阻碍机制已达到根深蒂固的程度这一个客观因素来分析是不够的。为此,我们还应集中分析改革失败的主观原因。

二　主观原因——一系列改革政策的失误

1. 在经济体制改革起始阶段,实行加速战略是走错的第一步。

戈尔巴乔夫上台后,在推行经济体制改革的同时,不是着力地、及时地调整严重不合理的经济结构,而是实行加速战略,这是迈出错误的第一步。

长期以来,由于苏联片面发展重工业,特别是军事工业,从而形成了国民经济结构的比例严重失调,是一种畸形的经济。重工业过重,轻工业过轻,农业长期落后的状况,成了影响经济正常发展、改善市场供应、提高人民生活水平的一个重要因素。

---

① [苏]米·谢·戈尔巴乔夫:《改革与新思维》,苏群译,新华出版社1987年版,第116页。

十分明显，在这种条件下，在推行根本性的经济体制改革时，必须同时下大决心和采取重大战略性措施来调整不合理的经济结构，即在改变旧的经济体制模式的同时应及时改变发展战略，使后者与前者相适应，并为前者创造有利的条件。

但是，戈尔巴乔夫在其执政后不久召开的苏共中央四月全会（1985年）上，在分析如何克服经济困难时，就提出了加速战略的思想。1986年2月召开的苏共二十七大，正式提出并通过加速战略的方针。当时戈尔巴乔夫虽然强调，加速战略不是粗放的、纯数量的和速度上的加速，速度上的加速是要在集约化的基础上来实现的。但从实质上来看，加速战略的重点仍是速度。

现在回过头来看，戈尔巴乔夫的加速战略的主要失败和消极后果有：

第一，加速战略的主要目标，是增强苏联的综合国力，而并不是调整经济结构，缓解紧张的市场，满足人民生活的需要。正如苏联一些经济学家说的：苏联经济的发展政策仍是背离"一切为了人的福利"这个口号的，变形的国民经济结构"是背向人的"。

第二，从这几年苏联经济发展的现实来看，加速战略与经济结构的调整政策存在着尖锐的矛盾。由于加速的重点仍放在重工业，结果是国民经济比例关系更加失调，经济结构更加不合理，从而使整个经济增长速度上不去。

第三，加速战略的直接后果是，使消费品市场更加紧张，基本消费品在苏联市场上出现的是全面短缺，加上价格上涨、卢布贬值，只要有点风吹草动，就会引起抢购风潮。这种经济状况，使广大群众没有感到经济改革带来的实惠，从而对改革持消极态度，逐步失去信心，这又成为推进改革的一大困难。苏联一些学者在总结戈尔巴乔夫头几年的经济体制改革时普遍认为，没有把调整经济结构的政策与经济改革两者有机地衔接起来，而实行加速战略，这是一大失误，并认为，在结构政策方面，戈尔巴乔夫已输掉了第一个回合。

2. 经济体制改革未从农业开始，影响了整个经济体制改革的顺利进行。

根据苏联经济严重畸形的特点与市场供求关系的失衡，改革头几年，应把重点放在解决农业问题上，但戈尔巴乔夫并没有这样做。苏联农业问题的严重性表现在：

第一，长期以来，由于政策上的失误，苏联农业长期处于落后状态。尽管到了勃列日涅夫执政时，对农业投资大幅度增加，但因农业体制的问题，并没有保证农业的稳定发展。

第二，苏联在农业管理方面，一直忽视集体所有制的特点，从而不能使农业因地制宜地发展。这种管理体制，对农业生产所起的消极作用要比工业部门大得多，因此改变农业管理体制显得更为迫切。

第三，市场供应紧张是苏联长期存在的一个尖锐问题。市场问题中，主要是消费品供应问题，而消费品中最为突出的是与居民生活密切相关的食品问题。居民对食品的要求得不到满足的情况日益严重。据估计，未能得到满足的食品要求近500亿卢布，这相当于全苏食品产量的1/3。苏联通过国营和合作社商业销售的食品有1/6是进口的。解决食品问题，消除它的尖锐性，也就会使社会的尖锐状况消除70%—80%。

第四，还应指出，苏联要调整严重不合理的经济结构，加速轻工业的发展，尽快增加消费品的供应量，这在很大程度上也取决于农业的状况。苏联轻工业原料的2/3和食品工业原料的80%来自农业。

戈尔巴乔夫执政后，虽然一再提及农业和食品问题，但问题在于，一是没有狠抓和实抓，口头讲得多；二是根本没有意识到，根据苏联当时经济情况特别是市场供应情况，经济改革先从农业开始的必要性。只是在1989年苏共中央三月全会上才做出了农业改革的决定。时任苏联部长会议副主席的阿巴尔金认为，农业改革晚了4年。农业改革的滞后，给苏联经济发展和经济体制改革带来的后果是十分明显的。戈尔巴乔夫执政以来，粮食产量一直在2亿吨左右徘徊，1984—1986年农产品年均增产速度为2.6%，而1987—1989年下降为1.5%。1986—1989年4年进口粮食1.37亿吨，年均进口量为3430万吨。另外，肉、糖、黄油、土豆和水果等进口量日益增加。由于农业改革没有先走一步，因而市场紧张等一系列重大社会经济问题也难以解决，挫伤了群众参与改革的积极性，改革的反对者也利用这一点，使大家厌烦改革。在苏共二十八大上，农业问题也成为不少代表严厉批评的对象，批评戈尔巴乔夫不重视农业。可见，农业问题的尖锐性、急迫性，在苏联一直没有缓解。

农业改革滞后，是苏联经济改革中的一大失误，后来为苏联许多人士所共识。所以笔者认为，戈尔巴乔夫上台后，应先从农业着手改革，这并不是要求搬用中国的做法，而是在客观上确有其必要性。

3. 在经济改革过程中，没有注意解决"四个结合"的问题。

第一，经济发展与经济改革相结合的问题。经济改革的目的是推动经济的发展，经济的发展则又可支持和推动改革，这两者必须妥善地结合。戈尔巴乔夫的改革没有促进经济的发展，反而使经济严重恶化，这必然影响经济改革的进行。

第二，改革中人民的近期利益和长远利益相结合的问题。戈尔巴乔夫的改革，既没有给人民带来近期的利益，也没有使人民看到美好的未来，在此情况下，使人民对改革逐步失去信心。

第三，改革的迫切性与长期性相结合的问题。由于苏联面临严峻的经济形势，人们十分容易看到改革的迫切性，但不少国家改革的历史证明，改革的困难与复杂性要比原来想象的大得多，因此，要充分认识到改革的长期性与艰巨性，使改革稳步前进，像苏联这样的大国，旧体制有 70 多年的历史，如果在改革过程中只看到改革的迫切性而忽视其长期性，容易出现失误，会提出一些不切实际的改革纲领。

第四，微观与宏观改革措施相结合的问题。戈尔巴乔夫时期的改革，没有使微观与宏观改革措施衔接起来。微观搞活了，宏观调控措施又跟不上，出现宏观失控。在企业经营机制改革过程中，形成了这样的局面：一方面刺激生产的机制十分弱；另一方面刺激分配的机制的作用却加强。最后的结果是，生产没有发展，而货币工资却大大增加，加剧了通货膨胀，助长了企业小集团利益的膨胀。

出现的另一种情况是，由于宏观调控措施不恰当，难以使微观搞活，像国家订货一度成了变相的指令性指标，这又卡死了企业。

4. 政治体制改革从失控到迷失方向。1990 年 3 月 12 日召开的苏联第三次人民代表大会通过了《关于设立苏联总统职位和苏联宪法（根本法）修改补充法》对序文中原第六条苏共领导地位的规定作如下修改："苏联共产党、其他政党以及工会、共青团、其他社会团体和运动通过自己选入人民代表并以其他形式参加制定苏维埃国家的政策，管理国家和社会事务。"从而为取消共产党的领导地位打开了大门，使苏共失去了领导地位，从而在苏联失去了领导改革的政治核心力量，最后导致政治局势失控，出现了大动荡。

另外，到了 1988 年，戈尔巴乔夫认识到经济体制改革的阻力主要来自政治体制，下决心进行政治体制改革，这一思路并没有错，问题是如何进行，如何能使政治与经济体制改革互相推动。可是，苏联1988年以后推行的政治体制改革，又搞得过激，一下子铺得太宽。结果是旧的政治体制被摧毁，新的又未运转起来，人们的思想倒被搞乱了。这样，正如戈尔巴乔夫自己说的：苏联这艘船成了无锚之舟。它飘落摇曳，大家也随着摇晃。政治体制改革过激产生的主要问题有：

第一，推行"民主化"无度，"公开性"无边，结果是，在全国范围内出现了无政府状态，中央控制不了地方，法律约束不了行动，劳动纪律松弛，在推行各项政策时，往往出现令不行禁不止的局面。改革失去了稳定的环境，难以做到改革、发展与稳定三者关系的有机结合。这些情况，在很大程度上影响了社会生活的正常进行，既阻碍了经济的发展，也阻碍了改革。

第二，在实行党政分开的过程中，由于行动过快，缺乏周密安排，形成了权力真空。在实行党政分开的政治体制方针后，戈尔巴乔夫提出一切权力归苏维埃，同时还大大精简政府行政机关和裁减人员。苏联政府原有51个部，后减为28个部。这样一来，政府的权力大大削弱了，政府十分软弱。最后使经济、经济改革等重大问题，处于"三不管"的局面：党无权管，最高苏维埃无力管，政府无法管。

第三，在对待干部问题上出现了偏差。主要表现在三个方面：（1）在推行改革政策时，适当地调整干部是必要的，但戈尔巴乔夫执政后，干部调整过多，过于频繁。仅1988年一年，被撤换的各级领导干部达13000多人，其中部长级60多人，共和国、州委一级达30%—40%。苏联部长会议成员几乎全部被撤换。（2）1987年召开的苏共中央一月全会，集中讨论了干部问题，目的是消除改革来自干部方面的阻力。但把干部的责任提得十分尖锐，使一部分干部精神很紧张，使他们不能以积极的态度来对待各项决议。（3）在党的威信下降、党的权力削弱的情况下，有相当多的党的干部，无心工作，更多地考虑自己未来的前途。另外，又看到当时东欧国家政局剧变后党的干部受到冲击，面临失业威胁，更对自己的前途增加忧虑。这些因素，也严重影响着苏联经济改革的顺利发展。

第四，1988年推行政治体制改革后，戈尔巴乔夫对苏联政治形势的发展在相当程度上处于失控状态，被牵着鼻子走，不得不把主要精力花在处理不断出现的社会政治问题上。仅1988年一年，就开了八次中央全会，两次人民代表大会，两次最高苏维埃会议。在这样的情况下，不可能集中精力来抓经济和经济改革问题。另外，在批判旧的政治体制时，又过多地纠缠历史旧账，强调不留历史"空白点"，引发出一场又一场的大争论，在争论中，又缺乏正确引导，从而出现了对历史否定过头、人们思想混乱、党的威信急剧下降，最后导致苏共垮台，使改革失去了坚强的政治领导核心。此外，对出现的民族问题的复杂性、尖锐性又估计不足。这些情况，都对苏联解体起了作用。

5. 戈尔巴乔夫把政治领域中实行的妥协策略，运用到经济体制改革中，导致经济改革止步不前。

从戈尔巴乔夫执政以来的情况看，他的政治策略是一种妥协策略，这是十分明显的。他利用一个极端来削弱另一个极端。在苏共二十八大，无论苏共纲领，还是他的政治报告，一方面尽量吸收激进派的观点，另一方面又吸收传统派的观点，从而保证以他为代表的主流派的纲领和主张得以通过。戈尔巴乔夫还善于使自己的今天与自己的昨天、明天妥协，即善于不断变化。他在政治领域中采用的妥协策略，在苏联存在各种政治势力、各种思想和流派的情况下，在社会严重动荡的情况下，对稳住他的领导地位，无疑是有用的。但是，这种妥协策略运用到经济体制改革中来，就会带来十分有害的作用。

第一，要使经济体制改革取得成功，十分重要的一点是，正确的改革方针、方案和措施，一旦以决议的方式确定下来之后，就必须坚决地执行，不能因受到各种阻力而摇摇摆摆。这样会使改革缺乏连贯性和系统性，往往使改革半途而废。妥协策略的一个重要弱点是政策多变。在经济体制改革方面，这类事例甚多。如1987年通过的企业法规定，劳动集体是企业的全权主人，为此，企业要实行自治，企业领导人要选举产生，但因执行过程中产生了一些问题，不久就取消了自治制度和选举制度。又如，为了使企业成为真正独立的商品生产者，发展商品货币关系，规定要尽快改革价格制度，但由于遇到阻力而一拖再拖。为此，雷日科夫在苏共二十八大的工作汇报中指出："不管选择价格形成中的哪种方案，不进行价格改革就无法形成市场的道路。要是像1988年那样，表现出不坚决，再次把这样异常复杂但却是客观上必要的任务推迟'以后'去完成，这将是最大的错误。"妥协策略的软弱性还在改革方法上体现出来。按苏联原来的计划，1988年提出零售价格改革若干方案，1989年第一季度进行全民讨论。这次进行零售价格改革时，甚至有人主张全民表决。在苏联

70 多年传统体制下生活的人，他们大多数人的心态是"多挣钱、少干活、不涨价"。在这种情况下，通过全民表决来决定改革零售价格问题，其结果是可想而知的。

第二，各项经济体制改革的决议内容本身包含着很多矛盾，很难在实际中推行。就拿《苏联所有制法》和《苏联和各加盟共和国土地立法原则》来讲，就是各种政治力量妥协的产物。因此，很多问题含糊不清、自相矛盾。以是否存在私有制为例，激进派认为，这两个法没有给私有制留下一席之地，改革难以进行；传统派则坚决反对出现私有制概念。为了调和这两种不同的立场，在所有制法中用了含有私有制含义的个人所有制和农户所有制等概念。但两个法律通过不久，就遭到很多人的异议，在苏共二十八大纲领声明中，不得不明确地使用劳动私有制的概念。

第三，政策多变使经济体制改革的方针变得模糊不清，使改革的积极支持者和拥护者弄不清改革的方向。这样，改革的拥护者日益减少，对改革领导人信任程度降低，甚至连一些有名的为改革出谋划策的学者，也感到摸不清戈尔巴乔夫经济改革的底牌是什么，究竟朝什么方向发展。

戈尔巴乔夫在经济体制改革方面的上述错误，使苏联经济在困境中越陷越深，是改革彻底失败的一个重要原因。

第十四章

苏联时期教育与科技对推动
经济现代化的作用

本书从第三章到第十三章，较系统地分析了苏联现代化曲折与缓慢的进程，阻碍苏联现代化进程的主要原因是，在体制、发展战略、政策与指导思想等方面存在种种问题。但要指出的是，如果在苏联时期没有教育与科技的较大发展，其经济现代化的进程将会更加迟缓，生产力的现代化水平将会更低。

第一节　教育事业的发展

在苏联时期，科技水平有了很大的提高，成为一个科技大国。而科技发展的快慢，在很大程度上取决于教育事业的发展，即人才的培养。

十月革命前，俄国的教育事业是很落后的：在全国成年居民中，文盲占总人口的79%，在一些边疆地区，这一比例更高，在一些少数民族地区高达98%。全俄农村妇女中，93%是文盲。1913年，在沙皇的预算中，用于教育的经费平均只占3%，按每一居民平均计算，约为1.7卢布，这比当时的德国、美国、比利时要少1/2—2/3。在沙皇俄国，教育是为地主、资产阶级子女服务的，普通工农群众被剥夺了受教育的权利。

十月革命胜利后，苏维埃政权十分重视教育，并采取了一系列措施来发展教育事业。到20世纪30年代末，苏联基本上消灭了文盲，并普及了初等教育。经过70多年的努力，苏联教育事业得到很大的发展，培养了大批人才，以适应社会经济发展的需要。1989/1990学年，全苏参加各种形式学习的人数为1.01411亿人，这等于全苏人口总数的35%。苏联建立了较为完整和发达的教育系统：普通学校系统、高等和中等专业学校系统、职工技术学校系统和干部培训与进修系统。

长期以来，苏联每年拨出较多的资金用来发展教育事业。1989 年，来自各种来源的教育经费为 566 亿卢布，占当年国民收入总额的 9%。苏联教育经费的增长速度一般要高于国民收入的增长速度，例如，1988 年的国民收入比 1980 年增长 36.5%，而同期教育经费增长 51%。

苏联各类学校与学生人数一直以很高的速度增加。1917 年，共有高等院校 91 所，在校学生为 12 万多人，而 1988/1989 学年，苏联共有高等院校 898 所，在校学生为 499.9 万人，每年招生 100 万人。苏联拥有 13.5 万所普通教育学校，可容纳 4380 万名学生。1914 年，俄国只有 450 所中等专业学校，在校学生为 5.4 万人，而到 1988/1989 学年，苏联拥有 4508 所中等专业学校，在校学生为 437.2 万人。

由于教育事业的发展，苏联居民教育水平有了很大提高。每千名居民中受过高等教育和中等教育（包括完全和不完全的毕业生）的人数，1939 年为 108 人，而到 1988/1989 学年为 708 人，其中受过高等教育的为 90 人。如果从国民经济中各类从业人员的情况来看，在每千名工人、职员和农庄庄员中，受过高等和中等教育的人数，1939 年分别为 87 人、546 人和 18 人，而到 1988/1989 学年分别增加到 861 人、990 人和 763 人。由于在苏联妇女享有平等受教育的权利，在受过高等和中等专门教育的人才总数中，妇女要占 61%。

还应指出，苏联时期还特别重视在职干部的培训和进修。在苏维埃政权建立的初期，布尔什维克党就意识到当时大多数干部没有受过完备的教育，缺乏文化知识的这一严重情况，特别是随着工作重心转移到经济建设上来之后，提高干部的教育、文化水平的重要性显得更为突出了。苏联经过几十年的努力，建立了一套干部培训制度，并成为苏联教育系统的一个极其重要的组成部分，也是提高干部素质的一个重要途径。

教育事业的发展，对苏联经济与科技发展的重要作用，突出表现在以下两个方面。

一　有利于苏联各领域的专家与学者，较容易地适应世界科技革命的需要

随着世界出现大量科技发明，新的科技信息大量涌现，尖端科学不时出现，人类知识老化的周期必然随之缩短。据有关材料计算，人类知识从

1950 年起，每 10 年翻一番，但从 1970 年起就缩短为 5 年，到 80 年代已缩短为 3—5 年。

苏联为了适应科技革命迅速发展的需要，曾在教育方面采取了一系列的措施。

1. 在高等教育方面，着力培养宽专业的新型专家。

苏联认为，过去高校专业设置过细、过窄，从而使培养出来的专家知识面不宽。这样，需用 2—3 个专业的工程师才能顶一个专业宽的工程师。苏联科技知识发展到一个新的阶段后，其特点是既高度分化即新专业不断出现，又高度综合即知识的一体化。各个领域的知识相互影响、相互渗透的趋势日益明显，边缘科学迅速发展。在这样的条件下，要求一个专家有能力解决复杂的综合性问题，并有从一个领域转到另一个领域工作的能力。要做到这一点，就要求新培养的专家具有广博的知识及创造性的思想和才能。

为了适应科技革命的新要求，苏联曾重新审定专业目录，大大缩减专业数量。同时，根据新科学、新技术的出现，增设新专业。在 20 世纪 80 年代后期发展较快的新专业有：电子技术、电子仪器和自动化装置，自动化管理系统、经济管理、经济控制论，电子计算机的设计和生产等。

为了适应培养宽专业人才的需要，在课程上亦作了调整：一是增加基础课和选修课；二是开辟边缘学科，自然学科的系科增加社会学科的比重，社会学科的系科增加自然学科的比重。

2. 加强教育、生产和科研的紧密联系，使三者逐步走向一体化。

一体化的主要目的是高校广泛利用企业、科研单位的条件，提高教学质量，并不断寻找企业、科研单位专家参与的各种形式，从而使专家更适应生产科研的需要。1987 年，苏联已建立了 500 个教研室分室，100 个教学、科研、生产综合体，出现了高校与加盟共和国共建的科学中心，增加了实验室的数量。这样做的好处是，使高校师生的研究成果得到科研机构的论证，亦能加速企业采用新技术的进程。

另外，苏联实行高校同国民经济各部门签订培养专家合同的制度。为此还规定，为物质生产部门培养一个专家的补偿费为 3000 卢布，企业主要从发展基金中支付。这样做的目的是：一是扩大定向培养专家的规模，防止出现培养的人才过剩或不足；二是可以使企业不盲目储存专家，使专家有效地发挥作用；三是各企业向高校支付一定的资金，可改善高校的物质技术基础。

二　提高在职职工管理水平

在科技迅速发展的条件下，作为现代的经济领导人，应当精通生产的科技原理，精通生产的组织方法和经济科学。经济建设事业能否成功，与干部的科技水平、掌握现代化管理方法的水平、对客观规律的认识以及其他后果有关。考虑到这些因素，苏联重视在职职工，特别是在职的经济领导干部的培训和进修。这有力地促进了经济领导干部的专业化、知识化和年轻化，提高了他们的管理水平。为此，苏联采取了以下措施：

1. 对一般经济干部实行普遍培训和进修。1967 年苏联为此通过了专门的决议。与此同时，建立大量全国性的和部门性的进修学院，一般规定每 4 年至 5 年干部要轮训一次，每年约有 140 万名经济干部接受培训。

2. 着力培养高级经济领导干部。苏联为此先后建立了莫斯科国民经济学院、苏联国民经济学院等高级经济院校，重点培养部长、副部长，各部委主席、副主席，大工厂经理等高级经济领导人。这些学校对招生对象的要求比较严格，必须受过高等教育，年龄在 40 岁或 45 岁以下，工龄不少于 5 年，还特别强调在工作中已显示出具有领导才能的人参加学习。学习内容主要是现代化的管理知识，学校有严格的考试制度，学习不合格者不能担任经济领导工作。

3. 对青年经济干部也注意进修和辅导工作。苏联提出要建立全苏统一的连续教育体制的任务，其侧重点是解决大学后继续教育问题，即要改革现行的专业人员进修和再培训的制度，在全苏普遍实行大学后教育。这样，使所有的专业人员通过进修不间断地、有效地充实和更新知识。明确规定，每个工作人员每天、每周、每月、每年都要有一定的时间用于提高业务水平。所有的专业人员至少每 5 年脱产进修 3 个月。

这里顺便谈谈有关教育投资经济效益的评价问题。早已有人进行的研究，虽然在计算方法上尚不完善，但普遍得出的结论是，智力即教育投资要比生产投资所提供的经济效益高得多，并且教育投资的经济效益呈现出一种日益提高的趋势。据苏联经济学家 H. 图尔琴科的计算，1960 年苏联国民收入增长部分的 21.8% 即 316 亿卢布，来自职工教育程度和业务水平的提高，到 1977 年，这一数字提高到 33.4% 即 1346 亿卢布。1960 年，

用于教育干部训练经费每个卢布的经济效益为 3.72 卢布，1977 年提高到
4.95 卢布[①]。而生产性基建投资的效益却在下降。1961—1965 年，每卢
布生产性投资的国民收入增长额为 34 戈比，而 1976—1979 年则下降为 20
戈比[②]。另据苏联有关专家计算，用于提高劳动专业知识的每 1 卢布 1 年
能多生产 53.3 戈比的利润，而用于固定基金投资的每 1 卢布 1 年只能多
生产 30 戈比，前者提供的利润要比后者多 1/3 左右。

　　教育投资效益高的主要原因是，由于管理干部、广大生产人员教育水
平普遍提高，从而提高了知识水平和技能，并且使生产者生理和心理能力
得到发展，从而引起劳动力质量的提高，这样才能产生文明经营、文明生
产，而所有这些，理所当然地应被视为当代生产结构的主要组成部分之
一。所以，越来越多的人提出，必须把教育系统看作是社会生产的一个重
要的、特殊的部门，是发展生产力的重要要素，它为国民经济各部门提供
全面发展的劳动力，在未来的经济发展中，最大的潜力在教育领域之中。

第二节　科技的发展

　　十月革命前的 1913 年，俄国的科技工作者仅为 1.2 万人。

　　十月革命后，由于苏联重视教育事业，从而使科技的发展有了良好的
基础。另外，苏联每年拨出较多的资金用于发展科学事业。来自国家预算
及其他来源的科学发展经费，1980 年为 223 亿卢布，1988 年增加到 378
亿卢布，分别占当年国民收入的 4.8% 与 6%。苏联时期在科技方面取得
了很大成就，具有了很大的科技潜力。在苏联形成了庞大的科研队伍和试
验设计能力，并建立了较为完整的科研体系。

　　1988 年，苏联拥有从事自然科学和技术科学工作的科技人员 152.22
万人，这相当于世界总数的 1/4。科技人员素质较高，有副博士学位的为
49.31 万人，有博士学位的为 4.97 万人，院士与通讯院士为 2900 人。苏
联每年的新技术发明占世界总数的 1/3，仅次于日本，居第二位。

　　1999 年，苏联拥有的科研机构为 5111 个，它们主要分布在四大系

---

① 苏联《工业生产的经济与组织》1983 年第 12 期。
② 苏联科学院经济研究所编：《苏联社会主义经济史》第七卷，周邦新等译，东方出版社
1987 年版，第 195 页。

统。一是科学院系统。这包括苏联科学院、各专业性科学院和各加盟共和国科学院。该系统的科研机构约占全国总数的5%，科研人员约占8%，它以基础研究为主，这要占其研究力量的80%，而应用研究只占其研究力量的20%。二是国民经济各部门研究系统。该系统重点从事应用研究和技术开发工作，分别约占全苏科研机构和科研人员总数的44%和45%。三是高等院校科研系统。该系统研究力量一半用于应用研究，一半用于基础研究。科研机构约占全国总数的16%，科研人员约占37%。四是基层企业科研系统。这一系统的科研机构一般是小型的，因此，从研究机构数量来看，它约占全国总数的35%，但研究人员只约占8%。

一　对经济发展的作用

应该说，由于苏联科技取得的进展，在经济发展中发挥了重要作用。从理论上讲，苏联一直强调应把科技变为直接的社会生产力，认为"思想—经验—科学—生产进步"的各个环节中，科技是生产过程中不可分割的和必不可少的组成部分。苏联理论界认为，应从以下几个方面来分析科技变为直接社会生产力的问题。

1. 科学与生产的一体化程度在日益提高。18世纪末工业革命的广泛开展，使科学与物质生产之间的直接联系大大扩大和加深，随后，劳动对象、工具和大机器生产工艺，越来越成为科学知识的物质化，而不是经验知识的物质化。而现阶段科学发展的特点是，它与生产的相互联系取得了崭新的形式，这一方面反映在科学的工业化加强，从而使科技革命进程中，在生产领域以外预先进行的科研和研制的职能，在自动化生产中变为直接的生产职能；另一方面，科学劳动从直接物质生产中采用脑力劳动中分离出来，作为社会总生产劳动的独立部分而独立化。科学劳动独立化，并成为特殊的领域，意味着劳动的新的大分工的开始，标志着形成新的社会生产力。所有这些，都意味着科学与生产一体化达到了新的程度。

2. 科技在现代生产中的作用大大提高。在现代生产过程中，在科研实验设计组织中工作的学者、工程师、工人的劳动，都变成为生产进行科学准备的劳动，直接与物质生产中研究人员的劳动融为一体，这样，一个新的物质生产领域，即所谓的科学生产就逐步形成了。

科学生产，作为新产生的社会生产部门，最重要的一个特点是高度社会化。成千上万的学者、工程师和工人参加科学活动。大型科研项目基本上是由大集体完成的，因此，如没有社会范围内的协作和计划，这一社会生产部门难以顺利发展。科学生产的形成，也说明直接物质生产逐渐具有科学性，即所有的再生产过程因素都是科学知识的物化。在这样的条件下，科学越来越大地影响着再生产过程：使生产基金的有形和无形磨损，加快生产发展速度和提高生产效率，促进国民经济主要比例、社会产品构成和社会需求结构的变化等。这是完全合乎逻辑的。

3. 在经济快速朝向现代化发展的条件下，科技变为直接生产力，集中体现在以下三个方面：一是所有新兴国民经济部门的发展，都是科学知识在生产中的直接继续和实际应用，经济增长速度主要取决于科技发展速度。二是科技已成为所有生产部门，包括传统生产部门的不可分割的因素。任何生产过程都不能直接依赖于经验与经验知识，而要依赖于科技知识，因为科技直接参加生产过程，成为生产发展的源泉和动力。三是科技本身也在工业生产原则的基础上发展。这主要表现在，科技的强大物质技术、工业基础的建立，可以更好地为科研服务，并促进为其提供日益复杂的技术完善的贵重的设备、仪表和材料的生产部门的发展。这些部门就业人员的增长速度高于整个工业。

4. 科技进步促进了社会基本生产力——劳动者的发展。随着科技发展，改变了人在生产过程中的作用。产业革命把工人变成机器附庸，而现代科技革命把工人由机器附庸变成生产的监督者、操纵者和组织者，人的生产职能逐步交给机器。另外，还大大减轻了人的劳动，同时也使劳动更加复杂化，要求劳动者有更高的教育、知识和管理水平。这意味着，科技进步使作为社会基本生产力的人获得了进一步的发展和提高，从而反过来又加快了社会生产力的发展。

在苏联 20 世纪 60 年代末 70 年代初力图转变经济增长方式（从粗放转向集约化）的条件下，要求科技进步应发挥更大作用。

当时苏联认为，今后经济发展的深度和广度，取决于集约化战略方针的实现程度。实现集约化发展方针的关键问题之一，在于科技发展速度。苏联提出，到了 80 年代，苏联经济的增长，实际上全部要靠提高劳动生产率来达到，而提高劳动生产率则要靠发挥科技的作用。这两者之间的密切联系，用苏联学者的话来说，是"极严格的、毋庸置疑的"，在这个问题上。不可能有其他"可供选择的方案"。提高生产效率和产品质量，在生产中节约资源，加速设备更新等，都要以科技进步作为基础。但在很长一个时期，由于科技发展缓慢，经济转向集约化的进程不快，例如，苏联"九五"计划期间（1971—1975 年）社会劳动生产率年平均增长率为4.4%，而在"十五"计划期间（1976—1980 年）下降为 3.2%。在这一时期，工业劳动生产率只完成计划规定的 55%，农业为 53.6%，建筑业为 37%，铁路运输业只完成 2.5%。由于劳动生产率下降，经济增长额中靠提高劳动生产率所获得的比重也在下降，如"十五"计划期间，工业总产值增长额的 75%（计划规定为 85%—90%）靠提高劳动生产率获得，这比上个五年计划的 84% 还要低。又如，单位产品的物资耗用量指标也未取得进展。以社会总产值与国民收入的比例为例（前者为 100），1970 年为 100∶45，1975 年为 100∶42，1980 年为 100∶42.7。这说明，生产每一单位国民收入的消耗并没有下降。

1985 年 6 月，苏共中央专门召开了加速科技进步问题的全会。戈尔巴乔夫在会上所作的报告中指出："加速科技进步问题的迫切性还在于，科技革命的新阶段已经到来。这个阶段能保证把劳动生产率提高许多倍，大大节约资源、改进产品质量。形象一点说，我们也应当骑上科技进步的快马，其他出路是根本没有的，需要补充的是，粗放的发展方法基本上已经耗尽潜力了。"

苏联为了发挥科技在实现经济集约化发展中的作用，主要采取的措施有：提高管理科学的水平，着重改革经济体制和科技管理体制，即通常讲的提高现代软科学的水平；为了改变过去消耗型经济的发展道路，苏联十分重视发展技术密集的经济部门，加速新技术、新工艺和新材料部门的发展，从而减少社会产品的劳动、材料和能源占用量；通过采用新科技成就，提高产品的技术经济指标，使苏联产品日益接近世界水平。这对当时的苏联来说，是个十分迫切的问题。因为，产品技术经济指标低，是导致苏联经济效益低和大量物资浪费的一个重要的直接原因。

二　重视对外科技合作

从苏联整个历史来看，应该说，苏联一直是十分重视利用西方技术来促进本国科技与经济发展的。只有在战后到 20 世纪 50 年代中期这段时间，由于西方对苏联实行经济封锁，加上苏联在对外发展经济关系方面，在斯大林"两个平行的世界市场"理论影响的情况下，苏联基本上未能获得西方资金与技术。在以后时期，特别是从 20 世纪 70 年代初期开始，苏联为了加速科技发展，除了大力发展教育事业、加强科技人员培训等通常办法外，还采取了一些其他的重要措施。比如：改变投资方向，调整投资结构，以保证优先发展对国民经济技术进步有决定意义的部门；科技单位逐步推行经济核算制，以提高科研成果的经济效果；在部门一级建立发展科技统一基金，以便使工业部门加强应用研究和新产品的试制；利用经济杠杆加强对科研部门和科研人员的物质刺激，以利于调动积极性；加强科技发展的综合管理，以便克服研究和应用之间的脱节问题。苏联在加速科技发展方面，除了采取上述措施外，另一项重要措施是，积极利用外资和西方国家技术。随着经济危机的不断出现，西方国家之间争夺市场的矛盾日益尖锐，苏联利用这种形势，在"缓和物质化"的口号下，采取各种形式引进外资和技术，并获得了很大发展。主要表现在：

第一，引进外资数额激剧增加。例如，1971—1977年这7年当中，按协议，苏联可从西方得到的贷款共计约为240亿美元，平均每年为30多亿美元，而前7年（1964—1970年），共获得贷款35亿美元，平均每年只有5亿美元。苏联仅在1974—1975年两年共获得贷款120亿美元，占20世纪70年代以来从西方获得贷款总额的50%，这是获得贷款最多的年份。

第二，利用外资的形式多样化。从70年代开始，补偿贸易成了主要形式。在70年代，苏联与西方国家签订了60项大型的补偿贸易协定，补偿贸易贷款总额达130亿美元，约为苏联对西方国家贸易总额的1/4以上。苏联的补偿贸易主要集中在原料、燃料和化工三大部门。如苏联向西欧输出的天然气，90%以上是根据补偿贸易协定实现的。苏联与西方的补偿贸易中，一般西方为甲方，出资金，苏联为乙方，用资源、产品补偿。苏联与发展中国家的补偿贸易，则相反。补偿贸易形式的优点是：一是签订协定后，这一项目只要按时投产，偿还是有保证的；二是有利于苏联扩大对贷款国的出口，除了偿还贷款外，还可以得到外汇收入。

第三，贷款条件和范围也有变化。长期贷款（为期10年以上）有了发展，贷款国家增多，与西方国家签订的各种经济合作和技术合作协定日益增加，合作的基础趋向稳定。

苏联引进西方资金与技术的主要形式有：

1. 通过通常的进出口贸易途径，即通过与西方国家的贸易关系引进西方的技术设备。1982年，苏联与西方工业发达国家的外贸额占其外贸总额的 22.6%。苏联从这些国家主要进口机器设备。1982 年，苏联从发达资本主义国家进口的机器设备和交通运输工具为 72.4 亿卢布，占从这些国家进口总额的 38.3%。

2. 补偿贸易形式。这种方式是在 20 世纪 60 年代末开始发展起来的。1968 年 6 月 1 日，苏联与奥地利签订了第一个补偿贸易协定，协定规定用苏联的天然气换取奥地利的大口径钢管。这种方式发展得很快，苏联与西方发达国家补偿贸易项目日益增多。

3. 长期经济合作的方式。20 世纪 60 年代以前，苏联与西方国家的经济关系主要通过贸易协定来实现。从 70 年代起，把这种经济合作扩大到直接的生产领域，办法是签订为期 10 年或更长时间的长期经济和工业协定的方式。

4. 直接的贷款形式。苏联主要从法国、联邦德国、意大利、英国等西欧国家获得贷款。

5. 直接的科技合作方式。这一方式得到了较快的发展，其范围亦很广，形式也较为多样化。如通过科技合作协定，从西方购买大量技术许可证，进行各种学术会议，交换科技资料，学者互访，等等。通过这些做法均可从西方取得先进技术和资料。

6. 在西方国家开办合营公司（或称联合企业，也可称合股公司）的方式。这实际上是苏联的外贸公司和西方的公司共同投资建立的企业。苏联在这种企业中的股金一般要超过 50%。这类企业的管理工作由双方负责，共同分享盈利和负担亏损。苏联在利用这种方式时，更多地注意租赁公司的合营形式，即苏联企业用租赁设备所生产的产品偿还债务，这类似于补偿贸易。苏联搞这种合营公司的主要目的是尽可能向西方市场出售更多的苏联商品，特别是机器和设备。例如，1974 年，"全苏汽车出口公司"通过合营公司向资本主义国家出口的汽车占苏联当年汽车出口总额的 40.5%。

7. 与西方国家合作，在第三国建设工业项目。这种项目，一般是苏联与西方国家在发展中国家进行合建项目。如 1975 年，苏、法达成协议，帮助阿根廷建设三座热电厂，苏联提供电动机等设备，法国提供苏联尚不能生产的各种自动控制检测仪器和装置。苏联通过这种合作，就可以较快地掌握法国提供的先进技术和工艺。

8. 聘请外国专家、技术人员赴苏联工作和任技术顾问的方式。这样做，有利于苏联较快地吸收和掌握引进的西方技术。

苏联曾研究同外资建立合营企业和建立自由贸易区的可能性问题。时任苏联外贸部副部长的格里申在东京举行的日苏联合经济委员会一次会议上说，为了加强同其他国家的工业合作，必须研究苏联是否有可能采取与外贸合营办企业和设立贸易自由区的措施。

苏联时期引进外资和技术具有以下特点：

1. 利用西方国家经济危机的时机，以及它们之间的矛盾，在较优惠的条件下，集中引进西方资金与技术。这是苏联的一贯做法。例如，1929—1933 年，资本主义世界发生严重经济危机，苏联利用这个时机引进大量技术和设备，建立了一批骨干企业。又如，利用 1974—1975 年发生的资本主义世界经济危机，又进行了大量的引进。

苏联在引进外资和技术时，还特别注意利用矛盾。在世界经济体系中，发达国家与发展中国家之间、发达国家之间都存在矛盾。在经济利益上，西欧国家同美国也存在矛盾。苏联就利用这一点，打着"缓和物质化"的旗号，扩大与西欧国家的经济关系。例如，1981 年，西欧各国不顾美国的阻挠，同苏联签订了 150 亿美元的贷款和大宗的机器设备的合同，以换取苏联长期稳定的天然气供应。对此，美国对西欧各国施加压力，因为美国一是怕这会大大加强苏联经济与军事潜力，二是怕西欧国家在能源上受制于苏联。美国准备对西欧国家采取制裁措施，但西欧各国仍坚持执行合同。最后还是以美国取消制裁措施才平息下来。

2. 注意引进关键设备。在过去较长一段时期苏联在引进西方技术和设备时，往往购买全套设备。从 20 世纪 70 年代开始，只是引进国内确实不能生产的关键性设备和技术。这样做，不仅可以节约外汇，还有助于本国工业的发展。

另外，在引进设备时，不仅注意到引进关键设备，同时还注意引进设备的制造技术，以便提高本国设备的制造能力。例如，1972 年，苏联为卡马汽车厂引进一套齿轮联动机设备时，由于同时引进齿轮加工等最新型的工艺，据估计，这使苏联汽车工业的制造技术推进了 5 年。

3. 引进前做好充分的调查工作，以便根据各国的技术特点，贯彻择优择廉的原则。苏联引进大型项目时，一般不从一个国家引进。如卡马汽车制造厂所需的各种先进设备，是从美国、联邦德国、英国、意大利等国的 100 多家公司引进的，仅美国就有 80 多家公司提供了各种设备和技术。

4. 根据国家清偿能力引进资金和技术。在这方面，与某些东欧国家相比，苏联是做得比较好的，也比较谨慎，一般是集中一段时间引进后，要花一段时间消化和吸收，而在这段时间在引进方面要收缩一下。对向西方所借贷款，一般都能按期偿还。如发生困难，则采取两个办法解决：一是压缩进口，二是抛售黄金。

5. 注意做到"以进带出"的原则。也就是说，从西方进口先进设备、技术，要为增加苏联商品出口及提高在国际市场上的竞争能力服务。苏联在这方面有典型的例子，如汽车，它是用西方技术把汽车工业搞上去的，提高了质量和竞争能力之后，汽车出口量大大增加。苏联大量出口天然气，也是利用了西欧国家提供的大口径钢管才做到的。这些都是做到了"以进带出"的原则。苏联 70 年代中期大力发展补偿贸易，重要目的之一也是增加出口。

苏联通过引进外资和技术，不论在 20 世纪二三十年代，还是在 70 年代以后，都对其经济的发展起了很大的作用。苏联整个工业设备中，虽然只有 5% 是靠西方进口解决的，但据西方估计，苏联的工业增加额中，约有 15% 是靠从西方引进的设备提供的。引进外资和技术的作用还表现在：有利于苏联各个历史时期经济战略的实现；促进国民经济薄弱环节的发展；增加了军事潜力；等等。

6. 从整个苏联时期来看，它对外科技合作的重点是引进西方先进的技术与设备，而出口是有限的。技术与设备的出口亦只集中在社会主义阵营国家。

苏联时期的科技具有以下明显的特点：

第一，与军工有密切关系的科技领域发达，在很多方面达到或超过了西方国家的水平，而民用部门严重落后。科技领域发展的不平衡，也是苏联经济结构严重畸形的一种反映。

第二，基础科学研究具有很大优势，但应用研究薄弱，大量科研成果得不到应用。因此，科研产生的实际经济效益低下。

第三，从总体上来讲，苏联科技落后于西方发达国家，对生产的促进作用难以得到充分发挥，其根本原因是受制于高度集中的指令性计划经济体制。正是由于这个因素，尽管在苏联时期曾采取了不少政策措施来解决科技潜力充分发挥作用的问题，但都不可能从根本上解决问题，难以应对世界新科技的挑战。有关这方面的情况，详见本书第十一章第三节。

第三编　俄罗斯现代化

2009 年 9 月，时任俄罗斯总统的梅德韦杰夫在《前进，俄罗斯!》一文中提出了现代化的构想。同年，他在总统国情咨文报告中较全面地提出了国家现代化的理念，内容涉及政治、经济、社会、意识形态与法制等各个领域，并且把实现国家现代化视为俄罗斯今后 10 年的发展目标。2012 年 4 月，普京在任总理的最后一次政府报告中也强调要积极推动俄罗斯现代化。可以说，实现俄罗斯国家现代化是今后时期的一项重大战略性任务。作为像长期实行传统体制的苏联继承国的俄罗斯，实现国家现代化必须通过改革使制度转型集中解决以下 6 个相互关联、相互影响的问题：(1) 政治民主化，成为法治国家；(2) 经济运行机制必须从高度集中的指令性计划经济体制转向市场经济体制，即经济市场化；(3) 转变落后的、不可持续发展的经济增长方式，经济的增长主要依赖于科技进步，即要成为创新型经济；(4) 改变经济发展模式与调整不合理的经济结构；(5) 转变文化、观念与意识形态，即实现人的现代化；(6) 融入世界经济体系，成为开放型国家，处理好与发达国家的关系。

第十五章

转向民主政治体制是实现政治现代化的一个重要内容

对作为苏联继承国的俄罗斯来说，通过转型实现从高度集权政治体制转向民主政治体制，是实现现代化的一个重要内容，也是俄罗斯实现全面现代化的决定性因素。政治现代化的一个关键问题是政治民主化。没有民主就没有现代化。正如有学者所指出的："不夸张地说，现代化与民主化在今天这个历史时代实际上是同一命题。""民主与现代化及其相互联系与相互依存问题，几乎是没有止境的。"① 实现政治民主化，涉及政治体制很多重要领域，如选举制度、司法制度与政党制度等根本性的改革。

第一节　民主政治体制形成过程

俄罗斯政治民主化，始于 20 世纪 80 年代末 90 年代初，即戈尔巴乔夫执政后期。我们在本书第十三章分析戈尔巴乔夫的改革时，可以看到他一开始先从经济体制改革着手，并把解决人的问题作为经济改革的指导思想，并没有明确提出政治民主化的问题，而是后来看到经济改革的主要阻力来自政治体制，在 1988 年 6 月召开的苏共第十九次代表大会上，提出要通过政治体制改革来推动经济改革，并且提出了通过政治体制改革来塑造社会主义新形象，他把这一新形象归结为一种人道的和民主的社会主义。到 1990 年 7 月，苏共二十八大通过了《走向人道的、民主的社会主义》纲领性声明。该声明指出："改革的实质在于，从权贵官僚体制向人

---

① ［俄］弗拉季斯拉夫·伊诺泽采夫主编：《民主与现代化》，徐向梅等译，中央编译出版社 2011 年版，第 3、5 页。

道的、民主的社会主义过渡。""人道的、民主的社会主义"纲领包含着多个方面的内容，但"人道主义"是这一纲领最基本的特征，而"民主"贯穿了这一纲领整个内容之中，就是说，"人道主义"与"民主"两者是相互有机地结合的。戈尔巴乔夫在执政后期推行民主政治体制改革过程中，逐步地实施了一些具体改革政策。

1988 年，在苏共第十九次代表会议提出革新国家权力结构，并通过一项"把一切权力归还苏维埃"决议，成立由全民选举产生的国家最高权力机关——苏联人民代表大会。接着于 1988 年 12 月 1 日，根据苏共第十九次全国代表大会决议，苏联最高苏维埃通过了《苏联人民代表大会选举法》。这是苏联历史上有关公开选举国家权力机关代表的第一部法律。1989 年 3 月，根据新的人民代表选举法，通过差额选举和无记名投票方式选举出了 2250 名人民代表，其中 88.1% 的代表是首次进入国家最高权力机关，而苏共各级领导人有 20% 落选。随后于 5—6 月，召开了第一次苏联人民代表大会。大会选举产生了由 542 名代表组成的两院制（联盟院与民族院）最高苏维埃，戈尔巴乔夫当选为最高苏维埃主席。苏共第十九次全国代表大会在政治领域的改革，从推进苏联政治民主化视角来看，其作用在于：一是革新了国家权力结构；二是开始推行选举制度，从而增加了苏联广大民众参与政治的可能性；三是为一些"非正式组织"逐步形成政党创造了条件，出现了要求"放弃一党制、允许多党制、苏共中央应该取消苏联宪法中保障苏共领导地位的第六条"的呼声。

1990 年召开的苏共中央二月全会，决定放弃苏共在政治体制中的领导核心作用。接着，在 3 月召开的第三次苏联（非常）人民代表大会通过了《关于设立苏联总统职会和苏联宪法修改补充法》等决议，并决定删去 1977 年制定的苏联宪法第六条①，改为"苏共和其他政党及工会、共青团等社会组织通过被选为人民代表、苏维埃代表及其他形式，参与制定苏维埃国家的政策、管理国家和社会事务。所有的政治力量、社会团体和群众运动在宪法和苏联法律的范围内活动"。这次变革的结果是，使党和国家的职权分开，使国家权力不再属于任何一个政党。在这次苏联人民代表大会上，戈

---

①　1977 年苏联宪法第六条的主要内容为："苏联共产党是苏维埃社会的领导和指导力量，是其政治制度、国家和社会组织的核心。以马克思列宁主义武装起来的苏联共产党决定着社会发展的总前景，决定着苏联对外、对内政策，领导着苏联人们的伟大的创造性活动，使她为争取共产主义胜利的斗争具有按计划的有科学根据的特点。""党的一切组织都在苏联宪法的范围内行动。"

尔巴乔夫被选举为苏联第一任总统，接着于 1990 年 12 月召开的苏联第四次人民代表大会上，又将苏联部长会议改组为总统领导下的内阁制，将行政权直接置于总统控制之下。可以看到，戈尔巴乔夫执政后期的政治体制改革，使苏联开始朝向类似西方"三权分立"式的政治体制转型，人民代表大会、最高苏维埃为立法机关，行使立法权；总统领导下的部长会议作为政府行使执行权；最高法院、最高检察院等司法机关行使司法权。

随后，从 1990 年起，苏联各加盟共和国也陆续举行了各自的地方苏维埃选举。同年 5 月 29 日，叶利钦被选为俄联邦最高苏维埃主席。

戈尔巴乔夫执政后期，虽然通过政治体制改革使苏联社会在政治民主方面有了不少变化，但由于其改革最终并未取得成功，戈尔巴乔夫很快失去了执政地位，1991 年底苏联解体，加上他所推行的民主化改革也没有充分的法律保障，特别是没有通过新的宪法，因此，实际上他的政治改革只是开了个头，而对国家政治体制进行根本性改革，则是在以叶利钦为代表的激进民主派上台执政后的事了。

俄罗斯民主派于 1991 年底上台执政后，首要任务是通过政治转型，从根本上改掉在斯大林时期建立起来的、已失去发展动力和人们不再信任的苏联政治制度，建立一套新的国家政治制度。1992 年 1 月 5 日，俄罗斯最高苏维埃通过决议，将"俄罗斯苏维埃联邦社会主义共和国"改名为"俄罗斯联邦"，简称"俄罗斯"。同年 3 月 31 日，俄罗斯 89 个联邦主体（除鞑靼斯坦和车臣两个共和国没有参加外）中的 87 个联邦主体签署了《俄罗斯联邦条约》。条约确立了联邦制的原则并划分了俄联邦中央与各联邦主体之间的职权范围。

1993 年 12 月 12 日，俄罗斯对宪法草案进行全民投票并获得通过。同年 12 月 25 日宪法正式生效。由此确立了俄罗斯的政治制度，也明确了俄罗斯的国家权力结构。1993 年通过的基本宪法制度完全不同于苏联历史上先后制定的四部宪法中的任何一部，从立法原则到宪法的内容与形式等各个方面都有根本性的变化，如《俄罗斯联邦宪法》放弃了"社会主义"及其立法原则，以西方"民主政治"的基本原则作为宪法的基本原则，确定了俄罗斯联邦的基本政治制度。宪法体现了政治民主的基本要素。

从保证人民实现民主与自由权利角度来看，1993 年的俄罗斯宪法突出体现在以下方面：

宪法第一条第 1、2 款规定：俄罗斯联邦—俄罗斯是具有共和制政体的民主的、联邦制的法治国家。国名俄罗斯联邦和俄罗斯意义相同。

第二条规定：人、人的权利与自由是最高价值。承认、遵循和捍卫人与公民的权利和自由是国家的义务。

第十七条第1、2、3款规定：在俄罗斯联邦，根据普遍公认的国际法原则和准则并根据本宪法承认和保障人与公民的权利和自由。人的基本权利和自由是不可让与的，属于每个人与生俱来的实现人和公民的权利和自由不应侵犯他人的权利和自由。

第二十条第1款规定：每个人都有生存权。

第二十一条第1款规定：人的尊严受国家保护。任何东西均不得成为诋毁人格的理由。

第二十二条第1款规定：每个人都有自由和人身不受侵犯的权利。

每个人都有通讯、电话交谈、邮政及电报和其他交际秘密的权利。只有根据法庭决定才可限制这一权利。

第二十八条规定：保障每个人的信仰自由、信教自由，包括单独地或与他人一道信仰任何宗教或者不信仰任何宗教、自由选择、拥有和传播宗教的或其他的信念和根据这些信念进行活动的权利。

第二十九条第1、5款规定：保障每个人的思想和言论自由。保障舆论自由。禁止新闻检查。

从以上列举的条款看，应该说，1993年通过的宪法在有关保障俄罗斯人民的民主与自由权利方面有广泛与充实的内容。可以说，该宪法的实施，在实现政治民主与保障人的自由方面与苏联时期相比，有了质的变化，也标志着俄罗斯权力结构的根本变化。

《俄罗斯联邦宪法》还规定，由联邦委员会和国家杜马组成的俄罗斯联邦会议（议会）行使立法和监督职能。俄罗斯联邦的司法系统包括联邦宪法法院、最高法院、最高仲裁法院与联邦总检察院构成俄罗斯联邦司法系统。按宪法规定，审判权只由法院行使，法官是独立的，只服从俄罗斯联邦宪法和联邦法律。按照俄罗斯宪法和《俄罗斯联邦检察机关法》，俄罗斯检察机关既不属于国家立法和执行机关，也不属于司法机关，而是一种特殊的国家机关。作为联邦集中统一的机关体系，俄罗斯各级检察机关是代表联邦对国家各部门的法律执行情况实施监督的法律监督机关。

叶利钦执政8年，通过政治制度的转型，使以一党垄断、党政融合、议行合一、高度集权、缺乏民主等为特征的斯大林模式的社会主义政治制度不复存在，而是过渡到以总统设置、多党制议会民主、三权分立、自由选举等为特征的西方式宪政制度模式。应该说，这对作为苏联继承国的俄罗斯来讲，是政治制度的一个质的变化，它有利于克服那种高度集权、缺乏民主的政治制度所存在的种种严重弊端，使广大俄罗斯人民得到在苏联时期不可能得到的民主与自由，是政治制度迈向现代化的重大步骤。正是这个原因，在俄罗斯所形成的政治制度框架为多数政党与多数民众所接受，从而使这种转型方向变得不可逆转，再恢复苏联时期那种政治制度已不再可能。在1999年的最后一天，叶利钦在辞职讲话中说："我已经完成了我一生的主要任务。俄罗斯将永远不会再回到过去，俄罗斯将永远向前迈进。"这里讲的主要任务，就是指8年来制度性的转型，冲垮了苏联时期传统的社会主义政治与经济制度模式，形成了新的政治与经济制度模式的框架。

当然，尽管俄罗斯在政治制度转型方面取得了重大进展，但也应该看到俄罗斯形成的这种新的政治制度也有其严重的局限性与不完善之处。在叶利钦执政时期，俄罗斯尚未成为一个现代化的民主社会与民主国家，这主要表现在：一是俄总统权力过大，在一些方面实行的是"总统集权制"，不少重大政策的决定是由叶利钦个人作出的，因此，往往带有叶利钦个人集权的性质。虽然在转型初期的特定条件下，"总统集权制"有其积极作用，如能较快结束俄罗斯"双重政权"局面，总统在稳定政局中有着极为重要的影响。但"总统集权制"也有明显的负面效应，难以使政府和议会充分发挥作用，严重影响三权分立体制的实施，容易出现决策失误，这也是导致俄罗斯政局不稳定的一个重要因素。二是政党政治很不成熟，政党过多，1999年12月俄议会选举获准登记的党派就有26个。在议会占多数的党派无权组阁，政党的作用受到制约。这样，使政党在决定国家重大方针政策方面难以发挥作用。三是俄公民在实现自己民主权力方面还存在不少问题，很多民主权尚难享用。四是在私有化过程中形成的寡头，对政治的干预影响俄罗斯政府机构决策的民主进程，使宪法的执行受到制约，最终损害国家向民主政治制度转型目标的实现。关于这一问题，普京在2012年1月俄罗斯总统大选前发表的《民主与国家素质》一文中指出，在叶利钦时期民主被寡头精英们侵占了，"在民主的大旗下，我们得到的不是一个现代国家"。

普京从2000年起的两任总统期间，为了建立一个强有力的国家政权体系，强化国家权威，政治上的中央集权化有不断加强的趋势。主要是因为在叶利钦时期存在一系列严重的社会经济问题：贪污腐败和团伙犯罪已经达到创纪录的地步。普京认为，产生这些弊病的根源是国家的软弱无力。因此，普京在政治领域的整治政策是，加强国家权力机关的权威，增强中央的集权，这也是普京每次讲话反复强调国家作用的基本原因。他在2001年发表的国情咨文中讲：巩固国家是战略任务。通过加强所有机构和各级权力机构来巩固国家。不解决这个关键问题，俄罗斯就无法在经济和社会领域取得成就。

为建立强有力的国家，普京提出的方针是，坚持整顿权力机构的秩序，并逐步实现国家现代化。这方面的主要任务是：完善政治制度；实际改善联邦主体的条件和建立发展俄罗斯的法律保障。

从普京执政8年的情况来看，在国家权力的整顿与建设方面取得了不小进展：调整了中央与地方的关系，强化了联邦中央的权威，加强了对地方的控制；加强了对新闻媒体的控制与引导，2001年4月26日俄国家杜马通过了《新闻媒体法修正案》；推进政党制度建设，2001年通过了《政党法》；采取措施排除寡头对政治的干扰；加快司法改革，加大对腐败的打击力度；下决心加快行政机构的改革，目的是消除官僚主义、官员腐败和管理低效对社会经济发展的阻碍作用。普京在2002年4月18日发表的总统国情咨文中特别强调：执行权力机关的分支机构，仍然是集中的国民经济部门的指挥部，各部还在继续作出努力，使企业和组织在财政和行政方面服从于自己。限制经济自由发展的结果是，"人们都在用贿赂来克服种种行政障碍。障碍越大，贿赂数额就越大，收受贿赂的人的级别就越高"。普京还透露，在俄电视征询的近50万居民的意见中，有3/4的人控告的是行政管理部门的肆意妄为。

普京在2004年3月15日凌晨第二次当选总统获得连任后，一再强调最首要的任务是进行强有力的行政改革，进一步加强中央政府的控制能力。普京这8年在政治制度方面，强化了以总统制为核心的政治制度架构，形成了大大突出他个人作用的新权威主义下的宪政体制。由于普京强调集权与稳定，这一时期俄罗斯政治制度转型停滞不前。对此，2009年6月9日，曾是忠于普京的俄罗斯公正党领袖、联邦委员会主席米罗诺夫就公开指出，俄罗斯包括政党体制在内的许多民主机制已经不符合时代的要求。在政权党一党独大的基础上建立起来的政治系统越来越停滞不前。梅德韦杰夫在 2008 年当选总统后的第一个国情咨文中也指出："我们的国家机关成为最大的雇主、最活跃的出版者和最佳制片人，它自己就是法院、政党和人民。这样的系统绝对是没有效率的，并且只会催生出腐败。它助长大众的法律虚无主义，违背宪法，妨碍创新型经济和民主制度的发展。"这亦说明俄罗斯政治体系是没有效率的。

正是在上述背景下，梅德韦杰夫在 2009 年 9 月发表的《前进，俄罗斯!》的纲领性文章中，公布了国家新政方略。之后，梅德韦杰夫在不同场合又多次公开阐述了政治现代化问题对俄罗斯的重要性。两个月后，即 2009 年 11 月，时任总统的梅德韦杰夫在国情咨文中具体阐述了新政治战略付诸实施的计划，并在新政治战略概念的基础上首次提出了"全面现代化"的理念。他指出："我们将建立智慧型经济以替代原始的原料经济，这种经济将制造独一无二的知识、新的产品和技术，以及有用的人才。我们将创造一个有智慧的、自由的和负责的人们组成的社会，以取代领袖思考决定一切的宗法式社会。"就是说，21 世纪俄罗斯的现代化将以民主与自由的价值观和体制为基础。

随后，2010 年 9 月 9 日至 10 日，召开了俄罗斯雅罗斯拉夫尔国际政治论坛。该论坛由梅德韦杰夫倡导于 2009 年创立。这次论坛的主题是："现代国家：民主标准与效率准则"。俄罗斯现代化与民主标准问题是会议主题。梅德韦杰夫在会上发表了题为《现代国家：民主标准和效率准则》的讲话（以下简称《讲话》），在会议期间梅德韦杰夫与国际著名政治学者进行了对话（以下简称《对话》）。在此论坛上他较为集中地论述了有关现代化与民主及自由问题。他在《讲话》中说："我不仅坚信作为管理形式的民主，不仅坚信作为政治制度形式的民主，而且坚信民主在实际应用中能够使俄罗斯数以百万计的人和世界上数以亿万计的人摆脱屈辱和贫困。"他还强调："与人权一样，民主标准（实际上民主标准包括人权在内）也应该是国际公认的。只有这样，它才能成为有效的。"接着，梅德韦杰夫提出以下五条民主的普遍标准：

一是从法律上体现人道主义价值和理想。要使这些价值具有法律的实际力量，从而引导所有社会关系的发展，并以此来确定社会发展的主要方向。

二是国家拥有保障和继续保持科技高水平发展的能力，促进科学活动，促进创新，最终生产充足的社会财富，使公民能够获得体面的生活水平。贫困是民主的主要威胁之一。

三是民主国家有能力保卫本国公民不受犯罪集团侵犯。

四是高水平文化、教育、交流手段和信息沟通工具。自由民主社会，这毕竟总是受过良好教育、有教养、有文化人的社会。俄罗斯从前在很多世纪中，在千百年间，走的是非民主的发展道路。正是在 20 世纪，在帮助所谓"普通老百姓"的旗号下建立了最恶劣的专政。21 世纪是有教养的、聪明的，也可以说是"复杂的"人的时代，他们自己掌握自己的才能，他们不需要那些代替他们作出决定的领袖、保护人。由"领袖们"指示"普通老百姓"应当如何生活和为什么生活的时代已经结束了。

五是公民确信自己生活在民主社会。这也许是主观的，但却是极其重要的事情。每个人应该独立地对民主作出自己的判断。但是假如人们自己感觉不自由、不公正，那就是没有民主，或者是民主出了问题。政府可以不断地对自己的公民说，你们是自由的。但是，只有当公民本身认为自己是自由的，那时才开始有民主。梅德韦杰夫在《对话》中指出，俄罗斯千年历史上从来没有过民主。当我们国家是沙皇和皇帝执政的时候，没有任何民主。苏联时期也没有任何民主。也就是说，我们是有千年威权史的国家。人们习惯主要寄希望于沙皇老爷，寄希望于高层力量。

俄罗斯经历了 20 多年的转型，民主政治有了进展。在梅德韦杰夫看来，俄罗斯虽已经是一个民主国家，但这种民主是年轻的、不成熟的、不完善的，还处于民主发展道路上的起点，因此，俄罗斯在这方面还有很多事情要做。

第二节　选举制度

1993 年通过的《俄罗斯联邦宪法》，是保证俄罗斯广大人民民主与自由的根本法与基础性条件，但为了保证广大人民民主与自由权利得到具体实现，仍需要进行一系列的改革，建立一些具体法律制度。人民具有选举权，是实现政治民主的一个重要条件。

《俄罗斯联邦法》第三十二条第 1、2 款规定：俄罗斯联邦公民有直接或通过自己的代表参加管理国家事务的权利。俄罗斯联邦公民有选举或被选入国家权力机关和地方自治机关以及参加公决的权利。人民有选举国家权力与地方自治机关的权利，这体现了民众要求选举国家各级权力机关的政治诉求。在政治转型过程中，根据《俄罗斯联邦宪法》与各类联邦选举法，俄罗斯已形成了定期进行国家各级权力机关代表与领导人民主选举的制度，这也成为了俄罗斯民主政治的重要内容之一。

一　叶利钦时期形成的选举制度

俄罗斯的选举制度按照类型可分为议会、总统与地方三种选举体制。除了宪法及联邦法律规定的有关选举制度的一般原则外，三种选举体制在内容和形式上都自成体系，俄罗斯的选举制度也就是由体现这三种选举体制的各种法律性文件组成的。

1. 俄罗斯的议会选举制度。

1993 年 10 月 1 日和 11 日，叶利钦以总统令的形式分别签署并颁布了《1993 年俄罗斯联邦联邦会议国家杜马代表选举条例》和《1993 年俄罗斯联邦联邦会议联邦委员会选举条例》。两院代表选举条例对俄罗斯国家代表权力机关的构成、选举的方式和程序等都作出了新的规定。根据两院选举条例，新的俄罗斯国家代表机关——联邦会议（俄罗斯联邦议会）将由国家杜马（下院）和联邦委员会（上院）两院组成，国家杜马代表选举将采用"混合式代表选举体制"，即在 450 名杜马代表中，225 名代表按单名制（全国划分为 225 个选区，1 个选区选举 1 名代表）方式与多数代表制（获相对多数选票的候选人当选）原则由选民直接选举产生，另外 225 名代表则在全联邦范围内从参加竞选并获得 5% 以上选票支持的选举联合组织和选举联盟中，根据其获得选票的多少，按比例选出；联邦委员会将从 89 个联邦主体中按多数制原则各选出 2 名代表，共由 178 名代表组成。

1993 年 12 月 12 日，按照两院选举条例选举产生了俄罗斯联邦第一届联邦会议。作为临时议会，本届联邦会议任期 2 年。

在举行俄罗斯联邦会议两院代表选举的同一天，俄罗斯通过了《俄罗斯联邦宪法》。新宪法将全民公决和自由选举作为俄罗斯宪法制度的基本原则之一，并承认了第一届联邦会议的法律地位及其选举的合法性。但新宪法只规定了有关选举的一般原则，并没有设置针对任何一项选举的专门章节。根据宪法，组成联邦委员会和选举国家杜马的程序将由专门的联邦法律规定。

为准备第二届联邦会议代表选举，1995 年 6 月和 12 月，俄罗斯国家杜马先后通过了《国家杜马代表选举法》和《联邦委员会组成程序法》，并以这两个法律为基础选举产生了第二届联邦会议。1995 年的《国家杜马代表选举法》基本重复了 1993 年杜马代表选举条例中的主要条款，保留了"混合式代表选举体制"。

此后，有关俄罗斯联邦议会选举的立法工作基本上没有大的改动，主要是针对 1993 年议会选举以来出现的问题对选举法进行某些必要修改和补充，其中包括：国家杜马 1997 年 9 月 5 日通过的《基本保障俄罗斯联邦公民选举权与参加全民公决权法》和 1999 年 6 月 2 日通过的《1999 年国家杜马代表选举法》。

2. 俄罗斯的总统选举制度。

1991 年 3 月 17 日，即全联盟就"是否保留苏联"的问题举行全民公决的当天，在俄罗斯境内同时就有关设立总统职位问题举行全民公决。全民公决的结果，有 52% 的选民支持在俄罗斯实行总统制。

全民公决后仅一个多月，1991 年 4 月 24 日，俄罗斯最高苏维埃讨论并通过了《俄罗斯苏维埃联邦社会主义共和国总统选举法》，该法规定了俄罗斯总统选举的主要原则和程序，内容包括：俄罗斯总统将由具有选举权的公民根据普遍、平等、直接、无记名投票的方式选举产生；总统候选人的年龄应限定在 35 周岁至 65 周岁，任期为 5 年，且同一人不得连任两届以上总统职务；设立副总统一职，副总统候选人由总统候选人提名，两人作为联盟者一同参加竞选；在选举方式上，采用由选民直接投票的绝对多数代表制，即在选民参选率过半，且有两名以上候选人参选的情况下，所得选票超过投票总数半数以上的候选人当选。如所有候选人所得选票均未超过总票数的一半，则将在第一轮选举后的 15 天内进行第二轮选举，由得票最多的候选人当选；在提名总统候选人的程序上，规定：凡在联邦司法部取得正式登记的全俄性政党、社会组织、群众运动，在征集到 10 万以上选民支持的情况下，均有权提名总统候选人。

根据该总统选举法，1991 年 6 月 12 日，俄罗斯联邦举行了第一届总统选举。叶利钦等 6 人在中央选举委员会取得了总统候选人的资格登记。选举结果，叶利钦在第一轮投票中获得 57.3% 的选票，顺利当选俄罗斯第一任总统。

1993 年俄罗斯颁布了新宪法。新宪法针对俄罗斯总统选举也做出了一些调整，如去除了对候选人年龄资格上限的限制，却增加了对候选人在俄罗斯境内居住年限的限制。规定，"凡年满 35 岁，在俄罗斯联邦定居

10 年以上的俄罗斯联邦居民，均可以当选为俄罗斯联邦总统"；将俄罗斯联邦总统的任期由原来的 5 年改为了 4 年。

为准备 1996 年总统大选，依据 1993 年的《俄罗斯联邦宪法》，1995 年 5 月 17 日，俄罗斯国家杜马通过了独立以后的第一部总统选举法。该法保留了 1993 年宪法中有关总统选举的基本原则，如俄罗斯总统选举的普遍、平等、直接、无记名投票等原则，并在此基础上又提出了一系列新的原则，其中包括：公民自愿参加总统选举原则、总统候选人建立个人竞选基金原则，以及在准备和举行总统选举中的公开性原则（指各国家政权机关和选举机关作出的所有与总统选举有关的决议、命令必须予以公布）。根据 1995 年总统选举法，选举总统的程序主要包括：划分选区与成立各级选举委员会；进行选民登记，建立选民名册；提名与登记总统候选人；总统候选人举行竞选活动；选民投票；统计与公布选举结果。在提名总统候选人方面，该法规定："选举联合组织、选举联盟或者由 100 名以上选民组成的倡议小组有权提名总统候选人"，"每个被提名的总统候选人须征得 100 万名以上选民的签名支持，在每个联邦主体内征集到的选民签名不得超过所征集选民签名总数的 7%"。

为适应 2000 年总统大选的需要，1999 年 12 月 1 日，俄罗斯国家杜马又通过了一部新的总统选举法，以代替 1995 年总统选举法。新总统选举法对由联邦预算拨款的竞选基金的使用作了某些限制，规定"在总统选举中所获选票未达到投票总数 3% 的候选人，选举结束后须将本人联邦预算部分的竞选基金如数退还"。2000 年总统选举的结果，在 11 名候选人中只有 3 人获得了 3% 以上的选票（普京、久加诺夫和亚夫林斯基），根据该规定，其余候选人不得不将选举时从联邦预算得到的竞选基金上交出去。此外，新总统选举法还增加了有关提前选举总统的内容。而恰恰在《1999 年俄罗斯总统选举法》公布的当天，即 1999 年 12 月 31 日，俄罗斯总统叶利钦突然宣布提前辞去总统职务。依照俄罗斯宪法，总理普京代行总统职权，直至举行新的总统大选。

3. 俄罗斯的地方选举制度。

俄罗斯是一个由 85 个①联邦主体组成的联邦制国家。这 83 个联邦主

---

①　叶利钦执政期间，俄罗斯共有 89 个联邦主体。普京执政后，对联邦体制实行了多项改革，其中之一就是合并了部分联邦主体。目前，俄罗斯合并后的联邦主体数量为 85 个。

体又分为共和国，边疆区，州、联邦直辖市，自治州和自治专区等不同类型。这些类型不同或相同类型的联邦主体，受不同的历史条件、地理环境、文化传统与经济发展的影响，在实施其所属职权时形成了各自不同的地方政权体系，包括各自政权机关的选举体制。

　　1993 年 10 月 22 日和 26 日，叶利钦分别签署了《边疆区、州、联邦直辖市、自治州和自治专区在分阶段宪法改革时期国家政权机关组织与活动的基本原则》和《边疆区、州、联邦直辖市、自治州和自治专区国家代表权力机关选举基本原则》①，对地方代表机关的活动范围、代表任期与选举日期等都做了规定。1993 年 10 月 27 日，叶利钦还分别签署了《有关边疆区、州、直辖市、自治州与自治专区国家代表权力机关选举一般原则的命令》和《有关地方自治机关选举一般原则的命令》，宣布立即解散联邦主体地方苏维埃，同时根据新的选举原则重新进行地方代表权力机关的选举。

　　与俄罗斯联邦国家杜马代表的选举原则一致，俄罗斯各联邦主体代表权力机关的选举均实行普遍、平等、直接和无记名投票的方式，以及选举过程公开原则和公民自愿参加选举原则等。大多数联邦主体宪法或章程都明确规定：地方代表机关的代表不得兼任地方行政职务。在公民享有选举权与被选举权方面，各联邦主体代表机关选举法普遍都对拥有选举权和被选举权的公民的年龄、居住地和居住时间作了一定限制，规定：凡年满 18 岁，且其大部分时间居住在该联邦主体境内的俄罗斯联邦公民均享有选举权；凡年满 21 岁，且在该联邦主体内居住 1 年以上的俄罗斯公民享有被选举权。但某些联邦主体却有另外的规定，比如：在乌里扬诺夫斯克州，公民享有选举权与被选举权的法定年龄都为 18 岁；在车臣共和国，把公民享有被选举权的法定年龄下限提高到了 23 岁；而在印古什共和国，根据其选举法，年龄为 21—55 岁的公民才可以被提名为代表候选人。大部分联邦主体都规定选民最低参选率为 25% 以上，而阿尔泰、卡巴尔达—巴尔卡尔、北奥塞梯等共和国甚至规定，只有选民参选率达到 50%，选举才被认为有效。另外，各联邦主体对选举时使用语言的规定也各不相同，其中大部分联邦主体都允许选民使用俄语和本地语，或除俄语和本地

---

　　①　这两个文件都没有涉及联邦各共和国，在此之前，各共和国都是按照自己规定的程序选举其立法权力机关代表的。

语之外的多种语言投票，而在鞑靼斯坦共和国却严格规定：在选举时只能使用本地语言。

1991 年以前，俄罗斯历史上从来没有进行过地方行政长官的直接选举。无论是沙俄时期的省长，还是苏联时期党的州委第一书记，一律实行中央委任制。自 1990 年起，俄罗斯境内的自治共和国纷纷发表了自己的主权宣言，有的还设立了共和国的总统职位，莫斯科与列宁格勒两个大城市的激进民主派也提出要实行民选市长制。1991 年 6 月 12 日，在举行俄罗斯第一任总统选举的当天，鞑靼斯坦共和国、莫斯科和列宁格勒市同时还举行了各自共和国的总统选举与市长选举。这三次选举成为了俄罗斯地方行政长官直接选举的初次尝试。随后，其他联邦主体也纷纷仿效它们的做法。到 1991 年底，又有 8 个共和国在其境内举行了各自的总统直接选举。

1993 年通过的俄罗斯宪法中并没有直接涉及有关地方行政长官选举的内容。根据宪法第七十七条第 1 款的规定："各共和国、边疆区、州、联邦直辖市、自治州和自治区的国家权力机关体系由俄罗斯联邦各主体根据俄罗斯联邦宪法制度基础和联邦法律所规定的组织国家权力的代表机关和执行机关的一般原则而独立确定。"也就是说，按照这一规定，联邦主体地方行政长官的产生方式应由联邦主体自行决定。从 1994 年起，各边疆区、州、联邦直辖市、自治州和自治专区在 1993 年新宪法的基础上陆续颁布了自己的宪章，并在各自的宪章中都对有关直接选举地方行政长官作出了明确规定。

1995 年 12 月 5 日，国家杜马通过了《俄罗斯联邦会议联邦委员会组成程序法》。根据这一法律，从第二届联邦会议起，联邦委员会将由各联邦主体的执行权力机关首脑和代表权力机关领导人组成。该法同时规定，截止到 1997 年 1 月，各联邦主体必须选举出其地方行政长官。于是，从 1996 年下半年起，俄罗斯各地的地方行政长官选举全面展开。

俄罗斯地方行政长官选举制度完全是由各联邦主体国家权力机关自行制定并组织实施的。1995 年以后，俄罗斯各联邦主体在其宪法（或宪章）基础上先后又制定了各自的地方行政长官选举法，确定了地方行政长官选举的一般原则和程序。根据大多数联邦主体地方行政长官选举法的规定，地方行政长官选举按照普遍、平等、直接和无记名投票的方式，由该联邦主体公民选举产生，任期 4—5 年，可以连选连任，但不得超过两届。在通常情况下，大多数联邦主体都按照差额选举原则，实行两轮选举制，只有印古什、鞑靼斯坦、卡累利阿等共和国允许实行非差额选举，即在选举中只提名一名候选人；阿尔泰共和国实行一轮选举制。实行两轮选举制时，一般规定在第一轮选举中获绝对多数选票的候选人当选，如无人获半数以上选票，则在获选票前两位的候选人中举行第二轮选举，其中获相对多数选票的候选人当选。另外，各联邦主体还对选民最低参选率做了明确规定，宣布只有联邦主体 25% 以上的选民参加选举，选举才被认为有效，否则将重新举行选举。

在对候选人资格的限制上，大部分联邦主体都规定：凡年龄在 30 岁以上，在本联邦主体内居住满 1 年的该联邦主体公民均有权被提名为候选人。

地方行政长官的产生由任命制发展到直选制不仅大大改变了地方政权的政治格局，也打破了旧的国家垂直权力体制的基本框架。

二　普京时期对选举制度的改革

2000 年 3 月，普京当选新一届俄罗斯总统。出于对叶利钦时期中央权力软弱、地方政府各行其是与社会严重分裂后果的认识，从 2000 年起，普京有步骤、有计划地在国家的政治领域实行了一系列制度性改革措施，其中就包括俄罗斯的选举制度。改革的主要内容包括：（1）多次修改了《俄罗斯国家杜马代表选举法》，取消了自 1993 年以来实行的"混合式代表制"，规定今后所有国家杜马代表都将按照"比例代表制"的方式选举产生（在地方议会中依然实行混合式代表制，但按比例代表制产生的代表须占当地议会席位的一半）；（2）将参选政党进入议会所需要获得的选票最低比例由 5% 提高到 7%；（3）禁止各政党或政治组织联合组建"竞选联盟"参加选举；（4）取消了选票中"反对所有政党"选项；（5）取消了对选举最低投票率的限制；（6）严格限定政党参加选举活动的条件，如规定在选举前，每个参选政党必须在法定期限内获得 20 万名以上选民的签名支持，或者向中央选举委员会缴纳 6000 万卢布的选举保证金[①]；

---

①　根据 2002 年《俄罗斯公民选举权与参加全民公决权保障法》，选举保证金的数额与选举基金，即候选人或政党投入选举的基金数额相关，其数额为选举基金最高支出额度的 10% —15%。

（7）改变了地方权力机关的组成方式，废除了叶利钦时期实行的联邦主体地方行政长官直选制，改由总统提名、地方议会批准；等等。

在自己的两个总统任期内，凭借以上改革措施，普京在整顿社会秩序和加强中央权力方面取得了显著效果。其一，消除了叶利钦时期党派林立的现象，提高了大党在国家政治生活中的地位，议会中政党的数量越来越少，从 2007 年第五届国家杜马起，有资格进入议会的只有统一俄罗斯党、俄罗斯共产党、公正俄罗斯党和自由民主党 4 个政党。在地方议会选举中，从 2007 年起，参与竞选的政党也是逐年减少，到 2009 年，在各地区选举中能够当选的政党平均不足 3 个[1]。其二，在俄罗斯形成了一个以普京为核心、集合了众多国家各级权力机关领导人、占据了国家杜马和大部分地方议会多数席位的超大型政权党——统一俄罗斯党[2]。其三，依照相关法律，联邦中央掌控了对地方代表机关的监督权和地方领导人的任命权，重塑了俄罗斯国家垂直权力体系，有效制约了地方政治精英的影响，并借助统一俄罗斯党严密的组织体系，在全联邦范围内形成了一张自上而下的政权网。

然而，普京这种以加强中央权力为主要目的的制度改革，也对社会产生了一些负作用。首先，普京制度改革的目的明显带有"扶持"政权党的作用，因而在制度设计上大大限制了不同党派之间政治上的良性竞争，统一俄罗斯党在国家杜马和地方议会中的优势地位难以撼动，俄罗斯的多党制已形同虚设。其次，随着"废除地方行政长官直选制"、"取消单名制选区"等项法律的出台，选民和候选人直接接触的机会越来越少，普通选民直接参与国家政治生活的渠道和积极性受到了一定程度的限制和影响。最后，政权党的过分强大造成了该党对国家政治经济资源的垄断，以致在俄罗斯社会内部形成了一个"新的官僚集团"。因缺乏有效的社会监督机制，严重的政治腐败和行政上的低效率也一直是现政权难以克服的最大难题。受 2008 年金融危机的影响，俄罗斯政治和经济体制中的诸多弊端更加突出，俄罗斯要求社会变革的社会情绪也在不断增长。

---

[1] Кынев А. В., Любарев А. Е. Партии и выборы в современной России：Эволюция и деволюция. Новое литературное обозрение. Москва, 2011. С. 681. 转引自官晓萌《俄罗斯地区立法机关选举研究》,《俄罗斯研究》2012 年第 2 期。

[2] 从 2007 年起，统一俄罗斯党在国家杜马和各地方议会选举中的得票率均保持在 50% 以上。

三　"梅普组合"时期与普京新时期对选举制度的调整及其前景

梅德韦杰夫上任后，意识到了民众情绪的变化与俄罗斯政治体制中存在的这些问题，2008 年 11 月 5 日，在他向议会发表的第一次国情咨文中，就建议地方行政长官候选人由本地方议会选举中获胜的政党提名，总统批准；取消各类选举中的选举保证金制度；建议在国家杜马选举中，取得超过 5% 得票率以及在三个以上地区建立杜马党团的政党，可以不用为参加国家杜马选举收集签名（此前只有在杜马建立党团的政党可以免于收集签名）；等等。梅德韦杰夫的改革倡议很快就被杜马以法律的形式确定下来。

应该说，梅德韦杰夫提出的以上这些改革措施只是对俄罗斯现有民主政治体制的一些小修小补，其改革力度和作用都非常有限，不足以在制度上形成针对日益壮大的统一俄罗斯党的制衡机制。相反，由于 2007 年以后统一俄罗斯党在地方议会选举中控制了绝大多数席位，梅德韦杰夫提出的"将地方领导人的提名权赋予议会中第一大党"的改革动议，客观上进一步强化了统一俄罗斯党在地方权力机关中的优势地位和影响力。另外，针对近年来俄罗斯社会要求"恢复地方长官直选"的呼声，梅德韦杰夫在 2011 年 5 月的一次记者招待会上曾明确表示："在未来 10—15 年，（联邦政府）不会考虑恢复地方行政长官直选问题。"①

2011 年 12 月 10 日，莫斯科等地爆发了大规模的群众示威游行，抗议统一俄罗斯党在议会选举中的舞弊行为。考虑到三个月以后即将举行的总统大选，出于安抚抗议者的目的，2011 年 12 月 15 日，在"与民众连线"节目中，普京第一次当众表示将会"有条件地"恢复地方行政长官直选。②

作为对普京此番表态的回应，一个星期以后，即 2011 年 12 月 22 日，梅德韦杰夫在向联邦会议发表的其任期内的最后一次国情咨文中，着重阐述了有关实行政治改革的问题，并明确提出了包括"恢复地方行政长官直选制"等在内的六条制度性改革措施。随后，于 2011 年底至 2012 年 2

① Губернаторские выборы вернут через 10－15 лет. http：//www. kasparov. ru/material. php? id = 4DD3B37D45368.

② Путин предложил ввести ограниченную выборность губернаторов. http：//lenta. ru/news/2011/12/15/govern/.

月，梅德韦杰夫先后向国家杜马提交了多项改革法案。据报道，杜马在审议以上法律草案时，梅德韦杰夫还多次与反对派领导人会面，听取他们对各项法律草案的意见，邀请非议会政党和体制外反对派的代表到杜马中参加相关问题的讨论。

2012 年 4 月 25 日，国家杜马以 237 票的微弱多数通过了直接选举地方行政长官的法律，4 月 27 日俄联邦委员会批准了该法。该法的主要内容有：（1）地方行政长官候选人可以由政党提名或个人自荐，然后由当地选民直接选举产生；凡年满 30 岁、没有重大犯罪记录的俄罗斯公民均可成为候选人。以独立候选人身份参加竞选者需征集支持者签名，签名数量需达到该联邦主体总人口的 0.5% 至 2%，具体比例由各州自行决定。（2）总统有权就政党提名的候选人及独立候选人的人选提出意见。如果总统认为该候选人参选有可能会对该地区的领土完整、稳定或人权构成威胁，则有权对该候选人的候选人资格提出质疑。（3）该候选人须得到该地区议会议员一定数量的"信任签名"才能参选。（4）获得 50% 以上当地选民投票支持的候选人当选，否则将举行第二轮选举。当选的地方行政长官一届任期不得超过 5 年，最多不得连任两届。

普京推行的此次制度改革，虽然部分地满足了社会各阶层对扩大政治参与和民主选举的合理要求，缓解了社会紧张情绪，也相对分散了议会选举后社会抗议运动给普京政府带来的政治压力，但由于目前俄罗斯执政集团的影响力过分强大，力量过于分散的反对派政治力量还很难与之相抗衡。所以，在普京新时期，能否真正实现梅德韦杰夫曾经提出的"发展公民社会"和"政治现代化"的目标，能否真正适应民众"平等政治参与"的社会要求，还取决于在未来很长一段时期内，俄罗斯各方政治力量彼此消长与良性互动的结果。

第三节　司法制度

完善司法制度，是保证建立民主政治与成为法治国家必不可少的条件，也是确保人民民主、自由权力实现的重要制度。1993 年通过的《俄罗斯联邦宪法》的第七章专列了司法权的内容。第一百一十八条第 1、2、3 款分别规定：俄罗斯联邦的审判权只能由法院行使；司法权通过宪法、民法、行政法和刑事诉讼程序来实现；设立特别法院。

经过 20 多年的政治体制转型，俄罗斯已基本上建立起一套较为完整的司法制度体系。

一　叶利钦时期的司法制度改革

苏联时期的司法制度，存在的主要问题可以归结为两点：一是法律虚无主义的盛行。在苏联时期，法律和作为国家根本大法的宪法，只停留在文本上，并未得到应有的尊重。虽然宪法和各种法律规定了公民享有的各种权利，但在实践中，法律法规常常会因领导人意志的变化而变化。二是司法独立性的缺失。苏联时期，司法制度被视为政治专政的工具，司法为行政所控制，司法部门未得到相关部门的授意根本不可能独自做出任何决定。苏联解体后，为了创建民主政治体制，必须进行司法制度改革。

叶利钦时期的司法制度改革主要是在 1991—1994 年期间进行的。为保证司法改革的顺利开展，1991 年俄罗斯最高苏维埃通过了《俄罗斯司法改革的基本构想》，详细规划了俄罗斯司法改革的具体任务和目标。1993 年俄罗斯新宪法的颁布，为俄罗斯司法制度改革奠定了基本的指导原则和宪法保障。1994 年，为进一步推进俄罗斯的司法改革，俄罗斯成立了联邦总统司法改革委员会，以统一协调有关部、委以及地方司法改革委员会在实施《俄罗斯司法改革的基本构想》方面的活动。

概括起来，叶利钦时期进行的司法制度改革主要包括以下内容：

1. 构建了一套新的法院体系。将苏联时期单一的普通法院体系扩展为包含三个既相互联系又各自独立的联邦司法部门（俄罗斯联邦宪法法院、仲裁法院和普通法院）的法院体系。这一新的法院体系不仅为俄罗斯公民提供了更多的司法服务，也扩大了法院的权限，提升了法院在社会上的地位。其中，仲裁法院是为了解决俄罗斯国内日益增多的商务纠纷而设置的，而 1991 年作为宪法监督机关而设立的俄罗斯宪法法院，其主要职能则在于解释宪法，审议各种联邦、地方法律法规的合宪性，以确保俄罗斯宪法享有国家最高的法律地位。

宪法法院的设立是俄罗斯司法制度改革的一大创举。但在司法实践中，无论是联邦政府，还是地方政府，都始终未能完全遵循宪法法院的决定，有时还公然对抗和藐视宪法法院，在一定程度上损害了宪法法院的权威性，降低了其履行宪法监督职权的能力，以至于一些俄罗斯学者指出，俄罗斯宪法法院长期以来只是一个"没有牙齿的"、"胆小的、无效的、极具依赖性"的机构。①

2. 促进司法独立，保证公正裁决。俄罗斯宪法对于司法独立有着明确的规定。根据俄罗斯宪法的规定：俄罗斯实行三权分立，即立法机关、执行机关和司法机关相互独立；司法审判权只能由法院行使。但事实上，在叶利钦执政时期，由于俄罗斯社会严重的经济下滑，法院的预算资金远远不能满足实际需要，有时其预算经费还经常被政府财政部门无故削减，法院系统常常处于捉襟见肘的境地，为此，各级法院不得不向地方政府寻找预算以外的新财源，于是逐渐加重了对地方政府的财政依赖。直到1999 年，联邦议会最终出台了《俄罗斯联邦法院财经法》。根据该法，法院系统的财政预算直接由联邦政府划拨给联邦最高法院，再由后者逐级向下拨付。为此，联邦政府还专门在联邦最高法院内设立了司法财政管理局，负责整个法院系统的财政管理工作。

司法独立的另一个基本含义是指法官的独立性。俄罗斯的法官独立主要是通过法官遴选程序、任用程序、对法官任期的保障，以及对法官人身安全与物质保障等方面来实现的。1992 年俄罗斯通过了《法官地位法》，对法官的地位等问题做出了较为详细的规定。1993 年俄罗斯宪法进一步确立了对法官独立地位的宪法保障，明确规定：法官独立办案，并只对宪法和法律负责；法官不可撤任，法官权力的中止或暂停须符合联邦法律规定的程序和原则；法官不可侵犯，除联邦法律规定的程序之外，不得追究法官的刑事责任；等等。

3. 设立陪审团制度，建立司法程序的正义性。设立陪审团制度是《俄罗斯司法改革的基本构想》的主要内容之一。1993 年，俄罗斯通过了《法院体系法》和《刑事诉讼法修订案》，将陪审团制度正式引入俄罗斯的司法体系。② 这一改革措施被认为是俄罗斯司法改革的基石，其主要目的是尽可能地减少法官遭受政治控制的可能性与促进司法的公正性，为公民直接参与司法程序提供机会，从而重新恢复公民对司法的信心。

4. 增设治安法院，减轻基层法院的办案负担。叶利钦时期，由于法院在财政上的匮乏，司法人员短缺的问题一直没有得到很好的解决，但法

---

① Jeffrey kahn, Federalism, Democratization and the Rule of Law in Russia, Oxford University Press, 2002, pp. 176 – 182.

② 今日俄罗斯陪审制度并非初创，早在1864 年进行的司法改革中，俄罗斯就建立了陪审团制度，并一直沿用到1917 年，才被苏联时期的人民陪审团制度所取代。

院受理的申诉案件却在不断增多，法官们往往不堪重负。据相关资料统计，截止到 2000 年，法院审理的刑事案件和民事案件只占申诉案件的20%①。由于案件审理进展缓慢，有时犯罪嫌疑人甚至被监禁 2—3 年以后才得到审判。为缓解基层法官的办案压力，1997 年俄罗斯颁布了《联邦司法体系法》，在原有三个法院层级——联邦最高法院、联邦各主体法院（共和国、边疆区、州、直辖市法院）和区法院的基础上又增加了一个新的层级，即治安法院，负责审理轻微的民事行政案件。与陪审团一样，治安法院并非是一个新鲜事物，早在 1864 年，俄罗斯就设立过类似的治安法院。此次俄罗斯设立治安法院的目的，主要是减轻基层法院的判案压力。

5. 实施检察制度改革，重新定位法院与检察院的关系。② 在 1991 年通过的《俄罗斯司法改革的基本构想》中，首次提出了有关"取消检察机关的监督职能，将其司法权力限定在刑事诉讼程序中"的建议。但这些改革建议因遭到了检察院和部分政府官员的抵制，未能全部付诸实践。1992 年通过的《俄罗斯检察院法》中，去除了检察院对法院及诉讼参加者的监督权，却保留了检察官对司法审判的一般性监督职能。1993 年俄罗斯宪法对俄罗斯检察制度的原则进行了严格规定。根据宪法第二十二条，对任何人的逮捕和羁押只能由法院决定。这一规定不仅明确了法院与检察院的关系，也改变了过去检察机关和侦查机关主导侦查过程的办案模式，有利于促进法院的司法独立以及实现对犯罪嫌疑人的权利保障。但由于落实这项宪法性原则的配套法律——刑事诉讼法迟迟未能出台，因此叶利钦时期，这一宪法原则始终停留在纸面上，检察院也依然保持着对法院的审判及日常工作的监督权。

二 普京时期的司法制度改革

普京时期的司法制度改革是在叶利钦时期司法制度改革的基础上进行的。针对俄罗斯日益严重的司法不公，以及社会上要求实行司法改革的呼声越来越高，普京在 2001 年 4 月 3 日发表的国情咨文中提出了一系列实

---

① Judicial Reform and Human Rights in Russia, Strengthening Democratic Institutes Project Seminar, Harvard University, June 1, 2001.

② 尽管关于检察机关是否属于司法部门尚存在争议，但是鉴于俄罗斯宪法将对检察院的规定纳入司法权一章中，故而在探讨俄罗斯司法制度改革时也将对检察院的改革列入其中。

行司法制度改革的计划。

普京执政时期实行的司法制度改革措施主要有：

1. 进一步促进司法独立。针对俄罗斯司法权薄弱，法院依然没有摆脱依赖地方行政权力影响的现象，2002 年 11 月普京推出了两项司法改革措施。其一，促成议会通过了《法院体系法修正案》，取消了地方立法机关参与法官任命和晋升的资格；取消了联邦行政长官对法官任命的否决权。① 其二，制定了《2002—2006 年俄罗斯司法制度发展纲要》，大幅增加了对法院的资金投入，目的是使法院系统减少对地方财政的依赖性，有效地增强了法院的独立性。

2. 加强法官职权与对法官地位的保障。为了改变刑事审判中检察权主导、法院司法权弱化的现象，2001 年国家杜马通过了《俄罗斯刑事诉讼法》，将以前由检察院行使的各种审前程序（如审前监禁、搜查、扣押）以及排除非法获得证据的决定权，转交给了联邦法院系统，增强了法院的司法权力及法官在整个审判过程中的主动权。2001 年 11 月，国家杜马通过了《法官地位法修正案》②，进一步完善了对法官的各项保障措施，为法官公正地履行法律赋予的司法职责创造了良好的条件。2002 年 3 月，杜马又通过了《俄罗斯法官团体法法案》，为法官团体的设置提供了法律保障。2005 年 4 月，普京签署了一项新法律，将所有法官的退休年龄由 65 岁延长至 70 岁③，这一规定有效地调动了法官的积极性，也有利于法官队伍的稳定。由于法官享有特殊的物质和社会保障，目前法官已经成为俄罗斯社会中令人尊敬和羡慕的职业，同时也是社会竞争最为激烈的行业。④

3. 加强司法问责。司法问责主要是指针对司法部门的行政监督。在加强法官的独立性、确保其不会受到外部不当影响的同时，普京还推出了一些对法官权力实行监督和制衡的措施，其中包括：改变了法官评审委员

---

① 这两项法案在议会两院中都获得了顺利通过。这是因为，2000 年普京对议会上院（联邦委员会）进行了改组，宣布地方精英不得担任联邦委员会议员，因而降低了他们对联邦议会立法的影响力。

② 这是俄罗斯国家杜马对《法官地位法》进行的第 6 次修改和补充。

③ 在此之前，只有宪法法院的法官退休年龄为 70 岁。

④ 任允正、余洪君：《独联体国家宪法比较研究》，中国社会科学出版社 2002 年版，第 289—290 页。

会①的人员组成，将原来完全由法官组成的法官评审委员会改为其中的1/3 成员由地方律师和法律学者担任；明确规定了法官的退休年龄，尽管俄罗斯实行法官终身任职制，但按照相关法律，法官均须在 70 岁退休；规定法院院长的任职期限为 6 年，任期届满后，需经一定程序才可重新获得任命；改变了法官享有绝对刑事和行政责任豁免权的状况，规定只要符合一定程序，便可取消有关法官所享有的免受刑事和行政责任的特权②，等等。

4. 提高司法效率，促进公正裁决。2001 年国家杜马通过了三大程序法——《刑事诉讼法》《民事诉讼法》《行政过失法》。特别是《刑事诉讼法》，为俄罗斯公民和司法人员引入了很多全新的法律内容，如推行辩诉交易、无罪推定、对抗式审判等，反映出国家在尊重公民权利和惩治犯罪方面的改变，而这在以揭示犯罪为司法理念的苏联时期完全是不可想象的。根据《刑事诉讼法》，从 2003 年 1 月开始，俄罗斯所有地方法院审理重罪时都要采用陪审团制度，以确保当事人获得正当的审判程序，并最终获得公正的裁决。这一规定也标志着，作为一项重要的司法机制，陪审团制度已经在俄罗斯初步建立了起来。

5. 加强宪法法院的职能和作用。2001 年 5 月 23 日，普京向国家杜马提交了《关于执行宪法法院裁决法修正案》，针对宪法法院的裁决问题进行了一些补充规定，明确了各部门废除违宪法律的责任，执行宪法法院裁决的期限，以及不能及时履行宪法法院裁决所要承担的法律责任，等等。这些法案的实施有效地推动了对宪法法院裁判的执行，进而增强了宪法法院的权威和地位；2005 年，通过相关法律，普京取消了对宪法法院法官任期上的限制，只在年龄上对宪法法院法官有所限制，即宪法法院法官任职年龄的上限为 70 岁。对宪法法院法官任期上的保障，进一步促进了宪法法院法官的独立性。

6. 推动检察制度改革。2001 年 12 月 5 日国家杜马通过了《俄罗斯联邦刑事诉讼法典》，对检察机关职权做了重大变更：其一，取消了检察机关对法院审判的监督权；其二，取消了检察长适用强制措施的决定权，将

---

① JOC（法官评审委员会），是一个负责法官任命和提职的组织机构。

② 就刑事责任而言，只要由上级法院组成的三人专家小组做出裁决，并获得法官资格委员会的同意，那么总检察长便可对有关法官提起刑事诉讼。

涉及公民人身自由权、财产权、住宅权和通信自由权等限制公民自由权方面的强制措施的决定权转由法院行使。这样，原来主要是作为监督部门而存在的检察院系统，现在更多的则是致力于对公民权利的保障。

三　"梅普组合"时期的司法制度改革

梅德韦杰夫担任俄罗斯总统后，将司法改革作为其执政的重点。梅德韦杰夫在 2008 年的第一次国情咨文中，提出了司法体制改革的方向和目标：在今后四年里，主要是保障司法体系的相对独立，彻底铲除司法腐败。他采取的举措主要有：

1. 推动司法独立向纵深发展。如进一步增加司法部门的预算，提高司法透明度，允许法官终身任职而不是每三年就要经过克里姆林宫的确认，等等。

2. 重拳打击司法腐败。上任伊始，梅德韦杰夫即下令公开法院的司法裁决，将法官的审判置于公众的监督之下，以便于公众获得法院判决的相关信息，避免他们在信息不畅的情况下，对审判过程或结果进行任意猜测，从而增强他们对法院的信服和认可。另外，在遏制司法腐败方面，梅德韦杰夫任职期间对个别高级法官的腐败行为进行了严厉惩处，如莫斯科地区联邦仲裁法院主席柳德米拉就曾因从事不动产交易而遭到了联邦政府的查处。

3. 全面改革警察系统。一直以来，在俄罗斯提到警察，人们首先想到的就是腐败和不称职。俄罗斯警察的不端行为已成为俄罗斯社会的一大顽疾，不仅制约着俄罗斯经济的发展，也严重损害了俄罗斯的国家形象。对此，梅德韦杰夫执政期间，从法律制度和组织机构方面，对国家的警察体系进行了一系列改革：2011 年 2 月 7 日，梅德韦杰夫正式签署了《俄罗斯联邦警察法》，详细规定了警察的工作原则、权力及义务、采取强制性措施的条件、法律地位、甄选形式、社会保障和监督等。《俄罗斯联邦警察法》的出台对改革内务部的职能奠定了法律基础。根据该法律，内务部人员将于 2012 年 1 月 1 日前缩减 20%，届时，所有将被列入或已经被列入编制外的人员，须在通过必要考核后才可重新进入内务部机构。①

---

① 自此之后，一项法律草案在进入议会程序之前交由社会讨论将成为所有涉及社会意义的俄罗斯法律的必经程序。

4. 大力加强人权保障。梅德韦杰夫任职后，积极致力于改变俄罗斯的人权状况。在梅德韦杰夫的倡导下，俄罗斯宪法法院先后做出两项重要司法决定。一是 2009 年 11 月宪法法院正式宣布，俄罗斯将于 2010 年 1 月起停止使用死刑。① 虽然宪法法院宣布的废除死刑决定一时遭到了俄罗斯社会各方的质疑，但该决定在保障罪犯人权方面具有十分重要的意义，它意味着俄罗斯开始兑现其对欧洲委员会的承诺②，在人权保障方面已经进入了一个新的阶段；二是 2011 年 6 月 30 日宪法法院做出了一项裁定，认定国家公务员和政府官员具有公开批评国家和政权结构的权力，且某些公开言论是否属于被禁止的范围将由法院或专门的机构来判定。③

2011 年，在梅德韦杰夫的推动下，俄罗斯再次对《俄罗斯联邦刑事诉讼法典》进行了重新修正，针对 68 类罪行新增设了对罪犯监狱服刑之外的刑罚措施，取消了这些罪犯监狱服刑的最低期限。在刑罚政策方面的这些重大改变，意味着俄罗斯正在从传统的控诉模式转向对罪犯从轻处理的人道关怀，增强了对罪犯的人权保障，同时也使法官从"判处轻罪即被怀疑收受贿赂"的怪圈中解脱出来，为法官审理刑事案件提供了更为宽松的环境。在保障人权问题上，梅德韦杰夫时期值得一提的另一个重大突破，是他在 2011 年 5 月承诺：俄罗斯将履行其在欧洲人权法院的义务，而这一承诺在普京任总统期间却未曾提出过。

四　司法制度改革的评析

20 多年来，经过各项司法制度改革，俄罗斯的司法体系正在发生着深刻变化，司法的独立性和司法判决的质量都有了很大程度的提高，法院的裁决越来越开明和公正。这些变化一方面表明俄罗斯法院的地位更加独立，另一方面也说明俄罗斯法院的价值取向也在悄然发生改变，即在权衡国家权力与公民权利方面更倾向于保护后者。司法制度改革的积极意义主要表现在：推动了俄罗斯社会的法治建设，促进了俄罗斯人权保护状况的发展，为俄罗斯的政治经济转轨提供了有效的法律保障，相对减轻了欧洲

---

①　尽管 1999 年以来，俄罗斯的所有死刑判决事实上都被暂缓执行。然而，对是否要彻底废除死刑制度问题，俄罗斯国内一直存在激烈争论，反对废除死刑者不在少数。

②　1996 年俄罗斯加入欧洲委员会，之后签署了欧洲关于保护人权的第六号议定书，根据该议定书，俄罗斯从 1999 年起，暂停执行死刑。

③　RIA Novosti, 30 June 2011.

人权法院的审案压力。

虽然俄罗斯的司法制度改革取得了一定成效，但目前俄罗斯的司法体系依然存在一些问题，比如：在改革检察机关的过程中，有些改革措施因受到检察机关的公然抵制和对抗而难以推行；司法独立性问题仍未得到彻底解决。虽然目前俄罗斯在司法独立方面已经取得重大进展，但离实现真正意义上的司法独立还有不小距离。目前俄罗斯的司法腐败问题依然十分严重。

第四节　政党制度

根据《俄罗斯联邦宪法》第十三条第 1—5 款的规定：俄罗斯联邦承认意识形态多样性；任何意识形态不得被确立为国家的或必须服从的意识形态；俄罗斯联邦承认政治多样化、多党制；社会团体在法律面前一律平等；禁止目的或行为旨在以暴力改变宪法制度基础、破坏俄罗斯联邦完整性、破坏国家安全的社会团体的建立和活动，禁止建立军事组织，煽动社会、种族。以上规定，确立了多党制原则、多党制思想基础并对政党活动作了规范。从而，多党制作为俄罗斯基本政治体制的地位，最终以国家的根本大法——宪法的形式予以确认。

叶利钦时代多党制得以建立并逐步发展。1993 年宪法规定俄罗斯实行两院制，国家杜马的组织结构形式极大地促进了政党政治的发展，也预示着立法机构代表的组成，必须有新的法律规定。1993 年宪法通过不久，俄罗斯制定了国家杜马规则。俄罗斯国家杜马规则第十六条规定，在按联邦选区选举，即按党派名单竞选进入国家杜马的各竞选联盟的基础上，以及由按单席位选区当选，并愿意参加该议员联盟工作的议员组成的议员联盟称为议会党团。[①] 也就是说，议会党团是指议会中由同一政党或政党联盟的议员所组成的党派组织。它是各政党或政党联盟在议会中的重要权力机构。议会党团的主要功能是把本党或联盟党的议员联合成一个整体，建立议会中党的领导机构，沟通该党同该党议员之间的意见，协调立场，统一该党议员的行动，起到政党组织同政府和议会之间联系纽带的作用。

议会党团和政党之间互相联系，密不可分。议会党团的成员，同时也

---

① 邢广程等：《俄罗斯议会》，华夏出版社 2002 年版，第 162 页。

是本人所在政党的成员。加入议会党团的议员，一方面，形式上以杜马议会党团行事，事实上也是作为政党进行活动。另一方面，一个有影响的政党在议会中只有作为议会党团才能更好地展开活动。议会党团与政党在政治现实中总是相互协调立场。从这个角度看，议会党团和政党不能截然分开。俄罗斯国家杜马中相互竞争、相互辩论的议员，隶属于代表不同利益阶层的政党基础上的议会党团。议员在大选基础上组成了议会党团。议会党团首先需要内部磋商，形成统一意志。议会党团实际体现了一种团队精神，在杜马中保持一致，是议会党团的纪律约束。

可见，1993 年 12 月，根据新宪法和新的国家杜马选举规则举行的国家杜马选举成为俄罗斯多党制发展的重要里程碑。[①] 议会党团的出现，使各党派有了新的政治活动平台，促进了多党制在俄罗斯的进一步发展。而立法机构职能的明确，则促进了政党制度的完善。同时，只有政党制度的发展与完善，才能使立法机构更好地发挥政治职能。立法机构在政治体制中的控制与协调职能，促成俄罗斯的政党都必须具有至少三种职能。一是意识形态方面的职能，这可以表明该党是哪些社会集团利益的代言人。在此基础上，党形成自己争取上台执政的施政纲领。二是选举职能。党是任何一场选举运动的一种组织手段。三是组织政权的职能。党应该成为各权力机关之间有效的联系环节。

在普京前两届总统任期的 8 年间，俄罗斯的政党制度进入了一个规范化时期。按照相关法律所起的政治效果以及一些重大政治事件的影响来看，这一时期又可以划分为两个阶段：第一个阶段是 2000 年 1 月至 2004 年 9 月，这是俄罗斯政党制度发展的初步规范化时期，其特点是：《俄罗斯政党法》出台，并对俄罗斯政党政治及 2003 年的国家杜马选举产生了实质性的影响。第二个阶段是 2004 年 9 月至 2007 年 12 月，即俄罗斯政党制度规范化的确立时期。

在普京看来，通过规范化，俄罗斯的人权与自由得到了宪法的保障，民主政治体制业已形成，多党并立的局面已成为现实。俄罗斯需要做的是促使政党制度进一步规范化，这是建设公民社会和强力政权的必由之路。制定《俄罗斯政党法》的初衷也正是这一理念。普京认为，俄罗斯尚未形成真正的政党制度，目前的政党实际上都是追逐自身利益的政治俱乐

---

① В. Н. Краснов, Система многопартийности в современной россии. М., 1995г., с. 310.

部。2000 年 2 月 27 日，普京在"团结"全俄社会政治运动成立大会上就强调说，俄罗斯所缺少的就是能够把俄罗斯人团结起来、有威望的、形成了体系的党。应当为在俄罗斯形成几个全国性政党创造条件。普京认为，一个正常运转的国家可以实行有两三个或四个政党参加的多党制。为了在俄罗斯出现一些有生命力的政党，依照"政党原则"组建政府，普京向国家杜马提交了《俄罗斯政党法》，意在减少政党和政治组织的数量，使政党制度纳入法制化轨道，最终建立以两党或三党为基础的多党制国家。

　　正是基于以上的判断，普京认为制定政党法的必要性现已成熟。2001年 7 月 12 日，普京批准了《俄罗斯政党法》。该法案规定，一个政党必须不少于 1 万名党员，而且在一半以上的联邦主体建立有党的分支机构，每个分支机构不少于 100 名党员。据此规定，叶利钦时代形成的大多数政党、运动和其他各种政治组织真正符合要求的为数不多。《俄罗斯政党法》的实施有利于提高政党制度化水平，对俄罗斯规范政党活动和完善竞选运动具有重要意义。就政治发展而言，政党制度的规范化远比政党数量重要。一方面，最终形成的几个有影响力的大党会更有利于集中反映民众意志，进一步提高政治参与水平。另一方面，政党制度化和政治参与水平的提高无疑会促进政党和政党体系的稳定和强大。"在政治中，只有各派政党在政治市场上相互竞争，政党轮番执政才能产生前进的动力。问题是如何使这一市场变成文明的市场。在建立了有威望的大党之后，这可以大大减少某些偶然的代表进入杜马的机会，即可以建立起双重监督机制。"① 团结党议会党团领导人格雷兹洛夫也表示，制定政党法是俄罗斯走向文明社会的第一步。

　　《俄罗斯政党法》的通过使俄罗斯政治生态发生了积极变化。俄罗斯开始形成普京极力倡导的左、中、右"三党制"格局。不仅如此，俄罗斯政党力量对比变化很快在议会中得到直接反映。随着普京国家治理的深入进行，在 2003 年 12 月第四届国家杜马选举前夕，普京对政党制度的作用和发展前景有了进一步的阐述。普京认为，经过 4 年的国家治理，俄罗斯完善了选举制度，为发展真正的公民社会，包括为在俄罗斯建立真正强大的政党创造了条件。一方面，议会中的政党是国家政治机器的一部分，

---

① В. Лысенко, Пять Уроков Российского Парламентаризма, *Независимая газета*, 16 мая 2000г.

同时也是公民社会的一部分，而且是公民社会最有影响、最重要的一部分。只有国家与社会经常联系，才能使权力机关不犯严重的政治错误，而大的政党可能并且应该与社会保障这种联系。另一方面，真正发达的公民社会只有在大大减少国家机构的职能、克服各社会集团之间不信任的条件下才能出现。但重要的是，只有在全社会对国家所面临的战略任务有一致认识的情况下，才有可能出现发达的公民社会。而没有政党的积极参与也不可能创造这样的条件。①

基于上述认识，普京表示，2003 年 12 月的国家杜马选举将使俄罗斯多党制的发展朝着意图更加公开、行为更加有效、对俄罗斯人民更加负责的方向进入一个新阶段。而且，普京提出支持加强政党在社会生活中的作用的总方针。

2004 年 12 月 22 日，普京签署了《俄罗斯政党法修正案》，其中主要规定了全国性政党的党员数量不得低于 5 万人，并禁止地方性政党的建立。根据该修正法案，截止到 2007 年 9 月第五届国家杜马选举前夕，符合《俄罗斯政党法》规定的政党只有 15 个。②

"梅普组合"时期以及普京再次就任总统以来，俄罗斯继续采取措施，完善政党制度的规范化发展。2011 年 12 月 23 日，梅德韦杰夫向国家杜马提交了有关政党登记和总统候选人提名的两项法律草案，其中包括将组建政党的最低人数要求由目前的 4.5 万人降低至 500 人，取消关于政党各地区分部的成员最低人数限制以及至少在半数联邦主体拥有分部的要求。另外，政党提名的总统候选人和独立参选人的征集签名的数量大幅度减少，独立候选人为 30 万人，议会外政党候选人为 10 万人，同时取消政党需要征集签名才能参加国家杜马选举的规定。

经过修改的《俄罗斯政党法》于 2012 年 4 月 4 日起生效。截至 2013 年 2 月 27 日，共有 188 个政党组织在司法部申请备案。③ 获准注册的有 59 个政党。④

---

① Послание Федеральному Собранию Российской Федерации, 16 мая 2003 г, http://president. kremlin. ru/appears/2003/05/16/1259_ type63372type63374type82634_ 44623. shtml.

② Перечень зарегистрированных политических партий (из Федерального закона от 11 июля 2001 г, № 95 - ФЗ "О политических партиях"), http://www. cikrf. ru/politparty.

③ http://minjust. ru/node/2459.

④ http://minjust. ru/nko/gosreg/partii/spisok.

　　总的来说，经过20多年的政治体制转型，俄罗斯政党制度逐步走向稳定有序，可以说在俄罗斯议会中形成了一个较为稳定的政党格局。当然，如果按照西方经过几百年来形成的政党政治而言，俄罗斯政党政治尚不成熟，尚处于发展的初级阶段，离政党制度现代化还有很长的路要走。①

---

　　①　本章第二、三、四节是在由陆南泉主编的《转型中的俄罗斯》（社会科学文献出版社2014年版）一书第二编（"政治转型"）第三、五、六章（作者分别为李雅君、崔皓旭和庞大鹏）的基础上编写的，特此说明。

第十六章

政治民主现代化发展趋势

对普京治国的理念，俄罗斯发展道路或模式问题，一直是国内外学者极为关注的问题。我们在这一章仅从俄罗斯建立民主政治体制过程中出现的有关"主权民主"与威权主义两个问题做些简要分析，以此来探讨俄罗斯民主政治发展趋势。这两个问题既是理论问题，亦是俄罗斯在集权政治体制向民主政治体制转型过程出现的实际问题。

第一节 "俄罗斯思想"与"主权民主"

普京在 2000 年 5 月就任俄罗斯总统时，俄罗斯正处于数百年来最困难的一个历史时期，大概这是俄罗斯近 200—300 年来首次真正面临沦为世界二流国家，抑或三流国家的危险。普京面临的形势是十分复杂的，其中经济问题尤为突出。正是由于这个原因，普京提出了富民强国的竞选纲领，大声疾唤：战胜贫困，改善民众生活，要洗刷掉国家贫穷的耻辱，还国家以经济尊严。普京为了实现富民强国的经济纲领，一方面一直坚持叶利钦时期转型的大方向，即政治民主化和经济市场化。2002 年 4 月 18 日，他在联邦会议上发表的总统国情咨文中再次强调，俄罗斯发展的目标不变："这就是发展俄罗斯的民主，建立文明的市场和法治国家。"① 另一方面，针对叶利钦时期转型中存在的问题，对在政治、经济转型的具体政策等方面提出新思路与新方针，把转型的重点由过去主要摧毁旧制度转向主要建设新制度。

普京的治国思想，是他在 1999 年底发表的《千年之交的俄罗斯》纲领

---

① 《普京文集》，中国社会科学出版社 2002 年版，第 602 页。

性文章中提出的"俄罗斯思想"。① 它包含的内容是：（1）"爱国主义"，即对"自己的祖国、自己的历史和成就而产生的自豪感"，也是为建设强大国家的一种"心愿"；（2）"强国意识"，强调俄罗斯过去与将来都是"强大的国家"，这"决定着俄罗斯人的思想倾向和国家的政策"；（3）"国家观念"，即认为拥有强大权力的国家"是秩序的源头和保障，是任何变革的倡导者和主要推动力"；（4）"社会团结"，强调俄罗斯人向来重视"集体活动"，"习惯于借助国家和社会的帮助和支持"来"改善自己的状况"。十分明显，"俄罗斯思想"实质上是带有浓厚俄罗斯民族主义色彩的爱国主义，其核心是"国家"的观念，即突出国家的地位与作用，恢复俄罗斯的大国和强国地位。关于这一点，普京在 2000 年 7 月 8 日向俄罗斯联邦会提交的总统国情咨文中说得更加明确。他说："俄罗斯唯一的选择是选择做强国，做强大而自信的国家，做一个不反对国际社会，不反对别的强国，而是与其共存的强国。"② 普京认为，为了使俄罗斯成为强国，"需要有一个强有力的国家政权体系。历史已雄辩地证明，任何专制和独裁都是短暂的，只有民主制度才能长久不衰。尽管民主制度也存在着种种不足，但人类还没有想出比这更好的制度。在俄罗斯建立强大的国家政权，即是指建立一个民主、法制、有行为能力的联邦国家"③。

普京上台执政时，需要在一系列重大政策方面作出选择，进行调整，因为"他接受的是一个烂摊子"④。或者像俄罗斯著名的历史学家、传记与政论作家罗伊·麦德维杰夫说的："弗拉基米尔·普京是在国家处于非常条件下上台执政的。俄罗斯经济衰弱，国家政治上软弱无力，而且出现联邦解体的危险，这一切汇合成一个危险——似乎很少有什么东西能够使国家复兴，国民已经厌倦了 20 世纪的诸多尝试。这种情况下普京总统和他的班子就负有特殊责任。"⑤

普京面对上述局面，一方面要充分利用已形成的改革潜力，调整政

---

① 关于"俄罗斯思想"基本内容的论述，详见《普京文集》（中国社会科学出版社 2002 年版）第 7—10 页。

② 《普京文集》，中国社会科学出版社 2002 年版，第 78 页。

③ 同上书，第 10—11 页。

④ ［俄］叶夫根尼·普里马科夫：《临危受命》，高增训等译，东方出版社 2002 年版，第 222—224 页。

⑤ ［俄］罗伊·麦德维杰夫：《普京时代——世纪之交的俄罗斯》，王桂香等译，世界知识出版社 2001 年版，第 14 页。

策使转型进程继续下去，使俄罗斯避免陷入沦为世界上二流甚至是三流国家的危险；另一方面，要避免上述危险，又要克服种种困难，把精力用在改革上，而要做到这一点，需有一种思想把俄罗斯社会团结起来，不再是一盘散沙。为此，普京强调，在"一些重要问题上意见一致是十分重要的，例如，大多数俄罗斯人所期望和关心的是目标、价值观、发展水平这些问题。我国的改革艰难而缓慢的原因之一就是公民不和睦，社会不团结。精力都耗费在政治内讧上，没有用在解决俄罗斯改革的具体问题上"①。笔者认为，以上是普京提出俄罗斯思想并把它作为治理俄罗斯的指导思想的基本出发点。另外，俄罗斯思想的提出，与俄罗斯经济衰退的严重性有关。普京充分意识到，不振兴经济，就体现不了俄罗斯思想中的一个重要内容——树立起强国意识。对此，普京说："应保证在比较短的历史时期里消除持续已久的危机，为国家经济和社会快速和稳定发展创造条件。我想强调，必须尽快快速发展，因为俄罗斯已经没有时间晃来晃去。""达到应有的增长速度，不仅仅是一个经济问题，这也是一个政治问题；我不怕讲这个词，从某种意义上来说，这是意识形态问题。更准确地说，它是一个思想问题、精神问题和道德问题。而最后一点，从团结俄罗斯社会来说，在现阶段意义尤其重大。"②这就是为什么普京执政以来一直不断地、反复地强调要快速发展经济的根由。还应指出的是，俄罗斯思想的提出，与普京有强烈的爱国主义和维护国家利益的思想有关。

普里马科夫在普京上台执政不久的 2001 年，在莫斯科思想出版社出版了《8 个月加……》（中文本译为《临危受命》）一书，该书最后一章的题目是"从叶利钦到普京"。他在书中说："通过与普京的多次谈话我开始清楚，他是一个爱国者。他没有大国沙文主义观点，也不把方向定在与左派或右派接近上。他的政治好恶服从于自然是他所认识到的俄罗斯国家利益。""我对弗拉基米尔·弗拉基米罗维奇·普京的许多做法表示钦佩。无疑他是一个能干的人，能够迅速深入到事情的实质，善于对各种不同的听众发表演说，遇事冷静、能克制、有知识。"普里马科夫还根据普京执政一年来的情况分析，已看出他与叶利钦在以下三个方面有所区别，

---

① 《普京文集》，中国社会科学出版社 2002 年版，第 8 页。
② 同上书，第 6—7 页。

或者说出现了"遗传链的断裂"：第一，普京努力巩固垂直的执行权力，并竭力从事实上解决；第二，如果说叶利钦讨好俄罗斯地方的领导人，建议他们"能够吞下多少主权，就夺多少主权"，那么普京显示了限制他们权力的方针，特别是在反宪法和非法活动方面；第三，严肃处理违法者和利用自己的地位干违背各阶层大多数人民利益的官员。普里马科夫认为，"所有这些措施，勾画了新总统政策的轮廓"①。叶利钦在其回忆录中写道，他选择普京最主要的原因是："此人既对民主和改革感兴趣，又是一位坚定的爱国主义者，总是以国家利益为重。对于这一点，我了解他的时间越长，越是坚信不疑。"②

在 2004 年 3 月初，普京总统在莫斯科郊区官邸接受法国《巴黎竞赛画报》记者采访时，谈了自己是如何在执政 4 年后向社会坦言自己思想、政策与个性的。普京谈到"专制的民主"问题时说："我不同意有人针对俄罗斯使用'专制的民主'这一说法。""没有一定的基础，民主根本无从谈起，如果经济发展达不到某种水平，这种基础也就很难建立起来。比如俄罗斯，我们就面临着建立一个有效的、确保人人守法的法制环境问题。"关于"国家"，普京说："如果说在我任期内取得什么骄傲的成就，我认为是恢复了国家的威望。在我上台之时，宪法已经失去根本大法的性质。处处都出现了分离主义的倾向。地方不交税，一些地区还想发行自己的货币，北高加索处于内战状态。如今恢复了统一的法律空间，地方上不再违反宪法。与此相伴的是经济逐年增长。"谈到彼得大帝时，普京说："我非常尊重彼得大帝，但并非认为他说的话都对。我也不同意彼得大帝的这种说法：只有让人怕俄罗斯，俄罗斯才会受到尊重。只有当俄罗斯借助经济发展在民主国家占有自己应当占有的一席时，它才能赢得尊重。只有这样，俄罗斯才会成为一个稳定国家。"

根据上述对普京其人思想的评述，通过普京执政期间对一些重要问题发表的言论，再通过他执政以来推行的政策，笔者认为，普京的所作所为，都体现了他提出的作为治国思想的俄罗斯思想。这里可以看到，把俄罗斯建设成为一个"强国"，是普京步入政坛以来最为重要的政治理想。这也集

---

① ［俄］叶夫根尼·普里马科夫：《临危受命》，高增训等译，东方出版社 2002 年版，第213、215—216 页。

② 转引自［俄］罗伊·麦德维杰夫《普京时代——世纪之交的俄罗斯》，王桂香等译，世界知识出版社 2001 年版，第 2—3、368—369 页。

中体现了他的爱国主义。为了实现这个理想，他首先要做的是建立强有力的国家政权，反映其强权治国的思想，以此来保证社会的稳定和社会的团结与和睦；其次是把经济搞上去，在此基础上提高人民生活水平，这是强国的基础；最后，在对外政策方面，一切都要服从俄罗斯的国家利益。

有学者提出：普京治国理念的形成与发展在总体上可以划分为两个阶段。1999 年 12 月至 2005 年 4 月为"俄罗斯新思想"时期，形成了普京 8 年执政的思想基础，并在此基础上提出强国战略，也逐渐形成了普京特色的发展模式。2005 年 4 月至 2008 年 5 月为"主权民主"思想时期，概括了普京执政 8 年的政治模式及发展道路，并在"主权民主"思想的基础上提出"普京计划"。2012 年普京再次就任总统后发表国情咨文，重申了"主权民主"的核心理念。[①] 笔者认为，俄罗斯思想与"主权民主"提出的历史背景虽有不同，但不能把两者视为普京在不同时期的两种治国理念。主权民主提出前，在 2000 年先提出"可控民主"这个概念，甚至有人把"可控民主"与"可控市场"说成是普京的发展道路即俄罗斯社会的发展道路。实际上"可控民主"是针对叶利钦时期的无政府主义由此造成的社会无序而言的。如果这种状况不克服，就不可能使政局稳定，建立起必要的社会秩序。到 2005 年 4 月 28 日，在《俄罗斯报》发表的《主权民主：普京的政治哲学》一文，第一次提出了"主权民主"的概念。这时提出"主权民主"的主要背景是为了应对西方国家的"颜色革命"，即要防止西方国家主要是美国，利用民主化的旗号达到颠覆、控制别国的目的。另外，针对西方国家为俄罗斯国内非政府组织提供资金支持其活动，俄罗斯为了对这些非政府组织加强管理，制定《非政府组织法》。在此过程中，俄罗斯与西方国家之间产生不同看法并发生争论。在此情况下，普京开始宣传"主权民主"的思想与概念。"主权民主"最重要、最核心的内容是：推进民主不能影响国家主权，就是说，俄罗斯推进民主政治应服从于维护与加强国家主权的要求，并把维护国家主权放在首位。为了维护国家主权，俄罗斯决定要自主地决定向何处去，走什么样的发展道路，建立什么样的民主体制模式，不允许别国干涉，也不能容忍别国利用推进民主而谋取利益。在强调主权的同时，俄罗斯也一再表示，要积极推进民主政治进程，在俄罗斯不存在所谓专制的民主，民主是建立在

---

① 　陆南泉主编：《转型中的俄罗斯》，社会科学文献出版社 2014 年版，第 74 页。

法制化基础上的，俄罗斯已走上了民主化之路，绝不会回头。

有关"主权民主"的一些论述，实际上在1999年普京发表的《千年之交的俄罗斯》一文中有所提及，如提出："每个国家，包括俄罗斯，都必须寻找自己的改革之路。"强调说："俄罗斯需要一个强有力的国家政权体系，也应该拥有这样一个政权体系。"

根据笔者的研究，从普京2000年开始执政一直到目前为止，乃至今后时期，他的治国理念都没有离开过"俄罗斯思想"的基本内涵，不同的则是在不同的具体条件下，体现"俄罗斯思想"的具体政策、侧重点不同而已。

第二节　威权主义问题

西方国家一直对普京的政治民主化持怀疑态度，认为在他执政下的俄罗斯在向传统的政治体制回归，甚至说普京日益斯大林化，等等。另外，国际社会普遍认为，普京的治国理念与政策，体现了威权主义，它是俄罗斯的主要政治形态，从而削弱了政治民主化进程。人们对威权主义政体，一般认同为介于民主政治体制与专制政治体制之间的过渡性政治形态，特别是像长期实行集权政治体制的原苏东国家，在转型的初期，在政治现代化的起步阶段，一般都会有以威权主义政治形态作为过渡的阶段，至于过渡时间长短，由各国的具体民族、文化、历史传统与经济社会等因素决定。

俄罗斯威权主义政治主要表现在以下几个方面。

一　实行以总统集权为核心的最高国家权力机构

1993年通过的《俄罗斯联邦宪法》用了很大的篇幅确立总统权力（共16条）。总统掌握着国家的人事、军队与外交大权，直接领导政府。政府总理同时对总统和议会负责，但实际上议会对政府的牵制能力非常有限。"总统可以独立地做出解散国家杜马的决定，无须同总理和议会两院磋商；总统发布的命令也无须总理或有关部长签署；总统有权根据自己的动议决定政府辞职等。"[①] 俄罗斯宪法规定：政府总理人选由总统提出、

---

① 刘向文、宋雅芳：《俄罗斯联邦宪政制度》，法律出版社1999年版，第27页。

国家杜马批准。但宪法又规定：如果国家杜马三次否决总统提出的人选，总统可以直接任命总理，可以宣布解散国家杜马，进行杜马的重新选举；如果杜马对政府提出不信任案，总统有权宣布政府辞职或否决国家杜马的决议；如果国家杜马在三个月内再次对政府表示不信任，则总统有权宣布政府辞职或直接解散国家杜马。

从《俄罗斯联邦宪法》规定的总统权力来看，俄罗斯总统权力要比美国总统大，有人称俄罗斯是"总统集权制"或"超级总统制"。有关俄罗斯总统的权限规定，详见《俄罗斯联邦宪法》。

二 政治上的集权化

普京执政以来，为了建立一个强有力的国家政权体系，强化国家权威，政治上的中央集权化呈不断加强的趋势。其原因正如我们在前面提到的，主要是在叶利钦时期存在一系列严重的社会经济问题：腐败盛行，贪污腐败和团伙犯罪已经达到创纪录的地步。据 2003 年的报道，国家杜马的 450 名议员中有 93 位在选举时正受到刑事调查，其中许多人有前科。俄罗斯官员通过贪污获得了 400 亿美元。全国有 1 万个犯罪组织，它们从国家和私营企业以及外国企业手中收取"保护费"。16% 的警官收受犯罪团伙的钱财①；有组织的经济犯罪日趋严重，据俄内务部透露，有 500 多个犯罪集团控制着 2000 家商业企业和 700 家银行，这些犯罪集团的 4500人涉嫌卷入在俄罗斯的洗钱活动；缺乏统一的法律空间；地方主义泛滥，中央对地方严重失控；对恐怖主义束手无策，车臣问题是个典型例子；国家对媒体显得无能为力；逃税的影子经济猖獗；大量资金外流；等等。普京认为，产生这些弊病的根源是国家的软弱无力。因此，普京在政治领域的整治政策是，加强国家权力机关的权威，增强中央的集权。这也是普京每次讲话反复强调国家作用的基本原因。他在 2001 年发表的国情咨文中讲：巩固国家是战略任务。通过加强所有机构和各级权力机构来巩固国家。不解决这个关键问题，俄罗斯就无法在经济和社会领域取得成就。②

普京为建立强有力的国家，提出的方针是，坚持整顿权力机构的秩序，并逐步实现国家现代化。这方面的主要任务是：完善政治制度；实际

---

① ［美］《战略预测网络周刊》2003 年 10 月 15 日。

② 参见《普京文集》，中国社会科学出版社 2002 年版，第 271 页。

改善联邦主体的条件和建立发展俄罗斯的法律保障。

从普京执政头 4 年的情况来看，在国家权力的整顿与建设方面取得了不小进展：调整了中央与地方的关系，强化了联邦中央的权威，加强了对地方的控制；加强了对新闻媒体的控制与引导，2001 年 4 月 26 日俄罗斯国家杜马通过了《新闻媒体法修正案》；推进政党制度建设，2001 年已通过《政党法》；采取措施排除寡头对政治的干扰；加快司法改革，加大对腐败的打击力度；下决心加快行政机构的改革，目的是消除官僚主义、官员腐败和管理低效对社会经济发展的阻碍作用。

普京在 2004 年 3 月 15 日凌晨当选总统获得连任后，同媒体见面时就强调："对俄罗斯这样一个复杂、处于发展转折关头的国家，没有最高国家权力和管理机关是不可想象的。这将导致混乱。所有的人都将受害。这是不能允许的。"现在的问题是，如何认识普京执政以来在政治上出现的中央集权化趋势。这种中央集权会发展到什么程度，会不会发展到极权，乃至独裁。从普京来说，他一再强调，他绝不会回到斯大林时期的那种体制轨道上去。普京早在 1999 年 12 月发表的《千年之交的俄罗斯》一文中强调指出："现今俄罗斯社会不会把强有力的和有效的国家与极权主义国家混为一谈。"俄罗斯在建立强有力的国家政权体系的同时，并"不呼吁建立极权制度"①。在回答对昔日俄罗斯帝国的强盛是否有"怀旧感"的问题时，他说："没有，因为我认为，帝国治理形式不会长久，是错误的。它导致垮台。"② 在谈到成立 7 个联邦区与任命总统驻各区全权代表会不会恢复过去的那种中央集权制度时，普京回答说："我们不应该倒退到苏联式的过度的中央集权体制。我认为，这是一种效率不高的管理体制。"③ 普京在 2003 年 11 月 13 日出席俄罗斯工业家和企业家联盟第十三次代表大会时讲："俄罗斯不会回到老路上去。这绝对不能。"④

三 强化国家总统权力

普京开始第三任后，在恢复"梅普组合"时期被打乱了的以总统为中心地位的权力结构的同时，进行了一些强化总统权力的改革措施。这主

① 参见《普京文集》，中国社会科学出版社 2002 年版，第 9—10 页。
② 同上书，第 184 页。
③ 同上书，第 399 页。
④ ［俄］《消息报》2003 年 11 月 15 日。

要有：一是扩大总统办公厅的规模与职能，将总统下属的局由 5 个扩大到了 22 个。二是增设直属总统的委员会，由 26 个增加到了 30 个。一些主要部门由总统直接掌控，总统还亲自出任经济现代化与创新发展、经济、能源、生态安全与民族关系等委员会的主席，特别是在能源与军工等关键部门，总统握有掌控的主导权。

以上一些情况说明，俄罗斯政治生态有着明显的威权主义色彩。它的形成除了具有特定的历史背景外，还应看到，俄罗斯民族有着悠久与深厚的专制独裁传统，沙俄时期没有政治民主，苏联时期没有民主，只是到了1991 年苏联解体后进行体制根本性转型后才开始政治民主的进程，因此，人们把国家的进步、民族的振兴寄托在有一个好皇帝的意识，乃是有其思想与文化基础的。

第三节　威权主义会发展为极权主义吗？

如何认识普京执政以来在政治上出现的中央集权化趋势？这种中央集权会发展到什么程度，会不会发展到极权，乃至独裁？从普京来说，他一再强调，他决不会回到斯大林时期的那种体制轨道上去。普京早在 1999年 12 月发表的《千年之交的俄罗斯》一文中强调指出："现今俄罗斯社会不会把强有力的和有效的国家与极权主义国家混为一谈。"俄罗斯在建立强有力的国家政权体系的同时，并"不呼吁建立极权制度"[1]。

笔者认为，俄罗斯政治上的集权化不大可能发展到极权化或变为独裁政治。关于这个问题提出以下几点看法：

第一，普京实行的政治集权化政策，是在俄罗斯特定条件下采取的一种措施。当俄罗斯社会经济有了较为稳定的基础，就是说，政治集权化最终就可能将服务于民主进程的发展。当然，这个转化是一个很长的过程。

第二，普京提出的治国思想——俄罗斯思想，"是一个合成体，它把全人类共同的价值观与经过时间考验的俄罗斯传统价值观，尤其是与经过20 世纪波澜壮阔的 100 年考验的价值观有机地结合在一起"[2]。政治民主是全人类共同文明与价值观中最为重要的内容。因此，今后俄罗斯社会的

---

[1]　《普京文集》，中国社会科学出版社 2002 年版，第 9—10 页。

[2]　同上书，第 10 页。

发展，排除政治民主，或者说一味地实行"主权民主"方针，这在理论上也很难说得通。正如普京在2004年5月发表的总统国情咨文中所说的："我国人民的意志和俄罗斯联邦的战略利益要求我们忠于民主价值。"

第三，虽然俄罗斯的政治体制还远不能说已完全定型，今后一个时期，仍有不少影响政治体制的不确定因素，比如：总统的地位与权限最终如何确立；进一步完善政党制。现在的政权党统一俄罗斯党仍是一个官僚党，它在议会中占了2/3以上的席位，这样容易成为"一党制"。在这种情况下，一旦出现问题，全部责任都将落到普京身上；今后政府内阁是一种具有较大独立性的责任内阁，还是靠总统班底运行权力；今后联邦与地方之间如何实现均衡的分权等。这对俄罗斯联邦制如何发展有着很大的影响，这些不确定因素，对俄罗斯今后政治上集权化的发展趋势，将从多方面产生影响。但是应该看到，俄罗斯经过20多年的社会变迁，大致形成了三权分立的政治体制的框架。以上的一些不确定因素，经过一段时期的改革和各种关系的磨合，更有可能朝更符合现代化的政治体制方向发展，政治体制走向成熟化和法制化。在此过程中，政治集权化将渐渐地削弱，而民主化将渐渐地发展。

第四，从国际背景来看，当前的俄罗斯与20世纪二三十年代的斯大林执政时期的苏联根本不同。俄罗斯走向极权必然会遭到西方的反对。再说，俄罗斯如果把自己重新孤立起来，不融入世界经济，那么要达到振兴的目标也难以实现。

当然，作为苏联继承国的俄罗斯，推行民主政治的过程将是曲折的，不会是很顺利的。普京在2004年的总统国情咨文中说："年轻的俄罗斯民主在其形成过程中取得了显著成绩。谁今天不愿意承认这些成就，谁就不够诚实。但我们的社会体制还远远谈不上完善，我们应该承认：我们正处于起点。"

第四节　普京面临的民主政治改革的难题

一　从 2012 年总统大选出现的"反普"与"挺普"缘由说起

2012年3月4日，俄罗斯进行总统大选。普京以63.6%的得票率在大选中首轮胜出。这次选举虽没有悬念，但较为热闹，各政党竞争激烈，在俄罗斯很多城市出现了集会游行的街头政治。如何从这次大选分析普京今后在推进民主政治改革的走向，成为普遍关注的问题。

（一）围绕大选在俄全国各地出现"反普"集会游行的缘由

在选举过程中，反对派发动了集会，表面上是反对选举不公正，存在舞弊，实际上是多年来"去普京化"不断发酵的表现。"反普"有其深层次原因。

第一，反对政治垄断，把国家政治成为"普梅"两人的游戏，厌恶"普梅"两人的"政治二人转"，认为这种"王车易位"在看似不违宪的名义下践踏民主，是民主的倒退，不利于俄罗斯民主改革，也反映了俄民主制度的缺失，并体现了加强政治竞争性的政治诉求。俄不少人士还认为，普京团队的稳定结构，导致精英的流动性不强，削弱了政治参与的广泛度。可以说，这些看法与诉求在苏联解体 20 年来是前所未有的，也是要求政治民主不断发酵的结果。

第二，与上述问题相关，俄罗斯不少民众对普京时期存在的威权主义政治模式，对一个国家依赖于某一个强权人物来主导，表示不满，认为这显然是与民主政治相违背的。

第三，严重的腐败问题得不到解决。这主要是由于官僚集权政治体制长期没有从根本上得以解决，反映在办成什么事都要靠行贿，连妇女生孩子找产科医生也要行贿。

第四，贫富差距拉大，俄仍然有相当一部分人处于贫困状态。社会不公正问题，引起了人们的不满。普京在 2012 年 2 月 23 日"祖国保卫日"发表的讲话中承认："俄罗斯目前存在诸多问题——不公正、不平等、受贿、贫困。"与此相关，俄罗斯市政公用服务收费过高，收费公司随意性大，价格高得让老百姓无法承受。另外，科学、教育、卫生事业拨款不足。这些亦是"反普"的一个重要因素。

第五，国家现代化没有取得重要进展，长期以来俄罗斯经济发展过多地依赖于世界市场上能源价格的上涨。2009 年，石油价格大幅度下跌，一下子使俄罗斯 GDP 下降 7.9%。

总的来说，"反普"反映了相当一部分民众对民主政治改革的强烈诉求。

（二）"挺普"成为民意主导地位的深层次原因

第一，众多的俄罗斯人把普京视为稳定的象征。在"挺普"的集会上，支持普京的民众，相信普京能够引领国家实现稳定和发展，他们不希望在俄发生突然改变政策，搞忽"左"忽右的政策，不要再出现动荡。在俄第二大城市圣彼得堡，"挺普"集会主题是"我们不要大动荡，我们要伟大的俄罗斯"。人们举的标语牌有："不要橙色革命发生在俄罗斯"、"不要瓦解俄罗斯"、"不想回到90年代"。俄民众都记得，普京在接替叶利钦之后的执政时期，通过调整与整治政策，使俄罗斯结束了混乱无序的政治，并使市场经济向有序方向转变。

第二，众多的俄罗斯人把普京视为实现强国的象征。普京前两届执政时期，经济得到了大的发展，GDP年均增长率达到7%。恢复俄罗斯在世界上的大国地位，成为强国，这也是广大俄罗斯人一直追求的梦想。普京一直强调，俄罗斯要集中力量发展经济，加强军事力量。这对富有俄罗斯民族主义的广大俄罗斯民众来说，是得到认可的。

第三，众多的俄罗斯人把普京视为实现国家尊严的象征。由于实行以上的国内政策，加上在对外政策方面坚决捍卫俄罗斯的国家利益，不当西方的"应声虫"，坚决反对"阿拉伯之春"、"颜色革命"，从而赢得了国家尊严。这对富有强烈民族自豪感和做强国意识的广大俄罗斯人来说是十分重要的。

第四，人们认同普京执政时期关注民生的政策与取得的成就，这也是支持普京的一个不可忽视的因素。普京执政时期，还实行了超前的收入分配政策，即工资的增长速度超过GDP的增长，还提出让老百姓看得起病、上得起学和买得起房的政策。

第五，广大民众"挺普"，也反映当今社会广大俄罗斯人的心态。在"挺普"的人群中，在以下问题上存有共识：一是希望俄罗斯在政治领域提高透明度，更加开放，需要推进政治体制改革；二是要渐进地进行改革，不是革命，不要因改革出现社会混乱乃至动荡；三是在客观上都认识到，当今在俄罗斯还没有比普京更合适的总统候选人。应该说，以上观点也得到了部分"反普"民众的认同。

从以上的分析可以看到，普京在2012年总统大选中，尽管遇到一些阻力，但支持他的民意仍占主导地位，加上反对派阵营成员复杂，没有统一的政治主张和纲领，没有一个可以被多数人接受的领袖人物，没有组织，所以，普京赢得大选并不困难。俄罗斯国内与国际上不少有识之士认为，普京的困难并不在于能否赢得大选，而是在选举后如何解决面临的种种难题，取得新的辉煌。

二　面临两难的民主政治改革

正如前面所指出的，"反普"的根由是反对政治垄断，认为普京在践踏民主，因此，"反普"反映了部分民众对俄民主制度的缺失的强烈不满与加强政治竞争性的政治诉求。与上述问题相关，俄罗斯不少民众对普京时期存在的是威权主义政治模式，对一个国家依赖于某一个强权人物来主导表达不满，认为这显然是与民主政治相违背的。总的来说，"反普"的发酵告诉我们，如果在 20 世纪 90 年代中期至 21 世纪初期，所关心的是生存问题，但物质生活条件明显改善后，就开始要求改革，特别是要求政治体制改革，转而开始关心政治问题，特别是关注民主、自由问题。这在高智商群体中反映得尤为明显。从参加"反普"的人员构成也可说明这一点，60% 的参加者不到 40 岁，70% 的人受过高等教育。从选举投票的地区来看，边远落后地区"挺普"力量大，远东等边远地区支持普京的一般为 60%—70%，车臣高达 99.7%，而莫斯科仅为 49.2%，大富豪（拥有 180 亿美元财产）普罗霍罗夫在莫斯科的得票率为 20.45%，超过久加诺夫，居第二。在莫斯科大学投票的排行榜中，普京竟排在末位，只得 87 票，而排在第一名的是普罗霍罗夫。青年人选择了普罗霍罗夫，这是因为他本人就很年轻（46 岁），选民愿意看到新面孔，防止国家再度集权化。

应该说，普京通过这次大选清楚地认识到民众对政治的垄断、威权政治的强烈不满，因此必须推进改革，特别是政治体制改革，改革的方向是进一步推进民主政治。普京应该考虑到，过去在俄罗斯尚存在威权政治的空间，但现在人们越来越对威权政治、强人政治感到厌倦，威权政治的空间日益狭窄。据凤凰卫视 2012 年 4 月 5 日的采访，莫斯科市民谈不满普京的原因时说：俄罗斯到该换人的时候了。所以，普京当选后，推进政治民主已成为必然，或者说，普京面对着不得不改的巨大压力。据俄罗斯时事评论网 2012 年 2 月 6 日的报道，普京在会见政治家们时坦承，自己当选后最大的任务是在俄罗斯创建一种体制，使国家命运不会被 1—3 人左右。但普京在推进民主政治改革时强调，不可能一蹴而就，"要特别谨慎"。普京在竞选过程中发表的《俄罗斯的民主制度》一文中说：俄罗斯政治制度需要重塑，但不要指望外部模式。他坚持说，俄罗斯需要一个强有力的政府。在普京看来，如大步推行民主政治改革，会削弱强大的联邦中心与他个人的威权，并会影响普京依赖的已安插到 70% 的要害的强力部门的要职人员的利益，而且稍有不慎就会影响政局稳定。普京在上述文章中还说："真正的民主不是一蹴而就的，也不能仅在表面上复制。"但是，如果民主政治改革缓慢又将引起反对派的强烈不满，难以推动经济发展。所以，如何推进民主政治的改革，对普京来说，不能不说既是难题又是重大挑战。

笔者认为，普京很可能在头几年依然维持现有的政治模式，之后逐步向民主政治体制转型。在这转型过程中，推行"可控民主"、"主权民主"政策将更具弹性、灵活性与柔性。当前普京要做的事是，缓解与政治反对派的矛盾，处理好与其他政党的关系。普京会努力避免冲突升级，不会动粗，而更多的是疏导。

通过以上的分析，关于今后俄罗斯民主政治体制发展趋势，可以得出的基本看法是，当前推行威权主义政治形态，是一种过渡性质的，是俄罗斯政治转型过程中特定历史背景下产生的，随着体制转型的深化，在国内外各种条件影响下，威权主义不可能成为俄罗斯长期的政治形态，目前的集权也不可能发展为独裁，更不可能回到斯大林时期的那种极权体制，但在俄罗斯，由威权主义转向民主主义是个较长的时期，将是一个较为缓慢的过程。

第十七章

转向市场经济体制是经济发展
朝向现代化的重要条件

从转型视角研究俄罗斯经济现代化问题，一个十分重要的内容是由高度中央集权的指令性计划经济体制转向市场经济体制。这一转型既是经济体制本身实现现代化的基本要求，亦是促使经济发展朝向现代化的重要条件。

第一节　向市场经济体制转型的启始阶段

俄罗斯于1992年1月2日正式启动向市场经济转型。研究俄罗斯经济转型的复杂性在于：一是俄罗斯作为苏联继承国，它是中央集权的计划经济体制的发源地，实施这一体制的时间最长。因此，俄罗斯经济转型任务最为艰巨，在转型过程中出现的问题极为复杂，转型危机也十分严重。二是俄罗斯经济转型与国家制度变迁紧密联系在一起，是同一过程，这样，经济转型过程中掺杂了很多复杂的政治因素。俄罗斯经济转型任务远未完成。普京在2008年的一次讲话中尖锐地指出："俄罗斯经济今天所面临的问题主要就是效率极低。""国家管理的一个主要问题依然是权力过分集中。"俄罗斯经济转型在继续进行之中，还在不断深化。

一　转型启始阶段有关向市场经济过渡方案的讨论

斯大林之后的苏联历次经济体制改革都未取得成功，个中缘由很多。如果从经济角度来看，最为重要的共同性原因是不把建立市场经济体制模式作为改革目标，与此相关，改革未能触及所有制。如果从政治角度来看，苏联历次经济体制改革都没有与政治体制改革结合起来，政治体制成为经济体制改革的主要障碍。

到了戈尔巴乔夫执政的后期，经过激烈争论，到 80 年代末，在俄罗斯才普遍认为，必须实行市场经济体制，除了向市场经济过渡外，别无选择。

关于这一问题，已在戈尔巴乔夫执政末期即 1990—1991 年讨论向市场经济过渡时，争论已十分激烈，并提出了一些过渡方案。著名经济学者，时任苏联部长会议副主席、经济改革委员会主席的阿巴尔金院士，根据过去几年经济改革的经验和其他国家改革的实践，提出了经济改革的构想，并勾画了苏联新型经济体制的基本特征：所有制形式的多样化，它们之间是平等和竞争的关系；所得收入的分配应符合在最终成果上的贡献；将与国家调控相结合的市场变成协调社会主义生产参加的活动的主要工具；在灵活的经济和社会基础上实行国家调控经济；将公民的社会保障作为国家最主要的任务。构想中对向市场经济过渡的几种方案进行了比较研究。这些方案分别被称为"渐进的"、"激进的"（后来被称为"休克的"）和"适度激进的"三种，并对三种方案的基本特征和预期结果进行了比较（见表 17 – 1）。

表 17 – 1 　　　　　　　　　　　　　　向市场经济过渡的三种方案

	主要特点	预期结果
渐进方案	1. 用适当的速度循序渐进地进行改革； 2. 主要采用行政方法调控正在形成的市场和通货膨胀； 3. 逐步减少国家订货，控制物价和收入的增长	1. 可以逐渐适应变化，最大限度地减少剧烈变革造成的损失； 2. 延缓改革，采取措施的效果不明显以及不足以克服负面影响； 3. 有生产大幅下降、商品短缺和社会问题加剧的危险
激进方案	1. 短期内彻底摧毁现有结构； 2. 同时消除市场机制运作的所有障碍； 3. 大量减少国家订货，几乎完全取消对价格和收入的控制； 4. 大范围地向新的所有制形式过渡	1. 寄希望于快速建立市场的成效； 2. 有货币流通出现混乱的危险，通货膨胀失控的可能性很大； 3. 大量破产，生产大幅下滑，出现大范围的失业； 4. 生活水平严重下降，居民收入差距拉大，社会紧张局势加剧
适度激进方案	1. 采取系列激进措施，为向新机制过渡创造启动条件； 2. 建立积极调控市场的组织机制； 3. 落实巩固和发展新的经营体制的措施； 4. 对价格、收入和通货膨胀在所有阶段进行监控，对低收入阶层提供强有力的社会支持	1. 能在相对短的时间内获得改革的明显效果； 2. 快速形成市场； 3. 遏制生产下降和财政赤字增长，控制通货膨胀； 4. 居民适应市场经济条件的环境比较宽松，缓解社会紧张局势

资料来源：［俄］列·伊·阿巴尔金：《阿巴尔金经济学文集》，李刚军等译，清华大学出版社 2004 年版，第 91 页。

在阿巴尔金的构想中，提出了大量有利于第三种方案即适度激进方案的论据。据当时社会民意调查，赞成第一种方案的占 10%，赞成第二种方案的占 30%，赞成第三种方案的占 60% 以上。在构想中，还规定了实施适度激进改革方案的三个阶段：第一阶段已经于 1988 年开始，并在 1991 年初结束。1990 年应该是执行稳定国内经济形势的刻不容缓措施并制定关于建立过渡时期经济机制的一整套措施的关键时期。第二阶段跨越了 1991—1992 年，在这一阶段应该实施一整套同时推行的措施，并启动新型的经济机制。第三阶段是实施激进经济改革计划的结束阶段，它包括 1993—1995 年。阿巴尔金认为，鉴于当时的实际情况，这一方案是逐步实行激进的经济改革最明智、最周到的方案。因为，该方案有以下的优越性：它在允许价格和工资有控制地增长的同时，能够无须依靠行政性措施最终制止财政亦字的增长和生产的下滑，为市场的形成开辟现实的道路；建立有效的对居民的社会支持体系，补偿因涨价、下岗和接受再培训等造成的大部分损失，这能够缓解过渡时期的困难，帮助人们尽快适应市场经济条件，能够刺激劳动生产率和经营积极性的提高。①

有关 1991 年末开始的俄罗斯向市场经济过渡必要性与方式问题在讨论中提出的看法，时任俄罗斯财政部第一副部长的乌留卡耶夫认为，基本观点可划分为四种类型。

第一类学者的观点是，否定俄罗斯经济需要进行彻底的市场改革的必要性，坚持在必须保留原有经济体制的同时对其进行某些现代化改造，使其增加活力。

第二类经济学家和政治家宣称，市场改革原则上必须进行，但不能如此迅猛和激进，应该更大程度地允许国家参与经济，更多地保留国有制，对国内生产者实行保护。总之，他们赞成经济现代化的“特殊的俄罗斯道路”。

第三类政治家和经济学家素有“真正的改革家”的威望，坚持不懈地宣传各种改革方案，但又猛烈抨击现实的改革：称改革进行得不正确，不符合理论，所作出的选择不符合行动的循序渐进性——首先必须实现私有化、民主化，形成市场机制，然后才能采取措施稳定财政和放开经济。

---

① 有关上述构想，参见［俄］列·伊·阿巴尔金《阿巴尔金经济学文集》（李刚军等译，清华大学出版社 2004 年版）第 90—92、98 页。

第四类经济学家都极其重视存在失误和倒退的现实改革中的现实问题，在 1992 年的短暂时间里，继而又在 1997 年保证了改革向前推进。他们中的主要代表人物是力主推行激进改革的 E. 盖达尔。

二　最后选择"休克疗法"式激进转型方式的缘由

在前面，我们简要地论述了苏联解体前夕学者对向市场经济转轨方式的讨论及基本观点。在这里，笔者就俄罗斯政府独立执政后缘何立即决定推进激进式"休克疗法"改革，提出自己的看法。人所共知，原苏联东欧各国中的多数国家，在从传统的计划经济向市场经济转轨时，实行激进的"休克疗法"，其基本内容一般归结为自由化、稳定化与私有化。俄罗斯在 1992 年初围绕这"三化"推行的激进改革措施是：（1）实行"休克疗法"最重要和最早出台的一项措施是，从 1992 年 1 月 2 日起，一次性大范围放开价格，结果是 90% 的零售商品和 85% 的工业品批发价格由市场供求关系决定。（2）实行严厉的"双紧"政策，即紧缩财政与货币，企图迅速达到无赤字预算、降低通胀率和稳定经济的目的。紧缩财政的措施主要有：普遍大大削减财政支出；提高税收，增加财政收入；规定靠预算拨款支付的工资不实行与通胀率挂钩的指数化。紧缩货币的主要措施是，严格控制货币发行量与信贷规模。（3）取消国家对外贸的垄断，允许所有在俄境内注册的经济单位可以参与对外经济活动，放开进出口贸易。（4）卢布在俄罗斯国内可以自由兑换，由原来的多种汇率过渡到双重汇率制（在经常项目下实行统一浮动汇率制，在资本项目下实行个别固定汇率制），逐步过渡到统一汇率制。（5）快速推行私有化政策。俄政策规定在 1992 年内要把 20%—25% 的国家财产私有化。1992—1996 年，俄罗斯基本上完成了私有化的任务。在 1996 年，私有化的企业和非国有经济的产值分别占俄罗斯企业总数与 GDP 的比重约为 60% 和 70%。

1992 年初，为什么俄罗斯政府实行的是"休克疗法"式的激进转型？有些人认为，这主要是由在政治上刚刚取得主导地位的民主派，为了在经济转轨过程中取得西方的支持所决定的。还有人认为，这是民主派屈从于西方压力的结果。实际上，当时以叶利钦、盖达尔为代表的俄罗斯民主派之所以选择"休克疗法"式的激进改革，有其十分复杂的原因。

1. 从苏联历次经济改革失败得出的结论。俄罗斯民主派在确定以建立市场经济模式为改革方向之后，总结过去改革的教训，决定改变过去把改革停留在口头上、纸上的做法，而是采取实际行动，快速向市场经济过渡，以此来解决当时俄罗斯面临的依靠传统体制根本无法解决的严重社会经济问题。这说明，当时俄罗斯"转轨进程启动缘于人们越来越确信中央集权的计划经济已经走到了尽头"①。

2. 极其严峻的经济形势，是促使俄罗斯新执政者实行激进改革的一个最为直接的原因。苏联解体的 1991 年，经济状况进一步恶化，国民收入下降 11%、GDP 下降 13%、工业与农业生产分别下降 2.8% 和 4.5%、石油和煤炭开采下降 11%、生铁下降 17%、食品生产下降 10% 以上、粮食产量下降 24%、国家收购量下降 34%、对外贸易额下降 37%。1991年，国家预算赤字比计划增加了 5 倍，占 GDP 的 20%。经济状况严重恶化，使得市场供应变得十分尖锐。1990 年，在 1200 多种基本消费品中有 95% 以上的商品供应经常短缺，在 211 种食品中有 188 种不能自由买卖。在俄罗斯 89 个地区中，有 60 多个地区没有粮食储备和面粉，都在"等米下锅"。②"社会局势紧张到了极点，人们纷纷储备唯恐食品完全匮乏。"③1991 年 10 月至 1992 年 4 月，笔者在苏联（俄罗斯）科学院经济研究所，作为访问学者考察当时正处于准备与起始阶段的经济改革，目睹了这个时期苏联（俄罗斯）市场商品奇缺的状况，它比人们想象的要严重得多，真是"空空如也"。

对新上任的俄罗斯领导人来说，面对如此紧张的社会经济局势，实行渐进改革已不大可能。正如俄罗斯学者所指出的："在俄罗斯（苏联）利用中国改革经验，也许在这一经验出现前的十几年是可行的。因为当中国改革的经验出现的时候（20 世纪 70 年代末），俄罗斯的原社会经济体制已经病入膏肓，无法医治，与其说是需要医生，不如说是需要挖坟者了。"④

3. 俄罗斯新执政者一上台，在以什么样的速度推行经济体制转型问

---

① [波] 格泽戈尔兹·W. 科勒德克：《从休克到治疗——后社会主义转轨的政治经济》，刘晓勇等译，上海远东出版社 1999 年版，第 3 页。

② [俄] 参见 A. B. 乌留卡耶夫《期待危机：俄罗斯经济改革的进程与矛盾》，石天等译，经济科学出版社 2000 年版，第 18、20 页。

③ [俄] Л. Я. 科萨尔斯等：《俄罗斯：转型时期的经济与社会》，石天等译，经济科学出版社 2000 年版，第 28 页。

④ [俄] A. B. 乌留卡耶夫：《期待危机：俄罗斯经济改革的进程与矛盾》，石天等译，经济科学出版社 2000 年版，第 6 页。

题上，面临着巨大的心理与政治压力。人们对旧体制对社会经济造成的严重恶果已看得清清楚楚，同时又看到西方的所有转型国家，从官方到普通居民产生一种"幻想与错觉"，似乎经济只要一向市场经济转型，马上就可以摆脱危机，很快就可以缩短与发达国家的差距，并很快可以达到发达国家的经济水平。正是这种压力成为俄罗斯加快改革步伐的催化剂。从这个意义上讲，俄罗斯采用激进式的"休克疗法"进行经济体制转型，是公共选择的结果，在较大程度上反映了当时的民意。下面的情况亦可以从一个侧面证明这一点。俄罗斯1992年初推进"休克疗法"后，"从街上回来的人，惊慌失措，神情沮丧。然而，根据民意测验，1992年底有60%的居民支持市场改革"。①

4. 通过激进转型尽快摧垮传统计划经济体制的基础，使得向市场经济的转型变得不可逆转。1991年底，民主派取得了领导权。但是，民主派的领导地位并不十分巩固，面临着以俄共为代表的左派力量的挑战，在当时的俄罗斯国内，各种反对派的力量，对民主派实行以私有化为基础的资本主义市场经济体制并不都持赞成的立场。就是说，在民主派上台初期，俄罗斯国内面临着国家向何处去的争论与斗争。斗争的核心是俄罗斯国家发展道路问题。另外，虽然以叶利钦总统为中心的国家执行权力机关已成为国家强有力的权力，但亦应看到，另一个国家最高权力机关——人民代表大会，它是由左派俄共等反总统派居主导地位的。在上述政治背景下，在民主派看来，必须加速经济体制转型进程，特别是要加快国有企业的私有化速度，从根本上摧垮以国有制为基础的计划经济体制，最后达到体制转型不可逆转的目的。被称为"私有化之父"的阿纳托利·丘拜斯认为，俄罗斯的转轨到了1996年才可以说已不可逆转了，一个重要的标志是，这个时候已基本完成私有化任务。2001年12月29日叶利钦在俄罗斯电视台《明镜》节目上发表谈话时谈到，1999年底他之所以能下决心辞职，是因为他坚信在俄罗斯改革已不可逆转。

5. 政治局势也是促使新执政者推行经济激进转型的重要因素。苏联解体前后不仅面临着复杂而严峻的经济形势，而且政治领域的情况也十分严重。1991年"8·19"事件后，那时由戈尔巴乔夫领导的苏联，改革实

① ［俄］格·萨塔洛夫等：《叶利钦时代》，高增训等译，东方出版社2002年版，第217页。

际已停顿。"联盟国家机关已经寿终正寝并且四分五裂。""无论是什么样的国家监控实际上都不起作用。"① 这是因为，"俄罗斯市场是在苏联经济的行政命令体制崩溃过程中产生的。它产生于强大的国家体制削弱和瓦解过程之中"，这在"客观上导致了旧的国家调节经济机制陷入崩溃"。② 在这一期间，大家忙于政治斗争，重大事件一个接一个，取缔苏共，最后是苏联解体。这样，在俄罗斯已不存在强有力的政治核心力量，掌了权的民主派，在上述政治情况下，下决心实行激进的改革。"改革战略的实质不仅在于要进行极为迫切的经济改革，而且还在于要建立俄罗斯民族国家，这个国家具有一切必要的属性，如预算、稳定的并可兑换的本国货币，税收制度，边防军队，海关，有效的货币制度，可控制的国家银行，等等。"③ 这也说明，当时俄罗斯可供选择的改革途径已经十分狭窄了。有的俄罗斯学者认为，当时俄罗斯最高领导只要愿意，就完全能建立和形成一个威权机构，因此，这不能成为否定当时存在渐进改革的理由。但另一些学者指出，这种说法是脱离当时俄罗斯实际情况的，"这只在办公桌上是可能的"。"在纸面上一切都好摆弄，但忘记了存在峡谷。而目前的俄罗斯政治经济现实是接连不断的峡谷。"④ 正如弗拉基米尔·毛在论证"为什么俄罗斯不能像中国那样，通过渐进的方式启动和实现经济转轨"时指出："中国模式的关键是（转轨开始时），中国的党政集权制度仍然有效地控制着全国局势……而俄罗斯的自由化改革开始时，不是没有强大的政府，而是根本就没有政府——苏联已经解体，俄罗斯作为一个主权国家仍只是停留在纸上。"⑤

6. 合乎历史逻辑的发展。从历史逻辑来看，以叶利钦、盖达尔为代表的民主派（后者当时任俄罗斯副总理、代总理，负责经济体制转型问题，是一位著名的经济学家，但并不是成功的改革家，于 2009 年 12 月 16 日去世，终年 53 岁。他下台后创办了转型经济研究所），承袭了戈尔

---

① ［俄］A. B. 乌留卡耶夫：《期待危机：俄罗斯经济改革的进程与矛盾》，石天等译，经济科学出版社 2000 年版，第 21—22 页。

② ［俄］Л. Я. 科萨尔斯等：《俄罗斯：转型时期的经济与社会》，石天等译，经济科学出版社 2000 年版，第 30 页。

③ ［俄］A. B. 乌留卡耶夫：《期待危机：俄罗斯经济改革的进程与矛盾》，石天等译，经济科学出版社 2000 年版，第 26 页。

④ 同上书，第 33 页。

⑤ 转引自《俄罗斯研究》2003 年第 3 期。

巴乔夫下台前的 1990—1991 年所形成和提出的改革设想。经过激烈的争论与斗争，在 1990 年苏联先后提出了四个向市场经济过渡的文件。[①] 我们在前面分析戈尔巴乔夫执政时期的经济体制改革过程时，对向市场经济转轨的沙塔林 "500 天纲领"、亚夫林斯的 "400 天构想" 都作了介绍。不论是 "400 天构想" 还是 "500 天纲领"，都是快速转轨的计划。这说明，在戈尔巴乔夫执政后期，苏联各政治派别不仅就经济改革的市场目标达成了共识，并且快速向市场经济转轨的主张也已占主导地位。因此，叶利钦、盖达尔执政后，从历史逻辑上来说，推行激进改革是顺理成章的事。

　　上述分析说明，20 世纪 90 年代初俄罗斯实行激进改革是由特定的历史条件决定的。这也充分说明，到了这个时期，苏联社会中已积累了能够破坏一切的能量。寻找一个宣泄这股破坏性能量的出口是俄罗斯转轨的当务之急。从这个意义上讲，激进式 "休克疗法" 不过是释放 1991 年俄罗斯经济与社会生活中所积累的破坏性能量的一种较为可行的策略选择，亦是一种无可奈何的危机应对策略。这正如盖达尔所说的：到了 1990 年秋天，很明显一场危机就要爆发了。一场革命就要来临，在这种背景下，有秩序的改革是根本不可能的，唯一剩下的就是如何对付危机。[②] 丘拜斯在分析 20 世纪 90 年代初俄罗斯之所以采取激进转轨方式时指出：盖达尔政府开始的改革，"不是别人强加给我们的，不是有人从外面命令我们做的。这是已经成熟了的、使人困扰已久的变革，是由整个俄罗斯的历史进程所准备好了的变革。这是我们国家命运中不能避免的转折"[③]。雅科夫列夫在谈到这一问题时说：盖达尔政府 "从所有可能的方案中选择了最简捷的，但也是最脆弱的方案——休克疗法"。"我自己最初就感到这个方案至少是冒险的，代价会很大，是注定要失败的，这一点我在 1992 年 2 月就说了。物价放开需要有个竞争环境，然而当时并没有这种环境。在

---

　　① 1991 年 3 月，我国国家体改委国外经济体制司委托特约研究员陆南泉组织有关研究人员翻译了这四个文件，它们是：《稳定国民经济和向市场经济过渡的基本方针》、《400 天——使苏联经济加速向市场经济原则的构想》（联盟政府的纲领）、《向市场过渡——构想和纲领》（通常称之谓沙塔林 500 天纲领）与《苏联关于形成可调节市场经济的结构和机制的政府纲领》。

　　② 参见徐坡岭《俄罗斯经济转轨的路径选择与转型性经济危机》，《俄罗斯研究》2003 年第 3 期。

　　③ ［俄］阿纳托利·丘拜斯主编：《俄罗斯式的私有化》，乔木森等译，新华出版社 2004 年版，第 12 页。

市场上，土地、住房、生产资料都不上市。没有制定应有的保护企业家，特别是生产者的法律。""但是我既不充当预言家，也不想充当裁判员。在怀疑'休克疗法'主张的同时，我依然认为，当时政府根本没有别的选择。"① 我们再看看，在俄罗斯连坚决反对叶利钦、盖达尔经济转轨的阿巴尔金在他主管苏联经济改革期间，亦曾设想过激进改革的方案，他回忆说："时间会令人忘却一些事情，而今日的激愤又限制了历史的记忆。但是应该直说，激进经济改革的构想是有过。……你可能喜欢它或者不喜欢它，但这是另一个问题。"② 后来，阿巴尔金赞成的是实行适度激进方案。笔者一直认为，对俄罗斯采取激进转轨方式原因的分析，应该从当时俄罗斯面临的诸多复杂的主客观因素去探究，切忌简单化，更不能想当然地认为，套用中国的做法才是正确的。

第二节　不同时期在形成市场经济体制方面的作用

一　叶利钦时期解决制度变迁与确立市场经济体制框架

叶利钦时期的转型是与整个制度变迁同时进行的。就是说，当时俄罗斯新的执政者，通过政治与经济体制的改革，要改掉在斯大林时期建立起来的、已失去发展动力和人们不再信任的苏联社会主义模式。因此，当时俄罗斯需要确定十分明确的制度改革目标，即在政治上建立民主体制和在经济上建立市场体制。

从经济转型来看，通过激进的改革方式，俄罗斯很快就冲垮了传统的计划经济体制模式，笔者认为，1996 年形成了市场经济体制的框架，主要表现在：

1. 通过私有化，打破了国家对经济的垄断，形成了私营、个体、集体、合资、股份制与国有经济多种经济成分并存的多元化格局。

2. 按西方国家模式，构建适应市场经济要求的宏观调控体制。

在银行体制方面，俄罗斯建立了以中央银行为主体、商业银行与多种

---

① ［俄］亚·尼·雅科夫列夫：《一杯苦酒——俄罗斯的布尔什维主义和改革运动》，徐葵等译，新华出版社 1999 年版，第 262—263 页。

② ［俄］列·伊·阿巴尔金：《阿巴尔金经济学文集》，李刚军等译，清华大学出版社 2004 年版，第 90 页。

金融机构并存的二级银行体制。通过立法，明确了中央银行的独立地位，实行利率市场化。

在财税体制方面，俄罗斯通过改革使国家财政向社会共同财政转化，缩小财政范围。财政职能转变的重点有两个：一是财政作为政府行为不再直接干预企业的生产经营活动，主要是解决市场不能满足的一些社会公共需要；二是由于在市场经济条件下，国家调控宏观经济的方式由以直接行政方法为主转向以间接经济方法为主，因此，要强化财政对宏观经济的调控作用。通过实行分税制，在联邦预算中建立转移支付项目。联邦、联邦主体和地方三级税收体制基本上已建立。

在外汇管理方面，由一开始实行的自由化转向实行有管理的浮动汇率制度。

3. 确立了社会保障体制改革的方向。俄罗斯在这一领域的改革是朝以下方向进行的：一是逐步放弃国家包揽一切的做法，实现社会保障的资金来源多元化；二是在处理社会公平与效率的相互关系问题上，重点由过去的公平而忽视效率转向效率兼顾公平。

4. 在建设经济法规方面也取得了一定的进展，制定了大量的法规。

但应看到，叶利钦时期形成的市场经济框架，是极其不成熟的。由于俄罗斯市场是在苏联经济的行政命令体制崩溃过程中产生的，产生于强大的国家体制削弱与瓦解过程中，这样，国家调节市场的能力很差，加上在市场形成过程中充满着政治斗争，这使得市场经济运作中出现无序、混乱、经济犯罪和影子经济。

叶利钦时期的经济体制转型，并没有使俄罗斯摆脱经济困境，而是给人民生活带来了很大困难，为此，叶利钦在辞职讲话中表示，"恳请大家原谅"。他说："我苦思该采取何种举措来确保国人生活得安逸，哪怕是改善一些。在总统任期内，我再没有比这更重要施政目标了。"

从 1992 年到 1999 年这 8 年中，俄罗斯经济除了 1997 年和 1999 年分别增长 0.9% 和 5.4% 外，其余 6 年都是负增长，1992 年 GDP 下降 14.5%，1993 年下降 8.7%，1994 年下降 12.7%，1995 年下降 4.1%，1998 年下降 4.6%。经济转型以来，俄罗斯 GDP 累计下降 40%。

很明显，俄罗斯经济转型，从制度建设来看，取得了一定进展；但从经济发展来看，改革是不成功的。

二 普京执政时期通过实行修补与整治等政策，使混乱无序的市场转向有序

2000 年 5 月普京担任总统。为了解决在叶利钦时期存在的一系列严重的社会经济问题，普京在建立强有力的国家，整顿权力机构秩序的同时，继续实行市场经济政策。他强调的战略是，通过政治上建立强有力的国家政权体系与加强中央权力，保证俄罗斯实现市场经济的改革。1999 年 11 月普京明确地说："我相信，只有市场经济能让我们实现目标。政府必须把市场经济改革一直进行下去，直至市场经济能够全面运作时为止。"[①] 2000 年 1 月 18 日，普京在新一届国家杜马的讲话也表示了俄罗斯将广泛实施以市场为导向的经济，他敦促国家杜马批准久拖未决的土地私有化。同时，普京强调，这种市场经济不是像叶利钦时期那样的野蛮的资本主义市场经济，而是文明的、建立在法律与平等竞争基础上的市场经济，这也是一种符合市场经济一般原则要求的"自由经济"。普京认为，在保持强有力的中央政治控制下推行"自由经济"，对推动市场经济的改革与经济发展可以取得最佳效果。

普京在 2000 年的总统国情咨文中说："我们极为重要的任务是学会利用国家工具保证各种自由：个人自由、经营自由、发展公民社会机构的自由。""我们的战略方针是：减少行政干预，增加经营自由——生产、买卖和投资的自由。"[②] 2000 年 7 月在与《消息报》记者谈话时又强调："应该保护经济自由。"[③] 2001 年 7 月在一次记者招待会上讲："我们明白俄罗斯努力的方向是什么，即追求经济的自由化，杜绝国家对经济的没有根据的干预。我要说明一点：只是杜绝没有根据的干预，不是完全取消国家的调节职能，而是要杜绝没有根据的干预。"他还接着说：在经济领域，始终不渝地反对经济官僚化。[④] 在 2001 年 10 月的一次讲话中指出："我们主张经济制度的自由化。"[⑤]

普京为了实现其"自由经济"的改革方针，针对叶利钦时期存在的

[①] 转引自陆南泉《苏联经济体制改革史论（从列宁到普京）》，人民出版社 2007 年版，第 757 页。

[②] 《普京文集》，中国社会科学出版社 2002 年版，第 81、86 页。

[③] 同上书，第 102 页。

[④] 同上书，第 374、382 页。

[⑤] 《普京文集》，中国社会科学出版社 2002 年版，第 446 页。

问题，特别强调以下几点：

第一，加强国家对经济的调控。这一点，普京在其《千年之交的俄罗斯》一文中指出："俄罗斯必须在经济和社会领域建立完整的国家调控体系。这并不是说要重新实行指令性计划和管理体系，让无所不包的国家从上至下为每个企业制定出工作细则，而是让俄罗斯国家成为国家经济和社会力量的有效协调员，使它们的利益保持平衡，确立社会发展最佳目标和合理参数，为达到这一目的创造条件和建立各种机制。"他还强调："在确定国家调控体系的规模和机制时，我们应遵循这一原则：'需要国家调控的地方，就要有国家调控；需要自由的地方，就要有自由。'"[①]

第二，在经济转型的方法上，今后"只能采用渐进的、逐步的和审慎的方法实施"，切忌90年代机械搬用西方经验的错误做法，强调俄罗斯必须寻觅符合本国国情的改革之路。

第三，重视社会政策。普京强调："对俄罗斯来说，任何会造成人民生活条件恶化的改革与措施基本上已无立足之地。"因为，俄罗斯国内出现了十分普遍的贫困现象。1998年初世界人均年收入大约为5000美元，而俄罗斯只有2200美元，1998年金融危机之后，这一指标更低了。普京还指出：俄罗斯人民生活水平大幅度下降，是个尖锐的社会问题，政府应制定新的收入政策，新政策的目的是在增加居民实际收入的基础上确保居民的富裕程度稳步提高。普京十分重视职工工资与退休人员养老金的提高问题。

第四，反对重新国有化。

第五，要有经济发展战略。过去没有切实可行的长期的经济发展战略，对此，普京强调，为了使俄罗斯有信心走出危机，走向振兴之路，增强国内凝聚力，需要制定经济发展战略。

普京执政8年，俄罗斯各领域中的消极因素日益得到抑制，政治秩序混乱、无序的状态有了根本性的扭转，加上多年来经济发展保持良好的态势，人民生活水平有较大改善，8年间俄罗斯国内生产总值增长了70%，年均增长率为6.9%，居民实际收入增加了1倍。

在总结普京执政期间经济转型特点时，笔者不赞成简单地将其归结为"可控的市场"。笔者认为，如果说得简单一点，"可控的市场"（有人指

---

① 《普京文集》，中国社会科学出版社2002年版，第13页。

这是普京构建了可调控的市场经济模式），它亦是针对失去国家调控的无序的与混乱的市场经济而言的。可调控的市场经济这个概念，在 20 世纪 90 年代末苏联围绕如何向市场经济过渡时早就争论过，当时就有人不赞成用这个概念，因为任何市场经济都是可以也应该得到调控的。笔者认为，"可控的市场"是普京根据俄罗斯的具体情况所推行的在特殊历史时期的一种特殊政策。所以，把"可控的市场"视为一种经济体制模式，或视为俄罗斯社会的发展道路，笔者认为，这一提法不妥。

第三节 "梅普组合"与"普梅组合"时期俄罗斯转向市场经济的主要任务是实现国家经济现代化

2008 年 5 月 7 日梅德韦杰夫任总统，8 日普京被俄罗斯国家杜马批准为政府总理。这样，"梅普政权"正式形成。2012 年 3 月俄罗斯总统大选后，梅、普换位，形成"普梅政权"。不论是"梅普组合"还是"普梅组合"时期，俄罗斯转向市场经济的主要任务是实现国家现代化，在当今与今后相当长的一个时期，俄罗斯经济现代化的主要问题是着力解决由资源型向创新型转变。

2009 年 11 月，俄罗斯总统梅德韦杰夫提出的国情咨文报告，正式提出俄罗斯将以实现现代化作为国家未来 10 年的任务与目标。他提出的现代化是"需要全方位的现代化"的概念。梅德韦杰夫说："我们将建立智慧型经济以替代原始的原料经济，这种经济将制造独一无二的知识、新的产品和技术，以及有用的人才。我们将创造一个有智慧的、自由的和负责的人们组成的社会，以取代领袖思考和决定一切的宗法式社会。"其中，经济现代化是个极其重要的内容。

一 俄罗斯经济现代化的迫切性

俄罗斯经济转轨也已有 20 多年。在这期间，经历了叶利钦与普京时期，之后进入"梅普时期"，或者说后普京时期；出现过严重的经济转轨危机与经济快速增长的不同阶段；先后发生过两次大的金融危机。

对俄罗斯经济转型，值得研究与总结的问题甚多，这里仅就经济现代化问题谈些看法。

俄罗斯经济现代化的迫切性突出表现在：它在转变经济体制的同时未能和转变经济增长方式、经济发展模式与调整经济结构结合起来。

长期以来，苏联经济质量与效率低以及高浪费问题得不到解决，是粗放型的经济方式，即靠大量投入劳动力、资金与耗费大量原材料来保证经济的增长。1971 年召开的苏共二十四大正式提出经济向以集约化为主的道路发展，但一直到苏联 1991 年解体，其经济增长方式仍是粗放型的，形成这种情况的主要原因是经济体制改革没有发生根本性变革。应该说，落后的经济增长方式从一个重要的方面反映了苏联经济的脆弱性，亦是苏联在与资本主义国家竞争中被击败的一个重要因素。应该说，20 多年来，俄罗斯粗放经济增长方式并未发生实质性变化。梅德韦杰夫总统在《前进，俄罗斯！》一文中指出："我们大部分企业的能源有效利用率和劳动生产率低得可耻。这还不是很糟糕。最糟糕的是，企业经理、工程师和官员们对这些问题漠不关心。""低效的经济，半苏联式的社会环境……所有这些对于像俄罗斯这样的国家来说，都是很大的问题。"2010 年 1 月 13 日，俄罗斯联邦工商会会长叶夫根尼·普里马科夫在一次会上讲："俄罗斯每生产 1 吨钢，要比比利时、法国、意大利多消耗 2 倍的电力，每生产 1 吨化肥要比阿拉伯国家多耗费 5 倍的电力。"

至于经济发展模式，俄罗斯独立以来一直在努力从资源出口型向以高新技术、人力资本为基础的创新型经济发展模式转变，但并未取得多大进展，梅德韦杰夫总统在上面提到的文章中指出："20 年激烈的改革也没有让我们的国家从熟悉的原料依赖中摆脱出来。""简单地依靠原料出口来换取成品的习惯导致了经济长期的落后。"他还提出了一个严肃的问题："我们应不应该把初级的原材料经济……带到我们的未来？"目前，俄罗斯能源等原材料出口占出口总额的 80% 左右，高科技产品出口不仅数量少，而且逐年下降。2004 年，俄罗斯高新技术产品出口占世界中的比重为 0.13%，这一比重比菲律宾少 67%，比泰国少 78%，比墨西哥少 90%，比马来西亚和中国少 92%，比韩国少 94%。俄罗斯要改变经济发展模式与经济结构，面临着一系列的制约因素，这将是长期的复杂的历史过程。

笔者认为，研究像俄罗斯这样国家的经济转轨，时至今日，不能仅局限于计划经济体制向市场经济转轨问题，而应该深入研究在这一转轨过程中如何解决经济增长方式、经济发展模式的转变与经济结构调整问题。这三方面的问题俄罗斯没有很好解决。我们在研究俄罗斯经济转轨问题时，对不少问题产生了疑问，譬如说，俄罗斯先是出现严重经济转轨危机后来又出现快速增长，现在又面临严重的经济滑坡，2009 年俄罗斯经济下降7.9%，它与转轨或体制改革究竟是什么关系，体制因素对不同时期的俄罗斯经济起多大影响，具体表现在哪些方面。又譬如，经济增长方式的转变，主要依赖于经济体制的改革，苏联时期实行指令性计划体制是阻碍其经济由粗放转向集约化发展的主要障碍，这是人们的共识。但俄罗斯转型20 多年来，并没有解决这个问题，依然是高消耗、低效的经济发展方式。再譬如，这次金融危机对俄罗斯经济影响缘何特别严重？当然，还可以提出不少类似的问题。鉴于上述的思考，所以，笔者认为，当今在研究经济转轨问题时，必须深入探讨以上三个既有相对独立性又相互紧密联系的重要问题。这三个问题困扰着俄罗斯经济可持续的发展，亦是实现经济现代化必须面临的问题。

二　俄罗斯经济现代化的主要问题是着力解决由资源型向创新型转变

不论是普京还是梅德韦杰夫，都一再强调俄罗斯现代化是其社会经济发展的总目标。而实现这一目标，必须解决俄罗斯经济从当前的资源型向创新型转变问题。普京在其离任前的 2008 年 2 月 8 日提出的《关于俄罗斯到 2020 年的发展战略》中明确指出：

1. 经济实行创新型发展。普京强调，这是俄罗斯"唯一的选择"，"创新发展的速度必须从根本上超过我们今天所有的速度"[1]。

2. 增加人力资本投入。普京讲："要过渡到创新发展道路上去，首先就要大规模地对人的资本进行投资。"[2] "俄罗斯的未来、我们的成就都取决于人的教育和身体素质，取决于人对自我完善的追求，取决于人发挥自己的素养和才能。""因此，发展国家教育体系就成了进行全球竞争的一个要素，也是最重要的生活价值之一。"[3] 为此，俄罗斯计划用于教育与医疗卫生的预算支出占 GDP 的比重分别由 2006 年的 4.6%、3% 增加到 2020 年的5.5%—6%、6.5%—7%。同时，普京强调科研的重要性，要为科研活动创

---

[1] 《普京文集——2002—2008》，中国社会科学出版社 2008 年版，第 677 页。

[2] 同上。

[3] 同上书，第 678 页。

造良好的环境。另外，要着力解决住房问题，提高医疗卫生水平。

3. 积极发展高新技术，因为这是"知识经济"的领航员。普京认为，俄罗斯今后重点发展的高新技术主要是：航空航天领域、造船业和能源动力领域，还要发展信息、医疗和其他高新技术领域。

4. 调整经济结构。普京说，尽管最近几年俄罗斯取得了一些成绩，但经济并未摆脱惯性地依赖于能源原料的发展版本。俄罗斯也只是在局部抓住了经济的现代化。这种状况将不可避免地导致俄罗斯不断依赖于商品和技术的进口，导致俄罗斯担当世界经济原料附庸国的角色，从而在将来使俄罗斯落后于世界主导经济体，把俄罗斯从世界领头人的行列中挤出去。

普京在 2009 年的政府工作报告中谈道，"后危机时代的经济发展应当首先与技术更新联系起来。因此，新阶段的税收改革将致力于支持创新"。梅德韦杰夫担任总统后，更加强调俄罗斯经济由资源型向创新型转变的迫切性。他在《前进，俄罗斯！》一文中说："除了少数例外，我们的民族企业没有创新，不能为人们提供必需的物质产品和技术。他们进行买卖的，不是自己生产的，而是天然原料或者进口商品。俄罗斯生产的产品，目前大部分都属于竞争力非常低的产品。"俄罗斯"依靠石油天然气是不可能占据领先地位的"。"再经过数十年，俄罗斯应该成为一个富强的国家，她的富强靠的不是原料，而是智力资源，靠的是用独特的知识创造的'聪明的'经济，靠的是最新技术和创新产品的出口。"

5. 要为实现现代化调整外交政策。2010 年 7 月召开的俄罗斯驻外使节会议的主题是"保护国家利益与促进国家全面现代化"。强调俄罗斯外交要突出寻求能为俄罗斯提供相应技术发展和为国产高科技产品走向地区和国际市场做出更大贡献的国家。首先要与主要国际伙伴德国、法国、意大利及欧盟和美国建立专门的现代化同盟。

实现上述转变的必要性十分明显，但将是一个缓慢的过程。俄罗斯现代发展研究所所长伊戈尔·尤尔根斯指出：俄罗斯"现代化、摒弃原料经济向创新型经济发展的过程过于缓慢"①。之所以缓慢，是由多种原因造成的。

第一，尽管普京执政后重视发展创新型经济，但俄罗斯创新潜力难以得到发挥。俄罗斯先后出台了不少有关创新发展的政策和法规。2011 年

---

① ［俄］《俄罗斯报》2010 年 4 月 14 日。

12 月 8 日出台的《俄罗斯联邦 2020 年前创新发展战略》提出，要不断加大对科技的投入，不断完善创新体系，大力提高创新能力。不仅如此，还详细规定了至 2020 年前推行创新发展战略的具体措施、实施方案和所要达到的目标。该创新发展战略提出的目标是：到 2020 年使高技术产品占GDP 的比重从当前的 10.9% 增加到 17%—20%；创新产品在工业产值中所占比重提高 5—6 倍；创新企业的数量从当前的 9.4% 增加到 40%—50%；到 2020 年，包括核能、航空和航天器材在内的高技术产品和知识型服务所占比重要提高到 5%—10%，在国际上位列第 5—7 名。为推进《俄罗斯联邦 2020 年前创新发展战略》的实施，俄罗斯还成立了经济现代化和创新发展委员会。在该委员会首次会议上，俄罗斯总统普京强调，今后俄罗斯经济现代化和创新发展委员会的工作主要包括以下两个方面：一是继续完善科研体系，为经济现代化、创新活动及创新技术商业化创造综合的发展环境；二是在具体的经济领域，特别是在生物、纳米技术、新材料、未来医疗、节能技术、信息化、航空、核技术、煤炭及其他资源的有效开采与加工技术领域制订计划。此后，普京在其 2012 年总统竞选纲领中提出了以 "创新型经济" 推动俄罗斯经济发展的基本思路。他在第三次就任总统后提出，到 2020 年，俄罗斯高科技和知识产权部门的产值占 GDP 的比重应达到 50%，从事技术创新的企业要占到企业总数的 25%。[1] 但实现上述目标受限制因素甚多：一是企业缺乏创新的积极性。目前只有 10% 的企业有创新积极性，只有 5% 的企业属于创新型企业，只有 5% 的产品属于创新型产品。产生上述问题的原因是，俄罗斯现在的经济 "还没有创新需求。倘若企业家投资原材料贸易可获得 50% 的年利润，而创新收益仅有 2%—3%，起初甚至会赔钱，你会选择哪个？"[2] 二是俄罗斯对创新型研发投入严重不足。1991 年，俄罗斯的研发支出总额为 166.8 亿美元。2000 年前由于受经济下滑的影响，这一数值呈下降态势，基本在 100 亿美元以下，直到 2000 年才恢复到 132.4 亿美元。此后一直呈上升态势，2007 年达到 222.3 亿美元，2012 年达到 244.97 亿美元。而从典型创新型国家的情况看，2012 年的研发支出总额，美国为 3973.4 亿

---

① 参见刁秀华《俄罗斯国家创新能力分析：比较的视角》，《国外社会科学》2015 年第 3 期。

② ［俄］《俄罗斯报》2010 年 4 月 14 日。

美元、日本为 1338.9 亿美元、德国为 848.9 亿美元、韩国为 609.9 亿美元、英国为 358.1 美元，OECD 成员国的平均值为 280.1 亿美元，而中国为 2567.9 亿美元。俄罗斯的研发投入远远低于美国、中国、日本、德国、英国、韩国等国家。三是在研发强度（国内研发支出占 GDP 的比例）方面，美国、德国、日本、韩国、英国均高于俄罗斯。2012 年，美国、德国和日本的研发强度分别达到了 2.79%、2.98% 和 3.35%，芬兰为 3.55%，韩国则高达 4.36%，而俄罗斯的研发强度仅为 1.12%，远远低于上述典型创新型国家的水平。四是从研发经费的来源看，俄罗斯 2012 年政府投资占 67.84%，而企业投资占 27.23%。同年美国政府投资仅占 30.97%，而企业投资占 59.13%。2006 年，在这两项投资来源日本分别为 16.84% 和 76.12%，韩国分别为 23.85% 和 74.73%，德国分别为 29.83% 和 65.63%。在这些国家，创新研发的主体是企业。五是从科技论文产出效率即每千名研究人员发表的科技论文数量来看，俄罗斯这一指标较低，2011 年仅为 37.76 篇，而美国高达 166.49 篇，约为俄罗斯的 4.41 倍；芬兰、德国、日本、韩国、英国、中国分别为 84.76 篇、88.86 篇、52.77 篇、68.22 篇、107.31 篇、47.17 篇。由于科技论文通常是基础研究的产物，俄罗斯科技论文产出效率较低，说明研究人员中基础研究人员占比较低。①

第二，与上述因素相关，俄罗斯在实行由资源型向创新型转变时，面临着难以解决的矛盾：一方面反复强调要从出口原料为主导的发展经济模式过渡到创新经济与现实需要。要知道，在俄罗斯国家预算中几乎 90% 依赖能源等原材料产品，燃料能源系统产值占全国 GDP 的 30% 以上，占上缴税收的 50% 与外汇收入的 65%。而俄罗斯高新技术产品的出口在全世界同类产品出口总额中占 0.2% 都不到。

第三，设备陈旧，经济粗放型发展，竞争力差，这些是老问题，又是需要较长时间才能解决的问题。在向创新型经济转变的条件下，俄罗斯更感到解决这些问题的迫切性。不少学者认为，俄罗斯自 2000 年以来，虽然经济一直在快速增长，但令人担忧的是，俄罗斯经济仍是"粗糙化"即初级的经济，工艺技术发展缓慢。俄罗斯科学院经济研究所第一副所长

---

① 参见刁秀华《俄罗斯国家创新能力分析：比较的视角》，《国外社会科学》2015 年第 3 期。

索罗金指出："俄罗斯主要工业设施严重老化，到目前至少落后发达国家20年，生产出的产品在国际上不具有竞争力。机器制造业投资比重为2%—3%。同发达国家相比，明显存在技术差距。原料出口国对原料产业先进设备供应国的依赖令人堪忧。"早在2003—2004年已有60%—80%的生产设备老化。

设备不更新，技术落后，已成为制约俄罗斯向创新型经济转变的一个重要因素。10多年来，这一状况并没有改变，俄罗斯机电产品出口的大幅度减少，就是一个明显的例证。俄罗斯与中国的机电产品在双边贸易总量中所占的比重从2001年的24.9%下降到2009年的7.2%。

第四，投资不足。为了优化经济结构，就需要大量增加在国际市场上有竞争能力的经济部门和高新技术部门的投资。为此梅德韦杰夫总统成立俄罗斯经济现代化和创新发展委员会时，并确定了国家经济现代化与技术革新的优先方向，这涉及医疗、信息、航天、电信、节能等领域。发展这些领域都要求有大量的投资。解决这些问题，俄罗斯学者认为有三种选择：一是优化预算支出；二是让以石油天然气企业为代表的国家自然资源垄断企业增加对科技创新的投入；三是调整税收政策，减轻高新产业区的税负。

第五，俄罗斯科学院副院长涅基佩洛夫认为，在金融危机发生前，俄罗斯犯了"非常严重的错误"，即没有利用国家已有资源加速推进现代化进程。

第六，目前俄罗斯国内对现代化与建立创新型经济持有不同看法。有人认为，只有1/4的人赞同梅德韦杰夫式的现代化即更新产能与发展创新型经济。因为在目前的俄罗斯社会经济条件下无法建立创新型经济，而当前第一步应该是消除腐败与提高国家管理效率。据《俄罗斯现代化改造和创新道路上的障碍》一项调查报告得出的结论说：俄罗斯创新道路上面临的主要制约因素是官僚主义、不完善的法律环境和缺乏对投资商的保护，以及项目融资的困难。因此，有人提出俄罗斯实现现代化的关键在社会领域，即确保法律公平，严厉打击腐败与维护社会正义。有鉴于此，2010年7月27日，梅德韦杰夫在经济现代化委员会上也指出，向现代化过渡不只是向创新经济过渡，而且还要解决贪污腐败、减少行政干预、发展良性竞争的问题，否则任何技术现代化与创新经济都是不可能的。

创新型经济发展缓慢，落后的经济增长方式不能改变，经济发展摆脱不了能源等原材料部门，这必然使俄罗斯经济难以在短期内实现现代化与保证稳定和可持续发展。近几年俄罗斯经济出现严重衰退的状况就证明了这一点。2015年俄罗斯经济出现下降3.7%的严峻局面，是多种因素叠加的结果，可从浅层次与深层次两个视角加以分析。从浅层次视角来看，主要因素有：乌克兰危机后以美国为首的西方国家的经济制裁与国际油价大幅度下跌。如果只是从西方制裁与国际市场油价大跌两个因素对2014年俄罗斯经济出现严峻形势进行分析的话，那么难以解释2013年在并不存在以上两个因素的情况下，缘何出现GDP 1.3%的低速增长。因此，笔者认为，对俄罗斯近几年经济情势的分析，要进行深层次的探讨。从深层次视角来看，以下三个因素对俄罗斯经济发展是有着长期制约性作用的：一是经济结构严重失衡，制造业严重衰退与过度依赖能源等原材料部门；二是长期以来，落后的、低效的经济增长方式未能转变；三是经济发展从资源型向创新型转变的战略在相当长的时期内难以实现。关于这些问题，在本书有关章节已有论述，在此不再重复。

由于俄罗斯经济现代化的重点是由资源型向创新型转变，加上进展缓慢，因此在25年转型过程中，在城市化方面，并没有多少变化。甚至在苏联解体之初由于食品匮乏，曾一度出现一些城市人口回归农村的现象，俄罗斯出现了短暂的"逆城市化"趋势，并在1994年达到高潮。1992年至1994年，农村人口增加了约90万，村庄"无人化"趋势得到了一定的抑制。当然，在农村增加的人口中，除了城市人口向农村转移之外，还有大量来自独联体国家和波罗的海国家的移民，以及来自东部和北方地区的人口20多年转移过程。从1995年开始，正常的城市化进程重新开始。考虑到俄罗斯很多城镇是在苏联时期大型工业企业的基础上建立起来的，这些城镇不仅人口较少，而且社会服务保障水平较低。在1990—2000年的行政改革中，很多城镇被并入乡村。截至2010年，俄罗斯共有城市和城镇2386个，其中城市1100座。在20多年的转型过程中，俄罗斯城市人口所占比重一直保持在73%左右，变化不大。2010年与2002年两次人口统计结果显示，城市人口所占比重在8年间仅增长了0.4个百分点，从2002年的73.3%上升到了2010年的73.7%。[①]

---

① 参见高际香《俄罗斯城市化与城市发展》，《俄罗斯东欧中亚研究》2014年第1期。

第十八章

改革宏观经济体制是建立现代化
市场经济体制的必要条件

俄罗斯在确立了以建立市场经济为目标的经济体制转型后，必须对在传统的计划经济条件下形成的宏观经济体制进行重大改革，使其适应市场经济发展的要求。

第一节　财政体制改革

在计划经济条件下的财政体制，其最大的一个特点是，国家在参与企业分配时，不以企业是市场主体为出发点。在具体政策上，实行的是统收统支。在这种条件下，从国家与企业的财政关系看，企业是政府的一个下属行政机构，这是由国家对企业实行直接管理与控制的计划经济体制决定的。由于不把企业视为独立的商品生产者与市场的主体，因此，在苏联时期经过多次的经济改革，在国家参与企业利润分配时，就可以从国家需要出发，让企业把绝大部分利润上缴财政，进而使企业缺乏自我更新的能力，进而影响企业的生产积极性。传统经济体制条件下的财政体制的另一个特点是，集中程度高。这表现在两个方面：一是大量的国民收入通过财政分配与再分配，集中到国家预算。以 1980 年为例，苏联国家预算收入占国民收入的比重在 65% 以上。二是财政资金主要集中在中央预算，1980 年苏联地方预算占的比重为 17.1%。在谈到传统经济体制条件下的财政体制特点时，不能不提及财政与银行的关系。苏联时期，在产品经济理论的影响下，重视生产过程，忽视流通过程，把大量国民收入集中在财政，通过财政进行直接分配，从而使管理资金流通的银行不能充分发挥作用。银行往往成为货币资金的出纳机构和财政的附庸，在相当长的一个时期里，银行不独立。很明显，原来财政体制的一些特点，很难与以建立市场经济体制目标为方向的经济改革相适应。

俄罗斯在 1992 年初进行激进式向市场经济转型时，对财政体制进行了根本性的改革。

一　由国家财政向社会公共财政转化，缩小财政范围

在俄罗斯确立了以向市场经济过渡为改革目标后，在改革财政体制时，开始调整国家与企业的关系。财政职能转变的重点有两个：一是财政作为政府行为，不再直接干预企业的生产经营管理活动，主要是为解决市场不能满足的一些社会公共需要，如社会保险、义务教育、防疫保健、国防、社会安全、行政管理、基础科学研究、生态环境保护等。二是由于在市场经济条件下，国家调控宏观经济的方式由以直接的行政方法为主转向以间接的经济方法为主，因此，要强化财政对宏观经济的调控作用。这方面的作用是多种多样的，比如：保证国家基础产业、重点项目的投入；调节行业之间、地区之间收入分配水平，促进社会分配的公平；运用财政、税收杠杆，调整产业结构，促进生产要素的优化配置与经济效益的提高；通过财政政策与货币政策的相互配合与协调应用，来调节社会供需总量，以利其平衡；加强财政法、税法的建设，实行依法理财，强化财政监督管理，从而在市场经济运行过程中，使财政领域的法治日益加强，而过去在指令性计划经济体制条件下，靠各级行政权力、人治办法运转经济的现象，逐渐得以克服；等等。鉴于财政职能的上述变化，俄罗斯国家财政采用西方国家的公共财政概念，在新财政体系中，主要包括国家公共预算（由中央预算、地方预算与国家社会保险预算组成）、税收和财政监督等。

二　预算结构的调整

1. 预算管理体制的调整。国家预算管理体制是与国家政权及行政管理体制相适应的。苏联长期实行三级制，即由联盟（中央）预算、各加盟共和国预算和地方预算组成。国家预算中还包括社会保险综合预算。1991 年前，苏联的预算制度由中央实行单一的统一管理。1992 年实行向市场经济转轨的初始阶段，俄罗斯预算制度的调整带有明显的分权性质。2003 年，《俄罗斯联邦地方自治基本组织原则（修订法）》又重新将俄罗

斯地方自治政府划分为两级：区自治机关和居民区自治机关，并规定每一级地方自治机关都拥有各自独立的预算权限。这样，国家预算实行四级制。

2. 合理划分中央财政与地方财政的关系。自 1992 年以来，地方财政在俄罗斯预算收入的比重比苏联时期虽大大提高了，但一般保持在 50% 的水平。这使得各地区和地方政府满足法定支出义务的能力显然不足。俄罗斯 1997 年实行的转移支付制度①的情况可证实这一点。1994 年全俄 89 个联邦主体中，接受转移支付资金的有 66 个，1995 年增加到 78 个，1997 年有 85 个享受转移支付资金。转移支付资金在各种财政援助总额中的比重从 1994 年的 21% 上升到 1996 年的 42.4%。

普京执政后，于 2001 年 8 月 15 日俄罗斯联邦政府通过了 2005 年之前预算联邦制发展纲要。主要目的在于划清各级预算支出与收入的权能，从而保证各主体、地方权力机构财政的独立性与责任性，提高它们在管理公共财政方面的兴趣，实施有效管理，支持地区经济的发展，实行结构改革。②

3. 收支结构变化。

苏联时期，国家预算收入的一个重要特点是，集中全国的资金量大，一般要占国民收入的 50%—70%。产生这一特点的主要原因是，国家执行着广泛的职能，特别是经济职能，国有经济占的比重极高，全国的经济政策，从宏观到微观都控制在国家手里，全国的经济活动基本上按统一的国家计划运行。在向市场经济过渡后，国家集中的财政资金日益减少。俄罗斯国家预算收入总额约占国内生产总值的 25%。国家预算收入另一个重要变化是，税收占的比重日益增大，以税收形式的缴纳一般要占俄罗斯预算收入总额的 80%—90%。

第二节 税收体制改革

俄罗斯政府为了使税制适应市场经济体制的要求，特别是为了使税制

---

① 系指俄罗斯联邦进行预算调节的一种办法，以此来为地方预算提供财政援助。按规定，如果一个地区的人均预算收入低于全国所有地区的人均预算收入，那么该地区就有权得到联邦的转移支付资金。

② 参见刘美珣、［俄］列·亚·伊万诺维奇主编《中国与俄罗斯两种改革道路》，清华大学出版社 2004 年版，第 436 页。

成为调节宏观经济的有力工具，通过税制改革不仅要保证国家有效地筹集资金即发挥集中收入的功能，并且还要与刺激投资有效地结合起来。为此，俄罗斯宣布独立后不久就在税制改革方面通过了一些改革的法规。

纵观叶利钦执政时期税制改革的发展过程，其税制改革的基本方向是实行分税制，统一税制，简化税率，实行当今世界上市场经济国家普遍采用的以增值税为主体的流转税制度。主要税种是增值税、利润税、所得税和消费税。

一　实行分税制

建立市场经济体制要求财政体制与政策，从原来的计划经济体制条件下所起的管理工具作用转变为市场经济基础上起宏观调控经济手段的作用，而分税制适应了这一要求。这是因为分税制有利于市场经济的发展，它表现在：首先，可以使对市场经济宏观调控间接化和规范化。过去的中央财政收入与地方财政收入，主要是按行政隶属关系进行的，分税制则按税种划分，这样改变了企业与各级政府的关系，从而有利于弱化财政的直接管理，强化对经济的间接调控。其次，分税制有利于资源的优化配置。市场经济条件下，主要通过市场调节来实现资源优化配置，要达到这一目的，需要政府创造良好的投资、运营和销售环境。而分税制是按分级财政的原则来提供公共产品的。这比过去单靠中央不仅提供全国，而且还要提供各地公共产品的集税制更为有效。由于事先明确了各自的事权范围，也有利于各级政府有效地利用归属于它的资金。另外，分税制有利于地方政府发挥对经济的调控作用。在旧体制条件下，财政资金主要集中在中央财政一级，因此，用于发展国民经济的主要资源来自中央财政，从而地方财政对经济调控作用十分有限。在市场经济条件下，调控经济不但要靠中央政府，还要靠地方政府。地方财政是国家宏观调控中的一个有机组成部分。这有利于全国经济的稳定发展。

从实行分税制的世界各国情况看，分税制有多种类型，税制结构和具体做法更是多种多样。但如果从分税制的彻底程度来划分，基本上可分为两种类型，即彻底的分税制与适度的分税制。彻底的分税制，其主要特点是只设中央税与地方税，不设共享税，并且中央与地方在税收立法、管理征收等方面也完全分开。适度的分税制，其主要特点是既设中央税与地方税，也设共享税，在税收立法权方面，一般集中在中央，但地方也具有一定的税收管理权限。从俄罗斯税制改革情况看，实行的是适度的分税制。

二　实行的几种主体税

俄罗斯向市场经济转轨后，实行利改税后，主体税一般由增值税、企业利润税、个人所得税、消费税与自然资源使用税费组成。

有关各项税收在俄罗斯联邦综合预算收入中的作用，详见表18－1。

表18－1　　　　　2010—2014年俄罗斯主要税种收入分布情况　　　　（亿卢布、%）

	2010年	2011年	2012年	2013年	2014年
预算收入	160319	208557	230887	244426	267661
税收和非税收入	158717	206532	229965	243296	266319
企业利润税	17746	22705	23557	20718	23753
个人所得税	17905	19958	22615	24991	27026
增值税	24986	32507	35995	35394	39401
消费税	4715	6505	8370	10157	10722
自然资源使用税费	14408	20849	24845	25980	29346
关税（关税与对外经济所得一起核算，不在一般意义的税收收入之中）	28530	37125	40998	40579	46376
无偿收入	1602	2025	922	1130	1342
税收收入（不含关税）	90649	112764	126531	130566	143794
各税种占税收收入比重					
税收收入	100	100	100	100	100
企业利润税	19.80	20.13	18.62	15.87	16.52
个人所得税	19.98	17.70	17.87	19.14	18.79
增值税	27.88	28.83	28.45	27.11	27.40
消费税	5.26	5.77	6.61	7.78	7.46
自然资源使用税费	16.07	18.49	19.64	19.90	20.41

资料来源：俄罗斯联邦国库官网（http://www.roskazna.ru/）。

俄罗斯为了实现经济现代化，在鼓励与促进企业创新方面给予税收优惠。具体措施有：（1）为支持以智力成果为主要产品的公司的发展，对开展创新活动的纳税人在2015年前按14%的优惠费率（全额34%）课征社会保险费；（2）对科技园区实行单独的税收政策，如10年内免缴利润税、财产税和土地税，企业社保费上缴减半等；（3）为刺激节能和自然资源的合理使用，对使用节能设备的企业自节能设备投入使用起免征 3 年财产税；（4）对科技、卫生、教育领域（包括非营利性和商业）企业给予利润税零利率特别优惠；等等。①

第三节　金融体制改革

为了向市场经济过渡，金融体制市场化的改革成为一个必不可少的、十分重要的内容。通过金融体制改革，要使其在调控宏观经济中的作用大大提高。俄罗斯在金融体制改革方面涉及多方面的内容。

一　银行从财政分离出来，中央银行逐步获得独立地位

在苏联时期，银行隶属于财政部，银行业务完全由国家专营。俄罗斯在改革金融体制过程中，首先采取的措施是：使银行从财政部门分离出来并逐步赋予中央银行独立地位。1993 年俄罗斯通过的宪法虽在原则上已规定央行在执行保证货币稳定性职能方面所具有的独立地位，央行还有发行货币的垄断权，并在履行职能时独立于国家权力的其他机构。但宪法又规定，政府要保证实行统一的财政、信贷与货币政策。这样，俄罗斯政府是宏观经济政策的制定者，中央银行往往只是政府政策的执行者。同时，银行与财政部门的职能也并没有划分得很清楚，实际上，银行还未完全摆脱财政部门的出纳机构的地位，从而也使得信贷资金在使用上存在严重财政化的问题。这突出反映在 1995 年前，约有 4/5 的预算赤字由中央银行透支来解决。这说明，在向市场经济过渡的初期，俄罗斯央行往往不能完全独立地履行其职能，在相当程度上仍从属于政府。而从 1995 年起，才决定改由发行债券来解决财政赤字。该年的债券收入弥补了 1/3 的预算支出。1995 年俄罗斯还通过有关央行的法律，规定了央行的三项主要职能：一是保卫和保障卢布的稳定性，包括卢布的购买力与对外国通货的汇率；二是发展与巩固银行体系；三是保证支付体系有效地、不间断地运行。该法律还规定，央行向国家杜马负责，央行行长每年至少向国家杜马汇报两次工作。央行职能也逐渐走

---

① 参见童伟等《2012 年俄罗斯财经研究报告》，经济科学出版社 2012 年版，第 39—40 页。

向规范化。这些措施，对改革银行与财政的关系，央行执行较为独立的信贷货币政策有重要意义。从 1997 年起，俄罗斯央行独立制定和发布《国家统一货币信贷政策基本方针》，这表明，俄罗斯央行实质上已不再从属于政府。接着于 1999 年末俄罗斯政府制定并于 2000 年 7 月 5 日国家杜马通过了《关于俄罗斯联邦中央银行（俄罗斯银行）联邦法修改草案》。草案明确规定，在宪法与联邦法律允许的职权范围内，俄罗斯联邦中央银行是独立的，它直接对总统和国家杜马负责。从此，最终确立了央行的独立地位。与此同时，央行对宏观经济调控的主体地位也进一步加强。

二　建立两级银行体制

苏联时期实行的是单一银行制度，即以国家银行为中心，连同其他几家专业银行包揽了全国的金融业务。在全国业务由国家专营的条件下，在国内就不存在金融市场，央行也起不到"银行的银行"的作用。很明显，这一银行体制无法对宏观经济起调控的作用。到了 1992 年初，俄罗斯大体上已形成了两级银行体制。俄罗斯央行是由原苏联国家银行改组而来的，商业银行基本上是在原国家专业银行及其分支机构基础上改建而成的。

俄罗斯央行对商业银行的调控与管理，采用国际上市场经济发达国家通用的办法，主要有：通过法定准备金制度调控信贷规模；通过不断调整贴现率的办法，调节信贷规模；公开市场业务，即央行通过参与二级市场的买卖有价证券调节金融；建立存款保险制度。这一点对信誉不佳的俄罗斯商业银行来讲十分重要。

俄罗斯商业银行虽发展很快，但存在不少问题：第一，规模小，发挥职能有很大的局限性。第二，商业银行的主要活动不在生产领域，即资金不是用于生产性贷款上，而从事金融投机，即主要从事股票和政府债券等货币交易。第三，由于 1992 年俄罗斯在向市场经济转轨过程中所建立起来的商业银行，一半是由企业或企业集团创建的，其资金来源主要是企业存款，这十分容易产生银行的活动要服从企业的利益，参股企业在取得贷款方面有优先权，这样就导致出现大量内部贷款，对银行失去监控。第四，银行的独立性经常受到干扰，国家往往要求央行通过商业银行向经营效益差的企业贷款。就是说，银行并没有真正做到依据市场经济的法则去配置资源，这也是银行不良债务迅速增加的原因之一。

三　发展证券市场

随着俄罗斯向市场经济的过渡，证券市场的出现成为必然，它对融资、资金配置的市场化、促进银行体制改革和公司治理等，均有重要的意义。证券市场可分为股票市场和债券市场。

在俄罗斯，股票市场主要有私有化企业股票、投资基金股票与商业银行股票。当俄罗斯通过证券私有化实行股份化时，就出现了大量私有化企业股票。

债券市场是俄罗斯证券市场的另一个重要组成部分。债券可分为联邦政府债券、地方政府债券和国际债券。这三种债券中，联邦政府债券占主导地位。

证券市场的发展，在融资方面还是起了不小的作用，如 1997 年，俄罗斯证券市场的融资额相当于银行贷款的 3 倍；在促进资金横向流动、改变弥补财政赤字的方式方面，其积极作用亦应予肯定；另外，通过债券市场吸收大量游资，从而也可减缓卢布汇率的波动和通胀方面的压力。

四　卢布汇率制度的变革

苏联时期一直实行由国家规定的卢布固定汇率，卢布不能自由兑换。这种汇率制度不能适应金融体制自由化发展的需求，因此，卢布汇率制度的改革在经济转轨的一开始就提了出来。1992 年 7 月 1 日，俄罗斯政府开始实行卢布统一浮动汇率制内部自由兑换。这一汇率体制的改革政策是在俄罗斯国内经济大幅度下滑、通胀加剧和财政赤字严重的情况下推出的。因此，它必然导致卢布大幅度贬值。卢布兑换美元的比价由 1992 年 7 月 1 日的 135.4 : 1 降至 1995 年上半年的 5130 : 1。很显然，卢布的急剧贬值使得俄罗斯金融市场处于动荡与混乱，严重阻碍经济的正常运行，还使经济中美元化趋向快速发展，1995 年初，俄罗斯居民手持美元已达 250 亿，其购买力超过卢布现金总额的 1 倍。[①] 针对上述情况，俄罗斯政府与央行于 1995 年 7 月 6 日联合发表声明，宣布实行外汇"走廊"政策。规定从 7 月 6 日到 10 月 1 日，卢布对美元的汇率限定在 4300 : 1—4900 : 1

---

① 《国际金融研究》1996 年第 12 期。

之间波动。后来，这一汇率"走廊"又延至 11 月 30 日，并宣布这一汇率政策在 1996 年上半年继续实行。这样做的目的是使人们对卢布汇率产生较强的可预见性，也可使人们降低对通胀的预期。俄罗斯央行认为，这段时期实行汇率"走廊"政策是富有成效的一项措施。1996 年 5 月 16 日，俄罗斯决定放弃汇率"走廊"政策，改行浮动汇率。就是说，央行根据外汇市场的供求、通胀率变化、国际外汇市场行情、国家外汇储备和国际收支平衡等因素，自行决定卢布对美元的汇率。俄罗斯还规定，每天卢布对美元汇率的买卖差价不得大于 1.5%。1998 年 8 月金融危机后，卢布大幅度贬值，居民储蓄 90% 为美元。1998 年 9 月 3 日俄罗斯央行宣布汇率"走廊"上限，接着在 9 月 4 日又宣布放弃汇率"走廊"和国家调节汇率的政策。这样，从 1996 年实行的有管理的"浮动汇率制"转为自由"浮动汇率制"。从 1998 年到 1999 年，卢布汇率不断下跌，到了 2000 年才逐步走向稳定。

五　利率市场化

这既是金融体制改革的一个重要内容，也是经济市场化的必然要求。俄罗斯在向市场经济转轨的初期，就开始放开商业银行的利率，逐步形成央行再贷款或再贴现率作为基础的利率体系。但应指出，由于俄罗斯经济转型头几年通胀率居高不下，从而使得实际利率在较长时期内是负值。这样，在利率严重扭曲的情况下，利率市场化就很难体现。只是到了 1994 年央行的再兑现率与通胀率才达到基本平衡。

第四节　社会保障体制改革

经济学界把建立适应市场经济所需的社会保障体制，视为经济转型继宏观经济稳定化、经济活动自由化与国有资产私有化这三大支柱之后的第四大支柱，也是建立现代化市场经济的重要条件。近些年来，社会领域的支出金额占俄罗斯全部预算支出总额的一半以上，占 GDP 的比例从 21% 提高到了 27%。①

---

① 普京：《俄罗斯的社会政策：建设公正社会》，［俄］《共青团真理报》2012 年 2 月 13 日。

一　养老保障制度改革

养老保障制度是社会保障体制中的一个重要内容。

苏联在传统的计划经济体制条件下所建立的养老保障制度，在保障广大居民必要的生活条件与保持社会稳定等方面，都起过良好的作用。但存在的问题亦很明显：突出表现在一切由国家统一包揽。这种办法，一方面超越了国家经济与财政能力；另一方面使得社会成员在思想与理念上，忽视了建立养老保障制度应尽的责任与义务，而是完全躺在国家身上。另外，俄罗斯推行的激进转型政策，在价格自由化、国有企业私有化等方面的改革都是快速地进行的，这在客观上亦要求加速养老保障制度改革，否则就会制约经济体制转型的进程。对于俄罗斯来讲，养老保障制度改革的迫切性还在于人口危机与老龄化严重。1989—2002年俄罗斯人口减少了180万，2002—2010年又减少了230万。据俄罗斯国家统计局测算，2031年俄罗斯的人口危机将达到高峰，届时俄罗斯劳动年龄人口为7650万（指16—59岁的男性与16—54岁的女性），老年人口为4007万，两者之间的比例由2010年的2.8∶1，下降到2031年的1.9∶1。

俄罗斯养老保障制度改革是从以下方向进行的：一是逐步放弃国家包揽一切的做法，实现社会保障的资金来源多元化；二是在处理社会公平与效率的相互关系问题上，重点由过去的公平而忽视效率转向效率兼顾公平；三是不断提高养老金水平。

在1997年前，在这一领域改革的主要内容有：第一，在俄罗斯除了实行自愿投保养老外，所有公民与企业事业单位均必须参加强制性养老保险，其基金来源与国家预算脱钩，建立专门的俄联邦预算外自治养老基金，基金来自联邦与各联邦主体预算拨款、投保单位和个人三方面。雇主按工资总额的31.6%缴纳，雇员按工资收入的5%缴纳，企业与职工的缴纳一般要占该基金总额的90%以上。强制性养老保险基金，是预算外基金的一个重要部分，单独进行管理。养老保险基金绝大部分（占94%）用于发放养老金、残疾金、对丧失赡养者与暂时丧失劳动能力的人的社会救助；5%用作流动资金；1%用于养老基金会的经费支出。第二，领取养老金的条件与苏联时期一样，男性年满60岁且工龄不少于25年，女性年满55岁且工龄不少于20年。由于通胀率高并且变动大，原来那种长期不变的计算发放养老金的办法就难以适应变化了的情况，往往不能抑制由于通胀所引起的养老金实际水平的下降，从而使养老金领取者的最低生活水平得不到保证。因此，从 1992 年起对养老金实行指数化。指数化主要根据以下因素计算：市场价格的变动、在职职工的平均工资数额和养老金领取者原有工资与优抚金水平。1997 年 9 月，俄罗斯通过了《关于计算和增加养老金的程序法》，规定从 1998 年 2 月 1 日起，养老金的计算不再以价格的增长为依据，而以全国的月平均工资的提高水平为根据，同时规定采用个体系数来完善养老金。

20 多年来，俄罗斯养老保障制度在不断调整与完善。1997 年，俄罗斯参照世界银行提出的"三支柱"模式，对养老金保障制度进行了重大的改革，实行"三支柱"型养老保障制度。第一支柱是社会养老保险，它仅限于为无力缴纳养老保险费的特困人群提供帮助，由政府财政出资；第二支柱是强制养老保险，这是"三支柱"中最重要的部分，其资金来源由企业和职工的缴费和基金收益，2001 年通过开征统一社会税形成。该税是把原来的养老基金、社会保险基金、强制医疗保险基金合并到一起。统一社会税按工资总额的 35.6% 征收，其中 28% 用于养老基金，4% 用于社会保险基金，3.6% 用于强制医疗保险基金。由于养老保险分成了三部分，相应的纳税也分成了三部分。其中，用于养老基金部分的 50% 作为退休金基础部分的保险费交入联邦财政部门，通过联邦财政预算的方式予以发放，另外 50% 作为退休金保险和积累部分的保险费。开征统一社会税后就取代了此前实行的向国家预算外基金缴纳保险费的制度。第三支柱是补充养老保险，这是一种自愿养老保险，由雇主自愿建立，所有职工均可自愿参加，采用基金制的个人账户管理方式，使职工在得到基本生活保障之后可自行通过购买补充养老保险灵活调整退休后的收入。俄罗斯参加自愿养老保险的人数很少，只有 1% 的劳动年龄居民参加了这种保险。原因在于：一是总的来说，大多数居民收入水平较低，无力承担额外的保险支出；二是养老保险基金投资收益率往往低于其他投资的回报率；三是在俄罗斯的非国有金融机构信誉差，广大居民对其缺乏信任。

普京执政后，先后出台了一系列有关养老保险改革的法律，主要是围绕落实与完善"三支柱"型养老保险制度采取的政策与措施，主要内容有：一是落实第一支柱即社会养老保险。这是国家提供给不能享受退休人员养老金的老年人、残疾人和丧失赡养人的社会群体的养老金。有权享受社会养老金的人群包括一、二、三级残疾人员、残疾儿童及失去单亲或双亲的未满 18 周岁的未成年人。此外，还有年满 65 周岁的男士、年满 60 周岁的女士，即不能享受退休金的人员，在到达公认退休年龄之后的 5 年可以享受社会养老金。二是强化第二支柱即强制性养老保险。根据有关法律规定，劳动退休金由基本养老金、养老保险金和养老储蓄金三部分构成。基本养老金是其中硬性规定的固定数额，根据年龄、身体是否残疾，是否有受抚养人和赡养人以及受抚养人和赡养人的数量等确定，从俄罗斯联邦财政预算资金中支出。基本养老金缴费由企业和国家共同承担，企业每月将职工工资总额的 14% 上缴（统一社会税中职工工资总额 28% 的一半），政府用这笔钱和部分财政拨款给退休人员发放基本养老金。三是采取一些优惠政策扩大第三支柱即补充养老保险的人群。

俄罗斯在养老保障制度方面虽进行了多次改革，但仍与国际标准存在较大差距。另外，在面临人口持续老龄化趋势压力的同时，国家负担日益加重，使养老保障体系赤字运行，靠财政补贴难以维系。针对上述情况，俄罗斯决定从 2010 年 1 月 1 日起，对养老保障制度进行新的改革，其实质是向保险原则过渡，即公民所享受的养老金权利和养老金额度直接取决于每个人向国家养老基金的保险缴费。目的是使养老金收入由依靠税收收入向依靠保险收入转变。同时把养老基金的保险缴费率，从 2010 年前的 20% 提高到 26%，以便使养老金保持收支平衡。另外，从 2010 年起取消统一社会税，重新开征包括养老保险在内的社会保险费。

总的来说，俄罗斯在经济转型过程中重视养老保障制度的改革，并不断提高养老金水平，2000—2007 年这 8 年间养老金增加了 1.5 倍。2012 年全俄月均养老金为 9800 卢布（按 1 卢布折合 0.1989 元人民币计算为 1949 元），该年平均养老金与平均工资的比率为 35.5%。

但同时要指出的是，俄罗斯养老保障制度尚存在不少问题，最为突出的是：第一，尽管俄罗斯政府采取诸如提高养老保险费率等政策来减轻国家负担，但国家财政仍面临巨大压力。2007 年俄罗斯联邦政府用于养老保障的转移支付占 GDP 的比重为 1.5%，而到 2010 年占 GDP 的比重提高到 5.2%，提高了近两倍。这是指俄罗斯联邦政府用于养老保障的转移支付，而俄罗斯整个养老金支出约占 GDP 的 9%。俄罗斯养老基金从 2005 年开始出现赤字，数额为 870 亿卢布，据预测，到 2050 年，养老基金赤字占 GDP 的比重为 1.25%。俄罗斯准备通过提高退休年龄等措施来缓解赤字，计划到 2015 年之后男性公民退休年龄由 60 岁提高到 65 岁，女性公民由 55 岁提高到 60 岁。第二，在相当长的一个时期内难以解决以下的矛盾，一方面养老基金占 GDP 的比重日益提高；另一方面平均退休金占平均工资的比例不高。结果是使国家财政压力增大，同时又往往使退休人员因养老金低而对政府不满。为此，俄罗斯政府承诺退休金从 2015 年起将至少提高 45%。第三，由于俄罗斯人口老龄化与不断减少，每 100 名劳动年龄人口要负担的老年人将从 2010 年的 36 人上升到 2031 年的 53 人，抚养负担率将提高 47.2%。这不仅对如何发展俄罗斯养老保障制度是个重大问题，亦是俄罗斯经济与社会发展面临的一大挑战。

俄罗斯养老保障制度今后改革的总趋势是：以建立长期稳定的养老保障机制，使当代及后代老年公民都能获得充足的养老金，能够过上体面的生活为目标；通过拓宽养老金融资渠道，发展非国有养老保险，提高养老储蓄管理水平等措施，逐步缩小养老基金赤字；继续提高劳动退休金的平均发放水平，从 2016 年到 2020 年，使其达到最低生活保障水平的 2.5—3 倍（2011 年全俄平均最低生活标准为 6369 卢布，有劳动能力者为 6878 卢布，退休人员为 5032 卢布，儿童为 6157 卢布），创造条件，使退休人员的平均退休金占平均工资的比例不低于 40%。

二　住房制度改革

住房是广大老百姓极为关切的问题，亦是不容易解决的十分复杂的问题。

十月革命前的俄国，居民居住条件很差，1913 年城镇人均住房面积为 6.3 平方米。革命胜利后的 20 年代，由于战争的破坏与城市人口的大量增加，到 1926 年人均住房面积降至 5.8 平方米，有近 30% 的工人家庭还不到 3 平方米。经过 30 年代苏联工业化时期的经济发展，到 1940 年，居民人均住房面积亦只有 6.4 平方米。在二战中，苏联 25% 的城市居民住房遭到破坏，经过战后几年的住房建设，到 1950 年，城市人均居民住房面积才提高到 7 平方米。1953 年赫鲁晓夫上台执政后，在解决居民住房方面面临巨大压力，当时大多数居民的居住条件十分恶劣，几户合住在一套房，离婚夫妇还住在一起，1956 年笔者去莫斯科留学时住的学生宿舍里，还住有大学副校长与教授，一对离婚的夫妻还同住在一间学生宿舍里。赫鲁晓夫下决心要在 10—12 年内解决住房不足的问题。从 1957 年开始，决定每年建造 200 万平方米的居民住宅，目标是为每个家庭提供独户住房，人均9平方米。住房设计较简单，是装配式预制结构五层住房。后来被称为"赫鲁晓夫筒子楼"。尽管这一时期所建住房带有简易经济房性质，但对缓和住房紧张起了很大作用，到1965年，居民人均住房面积为10平方米，约有30%的家庭住进了单元式住房。到勃列日涅夫时期，继续加强住房建造，后经过各届领导的努力，在苏联解体前的1991年，苏联居民人均住房面积为16.5平方米。

苏联时期住房一直处于十分紧张的状态下，改善进展缓慢，尽管在客观上有战争破坏与俄国留下的很差的住房条件的影响，但从根本上来说是由苏联的住房制度造成的。与传统的计划经济体制相适应，苏联的住房制度具有福利性质，它的主要特点是，由国家大包大揽，即靠国家解决住房问题，大多数公民的住房主要由国家负责建造和无偿分配给予，实行低租金与高补贴政策。上述苏联住房制度具体反映在：第一，住房建造主要靠国家，尽管苏联亦有鼓励合作社建房与私人建房的政策，但始终没有改变以国家建房为主，1986—1990年，国家所建住房的面积占总面积的68.9%，合作社占6.4%，私人占17.3%。第二，国家所建住房由国家按统一规定标准无偿提供给公民使用，只象征性地收取一点租金。根据1928年的有关规定，每平方米住房面积每月租金为13.2戈比，后来新建的设备比较完善的住房租金为16.5戈比，水、电、煤气与暖气供应等收费亦很低，并且长期不变。因此，居民用于住房的开支占其家庭收入很小一部分，1990年占职工家庭收入的2.5%，占集体农庄庄员家庭收入的1.7%。第三，住房的维修靠国家补贴。

苏联上述住房制度的弊端十分明显：一是国家承担沉重的财政负担。长期以来，国家用于国民经济的基建投资中，住房建设投资要占15%—18%，仅次于工业、农业投资。二是极低的房租无法弥补住房折旧与保养维修，相差2/3，这要靠国家大量补贴解决。据莫斯科市的材料，向居民收取的房租、水电费、暖气费与天然气费，只能弥补实际费用的1%—2%，甚至连维持收费单位的经费开支都不够。三是助长了人们对国家的依赖心理，削弱了多渠道建房的积极性。四是在分配住房的过程中，由于苏联是官本位制度，很难按统一规定分配住房，往往领导人利用权力多占住房。总之，苏联的住房制度，难以从根本上解决住房问题，并且越来越尖锐。据俄罗斯国家建委负责人1993年底发表的谈话，俄罗斯仍有1700万人的住房面积低于5平方米，约有1100万户几家合住一套住宅，约有 200 万户住旧房危房，约有 950 万户在排队等房，全俄缺 4000 万套住房，排队等房的队伍越来越长，平均等房期限长达 20 年之久（见俄罗斯《文学报》1993 年 12 月 29 日）。

在上述情况下，俄罗斯在经济体制转型过程中，必须对住房制度进行根本性改革。改革的基本政策是：一是实行公有住房私有化，即以无偿方式把房产权交给居民；二是改变原来主要靠国家建房并无偿提供给居民使用的住房制度，即国家不再分配住房，实行多渠道筹资建房，并鼓励公民个人建房与购房；三是提高房租，使其接近住房实际价值，以克服原来的低房租的平均主义；四是尽快建立与发展房地产市场，使其与国企大规模私有化和整个经济向市场经济体制转型相适应。

俄罗斯住房私有化是根据自愿、无偿与一次性三原则进行的。自愿原则就是公民根据自己的意愿参与住房私有化，使公有住房归己所有。无偿原则即所有公民均可按规定的标准无偿获得已住房屋的所有权。无偿转为公民所有的住房按俄罗斯人均住房面积确定，不得少于每人 18 平方米，特殊条件下，可按住房性能再向每户提供 9 平方米，超标部分按一次性或分期付款方式解决。一次性原则即公民可按私有化方式一次性获得归己所有的住房。

在推行住房私有化的同时，俄罗斯采取各种政策措施鼓励公民建房与买房，如提供建房买房信贷。俄罗斯规定，银行可通过缔结信贷和抵押合同向法人与公民提供三种信贷：用于得到建房地段的短期或长期贷款；用于建设住房的短期贷款；用于购买住房的长期贷款。俄罗斯还通过发放住房券以吸引居民手中资金投资建房。住房券是具有保值作用的有价证券，持有者可用来分期购买住房。另外，俄罗斯对自有资金和专项贷款建房、买房的公民，其个人存入住宅专项储蓄账户的可以免征个人所得税。

逐步提高居民住房公用事业的缴费比例，从 2005 年起由居民 100% 负担，如该项费用在居民家庭总收入中的比例超过 20% 的，国家可给予相应补贴。这一措施既有利于减轻地方财政压力，又可以使住房公用设施的维修得到资金保证。

住房制度的改革，使私人住房量大大增加，到 2001 年私人住房占存量住房的 63%，公房占 37%，而改革前的 1989 年，67% 的住房为公房，33% 为私房。这对逐步形成住房一、二级市场亦有重要意义。住房制度改革促进了住房建设的发展，1992 年俄罗斯住房总面积为 24.92 亿平方米，

2011 年增加到 32.72 亿平方米。从而使人均住房面积从 1992 年的 16.8 平方米，提高到 2011 年的 22.8 平方米。

目前住房方面存在的主要问题是，住房私有化后，可提供无偿分配或以优惠价出售的房源大大减少，从而使无房户增加。产生这一问题还与房价大幅度上涨有密切的关系。随着住房私有化改革的进行，俄罗斯房地产走向市场，房价也随之上涨。特别是进入 21 世纪，俄罗斯房价迅猛飙升，2000—2005 年，房价上涨了 253%。2006 年房价上涨了 53.8%，而首都莫斯科的房价上涨了 93.8%。2012 年房价比上年上涨 9.9%。根据俄罗斯报纸公布的俄罗斯各主要城市 2011 年 10 月房价排行榜，其中前十名城市的名单如下：莫斯科 5902 美元/平方米（套内面积）、圣彼得堡 2895 美元/平方米、叶卡捷琳堡 1985 美元/平方米、哈巴罗夫斯克 1872 美元/平方米、卡卢加 1845 美元/平方米、顿河畔罗斯托夫 1767 美元/平方米、新西伯利亚 1738 美元/平方米、秋明 1637 美元/平方米、克拉斯诺达尔 1597 美元/平方米、雅罗斯拉夫尔 1579 美元/平方米。在莫斯科市黄金地段的高档住房，每平方米近 1 万美元，有的甚至高达 5 万美元。那么，2011 年 1—5 月莫斯科市人平均月工资为 1465 美元，其中金融领域从业人员月工资为 3500 美元，建筑领域从业人员月工资为 1000 美元。2011 年，全俄月均最低生活费的标准为 6369 卢布，约 213 美元。随着房价上涨，租房也很贵，根据俄罗斯联邦"房产世界"协会 2011 年 10 月 20 日公布的对 24 个主要城市租房价格的调查，莫斯科市一居室的平均月房租为 1000 美元、两居室为 1723 美元、三居室为 3502 美元。圣彼得堡一居室为 644 美元、二居室为 925 美元、三居室为 2103 美元。莫斯科州的一居室为 639 美元、二居室为 827 美元。普京于 2012 年 2 月 13 日在《共青团真理报》发表的《俄罗斯的社会政策——建设公正社会》总统竞选一文中指出：目前俄罗斯只有 1/4 的公民有能力建设或购买新住房。据专家计算，如果把全部工资都用上，那么 1989 年要买 54 平方米的房子要攒 2.5 年，而现在需要 4.5 年。在俄罗斯住房制度改革过程中，另一个问题是，房地产行业存在垄断，市场存在价格操控。这一问题，普京在 2004 年的总统国情咨文中就强调指出，为了使房地产市场规范化，必须打破建筑市场的垄断，俄罗斯公民不应当为建筑业由于行政障碍造成的代价付钱，也不应为建筑商的超额利润付钱。这几年来，俄罗斯主要采取两大措施调控房价：一是加大建造经济适用房的力度，增加住房市场供应量；二是加大查处垄断与腐败，压制房价。针对上述问题，普京在上面提到的那篇文章中又提出解决住房问题的四项对策：一是降低住房建设价格，杜绝因建筑业腐败而导致的价格泡沫。这可使现代舒适住房价格下降20%，个别地区下降30%。二是让大量土地进入流通市场，土地应该免费地（条件是规定住房销售价格）给那些建设社会性、经济性住房与社会性项目的人。三是要使按揭贷款的价格与通胀同步降低。四是要建立文明的住房租赁市场。大多数欧洲国家中1/3—1/2的家庭一辈子都在租房。普京认为，随着各种措施的实施，2020年前可以让60%的家庭获得新住房，2030年前可以彻底解决该问题。

三 医疗保险制度改革

医疗保险制度是苏联时期整个社会保障制度的一个重要组成部分。它对广大居民的生、老、病、死、残起着保障作用，因此，它与每个社会成员都有密切的关系。在十月革命前，于1912年1月在布拉格召开的俄国社会民主工党第六次全国代表大会上，列宁谈及社会保障问题时提出以下思想："最好的工人保险形式是工人的国家保险，它是根据下列原则建立的：（1）在工人丧失劳动力的一切情况（伤残、疾病、年老、残废；还有女工的怀孕和生育；供养人死亡后所遗寡妇和孤儿的抚恤）下，或在他们因失业而失去工资的情况下，国家保险都应该给工人以保障；（2）保险应包括一切雇佣劳动者及其家属；（3）对一切被保险人都应按照偿付全部工资的原则给予补偿，同时一切保险费应由企业主和国家负担；各种保险应由统一的保险组织办理；这种组织应按区域和按被保险人完全自行管理的原则建立。"十月革命胜利后，苏维埃政府着手建立医疗保险制度，并把包括医疗保险制度在内的社会保险制度写入了宪法，如1977年10月7日通过的《苏维埃社会主义共和国联盟宪法》规定："这个社会的生活准则是大家关心每个人的福利和每个人关心大家的福利。"第三十五条规定："采取措施保护妇女的劳动和健康"，"对母亲和儿童给予法律保护"。第四十二条规定：苏联公民"有享受保健的权利"，第四十三条规定：苏联公民"在年老、患病、全部或部分丧失劳动能力以及失去赡养者的情况下，有享受物质保证的权利"，等等。1965年苏联把社会保证与社会保险范围发展到了集体农庄。这样，在苏联实现了全民免费医疗。这里有必要对有关苏联免费医疗的具体含义作一说明。各类医疗服务是免费的，但是药费是由患者自费购买的。只有对住院者、战场负伤者、未满周岁的婴儿、癌症患者、精神病者、急救处理者等免收药费。另外，对在门诊治疗的结核病、糖尿病患者的药品与价格较高的抗生素，亦是免费的。就是说，除上述患者外，其他在门诊就诊者是按医生开具的处方去药房自费购买药品。凭医生开具的处方购买的药品，价格十分低廉，甚至有 1/3 的药品价格低于成本价。

在苏联时期，医疗卫生经费主要来自国家预算与企业、社会团体及集体农庄的资金，而以国家预算拨款为主要来源。苏联每年编制的国家预算支出项目中列有社会文化措施支出一栏，这一栏中就包括医疗卫生支出的经费。苏联解体前的 1990 年，该栏目支出为 1700 亿卢布，如加上其他资金来源共计为 1951 亿卢布，占当年国民收入总额的 19.6%。

各医疗机构由苏联卫生部统一领导，医疗卫生事业的各项政策措施由国家实施。

应该说，苏联时期的医疗制度在保障广大居民获得医疗服务方面还是有成效的，医疗卫生事业亦取得不小进步，苏联解体前的 1990 年，全苏拥有各科医生 127.92 万名，每万名居民拥有的医生为 44.2 名（十月革命前的 1913 年，这两个指标分别为 2.81 万名与 1.8 名）；1990 年病床数为 383.21 万张，每万名居民拥有的病床数为 132.6 张（1913 年这两个指标分别为 20.8 万张与 1 张）。可以说，苏联所拥有的医生人数和病床数在国际上均位居在前列。

苏联时期的医疗制度存在的主要弊端是：第一，由于医疗服务不是采用社会保险形式，资金来源主要靠国家财政拨款，随着享受免费医疗人员的增加，对医疗条件的要求不断提高，使国家财政负担难以承受。第二，由于经费不足，医疗机构的医疗设备不能及时更新，导致医疗设备长期落后、药品短缺、医疗服务水平低下，实际上广大居民看病难的问题一直没得到很好解决。第三，由于医疗机构由国家实行集中统一的行政管理且资金主要依赖国家，从而使医疗保险不可能社会化，更谈不上市场化，医疗机构之间缺乏竞争，年复一年地维持现状。第四，苏联虽实行全民免费医疗，但各阶层居民在享受该权利时有极大的差别，各级官员在医疗方面享有种种特权，有专门的医院，那里医疗设备先进，配有高水平的医务人员，而普通老百姓只能承受在一般医院的低水平的医疗服务，并往往受排长队之苦。

苏联解体时，俄罗斯面临十分严峻的经济形势，1991 年苏联国家预算赤字比计划数字增加了 5 倍，占 GDP 的 20%，财政状况已完全失控。在此情况下再靠财政拨款来维持广大居民的卫生医疗已不可能。另外，苏联解体后叶利钦实行了"休克疗法"激进式向市场经济转型，原来的医疗制度与整个经济体制的市场化已不相适应。这些都要求新执政的俄罗斯政府改革医疗制度。改革的基本目标是建立起与市场化相适应的现代强制医疗保险制度。为此，实施的主要政策有：一是由国家财政拨款制度转为社会保险制度；二是由国家财政负担的免费医疗制度转为由国家与居民共同负担的医疗制度。

1991 年 6 月 28 日俄罗斯通过了《俄罗斯联邦公民医疗保险法》。该文件为俄罗斯医疗制度改革奠定了法律基础，亦反映了俄罗斯医疗制度改革的主要内容。该法律规定：（1）所有俄罗斯境内的常住居民均须参与强制医疗保险；保险费由国家及企业共同承担。有工作的居民，由其所在单位按工资收入的一定比例缴纳强制医疗保险；没有工作的居民，由国家预算支付强制医疗保险。（2）强制和自愿医疗保险缴费是俄罗斯医疗保障体系的主要资金来源。（3）在强制医疗保险范围内由政府提供免费医疗服务，其数量和条件依据联邦政府和各级地方政府批准的强制医疗保险基本纲要执行。（4）改变医疗保险给付标准，国家为居民提供的医疗保障拨款不再以个人工资为标准，而改按其缴纳的医疗保险费用，采用多缴多得、少缴少得的原则。（5）除强制医疗保险外，设立自愿医疗保险，保费由企业和个人共同负担，在居民享受免费之外的医疗服务时，由非国有保险公司承担其费用。1993 年 4 月和 1996 年又分别通过了《关于建立联邦和地方强制医疗保险基金的规定》和《俄罗斯联邦公民强制性医疗保险法》，目的是推进强制医疗保障制度的建立。为此，俄罗斯根据上述法律文件，进一步采取一些具体改革医疗保障制度，主要有：第一，建立强制医疗保险基金。强制医疗保险基金分为联邦强制医疗保险基金和地区强制医疗保险基金。该基金的主要任务是：（1）保证《俄罗斯联邦公民医疗保险法》的实施；（2）保证联邦主体强制医疗保险体系的财务稳定性；（3）保证俄罗斯法律规定的公民在强制医疗保险体系中的权利；（4）参与强制医疗保险领域国家财政政策的制定和实施；（5）制定和实施配套措施，以保证强制医疗保险体系的财务稳定性，为拉平各地区的医疗服务水平和质量创造条件。强制医疗保险基金的主要资金来源有：（1）雇主缴纳的强制医疗保险费，费率为工资基金总额的 3.6%，其中：0.2% 纳入联邦强制医疗保险基金。3.4% 纳入地区强制医疗保险基金。（2）用于完成国家级强制医疗保险计划的联邦预算拨款。（3）法人和自然人的自愿缴款。（4）基金闲置资金的经营所得，基金所得免征所得税。在上述资金来源中，最主要的资金来源为保险缴费，占强制医疗保险基金总收入的 90% 以上。① 第二，成立医疗保险公司。该公司是不受政府卫生医疗部门管理的独立经营主体，它可承包各类医疗保险业务。企业和国家管理机关作为投保人同保险公司签订合同，被保险人在保险公司指定的医疗服务机构就医，保险公司为被保险人支付医疗费用。医疗保险公司可代表受保人对医疗机构所提供的医疗服务质量进行检查和监督，必要时对医疗单位提出索赔和罚款制裁。

在叶利钦执政期间，形成了新的医疗保险制度框架，但由于这时出现了严重的经济转型危机，市场混乱，各种法律难以执行，因此有关医疗制度改革的法规与政策并没有得到很好落实。特别要指出的是，由于资金短缺，国家对卫生医疗的拨款大大减少，使不少人求医遇到困难。1998 年金融危机后，俄罗斯联邦医疗预算支出在该项支出总额中的比重由 1997 年的 43% 降至 1998 年的 37%，这使得医疗总费用的 2/3 由普通居民来抵补了。

普京执政后，十分关注俄罗斯的卫生医疗事业。首先，他在 2005 年提出，医疗是国家优先发展计划四大领域之一（其他三项为教育、住宅和农业），并亲自担任为此而专门成立的国家优先发展计划委员会的主席。"健康"国家优秀发展计划当年开始实施，该年的支出就高达 787 亿卢布，占当年对医疗卫生事业投入的 9.1%。普京提出实施"健康"国家优先发展计划的另一个重要原因是，为了提高俄罗斯人的寿命。1994 年俄罗斯人均寿命降至 57 岁，1999 年提高到 60 岁，2012 年为 68 岁。尽管人均寿命在提高，但在世界上处于低水平，这是俄罗斯亟待解决的问题。普京在 2008 年提出，到 2020 年要让俄罗斯人的平均寿命提高到 75 岁。因此，提高卫生医疗服务水平是一项十分迫切的任务。其次，继续对医疗制度采取一些改革措施，重点是扩大资金来源，保证医疗保险基金有可靠的来源。为此，采取的措施有：一是 2002 年开征"统一社会税"，把其

---

① 引自童伟等《2012 年俄罗斯财经研究报告》，经济科学出版社 2012 年版，第 237 页。

中一部分纳入强制医疗保险基金。统一社会税把原来的三种国家预算外基金——退休基金、社会保险基金、强制医疗保险基金合在一起，缴费的主体是各种所有制形式的企业、组织、机构，此外还包括从事个体劳动和私人经营活动的公民。其中医疗保险缴费率为劳动报酬的 3.6%，其中0.2% 上缴联邦医疗保险基金，3.4% 纳入地方医疗保险基金。二是提取部分社会保险基金，用于对医疗卫生事业拨款。2005 年和 2006 年来自社会保险基金中的资金占俄罗斯医疗卫生事业总投入的比重分别达到 1.8%和 2.6%。

为了使医疗保险制度与市场化和现代化相适应，2010 年 11 月 29 日通过了俄罗斯联邦《关于部分修订俄罗斯联邦强制医疗保险法》。这是俄罗斯从 2011 年开始进一步对医疗制度的改革。主要内容有三：（1）给予被保险人有自主选择医疗保险公司的权利。以前，被保险人没有选择医疗保险公司的权利。新的医疗保险法规定，自 2011 年起，可由被保险人自主选择医疗保险公司。（2）扩大强制医疗保险给付范围。强制医疗保险体系目前给医疗机构的保险给付范围仅包括薪金、工资、支出成本、药品和食物五个方面。自 2013 年起，医疗机构中除用于基本建设、维修和购买 10 万卢布以上设备的支出外，其他所有支出全部由强制医疗保险体系承担。（3）取消私人医疗机构进入强制医疗保险体系的限制。这次改革，使俄罗斯强制医疗保险更便于广大居民就医。

经过多年努力，到 2011 年底，俄罗斯境内共计有 1 个联邦强制医疗保险基金，84 个地区强制医疗保险基金，107 个有法人地位的医疗保险公司和 246 个下属分支机构，8200 余个合同医疗机构。参加强制医疗保险的居民有 1.423 亿人，其中 5880 万人为有工作的居民，8350 万人为无工作的居民。[①]

目前，俄罗斯卫生医疗体系存在的主要问题有：一是资金不足仍未很好解决，强制性医疗保险体系至 2012 年初资金缺口约为 1000 亿卢布；医疗服务水平低，工作效率不高，广大民众不满意。造成这一情况的原因除医疗设备较落后外，与医务人员收入低有关，2007 年西方国家医生的收入是社会平均工资的 2—3 倍，而同年俄罗斯医生的收入仅是社会平均工资的 65%。这必然影响医务人员提高业务水平的积极性。近几年来，俄罗

---

① 童伟等：《2012 年俄罗斯财经研究报告》，经济科学出版社 2012 年版，第 237 页。

斯一直在着力提高医务人员的收入水平。普京提出，到 2018 年，医务人员的工资要达到本地区年平均工资的 200%。① 二是药品不足。患者服用的进口药和非处方药所占比重较高，2009 年上半年，按价值量计算，进口药品和国产药品的比例是 76∶24，处方药与非处方药的比例是 52∶48。俄罗斯市场上的药品价格高，又缺少应有的价格调控，而且完全没有国家补贴，这大大加重了患者负担；与全国一样，俄罗斯医疗领域的腐败也十分严重，"红包"现象十分普遍。普京在 2008 年 2 月 8 日题为《关于俄罗斯到 2020 年的发展战略》的讲话中说："无论到哪个机构……到医疗点、到妇科大夫那里……都要带着贿赂去，简直是太可怕了！"

由于存在上述问题，在俄罗斯特别像莫斯科那样的大城市，出现了不少私人医院。一些收入较高的患者去私人诊所就医。据有关报道，看一次感冒的诊疗费用为 1500 卢布，住院治疗每天的开销要 4500 卢布，但先进的医疗水平和温馨周到的护理还是受到不少高收入人群的青睐。

自经济体制转型以来，特别是普京执政后，由于实行了一系列以提高居民生活福利为目的的社会保障体制改革，俄罗斯居民生活水平有了明显提高。普京在 2012 年竞选总统发表的文章中说："发展经济首先是人、就业、收入和新的机会。与 20 世纪 90 年代相比，贫困人口减少了 3/5。大城市中有劳动能力的人口找不到工作或几个月拿不到工资的停滞时代已经过去。根据一些独立调查，4/5 的人的实际收入超过了苏联发展顶峰的 1989 年，从那一年之后国家社会经济开始下降和失衡。80% 的俄罗斯家庭的消费水平超过了苏联时期。家用电器的拥有量增加了 50%，已经达到发达国家水平。每两个家庭中就有一辆汽车，比苏联时期增长了两倍。住房条件大大改善。不只是中等的俄罗斯人，就连退休人员的食品支出也比 90 年代多。"② 反映当前俄罗斯居民生活水平的具体指标如下：2012 年俄罗斯月均实际工资为 26690 卢布（按 1 卢布折合 0.1989 元人民币计算为 5039 元）；全俄月均养老金为 9800 卢布；人均住房面积为 22.8 平方米；失业率为 5.3%（430 万人）；实行全民基本免费医疗服务，手术免费，住院免费，治疗免费，唯一不免的只有药费，不管你是不是俄罗斯

---

① 普京：《俄罗斯的社会政策：建设公正社会》，俄罗斯《共青团真理报》2012 年 2 月 13 日。

② 普京：《俄罗斯在努力——我们要面对的挑战》，俄罗斯《消息报》2012 年 1 月 16 日。

人，只要在俄罗斯境内的任何人得了病，都免费给你治疗；实行 11 年义务教育和部分免费高等教育；在公立大学中的公费大学生比例不得低于40%，实际上，公费大学生的比例约为 50%；2012 年月均最低生活水平线为 6511 卢布，约为 217 美元；2011 年每 100 户家庭拥有电视机 164 台、电冰箱 121 台、洗衣机 99 台、轿车 48 辆；目前年消费食用肉及制品达 47千克、植物油 85 千克、食糖 33 千克、奶制品 211 千克。

　　总的来说，俄罗斯百姓分享到了经济增长的成果。

第十九章

所有制改革是建立现代市场
经济的一个前提条件

建立现代市场经济的一个前提条件是产权多元化，因为单一的国家所有权排斥产权多元化，企业不可能成为独立的商品生产者，也不可能形成平等的市场竞争。因此，所有由传统计划经济体制向市场经济体制转型的国家，不论其转型方式与最后达到的目标模式有何不同，都无一例外地会涉及所有制的改革。可以说，所有制的改革是经济转型的核心问题，而国有企业改革又是所有制转型的关键。这也决定了所有转型国家都把国有企业改革置于十分重要的地位。

长期以来，不论在苏东国家还是在中国，一直存在着一个历史性的理论误区，即认为国有制是全民所有制，是社会主义公有制，是社会主义经济的高级形式，并把这个理论说成是马克思主义的重要理论。实际上，这并不是马克思主义理论而是由斯大林执政后一步一步确立的理论，或者说是苏联化了的社会主义所有制理论。而马克思认为：取代资本主义的新的社会主义生产方式将是实现劳动者与生产资料所有权的统一，这种所有制称为"非孤立的单个人的所有制"，也就是"联合起来的社会个人的所有制"。① 这些都说明，社会主义所有制形式的一个重要特征是：劳动者在联合占有的生产资料中享有一定的所有权。进一步说，这种所有制具有以下两个密切相关的本质内涵：一是劳动者集体共同占有和使用生产资料，任何个人均无权分割生产资料；二是在用于集体劳动的生产资料中，每个劳动者都享有一定的生产资料所有权。这就是"在自由联合的劳动条件下"实现劳动者与生产资料所有权相统一的具体形式。

---

① 《马克思恩格斯全集》第 48 卷，人民出版社 1985 年版，第 21 页。

在国有企业是全民所有制经济，是社会主义公有制的高级形式这一理论误区的影响下，长期以来影响着经济改革的深化。在苏联时期的历次改革，有两个问题是不允许触及的：一是市场经济；二是国家所有制经济。在勃列日涅夫时期显得尤为突出，这个时期是批"市场社会主义"最起劲的，认为搞市场经济就会冲垮国有制经济。中国随着经济改革的深化，特别是在股份制推行的起始阶段，不少人就认为是"走向资本主义"，是"社会主义的倒退"或者称之为"和平演变"。产生上述问题亦是合乎逻辑的：既然国家所有制是高级形式，或者像由斯大林亲自审定的1954年出版的苏联《政治经济学教科书》所说的，国有企业是社会主义生产关系"最成熟、最彻底的"，[①] 那么任何对这种所有制形式的改革必然意味着是一种倒退。而实际上，国家所有制也好，全民所有制也罢，都没有解决劳动者与生产资料的结合问题，而是存在着严重的异化。

这就说明，要把所有制变成真正社会主义的经济性质，其方向应是马克思所说的劳动者与生产资料所有权统一的"联合起来的社会个人的所有制"。

第一节　俄罗斯国企改革的迫切性

苏联剧变后，独立执政的俄罗斯，在转轨起步阶段实施的是激进式的"休克疗法"过渡方式，目的是在短时期内形成市场经济体制模式。但为此，必须尽快实现国企的改革，形成多种所有制结构，使企业成为真正意义上的独立商品生产者主体。但是，对苏联继承国的俄罗斯来说，国企改革的迫切性比其他转型国家更为突出。

苏联时期建立了以国家所有制为主体的、单一的公有制结构。斯大林执政期间，在国家所有制是全民所有制经济、是社会主义经济的高级形式这一理论的指导下，在超高速工业化与全盘农业集体化过程中，加速了生产资料所有制的改造。在完成第二个五年计划时，苏联完成了从多种经济成分向单一的生产资料公有制经济的转变（见表19-1）。

---

① 苏联科学院经济研究所编：《政治经济学教科书》，中共中央马列编译局译，人民出版社1955年版，第428页。

表 19 - 1 社会主义经济在整个国民经济中所占比重 (%)

	1924 年	1928 年	1937 年
生产性固定资产中:*			
包括牲畜	35.0	35.1	99.0
不包括牲畜	58.9	65.7	99.6
国民收入*	35.0	44.0	99.1
工业产值	76.3	82.4	99.8
农业产值*	1.5	3.3	98.5
零售商品周转额 (包括公共饮食品)	47.3	76.4	100.0

注: *包括集体农庄庄员、工人和职员的个人副业。

资料来源:根据苏联部长会议中央统计局编《苏联国民经济六十年》一书编制(陆南泉等译,三联书店 1979 年版,第 5 页)。

在后来的经济发展过程中,虽然经历多次经济体制改革,但单一的公有制结构不仅未能改变,反而国家所有制进一步发展。苏联剧变前的 1990 年,在所有制结构中,国有制的比重为 92%,各部门的所有制结构,见表 19 - 2。

表 19 - 2 1990 年苏联固定资产所有制结构 (亿卢布、%)

部门	总计	其中			
		国家所有制	合作社	集体经济	其他
固定资产	18287	92	1	5	2
工业	6149	99	—	1	
建筑	974	99	—	1	
农业	2977.8	66		30	
运输	2437	100		—	
通信	190	96		4	
批发贸易	116	100		—	
零售贸易	419	80	14	1	
住宅	3401	83	4	1	
服务业	852	98		2	

资料来源:参见张森主编《俄罗斯经济转轨与中国经济改革》,当代世界出版社 2003 年版,第 34 页。

　　从表 19 - 2 中可以看出，苏联在剧变前，国有制经济占绝对的统治地位，真正地体现了"一大二公三纯"的特点。

　　苏联国有经济占统治地位这一所有制结构的特点，在一定的历史条件下与传统的计划经济体制一起，对苏联经济的发展起过积极的作用。第一，十月革命后，无产阶级必须通过生产资料的改造，建立必要的国有企业，以保证社会主义经济基础的建立；第二，通过国有企业的建立，国家直接控制这些企业及财政资源，可以发展新的经济部门与建设一些重大的具有全国经济意义的重大项目；第三，往往具有较大规模，在保证量的增长与较快发展速度方面起到较为有效的作用；第四，国家直接控制大量的国有企业，比较容易适应战备的要求。

　　但是，苏联这种全盘国有化的所有制结构，与传统的计划经济体制一样，随着经济的发展，其局限性日益明显，它不可能改变企业是政府的一个附属单位的地位，也不可能使企业成为独立的商品生产者，企业的经济运行全靠上级行政指令，物资由国家统一调拨，国家对企业在财政上实行统收统支，价格由国家统一规定。这样排斥了市场的作用，也就决定了企业在资源有效配置中不可能发挥作用。

　　这里可以看到，全盘国有化的所有制结构是传统计划经济体制的经济基础，而传统计划经济体制又在体制上保证了国有经济的巩固与不断强化。这也说明国有企业作为政府的附属品，完全听从于政府的指令，它与传统计划经济体制是完全合拍的、互为条件的。所以，当苏联剧变后，俄罗斯在向市场经济体制方向转型时，就要实现从原来的以国有制经济为基础的计划经济体制向以非国有化和私有化为基础的市场经济体制过渡，形成市场经济体制，一个重要条件是，要把过去统一的、过分集中的以国家所有制为基础的经济变为与市场经济相适应的所有制关系。所以，对从计划经济体制向市场经济转型的国家来说，改革国有企业是必不可少的步骤。

　　这里还应指出的是，在政治上高度集权、政企不分的条件下，在理论上把国有制视为全民所有制，而实际上在苏联所谓的全民所有制是虚拟的，并随着官僚特权阶层的形成与发展，国企的管理权、分配权操控在这些人手里，生产者并没有感到自己是企业的主人。换言之，官僚特权阶层借助特权、权力实际上占有了以全民所有制形式出现的生产资料与产品。可见，不改革一统天下的国有制，既不可能建立现代市场经济，也不可能铲除官僚特权阶层实际占有生产资料的经济基础。

第二节　私有化的理论、含义与目标

一　以西方产权理论为指导的私有化

俄罗斯对国有企业的改革,其主要途径是私有化。俄罗斯在 20 世纪 90 年代推行的私有化,并不是一个孤立的现象。自 80 年代初以来,可以说,私有化作为一种经济思潮已波及全世界。之所以出现这种情况,一方面是由于以市场经济运行为主要研究内容的西方经济学日趋成熟,对如何处理市场与政府的关系有了广泛的认同;另一方面,历史证明市场经济要优于传统的计划经济。俄罗斯私有化的构想是以西方产权理论设计的。这一理论的著作与代表人物不少,但普遍以科斯定理为代表,其基本观点是:市场经济本质上是一种以私人占有权为主要基础来实现产权交易与重组的机制;私人产权是最有效的产权,私有产权制度是最具效率的产权制度形式;私有产权才能保证给个人行动提供最大的激励与必要的成本约束。很明显,科斯产权理论最重要的倾向是产权的私有制,或者说其制度偏好是私有制。上述西方产权理论,符合 20 世纪 90 年代初刚上台的俄罗斯民主派国有企业改革思路。当时以盖达尔为首的俄罗斯政府,国有企业改革政策的实质,是建立在国家应不管经济和国家所有制绝对没有效率这个总的思想基础上的。盖达尔一再主张,要最大限度地限制国家对经济的调节作用,国家应最大限度地离开市场经济。1994 年,盖达尔还撰文强调:"要尽最大可能减少国家对经济的管理。"①

在上述理论与指导思想的基础上,俄罗斯政府制定了私有化纲要。

二　私有化的含义与目标

关于私有化的含义,　直有不同的理解。一些经济学家认为,私有化是一种产权在不同主体之间交易而不受国家垄断的制度安排;另一些学者则认为,只有把财产分给自然人个人时,才算是实现了真正的私有,即才能称为私有化。实际上,对私有化一直存在两种理解:狭义理解的私有化是指所有权的转化;而广义理解的私有化不只包括所有权的转化,还应包括经营权的转化与经营方式的改变。

---

①　俄罗斯《消息报》1994 年 2 月 10 日。

弄清俄罗斯私有化概念，是个重要的问题。1992 年俄罗斯公布的用于指导私有化的法律文件《俄罗斯联邦和地方企业私有化法》规定："国营企业和地方企业私有化，是指公民、股份公司（合伙公司）把向国家和地方人民代表苏维埃购置的下列资产变为私有：企业、车间、生产部门、工段和从这些企业划分为独立企业的其他部分；现有企业和撤销企业（根据所有权以所有者的名义作出这种决定的机构的决议）的设备、厂房、设施、许可证、专利和其他物质的与非物质的资产；国家和地方人民代表苏维埃在股份公司（合伙公司）资本中的份额（股份、股票）；在其他股份公司（合伙公司），以及合资企业、商业银行、联合企业、康采恩、联合会和其他企业联合公司资本中属于私有化企业的份额（股金、股票）。"俄罗斯推行私有化政策一个时期之后，在总结过去私有化的经验教训上，从 1996 年起，政府着手调整私有化政策，从而在 1997 年 7 月 21 日通过了新的私有化法，即《俄罗斯联邦国家资产私有化和市政资产私有化原则法》。该法第一条规定的私有化概念是："对于本联邦法律的目标来说，国有资产和市政资产的私有化，应理解为把属于俄罗斯联邦、俄罗斯联邦主体或市政机构所有的财产（私有化对象）有偿转让，变为自然人和法人所有制。"新旧私有化法都把私有化的概念归结为"把国有资产与市政资产有偿转让给自然人和法人所有"。但在旧的私有化法中有关"变为私有"的提法在新私有化法中被取消了。1999 年，俄罗斯国家统计委员会对国家与地方所有的财产私有化再次进行界定："把俄罗斯联邦、各联邦主体和地方机构的财产有偿让渡给自然人和法人所有。"这些变化进一步明确了俄罗斯私有化既包括把国有资产转让为私人所有，也包括把它转为法人（股份公司、集体企业）所有。在中东欧国家，也把私有化分为狭义与广义两种，前者是指通过出售把国有企业的全部或部分资产转为私人所有，后者既包括将国有企业的资产转为私人所有、非国有成分的法人所有，也包括将国有资产的所有权与经营权分离等。这些都说明，在俄罗斯等经济转轨国家，私有化实际上是指国有经济的非国有化过程，所有非国有化的形式（包括个体、合作、股份等）都属于私有化的范畴。从俄罗斯的实际情况及有关文件看，俄罗斯有时单独用私有化（Приватизация）一词，有时单独用非国有化（Разгосударствление）一词，有时把二者并列使用。所以私有化是一个内容很广泛的概念，不能只归结为把国有资产转为私人所有。

　　以上是从法律文件来界定私有化的含义的。笔者在 20 世纪 90 年代中期对苏东国家私有化问题进行过专门的考察，与不少学者和一些负责推行私有化的政府机构进行过交流，他们对推行私有化的政策与理论一般归纳为以下几点：（1）所有制改革的基本出发点是取消国家的直接经济职能，把权力交给企业。（2）改革所有制政策的理论基础，是建立在国家所有制绝对没有效率这个总的想法的基础上的。（3）私有化是市场化的必由之路。一些学者指出，私有化为市场经济创造条件。过去东欧国家几十年经济改革的特点是在国家所有制基础上寻找计划与市场的正确结合点，但在公有制或国家所有制起决定性作用的条件下，市场就难以发挥作用。（4）把小型企业，特别是商业、服务行业、饮食业，通过转让、出售等途径变为私有。（5）实行私有化的形式是多种多样的，但不论何种所有制形式，都必须实行自由经营，即使企业作为独立商品生产者出现在市场。各种所有制一律平等，在同一基础上发展，都在竞争中求生存与发展。（6）不再人为地规定以哪种所有制形式为主，哪种所有制对经济发展有利就发展哪种所有制，即不坚持以国有经济为主体。

　　俄罗斯通过私有化要达到的目标是：首先，要使所有制结构符合市场经济的要求，使企业不再受政府的直接控制；其次，还包括一系列的经济目标，如使国家摆脱亏损国营企业的包袱，减少财政补贴，回收资金以弥补财政赤字；再次，提高企业经营效益，为整个经济注入活力；最终要达到的目标是，建立起以私有制经济为基础的市场经济。《俄罗斯私有化纲要》对其要达到的目标作了以下规定：（1）形成一个广泛的私有化阶层；（2）提高企业的生产效率；（3）用私有化收入对居民进行社会保护和发展社会性基础设施；（4）促进国家财政稳定；（5）创造竞争环境，打破经济中的垄断；（6）吸引外国投资；（7）为扩大私有化创造条件，并建立组织机构。

第三节　私有化进程与方式方法

一　私有化的基本方式

　　经济转轨国家私有化的一个特点是，都采取了先易后难的做法，即都从小私有化开始，然后再逐步对大中型国家企业推行私有化。所以，俄罗斯的私有化也是分为小私有化与大私有化两种基本方式的。

　　小私有化是指对小型工商企业、饮食业、服务业及一些小型的建筑企业实行私有化。对实行小私有化的小企业的标准，各国都有一些规定，俄罗斯规定的标准是：到 1992 年 1 月 1 日，固定资产净值不超过 100 万卢布，工作人员不超过 200 人。小私有化一般采取三种办法进行：公开拍卖、租赁和出售。① 俄罗斯在 1993 年的小私有化中，采取赎买租赁财产办法的占 42.8%，商业投标占 44%，拍卖占 9.2%，股份制占 3.9%。匈牙利主要采取直接出售与拍卖的形式，对没有出售和未被拍卖的企业实行私有化租赁。波兰的办法是，先把国有企业撤销，即使其不再存在，之后再出售其全部或部分资产。一些国家在出售小企业时允许同时出售企业的不动产和经营场地，但采用这一做法的并不多，在波兰、匈牙利和捷克等国只占 12%，而 75% 的小私有化过程中出售的只是企业不动产的租用权。

　　小私有化进展较顺利，速度也较快，一般在 2—3 年内完成。俄罗斯从 1992 年起实际起步到 1993 年底，小私有化基本完成：实现了小私有化的企业已达 6 万家，占商业、服务业企业的 70%，占轻工、食品和建材企业的 54%—56%，建筑企业的 43%，运输企业的 45%。到 1994 年，俄罗斯零售商品流转额中非国有成分已占 85%。

　　大私有化是指大中型国有企业的私有化。这比小私有化复杂得多，进展也较慢，出现的问题也较多。大私有化的具体办法分为无偿分配和有偿转让，采取的主要形式是股份制。考虑到大私有化难度大，因此大多数国家对大私有化实行分阶段进行，俄罗斯先实行非国有化，之后逐步使产权转移。

　　俄罗斯确定的大企业标准是：截至 1992 年 1 月 1 日，固定资产超过 5000 万卢布或工作人员人数超过 1000 人。它采取的步骤是，先将大型国有企业改造为股份公司或集团，即首先改变其所有权。之后，使股份公司的股票进入资本市场，具体办法有无偿分发和出售转让。

二　大私有化的发展阶段

　　俄罗斯大私有化的第一阶段，从 1992 年 7 月开始到 1994 年 6 月②，

---

　　① 在东欧一些国家还采用退赔的方式，系指依法将国有化时期被没收的财产归还原主。俄罗斯没有实行这一做法。

　　② 主管俄罗斯私有化重要人物之一的阿尔弗雷德·科赫认为，1994 年初，俄罗斯已完成了证券私有化。

经历了两年。这一阶段私有化的主要特点是，通过发放私有化证券无偿转让国有资产，通常称为"证券私有化"阶段。证券发放的具体做法是：俄罗斯政府从1992年10月1日起，向每个公民无偿发放私有化证券，所以是一次大规模的群众性私有化运动，也叫大众私有化。按照规定，每个公民不分民族、性别、年龄、收入水平、社会地位，从刚出生的婴儿到年迈的老者，均可获得面值为1万卢布的私有化证券。按当时黑市汇率计算，一张私有化证券相当于150美元，或4个月的平均工资。俄罗斯公民得到了14605.5万张私有化证券。每个持有者使用私有化证券的方法有四种：（1）以自己的证券内部认购本企业的股票（在认购过程中共吸收了2600万张证券）；（2）参与证券拍卖；（3）购买证券投资基金会的股票（这样的投资基金会共640个），它们共收集了6000多万张私有化证券；（4）出售证券（总共有1/4左右的证券被卖掉）。另据有关材料，分给居民的证券，25%流向证券投资基金；25%的证券被出售；余下5%的证券被劳动集体的成员作为资金投到自己的企业中去了。在私有化过程中，总共有95%—96%的发给的证券得到了利用。

在股票上市前，俄罗斯对股份制的企业职工，规定用三种优惠的方案向本企业职工出售股票。企业职工根据全体会议作出的决定，从三种方案中选择一种。这三种方案之间的主要区别在于赋予企业职工的种种优惠不同。

第一种方案：企业职工可以一次性无偿获得企业法定资本25%的优先股（无投票权）。

第二种方案：企业职工有权按国有资产委员会规定的价格，购买占企业法定资本51%的普通股票（有投票权），即使职工的股票达到控股额，以体现企业归职工控制的要求。

第二种方案：企业职工可购买企业40%的股份（有投票权）。

从第一阶段私有化的发展情况看，大部分企业选择了第二种方案（约占70%），选择第一种方案的约占20%，而选择第三种方案的仅为2%。

俄罗斯在1996年6月底之前，为何采用无偿的证券私有化或大众私有化，其主要原因有四：一是为了加速私有化的进程。二是俄罗斯缺乏资金。当时俄罗斯存有的资金只属于国家，并且数额有限，把资产卖给外国人，对此时的叶利钦来说意味着政治上的自杀，而企业、居民个人普遍没有资金，在此种情况下，尽管俄罗斯政府当时亦考虑到无偿私有化并不是最佳方案，但实际上又不得不实行这一方案。三是无偿的证券私有化，在当时的条件来看，也较为公平。在广大公民中发放人人有份的证券，比用货币购买股票平均得多。因为，在推行证券私有化时，不只居民货币持有量很少，而仅有的货币亦集中在 5% 的居民手中。所以，当时无偿的证券私有化要比货币私有化具有明显的优势，居民容易接受。四是政治需要。对此，被称为"俄罗斯私有化之父"的丘拜斯毫不隐讳地说："俄罗斯实行的整个私有化是一种享有优惠政策的私有化。对我们来说，重要的是要获得各种政治力量和社会力量的支持，获得企业经理们、工人们、地方当权派和广大人民的支持。我们需要把上述这些人都变成自己的同盟者。正是这种状况在很大程度上决定了我们对私有化战略的选择。"不得不采用优惠的办法，"把很不错的一块财产给予企业的经理们和职工们"。他还说：考虑到当时执政当局在政治上还不够强大，刚刚组织起来的政府组织能力很弱等情况，"我们得出这样一个结论：要'正确地'按照经典标准推行私有化，使它自始至终绝对符合国家的利益，这是不可能的。为了使私有化得以进行，它必须在政治上是可以被大家接受的，在实践上是可行的"①。

俄罗斯私有化的第二阶段，从 1994 年 7 月 1 日开始到 1996 年底。这一阶段被称为货币（或称现金）私有化。第二阶段的私有化与第一阶段的证券私有化的根本性的区别在于：前者是无偿转让国有资产，而后者主要是按市场价格出售国有资产。此外，两者的区别还在于：证券私有化通过国有资产平均分配以形成广泛的私有化阶层，而货币私有化重点是解决投资与改造两者的结合；货币私有化与证券私有化相比，私有化范围大大扩大，除了 30% 的企业禁止私有化外，其他企业均可私有化；货币私有化比证券私有化对企业劳动集体与领导人的优惠大大减少。货币私有化要实现的战略任务是：

（1）形成控股的投资者，以提高他们对长期投资的兴趣；

（2）为推行私有化改革的企业进行结构变革提供必要现金；

（3）促进增加国家预算收入。

俄罗斯在推行货币私有化阶段期间，搞了"抵押拍卖"。在抵押拍卖过程中，出现了不少问题。被进行抵押拍卖的一般是俄罗斯带有战略性的

---

① ［俄］阿纳托利·丘拜斯主编：《俄罗斯式的私有化》，乔木森等译，新华出版社 2004 年版，第 35 页。

骨干企业，又是"肥肉"，因此争夺很激烈。而这些竞拍项目往往需要上亿美元的资金，所以有力量参与拍卖的亦只能是几个大财团。抵押拍卖的结果是，使一些大型的、对全俄经济具有重要意义的企业落到一些财团手里，特别是一些金融集团手里。另外，由于抵押拍卖过程中缺乏透明度，使这一私有化方式往往变成"内部人之间的分配"。这也是引起国内对抵押拍卖激烈争论与强烈不满的原因。

到 1996 年，俄罗斯以转让国有资产为主要内容的大规模的产权私有化已基本结束。私有化企业在俄罗斯企业总数中的比重与其生产的产值占全俄 GDP 的比重均约为 70%。但正如前面已指出的，由于私有化是个广义的概念，因此俄罗斯统计上使用的"私有化企业"所包含的内容很杂，它不只包括真正意义上的私有化企业与个体经济，还包括租赁企业、承包企业、股份制企业及各种形式的合营、合伙与合作制企业。据有关材料估计，1996 年真正的私有经济大约只占俄罗斯 GDP 的 25%。私营部门、混合所有制和集体所有制部门的就业人数占俄罗斯就业总人数的 63%。另外，针对前两个阶段私有化过程中出现的问题，俄罗斯需要总结与整顿，因此，宣布"今后不再搞大规模的拍卖"。时任俄罗斯总理的切尔诺梅尔金提出，从 1997 年起俄罗斯经济体制转轨进入一个新阶段，即结构改革阶段，其主要任务是恢复经济增长，提高经济效益。在此背景下，在1996 年下半年俄罗斯政府制定了《1997—2000 年俄罗斯政府中期纲要构想：结构改革与经济增长》。根据该纲要构想，从 1997 年起，俄罗斯私有化将从大规模私有化转向有选择地对个别国有企业的私有化，即进入私有化的第三阶段——"个案私有化"。在这一阶段，对进行股份制改造的企业名单，要由俄罗斯联邦政府根据国有资产管理委员会的提议并在制定的私有化计划中批准，还需呈交国家杜马。之后，才逐个地对企业制定私有化方案。2010 年 11 月 27 日，普京总理签署政府令，批准了《2011—2013 年及 2015 年前联邦资产私有化计划》。

如果 1992—1998 年为俄罗斯第一轮私有化，那么从 2009 年开始酝酿推行第二轮私有化。这一轮私有化期限从 2010 年至 2015 年。启动新一轮私有化的原因有：一是受 2008 年世界金融危机的影响，国际市场石油价格大幅度下滑，使俄罗斯政府财政收入减少，同时又要为挽救实体经济投入大量资金，这样就导致 2009 年出现财政赤字，为此，俄罗斯力图通过私有化增加财政收入，以缓解财政困难；二是与普京任期不同阶段的不同政策有关，在第一任期内，普京明确反对重新国有化，要用法律来规范和保护私有产权，通过规范的私有化程序，达到提高生产效率和增加预算收入的双重目标。另外，他实行坚决打击寡头政策，不让其干预政治。从2002年开始，俄罗斯国有资产部每年都提出新的私有化计划和企业目录。这一时期的私有化基本是按照"个案私有化"的方式进行的。但在普京加强国家公司，特别是加强国家对战略性行业的控制时，同时确定涉及国防、石油、天然气、运输、电力、外贸、银行、渔业、钢铁制造业等领域的1063家大中型企业为国有战略企业，规定政府无权对这些战略企业实行私有化。实行上述政策后，俄罗斯在2004—2007年间，国有股份在俄罗斯资本市场中的占比从24%上升到40%，2009年达到50%。1997—2009年，国有经济比重从30%反弹至67%，银行业、加工业、石油天然气行业中的国有股份占比分别达到60%、50%、45%。这一期间，私有化基本处于停滞状态，每年的私有化计划实际都完不成任务，实际上普京实行了一段时间的国有化政策。但问题是国有经济的效率低下，成为阻碍经济发展的一个重要因素，加上组建的超大型国企又是垄断程度高的企业，这又影响了市场经济的发展。由于这些因素，在梅德韦杰夫上台后，私有化问题在俄罗斯再次引起关注。2010年11月27日，俄罗斯政府批准了《2011—2013年联邦资产私有化预测计划和私有化基本方针》。根据该规划，俄罗斯拟于2011—2013年对包括10家超大型国有公司、117家联邦单一制国企、854家股份公司、10家有限责任公司和73处不动产在内的国有资产实施私有化，涵盖金融、石油、电力、粮食、运输、农业、化工、石化等行业，预计收益达1万亿卢布，约合350亿美元。10家超大型国有公司股权出售比例分别为：俄罗斯石油公司拟出售25%减1股、俄水电公司7.97%减1股、俄联合船舶公司50%减1股、联邦电网公司4.11%减1股、外贸银行35%减1股、储蓄银行7.58%减1股、俄农业银行25%减1股、联合粮食公司100%、俄铁路公司25%减1股、俄农业租赁公司50%减1股。俄在公布私有化计划后又陆续出台具体实施办法，包括公开拍卖、IPO、股权置换、直接交易等。

私有化计划落实情况：2011年，实施私有化的企业有319家，私有化收益为1210亿卢布，其中出售外贸银行10%股份的收益就达到957亿卢布。2012年9月17日，俄罗斯储蓄银行的私有化正式启动，出售的股权占储蓄银行股权的7.58%，约为17.13亿普通股。按照每股93卢布的价格，私有化总收入为 1593 亿卢布。到 2012 年 11 月，私有化收益为 2230 亿卢布，与计划中的 3000 亿卢布尚有差距。10 家超大国企的私有化计划中，除了出售了外贸银行 10% 的股份和储蓄银行 7.58% 的股份，其他公司的私有化计划均未落实。

应该说，普京第二任期在国家调控经济政策方面出现了偏差，这也是梅普之间的一个分歧。2009 年 9 月 10 日，梅德韦杰夫在俄罗斯报纸网发表长篇文章说，当今俄罗斯仍是"效率低下的经济、半苏联式的社会领域、脆弱的民主……"。他坚决主张扩大私有化，多次批评政府职能部门对私有化计划执行不力，并提出废除政府副总理及部长在其主管领域内的大型国企董事会和金融董事会或监事会任职的做法。

第四节　私有化的评价

经济转轨国家的私有化，在不同国家的业绩与问题存在差别，但有些问题是相同的。从总的情况看，中东欧国家私有化的效果要比以俄罗斯为代表的独联体国家要好。下面集中对俄罗斯私有化的主要业绩与问题进行分析。

一　私有化的主要业绩

第一，由于俄罗斯以较快速度实现了私有化，从而打破了国家对不动产与生产设备所有权的垄断，形成了私营、个体、集体、合资、股份制与国有经济多种经济成分并存和经营多元化的新格局，为多元市场经济奠定了基础。

第二，在俄罗斯政府看来，较为顺利地实现了私有化的政治目标：一是铲除了社会主义的计划经济体制的经济基础，从而使经济转轨朝向市场经济体制模式变得不可逆转；二是培育与形成一个私有者阶层，成为新社会制度的社会基础和政治保证。

第三，私有化企业经营中决策的自由度增大与开发新产品积极性的提高。这样，使企业生产经营活动有可能更符合市场的要求。根据俄罗斯学者 1994 年对 426 名企业经理进行的调查材料来看，经理们认为企业私有化后主要的积极变化也表现在以上两个方面。在这 426 名企业经理中，认为决策自由度有改善的占 61%，有利于刺激企业开发新产品的占52%。① 私有化企业的经理普遍认识到，与国有企业相比，他们只能更多地利用市场方式去解决自己面临的各种问题，只能通过开发新产品、提高竞争力、吸引外资、寻找新的销售市场等途径求生存和求发展。

第四，小私有化都取得较为明显的效果：（1）由于商业、服务业、小型工交企业转换了所有制形式，提高了适应市场经济的能力，从而得到较快发展。1994年在俄罗斯零售商品流转总额中，非国有成分已占80%以上。（2）活跃了消费市场与促进了流通领域发展。（3）对调整原苏联长期存在的不合理的经济结构起了积极作用，特别是在促进第三产业的发展方面的作用更大，如在俄罗斯，1991年服务业占GDP的24%，而到1994年已上升为50%。

二　私有化的主要问题

第一，俄罗斯的私有化首先考虑的是政治目的。换言之，俄罗斯私有化是在"私有化之父"丘拜斯经济转轨下述主导思想下进行的，即尽快摧垮社会主义经济的基础。丘拜斯明确地说："我们需要解决的是一个问题：凡是有助于使国家脱离共产主义，有助于在国内消除共产主义意识形态和共产主义制度的基础的东西，就应该能做多少，就做多少。"② 因此，俄罗斯私有化从指导思想与方法等方面都存在严重失误。例如：（1）俄罗斯改革国营企业，采取强制的方法，人为地确定在每个时期要把国有经济成分在整个国民经济中的比重下降到多少，等等。（2）为了尽快培植起一个广泛的私有者和企业家阶层，形成一个资产阶级，就实行无偿的证券私有化，力图用相当于当时俄罗斯国有资产总值的1/3的证券，让公司购买私有化后企业的股票。但实际上，由于严重的通胀，原值可购买一辆小汽车，变成只能购买一箱啤酒，后来甚至只值5美元，只能买一瓶伏特加。更为严重的是，广大居民手中持有的私有化证券大部分落入领导人手中，或者落入MMM那样的搞欺诈和投机的公司手中。据一项调查，俄罗斯61%的新企业主曾经被列为党、政府、企业

---

① 参见［俄］Л. Я. 科萨尔斯等《俄罗斯：转型时期的经济与社会》，石天等译，经济科学出版社2000年版，第81页。

② ［俄］阿纳托利·丘拜斯主编：《俄罗斯式的私有化》，乔木森等译，新华出版社2004年版，第282页。

的精英成员。就是说，私有化为原领导人和投机者大量侵吞国有资产打开方便之门。他们从事投机，大发横财。（3）与上述问题有关，俄罗斯在私有化过程中，公司治理实行的是经理人员控股的"内部人控制"的模式。据调查，1994年，在私有化的企业中，65%的股权为内部人所掌握，13%仍在国家手中，而外部人与法人总共只控股21%。这样，企业内部人主要是经理人员的利益得到了充分的体现。（4）与上述因素相联系，在改造国有企业过程中，没有考虑如何保护国有企业已经形成的潜力，并使其继续发挥，而是在条件不具备的情况下，匆匆把国营企业推向市场。在改革国有企业的同时，也并没有去研究和解决如何改变国有企业的经营管理机制问题。这些因素也是导致俄罗斯在转轨初期产生严重经济危机的重要原因之一。

第二，国有资产大量流失。这是经济转轨国家普遍存在的一个严重问题。主要原因有：（1）向居民无偿发放"私有化证券"以及向职工按优惠价格转让股权，这造成国有资产的直接流失；（2）问题的复杂性在于资产评估。例如，俄罗斯国有资产按1992年1月1日会计报表上的账面价值出售与转让的，并没有充分考虑到通胀因素。1992年1月物价上涨了26倍，而大部分企业在私有化时，允许以股票面值的1.7倍价格出售。更重要的是，出现了资产评估的价值与会计核算中的资产价值的严重脱节。如俄罗斯500家最大的私有化企业按现价计至少值2000亿美元，而实际以72亿美元出售。

第三，国有大中型工业企业私有化后，经济效益没有提高或者变化不明显。这由多种因素决定：（1）私有化的一个重要目标是使企业成为独立的商品生产者，成为市场的主体，以此来促使企业尽快转换经营机制，提高经营效率与竞争能力。但实现这一目标，对长期在计划经济体制条件下从事生产经营活动的国有企业来说，需要有个过程，绝不是某些人所想象的，只要所有制一变，经营机制立即会变，经营效果立即会提高。（2）对部分以股份制形式实现私有化，并且又是国家控股的企业来说，企业的产权与责任并不十分清楚，一个重要原因是，这类私有化企业，更多的是考虑国有财产的处理问题，不顾及企业管理机制的改革问题。（3）经济转轨国家的大中型国有工业企业，在传统体制下，都忽视设备的更新，生产技术十分落后，亟须更新设备与技术，而私有化后的新企业主往往缺乏资金，没有新的投入。"根据全俄社会舆论研究中心的材料，当原班管理人员当领导时，74%的新投资者拒绝为自己拥有的项目投资。"① 这样就难以提高产品质量与生产效益。（4）一个重要的因素是，尽管俄罗斯私有化是打着科斯定理的旗号进行的，即国家财产一旦私有化，它最终会落入效率最高的生产者手中，而实际上俄罗斯并没有按科斯定理推行私有化。（5）大私有化打破了国家的垄断，但在俄罗斯又出现私人垄断和行业垄断。这在西方如英国也出现过类似情况，如英国供排水公司，私有化初期效果较好，后来因存在行业垄断，该公司价格上涨幅度大于利润上涨幅度。俄罗斯推行私有化政策后，由七个银行家和商人联合起来控制俄罗斯50%财产的成员之一的鲍里斯·别列佐夫斯基供认②，这些大财团，控制某个行业是十分容易的事。垄断不打破，就不能通过竞争达到提高效率的目的。（6）从客观条件来讲，较为完善的发达的市场经济条件尚未形成。

第四，产生的社会问题甚多。主要有失业人数增加；经济犯罪日益严重；对整个社会经济犯罪起着推动的作用；加速了社会的两极分化。如在俄罗斯一方面出现了暴发的"新俄罗斯人"；另一方面出现了大量的生活在贫困线以下的广大居民阶层。这必然会使社会大多数人不满，使社会处于紧张状态。

第五，通过私有化也没有达到大量增加预算收入的目的。普里马科夫指出："从1992年到1998年，预算从大量的、全面的私有化中仅仅得到相当于国内生产总值1%的收入。其余所有的全落入人数很少的所谓'寡头'集团腰包。"③

第六，国家政权的"寡头化"。俄罗斯经济转型进程中，出现了金融资本与工业资本的互相融合与发展过程，因此也可称为金融工业集团。

金融寡头的出现，从其大环境来讲，是俄罗斯社会经济的转型；从具体条件来讲，最直接与重要的是俄罗斯国家实行的私有化政策与采取的全权委托银行制度。这些条件为俄罗斯在私有化过程中已握有财权和管理权的大企业与大银行，通过与权力的结合，成为更快集聚资本的最有效的途径。

---

① 刘美珣、[俄]列·亚·伊万诺维奇主编：《中国与俄罗斯两种改革道路》，清华大学出版社2004年版，第352页。

② 参见 [美]《挑战》杂志1997年第5—6月号。

③ [俄] 叶夫根尼·普里马科夫：《临危受命》，高增训等译，东方出版社2002年版，第183、33页。

第五节　农业改革与发展状况

农业在苏联时期一直是一个薄弱的经济部门，长期处于落后状态，也是长期以来阻滞苏联经济顺利发展与影响广大居民生活水平提高的一个重要原因。苏联时期农业长期落后，这与斯大林的农业政策，特别是与建立的集体农庄制度有关，这一问题在本书第六章做了较详细的论述。

由于斯大林对待农民的政策，发展农业的模式，导致苏联时期农业一直停滞不前，使他之后的各届领导人上台后不得不把很大精力放在农业上。

苏联剧变后，俄罗斯新执政者为了构建市场经济体制，不仅对城市的国有企业实行私有化，并且也对农业进行改革，农业领域的改革涉及两个相互紧密联系但又有区别的内容，即农业生产经营组织的改组与农业土地所有制问题。

一　集体农庄与国营农场经营组织形式的改组

叶利钦上台执政后，决定把在农业中占绝对统治地位的国营农场与集体农庄加以改组，规定必须在一年内（在 1993 年 1 月 1 日前）完成国营农场与集体农庄重新登记的工作，并规定那些无力支付劳动报酬和偿还贷款债务的农场、农庄，应在 1992 年第一季度加以取消与改组。1992 年 9 月 4 日，俄罗斯政府正式批准了农场、农庄与国营农业企业的条例。该条例确定的经营形式改革与产权改造的基本原则是：按生产单位劳动集体成员的意愿，将农庄、农场改组为合伙公司、股份公司、农业生产合作社、家庭农场及其联合体。到 1993 年底，俄罗斯已有 2.4 万个农庄、农场进行了改组与重新登记，这占农庄、农场总数的 95%，其中 1/3 的农庄、农场根据劳动集体的决定保留了原来的经营形式，其余的 2/3 改组为 1.15 万个合伙公司、300 个股份公司、2000 个农业合作社和 3000 个其他新的经营形式。它们的成员成为具有自己份地和股份的商品生产者。[①] 农庄、农场改组后的详细情况见表 19－3。

---

① 陆南泉主编：《独联体国家向市场经济过渡研究》，中共中央党校出版社 1995 年版，第 134 页。

表 19 – 3　　　　　　　俄罗斯农庄、农场的改组情况　　　　　　　（%）

	1993 年	1994 年	1995 年
重新登记的集体农庄和国营农场占原有的比重	77	95	—
其中保留原有法律地位的占已重新登记的集体农庄和国营农场的比重	35	34	32

改组为下列企业形式的占已重新登记的集体农庄和国营农场的比重：

开放型股份公司	1.5	1.3	1.0
有限责任公司、合营公司	43.7	47.3	42.6
农业合作社	8.6	7.8	7.2
农民经济联合体	3.6	3.7	2.5
被工业企业和其他企业买断的	1.8	1.7	—

　　资料来源：陆南泉主编：《俄罗斯经济二十年——1992—2011》，社会科学文献出版社 2013 年版，第 176—177 页。

　　这里要指出的是，在叶利钦时期，特别重视发展农户（农场）经济。这与当时叶利钦、盖达尔等人接受西方模式来改造俄罗斯农业的战略有关。这个模式是以土地私有化和经营组织农场化为基础的。在他们看来，美国与西方其他一些国家在土地私有制基础上发展家庭农场能获得良好的经济效益。但在俄罗斯，这种农户（农场）经济并没有得到很大发展，更没有成为农业生产的主力军。1992 年农户（农场）经济为 49000 个，1993 年为 182800 个，从 1994 年到 1999 年，一直保持在 27 万—28 万个这一水平。占用土地面积一般在 1200 万—1300 万公顷，平均每个农户经济占用土地为 40—50 公顷。1999 年农户（农场）经济生产的粮食占俄罗斯粮食总产量的 7.1%，而在畜牧业中的比重很小，如在大牲畜饲养头数中只占 1.8%，其中奶牛占 1.9%，猪占 2.2%，羊占 5.5%，在整个农业产值中仅占 2.5%。[①]

　　在俄罗斯，农户（农场）经济之所以难以发展，是因为它受到一系列条件的制约：第一，俄罗斯不像美国，有发达的、能及时得到的农业社会化服务。美国家庭农场之所以能发展并有巩固的地位，一个十分重要的条件就是具有高水平的社会化服务。而这一套服务体系绝不是在短期内就

---

　　① 王跃生等主编：《市场经济发展：国际视角与中国经验》，社会科学文献出版社 2006 年版，第 250 页。

可以建立起来的。第二，长期以来，在俄罗斯搞的是大农业，国营农场和集体农庄的生产规模都很大，使用的是大型农业机械，机械化水平已达到一定程度，粮食作物的种植与收获已全部机械化，畜牧业综合机械化水平已达到70%—80%。而搞小规模的农户经济，需要小型的农业机械。在当时的俄罗斯，财政极其困难，国家不可能投入资金来及时地发展小型农机，以满足农户经济的需要。第三，在苏联，大型农业已搞了几十年，农业生产中的劳动分工已形成，这样，能够掌握农业生产全过程的典型的农民已不存在，这对搞一家一户的农业经济在客观上就有很多困难。第四，农户缺乏必要的启动资金，他们既得不到财政帮助，又得不到必要的银行贷款，在这种情况下，组建起来的农户经济难以维持，出现大量解体的情况。第五，农用生产资料如化肥等得不到保证。叶利钦时期推行的小农业经济政策并不适合俄罗斯国情，未能取得应有的效益。普京上台执政后，不得不改变农业发展政策，变革农业发展道路。普京强调要搞大农业，具体说是要搞大型的农业综合体，把它视为发展农业的重要途径之一，要使俄罗斯农业在今后成为"大的商品生产者"。从西方发达国家的情况看，大型农业企业是农业生产经营的一种基本形式。目前，美国50%的商品农产品是由占4.7%的大农场生产的，而欧盟国家50%的商品农产品是由占10%—15%的大农场生产的。大型农业在俄罗斯农业中起着重要的作用，它们生产92%的粮食、94%的甜菜、86%的葵花籽、70%的蛋、49%的奶、39%的肉、38%的羊毛、21%的蔬菜和90%的饲料。在这些大企业中，已有300个大型龙头企业，此外，俄罗斯还在组建15个大型农工集团。这些大型农业企业的经营效益也较好，如300个大型龙头企业，虽仅占农业总数的1.1%，但在2000年，生产的商品农产品占其总量的16.1%，所得收入占农业总收入的28%，所得利润占农业总利润的47.2%。[①]

当今，俄罗斯有三种农业生产组织形式：农业企业、居民经济和农户（农场）经济。这三种不同类型的农业生产组织在发展过程中，相互间形成了自然的劳动分工（见表19-4）。

---

① 以上资料转引自乔木森于2003年10月撰写的题为《俄罗斯农业发展道路》的研究报告。

表 19 - 4　　　三类农业生产组织在农产品生产中的比重结构　　　（%）

农畜产品	农业企业				居民副业				农户（农场）经济			
	2005	2010	2011	2013	2005	2010	2011	2013	2005	2010	2011	2013
粮食（加工后重量）	80.6	77.1	76.8	74.5	1.1	1.0	1.1	0.9	18.3	21.9	22.1	24.6
甜菜	88.4	88.7	86.4	89.6	1.1	0.4	0.5	0.5	10.5	10.9	13.1	9.9
葵花籽	72.1	73.0	71.9	70.7	0.5	0.6	0.4	0.4	27.4	26.4	27.7	28.9
马铃薯	8.4	10.5	13.0	10.9	88.8	84.0	79.6	82.3	2.8	5.5	7.4	6.8
蔬菜	18.7	17.1	19.7	16.3	74.4	71.5	66.6	69.4	6.9	11.4	13.7	14.3
禽、畜屠宰量（出栏重量）	46.2	60.6	63.2	70.3	51.4	36.5	33.8	26.9	2.4	2.9	3.0	2.8
牛奶	45.1	44.9	45.4	46	51.8	50.4	49.7	48.1	3.1	4.7	4.9	5.9
蛋	73.6	77.1	77.5	78.1	25.7	22.1	21.7	21.2	0.7	0.8	0.8	0.7
羊毛（重量）	25.7	19.7	18.1	18.3	54.7	54.4	54.9	49.1	19.6	25.9	27	32.6

资料来源：根据俄罗斯历年公布统计资料编制。

从表 19 - 4 可以看出，农业企业是粮食、甜菜、葵花籽、鸡蛋与肉类产品的生产主体；居民经济是马铃薯、蔬菜、牛奶等作物的生产主体，农户（农场）经济生产的农产品所占比重很低，2013 年占份额最高的是葵花籽，为 28.9%。农户（农场）经济虽然在产品产量和产值中所占比例不大，但其增长速度高于农业企业和居民家庭经济（见表 19 - 5）。

表 19 - 5　　　各类生产组织在俄罗斯农产品中所占比重　　　（%）

年份	整个农业	其中		
		农业企业	居民副业	农户（农场）经济
1990	100	73.7	26.3	—
1991	100	68.8	31.2	—
1992	100	67.1	31.8	1.1
1993	100	57.0	39.9	3.1
1994	100	54.5	43.8	1.7
1995	100	50.2	47.9	1.9
1996	100	49.4	48.6	2.0
1997	100	47.4	50.2	2.4
1998	100	40.4	57.4	2.2

续表

年份	整个农业	其中		
		农业企业	居民副业	农户（农场）经济
1999	100	42.6	54.8	2.6
2000	100	45.2	51.6	3.2
2001	100	45.9	50.2	3.9
2002	100	42.3	53.8	3.9
2003	100	42.6	52.5	4.9
2004	100	45.8	47.9	6.3
2005	100	44.6	49.3	6.1
2006	100	44.9	48.0	7.1
2007	100	47.6	44.3	8.1
2008	100	48.1	43.4	8.5
2009	100	45.4	47.1	7.5
2010	100	44.5	48.4	7.1
2011	100	47.7	43.4	8.9
2012	100	47.9	43.2	8.9
2013	100	47.6	42.6	9.8

资料来源：根据俄罗斯历年公布统计资料编制。

从表 19 - 5 可见，农业企业在农业总产值中的比重由 1992 年的 67.1% 下降到 2013 年的 47.6%，相应年份，农户（农场）经济由 1.1% 提高到 9.8%。从各年增速来看，农户（农场）经济亦高于农业企业和居民家庭经济（见表 19 - 6）。

表 19 - 6　**各类生产组织农业生产年增长速度（与上年同期相比）**　（%）

年份	整个农业			农业企业			居民副业			农户（农场）经济		
		其中			其中			其中			其中	
	农产品	种植业	畜牧业	农产品	种植业	畜牧业	农产品	种植业	畜牧业	农产品	种植业	畜牧业
1990	96.4	92.4	98.8	94.2	90.7	96.6	104.0	101.0	105.2	—	—	—
1991	95.5	100.4	92.7	91.0	94.7	88.7	108.7	124.6	102.6	—	—	—
1992	90.6	94.6	88.1	82.7	85.0	81.2	108.1	120.1	102.7	—	—	—
1993	95.6	97.1	94.6	90.9	91.4	90.5	102.7	106.6	100.6	166.7	163.9	171.8
1994	88.0	89.6	86.9	83.9	86.0	82.5	95.3	98.3	93.6	86.2	77.3	101.5
1995	92.0	95.4	89.6	84.6	83.8	85.1	103.4	116.1	95.7	97.4	94.5	101.2

续表

年份	整个农业			农业企业			居民副业			农户（农场）经济		
	农产品	其中		农产品	其中		农产品	其中		农产品	其中	
		种植业	畜牧业		种植业	畜牧业		种植业	畜牧业		种植业	畜牧业
1996	94.9	100.3	89.0	89.9	98.3	82.9	100.4	102.4	97.6	95.2	94.2	97.4
1997	100.9	106.2	95.0	102.5	113.0	92.7	98.0	98.0	98.0	126.3	143.6	94.7
1998	85.9	75.7	98.2	78.5	65.0	95.8	93.1	87.0	99.8	80.4	69.5	105.3
1999	103.8	108.9	99.2	105.4	115.6	96.3	102.3	103.5	101.3	116.6	131.0	98.0
2000	106.2	110.9	101.1	106.4	112.6	99.9	105.3	108.1	102.0	121.5	131.5	101.8
2001	106.9	109.8	103.6	111.1	115.3	105.6	101.5	101.0	102.0	136.3	146.2	109.7
2002	100.9	98.7	103.2	101.8	97.8	106.4	98.9	97.2	100.3	116.7	117.1	115.4
2003	99.9	100.4	99.4	96.1	93.3	98.7	102.1	104.8	99.5	110.9	110.8	111.1
2004	102.4	106.3	98.3	104.9	111.4	97.9	97.5	97.5	98.1	130.5	137.9	108.8
2005	101.6	102.7	100.4	103.1	102.2	104.3	98.9	101.6	96.6	110.5	109.9	113.0
2006	103.0	100.5	105.0	104.3	101.4	106.9	100.2	96.0	103.7	117.4	116.4	120.8
2007	103.3	102.3	104.3	104.9	103.9	105.9	101.6	100.6	102.4	105.2	102.7	113.3
2008	110.8	118.0	103.0	116.2	124.9	106.1	102.1	104.6	99.9	127.8	133.3	107.2
2009	101.4	98.6	104.6	100.8	93.8	109.2	102.9	105.8	100.4	97.0	95.1	104.2
2010	88.7	76.2	100.9	89.4	71.9	105.5	88.8	80.4	96.3	83.9	76.4	106.6
2011	122.1	147.2	101.5	125.3	158.4	102.4	115.6	134.2	100.4	145.8	163.3	104.7
2012	95.2	88.3	102.7	94.9	81.7	108.4	96.7	97	96.3	89.2	83.6	108.9
2013	105.8	111.2	100.6	108.4	112.8	104.6	100.3	105.3	95.9	118.4	124	102.3
2014	103.7	105	102.1	106.7	107.4	106.3	98.7	100.5	96.8	111.2	112.3	107.5

资料来源：根据俄罗斯历年公布统计资料编制。

俄罗斯在农业领域出现了一些大型控股公司。这些公司通过投资设厂、收购、兼并等措施，建立起了集生产、加工、销售于一体的大型企业集团，进行规模化经营。一些大型农业加工企业正在兴起，比如：欧洲最大的年加工能力为100万吨葵花籽的加工企业，已在顿河罗斯托夫建成投产；投资3.5亿美元兴建的"鲁斯农业"生猪养殖场在贝尔格勒州也已建成。①

---

①　参见陆南泉等主编《苏东剧变之后——对119个问题的思考》（中），新华出版社2012年版，第571页。

二　实行土地私有化改革

在十月革命胜利后，列宁就宣布一切土地归国家所有。1970 年 7 月 1 日批准的《俄罗斯联邦土地法典》也明确规定，土地归国家所有，农业企业、其他企业、社会组织和机构以及公民有权无限期使用。俄罗斯为了向市场经济转型，认为不能在国民经济其他部门进行私有化时，而在农业中对最重要的生产资料——土地仍保持单一的国有制。为此，1991 年 4 月 25 日，俄罗斯联邦议会通过了《俄罗斯联邦土地法典》。该法典为"根本改革俄罗斯联邦土地关系、保护土地所有者、土地占有者和土地使用者的权利，组织合理使用土地资源，提供了法律保证"。根据这一法典，在俄罗斯取消了土地的单一形式，确定了多种土地所有制形式，包括国家所有制，它分为联邦所有制和共和国所有制；集体所有制。土地可作为集体共同所有的财产，但不为其中的每个公民确定具体的土地份额；集体股份所有制，是在确定每个公民的具体土地份额后，土地所有权转交给公民，并可作为集体股份制；公民所有制，是公民在从事家庭农场、个人副业、个人住宅与别墅建设等活动时，有权获得土地所有权，并终身继承占有权或租赁权。

1991 年底，叶利钦签发了《关于俄罗斯联邦实施土地改革的紧急措施》的总统令，它不只规定了土地改革的一般原则，并要求在一年内完成集体农庄和国营农场的改组与重新登记，预计要在俄罗斯农村发展 100 万个家庭农场，以形成一个中产者阶层。

1993 年 10 月 27 日，叶利钦又签署了《关于调节土地关系和发展土地改革》的总统令。这道总统令的一项重要内容是，规定土地所有者有权出售为自己所有的土地。接着，又于 1994 年和 1995 年分别颁布了俄罗斯政府《关于借鉴下诺夫戈德州实际经验改革农业企业的决议》和《关于实现土地份额和财产份额所有者权利的方式的决议》。根据这两个决议，在改革组织农业企业的过程中，使这些企业的工作人员和农民得到归自己所有的一份土地和一份财产。1996 年 3 月 7 日，叶利钦又签署了《关于实现宪法规定的公民土地权利》的总统令，重申土地所有者有权自由支配自己的土地份额，包括出售、出租和赠送土地份额。

随着农业改革的发展和一系列总统令的实施，俄罗斯调节土地关系的政策、法规与 1991 年 4 月 25 日通过的《俄罗斯联邦土地法典》存在一些矛盾的地方，加上俄罗斯社会各界人士对土地所有制改革的看法亦不一致，因此，决定要制定新的土地法典。但从拟定草案、多次审议，经过不断反复，一直到叶利钦 1999 年底辞职，包括土地私有化特别是土地自由买卖内容的土地法典也未获得最后通过。

虽然俄罗斯在执行有关土地所有制改革的总统令方面存在不少阻力，但土地私有化的改革还是取得了不小进展。到 1997 年 1 月 1 日，国营农业企业占用的农业用地占全俄农业用地已下降到 13.4%，其中耕地为 12.5%。到 1999 年，约有 63% 的农业用地转为私人所有。土地使用结构也发生了大的变化，农业企业和组织使用土地为 1.6 亿公顷，占农用土地的 81.9%。①

在叶利钦时期，有关土地私有化的改革，虽然通过了有关法典，并签署了一系列总统令，但并没有解决一个关键性问题——农用土地可以自由买卖。后来，叶利钦总统与国家杜马为此闹得很僵。1997 年 8 月，俄罗斯国家杜马通过的新土地法典没有规定农用土地可以自由买卖的内容，从而遭到叶利钦的否决，他还明确地说：只要新土地法典没有规定农用土地可以自由买卖的内容，他就不会在上面签字。

普京上台后，在农业问题上强调指出，要解决俄罗斯农业中存在的大量问题，亟须尽快通过长期争论不休的新土地法典。2000 年 1 月，他在国家杜马发表讲话时就呼吁尽快通过土地法典。在他执政初期，对土地自由买卖问题的态度并不十分明朗，比较谨慎，但实际上是同意土地自由买卖的。2001 年 1 月 30 日，普京在俄罗斯国务委员会主席团会议上要求：必须通过明确的土地法。普京认为，缺乏对土地的调节，是影响投资的一个很大的障碍。接着他在 2001 年 2 月 21 日召开的俄罗斯联邦国务委员会议上讲，"土地关系领域需要解决三个关键问题"："第一，在所有制领域制定出各种法律关系的规定；第二，清点土地数量；第三，建立土地资源有效管理的体系"。"新的土地法典应该成为推进这方面工作的出发点。"他还接着说，在农业方面，俄罗斯"最尖锐的问题是农业用地的流转问题。在土地资源的构成中，农业用地占了 1/4。在今天的讨论中我们应该

---

① 在经济转型前的 1991 年底，国营农场占用农业用地为 1.06 亿公顷，集体农庄占用 7910 万公顷，分别占全部农业用地的 47.7% 和 35.6%。

对此予以特别的关注"①。2001 年 4 月 3 日，普京在发表的总统国情咨文中专门谈了土地问题。他说："现在的主要问题是，在那些已有土地市场的地方，不要去阻挠土地市场的发展。把关于调节土地关系的形式和方法的最现代的概念写入法典。还应该承认，现在非农用土地在民间交易中已不受限制。对农用土地的交易调控显然需要专门的联邦法律，大概还应当赋予联邦主体独立决定何时进行农用土地交易的权限。"②

　　经过激烈争论，2001 年 9 月 20 日国家杜马三读通过了拖了 7 年之久的新的俄联邦土地法典草案，10 月 10 日俄罗斯联邦议会以 103 票赞成、29 票反对、9 票弃权的表决结果最后通过了《俄罗斯联邦新土地法典》，并由普京总统签发生效。但这一法典并未解决农用土地私有化与自由买卖问题。为了解决这个问题，2002 年 6 月 26 日俄罗斯国家杜马最终通过了《俄罗斯联邦农用土地流通法》；7 月 9 日，俄罗斯联邦委员会批准，并由总统签发，自正式公布之日起 6 个月后生效。应该说，这项法律的出台，标志着俄罗斯土地私有化有了重大发展，即最后解决了农用土地可以自由买卖的问题。《俄罗斯联邦农用土地流通法》明确规定了农用土地地块和具有共同所有权的土地份额的流转（交易）规则和限制条件，完成交易的结果，产生或者中止农用土地地块和具有共同所有权的农用地份额的各种权力。还规定，"不允许俄联邦主体通过法律法规包括附加条款，对农用土地地块的流转进行限制"。这里要指出的是，有关农用土地自由买卖还是需要遵循一些原则的。《俄罗斯联邦农用土地流通法》作了以下一些限制性的规定，比如：为了保证农用土地的专项用途，在出售股份所有制的土地份额时，其他土地股份所有者有权优先购买；出卖农用土地地块时，俄罗斯联邦主体或联邦主体法律规定的地方自治机构有权优先购买这些土地地块；禁止将农用土地卖给外国人、无国籍人士和外国人的股份超过 50% 的法人。从国家杜马讨论农用土地流通问题的情况看，总的看法是比较一致的，即不能把农用土地卖给外国人。③ 这主要是担心俄罗斯农业和农村被外国企业与外籍人士控制。关于这个问题，2002 年 6 月 19 日普京在俄罗斯工商会第四次代表大会上说："我理解那些主张不急于赋予

---

① 《普京文集》，中国社会科学出版社 2002 年版，第 257 页。
② 同上书，第 284 页。
③ 外国人可购买工业和建筑用地。农用土地只能租赁，租赁期不得超过 49 年。

外国人购土地的人。""解决这个问题需要平衡、斟酌和非常谨慎。"但他还说："随着土地市场和必要基础设施的发展，这个问题还会被提到日程上来。"至于农用土地自由买卖的改革，虽已通过了法律，但在实施过程中不同观点的争论不会停止，而土地私有化改革的进程也不会因有争论而停滞不前，还会不断深化。

《俄罗斯联邦农用土地流通法》的颁布与实施，不仅为土地流通提供了法律基础，如果从经济转型视角来讲，其重要意义还表现在以下几个方面：

第一，使农用土地进入流通领域，成为商品经济的一个重要要素。这样，使俄罗斯市场体制得以全面建设。

第二，允许土地进入流通领域，改变了从事农业生产的农民与土地的关系，使农民真正成为土地的主人。《俄罗斯联邦农用土地流通法》的实施，使土地份额所有者出租、出售、抵押、交换土地等有了法律保证。

第三，农用土地进入流通领域，这为俄罗斯农业朝着规模化和效益化方向发展提供了可能。就是说，随着土地自由流通，就会为土地向大生产者集中和发展规模化经营创造条件。与此同时，这亦有利于吸引国内外的投资。正如普京所指出的："缺乏对土地问题的调节，是投资过程中的很大障碍。谁会把钱投向别人的土地上的项目？土地已进入国内流通，而且没有发现有害。这个问题的解决，我们拖得太久了，时间已经耗尽。不调节土地问题会对人们的生活、对经济产生不良影响，降低投资积极性，产生腐败。"[①]

三　农业发展状况

在叶利钦执政期间，俄罗斯农业与整个经济一样，也出现了大幅度下滑的情况，1991—1998 年农业产值年均下降了 5.5%，在整个 20 世纪 90 年代，农业生产下降了 40%。俄罗斯 3300 万居民处于贫困状态，其中 75.6%（2950 万人）是农村居民[②]。只有约 60% 的农村居民达到全国人

---

① 见 http://www.strana.ru。

② Галина Карелова, У бедности деревенское лицо, http://www.rg.ru/2003/10/28/karelova.html.

均收入水平，35%的居民实际可支配收入低于最低生活标准①。近年来，俄罗斯农业形势有了明显好转，但农村面貌仍有待改善。贫穷是俄罗斯农村发展中亟待解决的问题。农业生产增长速度放缓，农村就业岗位少，农村社会和工程基础设施不完善，导致农村社会问题不断激化。另外，俄罗斯农村不仅农业劳动力的质量明显下降，而且劳动力在数量上难以满足需要，更是缺乏专业技术人才。

　　从1999年起，俄罗斯农业生产开始好转，2000年和2001年增长率分别高达7.7%和7.5%。从2001年开始，俄罗斯首次实现了粮食自给自足，当年俄罗斯粮食产量达到8520万吨，不仅满足了国内粮食需求，而且使俄罗斯再次成为粮食出口国，2001年俄罗斯出口粮食320万吨。2002年，俄罗斯粮食产量更是达到8660万吨，粮食出口1850万吨，2016年粮食产量达1.1亿吨，出口粮食4000万吨，其中小麦出口占2/3，第一次超过美国、加拿大，成为世界第一大小麦出口国。但俄罗斯粮食产量很不稳定，波动幅度很大，如2009年为9711.1万吨，2010年下降为6096.0万吨；又如2011年为9421.3万吨，2012年降为7090.8万吨。俄罗斯种植业各类产品情况见表19-7。

表 19-7　　　　　　　　　**俄罗斯种植业各类产品产量**　　　　　（单位：千吨）

	1990 年	1994 年	1995 年	2000 年	2011 年	2012 年	2013 年
粮食和粮用豆类	116676	81297	63406	65420	94213	70908	92385
小麦	49596	32128	30118	34460	56240	37720	52091
黑麦	16431	5989	4098	5444	2971	2132	3360
大麦	27235	27054	15786	14039	16938	13952	15389
燕麦	12326	10757	8562	6002	5332	4027	4932
玉米	2451	892	1738	1489	6962	8213	11635
粟	1946	482	488	1124	878	334	419
荞麦	809	781	597	997	800	797	834
大米	896	523	462	584	1056	1052	935

---

　　① A. Гордеев, О проекте Государственной программы "Развитие сельского хозяйства и регулирование рынков сельскохозяйственной продукции, сырья и продовольствия на 2008 - 2012 годы", http://www. mcx. gov. ru, 12. 07. 2007.

续表

	1990 年	1994 年	1995 年	2000 年	2011 年	2012 年	2013 年
小黑麦	—	—	—	—	523	464	582
高粱	62	12	13	83	60	45	172
粮用豆类	4922	2677	1541	1197	2453	2174	2037
经济作物							
亚麻	119	76	96	70	51	54	45
甜菜	32327	13946	19072	14051	47643	45057	39321
油料作物	4662	3154	4667	4473	13115	11313	14151
其中：							
葵花籽	3427	2553	4200	3919	9697	7993	10554
黄豆	717	422	290	342	1756	1806	1636
芥末	192	51	47	46	88	42	55
冬油菜	105	13	11	62	304	166	407
春油菜（菜籽）	153	110	113	87	752	869	987
马铃薯	30848	33828	39909	29465	32681	29533	30199
蔬菜	10328	9621	11275	10822	14696	13545	13506
其中：							
卷心菜	—	—	—	3017	3533	3315	3335
黄瓜	—	—	—	948	1202	1086	1068
西红柿	—	—	—	1509	2201	2208	2162
红菜头	—	—	—	853	1072	1008	1002
胡萝卜	—	—	—	1387	1735	1565	1605
葱	—	—	—	1134	2123	2081	1985
蒜	—	—	—	179	234	239	233
夏南瓜	—	—	—	486	560	506	468
南瓜	—	—	—	364	616	575	660
其他蔬菜	—	—	—	398	756	931	964
饲料作物	17217	5272	5144	3079	1434	1213	1260

资料来源：根据俄罗斯历年公布统计资料编制。

俄罗斯畜牧业发展缓慢，主要表现为牲畜的存栏量不断下降（见表 19-8）；主要养殖业产品的产量下降且不稳定（见表 19-9）。

表 19 - 8　　　　　　　　　　　俄罗斯畜牧业牲畜存栏数　　　　　　　（年末数据，千头）

| 年份 | 大牲畜 | 其中 牛 | 猪 | 羊 | 其中 | | 马 | 禽 | 驯鹿 | 兔 | 蜂蜜 （吨） |
					绵羊	山羊					
1990	57043.0	20556.9	38314.3	58194.9	55242.1	2952.8	2618.4	659807.5	2260.6	3354.1	4502.6
1991	54676.7	20564.1	35384.3	55254.8	52194.6	3060.2	2590.0	652187.3	2207.8	3366.0	4593.0
1992	52226.0	20243.4	31519.7	51368.4	48182.5	3185.9	2556.0	568277.9	2126.6	3298.4	4711.4
1993	48914.0	19831.3	28556.6	43712.4	40615.9	3096.5	2490.1	565184.3	1965.5	2988.3	4333.0
1994	43296.5	18397.9	24858.7	34540.4	31767.3	2773.1	2431.1	490848.7	1833.9	2470.5	4303.5
1995	39696.0	17436.4	22630.6	28026.6	25344.6	2682.0	2363.0	422600.5	1695.0	1578.9	4082.8
1996	35102.8	15874.1	19115.0	22772.4	20327.0	2445.4	2197.2	371873.5	1592.3	1352.5	3741.3
1997	31519.9	14536.4	17348.3	18774.0	16482.7	2291.3	2013.4	359717.2	1484.6	1201.9	3578.6
1998	28480.8	13473.2	17248.3	15556.4	13412.5	2143.9	1800.2	355663.1	1357.3	1149.6	3521.1
1999	28060.3	13138.6	18341.1	14776.2	12622.2	2154.1	1682.0	346433.2	1244.0	1210.1	3440.6
2000	27519.8	12742.6	15824.4	14961.9	12730.5	2231.4	1622.2	340665.1	1197.0	1276.7	3473.9
2001	27390.2	12310.7	16227.0	15572.9	13253.6	2319.4	1581.7	346834.7	1246.4	1695.6	3446.3
2002	26846.1	11854.2	17600.6	16370.3	14012.3	2358.0	1540.9	346164.2	1236.4	1855.5	3414.6
2003	25091.1	11083.3	16278.2	17261.0	14875.6	2385.5	1497.3	342613.9	1275.1	1714.1	3302.8
2004	23153.8	10244.1	13717.2	18077.7	15774.7	2303.0	1407.7	341581.5	1272.6	1565.4	3297.0
2005	21625.0	9522.2	13811.7	18581.4	16417.7	2163.7	1316.6	357467.9	1298.5	1584.5	3228.5
2006	21561.6	9359.7	16184.9	20194.5	17997.9	2196.6	1300.6	374686.6	1445.6	1900.6	3060.4
2007	21546.0	9320.1	16340.0	21503.2	19290.0	2212.9	1321.3	388964.1	1475.3	1987.3	3097.2
2008	21038.0	9125.6	16161.9	21770.2	19602.3	2167.9	1353.2	404549.9	1520.8	2091.8	2975.6
2009	20671.3	9025.8	17231.0	21986.3	19849.7	2136.6	1375.0	433702.7	1553.4	2407.8	3047.2
2010	19970.0	8844.3	17217.9	21819.9	19761.3	2058.5	1340.6	449296.3	1571.0	2653.1	3049.3
2011	20111.0	8975.6	17258.3	22858.0	20766.8	2091.2	1362.1	473388.0	1583.6	2847.2	3250.1
2012	19930.4	8858.6	18816.4	24180.0	22061.3	2118.7	1378.5	495158.9	1596.4	2989.6	3284.2
2013	19564.0	8661.0	19081.4	24337.4	22246.8	2090.6	1374.8	504613.0	1642.2	3294.5	3454.5
2014	19264.3	8531.1	19546.1	24711.2	22578.3	2104.5	1373.3	527326.0	1529.3	3502.8	3473.7

资料来源：根据俄罗斯历年公布统计资料编制。

表 19 - 9 畜牧业主要产品产出量

| 年份 | 禽畜屠宰总量（千吨） | 其中（千吨） | | | | 奶 | 蛋（百万个） | 羊毛（吨） | 蜂蜜（吨） |
		大牲畜	猪	羊	禽				
1990	10111.6	4329.3	3480.0	395.0	1801.0	55715.3	47469.7	226743	46091
1991	9375.2	3989.0	3189.7	347.4	1750.9	51885.5	46874.9	204497	48433
1992	8260.3	3631.5	2783.5	329.4	1427.8	47236.0	42902.1	178640	49556
1993	7512.9	3358.8	2432.1	359.2	1276.8	46524.0	40297.1	158390	52747
1994	6803.3	3240.2	2103.5	315.5	1068.4	42176.2	37476.6	122166	43899
1995	5795.8	2733.5	1865.4	261.3	859.2	39240.7	33830.2	93012	57748
1996	5335.8	2630.0	1705.2	229.7	689.6	35818.9	31902.3	76930	46228
1997	4853.9	2394.9	1545.5	199.3	630.3	34135.6	32198.7	60768	48756
1998	4702.8	2246.5	1504.9	178.1	690.2	33255.2	32744.2	47883	49554
1999	4313.0	1867.6	1485.0	143.6	748.1	32273.6	33134.6	40234	51034
2000	4445.8	1897.9	1578.2	140.3	767.5	32259.0	34084.7	40088	54248
2001	4477.4	1878.6	1514.7	134.2	885.7	32874.1	35241.7	40515	52960
2002	4732.8	1967.4	1608.3	136.1	955.7	33462.2	36377.8	42870	49700
2003	4993.3	2002.3	1742.6	134.4	1047.7	33315.5	36625.2	44988	48495
2004	5046.4	1953.9	1685.8	144.8	1192.2	31861.2	35900.7	47359	52964
2005	4989.5	1809.2	1569.1	154.1	1387.8	31069.9	37139.7	48800	52469
2006	5278.1	1721.5	1699.2	156.3	1632.1	31339.1	38216.3	50276	55678
2007	5790.1	1699.2	1929.7	167.9	1925.3	31988.4	38208.3	52024	53670
2008	6268.1	1768.7	2042.1	174.2	2216.7	32362.6	38057.7	53491	57440
2009	6719.5	1740.6	2169.5	182.6	2555.1	32570.0	39428.8	54658	53598
2010	7166.8	1727.3	2330.8	184.6	2846.8	31847.3	40599.2	53521	51535
2011	7519.5	1625.5	2427.6	189.0	3204.2	31645.6	41112.5	52575	60010
2012	8090.3	1641.5	2559.5	190.4	3624.8	31755.8	42032.9	55253	64898
2013	8544.2	1633.3	2816.2	190.0	3830.9	30528.8	41286.0	54651	68446
2014	9070.3	1654.1	2973.9	203.9	4161.4	30790.9	41860.0	56409	74868

资料来源：根据俄罗斯历年公布统计资料编制。

　　由于农业特别是畜牧业的落后，俄罗斯为了保证市场的食品供应，不得不大量进口食品与农业原料，2011 年该项进口额为 425 亿美元，占俄罗斯进口总额的 13.9%。在食品进口中，肉类占很大份额，如 2009 年为

48.43 亿美元。

近几年，俄罗斯农业和食品工业产值一般占 GDP 的 8.5% 左右，其中农业占 GDP 的 4.4%；农业就业人口约为 730 万人，占就业人口总数的 11%。总的来说，经过 20 多年的经济转型，俄罗斯农业并没有摆脱落后状态。2011 年 5 月 18 日梅德韦杰夫在记者会上说，俄罗斯农村人口占总人口的 1/3（2012 年 1 月 1 日，俄罗斯农村人口有 3730 万，占全俄人口总数的 26%），而工业发达国家只占 3%—5%。他在任总统后重视农业问题，将农业视为俄罗斯大力发展的一个优先方面。

第六节　对农业的扶持政策

在叶利钦执政时期，由于出现了严重的经济转型危机，俄罗斯自 20 世纪 90 年代初以来，用于农业领域的财政资金每年都在缩减，各级财政的支出中，农业（包括渔业）支出的比重从 1990 年的 15% 降到 2002 年的 2.3%。[①] 后来随着经济、财政情况的好转，逐步实施调整与加强农业的政策。

一是增加对农业的资金投入。俄罗斯政府对农业投入的增加与出台的有关政策有密切的联系，如 2005 年俄罗斯出台农业发展纲要后的两年时间，对农业的投入就增加了近 10 倍，达到 3600 亿卢布。2011 年 11 月 7 日，俄罗斯农业部公布了《2013—2020 年俄罗斯联邦农业发展和农产品、原料和粮食市场调控国家纲要》（简称《新纲要》）。为《新纲要》的贯彻执行，预计划拨联邦预算资金 2.37 万亿卢布，其中，俄罗斯农业部取得预算拨款 2.285 万亿卢布，俄罗斯农业科学院取得 849.73 亿卢布。保证 7 个子纲要与 3 个联邦专项纲要[②]顺利执行的联邦预算资金分别为：用于执行《种植业部门的发展，种植业产品的加工和销售》子纲要的预算资金为 5697.82 亿卢布，对《畜牧业部门的发展，畜牧业产品的加工和销

---

① В. А. Вашанов: Развитие аграрной сферы России в условиях глобализации, Москва, СОПС, 2006 г., с.109.

② 7 个子纲要分别为：《种植业部门的发展，种植业产品的加工和销售》《畜牧业部门的发展，畜牧业产品的加工和销售》《支持农业小企业》《技术现代化与创新发展》《建立管理农业领域的自动化系统》《国家纲要政策实施的科学保障》和《保证实施国家纲要的管理功能》。3 个联邦专项纲要分别为：《2013 年前农村社会发展》《2014—2017 年和 2018—2020 年农村稳定发展》和《2020 年前俄罗斯农业用地土壤改良的发展》。

售》的预算拨款为 7018.82 亿卢布，《支持农业小企业》为 1092.41 亿卢布，《技术现代化与创新发展》为 1215.67 亿卢布，《建立管理农业领域的自动化系统》为 97.35 亿卢布，《国家纲要政策实施的科学保障》为 986.74 亿卢布，《保证实施国家纲要的管理功能》为 2032.34 亿卢布。用于执行 3 个联邦专项纲要的联邦预算分别是：《2013 年前农村社会发展》为 77.2 亿卢布，《2014—2017 年和 2018—2020 年农村稳定发展》为 2945.4 亿卢布，《2020 年前俄罗斯农业用地土壤改良的发展》为 2537.24 亿卢布。《新纲要》执行期间各年的联邦预算资金为：2013 年为 2024.13 亿卢布，2014 年为 2447.46 亿卢布，2015 年为 2697.92 亿卢布，2016 年为 2926.38 亿卢布，2017 年为 3121.79 亿卢布，2018 年为 3295.05 亿卢布，2019 年为 3498.47 亿卢布，2020 年为 3689.81 亿卢布。除联邦预算资金外，在执行《新纲要》的过程中，预计划拨联邦主体预算资金 2.349 万亿卢布，预算外资金预计达到 2.279 万亿卢布。由此可见，《新纲要》的资金保障更加多元化，不再单纯依靠联邦预算拨款，地方政府和企业的投资也占有相当大的比例。[①] 十分明显，今后一个时期俄罗斯将大大增加对农业的投入。

二是实行税收优惠政策。俄罗斯在调整农业政策中的一项重要的措施是减轻税负，2003 年开始征收统一农业税。俄罗斯规定统一农业税税额为农业企业总收益与其总成本之差的 6%。此外，俄罗斯还对农产品增值税实行税收优惠，即按 10% 的优惠税率课税（标准税率为 18%）。实施这一税收政策后，农业商品生产者的税负减少了 3/4。这一优惠政策的适用对象为：饲养牲畜家禽类农业企业；肉类、牛奶和奶制品、植物油和人造黄油、精炼糖与原糖、鸡蛋和蔬菜等主要农产品；饲料谷物、混合饲料、油籽粕和油籽饼等农业投入品。为了适应"入世"的需要，俄罗斯国家杜马于 2012 年 9 月三读通过了一项法律，强化对农业生产者实施的税收优惠政策：规定农业企业利润税将无限期实行零税率政策；在 2017 年 12 月 31 日前对一些粮食种子、种畜等农产品的增值税继续实行 10% 的优惠税率。[②]

---

① 参见郭晓琼《俄罗斯农业发展现状与预测》，载李永全主编《俄罗斯发展报告（2012）》，社会科学文献出版社 2012 年版，第 167 页。

② 《俄罗斯：通过立法对农业实施税收优惠政策》，中国税务网，2012 年 9 月 21 日。

　　三是实施信贷优惠政策。这主要有：一是针对农民贷款难的问题，俄罗斯政府成立了俄罗斯农业银行，专门负责分配使用国家对农业的投资，发放农业贷款，并将长期贷款的期限从原来的 8 年延长到 10 年，同时还加大了对长期贷款的补贴额。农民可以抵押土地的方式申请贷款，政府补贴贷款利息。二是政府资助建立农村信贷合作社，帮助农户和小型农业合作集体解决生产资金问题。三是调整国家对农业的贷款政策。自 2000 年秋季开始，国家将农业预算资金用于支付商业银行的信贷利率，以鼓励商业银行向农业贷款，等等。①

---

　　①　参见郭连成、唐朱昌《俄罗斯经济转轨路径与效应》，东北财经大学出版社 2009 年版，第 96—97 页。

第二十章

合理的经济结构是体现经济
现代化的一个重要因素

经济结构问题，不论在苏联时期还是在当今的俄罗斯，始终是影响其经济发展的重要因素，在很大程度上体现其经济发展模式。普京在 2008 年 2 月 8 日离任前提出的《关于俄罗斯到 2020 年的发展战略》（以下简称《发展战略》）中提出的很多经济社会问题都涉及经济结构的调整问题，如实行经济创新型发展、增加人力资本的投入、积极发展高新技术产业、加快中小企业的发展、强调要从出口原材料为主导的发展模式过渡到创新导向型经济发展模式等等，都是为了尽快改变目前俄罗斯存在的严重不合理的经济结构与落后的经济发展模式。如果严重不合理的经济结构长期不能改变，也就难以实现其经济现代化，并不排除俄罗斯经济在今后发展过程中出现结构性下降的可能性。对此，国际货币基金组织早在 2003 年的一份报告中就指出："俄罗斯应该加大力度推进经济结构改革，只有结构改革才能保证经济的持续发展，并且减轻对能源领域的依赖。"[①]

这些都说明，研究俄罗斯经济结构对实现其经济现代化、保证经济的持续稳定发展具有十分重要的意义。

第一节　苏联时期力图调整经济结构
采取的主要政策措施

人所共知，苏联在斯大林时期形成了严重的畸形经济结构。赫鲁晓夫上台后，尽管在执政初期出于政治需要，曾一度反对马林科夫 1953 年 8

---

① ［法］《费加罗报》2003 年 7 月 2 日。

月 8 日在最高苏维埃会议上提出的以加强消费资料生产为中心的广泛的国民经济调整计划，并批判说："认为轻工业可以而且应该居于一切工业部门之上的思想……是极其错误的理论，同马克思列宁主义在精神不相容。这不过是对我党的诽谤。这是右倾渣滓的呕吐。"① 借此，迫使马林科夫辞去部长会议主席的职务。但后来，赫鲁晓夫出于国内亟须缓解消费品供应严重不足的压力，不得不改变经济发展方针。他说："显然，我们不会执行一种尽量发展黑色冶金工业的政策。显然，我们将把一部分资金转到农业方面和轻工业方面。仅仅生产机器和黑色、有色金属是不能建设共产主义的。人必须能够吃饱穿暖，有房子住，有其他物质和文化条件。"② 但赫鲁晓夫调整经济结构的主要政策是全力以赴地加强农业。他一上台就首先抓农业，因为当时苏联不少人认识到，如果再不抓农业，再有两三年，就可能发生灾难性的粮食生产危机与全国性的饥荒。人们可能还记得，1957 年 5 月 22 日赫鲁晓夫在列宁格勒的一次讲话中表示："我们不想用炸弹来炸毁资本主义世界。假如我们在按人口平均计算的肉类、黄油和牛奶的生产水平赶上美国，那么我们就向资本主义制度的基础发射了一枚最强有力的鱼雷。"③ 同年 5 月，赫鲁晓夫又在列宁格勒的讲话中具体提出，要在三四年内，在肉、奶与黄油等按人均计算的产量赶上与超过美国。1959 年，赫鲁晓夫又强调，"要在短短的历史时期内赢得这场竞赛"。并且，赶超美国已不再限于农产品，还包括工业产品。苏共二十一大通过的《1959—1965 年苏联发展国民经济的控制数字》这一文件中说：实现七年计划的基本经济任务，就是要 "在最短的历史时期内使按人口平均计算的产品产量赶上并超过最发达的资本主义国家方面，迈出决定性的一步"④。这里可以看到，赫鲁晓夫先是要在农畜产品与食品方面提出赶超美国。但他在执政期间并没有解决农业问题，按计划，1959—1963 年农产品的年均增长速度为 8%，而实际上，前 4 年为 1.7%，1963 年则为负增长。工业中的 "第一部类" 与 "第二部类" 之间的比例更加失调，1963 年前者增长速度为 10%，而后者为 5%，前者比后者高出 1 倍。

---

①　[苏]《真理报》1955 年 2 月 3 日。

②　[苏]《真理报》1961 年 1 月 25 日。

③　《赫鲁晓夫言论》第六集，世界知识出版社 1965 年版，第 337 页。

④　《苏联共产党和苏联政府经济问题决议汇编》第四卷，中国人民大学出版社 1987 年版，第 519 页。

　　勃列日涅夫上台后，与赫鲁晓夫一样，首先也是抓农业，力图推行以加强农业为主要内容的经济结构调整，并为此采取了一系列的政策。与此同时，调整工业内部结构。他一再强调，制订五年计划要有"充分科学依据"，要选择"最优比例"，使整个国民经济协调与平衡发展。

　　勃列日涅夫执政后制订的第一个五年计划（"八五"计划）中，在工业投资中乙类工业的投资占14.8%，而"六五"与"七五"计划期间分别为9.2%和13.2%。这使得"八五"计划期间乙类工业发展速度与甲类工业逐步接近（见表20－1）。

表20－1　　　　勃列日涅夫时期苏联甲、乙两类工业年均增长速度

（按可比价格计算，%）

时期	工业总产值	其中		
		甲类	乙类	两类速度对比
"八五"计划时期	8.5	8.6	8.5	1.01∶1
"九五"计划时期	7.4	7.9	6.5	1.21∶1
"十五"计划时期	4.4	4.8	3.9	1.23∶1
1981年	3.4	3.3	3.6	0.92∶1
1982年	2.8	2.8	2.9	0.97∶1

　　资料来源：陆南泉等编：《苏联国民经济发展七十年》，机械工业出版社1988年版，第125—126页。

　　从表20－1中可以看到，除了"八五"计划期间甲、乙两类工业发展速度接近外，后来由于勃列日涅夫又一再强调优先发展重工业的方针，使得1971—1980年（"九五"与"十五"计划）期间，甲、乙两类工业发展速度的差距又拉大了[1]。只是在"十一五"计划期间，出于国内十分巨大的消费压力，迫使苏联再次规定加速乙类工业发展的方针。这一期间，乙类工业年均增长速度为3.9%，超过了甲类工业的3.6%。从甲、乙两类工业在工业总产值中所占比重来看，在勃列日涅夫时期并没有发生大的变化，1965年甲类工业占工业总产值的74.1%，乙类工业占25.9%，1970年这两个指标分别为73.4%和26.6%，到勃列日涅夫逝世

　　① 1971—1980年这10年苏联甲、乙两类工业增长速度的比例为28∶1，而1961—1970年这10年的比例为1.18∶1。

的 1982 年，这两个指标分别为 75.1% 和 24.9%。[1]

在勃列日涅夫时期，阻碍经济结构调整的原因甚多。一个直接的最重要的原因是，长期坚持扩充争霸实力、争夺军事优势的战略方针。当时，苏联一再强调："国防问题处于一切工作的首位"，"为保障军队具有现代化技术和武器，需要有高度发展的工业水平，首先是重工业的先进部门，即冶金工业、机器和机床制造业、造船工业、原子能工业、无线电电子工业、航空火箭工业、化学工业和专门的军事工业"。[2] 苏联不惜花费巨额资金，把最好的原料、设备，最优秀的科技人员和熟练劳动力用于发展军事科研和军工生产，来建立庞大的战争机器。勃列日涅夫时期的苏联，在实行打破美国军事优势并夺取全面军事优势的方针条件下，要调整经济结构是不可能的。

戈尔巴乔夫上台时面临着十分严峻的经济形势，他必须通过改革来解决经济问题。但在 1985 年 3 月到 1987 年经济改革准备阶段，戈尔巴乔夫提出了"加速战略"。而实现这一战略的一个重要途径是加速科技进步。在他执政的头几年，在加速科技进步方面采取了多项政策，其中一项是优先发展重工业。当时提出，苏联要在六七年内使重要的机器、设备和仪表的参数达到世界最高水平。实行"加速战略"的消极后果有：一是加速战略的主要目标是增强综合国力，而不是调整经济结构，缓解紧张的市场，满足人民生活的需要。二是从当时经济发展的情况看，"加速战略"与经济结构的调整政策存在着尖锐的矛盾。由于加速的重点仍放在重工业方面，结果是国民经济比例关系更加失调，经济更加不合理，从而使整个经济增长速度上不去。三是加速战略的直接后果是，使消费品市场更加紧张，基本消费品在苏联市场上出现了全面短缺，加上价格上涨、卢布贬值的情况，有点风吹草动，就引起抢购风潮。这种经济状况，使广大群众感觉不到经济改革带来的实惠，从而对改革持消极态度，逐步失去信心，这义成为推进改单的一大困难。苏联的一些学者在总结戈尔巴乔夫头几年的经济体制改革时，普遍认为，没有把调整经济结构的政策与经济改革两者有机地衔接起来，而实行"加速战略"，这是一大失误，并认为，在结构政策方面，戈尔巴乔夫输掉了第一个回合。

从上述简要论述可以看到，在斯大林之后的各个时期，虽然力图调整

---

① 参见陆南泉等编《苏联国民经济发展七十年》，机械工业出版社 1988 年版，第 124 页。

② 转引自苏联经济研究会编《苏联经济体制问题》，时事出版社 1981 年版，第 366 页。

严重畸形的经济结构，但都未取得实质性进展。从苏联产业结构来看，它的落后突出表现在：战后产业结构并没有像西方发达国家那样，从以资源与设备密集型产业为主过渡到以知识与技术密集型产业为主，加速高科技产业、农业中的生物工程技术与遗传工程技术的发展，第三产业很不发达。这种产业政策与产业结构，使得苏联产品在国际市场上缺乏竞争力，并成为经济增速不断下降的一个重要原因。

第二节　俄罗斯经济结构调整趋势

俄罗斯独立执政后，在推行经济转型的过程中，同时亦力图改善经济结构。但在经济转型初期，这一调整过程的一个重要特点是，经济结构的变化并不是因实行某种特定的调整政策使有关部门增速与降速途径来实现的，而是在经济转型危机的过程中，由于各部门下降程度的不同而自发地、被动地进行的。俄罗斯经济转轨的头8年工业产值累计下降46%，但各部门下降幅度不相同，从军工部门来看，由于国家订货与出口急剧减少，军工产值在GDP中的比重从1991年的8.7%下降到1992年的1.6%，而军工部门转产生产民用产品的比重在1994年已达到78.3%。从原材料部门来看，由于俄罗斯在经济转轨头几年，其经济困难不只表现在生产大幅度下滑，并且还表现在与人民生活密切相关的大量消费品短缺，而解决的办法是靠大量进口消费品，这就需要大量外汇，而俄罗斯只能主要依赖大量出口原材料产品换取外汇。俄罗斯原材料部门在转轨头几年虽然也出现下降的情况，但与整个工业相比要低，如石油产量1995年与1991年相比下降了33.5%，天然气下降了7.5%，煤为25.8%；从整个能源部门来看，1995—1998年期间下降的幅度不大，而到1999年开始回升，增长2.5%，之后增长率不断提高，到2003年增长率为9.3%。这样，导致俄罗斯工业中能源部门的比重提高。1992年燃料工业占俄罗斯工业总产值的比重为14%，到1995年上升到16.9%。而轻工业产值1995年与1991年相比下降了82.4%，轻工业基本上被冲垮，到1995年，它在整个工业中的比重下降为2.3%，同期食品工业下降51.2%。农业在1992—1999年累计下降40%。

由于苏联时期一直存在重生产轻流通，把服务部门视为非生产领域，从而忽视第三产业，结果导致第三产业严重落后。俄罗斯继承了这一不合理的三产结构。苏联解体的1991年，服务性产值占GDP的24%，而商品

产值占76%。随着向市场经济过渡，服务性产值的比重逐步提高，1992年
为32.6%，1994年为50%。根据俄罗斯官方公布的材料，1995年GDP的
生产结构为：商品产值为40.7%，服务性产值为51.5%，净税收入为
7.8%。如果从三产关系看，第一产业（农业）的比重从1990年的15.3%
下降到1994年的6.5%；第二产业（工业与建筑业）相应年份从44%下降
到42.3%；第三产业（服务业）相应年份从32.5%提高到49.5%。第三产
业上升主要是由于市场型服务扩大。经过20多年的经济转型与三产结构的
调整，1991—2014年三产关系的变化情况详见表20-2。

表20-2 　　　　　1991—2014年三大产业的产出结构 　　　　　（%）

年份	第一产业	第二产业	第三产业
1991	13.9	48.6	37.5
1992	7.0	41	52
1993	7.8	42.7	49.5
1994	6.5	42.3	51.2
1995	7.2	37.2	55.6
1996	7.0	35.9	57.1
1997	7.1	35.6	57.3
1998	6.1	35.6	58.3
1999	6.7	36.8	56.5
2000	6.5	38.2	55.3
2001	6.9	38.5	54.6
2002	5.9	38.5	55.6
2003	5.4	39.2	55.3
2004	5.1	40.4	54.4
2005	4.9	39.9	55.2
2006	4.7	38.8	56.5
2007	4.4	37.6	58.1
2008	4.4	36.1	59.5
2009	4.8	34.6	60.6
2010	4.1	35.5	60.4
2011	4.5	35.9	59.6
2012	4.2	35.5	60.4
2013	4.3	35.0	60.7
2014	4.3	34.9	60.8

资料来源：根据俄罗斯联邦统计局数据计算得出。

　　随着市场经济的发展和转型的深化，特别是为了使经济持续稳定地增长，产品在国际市场有竞争能力，客观上要求俄罗斯经济的发展需从资源型向发展型转变，而实现这一转变，重要的一条是调整与优化经济结构。因此，在普京执政后，在稳定经济发展的同时，特别重视经济结构的调整和与此相关的经济发展模式的转变。在制定的一系列社会经济发展纲要、政策等文件中，都强调了产业结构调整政策与具体措施。2003 年 12 月 18日，普京在与选民的一次直接对话中讲："俄罗斯经济发展到了一个特殊的阶段，需要进行结构改革的阶段。" 2006 年 5 月 10 日普京在提出的总统国情咨文中说："我们已经着手采取具体措施来改变我国经济结构，就像人们过去大谈特谈的那样，要让我国经济具备到新的素质。""我们目前需要一个能够产生新知识的创新环境。"① 俄罗斯在调整与优化经济结构方面的主要设想与措施是：第一，要控制石油、天然气等采掘部门的生产规模，而要大幅度提高非原材料与加工工业产品的生产与出口。第二，加速发展高附加值的高新技术产业与产品，即发展新经济。俄罗斯强调，要把发展新经济作为一项具有战略意义的国策加以实行。第三，积极发展中小企业，这是俄罗斯经济中的一个薄弱环节。第四，加快农业发展，促使农业现代化，提高农业生产技术水平。第五，改革与加强国防工业。加快国防工业的技术向民用工业部门转移，并继续扩大军工产品的出口。俄罗斯军工产品的出口由 1994 年的十七八亿美元增加到 2006 年的 61 亿美元，2007 年约为 75 亿美元。另外，还应看到，国防工业生产的民用产品份额 2005 年为 45%，到 2015 年可达到 60%。这说明俄罗斯军转民取得了进展。② 在新形势下，俄罗斯把巩固与发展国防工业视为促进经济增长与提高民族经济竞争力的重要因素。以上的政策措施，既为了调整与优化经济结构，也将成为俄罗斯经济新的增长点。

　　为了调整与优化经济结构，俄罗斯政府还在投资政策方面进行调整，即增加对在国际市场上有竞争能力的经济部门和高新技术部门的投资。这里，税收发挥了重要的调节作用，使税负从加工部门向采掘部门转移。为此，开征石油税，2000 年每开采 1 吨石油需缴纳 46.5 美元，2003—2005

---

　　① 《普京文集——2002—2008》，中国社会科学出版社 2008 年版，第 284、286 页。
　　② 参见俄罗斯 T. A. 谢里晓夫在 2007 年 11 月上海财经大学召开的"地缘经济视角下的特型国家：制度变迁与经济发展"国际研讨会提交的论文。

年则分别上升至 69 美元、106.4 美元和 188.5 美元；2000 年石油纯收入税率为 57%，2003—2005 年分别上升到 80%、81% 和 91%。对石油开采加重税收，从而为国家财政扩大对新技术部门的发展投资创造条件。

另外，俄罗斯政府还在加快科技发展与创新活动方面实行了一些积极支持的政策，比如：组织实施一些与世界科技发展潜力相适应的高水平科技与工艺研制大项目；完善拨款机制；在防止科技人才流失等方面采取一些鼓励性措施（如提高工资、改善住房条件、增加科研津贴等）。与此相关，近几年来俄罗斯十分重视对教育和科研的投入，争取达到发达国家的水平，对教育与科研经费占 GDP 的比重分别要达到 5.4% 和 2%—3%。

从普京执政的 8 年来看，尽管在调整经济结构方面谈得很多，制定的纲领与政策不少，但总的来说，主要还是两条：一是要发展创新型经济；二是要尽快改变俄罗斯在世界经济中的原料附庸国的地位。这是两个相互密切的关键问题，核心是改变经济发展模式。这一指导思想，在《关于俄罗斯到 2020 年的发展战略》的讲话中体现得很清楚（有关内容见本书第十七章）。

应该说，近几年来，俄罗斯经济结构的调整取得了一定的积极进展。第一，最为突出的一点是，三产比例关系有了大的变化。到 2004 年，服务业在 GDP 中的比重已达到 60%（据阿甘别基扬院士的预测，到 2030 年将达到 75%—80%），第一产业已由 1990 年的 16.5% 下降到 2004 年的 5.5%，而第二产业为 40% 左右。俄罗斯三产的比例关系已接近发达国家的水平，2006 年为 49.7%。第二，工业内部结构亦有改善。如果从价值指标看，工业内部原材料产业（电力、燃料与冶金工业）在工业总产值中的比重由 1992 年的 36% 提高到 2004 年的 43%，这主要是由国际市场价格上涨造成的。而机器制造与金属加工业在工业总产值中的比重，在苏联时期一般要占 30% 左右，俄罗斯经济从 1992 年至今，基本上占 20% 左右。

再从俄罗斯固定资产投资的部门结构变化趋势看，亦在朝着有利于经济结构完善的方面变化。从 1992 年到 2004 年，整个工业的投资在全俄罗斯固定资产投资中的比重大致为 35%—40%，而用于基础设施的投资呈上升趋势，如对交通、通讯部门的投资由 1995 年的 14.6% 提高到 2004 年的 26.7%。用于高新技术领域的投资也逐步增加，从 1995 年的 0.4% 提高到 2004 年的 0.8%。与此同时，对采掘工业的投资从所占比重来看，基本上保持稳定，但绝对额是大幅度增加的。

1995 年对石油开采业的投资占 14.2%，2000 年为 18.1%，2001 年为 19.0%，2002 年为 16.9%，2003 年为 15.9%，2004 年为 15.4%，2005 年为 13.9%，2006 年为 15.3%。从投资的绝对额来讲，如果 2000 年为 2114 亿卢布的话，那么 2006 年为 7003 亿卢布。

另外，还应看到，2006 年俄罗斯在调整经济结构方面还采取了一些具体措施，以便使经济具备崭新的素质。2006 年俄罗斯在这方面的思路与主要政策措施有：

1. 国家要增加为改变经济结构的投资，并正确选择国家投资的项目，即重点用于对调整国家经济结构有重要作用的项目上。

2. 从主导思想来看，俄罗斯经济的发展要摆脱过多依赖能源的局面，而要加快制造业的发展，并提高其质量与竞争能力。

3. 制定《2006—2008 年轻工业发展措施计划草案》。该草案已由俄罗斯工业与能源部等十多个部联合提交给俄罗斯联邦政府。草案强调了以下问题：提高轻工业投资吸引力，防止非法商品在俄罗斯国内市场的流通，更新轻工业企业技术设备，创造条件为行业原材料的供应提供保障，利用部门专项纲要实现行业发展措施。据工业与能源部副部长估计，轻工业行业有能力在今后 5—7 年使产量至少翻番。2006 年俄罗斯轻工业品市场总价值为 1.25 万亿卢布，但俄罗斯国内生产的比重仅占 17.7%。草案还规定，要在先进技术发展的基础上制定 2008—2010 年轻工业发展的部门目标规划，以促进俄罗斯轻工业的快速发展。

4. 大力扶持高新技术产品出口，以带动制造业的发展。俄罗斯经济素质的提高与摆脱过分依赖能源产品的局面，必须加快发展高新技术产业，生产与出口更多的高新技术产品。

根据 2005 年的计算结果，俄罗斯高新技术产品出口额大约比菲律宾少 67%，比泰国少 78%，比墨西哥少 90%，比马来西亚和中国少 92%，比韩国少 94%。针对上述情况，俄罗斯通过实施大力扶持高新技术产业的政策，争取在今后十年内，高新技术产品的出口所占世界的份额由目前的 0.13% 提高到 10%。

不久前，俄罗斯联邦经济发展与贸易部公布了 2020 年前俄罗斯长期经济社会发展增订草案，按新的构想（以下简称《新构想》），俄罗斯经济发展设计了三种发展方式：创新发展方式、偏重能源与原材料发展方式、惯性发展方式。按第一种发展方式，到 2020 年，对知识与高新技术的经济投资额将占投资总额的 16.5%，这一经济在 GDP 中的比重将达到17.2%。这意味着俄罗斯在为发展创新型经济作出努力。

第三节　俄罗斯经济结构调整面临的难题

尽管俄罗斯经济结构在某些方面出现了改善的趋势，特别是三次产业比例关系有了大的变化，第三产业所占比重大大提高，但是，俄罗斯这几年来一直在着力解决的一个主要问题并未取得实质性进展，即通过经济实行新型发展，快速发展高新技术与新兴产业，以促使俄罗斯从目前的资源出口型向以高新技术、人力资本为基础的创新型经济发展模式转变。到目前为止，经济的发展仍是主要依赖能源等原材料产业出口来支撑。2007年这些产品的出口占其出口总额的85%，机械设备出口只占5.6%，高新技术产品出口不仅数量少而且逐年下降，它在世界高科技产品出口中的比重几乎可以不计。

制约俄罗斯经济结构调整的因素甚多，但主要有：

一、历史因素。俄罗斯作为苏联的继承国，继承了苏联时期留下的在世界大国中最为畸形的经济结构，苏联80%的工业与军工有关。普里马科夫指出，苏联解体前军工领域创造的产值占国内生产总值的70%。[1] 这两个数字就可以告诉我们，俄罗斯要调整其经济结构有多么难、多么复杂。

二、高新技术产业发展困难甚多。普京执政后一再强调要使经济发展朝着创新型发展，这无疑是正确的思路，亦是俄罗斯经济现代化的唯一选择，也只有这样，才能从根本上调整当前俄罗斯的经济结构。问题是，发展高新技术产业面临一系列难题：一是苏联时期留下的机械设备严重陈旧。到2003—2004年，俄罗斯就有60%—80%的生产设备老化，需要更新。二是大量更新陈旧的生产设备，需要大量投资。尽管这几年来随着经济快速发展，投资也有很大增长，但远远满足不了需要。到2006年，俄罗斯固定资产投资只达到1990年47%的水平。还应看到，固定资产的投资主要用于采掘工业部门，像对机器设备制造等决定经济技术水平部门的

---

① ［俄］叶夫根尼·普里马科夫：《临危受命》，高增训等译，东方出版社 2002 年版，第 62页。

投资所占比重很低，1995 年占整个经济领域投资的比重为 0.7%，2000 年和 2001 年均为 0.8%，2002 年和 2003 年均为 0.7%，2004 年为 1.0%，2005 年为 0.9%，2006 年为 1.0%。这比我们前面提到的采掘工业的投资要低得多。2007 年，在俄罗斯机器制造业的外资仅占外资总额的 1%—2%。2007 年 1—3 月，外资直接投资共 98 亿美元，其中投入石油部门为 77 亿美元，而投入机器制造业为 7 亿美元。三是科技适应不了高新技术产业发展的要求。苏联虽是科技大国，但这主要体现在军工领域，而民用工业大大落后于西方。在 20 世纪 80 年代中期，就科技总体水平而言，苏联与西方发达国家水平相比要差 15—20 年。根据苏联电子工业部部长科列斯尼科夫的说法，苏联一直加以重点发展的计算机技术，当时要落后西方 8—12 年。俄罗斯自经济转轨以来，由于对科技投入大大减少①，从而导致科技严重衰退，科技人员大量流失。1992—2001 年 10 年间，俄罗斯科技人员流失近 80 万，其中 20 多万顶尖的科学家移居西方。正是在这种背景下，普京在其《发展战略》讲话中，强调要增加人力资本投入。

这里要特别指出的是，在当前向创新型经济转变的条件下，俄罗斯更感到解决设备陈旧、技术落后、经济粗放型发展与竞争力差等问题的迫切性。不少学者认为，俄罗斯自 2000 年以来，虽然经济一直在快速增长，但令人担忧的是，俄罗斯经济仍是"粗糙化"即初级的经济，工艺技术发展缓慢，同发达国家相比明显存在技术差距。还应看到，目前俄罗斯工业企业中生产设备不足的占 18%。很多企业需要投资更新设备。至于消费品工业的设备老化更为严重，如轻工业部门固定资产更新率仅为 0.5%，设备更新非常缓慢，从而导致俄罗斯消费品产品质量与档次都处于低位，在国内外市场都缺乏竞争力。

应该说，上述问题已成为制约俄罗斯经济持续稳定发展的一个重要因素。机电产品出口的大幅度减少，就是一个明显的例证。这里以中俄贸易为例也可说明这一点。俄罗斯与中国的机电产品在双边贸易总量中所占的比重从 2001 年的 24.9% 下降到目前的 2% 左右。这充分说明俄罗斯机电部产品缺乏竞争力。俄罗斯竭力想增加对华机电产品的出口，为此，于 2007 年 11 月正式成立了中俄机电商会，目的是积极研究中俄机电领域合

---

① 例如，2001 年，以货币的购买力平价计算，俄罗斯用于研究与开发的费用总计为 123 亿美元，法国为 314 亿美元，德国为 551 亿美元，日本为 982 亿美元，美国为 2653 亿美元。

作中出现的问题，通过组织活动、交流信息、提供政策建议等手段，促进中俄机电领域企业的直接沟通和交流，深化中俄机电领域的全面务实合作。当然，商会的成立，对推动中俄机电产品发展会有积极作用，但应指出，这一领域合作的发展，从根本上来说取决于俄罗斯机电产品竞争能力的提高。俄罗斯学者对此亦坦率地指出："无法强行实施政府的增加机械产品出口的决定，因为中国是市场经济，竞争力决定一切。"

三、相当长的一个时期内难以改变原材料密集型产业的重要地位。俄罗斯十分清楚，作为一个大国，经济的发展不能长期依赖能源等原材料部门。再说，俄罗斯亦很清楚地看到，能源部门的增长速度在放慢。《新构想》按发展速度最快的创新发展方式计算，石油产量将低速增长，今后12年石油开采量将增长9%。石油出口占开采总量的比重从2007年的52.7%降至2020年的51%。尽管俄罗斯反复强调要改变经济发展主要依赖能源等部门的局面，但从经济转轨十多年的情况看，上述局面不仅未能改变，而且在经济发展进程中"三化"更加明显：一是经济原材料化，即经济发展依赖能源等原材料部门；二是出口原材料化，2007年俄罗斯出口产品按所占比重的排序，燃料能源产品占首位，超过60%；三是投资原材料化，即俄罗斯的投资相当一部分用于采掘工业。缘何长期难以解决这个问题？笔者认为，受到多种因素的影响。

1. 惯性地迷恋于资源红利。作为苏联继承国的俄罗斯，在世界上是资源极为丰富的国家，它的自然资源占世界自然资源的40%。俄罗斯与苏联时期一样，充分利用这一条件，在资源配置上重视能源生产与出口，尽力巩固其在国际上的原料供应基地的地位。以2015年为例，尽管整个经济大幅度下行，但石油生产量还是比上年增加1%（5.34亿吨）；尽管对外贸易额下降1/3，但石油出口却增加7.5%。这说明，资源禀赋决定了俄罗斯的比较优势与发展模式的选择。还应看到，近几年来世界再生能源有了大的发展，但今后相当长的一个时期起主导作用的仍是化石燃料，这也决定了俄罗斯在短期内不会放弃在国际分工中扮演的能源供应国的地位。从政治上来讲，俄罗斯一直利用油气资源的出口除了获取最大的经济利益外，还是它获取最大外交利益的重要因素，通过大量出口油气，对提升其国际地位，巩固和发展与别国特别是欧盟的关系，都起着十分重要的作用。

2. 追求增长速度，热衷于"赶超"战略。从沙皇俄国到当今的俄罗斯，片面追求经济发展速度，热衷于"赶超"战略，是一直存在的通病。

普京执政后，针对叶利钦时期经济出现严重的转型危机，在1999年12月30日发表的《千年之交的俄罗斯》一文中强调说："经济必须尽快快速发展"，"达到应有的增长速度，不仅仅是一个经济问题，这也是一个政治问题"。2009年俄罗斯公布的《到2030年前俄罗斯能源战略》文件中规定，俄罗斯2016—2020年GDP年均增长率的三种方案为：6.4%、6.9%和6.2%。不管哪种方案，增速都超过6%。为了保证增长速度，不得不支持能源部门的发展，通过大量出口油气获得外汇收入，用来增加投资和提高居民收入水平，从而扩大内需。这样，势必弱化调整经济结构的力度。

3. 通过创新建立能对经济发展起主要作用的新兴产业乏力。俄罗斯早就提出通过资源型经济过渡到创新型经济发展，创建新兴产业促进经济结构调整。普京在2008年御任总统前就提出，要大力发展航天航空、造船和能源动力、信息与医疗等新技术领域。梅德韦杰夫任总统后，为了实现俄罗斯经济现代化，明确提出，今后一个时期要在高效节能技术、核子技术、航天技术、医学技术与战略信息技术五个战略方向展开工作，并在莫斯科近郊科尔科沃建立类似美国"硅谷"那样的高科技园区。但是，由于俄罗斯企业创新积极性差（只有10%的企业具有创新积极性，5%的企业属于创新企业），加上投入创新领域的投资不足等因素，力图通过创新发展新兴产业来调整经济结构的设想，未取得明显的效果。目前，俄罗斯高新技术产品的出口在全世界同类产品出口中的比重连0.2%都不到。

4. 通过全面实施进口替代政策，发展本国制造业与加工业，以此来调整经济结构，这不是短期能见效的。西方制裁后，俄罗斯把实施进口替代政策作为经济工作的优先方向，并于2015年8月4日成立了联邦政府进口替代委员会，俄罗斯总理梅德韦杰夫亲任主席，下设民用经济与国防工业委员会。俄罗斯借西方制裁之际，下决心实施进口替代政策，计划到2018年，出口产品中深加工产品将增加1.5倍，将陆续出台扶持国内农业、轻工业、制造业的进口替代政策，在国内形成一个庞大的涉及各个行业的制造业集群。俄罗斯石油公司计划在未来3—4年使公司的国内设备使用率提高到75%以上。如果上述政策能顺利实施，对俄罗斯调整经济结构会产生大的影响，也可能成为俄罗斯再工业化与经济现代化的步骤。问题是，这个政策的实施将会遇到不少困难，在相当长的一个时期缺乏资金是个重要的制约因素，再加上创新能力差，缺乏技术力量等因素，都使得进口替代政策对经济结构调整在短期内难以体现，有个较长的过程。再说，俄罗斯有个顽疾，一旦能源价格上涨了，就会忘记过度依赖能源对经济造成的后果。

5. 最后还有一个不能忽视的因素是，在当今世界，石油等能源的作用正被重新定位，它不只是具有重要的经济意义，并且其政治意义越来越明显，在国际上成为重要的外交资本。近几年来，俄罗斯一直在追求成为国际上能源出口大国。在这种背景下，俄罗斯不可能放松对能源部门的发展。

在以上一些因素的作用下，在客观上引诱或者说迫使俄罗斯实行有利于能源部门发展与出口的宏观经济政策。

这里要特别指出的是，俄罗斯过度依赖能源的情况在普京执政 16 年期间是呈进一步发展态势的，1999 年俄罗斯原油、石油产品与天然气出口所占比例为 39.7%，而 2014 年上升到 69.5%。对此，2008 年时任总统的梅德韦杰夫在其《前进，俄罗斯!》[①] 一文中指出："20 年来激烈的改革也没有让我们的国家从熟悉的原料依赖中摆脱出来。""简单地依靠原料出口来换取成品的习惯导致经济长期的落后。"

以上情况说明，当今俄罗斯不是一个工业体，而是一个资源经济体。一个大国没有了强大的制造业和加工工业，很难保证经济稳定、可持续发展，难以应对国际市场的变化。

四、制造业与加工工业严重衰退。从历史上来看，俄罗斯制造业与加工工业部门不断萎缩，是与苏联工业特别是机器制造业 80% 是军工部门这一特点有关。这严重制约了俄罗斯经济的发展，突出表现在两个方面：一是冷战结束后，世界军火市场大大萎缩，军工生产处于减产和停产状态；二是庞大的军工企业进行所有制改造与向市场经济转型，要比民用企业难得多，因为军工产品的买主是单一的，即政府，在这种情况下，市场机制难以起作用，政府订货一减少，军工企业便陷入困境，从而对整个工业企业产生重大影响。这里，我们不妨列举一些资料具体分析一下这个问题。普里马科夫指出，苏联解体前军工领域各部门创造的产值占国内生产总值的 70%。[②] 如此庞大、占 GDP 比重如此高的军工企业，在俄罗斯经

---

①　МедведевД: «Россия, вперёд! », http://xn-d1abbgf6aiiy. xn-p1ai/.

②　［俄］叶夫根尼·普里马科夫：《临危受命》，高增训等译，东方出版社 2002 年版，第 62 页。

济转型起始阶段由于受上面指出的因素的制约，在 1992—1993 年，武器生产几乎下降了 5/6，军工企业生产总规模下降 6/7。[①] 可见，这对俄罗斯制造业与经济增长率大幅度下降起多大的作用。

　　俄罗斯制造业部门严重萎缩，导致这一领域的进出口结构发生了重大变化。1970 年苏联的机器设备与运输工具出口占出口总额的 24.81%，而 2014 年降至 5.0%，相应时期这类产品进口从 35.6% 提高到了 47.8%。对此，B. 伊诺泽姆采夫认为：当今 "俄罗斯不是一个工业体，而是一个资源经济体"。当今，俄罗斯工业部门的绝大部分产品依赖进口：机床制造业超过 90%，重型机器制造业达 60%—80%，轻工业 70%—80%，无线电工业 80%—90%，制药和医疗行业 70%—80%。[②] 由于加工工业的落后，俄罗斯一方面大量出口粮食（2014 年出口 2980 万吨，2015 年出口 4000 万吨），而同时又大量进口食品与食品原料。1995 年该类产品进口占俄罗斯进口总额的 28.1%，2010 年与 2014 年分别降为 15.9% 和 13.8%，但绝对额大大上升。按现价计算，1995 年食品与食品原料进口额为 131.52 亿美元，而到 2010 年为 364.8 亿美元。该类产品在俄罗斯进口产品中至今占第二位。至今，俄罗斯大城市食品供应 50% 以上靠进口。转型 20 多年来俄罗斯制造业衰退情况详见表 20-3。

表 20-3　　　　　　　　　1990—2014 年俄罗斯工业结构　　　　　　　　（%）

年份	能源和原材料工业	制造业
1990	33.5	66.5
1995	57.3	42.7
1996	57.4	42.6
1997	57.7	42.3
1998	57.9	42.1
1999	55.8	44.2
2000	58.4	41.6
2001	56.3	43.7

---

　　① 刘美珣、[俄] 列·亚·伊万诺维奇主编：《中国与俄罗斯两种改革道路》，清华大学出版社 2004 年版，第 350 页。

　　② 参见李建民《卢布暴跌成因、影响和中俄的合作机遇》，《经济社会体制比较》2015 年第 1 期。

续表

年份	能源和原材料工业	制造业
2002	57.2	42.8
2003	57.6	42.4
2004	60.6	39.4
2005	66.8	33.2
2006	67.8	32.2
2007	66.1	33.9
2008	65.4	34.6
2009	66.0	34.0
2010	65.6	34.4
2011	66.2	33.8
2012	65.4	34.6
2013	66.1	33.9
2014	67.2	32.8

资料来源：根据俄罗斯联邦国家统计署每年各部门产值计算得出。

作为一个大国，没有强大的制造业与加工工业产品，很难想象能支撑其经济稳定、可持续发展。这一情况亦说明，俄罗斯面临再工业化的任务。可以说，俄罗斯只有通过再工业化才能使其产业结构升级和调整经济结构，从而保证经济持续稳定增长。

五、俄罗斯中小企业的发展缓慢。谈到经济结构，不得不谈及企业规模结构中的中小企业问题。这是因为，从世界各国的情况来看，中小企业的发展，不论是对经济的发展还是对变革所有制结构都有着重要的作用，而且对技术创新、实现经济现代化也有着不可忽视的意义。当今在美国等西方发达国家，中小企业对 GDP 的贡献率可达 50%，美国近 50 年来 GDP 的增长靠科技创新，主力是企业，特别是中小企业。在很多国家，中小企业的产值占 GDP 总量的 50% 以上，占人口的比重可达 90% 以上，占企业总数的 80% 以上。根据 2015 年 4 月普京的一次讲话中提供的数据，俄罗斯中小企业的产值占 GDP 总量的 21%，这远远低于西方发达国家。2009 年俄罗斯共有 160 多万家中小企业，比 1991 年增加了 4.6 倍，从业人员达 1120 万人，占经济部门从业人员总数的 16.6%（2008 年达 21% 以上），平均每一企业的从业人数为 7 人。2008 年，建筑部门的从业人员占总数的 30%，商业部门占 30% 以上，宾馆和餐饮部门占 27%①。2009 年，中小企业对 GDP 的贡献率不超过 15%。尤其是从小企业的行业分布看，集中于商业和餐饮、旅馆业的小企业高达 45% 以上，而从事工业生产和科研创新的小企业仅略高于 10%。这说明，俄罗斯小企业在经济现代化中的作用十分有限。

应该说，俄罗斯自推行经济转型政策以来，对发展中小企业是重视的。1991 年 7 月 18 日俄罗斯联邦政府通过了《关于俄罗斯联邦发展和扶持小企业的措施》的法令，1995 年 6 月 14 日俄罗斯又通过了《俄罗斯小企业促进法》，2007 年 7 月 24 日联邦政府颁布了《俄罗斯联邦发展中小企业法》，明确区分了中型、小型和微型企业的规模。

普京执政后，曾委托政府制定中小企业发展战略，目标是要使中小企业的产值达到国内生产总值的 50% 以上。不仅要求中小企业成为纳税的主体，而且还希望通过发展中小企业改善经济结构，优化产业结构，调节市场需求结构，扩大就业，增加居民收入，提高企业的国际竞争力，维护社会的稳定。为此，普京政府强调，俄罗斯经济中既要有大公司、大集团的发展空间，又要有中小企业的发展空间，以保持各种经济形式的合理比例，只有这样，才能真正建立起合理的结构政策和国家—私人伙伴关系。所谓的国家—私人伙伴关系是指让所有企业与政权保持同等关系，避免国家的家长作风和企业利用政权为自己谋利的可能性。根据俄罗斯学者的分析，这种伙伴关系具体包括六个方面的内容：这种关系应该既有国营经济，又有私人经济；这种关系应该以正式文件（合同等）固定下来；这种关系应该是平等的；这种关系应该具有明确的共同目标与国家利益；伙伴双方应该为实现共同目标做出自己的贡献；伙伴双方应该利益共享，风险共担。②

在普京时期，俄罗斯还通过了《反垄断法》《俄罗斯联邦行政法》《租赁协议法》《自由经济区法》《关于中小企业租赁联邦主体或地方自治体所有的不动产特别转让办法的法案》《进行国家和地方自治机关检查（监督）时保护法人和个体企业主权利的法案》《银行和银行业务法（修

---

① Раздел из кники «Российские реформы в цифрах и фактах», изhttp：//kaivg. narod. ru. 2008 年和 2009 年，占从业人员总数的比重相差较大，一是因为数据的来源不同，二是因为 2008 年的金融危机对中小企业产生的冲击。

② 参见［俄］Р. Г. 列昂季耶夫、М. В. 拉琴科《企业区域合作关系研究》，钟建平译，黑龙江教育出版社 2011 年版，第 68 页。

正案)》等法律文本，以便为中小企业的发展提供法律保证。此外，在普京时期，俄罗斯还通过采取一系列规制金融寡头干预政治和操纵经济的措施，确保政策和法律的实施。[①]

俄罗斯中小企业发展缓慢的主要原因有：

1. 转型过程中有关支持中小企业的一些机制法规，在实际执行过程中往往不能执行，即形成的各种制度起不到约束作用，政府部门往往把中小企业视为市场经济的副产品，只是需要时加以利用的工具或手段，有时甚至把发展中小企业当作政府的一种负担，是政府的"受抚养者"。

2. 中小企业一直存在着融资难的问题。尽管俄罗斯政府出台了不少解决融资难、税收优惠等各项服务性政策，但据有关资料，43%的中小企业认为需要政府帮助解决融资难的问题（中小企业吸收的外资占俄罗斯外资总额的3%—5%），67%的中小企业希望给予税收优惠，13.5%的中小企业希望政府提供信息支持。[②]

3. 官僚主义的行政审批手续，经营环境不佳，从而提高了企业开业成本。2008年，俄罗斯的企业经营环境排在世界第120位（详见表20-4）。

表20-4　　　　　　2008年各国和地区企业经营环境排名

国家	名次
新加坡	1
美国	3
中国香港	4
英国	6
日本	12
德国	25
法国	31
中国	83
俄罗斯	120

资料来源：陆南泉等主编：《苏东剧变之后——对119个问题的思考》（中），新华出版社2012年版，第672页。

---

① 参见唐朱昌《俄罗斯中小企业发展缓慢的原因是什么？》，载陆南泉等主编《苏东剧变之后——对119个问题的思考》（中），新华出版社2012年版，第662—663页。
② ［俄］Р.Г.列昂季耶夫、М.В.拉琴科：《企业区域合作关系研究》，钟建平译，黑龙江教育出版社2011年版，第192页。

4. 俄罗斯经济垄断程度高，很多重要经济领域如能源、矿产、交通基础设施等，中小企业很难进入。因此，小企业主要集中于商业和餐饮、旅馆业，这些企业要占45%以上，而从事工业生产和科研创新的小企业仅略高于10%。

以上的分析说明，俄罗斯调整经济结构与改变经济发展模式，使其符合经济现代化要求，并非易事，是一个长期的、复杂的历史过程。

第二十一章

融入世界经济体系是经济走向
现代化必须迈出的一步

1848 年，马克思、恩格斯在《共产党宣言》中就曾指出："资产阶级，由于开拓了世界市场，使一切国家的生产和消费都成为世界性的了。""过去那种地方的和民族的自给自足和闭关自守状态，被各民族的各方面的互相往来和各方面的互相依赖所代替了。"[①] 100 多年以后的现今世界各国之间，相互往来、相互依赖的经济关系大大发展了。生产的社会化早已超越了国界，迅速地向国际化发展，越来越多的商品、资本、劳动力、科技信息等进入了国际市场。一国的生产不单单要以世界市场为背景，而且要与国际交流和合作为条件。就拿作为发展国际经济关系最普遍的形式——国际贸易来讲，已经成为很多国家发展经济，走向经济现代化，甚至是生存的必要条件。20 世纪 50 年代，世界出口总额占世界产值的比重为 5%，而到 21 世纪初，这一比重已超过 20%。世界各国经济发展的历史实践证明，谁搞闭关锁国政策，谁就会在经济、技术方面落后，经济上缺乏竞争能力，亦难以实现经济现代化。

第一节　苏联解体前对外经贸关系的特点

我们在本书第十三章已谈到，在戈尔巴乔夫执政时期，力图通过对外经济体制的改革，使苏联经济日益国际化并融入世界经济。

虽然戈尔巴乔夫执政后对对外经贸体制与政策作了一些调整，但纵观苏联对外经贸关系 70 多年的发展历史，可以概括出以下一些特点。

[①] 《马克思恩格斯选集》第 1 卷，人民出版社 1995 年版，第 276 页。

第一，从地区结构来看，由二战前的西方与二战后转向东方。二战前，苏联作为唯一的社会主义国家，只能主要与西方资本主义国家发展经贸关系。战后与战前相比，地区结构发生了根本性的变化，即由西方转向东方。在战后初期，与社会主义国家的贸易在苏联对外贸易总额中占有很大的比重，在 1950 年占 81.1%。到 1989 年，社会主义国家的比重由 1950 年的 81.1% 下降到 61.6%，而同期发达资本主义国家与发展中民族主义国家的比重分别由 15.0% 提高到 26.2%、由 3.0% 提高到 12.2%。尽管社会主义国家所占比重下降了，但一直保持在 60% 以上。

第二，从进出口商品结构来看，类同于发展中国家。苏联虽然是个工业大国，但机器设备及其他深加工产品在出口中所占的比重不高，在 20 世纪 80 年代占 15% 左右，而燃料、电力和原材料的出口要占一半以上。在进口产品中，占第一位的是机器和设备，在 80 年代要占 40% 左右，其次是食品与食品原料，要占 17% 左右。

第三，从战后苏联对外贸易发展情况来看，其重要特点是：发展速度超过社会总产值的增长速度；一般保持顺差；外贸在社会总产值中的比重不断提高。

苏联在对外贸易中较为重视平衡并尽可能保持一定的顺差。从 1946 年到 1988 年的 43 年间，只有 8 年出现过少量逆差，而其余的 35 年均为顺差。

第四，从外贸管理体制来看，苏联在很长一个时期坚持实行对外经贸活动的国家垄断制。苏联对外经贸体制与整个国民经济管理体制一样，实行中央高度集权，以行政管理方法为主的管理原则。它与其他经济部门不同，在于其完全由国家垄断。具体来说，由外贸部与对外经济联络委员会垄断经营，而其他经济部门，特别是生产企业与组织均无权从事对外经贸活动。这种管理体制，既不能调动各经济部门与企业从事对外经贸活动的积极性，也不能适应世界市场的变化，更不能使各部门与企业走向国际市场和参与竞争。这样使得苏联企业失去对采用新技术的兴趣，难以提高产品质量。在斯大林逝世后，虽然对对外经贸体制做过一些改革，但实际上都未从根本上触动对外经贸活动的国家垄断制。只是到了戈尔巴乔夫时期，才着手积极推动这一领域的改革。

第二节　俄罗斯对外经贸合作政策

苏联解体后，作为苏联继承国的俄罗斯，在对外经贸关系方面既有与苏联时期的相同之处，也有很大变化，并出现了不少新特点。

第一，对外经贸关系对支撑俄罗斯经济的作用大大提高。

俄罗斯独立执政后，在对外商品贸易方面，除 1992 年、1998 年、1999 年 3 年比上年下降外，其余各年均是上升的。从 2000 年开始，保持了稳定增长的态势（详见表 21－1）。

表 21－1　　　　　　1992—2014 年俄罗斯的对外贸易　　　　　　（亿美元、%）

年份	贸易额	同比增减	出口额	同比增减	进口额	同比增减	贸易差额
1992	965.7	－20.7	536.05	－19.8	429.71	－22	106.34
1993	1039.5	8.6	596.46	11.3	443.04	3.1	153.42
1994	1180.6	13.6	675.42	13.2	505.18	14	170.24
1995	1450.41	23.1	824	28.3	626	24.1	198
1996	1574.27	10.8	885.99	9.3	688.28	12.9	197.71
1997	1619.39	2.9	883.26	－0.3	736.13	7	147.13
1998	1334	－17.6	739	－16.4	595	－19.1	144
1999	1152	－13.3	757	1.1	395	－31.9	362
2000	1499	30.5	1055	39.4	449	13.7	606
2001	1556	3.8	1019	－3.0	538	19.8	481
2002	1683	8.1	1073	5.3	610	13.4	463
2003	2120	26.0	1359	26.7	761	24.8	599
2004	2806	32.4	1832	34.8	974	28.0	858
2005	3689	31.5	2436	32.9	1253	28.7	1183
2006	4684	27.0	3045	25.0	1183	30.5	1407
2007	5779	23.4	3544	16.9	2235	35.4	1309
2008	7623	31.9	4708	32.8	2915	30.4	1793
2009	4952	－35.3	3034	－35.7	1918	－34.2	1116
2010	6468	30.6	3980	31.8	2488	33.0	1492
2011	8339	28.9	5154	29.5	3185	28.0	1969
2012	8631	3.5	5274	2.3	3357	5.4	1917
2013	8645	0.2	5232	－0.8	3413	1.7	1819
2014	7829	－9.4	4969	－5.0	2860	－16.2	2109

资源来源：根据俄罗斯联邦统计委员会编辑出版的历年统计年鉴资料编制。

从表 21-1 中可以看到，除 2009 年俄罗斯对外贸易由于金融危机影响出现大幅度下降外（35%），其外贸额增速要比 GDP 的增速快得多。2000—2006 年，俄罗斯 GDP 年均增长率为 6%—7%，而同期对外贸易额的年均增长率为 22.6%。2007 年与 2008 年俄罗斯对外贸易额分别增长 23.4% 和 31.9%，而同期 GDP 分别增长 8.1% 与 5.6%。这无疑对推动俄罗斯经济起着重要作用。从出口对俄罗斯经济增长的贡献率来看，2001 年为 36.7%，2002 年为 35.2%，2003 年为 35%。据俄罗斯经济分析研究所的估计，1999—2003 年对外经贸因素保证了俄罗斯每年 5.9% 的经济增长率，2004 年俄罗斯经济 50% 的增幅得益于国际市场的高油价。[1] 对外贸易对俄罗斯经济发展的作用还表现在不断增长的外贸顺差上，从 1992 年的 106 亿美元增加到 2014 年的 2109 亿美元，外贸顺差增加了近 19 倍。1992 年至 2014 年顺差共计 20599.89 亿美元。这对发展俄罗斯经济的作用表现在：一是使外汇储备大量增加；二是保证了联邦预算的稳定，预算盈余不断增加；三是提高了偿还外债的能力，从而减轻了俄罗斯外债的负担。这些因素有利于保证俄罗斯经济稳定。

第二，对外贸易的地区结构的变化。

随着经互会的解散，苏联东欧各国发生剧变，俄罗斯对外贸易的地区结构也发生了重大变化，原东欧国家不占重要地位。对外贸易的地区为：欧盟居首位，其次是独联体国家、亚太经合组织国家与中东欧国家（详见表 21-2）。

表 21-2　　　　　　　　　俄罗斯对外贸易地区结构　　　　　（占外贸总额的比重，%）

年份	所有地区	欧盟	独联体国家	亚太经合组织国家	中东欧国家
1997	100	34.5	22.2	16.1	13.5
1998	100	33.9	21.8	17.7	12.4
1999	100	34.4	18.7	17.1	12.9
2000	100	35	19	15.3	14.39

---

[1]　高际香：《俄罗斯对外经济关系研究（1992—2007）》，中华工商联合出版社 2007 年版，第 37 页。

续表

年份	所有地区	欧盟	独联体国家	亚太经合组织国家	中东欧国家
2002	100	36.8	16.9	16.4	12.9
2003	100	36.1	17.8	16.1	12.4
2004	100	45.1	18.3	16.8	12.9
2005	100	52.1	15.2	16.2	12.9
2006	100	52.7	14.7	17.1	—
2007	100	51.3	15	19.3	—
2008	100	52	14.5	20.4	—
2009	100	50.5	14.7	20.7	—
2010	100	49.6	13.7	25.6	—
2011	100	47.9	15.1	23.8	—
2012	100	48.7	14.7	23.8	—
2013	100	49.6	13.4	24.8	—
2014	100	48.2	12.2	27	—

资料来源：根据俄罗斯海关统计、全俄罗斯行情研究所《中外商情公报》与俄罗斯联邦统计委员会编辑出版的历年统计年鉴有关资料编制。

　　从表 21-2 中可以看出，欧盟国家的贸易占俄罗斯外贸总额比重不仅最大，而且有不断提高的趋势，到 2006 年达到最高的 52.7%。这是因为俄罗斯出口主要依赖于欧盟市场，而欧盟的能源主要靠俄罗斯供应。另外，近几年来，中东欧一些国家先后参加了欧盟，这样使欧盟从原来的 15 国增加到 2006 年的 25 国，2007 年又增加到 27 国。近几年来，俄罗斯与欧盟国家的贸易额比重虽有所下降，但仍占到一半，2014 年为 48.2%。这几年来，俄罗斯与独联体国家的贸易呈下降趋势，从 1997 年的 22.2% 下降到 2014 年的 12.2%。

　　从具体国别来看，2006 年在俄罗斯对外贸易中排在前十位的国家是德国（占 9.8%）、荷兰（占 8.8%）、意大利（占 7.0%）、中国（占 6.5%）、乌克兰（占 5.5%）、白俄罗斯（占 4.5%）、土耳其（占 3.9%）、美国（占 3.5%）、波兰（占 3.4%）、哈萨克斯坦（占 2.9%）。而近几年来，中国在俄罗斯外贸中的地位日益提升，2010 年已上升为第一位。

　　第三，进出口商品结构与苏联时期大体类同，但出口更加原材料化。

　　从总体来看，由于作为苏联继承国的俄罗斯也继承了苏联时期的经济结构，因此其进出口商品结构大体上与苏联时期相类同。在出口产品中主要以燃料能源等原材料产品为主，2014 年在俄罗斯出口产品中占 83.2%，机器设备与运输工具占 4.9%。

　　俄罗斯自经济转型以来，其经济结构的调整未能取得进展，因此其出口商品的结构有以下特点：一是由于经济原材料化的趋势日益严重，燃料能源产品在对外出口产品中一直占主要地位；二是机器设备与运输工具类产品出口不断下降，在 20 世纪最后 10 年这类产品出口还占其出口总额的 10% 左右，但到了 21 世纪出现了明显下降的局面。分析俄罗斯出口商品结构时，值得一提的是军技产品出口问题。苏联时期，军技产品在其出口中占有重要地位。苏联解体后，俄罗斯在经济转型初期实行"雪崩式"的转产，即力图通过急剧削减国家军事订货的办法，在两年内使 70% 的军工企业实现转产。这种快速的转产，在客观上不可能做到，而实际的结果是导致大量军工企业停产。后来，不得不调整快速军转民的政策，认识到这是一个长期的过程，需要大量投资，叶利钦的顾问马列伊认为："实现军工转产需要 15 年的时间，花费 1500 亿美元。"普京执政后，对军事工业采取扶持的政策，主要措施有：一是进行规划。2001 年俄罗斯通过了《到 2010 年及未来俄联邦军工综合体发展政策纲要》与《2002—2006 年军工综合体改革与发展专项纲要》。二是加强管理。2000 年 11 月 4 日，普京签署了《关于创建俄罗斯联邦国有公司"俄罗斯武器出口公司"1834 号总统令》，由该公司代表国家经营俄罗斯军技产品进出口。2001 年 5 月，在普京的支持下，又把 1500 家军工企业改组成 50 家综合性的军品出口集团。俄罗斯武器出口从原来的 9—12 级管理变成 3 级管理，即由总统、政府、专门的军技产品出口机构进行。三是增加军技产品生产的科研费用。俄罗斯将出口军技产品所得的外汇收入，60% 用于开发新武器与发展军工综合体，以便研制更新、更有战斗力的武器。四是俄罗斯这几年来，重视售后服务，并能为买主培训人员与供应武器零配件。五是俄罗斯还通过外交途径支持军技产品的出口，领导人出访，一有机会就着力开拓军技产品市场。这些政策措施，使俄罗斯军技产品出口有较大的增长，1994 年为 17.18 亿美元，到 2010 年增加到 88.8 亿美元，2011 年出口武器达 100 亿美元。目前，俄罗斯已向世界上 80 个国家出口武器，2010—

2014 年俄罗斯出口武器占世界总量的 27%，仅低于美国的 31%。俄罗斯增加对军技产品的出口，其目的有二：一是促进整个国民经济的发展。人所共知，庞大的军事工业，与各工业部门有着密切的关系，苏联时期 80% 的工业直接或间接地为军工服务。俄罗斯进口商品中，机器设备与运输工具一直占主要地位，在 20 世纪最后 10 年一般要占进口总额的 32%—35%，而之前约占 50%。二是缓解国内消费品市场的紧张。俄罗斯进口的另一个大项是食品、轻纺产品，2000 年前一直占俄罗斯进口总额的 30% 左右。随着俄罗斯经济好转，特别是食品工业与轻工业的发展，这类产品进口所占的比重逐步下降，但绝对额还是增加的。2005 年与 2010 年进口的食品与农业原料分别占进口总额的 17.7% 和 15.9%，价值分别为 174.3 亿美元和 364.82 亿美元。在乌克兰危机受西方制裁的条件下，俄罗斯下决心发展进口替代产品，特别是食品工业，但食品、轻纺工业的发展有个过程。

第四，积极推行融入世界经济体系的对外经贸政策。

在戈尔巴乔夫执政时期，就苏联经济如何融入世界经济体系提出了一些设想并采取了一些措施，但真正采取实际行动的是在 1992 年俄罗斯推行经济转轨之后。此时，俄罗斯经济转轨目标已不再像戈尔巴乔夫执政后期处于争论不休的状态，而已是十分明确，即由传统的计划经济体制转向市场经济体制。这一转轨目标与经济全球化、全球经济一体化有着密切的联系。就是说，俄罗斯经济要融入世界经济体系，参与全球化过程，必须使其经济适应世界经济变化了的环境，跟上经济全球化的步伐。因此，改变对外经贸关系体制与政策成为俄罗斯经济转轨的一个重要组成部分。为此，俄罗斯实施了以下政策措施：

1. 积极参加国际经济组织。

俄罗斯在向市场经济转轨过程中，对国际经济组织持积极合作的态度。

俄罗斯先后加入的国际经济组织有：

（1）1992 年 6 月加入国际货币基金组织（IMF）。当时俄罗斯的经济处于十分困难的时期，特别是债务危机与支付危机尤为严重。俄罗斯加入了 IMF 后，对其缓解经济危机还是起到了一定的作用的，在 20 世纪 90 年代，IMF 向俄罗斯提供的贷款总额为 321 亿美元。

（2）在苏联解体后的 1992 年加入世界银行。自俄罗斯加入世界银行后，俄罗斯先后获得的贷款项目共有 53 个，共向俄罗斯提供了 134 亿美元的贷款，其中实际使用了 84 亿美元。

（3）俄罗斯除了参与世界性金融组织外，还与一些地区性的国际金融机构合作，如与欧洲复兴开发银行、欧洲投资银行都有合作关系。另外，俄罗斯与由其主导或创建的地区性国际金融机构进行合作，这些机构有：国际经济合作银行、国际投资银行、独联体跨国银行、黑海贸易与发展银行等。[①]

（4）俄罗斯为了更好地参与经济全球化进程，加强与世界各经济区域的合作，还参加了诸如西方八国集团、亚太经合组织、上海合作组织等国际经济机构。

2. 努力争取加入世界贸易组织（WTO）。

与 WTO 的关系，从一个重要侧面反映了俄罗斯的对外贸易政策的指导思想，为此，这里进行较多的论述。

1990 年苏联成为 WTO 前身即关贸总协定的观察员。1991 年底苏联解体后，俄罗斯于 1992 年继承了苏联的观察员地位。1993 年俄罗斯向关贸总协定递交了加入该组织的正式申请。2001 年俄罗斯加紧了入世的步伐。与此同时，国内对此问题的讨论更加热烈，不同意见的争论也日益尖锐。俄罗斯为加入世贸组织已进行了多年的努力，但到 2001 年仍未解决。

从叶利钦执政时期来看，主要原因有：

第一，尚缺乏必要的与 WTO 标准接轨的法律。在叶利钦执政时期，虽然通过激进的经济改革，很快冲破了传统的计划经济体制模式，形成了市场经济体制的框架，但它的市场经济一直处于混乱无序状态。一系列重要的经济法规，如税法、土地法、银行法、外国投资法等，要么尚未很好地建立起来，要么难以执行。以外国在俄罗斯投资为例就可说明这一点。1989—1998 年 9 年间，俄罗斯所吸引的外国直接投资，按人均计算，在中东欧和独联体国家的 25 个国家中排第 21 位；从外资占 GDP 的比重看，在情况最好的 1997 年为 0.8%，在中东欧和独联体国家中排倒数第二。2000 年，俄罗斯吸引的外国直接投资仅为 44.29 亿美元，而证券投资几乎为零，大大低于其他发展中国家的水平。据德国经济学院专家对在俄罗

---

① 有关俄罗斯参加国际金融机构的情况与问题，详见郭连成主编《俄罗斯对外经济关系研究》（经济科学出版社 2007 年版）第 2—18 页。

斯投资的340家公司的问卷调查,有90%强的被调查者认为,影响俄罗斯引进外资的主要因素是:"法律的不稳定,税收过高……高关税、地方当局的官僚主义。"

第二,俄罗斯担心其经济的安全受到威胁。作为苏联继承国的俄罗斯,实行了70多年的计划经济体制,约60%的经贸是与经互会成员国进行的,它的大量民用产品缺乏竞争能力,因此,一下子全面开放市场,其经济会受到重大冲击,而俄罗斯打进西方市场的可能性又很小。俄罗斯从经济转轨以来,由于缺乏对本国工业的保护措施,轻工业、食品工业等部门几乎被冲垮,大量企业倒闭。

第三,俄罗斯国内缺乏统一的认识。长期以来,一直存在两种不同的意见:一是一些大公司、大企业,特别是一些垄断部门大财团和国家安全部门,坚决反对俄罗斯匆忙入世,认为俄罗斯政府如果在入世谈判中妥协过大、让步过多,会得不偿失。二是国家主要领导人、大部分知识界人士认为,俄罗斯应该争取早日加入WTO。普京执政后,一直十分重视俄罗斯入世问题。他在2001年的总统国情咨文中说:"今天我国正在加快融入世界经济一体化进程。"应该"加快在我们可以接受的条件下加入世界贸易组织的准备工作"。2001年10月30日,普京在莫斯科召开的世界经济论坛"相会俄罗斯——2001"会议上明确指出:"俄罗斯的战略目标是成为商品和服务最有竞争力的国家,我们的全部活动都是为了实现这一目标。"他还表示,俄罗斯致力于在合理的条件下加入世界贸易组织。普京还一再强调,俄罗斯今后应以WTO的规则与要求为坐标进行经济体制改革。普京在2002年总统国情咨文中专门谈了入世问题。他指出:"世贸组织是一种工具。谁善于使用它,谁就会变得更强大。谁不善于或不想使用它、不想学习,宁愿坐在贸易保护主义的配额和税率的栏杆外面,谁就注定要失败,在战略上绝对要失败。""这将使俄罗斯经济停滞,降低俄罗斯经济竞争能力。"他在2002年6月24日举行的记者招待会上又强调:"如今俄罗斯是世界经济大国中唯一一个不是世界贸易组织成员的国家,唯一的国家!参加世贸组织的国家的经济占到世界经济的95%可能还多一点,停留在这个组织的框架之外或这个进程之外是危险和愚昧的。对我们来说,问题不在于从表面上计算是否值得,尽管这同样重要,也需要计算。问题在于,加入世贸组织会自然而然地将文明世界的一套法律关系推广到俄罗斯。这会在相当程度上影响到国家的经济、社会和政治领域,也包括犯罪。因为这会大大地使我国的各种经济秩序合法化并把它们置于法律的框架内。"① 普京在连任后，于 2004 年 5 月 26 日发表的第一个总统国情咨文中也谈道："希望俄罗斯经济今后进一步与全球经济接轨，包括在符合我国利益的前提下加入世界贸易组织。"

第四，一个不可忽视的因素是，在较长的时间里，俄罗斯政府在组织入世的领导工作方面极为不力。自 1993 年提出入世申请后，也成立了俄罗斯入世的政府委员会，并由一名副总理任该委员会主席。但在普京上台执政前，历届负责入世的政府委员会并未积极开展工作，而该委员会的主席往往是在被解职前才知道自己是担任这一职务的。

尽管出现了一些有利于俄罗斯跨入 WTO 大门的因素，但仍存在很多困难。

首先，俄罗斯市场经济从无序走向有序，使法律与 WTO 条款和标准相一致；对俄罗斯来说，有漫长的路要走。2001 年 7 月，WTO 总干事穆尔在发表有关决定推迟俄罗斯入世问题的谈判时声明，为加入 WTO，俄罗斯需要通过一些必要的法律，开放市场，建立可靠的金融体系，使生产商适应世界市场高度竞争的环境。为此，俄罗斯还有漫长的路要走。

其次，一些涉及俄罗斯国家经济安全的重要领域，如农业、航空、家具、汽车制药和钢铁业等，其入世谈判是十分复杂和困难的，俄罗斯与WTO 存在很大的分歧。俄罗斯农业部部长曾说，世贸组织对新成员的审核不公平，他举例说，俄罗斯每公顷只有 5 美元的补贴，而欧盟国家为800 美元。在此情况下，世贸组织还要求俄罗斯支持农产品出口的补贴与1985—1990 年相比应减低 35%。

再次，普京上台执政初期，俄罗斯国内反对入世的呼声很高，有人专门建立了反对入世的网站，大财团、大企业一再呼吁，政府在入世前必须加强与它们的对话，听取它们的意见，并说，如果俄罗斯政府采取强制性的办法来加速入世，这会导致全俄 4 万家企业倒闭，从而会导致在入世之初有 1000 万—1500 万人失去工作。在这种压力下，俄罗斯入世谈判代表团团长梅德韦德科夫表态说：参加世贸组织的代价应该是合理的，不能超过从加入世贸组织中得到的好处。如果我们看到这种平衡无法保持，我们将不建议俄罗斯政府加入这个国际组织。

---

① 《普京文集》，中国社会科学出版社 2002 年版，第 290、617、618、700、701 页。

又次，对俄罗斯来说，入世谈判最复杂的对手是欧盟。欧盟市场约占俄罗斯进口额的 40% 与出口额的 38%，俄罗斯吸收的全部外资中有一半来自西欧。因此，欧盟的态度对俄罗斯入世无疑至关重要。在相当长的一个时期里，欧盟一方面表示欢迎俄罗斯入世，同时又向 WTO 施压，让其制止俄罗斯对他们的倾销活动。

最后，任何一个大国参加世贸组织，不只是考虑经济因素，国际政治关系的影响是不可低估的，俄罗斯也不例外。1998 年，美国作为对俄罗斯默认北约东扩的回答，叶利钦与克林顿都声明，俄罗斯应在 1998 年 12 月成为 WTO 的成员。"9·11"事件后，普京发表了全面支持在阿富汗实施军事打击的五点声明。美国为此在俄罗斯入世问题上也做出回应。美国贸易谈判代表表示，俄罗斯尽快入世符合美国利益，同时承诺在 2001 年底前讨论俄罗斯参加 WTO 的问题。但后来实际情况表明，美国并没有在俄罗斯入世问题上给予积极支持。

尽管俄罗斯在入世过程中遇到种种困难，但它一直没有停止在入世方面的工作。例如，俄罗斯为了与世界经济接轨，为入世做好准备，于 2003 年 4 月 25 日国家杜马通过了新的《俄罗斯联邦海关法》，2003 年 5 月 28 日普京签署，2004 年 1 月 1 日起实施新的海关法。这部法典是对 1993 年 7 月 21 日公布实施的《俄罗斯联邦海关法》的补充和修订，其间经历近 5 年时间，经过反复协调、反复协商、反复修改，终于获得了通过。新海关法与旧海关法相比，一个最重要的特点是更加符合国际规范，与国际公约中简化程序的原则协调一致，同时也有利于从事对外经贸活动的单位和个人维护自己的利益。海关将按法律赋予的权力履行自己的义务和职责。俄罗斯国家杜马预算和税收委员会副主席德拉加诺夫认为，新海关法与旧海关法相比，国家减少了对外经贸活动经营者的行政壁垒；新海关法更加透明，外贸经营者不会再对如何逃避海关税费感兴趣；是俄罗斯与国际一体化接轨迈出的一步，将有利于俄罗斯加入世界贸易组织。俄罗斯海关委主席瓦宁强调，新海关法中规定通关的时间是三天，实际上，海关打算 90% 的商品在一天之内就能通过，即早晨上交文件，晚上收到货物。这样做简化了程序；促进了信息技术的广泛采用；保证了海关税费 24 小时到位。此外，还将采用海关统一的付费卡。瓦宁主席还强调，根据新海关法，俄罗斯海关将对商品过境的办理海关手续做到简捷、方便、快速和舒适。应该说，俄罗斯新海关法的实施，对其入世是个很大的促进。俄罗斯的入世谈判一直在进行。2004 年 10 月普京访华时，在北京完成了有关俄罗斯入世谈判，签署了《中华人民共和国与俄罗斯联邦关于俄罗斯加入世贸组织的市场准入协议》，使中国成为最早与俄罗斯结束 WTO 谈判的 WTO 成员之一。到 2005 年 5 月，俄罗斯已经结束了与世贸组织大多数成员国的谈判。之后，2006 年俄罗斯先后与哥伦比亚、澳大利亚、哥斯达黎加、危地马拉、萨尔瓦多、斯里兰卡等国结束了俄罗斯加入 WTO 的双边谈判。2006 年 11 月 19 日，在河内举行的亚太经合组织峰会期间，俄美签署了俄罗斯入世双边谈判议定书。从而，美国成为俄罗斯达成商品市场准入协议的第 56 个、完成双边服务市场准入谈判的第 27 个 WTO 成员国。

从争取入世的进程可以看出，俄罗斯在这个问题上的基本政策是：总的来说是持积极的态度，但同时表现得较为谨慎。2007 年普京在葡萄牙俄欧峰会结束后举行的记者招待会上表示，只有在加入世贸组织符合俄罗斯利益的情况下，俄罗斯才会做出加入世贸组织的最终决定。据俄罗斯入世谈判组织征询地方意见后得出的看法是，俄罗斯入世后，进口量的加大可能对 22 个地区（联邦主体）产生负面影响。这种谨慎的态度，一是与俄罗斯的对外战略总的主导思想有关，它在对外关系方面一直是以追求最大限度的国家利益为原则的，因此，在入世问题上一再强调不能以牺牲国家利益为条件。普京强调，俄罗斯现在已经不存在是否应该加入世贸组织的问题，而是何时，以何种条件加入的问题。二是与俄罗斯的经济结构有很大的关系。俄罗斯出口的主要是能源等原材料产品，这是在国际市场短缺的产品，竞争力很强。而其进口的主要是机器设备、运输工具、食品与服务等轻工产品，这些产品在国际市场并不稀缺。这说明，入世后在短期内难以给俄罗斯带来很大效益，因此，俄罗斯入世更多着眼于长远利益。三是从俄罗斯申请入世到目前为止，主要面临关税减让、过渡期的确定、服务贸易的准入与农业补贴等难题。这些问题的解决是十分困难的，是影响谈判进程的重要因素。

后来俄罗斯在入世问题上，又涉及是否坚持俄罗斯、白俄罗斯与哈萨克斯坦将作为统一关税同盟同时入世的问题，欧盟委员会发言人卢茨·古尔纳于 2009 年 6 月 10 日在新闻吹风会议上要求俄罗斯澄清入世立场。俄罗斯于 2009 年 6 月在与欧盟举行的部长级会议上表示，打算 2009 年底前完成入世谈判。俄罗斯第一副总理伊戈尔·舒瓦洛夫 2009 年 8 月 12 日又向媒体证实，俄罗斯将作为单独国家入世，但在入世谈判中俄罗斯将与其他两国开展合作。之后不久，俄罗斯宣布它将单独入世。据俄罗斯《报纸报》2010 年 10 月 1 日报道，俄罗斯将在 2011 年入世。经过 18 年的努力，俄罗斯于 2011 年 12 月 16 日跑完了入世马拉松，世贸组织第八次部长级会议期间签署俄罗斯入世协议。2012 年 8 月 22 日，俄罗斯正式成为世贸组织第 156 个成员，也成为最后一个加入世贸组织的主要经济体。

第三节　改革对外经济体制

一　废除国家对对外经贸的垄断制，实行对外经贸活动自由化

1991 年 11 月 15 日，俄罗斯通过了《对外经济活动自由化法令》。该法令明确规定，废除国家在对外贸易中的垄断制，放开对外经营活动。还规定，凡是在俄罗斯境内注册的企业，不论其是何种所有制，均有权从事对外经贸活动，包括中介业务。1992 年俄罗斯向市场经济过渡之后，围绕废除国家垄断制与实行对外经贸活动自由化，还采取了一些具体措施，这主要有：取消对外贸易的各种限制，逐步减少按许可证和配额进出口的商品数量。在转轨初始阶段，在商品进口方面取消了一切限制，以便尽快解决国内市场商品（特别是消费品）严重短缺的问题。在 1992 年 6 月以前实行免征关税的政策。后来，随着市场供应的逐步缓解，考虑到增加财政收入与保护本国工业的恢复，俄罗斯联邦政府才决定从 1992 年 7 月 1 日起对 14 类进口商品征收 15% 的临时关税。从 1993 年 2 月 1 日起，俄罗斯开始对大部分进口商品课征增值税（税率统一规定为价值的 20%），对某些特定商品课征消费税。从 1993 年 8 月 1 日，俄罗斯联邦通过的《海关税法》生效，对进口商品采用国际上通用的从价税、从量税和综合税按国际价格课税。在商品出口方面，也实行取消出口限制的政策。

自 1993 年之后，俄罗斯在对外经贸活动实行以自由化为方向的改革的同时，考虑到保护本国经济需要等因素，也加强了国家的宏观调控，其主要手段是利率和关税，并不断注意规范关税制度，使其逐步朝着与国际接轨的方向发展。

二　实行全面的开放政策

前面我们谈到的废除外贸垄断制，实行对外经贸活动自由化，这为俄

罗斯经济开放创造了基础性条件。俄罗斯在推进全面开放方面，采取了一些具体的政策与措施。

首先，强调用新的思维对待国际经济关系。1992 年 2 月，叶利钦总统在会见驻莫斯科外交使团团长时就说，俄罗斯准备与世界各国、各地区进行广泛合作，将执行开放政策。叶利钦执政后，其对外政策的特点是：推行不受意识形态束缚的外交政策；推行全方位的外交政策（除了 1992 年实行"一边倒"的对外政策外），既面向西方，也面向东方，既同北方，也同南方进行广泛合作；实行重视国家利益的经济优先外交政策，把对外开放视为俄罗斯的一项基本政策。当然，俄罗斯对各地区与国家开展经济合作时有其不同的侧重点，对美国与欧洲发达国家，主要是吸引资金与技术，争取获得更多的经济援助；对独联体国家，主要是通过经济一体化，实现多层次的经济合作，并达到在政治上扩大影响；对亚太地区特别是东北亚地区加强经济合作，一方面可以推行俄罗斯参与多边合作和世界经济一体化进程，另一方面使俄罗斯西伯利亚与远东地区适应世界经贸重点向亚太地区转移的总趋势，同时也促进西伯利亚与远东的开放。

其次，积极争取加入 WTO 等国际经济组织；改善投资环境，引进外资；等等。有关这一方面的情况，在前面已作论述，这里不再重复。

第四节　强化战略东移亚太

在分析俄罗斯对外经贸关系调整问题时，不能不提及俄罗斯强化战略东移亚太政策。

当今，随着美国的战略重心向亚太地区转移的同时，也出现了俄罗斯战略东移亚太日趋强化的态势。2012 年 9 月，亚太经合组织（APEC）第 20 届领导人非正式会议就在俄罗斯远东城市符拉迪沃斯托克召开。在会议举行前夕，俄罗斯总统普京撰文指出，俄罗斯无论从历史还是地缘角度看都是亚太地区不可分割的一部分。

一　俄罗斯视野里的亚太之变

俄罗斯清楚地认识到，亚太地区经济的重要性在不断上升，21 世纪将是亚太世纪，世界经济与贸易重点已日趋转向亚太地区，俄罗斯必须做好准备，使其东部地区适应这一发展趋势。2007 年 9 月 7 日，普京发表了题为《俄罗斯与亚太经济合作组织：走向亚太地区的持续稳定发展》的文章。文章说："亚太地区的迅速发展使人们把亚太地区经济合作组织称为世界上最有前景的经济联合体。现在世界国内总产量的57.5%、世界贸易总额的48%和40%以上的外国直接投资都已经落在了加入论坛的国家。据专家估计，这些指标在近年内可能还会增长。"2007年全球经济增长的40%来自亚洲。"目前在俄罗斯对外贸易中，亚太经济合作组织的比重已经增加到了18.1%，其中俄罗斯的出口达到16.6%。"而2006年俄罗斯东部地区对亚太地区的贸易占其贸易总额的40%。普京在2000年11月10日谈到俄罗斯的亚太政策时就指出："我们任何时候也没忘记，俄罗斯的大部分领土位于亚洲。的确，应该诚实地说，并不是所有时候都利用了这一优势。我认为，我们同亚太国家一起从言论转向行动去发展经济、政治和其他联系的时刻到了。在今天的俄罗斯，这种可能性已完全具备了。""在很短的时间里，亚太地区各国，首先是日本、中国、东盟国家发生了巨大的变化。俄罗斯自然也不会置身于这里所发生的进程之外。"他还说："三年之前俄罗斯成了亚太经合组织的成员国。这促进了我们的合作。""我们准备同亚太地区的大国和小国合作，准备同经济发达国家和刚刚起步的国家合作。"应该看到，西伯利亚与远东和亚太地区国家在经济上的互补性强，合作潜力很大。俄罗斯要进入亚太地区，加强与这一地区国家的合作，就首先需要借助中国这一亚太地区的重要经济体。目前，中国不仅是亚太地区的重要经济体，并且已成为推动世界经济的主要发动机。近几年来，全球经济的增长率中的一半是依赖于中国经济的发展。

二 加速开发与开放东部地区

对俄罗斯来讲，开发与开放东部地区（远东与西伯利亚）是其重要的经济社会发展战略。该地区是当今世界上少有的尚未充分开发的地区，也是俄罗斯经济较为落后的地区。2012年5月，普京签署命令，在俄罗斯政府中设立远东发展部，该部设在紧邻中国的远东城市哈巴罗夫斯克。该部部长伊沙耶夫在接受媒体访谈时表示，俄罗斯当前的目标是集中力量推动俄罗斯远东社会、经济实现进一步大发展，最终使远东成为俄罗斯在亚太地区的影响力中心。通过发展远东，带动俄罗斯东部地区发展，这将成为普京新任期内俄罗斯国家战略构想中的一个重要内容。2012年9月8

日召开的亚太经合组织领导人与工商咨询理事会代表对话会上，普京为俄罗斯远东发展描绘了更为细致的政策图景。

俄罗斯这次用了 4 年的时间，花了 210 亿美元精心筹备了 APEC 会议，其目的十分明确：向世人宣示俄罗斯远东在亚太地区的存在，不能成为"被遗忘的角落"，为积极与亚太各国合作做好准备，使远东成为俄罗斯"走向世界"的前哨，连接亚太地区的重要接口，并以此次 APEC 会议为契机，使俄罗斯远东开发与开放进入一个采取切实行动的新阶段。这对于作为俄罗斯近邻的中国尤其是东北三省来说，参与远东地区的合作创造了良好的机遇。

东部集中了俄罗斯 70%—80% 的重要资源。苏联时期对这一地区经过数十年的开发建设，建成了全国的燃料动力工业基地，黑色和有色冶金工业基地，森林采伐、木材加工和纸浆造纸工业基地，化工和石油化工基地及机器制造基地。该地区经济结构的特点是：从产业结构总体来看，农、轻、重发展比例失调；从工业内部结构来看，采掘工业与加工工业比例失调；军工企业在机器制造业中占有很大比重，经济结构带有严重的军事化性质；基础设施发展滞后，第三产业不发达。目前，西伯利亚与远东地区的经济虽比叶利钦时期大有改善，但与欧洲部分相比仍要落后得多。由于投资不足，旧生产能力的改造和技术更新十分缓慢，导致生产企业固定资产严重老化；采掘工业地质勘探普查工作滞后，从而使新探明的矿产储量不能抵补开采量，导致俄罗斯油气产量增速下降；科技进步缓慢，技术、工艺落后，产品更新换代迟缓；人口大幅度下降，面临劳动力严重不足的困难；等等。

苏联解体后，俄罗斯在向市场经济转型时期，资源的分配与生产的组织由集中的计划程序转向市场调节的程序。在这一过程中，中央与地方的关系发生了重大变化，经济上的分权强化，另外全俄经济形势严重恶化。在此背景下，1996 年制定了《俄罗斯联邦远东和外贝加尔 1996—2005 年及 2010 年前社会经济发展专项纲要》。该纲要阐述了今后这一地区经济发展的总目标，即最大限度地减轻阻碍本地区适应新经济形势的各种因素的影响；充分利用现有的发展条件，从而为迅速摆脱危机和以后加速发展创造条件。1998 年 9 月俄罗斯联邦政府完成了拟定"西伯利亚"联邦专项纲要草案的工作。纲要的战略意图是有效利用西伯利亚地区的自然、生产和智力潜力及地区参与全俄分工和国际分工的优势，以便最迅速地摆脱危机，稳定和振兴西伯利亚经济。

以上分析说明，俄罗斯经济今后的发展，能否崛起，成为世界性的经济大国，到 2020 年能否成为世界第五大经济体，在相当程度上取决于东部地区的发展。再说，如果东部地区长期落后，经济结构不能调整，正如普京说的，那么俄罗斯均衡的区域发展政策就不能实现，亦不能保证俄罗斯的和谐发展。在哈巴罗夫斯克举行的边境地区合作会议上，时任总统的梅德韦杰夫在作总结时指出："尽管发生了全球性金融危机，但俄罗斯远东与西伯利亚的重大项目不应该因此停下来。"他说："俄罗斯政府正在对远东与西伯利亚发展战略进行研究，并且已在相关联邦计划框架下实施一系列项目，已通过了一些行动决策。"

俄罗斯东部地区的开发，需要大量资金、技术与劳动力，这单靠俄罗斯本身的力量是做不到的，对此，俄罗斯国内与国际上一些有识之士早就提出，东部地区参与国际合作是不可避免的。特别要指出的是，在全球金融危机的严重冲击下，俄罗斯经济出现了严重的困难，俄罗斯更需要加强与中国等亚太国家的经济合作。

可以说，这次普京下了很大决心实施加速开发与开放东部地区的战略，他把该战略视为俄罗斯"极其重要的地缘政治任务"，亦将其看作是他第三任期的一项重大政绩。

三　经济考量大于政治诉求

就是说，俄罗斯强化战略东移亚太着重点是加速开发与开放东部地区，实现经济强国与经济现代化的任务，即经济考量大于政治诉求。因此，俄罗斯对当今亚太地区存在的极其复杂的领土争端等热点问题，基本上采取不参与、不选边的超脱立场。但这并不意味着俄罗斯忽略其在亚太的政治影响。俄罗斯在美国战略重心向亚太转移的大背景下，将通过强化亚太战略，并利用亚太地区目前混乱的局面，尽可能获得更多的战略利益，从而提高其在亚太地区的政治地位。因此，中国不能指望借助俄罗斯来应对亚太地区出现的种种问题，而必须靠自身的力量去面对来自各方面的挑战。

四　俄罗斯经济重心在欧洲

必须明确指出的是，不能因为俄罗斯强化战略东移亚太，就得出结论说俄罗斯"经济重心东移亚太",俄罗斯的经济重心仍在欧洲。俄罗斯向来自认为是欧洲国家,它的经济重心一直在欧洲,不论苏联时期还是当今的俄罗斯,尽管大部分资源集中在东部地区,但生产能力的70%—80%在西部。目前,东部地区生产总值仅占俄罗斯全国GDP总量的20%,固定资本占15%左右。从对外经贸关系来看,俄罗斯外资的50%以上来自欧盟,能源出口重点也为欧盟,进口的机器设备亦主要来自欧盟,尽管近几年俄罗斯力求加强对亚太国家的能源出口,但所占份额有限。俄罗斯预计到2030年向亚太地区的石油出口额占其石油出口总额由2008年的8%上升到2030年的22%—25%,天然气将由2008年的几乎为零增加到2030年的20%。以上情况说明,把俄罗斯强化亚太战略说成是俄罗斯经济重心东移到亚太,是没有根据的。

第五节 推进独联体地区经济一体化

一 发展进程

苏联解体后,俄罗斯除了通过对外经济政策的改革,力图融入世界经济体系外,还对后苏联空间不断地尝试启动一体化的进程。在苏联解体初期即20世纪90年代初,独联体各国领导人的首要任务是解决国内面临的亟待解决的问题:克服严重的经济困难,巩固政权,建立新的国家机构,发展与西方国家的经济关系等。到了1993年,俄罗斯经济渡过严重的转型危机后,就开始着手第一个一体化计划,即于1995年1月俄罗斯与白俄罗斯签署了关税同盟协议,之后,哈萨克斯坦、吉尔吉斯斯坦与塔吉克斯坦也先后加入进来。这个关税同盟实际上是徒有虚名,并没有实际行动。到了普京执政后的2000年10月10日,俄、白、哈、吉、塔五国在阿斯塔纳签署了关于欧亚经济共同体协议,该协议于2001年5月30日生效。后来乌兹别克斯坦加入,亚美尼亚、摩尔多瓦和乌克兰作为观察员参与。但是,这个一体化组织也同样未能运转起来。到了2008年,世界金融危机发生后,俄、白、哈商谈建立关税同盟,该同盟于2010年正式运行,到了2014年5月,签署欧亚经济联盟条约,并于2015年1月1日正式启动。从这个过程可见,俄罗斯实际上一直在力图推动独联体地区一体化的进程。俄罗斯通过建立欧亚经济联盟积极推进独联体地区一体化,其主要意图是:从经济上讲,主要通过建立统一的经济空间加强经贸合作,以利于克服经济困难；从地缘政治上讲，俄罗斯力图强化与扩大在独联体地区特别是在中亚地区的影响；从对外政策上讲，这些国家联合在一起，可更有力地应对西方国家政治方面的博弈，避免独联体国家在国际社会被边缘化的危险。2011 年 9 月，在统一俄罗斯党代表大会上梅德韦杰夫宣布由普京当选该党总统候选人的消息后，当年 10 月 3 日，普京在《消息报》发表了《欧亚新的一体化计划：未来诞生于今日》一文，作为总统竞选的一个政策性文件。该文谈及欧亚联盟意义时指出："欧亚联盟作为大欧洲不可分割的一部分，将立足于普遍适用的一体化原则，共享自由、民主和市场规律的统一价值观。早在 2003 年，俄罗斯与欧盟就达成了建立共同经济空间、协调经济活动规则（不建立超国家机构）的协议，现在，关税同盟以及今后的欧亚联盟将参与与欧盟的对话。这样，加入欧亚联盟除了直接的经济利益外，还可使每个成员以更有利的地位更快地融入欧洲。此外，欧亚联盟和欧盟合作伙伴合理及平衡的经济体系能够为改变整个大陆地缘政治和地缘经济态势创造现实条件。"可见，在后苏联空间地区建立欧亚经济联盟这一战略的实质，是要把欧洲与亚太地区联系起来，使独联体国家在更高层次、更深程度上实施地区的经济一体化。并以俄、白、哈关税同盟为基础，在争取更多的独联体国家参与的情况下，构建横跨欧亚大陆的区域一体化合作机制。欧亚经济联盟构想的提出，并不意味着普京要恢复苏联。

对于参加欧亚一体化的哈、白两国来说，在动机与经济利益方面都有其共性。对此问题，俄罗斯外交和国防政策委员会成员 A. T. 卡布耶夫作了较为深刻的分析，这里不妨将其观点做一简要介绍。他认为，哈参加欧亚一体化计划出于以下四个原因：一是哈希望通过关税同盟和统一经济空间的帮助全面进入俄罗斯和白俄罗斯市场，这样，哈企业将得到一个 10 倍于本国市场（1700 万人）的大市场。二是哈意在获得从中亚经俄罗斯至欧盟的能源运输干线管道。长期以来，哈萨克斯坦一直试图与欧洲用户直接签订石油和天然气供应合同，但遭到俄罗斯的阻止，结果哈企业只能在边境将自己的原料卖给俄罗斯企业，而俄罗斯企业再以更高的价格将这些石油、天然气转手卖给欧盟。对此，哈总理马西莫夫在接受《生意人报》采访时说，如果不解决能源运输问题，那么"建立统一经济空间就没有任何意义"。三是哈希望通过以更低的税收吸引大量俄罗斯和白俄罗斯企业到哈投资。良好的投资环境也是哈在 2009—2013 年间的一大优势。

在 2012 年世界银行营商环境便利度排名中，俄罗斯名列第 112 位，白俄罗斯名列第 58 位，哈萨克斯坦名列第 49 位。如果欧亚经济联盟能为每个成员国的企业在共同市场内创造平等的竞争环境，那么很多企业可能更愿意在哈注册。四是哈国内精英深切地感到自己国家的脆弱性。对国际原材料市场的高度依赖、来自伊斯兰国家的挑战以及国内政治体制的不稳定使哈精英意识到，国家需要一个强大的外部合作伙伴。鉴于美国和欧盟距离遥远，在危机情况下未必能前来援助，只有与俄罗斯和中国结盟，而中亚精英对日益强大的中国又怀有很深的疑虑，这时，俄罗斯的庇护就更受欢迎。

对白俄罗斯来说，其参加欧亚一体化计划，主要是因为这是在不危及卢卡申科现行制度的情况下改善国家经济形势的唯一途径。在 2010 年总统选举和 2012 年议会选举后，白俄罗斯处于被西方国家孤立的状态，卢卡申科试图与欧盟和美国谈判以解除制裁，但没有成功。此外，俄白欧亚经济之间的贸易战——俄罗斯拒绝向白俄罗斯提供无出口关税的石油，对白俄罗斯农产品出口俄罗斯实行禁运，有力地打击了白俄罗斯经济。因此，对白俄罗斯来说，与俄罗斯和哈萨克斯坦的一体化是保证其获得俄罗斯廉价石油（这些石油在白俄罗斯炼油厂加工后卖到欧盟，是白俄罗斯外汇收入的重要来源），以及保证白俄罗斯农产品和机械产品自由进入主要市场的唯一可行的途径。

应该说，从俄、白、哈关税同盟最后发展为欧亚经济联盟，对俄罗斯在推进欧亚经济一体化方面具有重要意义，并且在不断地发展，亚美尼亚与吉尔吉斯斯坦已成为成员国，还有约 40 个国家和组织表示愿与欧亚经济联盟建立自贸区。俄、白、哈三国元首于 2014 年 5 月 29 日签署了《欧亚经济联盟条约》，计划在 2025 年前实现商品、资本、服务和劳动力的自由流动，并在能源、工业、农业、交通运输等重点领域推行协调一致的政策。[①]

很明显，欧亚经济联盟有利于扩大成员国之间的市场空间，提高经贸合作水平，推进融入亚太地区的进程。对当今与今后一个时期由乌克兰危机面临不利国际环境的俄罗斯来说，欧亚经济联盟的启动，还能在应对外

---

① 参见 A. T. 卡布耶夫《谁是欧亚经济联盟的受益者》，《欧亚经济》2015 年第 3 期；李建民等（笔谈）：《欧亚经济联盟：理想与现实》，《欧亚经济》2015 年第 3 期。

部战略挤压与区域安全方面发挥作用。

二　欧亚经济联盟在推动欧亚一体化过程中的困难问题

尽管欧亚经济联盟的启动，是推动欧亚一体化的重要步骤，但它在相当长的一个时期里作用有限，欧亚一体化进程不会很顺利，它受到多种因素的制约。

1. 在推进贸易合作中不少实际问题有待解决。这里涉及的问题有：一是能源领域不同的利益诉求。能源领域的一体化不可能很快实现。俄罗斯坚持认为，由于油气和电力行业的战略性质，其在欧亚经济联盟框架内的一体化步伐应比其他行业慢，要在 2019 年 7 月 1 日前出现共同能源市场。届时白俄罗斯与哈都不赞同这个观点，因为能源在两国的经济中都占有很大比重，它们都希望在能源领域的一体化中获益。由于时间漫长，很多人怀疑届时能源领域一体化实现的可能性。二是对欧亚一体化的目标与实现时间有着不同的认知。例如，在实行统一关税的商品名录等问题上很难达成一致，这导致约有 30% 的商品名录不包括在统一关税中，这 30% 的商品在各自国家都有自己的海关税率。在服务贸易方面，豁免和限制的比例约为 65%，欧亚经济联盟文件中有超过 800 条参照国家相关法律的规则。豁免和参照原则帮助各国维持贸易壁垒，并限制企业从其他联盟国家进入本国的敏感市场。三是建立统一的货币问题绝非易事。俄罗斯方面早就公开阐明了这一主张，即欧亚经济联盟应有统一的货币和统一的发行中心，但没指出是哪种货币或哪个中心。考虑到成员国的经济规模，大家都明白，这指的是卢布和莫斯科。白俄罗斯和哈萨克斯坦对此极力反对。一方面，鉴于俄罗斯和哈萨克斯坦的经济结构根本不同，货币汇率与石油价格紧密相连；另一方面，白俄罗斯认为，要规范一种假想的统一货币的汇率是一件极其困难的事。[①]

2. 欧亚联盟是否仅限于经济联盟还是会发展到政治联盟，在俄罗斯的思想深处，力图通过经济联盟最后发展成政治联盟，这对独联体国家（除白俄罗斯卢卡申科赞成应形成政治联盟），特别是其中的中亚国家来说都是难以接受的。这些国家认为，如欧盟联盟发展成政治联盟，很可能就会影响其独立的主权国家地位。中亚国家有着十分强烈的民族国家独立

---

① 参见 A. T. 卡布耶夫《谁是欧亚经济联盟的受益者》，《欧亚经济》2015 年第 3 期。

主权的意识与敏感性。因此，俄罗斯在推行欧亚联盟战略时，由于在有关欧亚联盟发展趋向问题上的不同认识而出现不利影响。

3. 欧亚联盟由俄罗斯主导，这是毫无疑问的。但俄罗斯要起到主导国家的作用，不只是做组织协调工作，还必须对欧亚联盟参与国在经济上给予利益。对经济较为落后的中亚国家来说，加入欧亚联盟自然希望从俄罗斯得到经济实惠。而问题是，对俄罗斯来讲，其经济本身是个软肋。近几年来，俄罗斯经济增速大幅度下滑。2013 年 GDP 增速降为 1.3%，2014 年增长 0.6%，2015 年下降 3.7%。问题的严重性还在于俄罗斯经济这种下行趋势具有中期或较长时期的特点，即在相当长的一个时期经济将处于低速增长。形成这一情势的深层次原因有：一是俄罗斯长期以来难以改变落后的经济增长方式，经济效率低，其劳动生产率为发达国家的 1/3 或 1/4；二是转型以来，俄罗斯加工制造业并没有受到重视，生产工艺长期处于落后状态，产品质量在国家市场缺乏竞争能力，从而日益萎缩，制造业在工业中的比重从 1990 年的 66.5% 下降到 2011 年的 33.6%，2013 年作为实体经济的主要部门的工业几乎没有增长；三是经济现代化短期内很难有大的发展，因它受到企业缺乏创新性、设备陈旧、投资不足与中小型企业发展缓慢等一系列因素的制约。还应指出的是，由于乌克兰事件，西方对俄罗斯的制裁对其经济也不可能不产生影响。在上述经济情况下，俄罗斯在欧亚联盟中的主导作用将受到制约，而中亚国家亦将对欧亚联盟能给它们带来多大经济利益产生疑虑。再说，中亚国家为了自身的利益最大化，一直在大国之间搞平衡外交，大搞实用主义，一旦从欧亚联盟中难以获得其所需的经济利益，必然会拉近与中国或美国的关系。2012 年，俄罗斯与中亚五国的贸易额为 315 亿美元，而与中国的贸易额为 459.49 亿美元。

4. 中亚国家本身存在的问题，如经济发展水平低，各国水平也有不少差异，如此中亚五国之间就很难形成统一的经济空间，相互在领土（乌、吉、塔三国间）、水资源利用、哈与乌争夺地区大国地位等方面存在一定分歧。还应看到，当今中亚的现实情况是矛盾与分歧呈扩大趋势，呈现"碎片化"。

5. 乌克兰问题的影响。俄罗斯一直十分重视乌克兰参与欧亚一体化进程。乌克兰不论是从经济还是综合国力来讲，都居独联体中的第二位。它的国土面积在欧洲仅次于俄罗斯，居第二位。俄罗斯充分认识到，乌克兰是俄罗斯再次崛起的一个重要因素，俄罗斯离开了乌克兰就不再是一个强大的欧亚大国。正如布热津斯基谈到乌克兰对俄罗斯重要性时所指出的："没有乌克兰，俄罗斯不能成为帝国。"因此，俄罗斯与乌克兰加强经济合作具有头等重要的意义，比中亚国家更具重要性。2013 年俄罗斯与乌克兰的贸易额为 396 亿美元。为此，俄罗斯一直在努力强化与乌克兰的经济合作。如 2011 年 4 月普京访乌时希望乌加入关税同盟，并论述了加入后乌在经济上得到的利益。但乌未能允诺，并提出了若干理由。但说到底，根本原因是乌不想改变参与欧洲经济一体化的既定政策，认为如参加欧亚联盟就改变了乌克兰发展面向欧洲的大方向。这次乌克兰危机，虽然克里米亚"脱乌入俄"既成事实，2014 年 4 月 17 日乌克兰、俄罗斯、美国与欧盟四方在日内瓦会谈达成协议，之后又签订停战协议，但这并不意味着乌克兰危机的结束。俄与乌及西方国家将就乌今后的走向继续展开激烈的争斗，在此情况下，乌根本不可能考虑加入俄罗斯主导的欧亚联盟，而是一心想加入欧盟。从而，2015 年启动的欧亚联盟，也显得十分弱势。

三　丝绸之路经济带与欧亚经济联盟对接合作问题

丝绸之路经济带与欧亚经济联盟对接合作领域十分广泛，应先从哪个领域着手，笔者认为，应把交通运输基础设施与能源两大领域的合作作为重点。

1. 交通运输基础设施领域的合作应先走一步。"丝绸之路"顾名思义就要有路，即要形成经济带，就要铺设交通运输通道。正如 2015 年 7 月 10 日国家主席习近平在俄罗斯乌法举行的上海合作组织成员国元首理事会第十五次会议上发表的题为《团结互助　共迎挑战　推动上海合作组织实现新跨越》的重要讲话中所指出的："交通设施互联互通是区域合作的优先领域和重要基础。各方应积极参与上海合作组织公路协调发展规划的制订工作，加快实施成员国间道路运输便利化协定。中方愿同各方加强合作，优先实施已经达成共识的互联互通项目，为项目可行性研究和规划提供资金支持，参与设计和建设的投融资合作。在未来几年，推动建成4000 公里铁路、超过 10000 公里公路，基本形成区域内互联互通格局。"

"丝绸之路"将是一条特殊的从亚洲（具体说从中国西部）到欧洲的交通运输走廊。这是一条几乎穿越整个欧亚大陆的跨国运输走廊。俄罗斯学者塔季扬娜·戈洛瓦诺娃在谈到这一运输走廊的意义时指出：这将使中、俄与中亚各国的经贸合作迈出新的一步。新的运输通道建成，不仅能便利商品和服务贸易的流通，还可以催生出新的工业群、新的产业和技术。如这一计划能实现，中国将缩短货运周期。现在中国商品走海路到欧洲需要 45 天，走西伯利亚大铁路需要两个星期，走新的"丝绸之路"则不超过 10 天。这条运输走廊建成后，俄罗斯、中亚国家都将得益。她还指出，俄罗斯是赢家，因为可以利用过境运输国的所有便利条件，普京总统在圣彼得堡经济论坛上也曾谈到这一项目的重要性。哈萨克斯坦肯定也会从中获益，它现在已经在利用自己的地理位置赚钱了，如今有大量货物经哈通往欧洲。

问题是，不论是俄罗斯还是中亚国家，在交通运输设施方面并不很发达，特别是俄罗斯东部地区较为落后。《俄罗斯联邦远东和外贝加尔1996—2005 年及 2010 年前社会经济发展专项纲要》指出："远东和外贝加尔占俄罗斯疆土的 40%，交通运输网欠发达。这是制约其经济发展的重要原因之一。""与全国的平均数相比，按 1 万平方公里计算，该地区公共使用的铁路经营长度比全国少 2/3，硬面公路比全国少 4/5。"

普京在中俄经济论坛上谈到加强两国区域合作问题时指出："地区合作成功的一个重要条件就是发展地区的基础设施，包括建立边境贸易综合体、过境站和过桥通道。我们希望，无论是俄罗斯的还是中国的企业家应把现钱投出来建设基础设施。"2015 年 4 月 30 日俄媒报道：中俄财团中标莫斯科—喀山高铁（全长 770 公里），同年 6 月 18 日中俄就该项目的设计签署了合同。中俄计划于 2016 年初签署关于建设莫斯科—北京高铁线路的政府间协定。

哈萨克斯坦在世界银行的支持下，制定了《2020 年前国家交通基础设施一体化及发展规划》。哈萨克斯坦总统认为，运输领域正成为欧亚地区经济发展的主要动力。从上述计划来看，哈萨克斯坦在交通运输设施建设方面面临着巨大的任务，如要对 3 万公里的干线公路进行翻修，2020年前将使 4500 公里的国道成为一级公路。铁路建设现代化是哈萨克斯坦发展交通运输中的一个重点，要建设若干新的铁路线，还要翻修 650 个火车头、2 万个货运车厢和 1138 个客运车厢。另外，还要在运营联合运输物流公司的框架内，哈、俄、白三国的铁路部门将解决基于同一窗口、统一规程、相同定价标准等原则基础上的一体化服务。哈萨克斯坦还要将国内现有的 18 个机场中的 11 个进行改造。

目前，中国有两条铁路与哈萨克斯坦连接，一条在阿拉山口，一条在霍尔果斯口岸。在这一口岸依托铁路，中哈两国已建立起跨国国际合作中心与国际合作区。预计到 2018 年，货运量可达到 2500 万吨。中哈两国铁路、公路的相通，意味着中国与中亚各国都连接了起来。之后，再建中吉、中乌铁路，这样就可以形成较为完整的中亚立体交通网。

以上情况表明，不论是俄罗斯还是中亚国家，要适应"丝绸之路经济带"构想发展的需要，加强交通运输设施的建设，是一项十分迫切的任务，但这些国家在资金与技术等方面都需要发展与国外合作。因此，中国在这一领域可以成为其重要的合作伙伴。

目前，"一带一路"已达成协议或正在商谈中的大项目很多，仅丝绸之路经济带包括的经济走廊就有：中国—中亚—西亚经济走廊；新欧亚大陆桥经济走廊；中俄蒙经济走廊；中巴经济走廊；孟中印缅经济走廊等。海上丝绸之路既包括港口网络建设，也包括投资产业园区，还包括海上安全合作机制、海洋资源开发保护等。[①] 现已与马来西亚协商在马六甲打造一座国际水平的港口，与希腊协商改造比雷埃夫斯港三号码头等工程项目，这不仅对提高运输能力、推动贸易发展有重要意义，还有利于保证贸易安全。

2. 能源合作。这一领域的合作使丝绸之路经济带建设具有重要的现实意义。在笔者看来，主要理由有：

第一，在丝绸之路经济带上，在地理上比较接近的国家集中着大的能源生产国与出口国和大的能源消费国与进口国。前者有俄罗斯、哈萨克斯坦、土库曼斯坦、阿塞拜疆、伊朗等国；后者有中国、印度等国。能源资源国与消费国两者之间的合作，对双方的能源安全都是十分重要的。

第二，上面提到的一些国家之间，在能源领域的合作已有相当的基础。拿中俄两国来说，经过双方努力能源合作已经取得不小进展，2016年中国从俄罗斯进口石油 5248 万吨，成为中国头号石油供应国，并且在电力、煤与核能方面都有合作。2014 年 5 月 21 日，中国石油天然气集团公司和俄罗斯天然气工业股份公司在上海签署了《中俄东线供气购销合同》。根据双方商定，从 2018 年起，俄罗斯开始通过中俄天然气管道东线

---

① 参见张君荣《"一带一路"进入落实之年》，《中国社会科学报》2015 年 3 月 8 日。

向中国供气，输气量逐年增长，最终达到每年 380 亿立方米，累计 30 年。可以说，该项合同的签署将是中俄能源合作领域具有里程碑意义的突破。2014 年普京访华，中俄双方都明确提出，要建立全面的能源合作伙伴关系。目前西线向中国供气的合作项目正在洽谈。

2013 年，哈萨克斯坦向中国出口石油 1198.06 万吨。2013 年土库曼斯坦向中国出口天然气 241 亿立方米，这比 2012 年增加了 22%，占我国天然气进口总量的一半。乌兹别克斯坦对中国出口天然气逐年增加，到 2016 年可能达到 250 亿立方米。

第三，今后，中、俄、哈、乌、土国家之间的油气合作，将会日益加深，朝着上、中、下游多领域并举方向发展。值得一提的是，据俄 2015 年 4 月 8 日报道，俄罗斯将邀中国投资具有巨大潜力的万科尔油田，该油田是俄罗斯近 30 年来发现的最大油田，日产 40 多万桶。中国有可能获得 10% 的股份。媒体称，俄罗斯邀中国投资万科尔油田，是发出深化中俄能源合作的一个重要信号。另外，中国与上述国家在资源开发、资金、技术等方面有很强的互补性。

在研究丝绸之路经济带与欧亚联盟的关系问题时，有两种观点，笔者认为都有片面性：一种观点是认为两者完全吻合，不存在任何矛盾；另一种观点是把两者之间的差异看得过大，互不相容。笔者认为，不论在地缘政治还是在地缘经济利益方面，丝绸之路经济带与欧亚联盟是不同的。再说，欧亚联盟完全由俄罗斯主导，而丝绸之路经济带主要是中国与中亚在经济上相连接。这些决定了在客观上丝绸之路经济带与欧亚联盟存在竞争性因素。但是，也不能把两者之间的差异看得过大，因为丝绸之路经济带与欧亚联盟的参与国有许多是重合的，地域上的交叉十分明显，在功能上亦有雷同之处。因此，只要中国对中亚政策得当，就可使丝绸之路经济带与欧亚联盟两者相互在利益上趋向一致，弱化竞争性因素。为了协调好两者的关系，2015 年 5 月习近平访俄时，中俄双方承诺要搞好两者之间的对接，并发表了《关于丝绸之路经济带与欧亚经济联盟建设对接合作联合声明》。

参考文献

《马克思恩格斯全集》，人民出版社中文第 1 版。

《马克思恩格斯选集》，人民出版社中文第 2 版。

《列宁全集》，人民出版社中文第 2 版。

《列宁选集》，人民出版社 1995 年中文第 3 版。

《斯大林全集》，人民出版社中文版。

《斯大林选集》，人民出版社 1979 年中文版。

《斯大林文集》，人民出版社中文版。

《苏联共产党和苏联政府经济问题决议汇编》有关卷，中国人民大学出版社。

以下著作按出版年份先后为序

苏联科学院经济研究所编：《政治经济学教科书》，中共中央马列编译局译，人民出版社 1955 年版。

苏联部长会议中央统计局编：《苏联国民经济统计年鉴（1959 年）》，梅国彦译，世界知识出版社 1962 年版。

联共（布）中央特设委员会编：《联共（布）党史简明教程》，中共中央马克思、恩格斯、列宁、斯大林著作编译局译，人民出版社 1975 年版。

苏联部长会议中央统计局编：《苏联国民经济六十年》，陆南泉等译，三联书店 1979 年版。

［苏］A. H. 马拉菲耶夫：《社会主义制度下的商品生产理论今昔》，马文奇等译，中国财政经济出版社 1979 年版。

苏联科学院经济研究所编：《苏联社会主义经济史》（第一—第七卷），复

旦大学经济系等译，先后于 1979—1987 年由三联书店与东方出版社
出版。

〔苏〕安·米·潘克拉托娃主编：《苏联通史》，山东大学翻译组译，三联
书店 1980 年版。

〔苏〕M. K. 舍尔麦涅夫主编：《苏联财政》，毛蓉芳等译，中国财政经济
出版社 1980 年版。

〔苏〕罗伊·A. 麦德维杰夫等：《赫鲁晓夫的执政年代》，邹子婴等译，
吉林人民出版社 1981 年版。

王金存：《苏联经济结构的调整》，中国财政经济出版社 1981 年版。

樊亢、宋则行主编：《外国经济史》（一、二、三册），人民出版社 1981
年版。

陆南泉、张文武编：《国外对苏联问题的评论简介》，求实出版社 1982
年版。

〔捷克斯洛伐克〕奥塔·希克：《第三条道路》，张斌译，人民出版社
1982 年版。

商德文：《列宁经济理论的形成和发展》，北京大学出版社 1983 年版。

〔南斯拉夫〕米洛凡·杰拉斯：《同斯大林谈话》，赵洵等译，吉林人民出
版社 1983 年版。

中国社会科学院情报研究所编译：《苏联理论界论社会主义》，人民出版
社 1983 年版。

中国社会科学院哲学所唯物主义研究室、中国历史唯物主义研究会编：马
克思、恩格斯、列宁、斯大林：《论人性异化、人道主义》，清华大学
出版社 1983 年版。

《安德罗波夫言论选集》，苏群译，新华出版社 1984 年版。

《安德罗波夫言论选集》，阚思礩等译，世界知识出版社 1984 年版。

《契尔年科言论选集》，苏群译，三联书店 1985 年版。

孙杨木等主编：《俄国通史简编》，人民出版社 1986 年版。

陆南泉等：《苏联东欧社会主义国家经济体制改革》，重庆出版社 1986
年版。

中国苏联经济研究会编：《1984：苏联经济》，人民出版社 1986 年版。

《戈尔巴乔夫言论选集》，苏群译，人民出版社 1987 年版。

〔苏〕米·谢·戈尔巴乔夫：《改革与新思维》，苏群译，新华出版社 1987

年版。

《戈尔巴乔夫关于改革的讲话》，苏群译，人民出版社 1987 年版。

陆南泉等：《苏联东欧社会主义国家经济体制改革比较分析》，山东人民出版社 1987 年版。

［美］斯蒂芬·F. 科恩：《苏联经验重探——1917 年以来的政治和历史》，陈玮译，东方出版社 1987 年版。

陆南泉等编著：《苏联经济建设和经济体制改革理论的发展》，中国社会科学出版社 1988 年版。

陆南泉等编：《苏联国民经济发展七十年》，机械工业出版社 1988 年版。

姜长斌主编：《苏联社会主义制度的变迁》，黑龙江教育出版社 1988 年版。

李忠杰等：《社会主义改革史》，春秋出版社 1988 年版。

［苏］B. T. 琼图洛夫等编：《苏联经济史》，郑彪等译，吉林大学出版社 1988 年版。

陆南泉主编：《苏联改革大思路》，沈阳出版社 1989 年版。

陆南泉：《从企业改革入手——戈尔巴乔夫的经济体制改革》，中国社会科学出版社 1989 年版。

《在改革浪潮中重评斯大林——苏联近期报刊文章选译》，林利、姜长斌译，求实出版社 1989 年版。

［苏］尤里·阿法纳西耶夫编：《别无选择——社会主义的经验教训和未来》，王复士等译，辽宁大学出版社 1989 年版。

［苏］罗·梅德韦杰夫：《斯大林和斯大林主义》，彭卓吾等译，中国社会科学出版社 1989 年版。

［美］兹·布热津斯基：《大失败——二十世纪共产主义的兴亡》，军事科学院外国军事研究部译，军事科学出版社 1989 年版。

刘克明、金挥主编：《苏联政治经济体制七十年》，中国社会科学出版社 1990 年版。

［苏］尤·阿克秀金编：《赫鲁晓夫——同时代人的回忆》，李树柏等译，东方出版社 1990 年版。

陆南泉主编：《苏联经济简明教程》，中国财政经济出版社 1991 年版。

［苏］罗伊·麦德维杰夫：《赫鲁晓夫政治生涯》，述弢译，社会科学文献出版社 1991 年版。

陆南泉主编：《苏联经济》，人民出版社1991年版。

陈之骅主编：《苏联史纲——1917—1937》（上、下册），人民出版社1991年版。

宋则行、樊亢主编：《世界经济史》（上、中、下卷），经济科学出版社1993年版。

陆南泉、阎以誉编著：《俄罗斯、东欧、中亚经济转轨的抉择》，中国社会出版社1994年版。

江流、陈之骅主编：《苏联演变的历史思考》，中国社会科学出版社1994年版。

陆南泉主编：《独联体国家向市场经济过渡研究》，中共中央党校出版社1995年版。

［美］小杰克·F.马特洛克：《苏联解体亲历记》，吴乃华等译，世界知识出版社1996年版。

［俄］历史档案《苏联共产党最后一个"反党"集团》，赵永穆等译，中国社会出版社1997年版。

姜长斌主编：《斯大林政治评传》，中共中央党校出版社1997年版。

陈之骅主编：《勃列日涅夫时期的苏联》，中国社会科学出版社1998年版。

［俄］格·阿·阿尔巴托夫：《苏联政治内幕：知情者的见证》，徐葵等译，新华出版社1998年版。

邢广程：《苏联高层决策70年》（第一—五册），世界知识出版社1998年版。

陆南泉、姜长斌主编：《苏联剧变深层次原因研究》，中国社会科学出版社1999年版。

程伟：《计划经济国家体制转轨评论》，辽宁大学出版社1999年版。

李宗禹等：《斯大林模式研究》，中央编译出版社1999年版。

［俄］亚·尼·雅科夫列夫：《一杯苦酒——俄罗斯的布尔什维主义和改革运动》，徐葵等译，新华出版社1999年版。

［俄］T.M.齐姆沙娜主编：《俄罗斯经济史》俄文版，2000年版。

［俄］阿·切尔尼亚耶夫：《在戈尔巴乔夫身边六年》，徐葵等译，世界知识出版社2001年版。

刘祖熙：《改革与革命——俄国现代化研究》，北京大学出版社2001

年版。

[俄] 米哈伊尔·戈尔巴乔夫：《对过去和未来的思考》，徐葵等译，新华
　　出版社 2002 年版。

周尚文、叶书宗、王斯德：《苏联兴亡史》，上海人民出版社 2002 年版。

《普京文集——文章讲话选集》，中国社会科学出版社 2002 年版。

张建华：《俄国现代化道路研究》，北京师范大学出版社 2002 年版。

[俄] 安·米格拉尼扬：《俄罗斯现代化与公民社会》，徐葵等译，新华出
　　版社 2003 年版。

[俄] A. 阿甘别基扬：《俄罗斯社会与经济的发展》，俄文版 2004 年版。

王云龙：《现代化的特殊道路》，商务印书馆 2004 年版。

陆南泉等主编：《苏联兴亡史论》，人民出版社 2004 年修订版。

陈之骅、吴恩远、马龙闪主编：《苏联兴亡史纲》，中国社会科学出版社
　　2004 年版。

陆南泉：《苏联经济体制改革史论（从列宁到普京）》，人民出版社 2007
　　年版。

[俄] Л. И. 阿巴尔金等：《苏联经济史》，俄文版 2007 年版。

[美] 尼古拉·梁赞诺夫斯基等：《俄罗斯史》（第 7 版），杨烨等译，上
　　海人民出版社 2007 年版。

高际香：《俄罗斯对外经济关系研究（1992—2007）》，中华工商联合出版
　　社 2007 年版。

《普京文集——2002—2008》，中国社会科学出版社 2008 年版。

李福川：《俄罗斯反垄断政策》，社会科学文献出版社 2010 年版。

陆南泉等主编：《苏联真相——对 101 个重要问题的思考》（上、中、下
　　册），新华出版社 2010 年版。

陆南泉：《走近衰亡——苏联勃列日涅夫时期研究》，社会科学文献出版
　　社 2011 年版。

陆南泉：《中俄经贸关系现状与前景》，中国社会科学出版社 2011 年版。

[俄] 弗拉季斯拉夫·伊诺泽姆采夫主编：《民主与现代化》，徐向梅等
　　译，中央编译出版社 2011 年版。

郭晓琼：《俄罗斯产业结构研究》，知识产权出版社 2011 年版。

陆南泉等主编：《苏东剧变之后——对 119 个问题的思考》，新华出版社
　　2012 年版。

［俄］B. 塔玛克：《现代化——2012》，俄文版 2012 年版。

左凤荣、沈志华：《俄国现代化的曲折历程》（上、下册），社会科学文献
出版社 2012 年版。

陆南泉主编：《俄罗斯经济二十年——1992—2011》，社会科学文献出版
社 2013 年版。

陆南泉：《论苏联、俄罗斯经济》（院学部委员专题文集），中国社会科学
出版社 2013 年版。

李新：《俄罗斯经济再转型：创新驱动现代化》，复旦大学出版社 2013
年版。

曲文轶：《俄罗斯转型研究》，经济科学出版社 2013 年版。

姚海：《俄国革命》，人民出版社 2013 年版。

郑异凡：《新经济政策的俄国》，人民出版社 2013 年版。

徐天新：《斯大林模式的形成》，人民出版社 2013 年版。

叶书宗：《勃列日涅夫的十八年》，人民出版社 2013 年版。

左凤荣：《戈尔巴乔夫改革时期》，人民出版社 2013 年版。

李建民：《独联体国家投资环境研究》，社会科学文献出版社 2013 年版。

黄宗良：《从苏联模式到中国道路》，北京大学出版社 2014 年版。

李雅君等主编：《当代俄罗斯精英与社会转型》，社会科学文献出版社
2014 年版。

陆南泉主编：《转型中的俄罗斯》，社会科学文献出版社 2014 年版。

陆南泉：《苏俄经济改革二十讲》，三联书店 2015 年版。

［俄］戈尔巴乔夫：《孤独相伴——戈尔巴乔夫回忆录》，潘兴明译，译林
出版社 2015 年版。

陆南泉总编、李建民主编：《俄罗斯中东欧中亚转型丛书——俄罗斯经济
卷》，东方出版社 2015 年版。

陆南泉总编、李雅君主编：《俄罗斯中东欧中亚转型丛书——俄罗斯政治
卷》，东方出版社 2015 年版。

杂志与年鉴类

《俄罗斯中亚东欧研究》《欧亚经济》《东北亚论坛》《国际石油经济》
《俄罗斯研究》《俄罗斯学刊》《西伯利亚研究》《苏联、俄罗斯历年统

计年鉴（俄文）》。

俄文官方文献

« Концепция долгосрочного социально-экономического развития».

«Прогноз догосрочного социально-экономического развития Российкой Федерации на период до 2030 года», Минэкономразвития России, 2013.

«Стратегия развития авиационной промышленности на период до 2015 года», 2005.

«Стратегия развитя лесного компелкса Российской Федерации на период до 2020 года», 2008 г.

主要俄文报纸杂志

« Вопросы экономики»

«Экономист»

«Мировая экономика и международные отношения»

«Независимая газета»

«Российская газета»

主要俄文网站

www. gks. ru.

www. economy. gov. ru.

www. iet. ru.